SUBLIME

Cet ouvrage est publié par le
Centre Pompidou-Metz
à l'occasion des expositions

« Sublime. Les tremblements du monde »
GALERIE 1
11 février – 5 septembre 2016

« Tadashi Kawamata. Under the Water – Metz »
GALERIE 2
11 février – 15 août 2016

Une pensée pour Jean-Marie Pelt, homme de passion et de conviction, engagé dès la première heure sur les chemins de l'écologie et animé par la nécessité d'un partage sensible de ses recherches. À cet humaniste porté par l'espérance, qui proposait dès les années 1970 la voie d'un « homme renaturé », capable d'inventer sa relation à la nature plutôt que de poursuivre une tradition de domination, disparu au moment de la mise sous presse de cet ouvrage.

SUBLIME

les tremblements du monde

Sous la direction d'Hélène Guenin

Centre
Pompidou-Metz

Double page précédente

RICHARD MISRACH
***Desert Fire #249*, 1985/1994**
(détail, repr. p. 102)

POURCENTAGES, magnitudes, conséquences financières… : les catastrophes écologiques sont chaque jour traitées, par les médias, à travers des chiffres accompagnés d'un flux ininterrompu d'images d'une grande violence. Si ces événements dont nous nous sentons à la fois les témoins impuissants, les victimes plus ou moins directes et les « acteurs passifs » peuvent nous laisser sans voix, nous ne saurions pour autant renoncer à toute approche critique. Les discussions à leur propos ne peuvent se limiter à la sphère des spécialistes et des experts. Invité à intervenir dans un colloque sur le nucléaire, le philosophe Jacques Derrida expliquait qu'il ne laisserait pas son « incompétence techno-scientifico-militaro-diplomatique[1] » l'exclure d'un débat portant sur des questions aux implications collectives. De la même manière, les scientifiques et les hommes politiques ne peuvent avoir, seuls, le monopole des questions environnementales et climatiques.

Les artistes présentés dans « Sublime. Les tremblements du monde » démontrent avec force la nécessité d'incarner à nouveau notre rapport au monde, de réinvestir sa place, individuellement ou collectivement, et de maintenir la pluralité des discours et des approches. Problématisée à partir du concept esthétique du « sublime », apparu au milieu du XVIIIe siècle, la présente exposition montre la permanence d'un rapport ambivalent de l'homme à la nature, où la jouissance esthétique n'est jamais l'assurance d'un désir de préservation. L'influence durable qu'ont pu avoir certaines œuvres sur notre perception de l'environnement prouve pourtant le potentiel révélateur de l'art. Souvenons-nous d'Oscar Wilde affirmant que personne n'avait réellement prêté attention aux brouillards de la Tamise avant que Turner ne les peigne. Ces révélations sensibles ne seraient-elles pas les premières étapes d'une prise de conscience plus large ? Si de nombreux artistes de cette exposition évoquent des questions que nous voyons quotidiennement traitées dans l'actualité – les réfugiés climatiques, les éruptions volcaniques ou la pollution atmosphérique –, leurs œuvres nous permettent d'appréhender autrement ces images qui nous submergent et ces sujets d'une criante actualité.

Je souhaite remercier vivement les responsables des collections en France et à l'étranger qui ont fait preuve d'une immense générosité en nous permettant de rassembler des œuvres tout à fait exceptionnelles, de Léonard de Vinci, John Martin ou William Turner notamment. La présence de ces artistes historiques illustre les logiques de dialogues et de relectures qui sont la signature du Centre Pompidou-Metz, soucieux d'offrir des perspectives inédites sur l'histoire de l'art et de mettre en lumière les liens fertiles entre le passé et le présent, entre des contextes internationaux et locaux. C'est d'ailleurs le défi, à la fois extrêmement humble et ambitieux, auquel a répondu l'artiste japonais Tadashi Kawamata, en ne produisant son installation *Under the Water* qu'à partir de matériaux de récupération collectés localement, grâce à la collaboration de la communauté Emmaüs de Peltre, de l'entreprise de valorisation des déchets Haganis et de Veolia.

Je remercie également Hélène Guenin, commissaire de l'exposition et chef du pôle programmation au Centre Pompidou-Metz, Hélène Meisel, chargée de recherches, ainsi que les équipes du Centre Pompidou-Metz grâce auxquelles l'exposition a pu être pensée et produite. Je salue enfin la directrice du Centre Pompidou-Metz, Emma Lavigne, qui a soutenu et accompagné ce projet et dont la grande exposition consacrée à l'imaginaire du Jardin en 2017, poursuivra et enrichira cette interrogation sur notre relation singulière et passionnelle à la nature.

Serge Lasvignes
Président du Centre Pompidou

1. Jacques Derrida, « No Apocalypse, Not Now (Full Speed Ahead, Seven Missiles, Seven Missives) », *Diacritics*, vol. 14, n° 2, « Nuclear Criticism », été 1984, p. 23.

« LE MONDE LE PLUS BEAU est comme un amoncellement de décombres jetés au hasard», affirmait déjà au VIe siècle avant notre ère le philosophe pré-socratique Héraclite. Le poète voyait avec mélancolie dans l'effondrement des formes et les déchaînements de Gaïa une défiance au temps. La quête esthétique face aux spectacles des commotions de la terre et d'une nature indomptable sous-tend la pensée d'Edmund Burke et annonce, dès le milieu du XVIIIe siècle, la sensibilité préromantique, lorsque la recherche de sensations exacerbées, du vertige esthétique, se substitue à la délectation affadie de l'harmonie et de la beauté. L'exposition «Sublime. Les tremblements du monde» fait sourdre, au sein de la sérénité de l'architecture du Centre Pompidou-Metz, les grondements de la Terre, l'imminence latente de déluges post-bibliques et de réveils volcaniques. Elle fait déferler les vagues de bois charrié par une mer déchaînée de Kawamata comme autant de témoins silencieux d'une nature hors limites qui doit combattre pour faire entendre sa voix et reprendre ses droits. Fragilisant toute idée de permanence, extrayant de sa gangue monumentale l'essence même du travail humaniste de Shigeru Ban, de son savant bricolage d'abris de première urgence construits lors du tremblement de terre de Kobé en 1995, le Centre Pompidou-Metz devient un refuge. Il est traversé par la fulgurante beauté de près de trois cents œuvres – odyssée qui remonte les méandres de la fascination pour le sublime depuis Léonard de Vinci jusqu'à son actualité brûlante dans l'art d'aujourd'hui, et interroge notre capacité à être à notre tour les architectes d'un monde à construire. «Architecte de mes féeries, je faisais, à ma volonté, sous un tunnel de pierreries, passer un océan dompté[1]», s'enflammait Baudelaire qui partageait avec Rimbaud et Victor Hugo ce penchant pour une rêverie à la fois destructrice et créatrice. La propension du XIXe siècle aux rêves apocalyptiques et visionnaires, à la théâtralisation d'une nature exogène et extrême qu'il faut dompter, apprivoiser ou coloniser, s'atténue au gré du crescendo des catastrophes naturelles de l'ère industrielle. Le rideau de la distanciation théâtrale est définitivement déchiré et nous assistons, dans un face-à-face sidérant, à la terrible beauté des béances et souffrances de la terre, nous engouffrant dans ces portes de l'enfer qui semblent ne jamais se refermer. Depuis les premières prises de conscience écologiques des années 1960 et avec l'avènement de l'ère de l'anthropocène, nous nous retrouvons, selon le titre de l'ouvrage de Bruno Latour, *Face à Gaïa*, à sa finitude. Les tremblements et l'instabilité du monde apparaissent comme les inexorables artifices créés par la main de l'homme emporté par sa démesure et sa toute-puissance. La catastrophe n'est plus un horizon de spéculation esthétique et philosophique mais une menace à portée de main.

Je tiens à remercier infiniment Hélène Guenin, commissaire de cette exposition, qui avec la collaboration et la complicité d'Hélène Meisel, a su nous faire éprouver les sensations d'effroi et de désarroi qui ont saisi les artistes de la Renaissance à nos jours, afin de faire davantage résonner, dans l'urgence de notre présent, les propositions poétiques et politiques d'artistes cherchant à panser les blessures de Gaïa, pour penser à l'avenir du monde. En décembre 2010, la Bolivie a introduit une «Loi de la Terre Mère» qui accorde à la Terre, à l'instar des droits de l'homme, le droit à la vie et à la perpétuation de l'intégrité des écosystèmes et des processus naturels, qui laisse espérer que les utopies artistiques des artistes chamans puissent devenir à leur tour une réalité. Si, comme l'analyse Bruno Latour, nous ne sommes ni Atlas portant le globe, ni les jardiniers de la Terre, ni les pilotes de science-fiction du vaisseau spatial nommé Terre, Gaïa peut être «une injonction pour rematérialiser notre appartenance au monde», dans une «dynamique de l'Incarnation», comme nous y invitent sublimement les artistes de cette exposition.

Emma LAVIGNE
Directrice du Centre Pompidou-Metz

1. Charles Baudelaire, «Rêve parisien» (CXXXII), *Les Fleurs du mal*, Gallimard, 1972, p. 233.

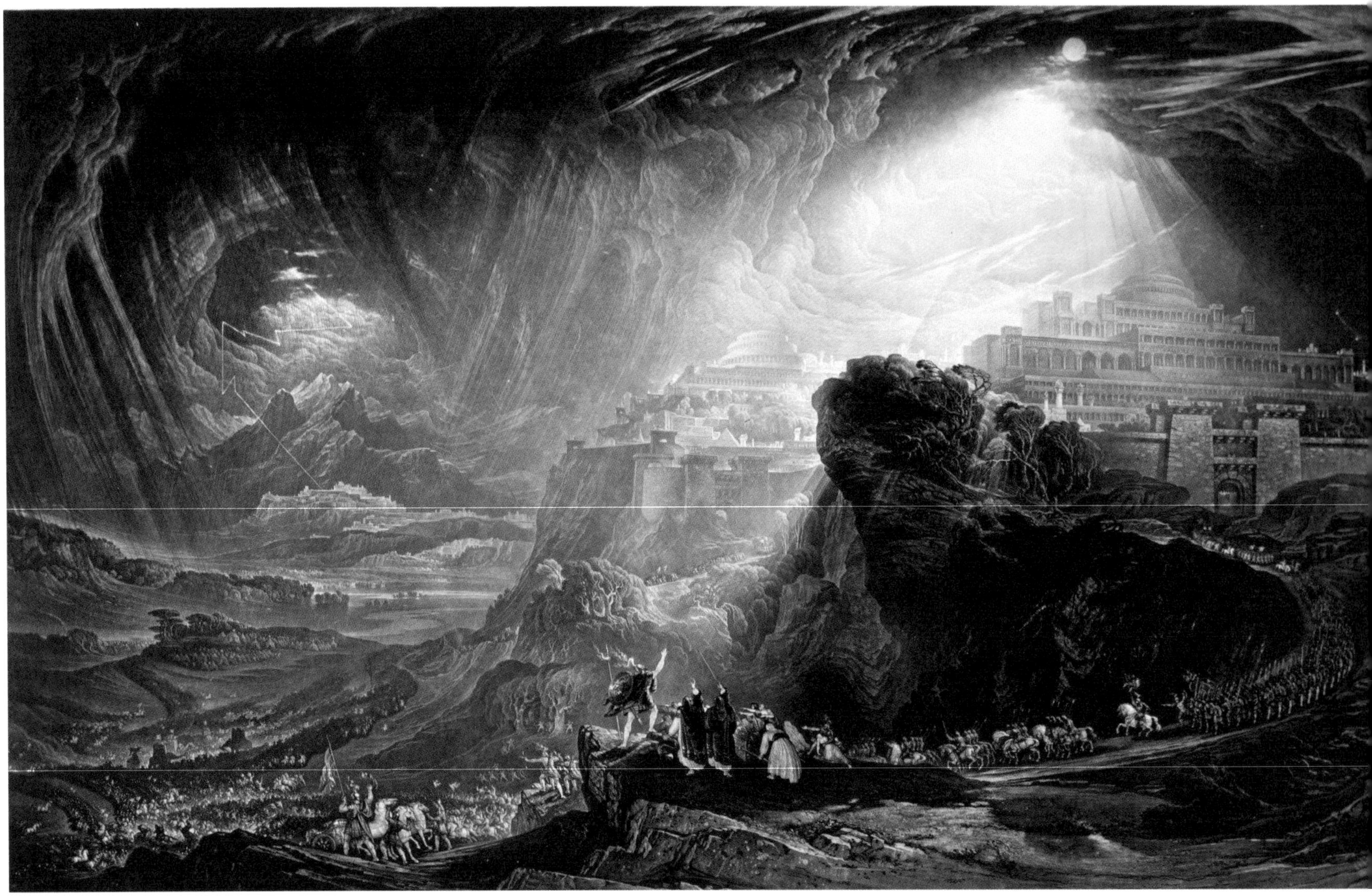

JOHN MARTIN
***Joshua Commanding the Sun to Stand Still*, 1827**
Manière noire, eau-forte, 56 × 76 cm
Londres, British Museum

La nature, comme la vie qu'elle a engendrée, est d'essence dialectique. Par la puissance de ses colères et de ses déchaînements, elle inspira génération après génération crainte et respect. Mais dans sa beauté, les anciens voyaient la main du Créateur. Cette dualité s'exprime d'un bout à l'autre de la Bible où, sidéré par la peur, l'on redoutait les monstres obscurs des abysses, tel le fameux Léviathan. Tandis que les psaumes célèbrent la magnificence d'une nature suscitant notre admiration et enchantant nos sens.

Cette même dualité s'exprime à travers l'exposition « Sublime. Les tremblements du monde » consacrée aux œuvres et recherches d'artistes, photographes, cinéastes, architectes et scientifiques. Le romantisme insista sur les tourments de l'âme au cœur de nos mondes intérieurs. À la même époque, et dans le monde extérieur, le grand paléontologue Georges Cuvier attribuait à de redoutables colères de la nature les catastrophes ayant entraîné la disparition des mammouths et autres mastodontes. Il y voyait l'œuvre du Déluge. Le catastrophisme devenait un courant de pensée scientifique contestant la notion d'évolution qui naissait dans l'œuvre d'un autre grand savant trop peu connu : Jean-Baptiste de Lamarck.

Avec l'écologie, le catastrophisme est derrière nous. Non que notre époque ne connaisse pas de grandes catastrophes naturelles, plus fréquentes et plus intenses du fait du réchauffement climatique. Mais parce que les valeurs des peuples premiers, vivant en union fusionnelle avec la nature, portent le témoignage de la vie de communautés humaines dépourvues de tout effet prédateur sur l'environnement. La nature redevient à nos yeux le cocon qui nous protège et nous abrite, qui nous nourrit de ses bienfaits et de ses dons précieux, et nous guérit dans la magie mystérieuse des plantes médicinales. Un réel réenchantement du vivant s'opère en nous et autour de nous. Une vision contemplative et active qu'appelle de ses vœux, dans une inspiration toute fransiscaine, le pape François dans sa belle encyclique *Laudato Si'*.

L'exposition qui nous est présentée ici se propose de débattre par l'image de ces thèmes immémoriaux d'où jaillissent tantôt la colère, tantôt l'apaisement. Elle appelle notre modernité à plus d'humilité face à cette nature sublime qui nous invite à dépasser les égoïsmes de l'hyperconsumérisme et de la cupidité. Elle nous appelle ainsi à une reconversion écologique et je ne doute pas que le visiteur y trouvera comme un message subliminal, une exhortation à ce que mon ami Edgar Morin appelle la « métamorphose », nécessaire pour assurer l'avenir de nos enfants dans un monde où l'homme et la nature seraient enfin réconciliés.

Jean-Marie Pelt
Professeur honoraire de l'université de Metz
Président de l'Institut européen d'écologie

sommaire

Jean-Baptiste Fressoz
historien des sciences, des techniques et de l'environnement, maître de conférences à Imperial College (Londres).

Hélène Guenin
commissaire de l'exposition, responsable du pôle programmation du Centre Pompidou-Metz.

Hélène Meisel
chargée de recherches et d'exposition au Centre Pompidou-Metz.

Serge Paul
historien d'art et traducteur, administrateur de la Holt-Smithson Foundation, Santa Fe.

Olivier Schefer
philosophe et écrivain, maître de conférences à l'université de Paris-I Panthéon-Sorbonne.

Auteurs des notices d'œuvres

Jean-Luc Bennahmias —**J.-L. B.**
Arnaud Dejeammes —**A. D.**
Hélène Guenin —**H. G.**
Anne Horvath —**A. H.**
Laurent Mannoni —**L. M.**
Guillaume Mansart —**G. M.**
Hélène Meisel —**H. M.**
Marjorie Miccuci —**M. M.**
Alexandra Müller —**A. M.**
Serge Paul —**S. P.**
Neville Rowley —**N. R.**
Aurélien Vernant —**A. V.**

Auteurs des entrées du glossaire

Ariane Debourdeau —**A. D.**
Julien Delord —**J. D.**
Anne Horvath —**A. H.**
Hélène Meisel —**H. M.**

✿ signale un renvoi au glossaire en fin d'ouvrage

Hélène Guenin

Chaosmose

« La vie existe seulement sur Terre. Et plus pour longtemps » déclare Justine, héroïne sombre et lucide de *Melancholia* de Lars von Trier. Opéra apocalyptique, fin du monde en apothéose, le film met en scène une danse de la mort entre la Terre et Saturne à laquelle assistent en huis clos les personnages du film, duo de sœurs en tête. L'échelle cosmique du drame qui se noue, le sentiment d'imminence du danger qui éveille la conscience de la vanité du monde et suscite des abîmes métaphysiques, l'épopée visuelle qui joue sur l'effet de sidération du spectateur, inscrivent cette ode funèbre dans la continuité d'une pensée du sublime héritée du XVIIIe siècle. Effroi et subjugation devant la démesure et épreuve de la solitude du sujet face au cosmos, offrent une réminiscence de l'idée de nature qui constituait alors l'horizon de pensée : celle d'une puissance encore méconnue, partiellement émancipée des discours religieux ou des superstitions, qui peut à tout instant anéantir les entreprises humaines. Ce ballet théâtral, déployé par Lars von Trier entre la Terre et Saturne, est alors, et est encore, celui entre l'homme et Gaïa, entre un spectateur et une « Terre vivante » qui manifeste ses forces en puissance. Territoire fertile de l'imaginaire littéraire et artistique, ce jeu de la terreur et de la délectation a engendré un riche répertoire d'images et de conventions qui trouvent leur prolongement contemporain dans différentes formes de création, performatives ou visuelles.

Exploration spéculative et intuitive, l'exposition du Centre Pompidou-Metz interroge la continuité de la notion de sublime et son évolution dans un contexte contemporain, en rassemblant une centaine d'artistes internationaux avec des contrepoints historiques, scientifiques et cinématographiques. Elle interroge cette persistance du sublime terrible de la période romantique à travers cette polarité entre immersion dans l'immensité, confrontation aux éléments, et le sentiment d'imminence d'une disparition. Dans un XXe et un XXIe siècle hantés par les catastrophes et les désastres écologiques, saturés d'images de ces excès, persistent en effet des formes de jouissance esthétique négative, teintées d'effroi.

L'exposition s'attache également à montrer comment, dans cette persistance, s'inscrivent deux mutations radicales : celle de la position d'un spectateur des débordements du monde prenant progressivement conscience de son rôle d'acteur et celle de la métamorphose de l'idée même de catastrophe, qui ajoute aux déchaînements de la nature l'invisibilité des effets de notre activité. L'abri protégé, la position d'observateur, conditions pour Emmanuel Kant de l'expérience métaphysique et morale du sublime, ont en effet volé en éclats. Depuis Tchernobyl, Katrina, Fukushima, pour ne citer que quelques exemples, nous sommes à nu, acteurs partiels, et individus au cœur d'un possible désastre à venir, que l'actualité bègue semble répéter. Cette attraction impérieuse, morbide, pour la catastrophe et ses récits est questionnée dans l'exposition et dans cet ouvrage à travers différents essais.

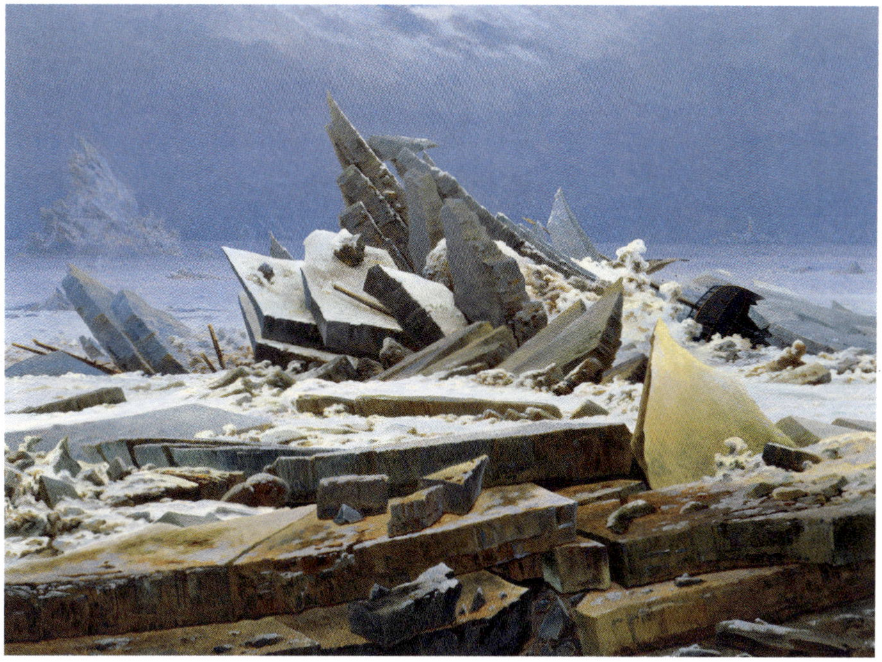

CASPAR DAVID FRIEDRICH
***Das Eismeer*, 1824**
Huile sur toile, 96,7 × 126,9 cm
Hambourg, Kunsthalle

Enfin, l'exposition évoque l'apparition, depuis les années 1960-1970, d'une relation renouvelée à la nature passant par le réenchantement, une aspiration à une fusion avec les éléments d'une part, et à l'éveil d'une conscience écologique d'autre part, s'exprimant tant sur le terrain poétique, imaginaire, que *via* le politique et renouant là encore, consciemment, avec une certaine iconographie du sublime romantique.

Dans ce voyage spéculatif, diachronique, oscillant entre le XVIIIe et le XXIe siècle, les interrogations esthétiques croisent les positions morales et les débats écologiques actuels. Le chemin en est scandé par les recherches d'artistes, vigiles et lucioles, qui, d'une petite lumière, perceptible par ceux qui veulent bien lui prêter attention, éclairent l'histoire tumultueuse d'une passion ravageuse et ravagée entre une espèce occupante et son écosystème.

Les sources d'une fascination

Dans sa *Recherche philosophique sur l'origine de nos idées du sublime et du beau*, publiée en 1757, Edmund Burke propose une nouvelle catégorie du sublime, venant se substituer à celle, dédiée à la rhétorique et à l'habileté d'élocution, du Pseudo-Longin. Il théorise une fascination exprimée pour le paysage sauvage, les « lieux d'horreur » et l'immensité. Ses recherches font écho au pré-romantisme littéraire et pictural, et au développement des explorations naturalistes. Burke souligne l'importance de la conjonction d'un sentiment de dépassement et d'une recherche de conservation de soi, d'une « espèce de passion mêlée de terreur et de surprise[1] ». Selon Burke, « la passion causée par le grand et le sublime dans la nature [...] est l'étonnement [*astonishment*], c'est-à-dire un état de l'âme dans lequel tous ses mouvements sont suspendus dans un degré d'horreur[2] ». Cette conception du sublime comme passage rapide à travers les conditions extrêmes de l'existence trouve sa source dans la perception du caractère illimité et tout-puissant de la nature. L'océan déchaîné par la tempête, les montagnes escarpées, les gouffres, les vallées sombres, et toutes les manifestations naturelles entraînant une confusion des éléments, deviennent les stéréotypes du sublime de puissance et de terreur. Le risque encouru, le frisson de l'engloutissement ou de la disparition et le sentiment de grandeur sont les conditions nécessaires à son surgissement. La littérature et la peinture, dès la fin du XVIIe siècle, s'emparent de cette confrontation de l'homme à la nature et du sentiment de solitude éprouvé. La quête de sensationnalisme et la représentation du désastre se déploient en naufrages (Horace Vernet), éruptions volcaniques (Pierre-Jacques Volaire), paysages arctiques (Peder Balke, Caspar David Friedrich), toutes scènes de drames où l'homme est en proie à la tourmente des météores, et à l'indistinction des éléments. Cette quête picturale et spirituelle s'inscrivant dans des inventaires typologiques et émotionnels dessine une cartographie du grandiose et du pathétique et une iconographie qui connaîtra une fortune durable jusqu'à ses réminiscences ou citations contemporaines, entre autres chez Andreas Gursky, Axel Hütte, Elina Brotherus, Olafur Eliasson, Tacita Dean ou Fiona Tan.

Comme le souligne Baldine Saint Girons, la renaissance et le déploiement du sublime à la fin du XVIIe et au XVIIIe siècle ont « intimement partie liée avec l'invention de nouveaux paysages : la découverte de la haute montagne, et

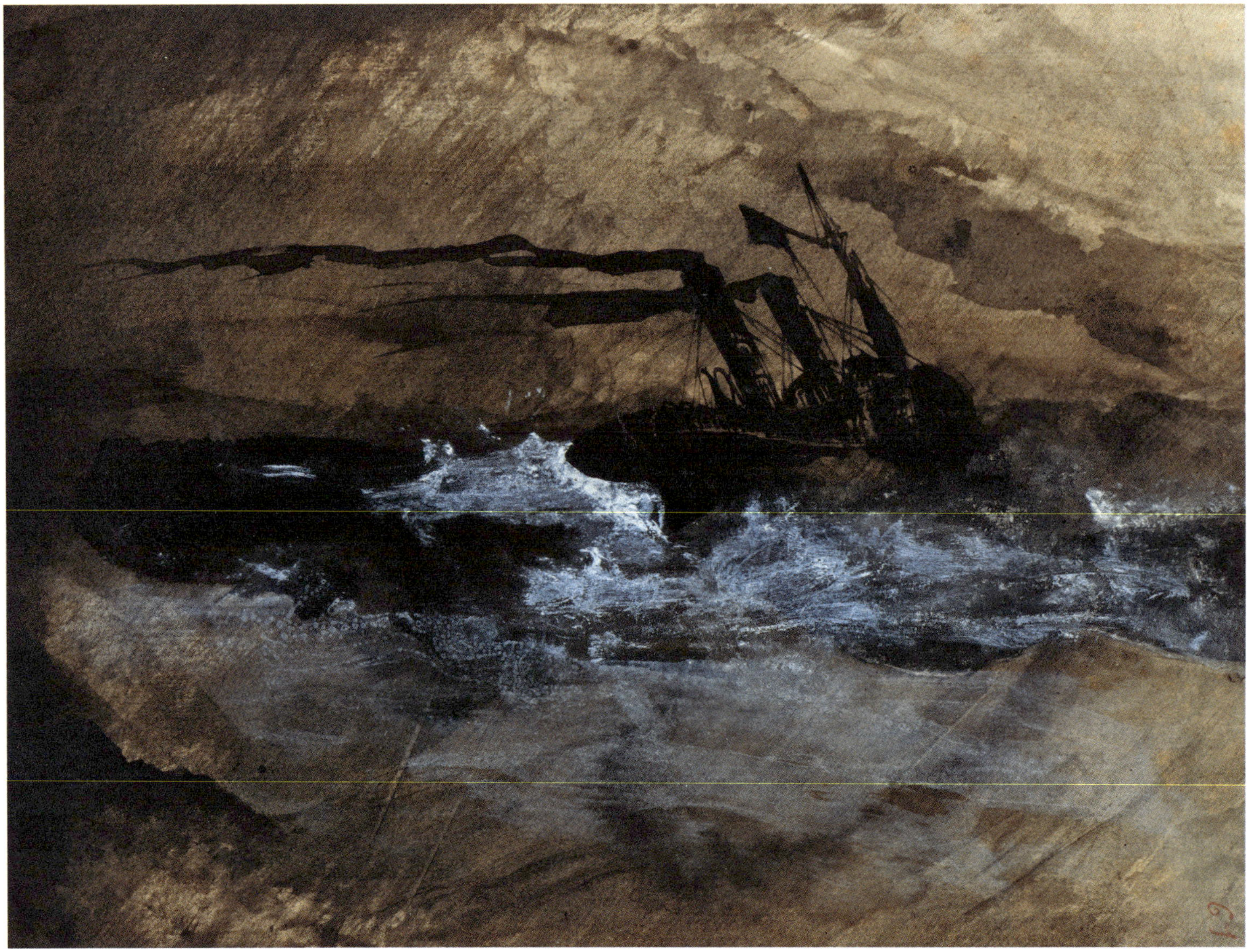

VICTOR HUGO
***Les Travailleurs de la mer : gros temps, la* Durande, 1864**
Plume, pinceau, encre brune et lavis, rehauts de gouache blanche sur papier, 19,2 × 25,1 cm
Paris, Bibliothèque nationale de France, département des Manuscrits

du littoral[3]», principalement. L'attrait pour la montagne, notamment, est attisé par les récits des voyageurs scientifiques du XVIIIe siècle dont les restitutions lyriques et la production de discours sur les reliefs et la géologie (Buffon, De Luc, etc.) ont contribué au développement d'un «tourisme» des cimes et à la présence grandissante d'artistes. Carl Gustav Carus, ami de Caspar David Friedrich, ou le naturaliste Alexandre von Humboldt invoquent l'alliance fertile entre art et science pour révéler l'histoire des montagnes et leur constitution.

Le premier chapitre de l'exposition établit ainsi un panorama parcellaire des sites du sublime terrible, et un dialogue croisé, à travers les siècles, de cette survivance des passions pour les tremblements du monde en alliant recherches artistiques et formes d'observations scientifiques telles que cartes, relevés et photographies. Les inventaires photographiques des Alpes des frères Bisson (entre 1840 et 1870) et d'Aimé Civiale (1859-1869) dialoguent ainsi avec les dessins des zéniths de Dove Allouche, les prises de vue des volcans en éruption de Menzies Dickson (Hawaï, 1880-1881) avec les lanternes magiques de la Royal Polytechnic Institution (v. 1860) et des peintures de volcans de la même époque, mettant en évidence la concomitance de logiques exploratoires et artistiques ainsi que l'élaboration d'une iconographie durable de ces paysages. Mus à travers les siècles par la même quête téméraire de connaissance, Maurice et Katia Krafft, volcanologues disparus en 1991, côtoient l'humaniste et scientifique Athanasius Kircher, auteur du premier traité de géologie, *Mundus subterraneus* (Amsterdam, 1665), qui, pour mieux observer les volcans, s'était fait descendre, attaché à une simple corde, à l'intérieur des cratères de l'Etna et du Vésuve.

De la peinture à la photographie ou à la passion domestique pour le sublime de poche qu'est la carte postale, de la fosse des Marianne au sommet du mont Blanc, cette première partie, d'ordre typologique et topographique, dresse une cartographie de l'effroi et du frisson. Elle réunit les deux grandes hypothèses qui divisent romantiques et scientifiques dès la fin du XVIIIe siècle : la vision neptunienne d'une formation aquatique de la Terre dans une mer originelle, génératrice d'une esthétique de la brume, de la vapeur, de la dissolution des formes qui s'incarna notamment chez Turner, et la vision plutonienne et vulcaniste soutenant l'origine magmatique et tectonique du monde, que l'on retrouve déployée dans la salle dédiée aux Krafft.

Ce *Kunstchaos* romantique qui « désigne l'organisation contradictoire du désordre vital, l'équilibre vivant et non logiquement unifié des contraires[4] », ce modèle fondé sur une nature dynamique, instable et hurlante révèle un goût du vertige, une aspiration individuelle à la transfiguration qui cherche à « appliquer à la conscience lucide, une sorte de panique voluptueuse [5] ». [→p. 68]

— De la théorie du risque au fantasme de la catastrophe[6]

Annie Le Brun souligne dans *Les Châteaux de la subversion* cette dimension épique et même pathologique du rapport au paysage : « Le mouvement qui porte alors vers la nature dans ce qu'elle a d'horrible, de terrifiant – les précipices, les forêts, les tempêtes – est le même que celui qui entraîne vers le noir : les égarements de la nature semblent d'abord répondre ou correspondre à ceux du cœur[7]. » Burke lui-même analyse le sentiment du sublime et du beau principalement sur des bases physiologiques et psychologiques. Yvon Le Scanff, dans son étude du sublime dans la littérature émet l'hypothèse que le paysage romantique « est fondamentalement apocalyptique, d'une part parce qu'il s'intéresse aux états-limites du paysage (sa disparition et sa naissance) et d'autre part parce que le contemplateur romantique y cherche un sens et non plus seulement une sensation, il veut y voir comme l'énonce Hugo "la nature trop loin"[8] ». Cette passion tourmentée pour le débordement, la stupeur et l'engloutissement est l'expression d'un XVIIIe siècle politiquement agité, traversé par le roman noir et la quête romantique des tréfonds de l'être, pris entre les progrès de la connaissance, la soif d'explication du monde des Lumières et la persistance d'une vision religieuse de l'univers. Car, comme le rappelle Alain Corbin, jusqu'à la fin du XVIIIe siècle, le paysage sauvage, lieu de la « belle horreur », est aussi traversé de croyances religieuses et incarne une sorte de « relique de la catastrophe[9] », une trace du Déluge qui inculquerait à l'individu la crainte de l'apocalypse.

Incarnant cette lutte grandissante des visions, Susan Sontag prête à lord Hamilton, héros de son roman biographique *L'Amant du volcan*, les réflexions suivantes : « Le prêtre dit, le volcan c'est la bouche de l'enfer. Non ! Ces monstruosités, volcans ou "montagnes ignivomes", loin de symboliser ou annoncer l'enfer, sont des valves de sécurité qui empêchent feux et vapeurs de provoquer de plus amples ravages. [...] Voyons les choses de façon positive. Cette montagne est symbole de toutes les formes de mort en masse : déluge, conflagration universelle [...], mais symbole, aussi, de survie, d'obstination humaine[10]. »

Le tremblement de terre de Lisbonne en 1755 est une première rupture. La disparition de centaines de milliers de personnes – chiffre sans doute exagéré, mais propagé dans toute l'Europe à cette époque – un dimanche, à l'heure de la messe, ébranle les Lumières, et génère une crise de la foi. Cet événement tragique marque l'émancipation des catastrophes de leur perception religieuse et ouvre la voie

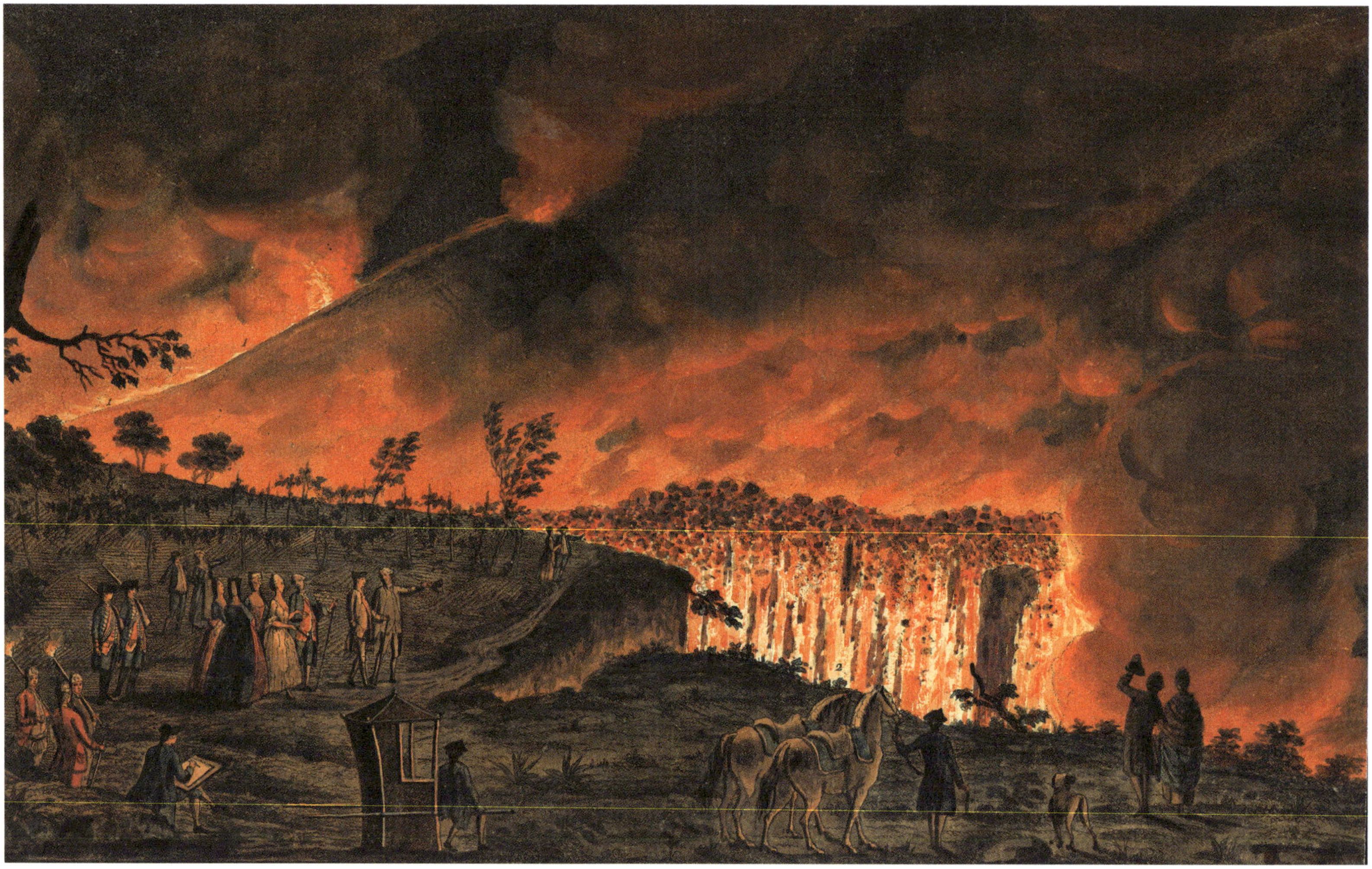

PIETRO FABRIS
***Visite du roi de Naples au Vésuve en 1771*, 1776-1779**
Peinture à la gouache sur papier,
20 × 31 cm
Paris, Muséum national d'histoire naturelle, Direction des bibliothèques et de la documentation

à un « imaginaire catastrophique qui va se révéler l'unique moyen d'appréhender un monde en train d'échapper à toute compréhension[11] ». [→p. 78] Récurrent et particulièrement prolixe dans les périodes de crises des sociétés, cet imaginaire de la catastrophe s'épanouit au XXe siècle, notamment dans sa seconde moitié, sur fond de traumatisme d'Hiroshima et de Nagasaki, de guerre froide, de montée de la menace nucléaire, et d'alertes environnementales. Les récits du désastre prennent de multiples formes s'appuyant sur des analyses et prévisions scientifiques ou sur le simple spectacle du monde. Vertu cathartique, besoin de frisson, ou nécessaires scénarios d'anticipation pour aiguiser notre capacité à fabriquer notre survie ?

Dans ce climat d'anxiété, de nombreux artistes, à partir des années 1960, adoptent une position démiurgique – cherchant à provoquer des phénomènes naturels et à les orienter – ou utilisent la catastrophe comme forme d'expérience esthétique. Les représentants du land art américain, notamment, ne sont pas avares de déclarations fracassantes, assumant l'ambivalence de leur attraction pour le désastre. Ainsi, Walter De Maria, auteur du célèbre *Lightning Field* (1969), champ de poteaux en acier érigés dans le désert du Nouveau-Mexique et destinés à faire advenir la foudre, proclame en 1960 : « J'aime les catastrophes naturelles, et je pense qu'elles peuvent être la plus haute forme artistique dont il est possible de faire l'expérience[12]. » Michael Heizer participe de cette apologie de la catastrophe. Il lance à partir des années 1970 une série de déclarations à propos de son monumental projet *Complex City*, qui sonnent comme autant de défis aux accents de prophéties, sur fond politique d'équilibre de la terreur. [→p. 118]

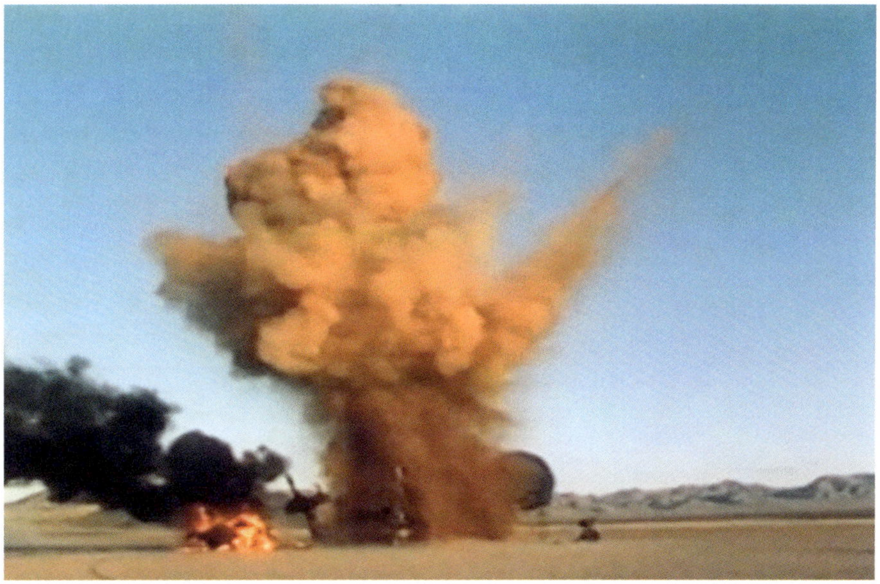

JEAN TINGUELY
***Study for the End of the World no. 2*, 1962**
Vidéo, couleur, sonore, durée : 21 min 57
Courtesy musée Tinguely, Fribourg

Quelques années plus tôt, en 1962, Jean Tinguely met en scène, entre dérision et position critique, une sorte d'essai de fin du monde possible. Réalisée à Jean Dry Lake, à proximité de Las Vegas et surtout de Yucca Flat, le tristement célèbre site de tests nucléaires, *Study for an End of the World No. 2* (1962) est une sculpture composée de débris et d'objets récupérés qui s'autodétruit et explose sous l'œil de la caméra et des médias rassemblés. Commandé par la NBC, le projet révèle de manière parodique et absurde, sous les traits d'une parade désarticulée d'objets abandonnés, le vertige d'une société qui pendant plusieurs années assista avec fascination au spectacle des tests atomiques menés dans le Nevada, sous couvert de sa défense, et à la répétition télévisée de sa possible disparition.

Considérations environnementales et psychose nucléaire s'entremêlent alors étroitement dans cet imaginaire catastrophiste comme le rappelle l'historienne de l'art Barbara Novak : « La préoccupation actuelle pour la nature chez les écologistes, les artistes, les défenseurs de l'environnement se situe dans l'ombre d'un autre sublime – la peur de l'extermination nucléaire… La destinée de la nature, soumise à des agressions constantes, réveille en nous le sentiment profond de notre caractère mortel. […] La destruction de la nature préfigure notre propre destruction. Nous situons-nous à part de cette nature ou en faisons-nous partie [13] ? » Gustav Metzger, auteur d'un manifeste sur l'art auto-destructif (1960) et auto-créatif (1961), débute sa carrière artistique sur fond d'industrialisation de la destruction de l'homme par l'homme avec l'Holocauste et la bombe atomique. Il réalise une série d'expérimentations avec des peintures détruites à l'acide avant d'aborder, à l'aube des années 1970, un contenu ouvertement écologique. En 1972, invité à participer à la documenta 5, il imagine le projet *KARBA* dans lequel quatre véhicules dont le pot d'échappement est lié à un cube de plexiglas, doivent saturer ce volume avec les gaz émis. Non réalisé, ce projet fera naître la même année une seconde initiative, également inaboutie, pour la première conférence des Nations unies sur l'environnement à Stockholm. Pendant les deux semaines du sommet, cent vingt véhicules étaient censés émettre leur pollution dans une structure de plastique rectangulaire.

Cette fascination du simulacre de la catastrophe révèle le profond bouleversement de la seconde moitié du XXe siècle : la conscience grandissante que l'humanité, de spectatrice, devient actrice de sa propre tragédie. Le penseur Günther Anders, intimement convaincu de la capacité de l'être humain à s'autodétruire, déclare en 1956 : « Et nous, les hommes d'aujourd'hui, qui sommes les premiers hommes à dominer l'apocalypse, sommes aussi les premiers à vivre constamment sous sa menace. Étant les premiers titans, nous sommes aussi les premiers nains […] à être mortels en tant que groupe et non en tant qu'individus, et à n'avoir plus le droit d'exister que jusqu'à nouvel ordre. » Nous sommes des « morts en sursis [14] ». Cette parole inquiète n'est pas marginale et les années 1970-1980 sont hantées par ces menaces multiples et par la conscience de ce renversement de perspective qui génère une forme de vertige métaphysique. L'historien François Walter parle même d'« hystérie de la fin des temps » à propos des années 1980 [15]. Ce vertige et cette angoisse pathologique d'une humanité actrice potentielle de sa fin se sont précisés et cristallisés ces quarante dernières années autour des questions environnementales et le terme d'écocide, définissant la dégradation ou la destruction d'un écosystème, puis le terme d'anthropocène [G], sont devenus les territoires fertiles d'un nouvel horizon de catastrophes annoncées. [→p. 44]

Dans ce climat anxiogène, les bulles, capsules, sphères et autres abris sphéroïdaux prolifèrent. Les années 1950, 1960 et 1970 voient fleurir un imaginaire fertile inspiré, entre autres, par les recherches de Buckminster Fuller autour des dômes géodésiques, ses réflexions sur les problématiques environnementales et la gestion des ressources naturelles [→p. 132]. Le plus visionnaire et le plus fou de ses projets fut sans doute *Cloud Nine*, série de sphères géodésiques géantes, flottant grâce à l'air chaud qui les emplit. Restés à l'état d'étude, ces « ballons » devaient fournir, à un horizon de cinquante ans, des abris d'urgence et devenir, en cas de drame, des habitats aériens amarrés aux montagnes ou dérivant librement au fil des mouvements d'air. Héritages d'une idéologie de la conquête de nouveaux territoires, ces fantasmes de colonisation de l'air ou du fond des mers et d'île climatique encapsulée, traduisent également l'illusion prolongée d'une humanité maîtrisant son environnement et capable d'assurer son autosuffisance. Greffes environnementales, les dômes de Juan Navarro Baldeweg proposent des transferts d'écosystèmes comme cette image incongrue d'une forêt tropicale nichée au cœur des banquises ; tandis que les Autrichiens de Haus-Rucker-Co encapsulent l'atmosphère pure des montagnes au-dessus de la ville, comme un horizon désiré de nature au cœur de l'espace urbain et une réserve d'oxygène.

Ces projets imaginés comme autant de possibilités de survie et de réponses, critiques ou concrètes, à des crises politiques ou environnementales reviennent tous sur le modèle de l'univers clos – monde en miniature, permettant de se préserver des conditions climatiques et des mouvements de la nature. Leur imaginaire débridé, situé à mi-chemin entre la science-fiction, la recherche fondamentale sur l'habitat futur ou une réponse pour les populations victimes de désastres (Gernot Nalbach), propose autant d'utopies confinées, de mondes dans le monde, d'aveux d'impuissance à vivre à l'échelle d'un écosystème global.

— La tragédie du paysage

Des alertes environnementales relayées depuis les années 1960 auprès du grand public et la révélation des célèbres images du « Lever de Terre » prises par l'astronaute William Anders en décembre 1968, soulignant l'unité et l'unicité de notre écosystème, ont contribué à l'émergence d'une conscience de notre incidence globale dans un système clos. Elles ont surtout posé les prémices de cette pensée de l'anthropocène qui considère que « l'humanité, notre propre espèce, est devenue si abondante et si active qu'elle rivalise maintenant avec certaines des grandes forces de la Nature en termes d'impacts sur le fonctionnement du système Terre[16] ».

La disparition d'écosystèmes✿, la crise pétrolière de 1972 et la conscience de l'épuisement possible des ressources rappellent la finitude de cet univers et notre impact sur le milieu. L'irréversibilité des transformations infligées à notre environnement et les conséquences climatiques qui en découlent ne font plus de doute.

La notion même de catastrophe évolue face à ces transformations : à l'image du déluge et du déchaînement des éléments s'ajoute au cours des soixante dernières années une conception de la catastrophe invisible et insidieuse, sans doute plus prégnante encore, car ce qui est imperceptible et impalpable décuple l'appréhension. L'exposition déploie ainsi une géographie du terrible et de la peur à travers des œuvres qui jouent sur l'ambiguïté de paysages contemplatifs ou idéalisés, aux stigmates invisibles. Cette tragédie du paysage se déploie dans les mélancoliques et délicates vues de forêts de Darren Almond, qui s'avèrent calcinées par les pluies acides, ou dans la figure d'une Ophélie contemporaine immergée dans des « eaux mourantes » et polluées des Leisgen. Œuvres parmi d'autres, qui invoquent à leur manière les codes d'un sublime crépusculaire. La catastrophe est désormais partout : dans les aliments que nous mangeons, dans l'air que nous respirons : « Nous sommes à la merci de la terre, et de l'air, et de l'eau – et de ce que nous en avons fait, évoque la philosophe Bonnie Mann. Nous sommes à la merci de notre planète et de ses réponses à nos interventions. Quelle expérience du sublime provoque cette terreur contemporaine ? Je dirais que ce sublime est, dans sa nature, totalement différent du sublime libératoire (intersubjectif), car il ne crée pas en nous un sentiment de liberté, au contraire. Cette expérience du sublime ne nous affranchit pas de notre dépendance vis-à-vis de la planète, elle la renforce jusqu'à nous faire étouffer dans les erreurs que nous commettons[17]. »

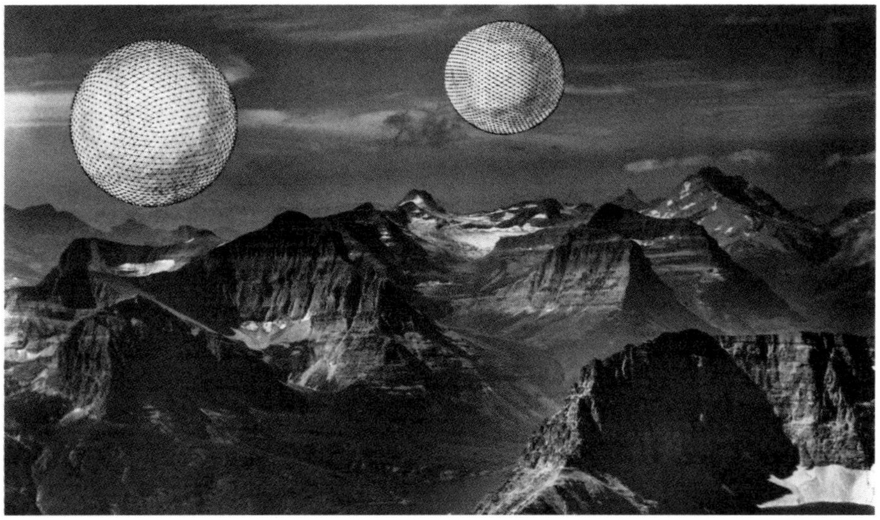

RICHARD BUCKMINSTER FULLER
***Floating Cloud Structures (Cloud Nine)*, 1960**
Épreuve gélatino-argentique contrecollée sur panneau, 40,3 × 50,2 cm
Courtesy The Estate of R. Buckminster Fuller, Santa Barbara

Au milieu des années 1970, des photographes comme Robert Adams, Lewis Baltz, Peter Goin ou Richard Misrach parcourent campagnes et abords des villes, retournent sur les sites mythiques de la grande *wilderness* américaine, au cœur de cette nature immense et prétendument intacte, photographiée en leur temps par Timothy O'Sullivan ou Ansel Adams. Près d'un siècle plus tard, leurs clichés adoptent sans détour le constat d'un paysage irrémédiablement transformé par l'activité humaine et l'industrialisation, maculé par l'accumulation de déchets ou atteint d'une pollution visible ou simplement révélée par les titres ou les sites des prises de vue. Pipelines, eaux troubles, champs en flammes échappant à la maîtrise humaine, coulées de nickel évoquant la lave en fusion, cercle polaire nimbé par les fumées d'un incinérateur – autant de revers à notre vision idéaliste d'une nature sauvage, autant d'images d'une terrible beauté, piégeant notre regard. Le constat est implacable : l'homme est partout, le carnage omniprésent, même derrière la beauté, comme le rappelle, entre autres, la redécouverte d'une forte radioactivité dans certaines zones du parc du Mercantour.

L'avènement d'une pensée écologique se manifeste également parmi les artistes du land art, qui, sensibilisés par leur pratique en milieu naturel, prennent conscience de la transformation du paysage et esquissent une démarche « proto-écologique », même si le caractère monumental et agressif de certaines interventions sera jugé problématique et critiqué par la suite. Des artistes comme Robert Smithson manifestent un intérêt particulier pour les sites industriels ou marqués par l'activité de l'homme, les considérant comme des formes absolument contemporaines, et prenant acte des conséquences des transformations générées par l'activité humaine [→p. 98]. Attiré par ces paysages et envisageant un rôle possible de l'artiste dans leur réhabilitation et leur reconversion, il s'adresse à différentes entreprises minières pour proposer ses services.

À partir de 1973, le Sénat américain propose le *Land Reclamation Act*, qui impose aux industries la « restitution d'un site minier altéré par les opérations de la mine dans son état original ou dans tout autre qui soit approprié, compte tenu de son utilisation passée, de l'usage éventuel que l'on peut faire de ce lieu et de son environnement topographique tout en se souciant de l'environnement économique et des conditions sociales[18] ». Robert Smithson tout comme Robert Morris, conscients de l'idéalisme que représente la « restitution dans un état original » des sites pollués, envisagent différentes stratégies : soit souligner le caractère entropique et les cicatrices du paysage comme le propose le premier, assumant le ravage organisé ; soit adopter une posture dissidente tout en jouant avec la dimension mémorielle des sites pour le second.

Critique, Robert Morris déclare : « Il pourrait [...] s'avérer que pratiquer l'art en tant que *Land Reclamation* consiste à promouvoir l'accélération interrompue du cycle ressource-énergie-consommation-marchandise, dès lors que la *reclamation* (réhabilitation) – définie esthétiquement, économiquement et géophysiquement – fonctionne de manière à rendre acceptables les actes d'extraction des ressources qui sont à son origine[19] » et ajoute : « Sera-t-il plus facile à l'avenir d'éventrer le paysage pour une dernière parcelle d'énergie non renouvelable si l'on peut trouver un artiste (bon marché, bien sûr) pour transformer la dévastation en une œuvre d'art moderne et inspirée ? Ou, au moins, en un endroit amusant ? À la rigueur, en un parc propret où l'on ne court aucun risque [20] ? »

Adoptant un point de vue résolument plastique, John Latham entreprend en Écosse un vaste projet de requalification de sites industriels abandonnés. Il jette son dévolu sur des terrils de schistes, les « Five Sisters » et les « Carberry Bings », auxquels il tente de conférer la noblesse des témoignages monumentaux laissés à l'âge du bronze dans le paysage, insistant sur le caractère anthropomorphe de certains. Les sites s'avéreront surtout des lieux uniques et importants par leur biodiversité.

Une « génération » de *Land Reclamation Artists* voit le jour, à la fois dans leur lignée et en marge de ces pionniers du land art, avec des projets de réhabilitation visant à proposer des modèles alternatifs de développement, et des transformations concrètes des sites pollués. Réalisés en collaboration avec des scientifiques, ces projets concrets, expériences à petite échelle d'écologie expérimentale, tentent d'associer une recherche formelle à des systèmes naturels de traitement de l'eau, d'épuration des sols, etc. Une sélection de ces recherches, qui pour la plupart trouvèrent des applications ou mises en œuvre dans les années 1980, figure dans l'exposition, sous forme d'une cartographie de démarches artistico-environnementales.

—— ***Reclaim*** **– le droit au réenchantement**

Cette notion de *reclamation – reclaim* : se réapproprier, réhabiliter, régénérer – s'avère essentielle et cette revendication ne cesse de grandir jusqu'à aujourd'hui, à la fois dans les mouvements artistiques, écologistes et chez les populations indigènes, proclamant leur droit à se réapproprier leur territoire et à y vivre en harmonie. Ce terme se retrouve également dans les milieux féministes activistes qui, dès les années 1960, se fédèrent à travers le monde autour du combat contre le nucléaire civil et militaire. Le mot écoféminisme apparaît alors et, en 1983, une première anthologie de ces mouvements, *Reclaim the Earth*, est publiée à Londres, sous la houlette de Leonie Caldecott et Stephanie Leland. Imputant la responsabilité de l'épuisement des ressources et de la détérioration des écosystèmes aux hommes, ou tout du moins à une société dominée par leurs valeurs et par l'idéologie du progrès, les écoféministes proposent une écologie pragmatique se déployant dès la sphère domestique, fondée sur le respect de l'environnement, la défense de la permaculture ✿, le refus de l'exploitation à outrance, la réciprocité et horizontalité des échanges *versus* la domination, l'attention et le soin, la lutte contre les inégalités écologiques et sociales. L'invention d'autres formes de relations en somme, à l'autre et à l'environnement.

Cette révolution du regard s'incarne également dans une contestation du point de vue anthropocentrique et dans la revendication croissante mais toutefois contestée à reconnaître des droits à la nature. En 1973, le Norvégien Arne Næss publie un article dans lequel il développe et prône la notion de *deep ecology* ✿, habitée par les valeurs suivantes : « A – Rejet de la vision de l'homme-au-sein-de-l'environnement [...]. Les organismes sont des nœuds au sein du réseau ou du champ de la biosphère, où chaque être soutient avec l'autre des relations intrinsèques. [...]
B – Égalitarisme biosphérique – [...] L'écologiste de terrain tient que *le droit égal pour tous de vivre et de s'épanouir* est un axiome de valeur évident et intuitivement clair. [...] La tentative visant à ignorer notre dépendance et à établir une distribution des rôles entre, d'une part, un maître, et d'autre part, un esclave a contribué à l'aliénation de l'homme lui-même [21]. »
Cette vision envisageant une égale légitimité des espèces et de leurs besoins met en évidence l'interrelation et interdépendance dans un écosystème élargi.

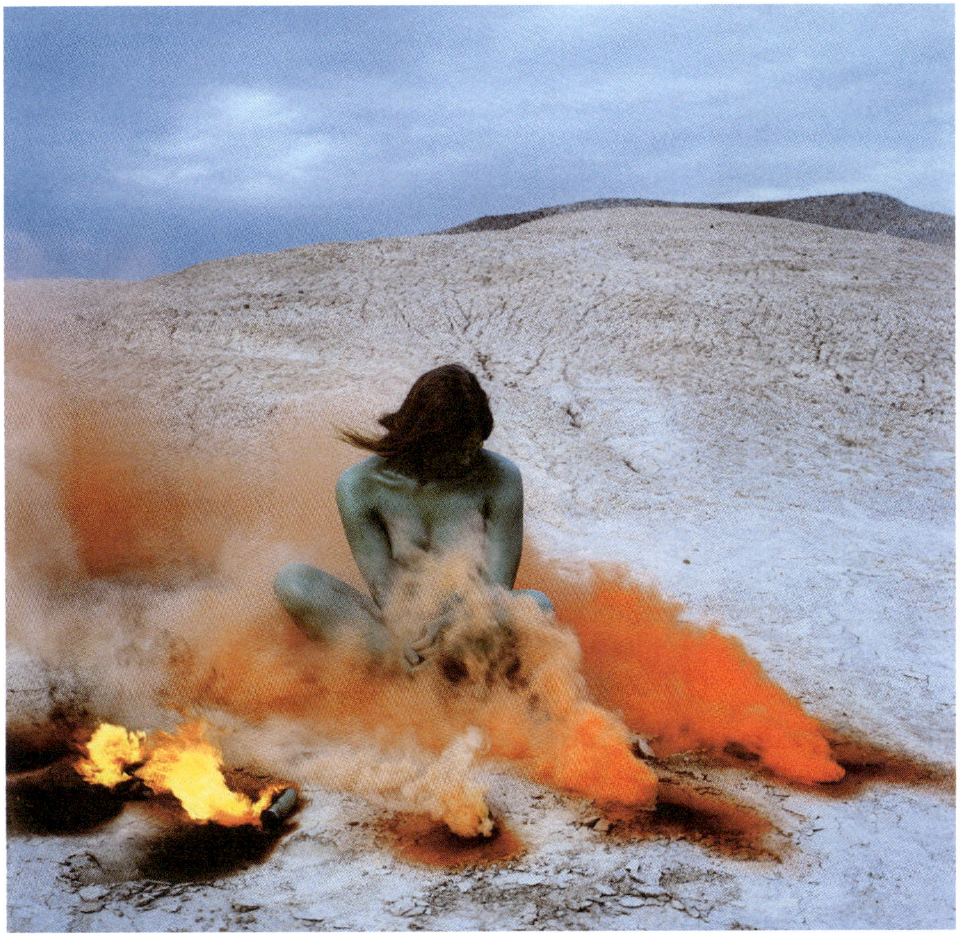

JUDY CHICAGO
***On Fire*, 1969-2012**
1/12 épreuves chromogènes, 50 × 60 cm chacune
Metz, collection 49 Nord 6 Est – Frac Lorraine

Ce climat intellectuel et militant, ces débats autour d'une relation renouvelée à la nature trouvent un écho dans le champ artistique et s'épanouissent dans une prise directe avec l'environnement. À la manière de paysagistes, architectes ou anthropologues, les artistes assimilent un héritage mêlant mélancolie romantique, résignation industrielle, remédiation esthétique et débats écologiques contemporains. À travers des séries de gestes et d'attitudes qui composent autant d'alternatives poétiques, fictionnelles, politiques au fonctionnement de la société moderne, ils apportent de fragiles et symboliques réponses au désastre et pointent la nécessité de cultiver l'imagination, de favoriser les processus de régénération… En somme, d'inventer d'autres voies.

Ce répertoire de gestes essentiels, petit manuel à l'usage d'individus en quête d'alternatives, pourrait rassembler les actes suivants :
– Ritualiser → avec les célébrations païennes et chamaniques de Judy Chicago, Ana Mendieta ou Mary Beth Edelson, sorcières bienveillantes célébrant les forces de la nature et les points d'union spirituels et physiques entre les éléments et l'humain, renouant avec les sociétés traditionnelles ;
– Prendre soin/protéger → déployer des actes compassionnels à l'égard de la nature, comme Gina Pane, réchauffant la terre en y « enterrant » un rayon de soleil, ou Marianne Heske envisageant de réparer les montagnes ;
– Remédier/régénérer → avec Mel Chin et son projet de refertilisation et dépollution des sols grâce à la culture de plantes absorbant les métaux, ou Nancy Holt, concevant avec *Sky Mound* un parc naturel permettant la conversion en énergie du méthane des déchets enfouis ;

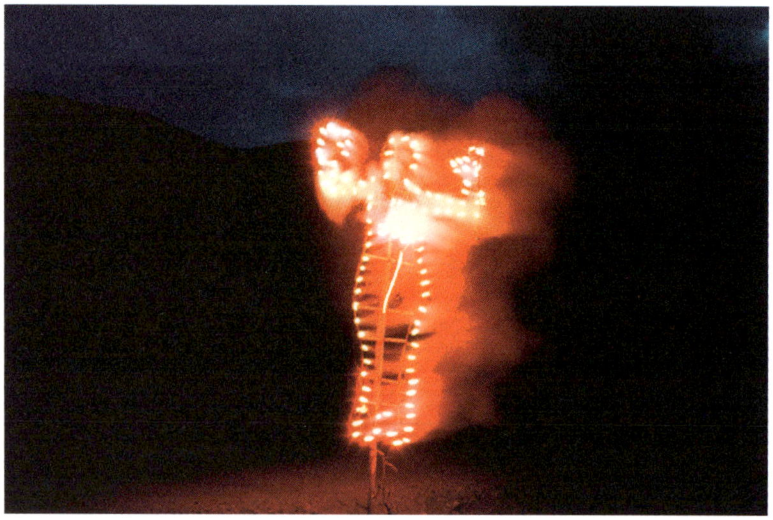

ANA MENDIETA
***Silueta Works in Mexico*, 1973**
1/12 épreuves chromogènes,
40,6 × 50,8 cm
Courtesy the Estate of Ana Mendieta
Collection et galerie Lelong, New York/Paris

– Fertiliser→ en manipulant l'humus ou en protégeant des graines comme Gina Pane ou encore en rappelant le besoin/droit primordial à l'alimentation avec Agnes Denes, pionnière de l'art environnemental. En 1982, celle-ci fait ensemencer la terre, puis moissonner un champ de blé au pied des tours de Manhattan, avant de redistribuer des graines dans vingt-huit villes du monde ;
– Célébrer→ avec cette chorégraphie, évoquant les rituels de célébration du printemps, effectuée au cœur de l'hiver, dans les arbres, à l'aide de cordes, draps et échelles, de Gordon Matta-Clark ; ou cette *Living Time Capsule* de Denes, composée de onze mille sapins plantés en Finlande, avec des volontaires devenus responsables de leur existence ;
– Ressourcer/abreuver→ saisir la rosée, l'eau au moment de son apparition, au cœur des déserts et permettre qu'advienne ou se maintienne la vie, avec Graham Stevens ou Horacio Larraín Barros ;
– Fusionner→ ou, du moins, tenter l'impossible fusion en recherchant une nouvelle alliance, directe et essentielle, entre le corps et la nature, avec Ana Mendieta ou Giuseppe Penone prêtant leur souffle à la terre et aux feuilles, avec Petr Štembera, greffant une branche d'arbre dans son bras.

Tous suggèrent un corps élargi à l'échelle du cosmos, une osmose entre le dehors et le dedans et une sympathie entre les éléments, thème cher aux romantiques qui s'actualise au XXe siècle avec cette belle déclaration de Maurice Merleau-Ponty : « mon corps est fait de la même chair que le monde[22] ». [→p.181]

D'une pensée de l'incarnation, traversée par les résurgences du romantisme appelant l'être à évoluer à l'unisson des battements et tremblements du monde, aux expériences d'écologie pragmatique et domestique, en passant par des formes actuelles d'animisme, l'exigence d'un nouveau rapport au monde s'esquisse dans ces pratiques. Et si le réenchantement n'est pas à envisager au sens littéral et idéaliste du terme, il se dessine sans doute dans ce qu'Olivier Schefer décrit comme une « entreprise complexe de liaison de l'idéal et du réel, de l'esprit et de l'ordinaire[23] » qui sied à l'utopie pragmatique qui reste à inventer.

— Pour un nouvel humanisme[24]

Les changements climatiques en cours, la disparition programmée du pôle Nord, les terres et pays immergés, générant dans un proche futur des réfugiés climatiques, l'éradication d'espèces, sonnent comme autant d'alertes et de scénarios dont le caractère potentiel est irréfutable mais qui nourrissent un cortège de récits du pire et un discours de la fatalité. Comme le souligne Annie Le Brun, « le fait est que du chaos à l'Apocalypse, du Déluge à la fin des temps, de la tour de Babel à l'an mil, du désordre qui engendre l'ordre dans les mythes fondateurs à la table rase qui conduit au "grand soir" [...], innombrables sont les constructions imaginaires qui ramènent à la catastrophe comme à une constante autour de laquelle l'humanité a cherché à se définir en définissant sous le signe de l'accidentel son rapport au monde[25] ».

Cette vision culturelle du monde, sous l'angle de l'alarmisme, et les multiples sources, légitimes, d'inquiétudes qui traversent aujourd'hui la société occultent souvent le principe de responsabilité et la nécessaire invention d'autres voies. Des voies qui prennent leurs distances avec une représentation d'un futur fait de désastres, considéré comme horizon unique, ou avec la promotion d'une gestion des problématiques environnementales *via* de vastes entreprises géotechniques – ne faisant que prolonger quelque cent cinquante années de développement industriel[26].

Certains artistes ont ainsi récemment troqué l'alarmisme contre la fiction, misant sur la puissance d'évocation de spéculations utopiques ou dystopiques. D'autres, partant du principe qu'il faut croire la catastrophe inévitable pour pouvoir l'éviter, ont choisi l'utopisme concret.

Il faut aussi apprendre à vivre avec Gaïa, organisme vivant, unique, désignant le système de la vie sur la planète, plutôt que de poursuivre une illusoire histoire de la domination. Car cet «être puissant et chatouilleux[27]», comme le qualifie Isabelle Stengers, indifférent au destin humain, interfère, par sa vie propre, et en dépit des tentatives de l'endiguer ou de le maîtriser, sur nos entreprises.

L'interrelation exprimée intuitivement par des artistes et auteurs du XVIIIe siècle, puis par des artistes à partir des années 1960-1970, est sans doute le véritable enjeu aujourd'hui : soit appréhender l'homme et la nature ensemble, dans leurs relations mutuelles et dans une vision pragmatique prenant en compte les horizons d'attente et de besoin d'une société contemporaine.

Dans cette histoire tumultueuse et passionnelle, complexe à tous égards, nous pourrions formuler le vœu d'un sublime nouveau, assumant le risque de la grâce et l'aspiration à un devenir sensible du monde qui ne soit pas porté par une dimension mystique mais par l'attente d'une relation plus dynamique et empathique de l'être humain au monde physique. Un pacte de symbiose, en somme, un «contrat naturel [G]», comme le nomme le philosophe Michel Serres. Un nouvel humanisme acceptant que le potentiel d'invention se situe dans les marges et qu'il faille «replonger dans le primitif chaos des sensations pour recréer un monde qui ne soit pas le cosmos figé de nos représentations et formulations habituelles mais un *chaosmos* vibrant et vivant[28]».

1. Edmund Burke, *Recherche philosophique sur l'origine de nos idées du sublime et du beau*, Paris, Vrin, coll. «Bibliothèque des textes philosophiques», 1998 [1757], p. 76.
2. *Ibid.*, p. 97.
3. Baldine Saint Girons (dir.), *Le Paysage et la question du sublime*, Éditions de la RMN, ARAC, musée de Valence, 1997, p. 76.
4. Olivier Schefer, *Résonances du romantisme*, Bruxelles, La Lettre volée, coll. «Essais», 2005, p. 77.
5. David Le Breton, *Passions du risque*, Paris, Métailié, coll. «Traversées», 2000 (1re édition 1991), p. 23.
6. Le sublime de terreur n'est qu'une des facettes développées par Edmund Burke comme le souligne Baldine Saint Girons. Son ouvrage *Le Paysage et la question du sublime* expose une méthode de lecture de cette notion à travers le prisme du risque, *op. cit.*, p. 82-85.
7. Annie Le Brun, *Les Châteaux de la subversion*, Paris, éd. J.-J. Pauvert aux Éditions Garnier Frères, 1982, p. 127.
8. Yvon Le Scanff, *Le Paysage romantique et l'expérience du sublime*, Seyssel, Champ Vallon, coll. «Pays/Paysages», 2007, p. 143.
9. Alain Corbin, *Le Territoire du vide. L'Occident et le désir du rivage (1750-1840)*, Paris, Flammarion, coll. «Champs histoire», 1990, p. 12.
10. Susan Sontag, *L'Amant du volcan*, Paris, Christian Bourgois, p. 126.
11. Annie Le Brun, *Perspective dépravée : entre catastrophe réelle et catastrophe imaginaire*, Bruxelles, La Lettre volée, 1991, p. 21.
12. Walter De Maria, «On the Importance of Natural Disaster» (1960), dans La Monte Young et Jackson MacLow (éd.), *An Anthology*, New York, 1963.
13. Barbara Novak, *Common Ground, Five Artists in the Florida Landscape*, cat. exp., Sarasota, John and Marble Ringling Museum of Art, 1982, p. 63. Citée dans Pierre Lagayette (dir.), *Nature et progrès*, Paris, PUPS, coll. «Frontières» (n° 12), 2006, p. 312. Trad. de l'anglais par J. F. Allain
14. Günther Anders, *L'Obsolescence de l'homme : sur l'âme à l'époque de la deuxième révolution industrielle* (1956), trad. Christophe David, Paris, Ivréa, 2001, p. 269.
15. François Walter, *Catastrophes. Une histoire culturelle, XVIe-XXIe siècle*, Paris, Seuil, coll. «L'univers historique», 2008, p. 304.
16. Will Steffen, Paul Crutzen et John McNeill cités par Christophe Bonneuil et Pierre de Jouvancourt, «En finir avec l'épopée. Récit, géopouvoir et sujets de l'anthropocène», dans Émilie Hache (dir.), *De l'univers clos au monde infini*, Bellevaux, Dehors, 2014, p. 61.
17. Bonnie Mann, *Women's Liberation and the Sublime. Feminism, Postmodernism, Environment*, New York, Oxford University Press, 2006, p. 162-163.
18. Amendement 425 cité dans Gilles A. Tiberghien, *Land art*, Paris, Dominique Carré éditeur, 2012, p. 131.
19. Jeffrey Kastner (éd.), *Land and Environmental Art (Themes and Movements)*, Londres, Phaidon, cité dans Nathalie Blanc et Julie Ramos (dir.), *Écoplasties, art et environnement*, Paris, Manuella Éditions, p. 35.
20. Robert Morris, «Robert Morris keynote address», dans *Earthworks: Land Reclamation as Sculpture*, Seattle Art Museum, 1979, p. 16.
21. Arne Næss, «The Shallow and the Deep, Long-Range Ecology Movement. A Summary», 1973, dans Arne Næss, *Écologie, communauté et style de vie*, Bellevaux, Dehors, 2013, p. 58-59.
22. Maurice Merleau-Ponty, *Le Visible et l'Invisible*, Paris, Gallimard (1964), cité dans Michel Collot, *Le Corps cosmos*, Bruxelles, La Lettre volée, coll. «Essais», 2008, p. 31.
23. Olivier Schefer, *Mélanges romantiques. Hérésies, rêves et fragments*, Paris, Le Félin, 2013, p. 31.
24. «Notre destin est un destin commun que nous partageons avec tous nos partenaires sur terre, vivants et non vivants. C'est cela le nouvel humanisme.» Michel Serres, «Second Nature, interview by Paul Galvez», *Art Forum*, septembre 2013.
25. Annie Le Brun, *Perspective dépravée*, *op. cit.*, p. 19.
26. Voir sur ce sujet Christophe Bonneuil et Pierre de Jouvancourt, «En finir avec l'épopée…», dans *De l'univers clos au monde infini*, *op. cit.*, p. 57-105.
27. Isabelle Stengers, «Penser à partir du ravage écologique», dans *De l'univers clos au monde infini*, *op. cit.*, p. 149.
28. Michel Collot, *Le Corps cosmos*, *op. cit.*, p. 81.

Olivier Schefer

Sublime et cosmos
Du romantisme à l'art contemporain

« Et qu'y a-t-il de plus sublime que de saisir la vie mystérieuse de cette nature ? »
Carl Gustav Carus[1]

— Crise de la représentation, immanence romantique du sublime

Avant d'avoir fourni aux arts visuels un matériau iconographique aussi inépuisable que spectaculaire – inondations, tremblements de terre, éruptions volcaniques –, le sublime aura d'abord été ce formidable coup de tonnerre dans l'enceinte de l'art, remettant en cause, depuis la fin du XVIIIe siècle, la possibilité même de la représentation artistique. Si Edmund Burke a déterminé dans sa *Recherche philosophique sur l'origine de nos idées du sublime et du beau* (1757) les conditions empiriques et psychologiques de l'effroi provoqué par le sublime naturel, en s'appuyant sur certaines expériences concrètes (vertige, peur du noir, angoisse face à la mort), Kant pense la dimension métaphysique du sublime, sa transcendance, dans un double geste de reconnaissance et de dénégation, essentiel à la modernité qui s'invente avec et après lui. Dans sa *Critique de la faculté de juger* (1790), Kant estime, en effet, que le sublime n'est pas un objet ni un spectacle naturel, c'est un sentiment éprouvé à l'occasion de certains phénomènes limites ou extrêmes de la nature. L'infinité du cosmos (sublime mathématique de la grandeur) et la puissance naturelle (sublime dynamique de la force) ne sont donc pas sublimes en elles-mêmes, elles réveillent ou suscitent notre propre sublimité, à savoir notre capacité à nous confronter à ce qui nous dépasse absolument. Soit que nous pensions l'infini par notre raison, soit que nous nous élevions par notre liberté morale au-dessus des puissances terrassantes de la nature. Mais puisque le sublime est en nous, il ne saurait résider dans un objet, une représentation finie, autrement dit en une œuvre.

De l'impossibilité kantienne de présenter l'infiniment grand et l'absolument puissant, sinon en présentant qu'il y a de l'« imprésentable », de l'« inexprimable », comme l'écrit Jean-François Lyotard[2], le romantisme allemand fait une condition positive ou du moins l'occasion d'une requalification dialectique de l'art. Ce changement majeur est indissociable d'une nouvelle approche de la nature, approche tout à la fois philosophique, religieuse et scientifique. L'homme romantique n'est pas confronté à une immense mécanique naturelle – rouage de causes et d'effets promu par les Lumières –, il devient ou redevient la partie d'un tout, d'une totalité organique. L'intériorité de l'âme se retrouve dans l'extériorité des règnes naturels, et ceux-ci sont les composants d'un Univers fait de correspondances. Dans ce contexte, le sublime n'est plus le sentiment moral et métaphysique d'un sujet solitaire en présence d'une nature déchaînée, car ce qu'est la nature je le suis et inversement. Le sublime romantique rouvre, en vérité, la question de la transcendance dans *l'immanence même*, à l'instar de la « sublimité divine » à l'œuvre en chaque phénomène, louée aussi bien par Schelling, Novalis, Schleiermacher, les peintres Carl Gustav Carus et Caspar David Friedrich, plus tard Victor Hugo et Gérard de Nerval lorsque ce dernier revisite le thème ancien de l'Âme du monde :

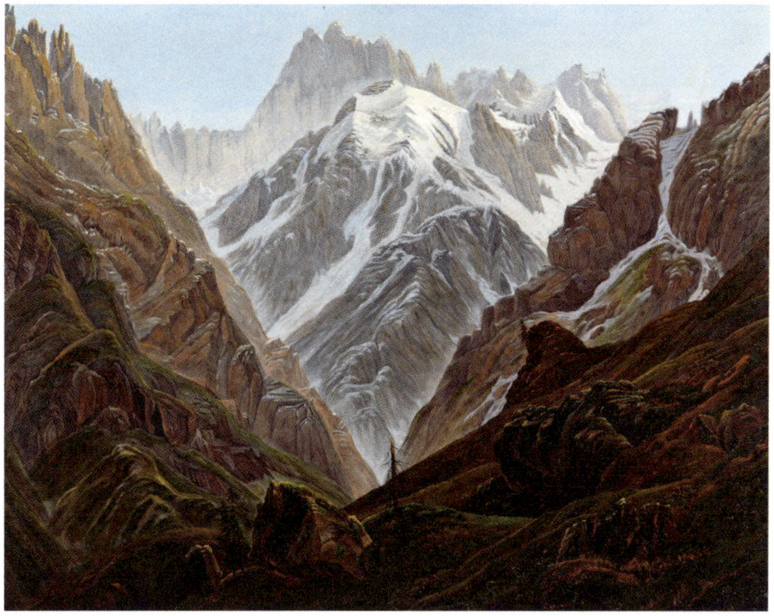

CARL GUSTAV CARUS
***Haute Montagne*, vers 1824**
Huile sur toile, 136 × 171 cm
Essen, Museum Folkwang

> Respecte dans la bête un être agissant :
> Chaque plante est une âme à la nature éclose,
> Un mystère d'amour dans le métal repose,
> Tout est sensible !... et tout sur ton être est puissant[3].

La présentation du sublime, qui était seulement « négative » et « abstraite » chez Kant, est dès lors radicalement modifiée. Elle définit le nouveau régime de l'œuvre d'art dont Schelling écrira en 1800, dans son *Système de l'idéalisme transcendantal*, qu'elle est une présentation finie de l'infini. Cette immanence du sublime bouleverse la nature de l'œuvre et ses canons esthétiques de perfection, de limite et de pureté : l'œuvre d'art n'est plus l'allégorie représentative et illustrative d'une vérité religieuse ou l'imitation d'un texte sacré faisant autorité (suivant la tradition classique et néoclassique de l'*Ut pictura poesis*), elle devient le symbole vivant, mobile et sans limite d'une nature sacrée, toujours en devenir. On connaît les multiples torsions auxquelles le romantisme soumettra la forme finie, tout à son désir de capter et d'imiter le mouvement infini et sublime de la nature : déformation picturale de la perspective centrée (dilatée dans plusieurs paysages de Caspar David Friedrich), valorisation d'une musique non narrative, étirée dans le temps, stratégie d'inachèvement et de fragmentation des textes, éloge des forces dionysiaques du désir face à la « noble simplicité et [à] la calme grandeur » supposée du classicisme grec selon Winckelmann[4].

De ces bouleversements, on retiendra ici, pour sa valeur d'exemplarité et pour l'importance qu'elle acquiert dans le champ contemporain, la relecture romantique de la thèse mimétique qui modifie, non seulement le regard porté sur l'art, mais aussi la compréhension des rapports entre l'homme et son environnement.

Nature naturante et mouvements terrestres

Dans *Mille Plateaux*, Gilles Deleuze et Félix Guattari définissent « trois âges » de la pensée et de l'art : le moment classique, romantique et moderne[5]. Le premier aurait à voir avec le chaos, à la fois pris en compte et supprimé dans l'œuvre qui équilibre les forces primitives. L'artiste romantique procéderait plutôt à une territorialisation de ses questions, il négocie en permanence avec les forces issues de la terre et d'un fonds originaire. Quant à l'artiste moderne, il ouvre l'âge cosmique, dont Paul Klee devient chez eux le représentant emblématique, lorsqu'il assigne à l'art la tâche de *rendre visible* ce qui ne l'est pas ou encore de « capter du Cosmos[6] ». L'intérêt de cette distinction, dont les auteurs eux-mêmes reconnaissent la relative instabilité historique, est qu'elle permet de repenser radicalement l'art – tout âge confondu –, selon un plan d'immanence, à travers un lien, chaque fois différent, à la nature (forces du chaos, forces terrestres, forces cosmiques). Ce qui autorise, voire libère, aux dépens même de ces auteurs, une relecture de la question romantique et de ses résonances contemporaines[7].

Lorsqu'ils affirment que le « tournant post-romantique » advient quand ce ne sont plus les formes, les matières ni les thèmes qui importent, mais les « forces, les densités, les intensités », parcourant et sous-tendant le monde visible, n'est-ce pas l'essentiel de l'opération romantique qui se trouve là définie, à savoir l'*imitation* de la *nature*

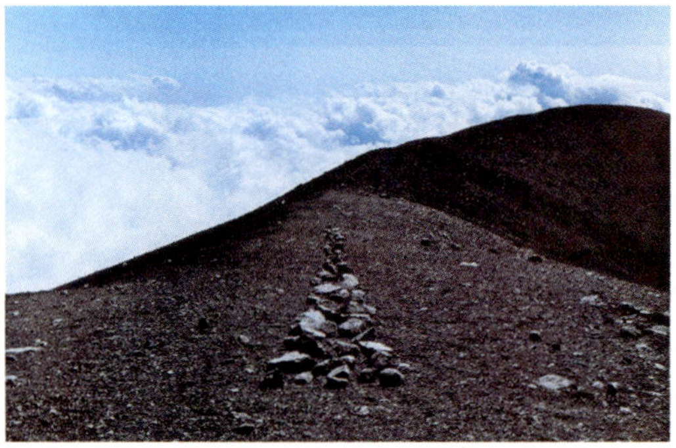

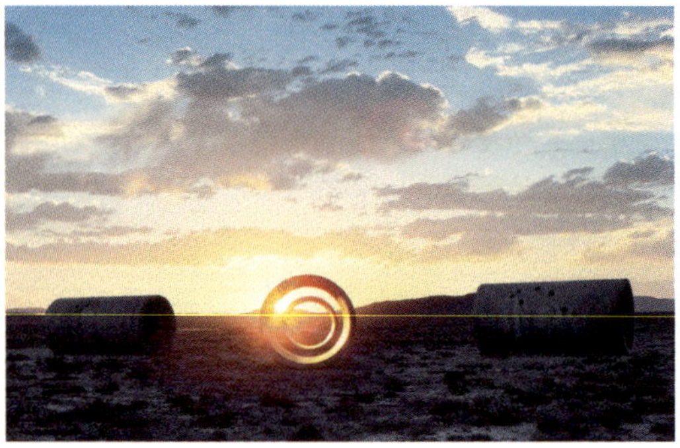

RICHARD LONG
***A Line in Japan*, 1979**
Installation *in situ*, mont Fuji, Japon
Londres, Tate et Édimbourg, National Galleries of Scotland. Lent by Anthony d'Offay, 2010

NANCY HOLT
***Sun Tunnels*, 1973-1976**
Installation *in situ*, Great Basin Desert, Utah, États-Unis
Courtesy The Holt-Smithson Foundation, Santa Fe et James Cohan Gallery, New York

naturante et productrice ? S'inspirant de Spinoza, le romantisme allemand a en effet distingué la nature naturante, la nature comme cause et dynamique du vivant, de la nature naturée, ensemble des phénomènes extérieurs issus de la première[8]. Avec Cézanne, artiste de l'ère dite « cosmique », « les rochers n'existent plus que par les forces de plissements qu'ils captent, les paysages par des forces magnétiques et thermiques, les pommes par des forces de germination : forces non visuelles et pourtant rendues visibles[9] ». Dans ses *Neuf lettres sur la peinture de paysage*, le peintre Carl Gustav Carus proposait précisément, en 1831, de rebaptiser la peinture de paysage, en surmontant la valeur exclusivement picturale de cet art, sa qualité de représentation figurative, pour se tenir au plus près de la « Divinité unique, infiniment sublime » de la nature. « Cette Divinité, ajoute-t-il, on doit la reconnaître aussi dans le monde en sa totalité [...] et la prendre pour fin de la mimésis artistique[10]. » Plus qu'une simple image ou que la projection sentimentale d'états d'âme, le paysage devient un « art de la représentation de la vie de la terre » (*Erdenlebenbildkunst*), la manifestation de la « grande vie mystérieuse de la terre » qui affleure à la surface des phénomènes et en constitue le noyau. Carus se demande ainsi, anticipant plusieurs problématiques écologiques et esthétiques contemporaines, « [...] et si l'artiste vivait avec l'intuition profonde des puissants mouvements vitaux de la terre, s'entrecroisant indéfiniment, de son atmosphère, de ses masses d'eau et de ses individus vivants, le paysage artistique ne devrait-il pas y gagner un caractère particulier, et produire sur le cœur de celui qui le contemple un effet de singulière nouveauté[11] ? ».

Carl Gustav Carus qui évoque la « représentation artistique de la libre nature[12] », Caspar David Friedrich qui loue la « libre reproduction spirituelle de la nature, la création au sens propre[13] », Friedrich Schlegel qui assigne à l'art la tâche d'être une « nouvelle révélation de la nature[14] », ou Novalis envisageant une « poésie de l'infini[15] » originaire : chacun contribue à la requalification productrice de la *mimesis*, dorénavant pourvoyeuse en symboles de l'intériorité, mais également tournée vers le versant invisible des choses, vers les forces « cosmiques » du sublime naturel.

— Sublime contemporain

Si les travaux des artistes américains des années 1960-1970 prolongent les interrogations mystiques et poétiques des romantiques allemands, et plus directement des transcendantalistes américains, c'est probablement en raison d'un même goût pour l'errance – la figure allemande du *Wanderer*, les *road trips* américains –, et d'un attrait commun pour les espaces désertiques, lointains et inconnus[16]. Dans son essai fondateur, intitulé *Nature*, destiné à marquer la future *beat generation* américaine et les mouvements de retour à la nature, Emerson souligne à plusieurs reprises les avantages de la vie sauvage dans les bois. Qu'il lève les yeux ou contemple l'horizon sans fin, l'homme communique et communie avec le grand Tout. « Debout sur le sol nu, la tête baignée par l'air joyeux et soulevée dans l'espace infini, tous nos petits égoïsmes s'évanouissent. Je deviens une pupille transparente ; je ne suis rien, je vois tout ; les courants de l'être universel circulent à travers moi ; je suis une partie ou une parcelle de Dieu. [...] Dans la nature sauvage, je trouve quelque chose de plus cher et de plus primordial que dans les rues et les villages. À travers la tranquillité du paysage, et spécialement sur la ligne lointaine de l'horizon, l'homme contemple quelque chose d'aussi magnifique que sa propre nature[17]. »

Dans un contexte marqué par des problématiques économiques, politiques et écologiques bien spécifiques (pollution, menace nucléaire, marchandisation de l'art), plusieurs artistes du land art semblent poursuivre l'entreprise cosmique du romantisme et l'aspiration mystique du transcendantalisme, tout en les portant hors du monde confiné des ateliers. Le sublime devient l'objet d'*expériences contemplatives* et de *pratiques nomades*. En atteste la géographique des grands espaces parcourus par Richard Long au Népal ou au Pérou, celle des cieux contemplés à travers

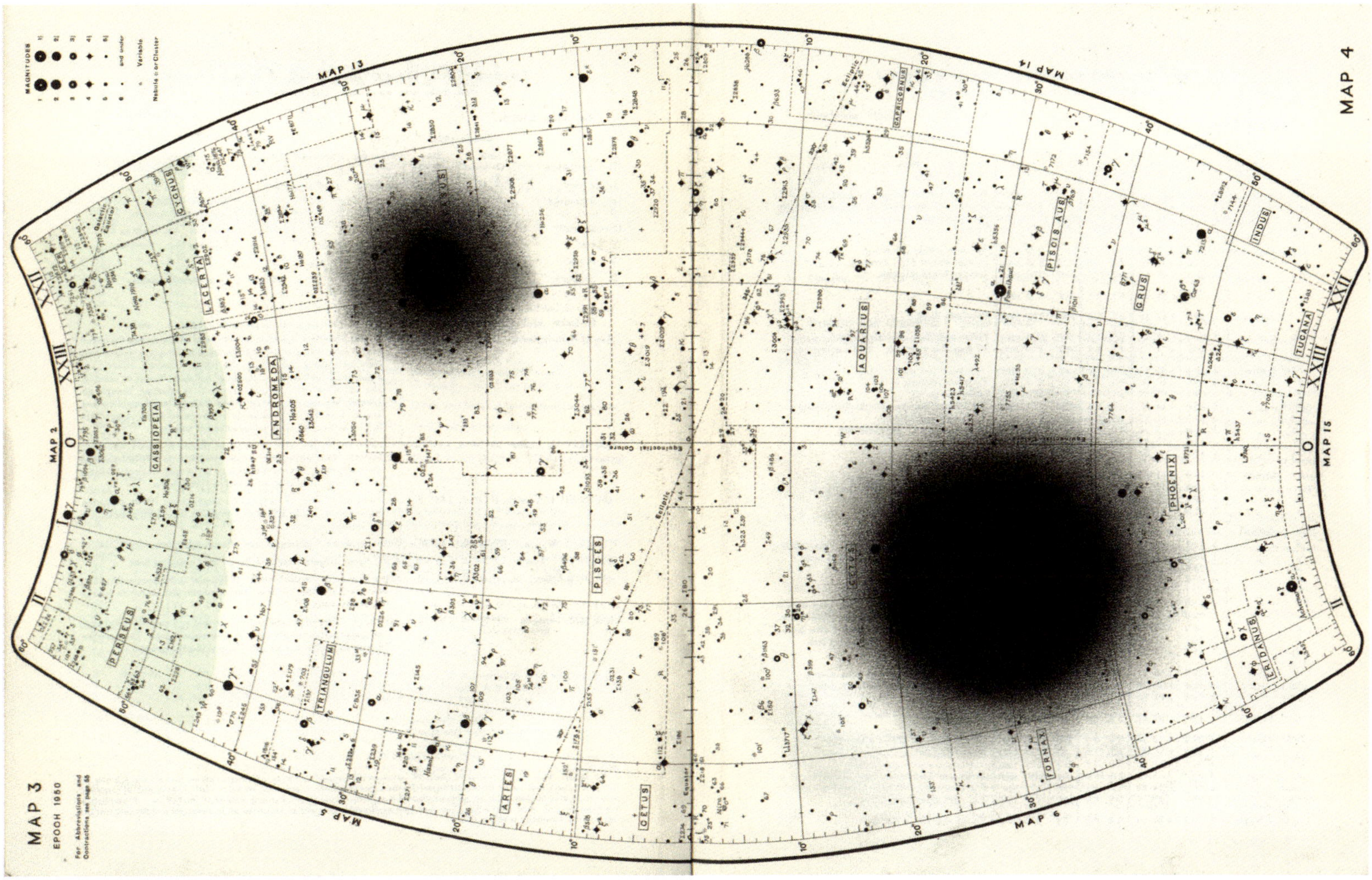

CAROLINE CORBASSON
***Anomalia*, 2013**
Charbon sur atlas du ciel, 30 × 40 cm
Courtesy l'artiste

des observatoires, le *Star Axis* de Charles Ross, débuté en 1971, et le *Roden Crater* (1991) de James Turrell. On songe également aux quatre tunnels de béton troués à leur surface, œuvre conçue par Nancy Holt au nord-ouest de l'Utah. De ces *Sun Tunnels* (1973-1976), orientés en fonction des solstices d'été et d'hiver, dont les trous correspondent aux principales constellations célestes, Gilles A. Tiberghien écrit : « On a le sentiment d'être sur la Terre dans la mesure où celle-ci est saisie en relation avec le système des étoiles. Là aussi, la Terre est perçue dans sa totalité, comme *Earth*[18]. »

Lorsque Michael Heizer, dans un geste quasi démiurgique, crée une encoche négative, une vaste excavation entre deux falaises, *Double Negative* (1969-1970), il ouvre la voie de ce sublime vertigineux et colossal, auquel certaines œuvres d'aujourd'hui se mesurent, dans leur démesure même. Héritier de l'expressionnisme abstrait (le sublime de Barnett Newman) et de l'imaginaire géologique du land art, Anish Kapoor propose en plusieurs de ses œuvres un sublime contemporain, une beauté de la catastrophe qui place le regardeur en état de sidération. À l'instar de *Svayambh* (2007), train inhumain de cire rouge, progressant avec la lenteur d'un glacier recouvert de sang à travers l'espace du musée, rendu à l'inquiétante étrangeté de l'espace même[19].

Car l'appréhension du cosmos est aussi bien affaire d'*espace* que de *temps* : temps géologique et entropique de la transformation des roches par l'usure et la salinité (*Spiral Jetty*, 1970, de Robert Smithson) ou, au contraire, temps fugace et fulgurant de l'*événement*. Avec son champ de paratonnerres, composé de quatre cents mâts d'acier, le *Lightning Field* (1977), situé dans une région du Nouveau-Mexique propice

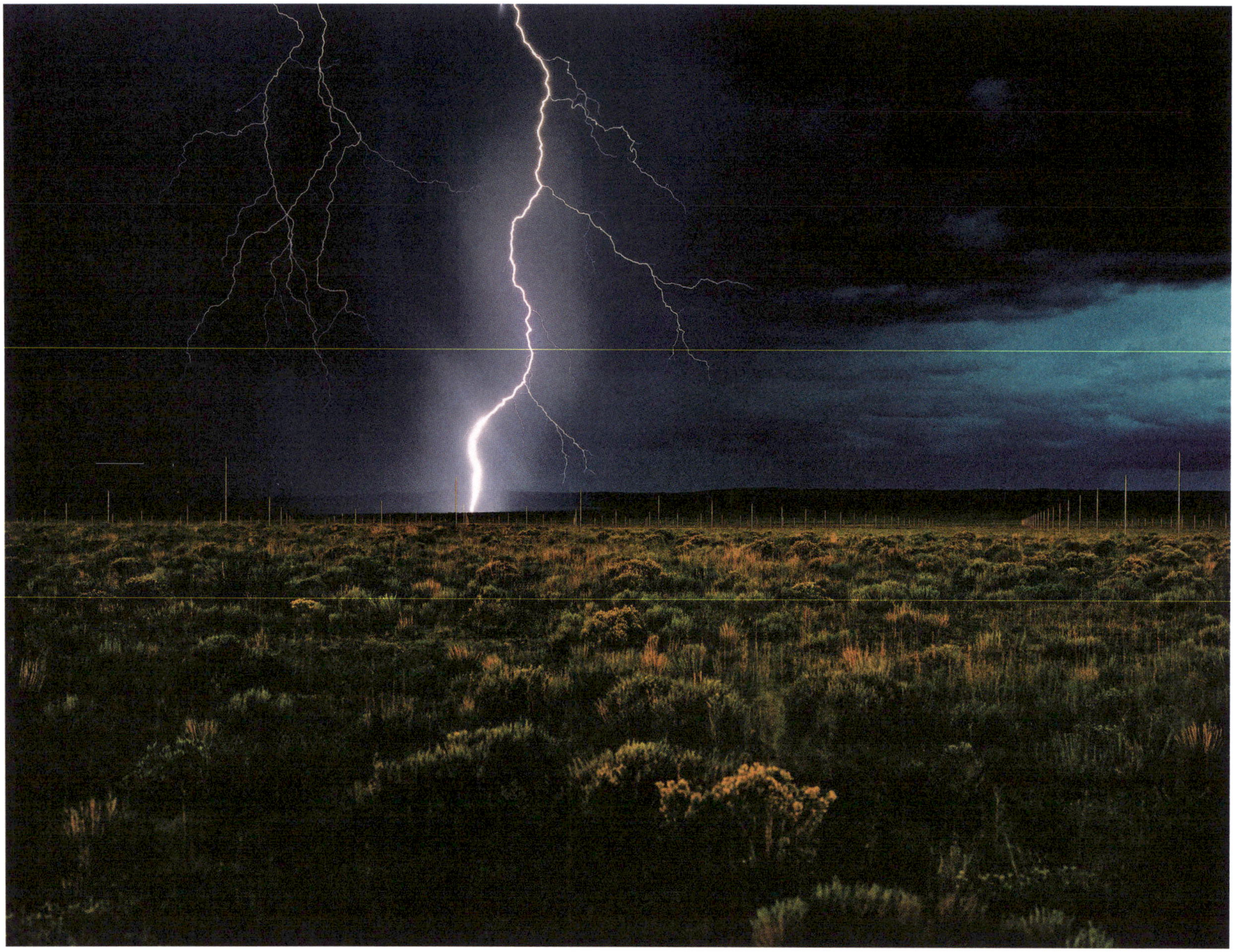

WALTER DE MARIA
***The Lightning Field*, 1977**
Installation *in situ*, Nouveau-Mexique, États-Unis
Courtesy Dia Art Foundation, New York

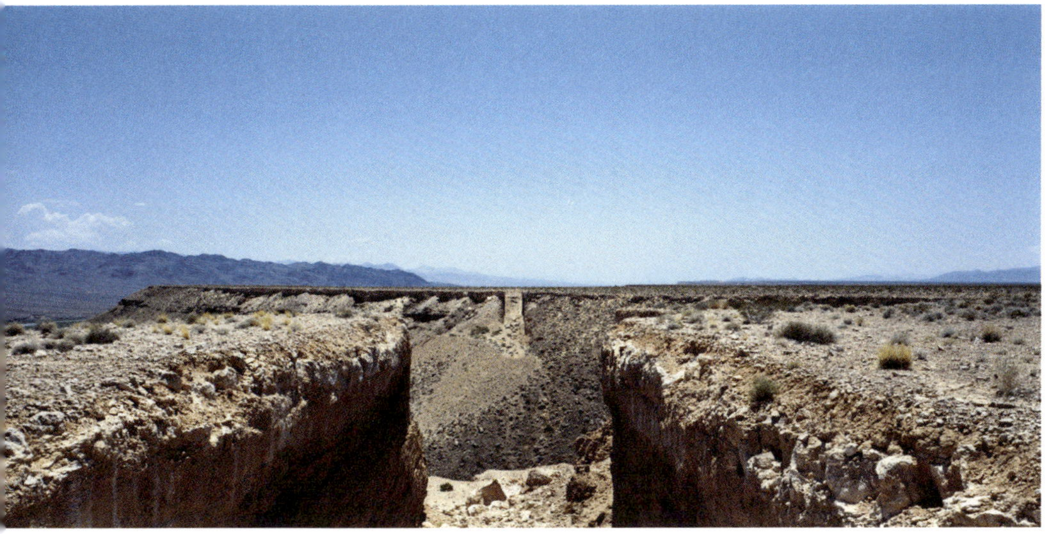

MICHAEL HEIZER
Double Negative, 1969-1970
Installation *in situ*, Nevada, États-Unis
Courtesy l'artiste et galerie Gagosian, Los Angeles

aux orages, Walter De Maria offre une version *in situ* du sublime dynamique kantien. Cette installation sculpturale conjoint l'horizontalité et la verticalité – l'attente, la durée (il peut ne rien se passer) – et la survenue brutale des éclairs. Et si l'instant transcendant et vertical de la foudre irradie l'immanence du champ terrestre et investit l'horizon, ce n'est pas comme l'instant « infiniment bref » et autosuffisant du modernisme, décrypté par Michael Fried, par opposition à l'expérience de l'« interminable » des minimalistes [20] ; il s'agit de l'instant décisif d'une nature simultanément déchirée, dévoilée et révélée. N'est-ce pas celle-là que le sublime met à l'épreuve et porte à notre attention ?

Le premier penseur du sublime de notre tradition, le Pseudo-Longin, notait sans détour, au IIIe siècle de notre ère : « Mais quand le sublime vient à éclater où il faut, c'est comme la foudre : il disperse tout sur son passage [21]. » Certaines vérités n'éclosent qu'à ce prix.

1. Caspar David Friedrich, Carl Gustav Carus, *De la peinture de paysage dans l'Allemagne romantique*, trad. Erika Dickenherr, Alain Pernet et Rainer Rochlitz, Paris, Klincksieck, 2003 (1re éd. 1983), C. G. Carus, *Neuf lettres sur la peinture de paysage*, p. 103.
2. Jean-François Lyotard, « Le sublime et l'avant-garde », *L'Inhumain. Causeries sur le temps*, Paris, Galilée, 1988, p. 112. Cette présentation négative du sublime qualifie, pour Lyotard, le travail de l'abstraction (Malévitch) et des avant-gardes postmodernes qui ne font plaisir qu'en faisant peine. Les avant-gardes picturales « se consacrent à faire allusion à l'imprésentable, par des présentations visibles ». Jean-François Lyotard, *Le Postmoderne expliqué aux enfants*, Paris, Galilée (repris dans le Livre de poche), 1988, p. 22.
3. Gérard de Nerval, « Pensée antique », *Œuvres complètes*, sous la direction de Jean Guillaume et de Claude Pichois, Paris, Gallimard, « Bibliothèque de la Pléiade », t. I, 1989, p. 739.
4. Pour plus de précisions, voir l'anthologie du romantisme allemand, *La Forme poétique du monde* (s.l.d. Ch. Le Blanc, L. Margantin, O. Schefer), Paris, José Corti, 2003, chap. 3, « L'esthétique de la totalité », p. 67-97, et l'ensemble de la section 4, « L'esthétique romantique », p. 439-626.
5. Gilles Deleuze et Félix Guattari, « De la ritournelle », *Mille Plateaux. Capitalisme et schizophrénie 2*, Paris, Minuit, 1980, p. 416-428.
6. *Ibid.*, p. 425.
7. Relecture dont j'ai posé ailleurs quelques prémices, notamment dans Olivier Schefer, *Résonances du romantisme*, Bruxelles, La Lettre volée, 2005, et *Mélanges romantiques. Hérésies, rêves et fragments*, Paris, Le Félin, 2013.
8. Voir à ce propos les remarques d'August Wilhelm Schlegel dans ses *Leçons sur l'art et la littérature* [1808], *L'Absolu littéraire. Théorie de la littérature du romantisme allemand*, trad. Philippe Lacoue-Labarthe, Jean-Luc Nancy et Anne-Marie Lang, Paris, Seuil, 1978, p. 346.
9. Gilles Deleuze et Félix Guattari, *Mille Plateaux*, *op. cit.*, p. 423.
10. Carl Gustav Carus, *Neuf lettres sur la peinture de paysage*, dans *De la peinture de paysage dans l'Allemagne romantique*, *op. cit.*, p. 91.
11. *Ibid.*, p. 107.
12. *Ibid.*, p. 88.
13. Caspar David Friedrich, *En contemplant une collection de peintures*, trad. Laure Cahen-Maurel, Paris, José Corti, 2011, p. 54.
14. Friedrich Schlegel, « Discours sur la mythologie », *L'Absolu littéraire*, *op. cit.*, p. 320.
15. Novalis, lettre à Friedrich Schlegel du 12 janvier 1798, *Semences*, trad. Olivier Schefer, Paris, Allia, 2004, p. 26-27.
16. Novalis, *Le Brouillon général* [1798-1799], trad. Olivier Schefer, Paris, Allia, 2015 (1re éd. 2000), n° 342, p. 89 : « L'inconnu et le mystère sont le *résultat* et le *commencement* de toutes choses. [...] Dans la distance, tout devient *poésie – poème*. [...] Montagnes lointaines, hommes lointains, événements lointains, etc., tout cela deviendra romantique. » Dans son « Chant de la grand-route » [1856], Walt Whitman célèbre l'« univers [qui] est comme une route, comme beaucoup de routes, comme des routes pour les âmes en voyage ». Walt Whitman, *Feuilles d'herbe*, trad. Roger Asselineau, Paris, Aubier-Flammarion, 1972, p. 255.
17. Ralph Waldo Emerson, *La Nature* [1836], trad. Patrice Oliete Loscos, Paris, Allia, 2004, p. 14.
18. Gilles A. Tiberghien, *Land art*, Paris, Carré, 2012 (1re éd. 1993), p. 153.
19. Anish Kapoor, *Svayambh*, musée des Beaux-Arts de Nantes, Lyon, Fage, 2007.
20. Michael Fried, « Art et objectité », *Contre la théâtralité. Du minimalisme à la photographie contemporaine*, trad. Fabienne Durand-Bogaert, Paris, Gallimard, coll. « NRF Essais », 2007, p. 138-139.
21. Longin, *Du sublime*, I, 4, cité par Philippe Lacoue-Labarthe, « La vérité sublime », *Du sublime*, (ouvrage collectif), Paris, Belin, 1988, p. 143.

Hélène Meisel

De l'imaginaire fossile au cours du pétrole
Le filon Robert Smithson

Fossilis désigne en latin « ce que l'on tire de la terre ». Vaste programme, auquel répondent différentes manières de creuser le sol, de la fouille archéologique au forage pétrolier. Dans tous les cas, que le butin soit un mollusque fossilisé ou le gisement d'un combustible fossile, le trésor excavé est toujours le condensé d'un temps extrêmement long dont l'apparence minérale masque souvent l'origine organique. En 1969, un artiste de l'arte povera tente ainsi l'improbable réanimation d'un bloc d'anthracite, l'exposant à l'air libre et le dotant d'une ampoule pour lui restituer l'oxygène et la lumière qui lui ont fait défaut pendant des millénaires. Cette roche sédimentaire provient en effet de matières organiques végétales ensevelies il y a trois cents millions d'années. Giovanni Anselmo rappelle que l'anthracite était ou un végétal ou un saurien, avant que les transformations de la croûte terrestre n'enfouissent bien des aspects de la vie. *Trecento milioni di anni* et sa tentative de résurrection misent ainsi sur un come-back préhistorique cher à la science-fiction.

Jusqu'à la Renaissance, la nature des fossiles reste énigmatique. On leur prête des origines alchimiques ou sidérales. Leurs formes de coquilles, de dents ou de plantes les font passer pour des simulacres, des « jeux de la nature » nés des vertus séminales d'une terre capable de générer *ex nihilo* ces « pierres-figurées ». Certains, comme Léonard de Vinci ou Bernard Palissy, pressentent pourtant que les coquilles fossilisées ont été autrefois vivantes et qu'elles trahissent à l'endroit de leur découverte l'existence de mers disparues. Progressivement, la mythologie s'estompe au profit d'une science qui s'amorce au XVIIIe siècle et s'affirme au XIXe : la paléontologie. Voyant que certains fossiles ne correspondent à aucune espèce vivante connue, le naturaliste des Lumières Buffon émet d'abord l'hypothèse d'*espèces disparues*, que confirme ensuite Georges Cuvier avec son anatomie comparée entérinant le principe d'*extinction*. Tel fossile ayant vécu à telle période permet de dater la strate géologique de laquelle il provient. Les avancées de la stratigraphie rendront possible une histoire chronologique du globe dilatant quelque peu les six jours de la Création biblique. La formation de la Terre remonterait à 4,6 milliards d'années, origines d'avant la vie dont aucune roche connue ne nous est parvenue.

Dans les années 1960 et 1970, plusieurs artistes du land art se passionnent pour les sols américains, considérant les mines et les carrières comme de gigantesques sculptures en négatif. Ils entreprennent à l'échelle du paysage des chantiers monumentaux, à mi-chemin entre l'ouvrage d'art, le site préhistorique et le vestige de

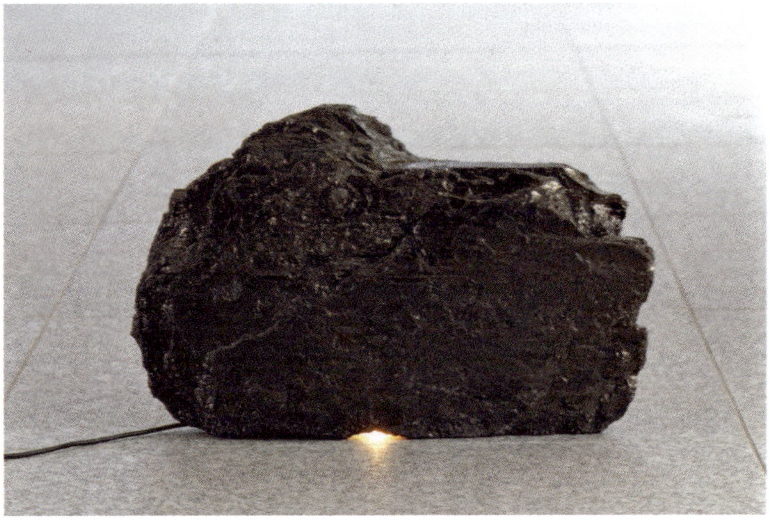

GIOVANNI ANSELMO
***Trecento milioni di anni*, 1969**
Anthracite, lumière électrique,
30 × 56 × 25 cm
Épinal, Musée d'art ancien et contemporain

catastrophes naturelles. Cratères, dépressions, puits, tranchées, tunnels, jetées, rampes, promontoires, etc. : leurs interventions baptisées *earthworks* recouvrent aussi bien des « œuvres de terre » que des travaux de « terrassements » [→p. 38-43]. Pour définir cette nouvelle tendance, l'artiste Peter Hutchinson cite une source d'inspiration potentielle : « Le livre d'Immanuel Velikovsky, *Earth in Upheaval*, regorge d'idées pour les artistes. Il y est question de vallées d'os de rhinocéros, de villes ensevelies sous les glaces, et de cataclysmes qui ont brutalement modifié la surface de la planète[1]. »

Parmi eux, Robert Smithson[2] témoigne d'une érudition encyclopédique en matière de minéralogie ou de cristallographie. La géologie est pour lui un principe universel modelant aussi bien le monde physique que métaphysique ; les processus d'érosion, de sédimentation et de dislocation qui le fascinent tant, façonnent aussi bien la terre que l'esprit, les formations du sol (*earthworks*) que celles du langage (*earthwords*). L'artiste parle de « sédiment cérébral » et de « conscience solide » : « Le cerveau lui-même ressemble à une pierre érodée d'où s'échappent les idées et les idéaux[3]. » Cette géologie abstraite abolit dès lors plusieurs oppositions fondamentales : le matériel et l'immatériel, le vivant et l'inerte, le naturel et l'artificiel.

— Neptunisme versus plutonisme, polémiques cosmogoniques

Dans un essai de 1970-1971 intitulé *Strata, a Geophotographic Fiction*, Smithson esquisse une histoire syncopée des différentes théories de la Terre, qui tentèrent d'en expliquer les origines et la formation. Entrecoupé d'images de fossiles et organisé en âges géologiques, ce texte fragmentaire revient notamment sur la longue controverse qui opposa les partisans d'une Terre modelée par l'eau (neptunisme) à ceux d'une Terre forgée par le feu (plutonisme). Le jésuite allemand Athanasius Kircher décrit en 1665 dans son *Mundus subterraneus* un globe pourvu d'un feu central dont les canaux concentriques alimentent des volcans périphériques – théorie dont Smithson reproduit fidèlement l'illustration. Dans sa *Sacred Theory of Earth* de 1681, le théologien anglais Thomas Burnet décrit ensuite un chaos originel où tous les éléments auraient d'abord formé une soupe indistincte, lentement décantée autour d'un noyau dur. Les eaux diluviennes auraient ensuite ravagé cet ordre initial, faisant apparaître au moment de leur retrait des effondrements dus au cataclysme : selon ce scénario, les montagnes seraient des « reliques du Déluge ».

Portée par des motivations économiques et par l'industrialisation des mines, la géologie progresse considérablement de 1770 à 1820. Au même moment, la pensée romantique se cristallise, elle aussi fascinée par ce monde minéral qu'elle aimerait préserver d'une marchandisation galopante et d'une démystification progressivement opérée par les naturalistes des Lumières et leurs élucidations géologiques. Jusqu'alors, le minéral représentait une matérialité pré-humaine profondément chaotique et impénétrable, l'inorganique absolu, indifférent à l'homme et résistant à ses assauts : de « poésie sans forme ni conscience[4] » chère au poète Friedrich Schlegel, le minéral devint une ressource naturelle accaparée par l'exploitation capitaliste. En Allemagne, l'école du minéralogiste Abraham Gottlob Werner et son neptunisme – toutes les roches seraient des dépôts d'origine marine – fait des émules chez

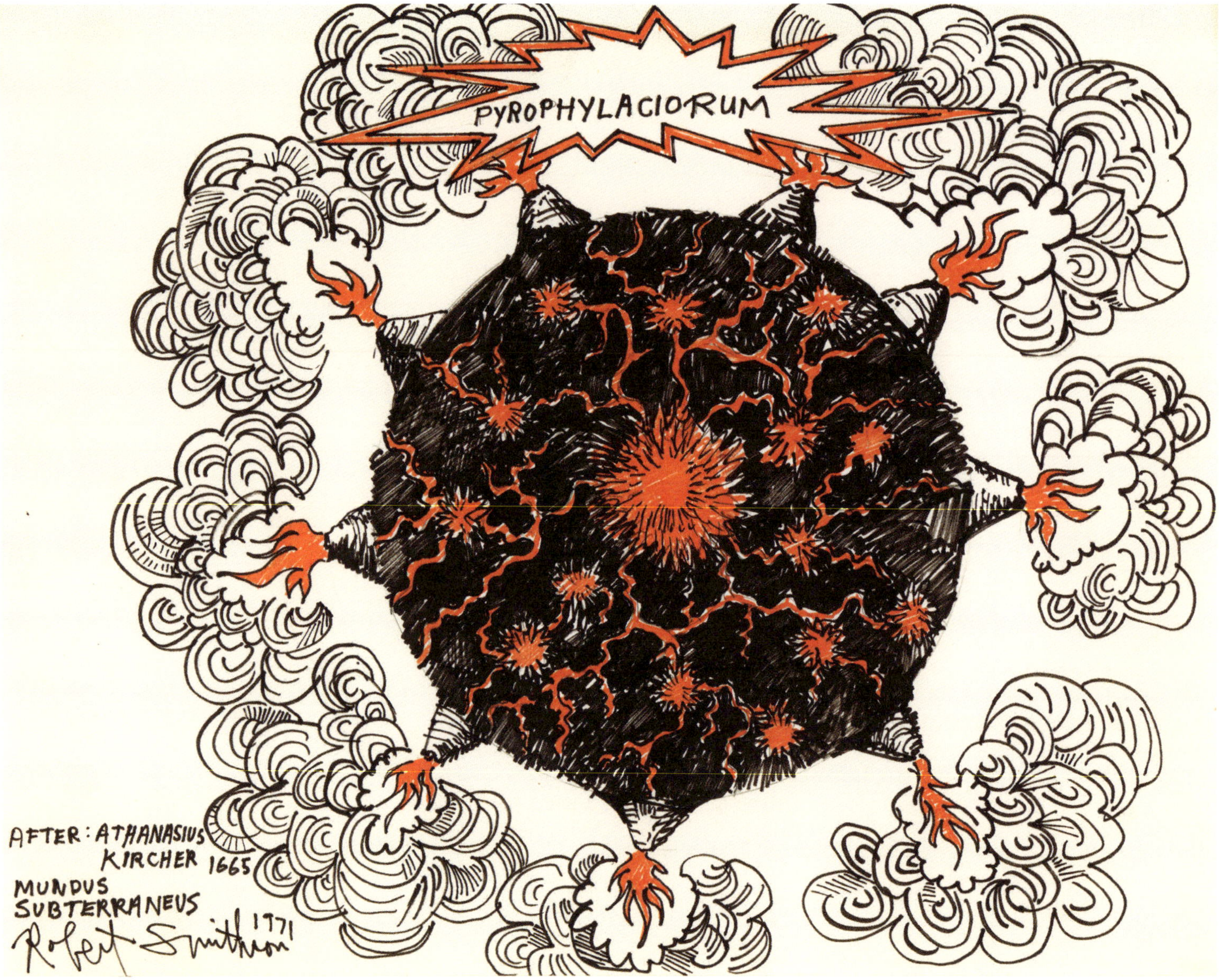

ROBERT SMITHSON
After: Athanasius Kircher 1665
***Mundus Subterraneus*, 1971**
Mine de plomb et encre sur papier, 32 × 39,4 cm
Courtesy The Holt-Smithson Foundation, Santa Fe et James Cohan Gallery, New York

les premiers romantiques. Le poète Novalis suit ses enseignements à l'Académie des mines de Freiberg de 1797 à 1799. Sous son influence également, le peintre Carl Gustav Carus rédige en 1831 l'*Esquisse d'une physiognomonie des montagnes*, puis en 1841 *Douze lettres sur la vie de la Terre* où il énonce les principes de sa géognosie : comme la physiognomonie déduit des caractères à partir des traits du visage, la géognosie vise « la reconnaissance de l'histoire d'une montagne ou d'une roche à travers les caractéristiques de son dessin, de sa structure et de son coloris[5] ».

Carus aspire à une peinture de paysage entièrement dévouée à l'étude de la vie de la Terre (*Erdlebendbildkunst*), « une vie si incommensurable, eu égard à notre petitesse, qu'à peine les hommes veulent-ils la reconnaître ou l'accepter comme vie[6] ». Savant polyvalent, il étudie la minéralogie et la géologie à Leipzig. Des orgues basaltiques de la grotte de Fingal en Irlande aux champs de pierres de la mer de Glace dans les Alpes, en passant par les falaises crayeuses de l'île de Rügen en mer Baltique, découvertes avec son ami peintre Caspar David Friedrich, il accomplira plusieurs pèlerinages géologiques. Mais ce sont alors les roches plutoniques formées dans les profondeurs de la Terre qui intriguent le plus. D'origine magmatique, elles ne contiennent pas de fossiles, même si cela reste incertain : « *Granit, basalte* : peut-être tous des animaux pétrifiés[7] », s'interroge encore Friedrich Schlegel. Le granit aurait pour particularité d'habiter les entrailles de la Terre comme les cimes des montagnes primordiales (*Urgebirge*). Dans l'essai qu'il lui consacre en 1784, Goethe s'extasie ainsi d'être relié depuis les plus hautes altitudes aux profondeurs les plus extrêmes. De même, l'homme qui surplombe une mer de nuages dans la célèbre toile de Friedrich serait moins absorbé par le vide qui s'offre à lui que par l'éperon granitique qui le soutient et qui, en le reliant au centre de la terre, le rattache à des origines insondables[8] (*Der Wanderer über dem Nebelmeer*, 1818).

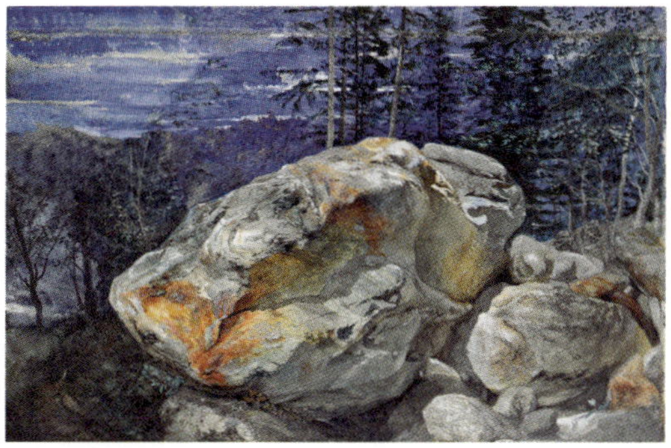

JOHN RUSKIN
***Fragment of the Alps*, 1854-1856**
Mine graphite rehaussée d'aquarelle et de gouache sur papier vélin blanc crème, 33,5 × 49,3 cm
Harvard, Harvard Art Museums/Fogg Museum

—— Blocs erratiques

Au XIXe siècle, plusieurs ouvrages de géologie deviennent les livres de chevet de peintres soucieux de donner à leurs paysages une caution scientifique. Aux États-Unis, les paysagistes de l'Hudson River School lisent les *Principles of Geology* de Charles Lyell, les *Études sur les glaciers* de Louis Agassiz ou le *Cosmos* d'Alexander von Humboldt. Tout aussi influent, le traité esthétique de John Ruskin *Modern Painters* (1860) insiste sur la nécessité de maîtriser la géologie autant que l'anatomie : il en va de la « vérité vitale » du paysage. Promoteur des lignes de force, il impose une vision dynamique du monde minéral, l'idée n'étant pas d'arrêter ce que ces formes de la terre sont, mais plutôt de saisir « ce qu'elles deviennent continuellement[9] ». Dotées d'une énergie, d'une volonté et d'un mouvement propres, les montagnes sont comme les os de la Terre. Désirant initialement devenir géologue, Ruskin collectionne les pierres et illustre lui-même ses essais. L'une de ses plus fameuses aquarelles intitulée *Fragment of the Alps* (1854-1956) représente un énorme rocher dont les variations de textures et de couleurs indiquent une origine bouillonnante.

La provenance de ces gros rocs déracinés reste longtemps mystérieuse. Comment expliquer le parachutage anachronique de monstres granitiques sur des lits de calcaire ? Jusqu'à ce que l'on comprenne que ces « blocs erratiques » sont en fait les décrochements de cimes lointaines, charriés sur des sols plus récents par des glaciers disparus, on les voit comme des traces du Déluge✿. Le bloc solitaire qui trône à l'arrière-plan des cinq toiles monumentales de Thomas Cole intitulées *The Course of Empire* (1833-1836) demeure immobile malgré l'essor et le déclin de la civilisation qui se jouent au premier plan. Sa situation périlleuse suggère un équilibre précaire, mais son inertie traduit aussi l'immuabilité du règne minéral par opposition à la décadence humaine. Sorte d'anomalies stratigraphiques, les blocs erratiques résultent pourtant des mouvements ancestraux qui ont « dérangé » l'étagement chronologique des sols. L'inébranlable roc autour duquel Robert Smithson élabore *Broken Circle* en 1971 lui semble d'abord être « une gangrène géologique ». Déposé dans la carrière de sable d'Emmen par un glacier qui traversait autrefois les Pays-Bas, il devint finalement un pivot conceptuel, un « avertissement de l'Âge de glace[10] ». Un bras de terre et un bras d'eau encercleront la pierre sans se rejoindre, formant le « cercle rompu » qu'évoque le titre. La disjonction symbolise les convictions de Smithson pour qui le temps n'est pas circulaire ou cyclique, mais suit la fuite d'un écoulement lui aussi erratique.

Dans les années 1970, nombreux sont les artistes à avoir déplacé des pierres pour leur faire bénéficier d'une situation plus avantageuse : plus ensoleillée, plus aérée, plus protégée, etc. Poétiques et dérisoires, ces déplacements s'accomplissent dans les limites physiques des artistes, petites mains bienveillantes ajustant l'ordre naturel. Rares sont en revanche ceux qui comme Michael Heizer ont entrepris des déplacements titanesques, susceptibles de rivaliser avec les forces géologiques. Ce fils d'archéologue affirme vouloir « perpétuer l'admirable tradition des sociétés du mégalithe, par opposition aux sociétés du fragment[11] » et envisage dès 1968 le déplacement de gigantesques monolithes bruts – « masses pures » dont il admire le pouvoir primitif.

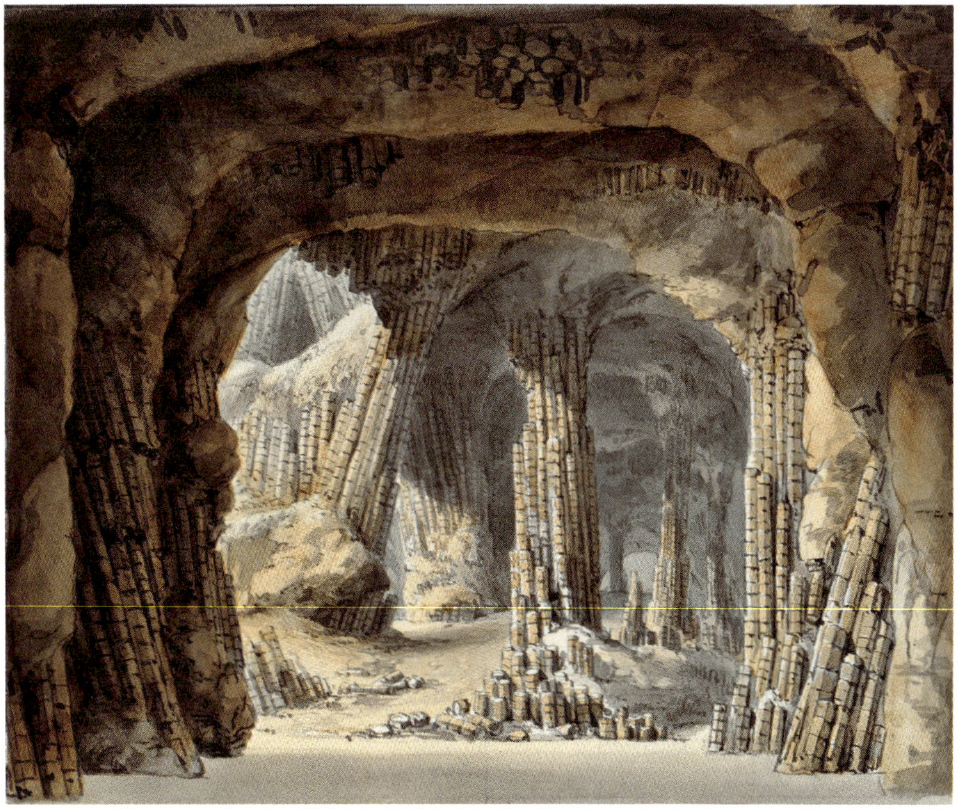

CARL GUSTAV CARUS
***Intérieur de la grotte de Fingal, dans l'île de Staffa*, 1834**
Plume et aquarelle, 27,8 × 31,1 cm
Bâle, Kunstmuseum, Kupferstichkabinett

En 2012, un bloc de granit de trois cent quarante tonnes sera suspendu au-dessus d'une tranchée, à cent soixante-dix kilomètres de son lieu d'extraction. *Levitated Mass* accélère ainsi la lente migration d'un bloc devenu erratique par la force d'une société tout aussi industrielle que primitive.

— Le cours du pétrole

Le futur terrain de jeux du land art émerge dès les années 1870, lors d'importantes campagnes de prospection géologique. Quatre grandes explorations de l'Ouest américain révèlent alors le « paradis des géologues » : sierras californiennes, bassins sédimentaires de l'Utah et du Nevada, canyons du Colorado, etc. Si certains peintres de l'Hudson River School couvrent les expéditions de Yellowstone ou des montagnes Rocheuses, ce sont surtout des photographes comme Timothy O'Sullivan, William Henry Jackson ou John K. Hillers qui immortalisent les panoramas mythiques de l'immensité américaine. L'objectif de ces expéditions n'est ni scientifique ni esthétique : l'exploration des sols n'est motivée que par leur exploitation. Les géologues prospectent pour les ingénieurs et les artistes produisent des images utiles à la levée de fonds. Car l'industrie minière décline à la fin des années 1840 : le charbon se maintient mais le fer s'essouffle. Très vite de nouvelles ressources apparaissent, l'or de la Californie et du Colorado, l'argent du Nevada. La production industrielle dépasse pour la première fois la production agricole en 1859. C'est l'année où le premier puits de pétrole est foré en Pennsylvanie.

Contraction de *petra* (« pierre ») et d'*oleum* (« huile »), le pétrole est une huile minérale issue de la lente décomposition d'organismes aquatiques piégés dans des couches sédimentaires il y a plus de cinq cents millions d'années. Au sortir de la Seconde Guerre mondiale, la ressource pétrolière est abondante et bon marché, elle semble illimitée et son exploitation prospère, jusqu'à ce que les États-Unis atteignent en 1971 leur pic de production et que les prix du baril flambent lors du premier choc pétrolier de 1973. En 1970, peu avant cet emballement inflationniste, Robert Smithson conçoit *Texas Overflow* pour la patrie du pétrole. Au creux d'une carrière abandonnée près de Dallas, il prévoit d'aménager un puits à débordement avec des blocs de calcaire extraits sur place. De cette bouche circulaire devait s'échapper un trop-plein de pétrole languide. Les multiples dessins de ce projet non réalisé montrent l'obsession de l'artiste pour le « suintement primordial[12] » de l'hydrocarbure et de ses dérivés. Ici du goudron versé dans un bassin carré entouré d'une plate-bande de graviers (*Tar Pool and Gravel Pit*, 1966), là de l'asphalte dégoulinant sur la pente d'une carrière (*Asphalt Rundown*, 1969). [→p. 94]

Smithson envisage ces débordements comme le sacrifice du concentré millénaire qui étalonne chaque jour le marché mondial. Car ces épanchements bruts sont en réalité d'un luxe somptuaire : leur dispersion en pure perte évoque la « consumation improductive » que décrit Georges Bataille dans *La Part maudite*. Alors même que des pénuries se précisent, tant d'un point de vue géologique que géopolitique, Smithson dilapide l'or noir. Un jeu de vases communicants parcourt d'ailleurs son œuvre, à la fois submergée par d'incontrôlables écoulements et siphonnée par de multiples vortex. Pour son projet destiné à la plus grande mine de cuivre à ciel ouvert de l'Utah, l'artiste imagine un bassin d'écoulement des eaux doté de quatre jetées concentriques formant un tourbillon. Les esquisses de ce projet non réalisé montrent l'effet d'avalement qu'aurait eu cette gigantesque «bouche d'évacuation», finalisant la forme d'entonnoir des gradins d'extraction (*Bingham Copper Mining Pit – Utah Reclamation Project*, 1973). [→p. 149]

La pensée de Smithson témoigne du tournant de la fin des années 1960, où le monde et son système énergétique semblent voués à la faillite. C'est à cette même période que l'apport de nouvelles données scientifiques confirme la théorie longtemps controversée de la dérive des continents. L'exploration des abysses révèle alors l'expansion du fond des océans de part et d'autre de leurs rifts médians, divergence sous-marine qui explique la migration et l'entrechoquement des plaques continentales que traduisent les séismes. La tectonique des plaques et le lit fluide sur lequel elles stagnent participent de l'instabilité profonde d'une Terre à géométrie variable. Amateur de mondes engloutis, Smithson laissera d'ailleurs quelques œuvres dédiées aux continents disparus ou au fond de l'Atlantique. «Si l'on considère la Terre en terme de temps géologique, on en arrive à ce que l'on appelle l'entropie fluviale[13]»: dans le monde de Robert Smithson tout se perd, rien ne se transforme.

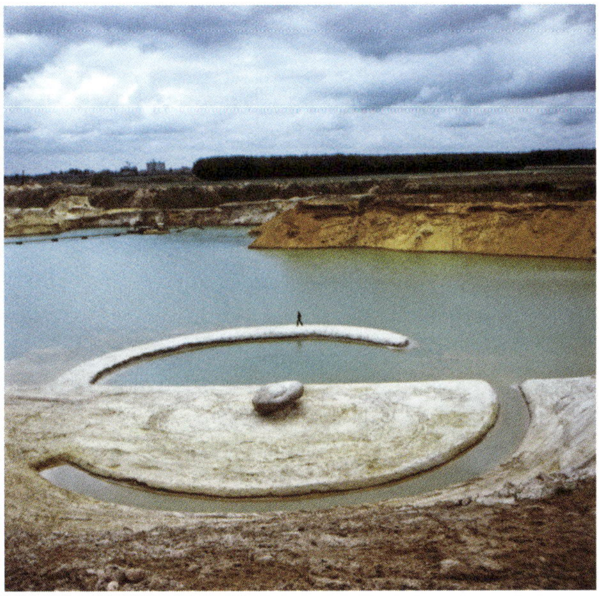

ROBERT SMITHSON
***Broken Circle*, été 1971**
Installation *in situ*, Emmen, Pays-Bas
Courtesy The Holt-Smithson Foundation, Santa Fe et James Cohan Gallery, New York

1. Peter Hutchinson, «Les bouleversements de la terre» (1969), trad. Alexis Vaillant, dans *Dissoudre les nuages*, Gilles A. Tiberghien (dir.), Genève, Musée d'art moderne et contemporain, coll. «Écrits d'artistes», 2014, p. 61.
2. Né en 1938, Robert Smithson disparaît prématurément en 1973 lors d'un accident d'hélicoptère, alors qu'il survolait l'une de ses dernières œuvres intitulée *Amarillo Ramp*.
3. Robert Smithson, «A Sedimentation of the Mind: Earth Projects» (1968), dans *Robert Smithson, The Collected Writings*, Jack Flam (éd.), Berkeley, University of California Press, 1996, p. 100 et 112.
4. Friedrich Schlegel, *Entretien sur la poésie*, dans Philippe Lacoue-Labarthe et Jean-Luc Nancy (éd.), *L'Absolu littéraire : théorie de la littérature du romantisme allemand*, Paris, Seuil, coll. «Poétique», 1978, p. 290.
5. Carl Gustav Carus, «Lettre sur la physiognomonie des montagnes», trad. Laurent Margantin, dans *La Forme poétique du monde : anthologie du romantisme allemand*, Paris, J. Corti, coll. «Domaine romantique», 2003, p. 432.
6. Carl Gustav Carus, *Esquisse d'une physiognomonie des montagnes*, en annexe des *Neuf lettres sur la peinture de paysage* (1815-1824), trad. Erika Dickenherr, Alain Pernet et Rainer Rochlitz, Paris, Klincksieck, 1988 (1re édition 1983), p. 63.
7. Friedrich Schlegel, «*Kritische Ausgabe*», trad. Laurent Margantin et J.-P. Auxeméry, dans *La Forme poétique du monde : anthologie du romantisme allemand*, *op. cit.*, p. 371.
8. Timothy Mitchell, «Caspar David Friedrich's Der Watzmann: German Romantic Landscape Painting and Historical Geology», *The Art Bulletin*, vol. LXVI, n° 3, septembre 1984, p. 461.
9. Virginia L. Wagner, «John Ruskin and Artistical Geology in America», *Winterthur Portfolio*, vol. 23, n° 2-3, été-automne 1988, p. 153.
10. Robert Smithson et Gregoire Müller (entretien), «The Earth, Subject to Cataclysms, is a Cruel Master», dans *Robert Smithson, The Collected Writings*, *op. cit.*, p. 258.
11. Michael Heizer et Julia Brown (entretien), dans *Michael Heizer. Sculpture in Reverse. Interview with Julia Brown*, trad. Raphaëlle Brin, Paris, Ed. Lutanie, 2014, p. 62.
12. Robert Smithson, «A Sedimentation of the Mind: Earth Projects» (1968), dans *Robert Smithson, The Collected Writings*, *op. cit.*, p. 102.
13. Robert Smithson, «Entropy Made Visible», dans *Robert Smithson, The Collected Writings*, *op. cit.*, p. 302.

Serge Paul

Land art et écologie : vers une thérapie du paysage

Le fait que l'élaboration des théories du sublime et du pittoresque au XVIIIe siècle coïncide en Grande-Bretagne avec la révolution industrielle et l'accélération des *enclosures*, la privatisation des terrains communaux, ne doit rien au hasard. L'ancien ordre féodal et le paysage britannique s'en trouvent profondément bouleversés, provoquant des tensions sociales et un exode rural massif. Aux États-Unis, la disparition des espaces sauvages ne deviendra une préoccupation qu'au milieu du XIXe siècle, avec la conquête de l'Ouest. Le développement de villes-usines, de la machine à vapeur, du télégraphe ou du chemin de fer compromet clairement l'idéal pastoral jeffersonien et fait naître, notamment chez les artistes, une prise de conscience écologique. Sous leur impulsion naîtra le premier parc national en 1872. Après la Seconde Guerre mondiale, l'industrialisation et l'urbanisation s'accélèrent, créant un climat comparable. La guerre froide, le mouvement des droits civiques et l'enlisement au Vietnam ne font qu'exacerber le malaise. Les images de la Terre prises lors du premier vol lunaire rendent tangible la précarité de la situation. Certains doutent du bilan environnemental et social d'un siècle de progrès. Au milieu des années 1960, le monde de l'art se soucie peu d'écologie. L'expressionnisme abstrait domine un marché sous l'influence de plus en plus contestée du critique Clement Greenberg. L'émergence du pop art et de l'art minimal ne change rien au rapport de l'art à la nature, mais un besoin de renouer avec le réel se fait sentir. Certains artistes vont ainsi chercher à restaurer l'esprit pionnier et la mythologie de l'Ouest[1], mais la conscience écologique n'est pas ce qui les pousse à quitter l'atelier.

Repéré lors d'un colloque à Yale en 1966, Smithson est engagé comme consultant par un cabinet d'architecture dans le cadre de son étude pour le futur aéroport de Dallas. L'artiste formule ses premières propositions d'*earthworks*, des sculptures intégrées au pourtour des pistes, visibles depuis les airs, notamment une spirale géante. Il persuade d'autres artistes – Carl Andre, Robert Morris et Sol LeWitt – de contribuer au projet. Andre parle alors de « sculpture comme lieu » et dans ses « Notes sur la sculpture, 2e partie » (*Artforum*, octobre 1966), Morris propose de rompre avec l'intimisme induit par un environnement architectural. Ils interrogent le contexte, l'échelle, la perception, et se soucient peu de nature ou d'écologie. Le projet de Dallas tourne court, mais l'idée des *earthworks* fait son chemin au sein d'un groupe d'artistes soutenu par la galeriste Virginia Dwan[2]. À la recherche d'une « syntaxe » des sites, Smithson explore les lieux les plus improbables. Enfant, il se voyait naturaliste ou géologue. Il endosse désormais le rôle de guide et arpente avec des amis

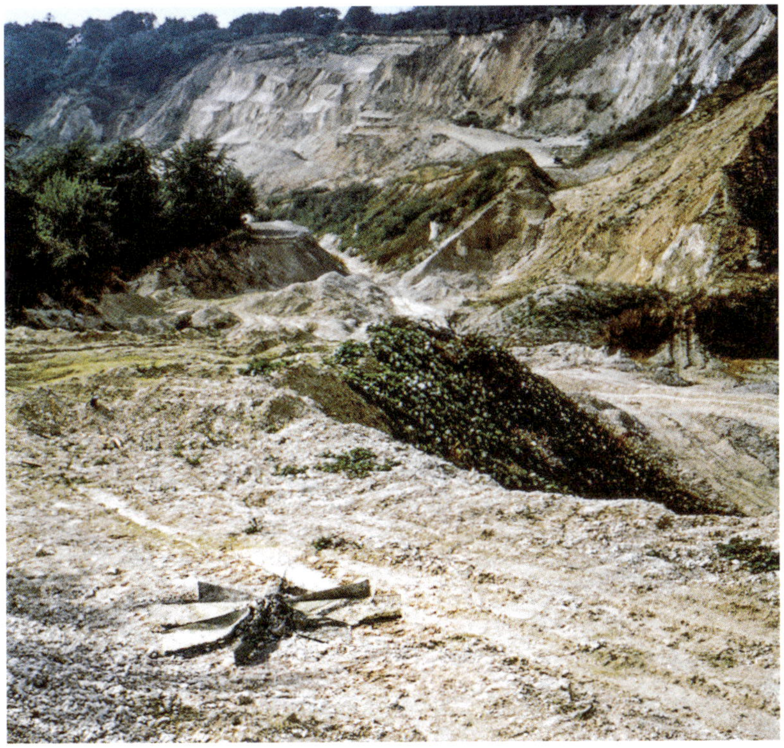

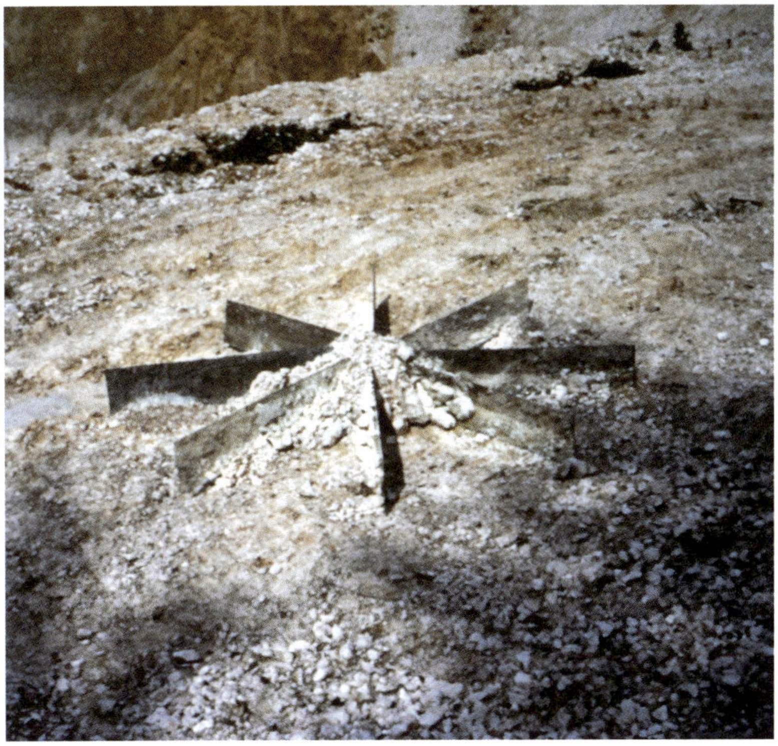

ROBERT SMITHSON
***Chalk-Mirror Displacement*, septembre 1969**
Installation *in situ*, carrière de craie d'Oxted, Surrey, Angleterre
Courtesy The Holt-Smithson Foundation, Santa Fe et James Cohan Gallery, New York

artistes, galeristes et critiques les carrières et autres curiosités topographiques de la région de New York.

En décembre 1967, Smithson publie dans *Artforum* sa fameuse « Visite des monuments de Passaic ». Il s'approprie le laid, le dévasté, le vide, l'ordinaire et tout ce qui peut prendre le bon goût du milieu de l'art à contre-pied. Progressant à travers cette banlieue du New Jersey où il est né, il fait découvrir au lecteur les « monuments » qui la composent. Il les baptise de noms pompeux évoquant les fabriques des jardins anglais. En filigrane, il renvoie le lecteur à la Hudson River School, ces peintres du sublime qui parcouraient la région au XIXe siècle. Sous ses yeux, Passaic devient le théâtre pseudo-scientifique d'une entropie qui annihile toute tentative de résister au passage du temps. Les chantiers en cours lui donnent l'impression d'anticiper leur propre ruine. Le discours écologique est sous-jacent, mais encore occulté par une forme de topophilie morbide.

Les Pine Barrens, région boisée du sud du New Jersey, inspirent à Smithson son premier *Nonsite* en février 1968. Dans des bacs géométriques, il expose un prélèvement de sable, ainsi que des photographies et une carte du site. Alors influencé par la sémiotique saussurienne, à travers le structuralisme en vogue à l'époque, Smithson considère les *nonsites* comme des signifiants vis-à-vis des sites signifiés, amorçant ainsi une « dialectique » entre intérieur et extérieur qui prolonge sa sculpture au-delà des murs de la galerie. En 1968 et 1969, une série de voyages dans l'Ouest, dans des îles de Floride et dans la jungle du Yucatán ravive son intérêt pour l'écologie. Fasciné depuis longtemps par les miroirs, Smithson les sort de l'atelier pour réaliser en 1969 des *Mirror Displacements* près de New York, au Mexique ou en Europe. La nature pénètre ainsi son œuvre et il fait pénétrer la nature (minéraux, coquillages, arbres) dans la galerie.

Les choses prennent une tournure plus politique lorsque Smithson enrichit ses *earthworks* fin 1969 d'une série de coulées (asphalte, colle, ciment). *Asphalt Rundown*, réalisée en octobre sur un terrain vague à la périphérie de Rome, reste la plus emblématique [>p. 94]. C'est également l'une des plus controversées pour sa radicalité. Smithson

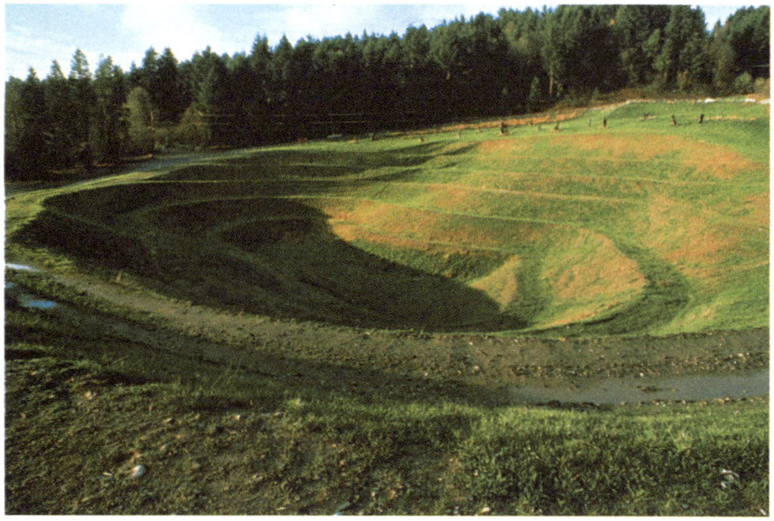

ROBERT MORRIS
***Johnson Pit #30*, 1979**
Installation *in situ*, King County, Washington, États-Unis
Courtesy 4Culture and the King County Art Collection, Seattle

semble illustrer son idée selon laquelle « la ville donne l'illusion que la terre n'existe pas[3] ». Son imagerie renvoie aux textes bibliques décrivant des torrents de bitume, de poix ou de soufre. Certains tableaux de John Martin comme *Le Grand Jour de Sa Colère* (v. 1851-1853) déclinent ce thème. Martin, que Smithson mentionne dans un essai[4], avait été horrifié – et visiblement fasciné – par sa traversée de nuit du « Pays noir », la région industrielle des Midlands. Bouleversé et littéralement embrasé par les scories incandescentes, ce paysage lui semblait préfigurer l'apocalypse à venir. Smithson livre des descriptions comparables des banlieues du New Jersey[5].

En décembre 1969, au paroxysme de la mobilisation écologiste, Smithson propose de recouvrir de verre brisé un îlot au large de Vancouver. Initialement approuvée par les autorités de Colombie-Britannique, *Island of Broken Glass* est finalement rejetée en février suite à la mobilisation d'un groupe écologiste prétextant un risque pour la faune. Smithson se considère victime d'une incompréhension reposant sur une vision superficielle de l'écologie. Il part pour l'Utah et réalise en avril 1970 son œuvre phare, la *Spiral Jetty*, qu'il choisit d'implanter près d'un ancien site de forages pétroliers. C'est à nouveau sur un site industriel, une carrière de sable, que Smithson réalise *Broken Circle/Spiral Hill* en juin 1971 aux Pays-Bas. À l'instar des paysages convalescents de Thomas Cole, marqués par des cataclysmes bibliques, les *earthworks* de Smithson revêtent une dimension thérapeutique. C'est dans cette perspective qu'il se tourne ensuite vers la reconversion de sites miniers et amorce une réflexion écocritique, notamment dans son article consacré à Olmsted (*Artforum*, février 1973). Il y rend un hommage appuyé au concepteur de Central Park, adepte du pittoresque selon Gilpin et Price, une « synthèse » du beau et du sublime burkiens intégrant « hasard et changement[6] ». Mais le 20 juillet 1973, Smithson meurt dans un accident d'avion en survolant le site texan de son dernier *earthwork*, *Amarillo Ramp*.

Robert Morris sera le premier parmi ces artistes à véritablement réaliser la reconversion artistique d'un site industriel. Connu pour sa sculpture minimaliste et néodadaïste, il s'est également illustré à travers ses sculptures de vapeur, *Steam*, ou *Observatory* en 1971, un observatoire de terre inspiré de Stonehenge, réalisé sur un polder des Pays-Bas. En 1974, Morris réalise un aménagement pour la ville de Grand Rapids, dans le Michigan. Évoquant par sa forme le Monks Mound de Cahokia, un tumulus précolombien, *Big X* stabilise un escarpement tout en y intégrant un système de drainage et un réservoir d'eau. Mais ce n'est qu'en 1979 que Morris est invité près de Seattle à réhabiliter une ancienne gravière à ciel ouvert. *Untitled (earthwork)* résulte du remodelage du « Puits Johnson n° 30 », dans la localité de Kent. Tout en soulignant le caractère éthique de sa démarche, Morris se défend de vouloir « racheter » les fautes de ceux qui ont exploité le site.

Quant à Michael Heizer, il considère l'idée de reconversion artistique (*reclamation art*) comme « frivole ». Il accepte cependant en 1980 la proposition de l'Anaconda Mineral Co. de travailler sur son immense mine à ciel ouvert de Tonopah, près de chez lui, dans le Nevada. Depuis qu'il a réalisé dans ce même État son emblématique *Double Negative* en décembre 1969, une entaille de quatre cent cinquante mètres à flanc de mesa, puis à Detroit son très controversé *Dragged Mass Displacement*, en mars 1971, Heizer s'est vu régulièrement reprocher son interventionnisme hors normes[7]. Lassé de telles critiques, il s'isole au cœur du Nevada pour réaliser son grand œuvre, *City* (1972-), une sculpture qui se déploie à présent sur près de deux kilomètres de long [→p. 119]. Provocateur, Heizer affirme n'être venu que pour les matériaux disponibles, pour

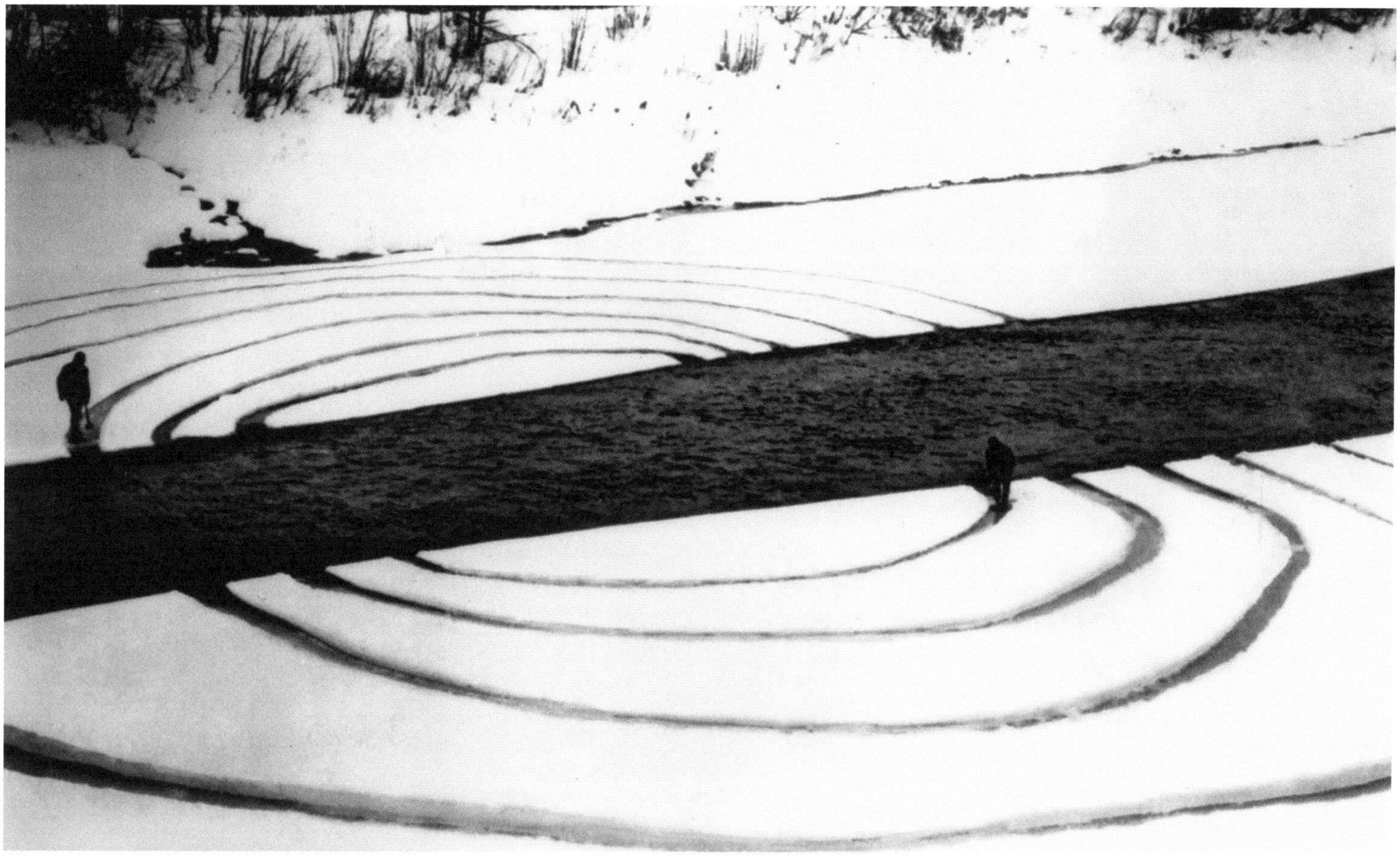

DENNIS OPPENHEIM
***Annual Rings*, 1968**
Performance *in situ*, schéma d'anneaux annuels séparés par une frontière politique. Heure à Fort Kent (Maine), États-Unis : 13h30. Heure à Clair (Nouveau-Brunswick), Canada : 14h30

le terrain plat et bon marché, et non pas pour le décor. Depuis, l'artiste vit sur place, en quasi-autonomie énergétique et hydraulique, et sa vision de l'écologie se révèle à travers ses actes. En 1983, par exemple, il débute la réhabilitation de vingt-quatre hectares sur une ancienne houillère à ciel ouvert. Il y réalise cinq tertres zoomorphes inspirés des tumulus précolombiens qui parsemaient la région. Inaugurée en 1985, *Effigy Tumuli* fait à présent partie du modeste Buffalo Rock State Park.

Dennis Oppenheim affiche une attitude politique plus marquée que les autres artistes du groupe. Galvanisé par les écrits de Smithson et Andre, il se lance dans les *earthworks* en 1967. L'année suivante, au plus fort de la guerre du Vietnam, il réalise une série de sculptures éphémères dans le Maine, creusant sur des kilomètres la glace et la neige de la frontière canadienne. Inspirées selon lui par l'écologie, des œuvres comme *Time Line*, *Time Pocket* ou *Annual Rings* confrontent la réalité de la topographie, des saisons ou de la végétation à l'arbitraire d'une frontière politique[8]. En 1969, il s'attaque à l'agriculture intensive en « annulant » une récolte aux Pays-Bas ou en marquant une colline comme du bétail en Californie.

Même si les préoccupations environnementales de Walter De Maria sont nettement moins explicites, le protocole de visite de *Lightning Field* (1974-1977), son œuvre phare située sur un plateau reculé du Nouveau-Mexique, invite à la contemplation de la nature environnante. L'artiste considérant que « la solitude est l'essence du land art », l'œuvre se visite au maximum à six personnes et sur une durée d'une vingtaine d'heures. C'est le temps nécessaire pour parcourir le site et observer le jeu de la lumière du soleil, de la lune et plus hypothétiquement de la foudre – motif éminemment sublime – sur ses quatre cents pieux d'acier inoxydable quadrillant un rectangle d'un kilomètre sur un mile (1,6 km).

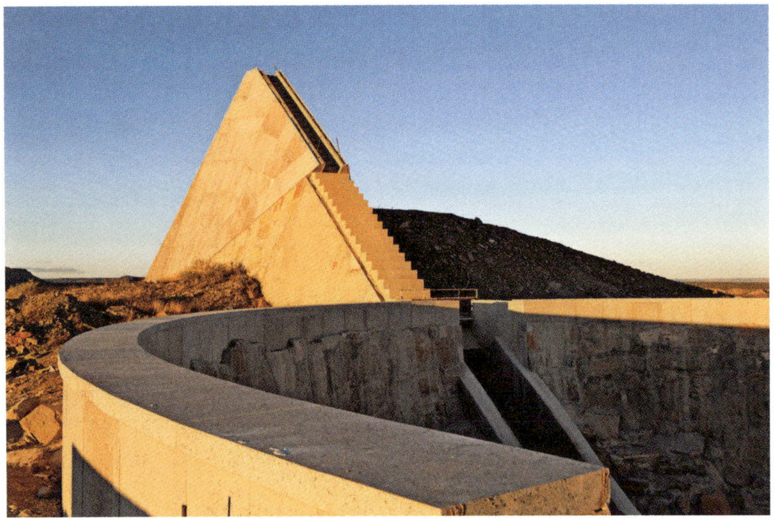

CHARLES ROSS
***Star Axis*, 1971**
Installation *in situ*, Nouveau-Mexique, États-Unis
Courtesy Loïc Malle Arts, Paris

La majorité des œuvres de Nancy Holt s'approprient des éléments du paysage. C'était le cas de *Missoula Ranch Locators* (1972), détruite en 2003 et réactivée en 2012 dans les jardins de l'université d'Avignon[9]. Holt décline le principe de cette œuvre perceptuelle, « à voir autant qu'elle donne à voir », dans ses emblématiques *Sun Tunnels*, réalisés en 1976 sur un ancien fond marin de l'Utah. Au-delà du paysage qu'elles cadrent à chaque extrémité, les quatre buses de béton, alignées sur les solstices, jouent avec le soleil et les constellations percées dans leurs parois. Leur couleur grise se confond avec celle du sable. Comme la *Spiral Jetty* ou *Double Negative*, le visiteur ne les distingue qu'en arrivant sur place. Ces œuvres ne sont pas sublimes en soi, mais elles soulignent la terreur, la puissance, la privation, la grandeur ou l'infini de leur environnement.

Au début des années 1970, Charles Ross et James Turrell se sont également lancés dans la construction d'observatoires naturels, respectivement *Star Axis*, sur une mesa du Nouveau-Mexique, et *Roden Crater*, dans un volcan de l'Arizona[10]. Ces œuvres offrent une approche philosophique de l'écologie. Créant les conditions d'une réflexion sur le temps astronomique et géologique, elles mettent en perspective la place de l'homme dans son environnement au sens large. Ainsi, les aménagements urbains de Holt comme *Dark Star Park* (1979-1984), près de Washington, permettent au visiteur de prendre du recul dans des refuges de verdure. C'était aussi l'objectif de *Sky Mound*, un projet de reconversion en sculpture-observatoire d'une décharge du New Jersey débuté en 1984. Peu avant sa disparition en 2014, Nancy Holt travaillait sur une œuvre pour le musée Gassendi de Digne, *Rock Stars*. Soucieuse de la préservation de l'environnement, la plasticienne comptait orner la paroi rocheuse d'un tunnel voisin d'une constellation de LED alimentées par des panneaux solaires et des batteries dissimulés sur une hauteur.

Smithson, Oppenheim et d'autres ont exprimé la crainte qu'un message politique ou écologique trop engagé éclipse la part artistique de leur travail. Or, cette posture a failli les desservir. En 2008, les partisans d'un projet de forages pétroliers à proximité de la *Spiral Jetty* ont pris comme prétexte la notion d'entropie, essentielle dans le discours et la fantasmatique de Smithson[11]. La demande émanait – ironiquement – d'une société canadienne, qui depuis a fait faillite. Certains commentateurs affirmaient que Smithson aurait approuvé ce type d'implantation industrielle en tant que vecteur d'entropie. Or, les écrits de l'artiste témoignent au contraire d'une volonté farouche d'« en assurer la préservation pour les générations futures[12] ». Le gouvernement de l'Utah a reçu en quelques jours plus de trois mille courriers contestant ces forages. Le permis a été refusé et une commission a été mise en place pour évaluer tout projet impactant le bassin du Grand Lac salé.

En 2004, c'est un projet fédéral prévoyant la construction d'une voie ferrée vouée au transport de déchets nucléaires à deux pas de *City* qui avait fait sortir Heizer de sa réserve. Le sublime technologique semblait se retourner contre l'artiste, qui est allé jusqu'à réclamer un classement de la région comme réserve naturelle. Toujours sous la pression du gouvernement Bush en 2008, l'Utah a mis aux enchères trente et une parcelles pour l'exploitation minière et gazière. Vingt-sept ont trouvé acquéreur, parfois à cinq dollars l'hectare, mais par chance, le lot jouxtant *Sun Tunnels* n'a pas trouvé preneur. Holt avait déjà dû contester la vente illégale de son propre terrain sur un site d'enchères. En 2008 encore, la fondation Dia a dû rassembler 1,1 million de dollars pour racheter un terrain voisin du *Lightning Field* promis à un vaste projet immobilier. C'est par la pratique, plus que par conviction, que ces artistes en sont venus à se préoccuper d'écologie. Aujourd'hui, la seule présence de leurs

ROBERT SMITHSON
***Spiral Jetty*, avril 1970**
Installation *in situ*, Grand Lac salé (Utah), États-Unis
Courtesy The Holt-Smithson Foundation, Santa Fe et James Cohan Gallery, New York

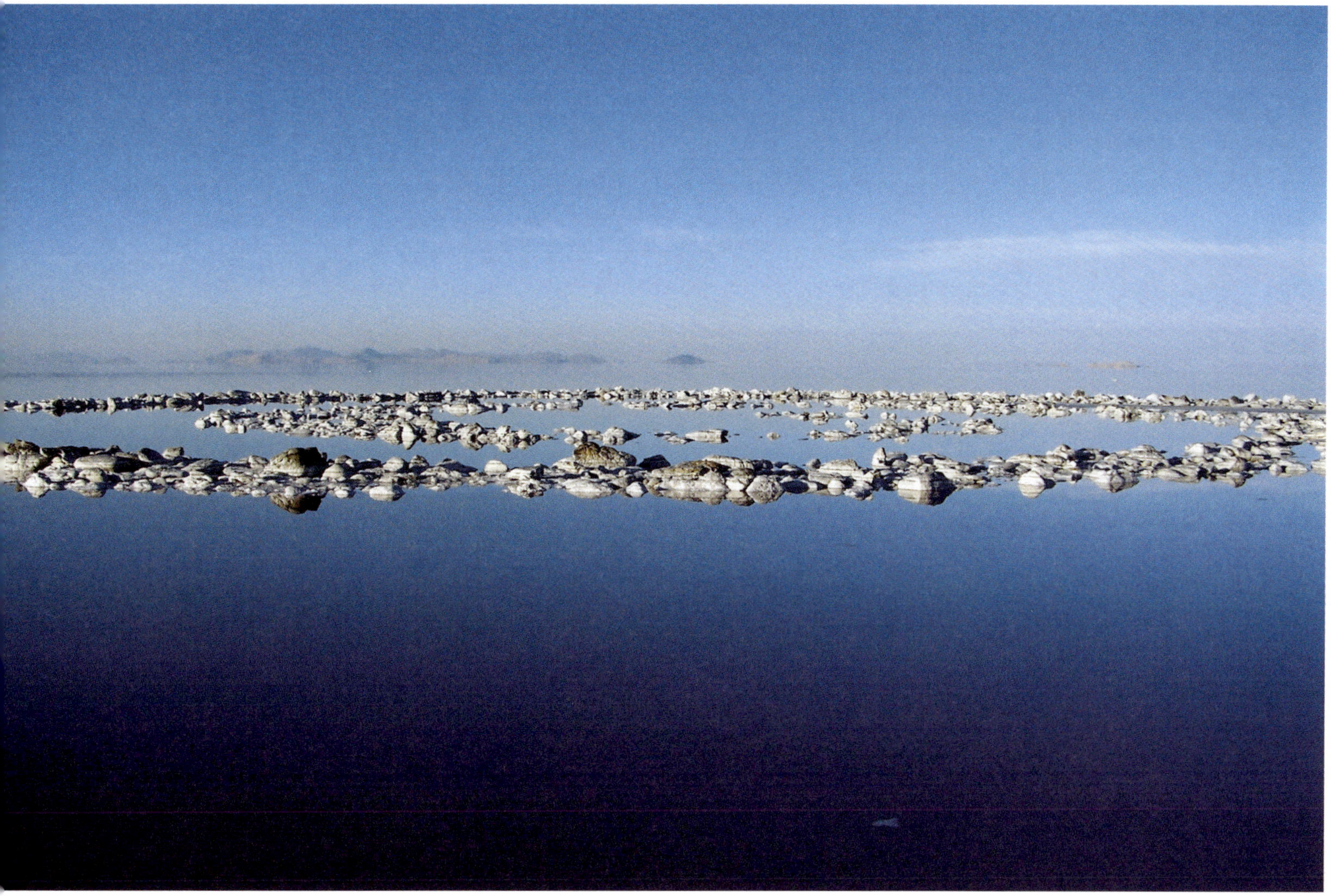

œuvres pionnières suffit à mobiliser, à travers les réseaux sociaux, assez de public pour s'opposer aux projets qui menacent leur environnement. Le 10 juillet 2015, le président Obama recevait Michael Heizer à la Maison Blanche pour la création du Basin and Range National Monument, assurant la protection de 285 000 hectares autour de *City*[13]. Jadis considérées par certains comme une atteinte à l'environnement, les *earthworks* favorisent désormais sa préservation.

1. Voir Suzaan Boettger, *Earthworks: Art and the Landscape of the Sixties*, Berkeley et Los Angeles, University of California Press, 2002, p. 103-127.
2. *Ibid.*, p. 71-101.
3. *Robert Smithson: The Collected Writings*, Jack Flam (éd.), Berkeley et Los Angeles, University of California Press, 1996, p. 101.
4. *Ibid.*, p. 161.
5. *Ibid.*, p. 9.
6. *Ibid.*, p. 159.
7. Voir Serge Paul, « Michael Heizer et les risques du sublime technologique », *Marges*, n° 14 : *Au-delà du land art*, printemps-été 2012, p. 28-46, consultable en ligne : http://marges.revues.org/314.
8. Voir son entretien avec Alanna Heiss dans *Dennis Oppenheim: Selected Works 1967-90*, New York, The Institute for Contemporary Art & Harry N. Abrams, Inc., 1992, p. 138.
9. Voir le site Web www.nancyholt.com.
10. Voir Serge Paul, « *Sensorium Dei*: Observatories of the American West » dans le catalogue *The Last Freedom*, Beate Reifenscheid (éd.), Milan, Silvana Editoriale, 2011, p. 38-57.
11. Détails sur le blog http://spiral-jetty.blogspot.com.
12. Lettre de Smithson à Mark H. Crystal (Department of Natural Resources, Division of State Lands, Utah) sollicitant un bail à perpétuité, 30 décembre 1971, Archives of American Art, Smithsonian Institution, Washington, microfilm, bobine 3835, image 802.
13. Deborah Vankin, « Obama designates Nevada area surrounding Heizer's "City" a national monument », *Los Angeles Times*, 10 juillet 2015 : www.latimes.com.

Jean-Baptiste Fressoz

L'anthropocène et l'esthétique du sublime

« Nous jouissons à voir des choses que, bien loin de les occasionner, nous voudrions sincèrement empêcher... Je ne pense pas qu'il existe un homme assez scélérat pour désirer [que Londres] fût renversée par un tremblement de terre... Mais supposons ce funeste accident arrivé quelle foule accourrait de toute part pour contempler ses ruines. »

Edmund Burke[1]

Contrairement à l'expression « crise environnementale » qui désigne une épreuve brève dont l'issue serait imminente, l'anthropocène désigne un point de non-retour, une bifurcation géologique dans l'histoire de la planète Terre, sans retour prévisible à la normale de l'holocène. L'anthropocène, ce n'est pas la fin du monde, mais c'est tout de même celle d'une époque géologique. Si nous ne savons pas exactement ce que l'anthropocène nous réserve (les simulations du système Terre sont incertaines), une chose est sûre : nous y sommes entrés, sans espoir d'en sortir, pris dans le vortex chaotique des actions et rétroactions liant le capitalisme industriel au système Terre. Avec l'anthropocène se noue une certitude : nous ne pouvons plus douter que quelque chose d'importance à l'échelle des temps géologiques a eu lieu récemment sur Terre.

Le concept d'anthropocène a ceci d'intéressant pour l'art et l'écologie politique, qu'il réactive les ressorts de l'esthétique du sublime, esthétique occidentale et bourgeoise par excellence, vilipendée par les critiques marxistes, féministes et subalternistes, comme par les postmodernes. Le discours de l'anthropocène correspond en effet assez fidèlement aux canons du sublime tels que définis par Edmund Burke en 1757. Selon ce philosophe anglais conservateur, surtout connu pour son rejet absolu de 1789, l'expérience du sublime est associée aux sensations de stupéfaction et de terreur ; le sublime repose sur le sentiment de notre propre insignifiance face à une nature lointaine, vaste, manifestant soudainement son omnipuissance.

Écoutons maintenant les scientifiques promoteurs de l'anthropocène : « L'humanité, notre propre espèce, est devenue si grande et si active qu'elle rivalise avec quelques-unes des grandes forces de la Nature dans son impact sur le fonctionnement du système Terre » et donc « le genre humain est devenu une force géologique globale »[2].

La thèse de l'anthropocène repose en premier lieu sur les quantités phénoménales de matière mobilisées et émises par l'humanité au cours des XIXe et XXe siècles.

L'esthétique de la gigatonne et de la courbe exponentielle renvoie à ce que Burke avait noté : « la grandeur de dimension est une puissante cause du sublime[3] » et, ajoutait-il, le sublime demande « le solide et les masses mêmes[4] ». De manière plus précise, l'anthropocène reporte le sublime de la vaste nature vers « l'espèce humaine ». Tout en jouant du sublime, il en renverse les polarités classiques : la terreur sacrée de la nature est transférée à une humanité colosse géologique.

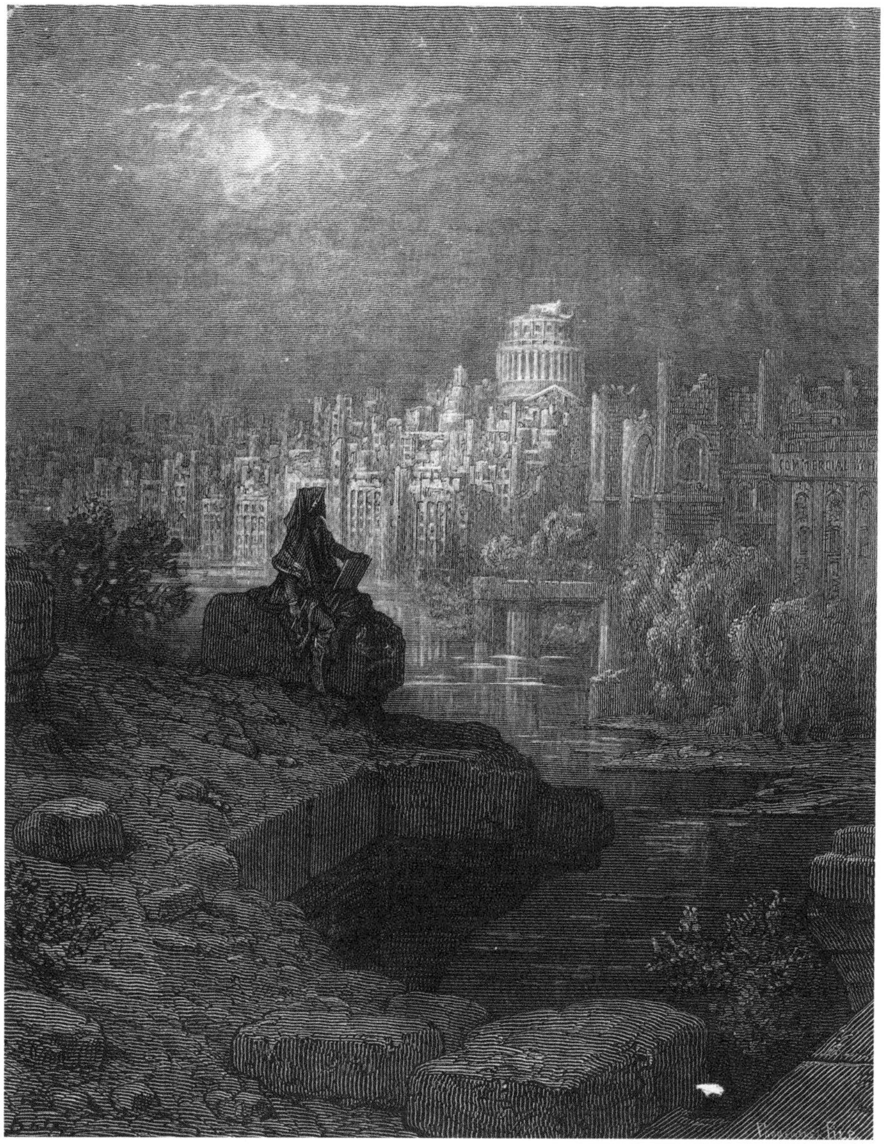

GUSTAVE DORÉ
« The New Zealander », gravure tirée de* London, A Pilgrimage *(1872) de Blanchard Jerrold
Graveur : Adolphe François Pannemaker
Gravure sur bois, 23,4 × 18 cm
Paris, Bibliothèque nationale de France, département des Estampes et de la Photographie

Si, selon le mot de Frederic Jameson, il est plus facile « d'imaginer la fin du monde que celle du capitalisme[5] », c'est que ce dernier est devenu coextensif à la Terre. Il a sécrété une « seconde nature » faite de routes, de plantations, de chemins de fer, de mines, de pipelines, de forages, de centrales électriques, de marchés à terme et de porte-conteneurs, de places financières et de banques structurant les flux de matière, d'énergie, de marchandises et de capitaux à l'échelle du globe. C'est cette technostructure orientée vers le profit qui a fait basculer le système Terre dans l'anthropocène. Le changement de régime géologique est le fait de « l'âge du capital » (Hobsbawm) bien plus que le fait de « l'âge de l'homme » dont nous rebattent les récits dominants. Le problème de l'anthropocène est donc qu'il renomme et esthétise un ensemble de techniques et de pouvoirs lié au capitalisme comme si ce dernier était devenu idéologiquement innommable. En outre, avec ce mot d'anthropocène, la seconde nature secrétée par le capitalisme industriel est rendue inexorable et sublime car elle se mesure dorénavant à l'aune des manifestations de la première nature – les volcans, la tectonique des plaques ou les variations des orbites planétaires – dont deux siècles d'esthétique nous ont inculqué une sainte terreur.

Au sublime de la quantité s'ajoute le sublime géologique des âges et des éons, duquel l'anthropocène tire ses effets les plus saisissants. La thèse de l'anthropocène nous dit en substance que les traces de notre âge industriel resteront pour des millions d'années dans les archives géologiques de la planète. Le fait d'ouvrir une nouvelle époque taillée à la mesure de l'homme signifie que c'est à l'échelle des temps géologiques seulement que l'on peut déceler des événements agissant avec autant de force sur la planète que nous-mêmes : le taux de dioxyde de carbone en 2015 est sans précédent depuis 3 millions d'années, le taux actuel d'extinction des espèces, depuis 65 millions d'années, l'acidité des océans, depuis 300 millions d'années, etc. Ce que nous vivons n'est pas une simple « crise environnementale », mais une révolution géologique d'origine humaine. Loin de constituer un cours extérieur, impavide et gigantesque, le temps de la Terre est devenu commensurable au temps de l'agir humain. En deux siècles tout au plus, l'humanité a altéré la dynamique du système Terre pour l'éternité ou presque. « Tout ce qui fait transition n'excite aucune terreur[6] », écrivait Burke. Le discours de l'anthropocène cultive cette esthétique de la soudaineté, de la bifurcation et de l'événement. Le sublime de l'anthropocène réside précisément dans cette rencontre extraordinaire : une durée infime, quasi nulle au regard de l'histoire terrienne, aura suffi à provoquer une altération comparable au grand bouleversement qui nous sépare du mésozoïque.

« Les moteurs de l'anthropocène pourraient bien menacer la viabilité de la civilisation contemporaine et peut-être même l'existence d'*Homo sapiens*[7]. »

Les promoteurs de l'anthropocène mobilisent également le sublime de la violence, celui des tremblements de terre, des tempêtes et des ouragans. Le succès scientifique, artistique et médiatique de l'anthropocène repose évidemment sur

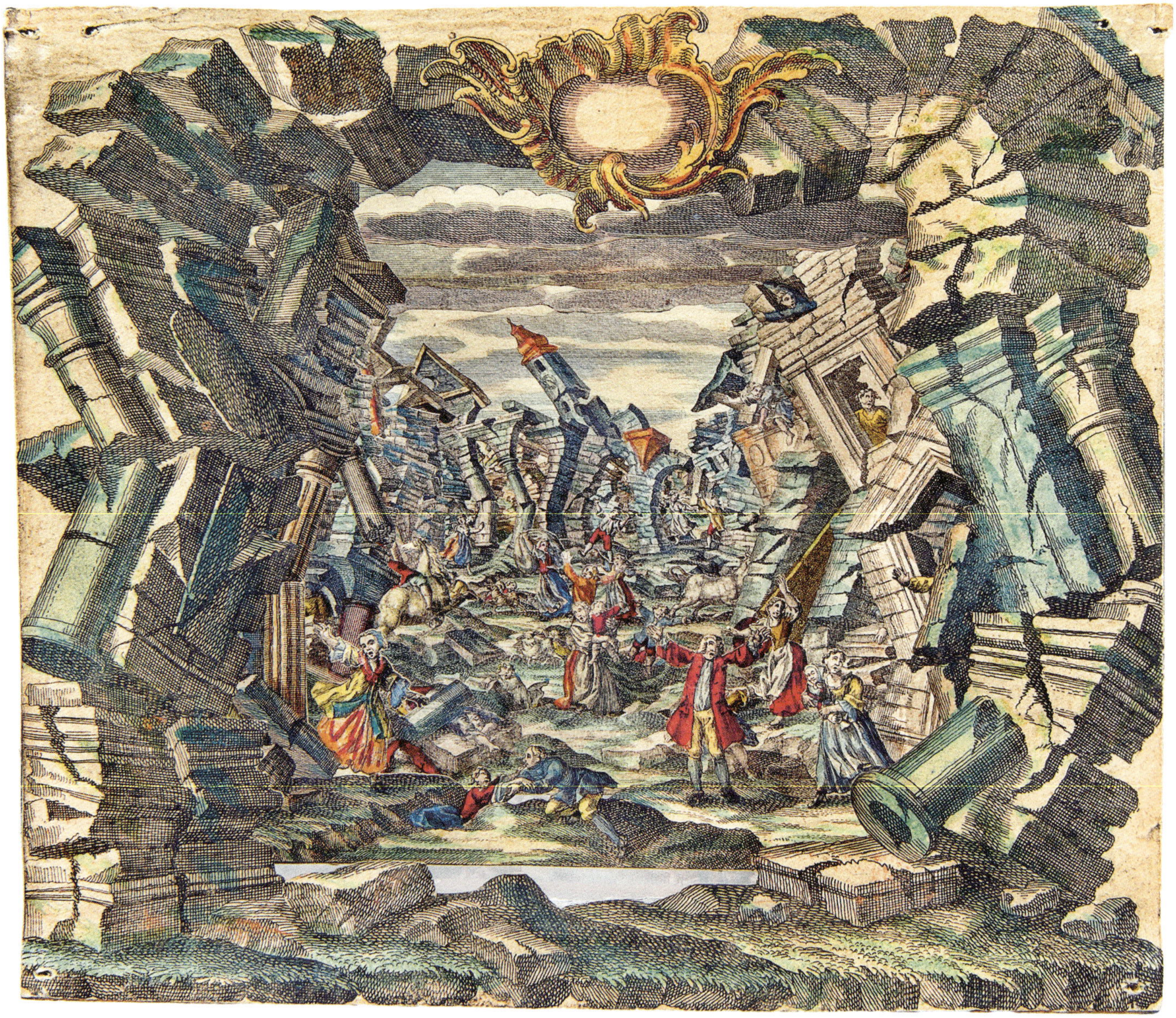

MARTIN ENGELBRECHT
***[Tremblement de terre à Lisbonne]*, vers 1750**
Gravures couleur montées sur châssis en bois, dim. totales : 18,5 × 20,5 cm
Paris, Cinémathèque française

cette « jouissance douloureuse », sur ce « plaisir négatif » dont parlent Burke et Kant. L'anthropocène s'appuie sur un imaginaire de l'effondrement, propre aux nations occidentales qui, depuis deux siècles, admirent leur puissance en fantasmant les ruines de leur futur. L'anthropocène joue des mêmes ressorts psychologiques que le plaisir pervers des décombres déjà décrit par Burke et qui nourrit la vogue actuelle du *dark tourism*.

Le sublime de l'anthropocène repose encore sur une seconde forme de violence, celle de la science hautaine et froide qui nomme les époques et définit notre condition historique. Violence, tout d'abord, de son diagnostic irrévocable : « Toi qui entres dans l'anthropocène, abandonne tout espoir », semblent nous dire les savants. Violence ensuite de la naturalisation, de la « mise en espèce » des sociétés humaines : les statistiques globales de consommation et d'émissions compactent les mille manières d'habiter la Terre en quelques courbes, effaçant par là même l'immense variation des responsabilités entre les peuples et les classes sociales. Violence enfin du regard géologique tourné vers nous-mêmes, jaugeant notre histoire (empires, guerres, techniques, hégémonies, génocides, luttes, etc.) à l'aune des traces sédimentaires laissées dans la roche. Le géologue de l'anthropocène est bien plus effroyable encore que l'ange de l'Histoire de Walter Benjamin qui, là même où nous voyions auparavant progrès, ne voyait que catastrophe et désastre : lui n'y voit que fossiles et sédiments.

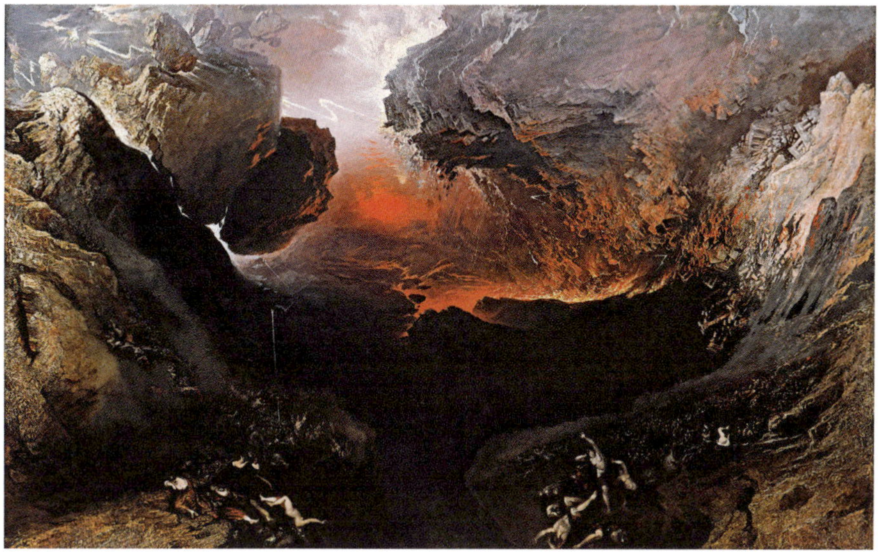

JOHN MARTIN
***The Great Day of His Wrath*, vers 1851-1853**
Huile sur toile, 196 × 303 cm
Londres, Tate

Que le sublime soit l'esthétique cardinale de l'anthropocène n'est absolument pas fortuit : sublime et géologie se sont épaulés tout au long de leur histoire. En 1674, Nicolas Boileau traduit en français le traité de Longin sur le sublime (Ier siècle après J.-C.), introduisant ainsi cette notion dans l'Europe lettrée. Mais c'est seulement au milieu du XVIIIe siècle, après que la passion des montagnes et l'intérêt pour la géologie se sont cristallisés dans les classes supérieures, que la « grande nature » devient un objet de sublime[8]. Partis pour leur Grand Tour, sur le chemin de l'Italie, les jeunes Anglais fortunés rencontrent en effet la chaîne des Alpes, ses pics vertigineux, ses glaciers terrifiants et ses panoramas immenses. Dans les récits de grand tour, l'expérience de l'effroi face à la nature représente le prix à payer pour goûter la beauté des trésors culturels de l'Italie. Le sublime joue ici un rôle de distinction : être capable de prendre du plaisir en contemplant les glaciers ou les rochers arides, permettait aux touristes anglais de se différencier des guides et des paysans montagnards qui n'y voyaient que dangers et terres incultes. Mais c'est évidemment le tremblement de terre de Lisbonne de 1755 qui fournit le véritable coup d'envoi des réflexions sur le sublime : Burke qui publie son traité l'année suivante fait référence à la passion esthétique des décombres et des ruines qui saisit alors l'Europe entière. Le second grand penseur du sublime du XVIIIe siècle, Emmanuel Kant, publie en 1756 un court ouvrage sur le tremblement de terre de Lisbonne. Dans son essai ultérieur sur le sublime, il définit ce dernier comme un « plaisir négatif » lié au fait que l'imagination atteint ses limites. Ce plaisir peut procéder de deux manières : le sublime mathématique ressenti devant l'immensité de la nature (l'espace étoilé, l'océan, etc.) et le « sublime dynamique » procuré par le spectacle de la violence de la nature (tornade, volcan, tremblement de terre).

Le sublime de l'anthropocène et sa mise en scène d'une humanité devenue force tellurique héritent également du « sublime technologique » des XIXe et XXe siècles. Avec l'industrialisation de l'Occident, la puissance de la seconde nature fait l'objet d'une intense célébration esthétique. Le sublime transféré à la technique jouait un rôle central dans la diffusion de la religion du progrès : les gares, les usines et les gratte-ciel en constituaient les harangues permanentes[9]. Dès cette époque l'idée d'un monde traversé par la technique, d'une fusion entre première et seconde nature, fait l'objet de réflexions et de louanges. On s'émerveille en particulier des ouvrages d'art matérialisant la rencontre majestueuse du sublime naturel et du sublime humain : viaducs enjambant les vallées, tunnels traversant les montagnes, canaux reliant les océans, etc. L'idée d'un globe remodelé pour les besoins de l'homme et fertilisé par la technique constitue un trope classique du positivisme depuis Saint-Simon au moins qui, dès 1820, écrivait : « L'objet de l'industrie est l'exploitation du globe, c'est-à-dire, l'appropriation de ses produits aux besoins de l'homme, et comme, en accomplissant cette tâche, elle modifie le globe, le transforme, change graduellement les conditions de son existence, il en résulte que par elle, l'homme participe, en dehors de lui-même en quelque sorte, aux manifestations successives de la divinité, et continue ainsi l'œuvre de la Création. De ce point de vue, l'Industrie devient le culte[10]. »

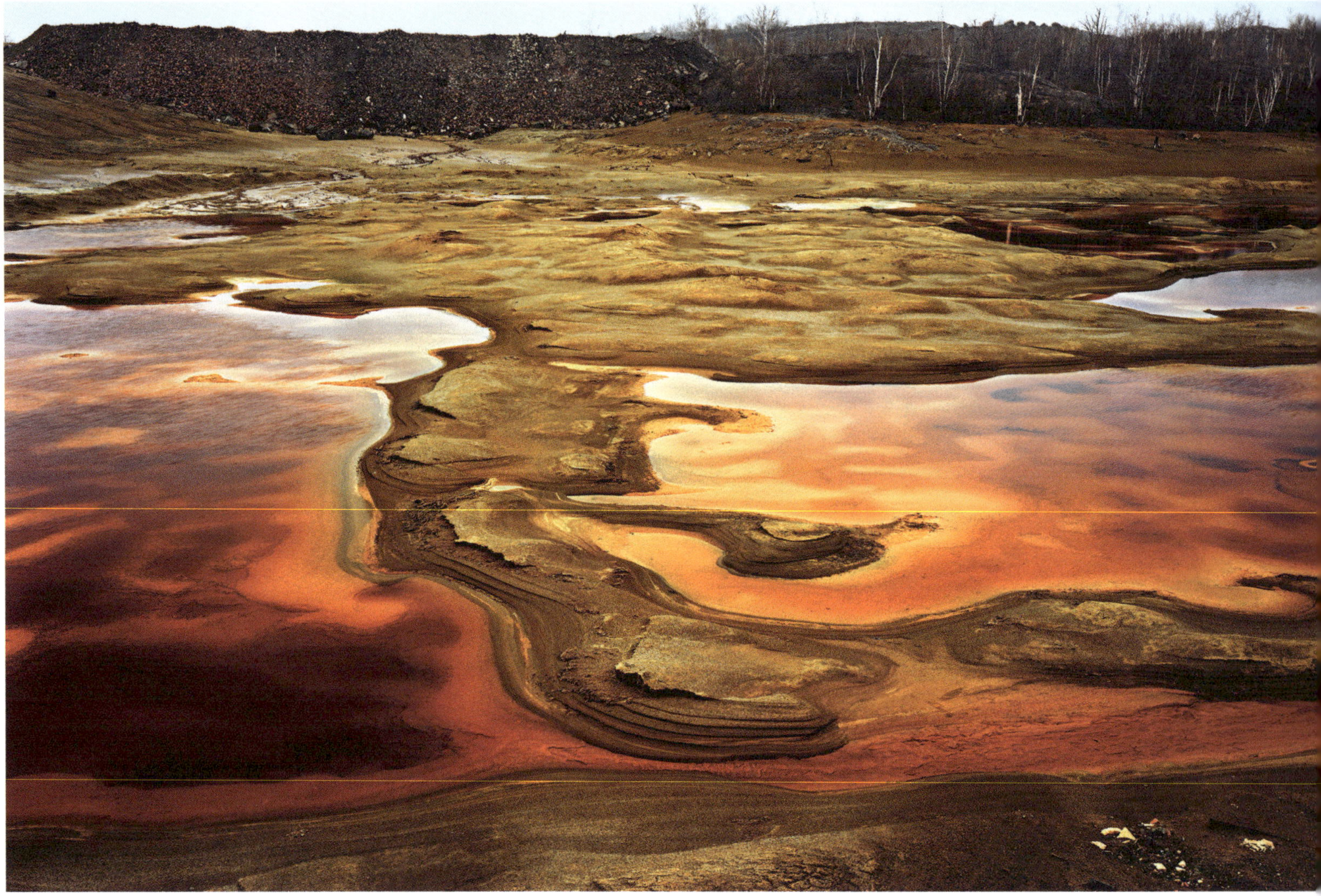

EDWARD BURTYNSKY
***Nickel Tailings #36, Sudbury, Ontario*, 1996**
Épreuve chromogène, 57,8 × 87,6 cm
Reno, The Nevada Museum of Art

De manière plus précise, l'anthropocène s'inscrit dans une version du sublime technologique reconfigurée par la guerre froide. Il prolonge la vision spatiale de la planète produite par le système militaro-industriel américain, une vision déterrestrée de la Terre saisie depuis l'espace comme un système que l'on pourrait comprendre dans son entièreté, un *spaceship earth* dont on pourrait maîtriser la trajectoire grâce aux nouveaux savoirs sur le système Terre[11].

« Par le passé, du fait de la science, l'humanité a dû faire face à de profondes remises en cause de leurs systèmes de croyance. Un des exemples les plus importants est la théorie de l'évolution… Le concept d'anthropocène pourrait susciter une réaction hostile similaire à celle que Darwin a produite[12]. »

Pour ses promoteurs, l'anthropocène est une révélation, un éveil, un changement de paradigme désorientant soudainement les représentations vulgaires du monde. Et c'est ici que l'esthétique de l'anthropocène révèle sa nature toxique : le sublime du diagnostic géologique, le sublime de l'humanité force tellurique, le sublime tonitruant de la révélation scientifique et le sublime technologique trouvent leur point de rencontre dans l'entreprise démiurgique que représente la géo-ingénierie[13]. Ce n'est pas un hasard si l'inventeur du mot anthropocène, le prix Nobel de chimie Paul Crutzen, est aussi l'un des principaux promoteurs des techniques de *solar radiation management*. La prétention à la nouveauté des savoirs sur la Terre est aussi une prétention des savants à agir sur celle-ci. À l'anthropocène inconscient issu de la révolution industrielle succéderait enfin le « bon anthropocène » éclairé par les savoirs du système Terre. L'esthétique du sublime de l'anthropocène débouche sur l'hubris d'une géo-ingénierie totale et brutale au détriment d'un travail patient et ambitieux d'involution et d'adaptation.

Les expériences du sublime sont toujours à replacer dans un contexte historique et politique particulier. Elles renvoient à des émotions dépendantes des conditions culturelles, naturelles ou technologiques de chaque époque et ce sont ces conditions qui en fournissent les clés de compréhension politique. De la fin du XVIIIe siècle à la fin du XIXe, le sublime d'une nature violente et abstraite permettait de relativiser les dangers bien réels d'un mode de vie technologique et urbain. L'art du sublime nourrissait également le fantasme d'une nature incommensurable et inépuisable au moment précis où le capitalisme l'humiliait. Dans une culture prenant au sérieux le projet de maîtrise technique de la nature, l'esthétique du sublime fournissait aussi un plaisir légèrement coupable. Enfin, selon le critique marxiste Terry Eagleton, le sublime correspondait aux impératifs esthétiques du capitalisme naissant : contre l'esthétique émolliente du beau, risquant de transformer le sujet bourgeois en sensualiste décadent, le sublime réénergisait le sujet capitaliste comme exploiteur ou comme pourvoyeur de travail. Le beau devient à la fin du XVIIIe siècle l'harmonieux, le non productif, le doux et le féminin ; le sublime : l'effort, le danger, la souffrance, l'élevé, le majestueux et le masculin. Au fond, le sublime, nous dit Eagleton, contenait la menace que la beauté faisait peser sur la productivité[14].

Au début des années 2000, le sublime de l'anthropocène occupe également une fonction idéologique. Alors que les classes moyennes intellectuelles se convertissent au souci écologique, alors qu'elles rejettent les idéaux modernistes de maîtrise de la nature comme *has been*, alors qu'elles proclament « la fin des grands récits », la fin du progrès, de la lutte des classes, etc., l'anthropocène procure le frisson coupable d'un nouveau récit sublime. Sur un fond d'agnosticisme quant au futur, l'anthropocène donne un nouvel horizon grandiose à l'action politique. Dans le contexte idéologique terne de l'écologie politique, du développement durable et de la précaution, penser le mouvement d'une humanité devenue force tellurique paraît autrement plus excitant que penser l'involution d'un système économique. Au fond le sublime de l'anthropocène rejoue assez exactement la scène finale du chef-d'œuvre de Stanley Kubrick, *2001, l'Odyssée de l'espace* : à l'instar de l'embryon orbital considérant la planète Terre depuis l'espace, l'anthropocène met en scène l'avènement d'un agent géologique conscient, d'un corps planétaire réflexif. Et c'est bien pour cela que l'anthropocène fait tressaillir théoriciens, philosophes et artistes en herbe : il semble désigner un événement métaphysique intéressant.

Pour l'écologie politique contemporaine, l'esthétique sublime de l'anthropocène pose pourtant problème : en mettant en scène l'hybridation entre première et seconde nature, elle réénergise l'agir technologique des *cold warriors* (la géo-ingiénérie) ; en déconnectant l'échelle individuelle et locale de ce qui importe vraiment (l'humanité force tellurique et les temps géologiques), elle produit sidération et cynisme (*no future*) ; enfin l'anthropocène, comme tout autre sublime, est sujet à la loi des rendements décroissants : une fois que l'audience est préparée et conditionnée son effet s'émousse. En ce sens, désigner une œuvre d'art comme « art de l'anthropocène » serait fatal à son efficacité esthétique. Le risque est que l'écologie du sublime soit alors appelée à une surenchère permanente, semblable en cela à la course à l'avant-garde dans l'art contemporain. Avant d'embrasser l'anthropocène il faut bien se rappeler que le sublime n'est qu'une des catégories de l'esthétique qui en comprend bien d'autres (le tragique, le beau, le pittoresque…) reposant sur d'autres sentiments (l'harmonie, l'ataraxie, la tristesse, la douleur, l'amour, la modestie…) qui sont peut-être plus à même de nourrir une esthétique du soin, du petit, du local, du contrôle, de l'ancien et de l'involution dont l'agir écologique a tellement besoin.

1. Edmund Burke, *Recherche philosophique sur l'origine de nos idées du sublime et du beau*, 1757, Paris, Pichon, 1803, p. 85.
2. Will Steffen, Jacques Grinevald, Paul Crutzen et John McNeill, « The Anthropocene: Conceptual and Historical Perspectives », *Philosophical Transactions of the Royal Society A*, vol. 369, 2011, p. 842-867.
3. Edmund Burke, *op. cit.*, p. 129.
4. *Ibid.*, p. 225.
5. Frederic Jameson, « Future City », *New Left Review*, 2003, n° 21, p. 76.
6. Edmund Burke, *op. cit.*, p. 151.
7. Will Steffen *et al.*, *op. cit.*
8. Marjorie Hope Nicholson, *Mountain Gloom and Mountain Glory: The Development of the Aesthetics of the Infinite*, Ithaca, Cornell University Press, 1959.
9. David Nye, *American Technological Sublime*, Cambridge (Mass.), MIT Press, 1994.
10. *Doctrine de Saint-Simon*, t. 2, Paris, Aux Bureaux de l'Organisateur, 1830, p. 219.
11. Christophe Bonneuil et Jean-Baptiste Fressoz, *L'Événement anthropocène. La Terre, l'Histoire et nous*, Paris, Seuil, 2013, et Sebastian Vincent Grevsmühl, *La Terre vue d'en haut. L'invention de l'environnement global*, Paris, Seuil, 2014.
12. Will Steffen *et al.*, *op. cit.*
13. La géo-ingéniérie désigne un ensemble de techniques visant à modifier artificiellement l'albédo terrestre pour contrecarrer le réchauffement climatique. Cela peut consister par exemple à injecter du dioxyde de soufre dans la haute atmosphère afin de réfléchir une partie du rayonnement solaire vers l'espace. L'échec des gouvernements à obtenir un accord international contraignant et ambitieux a contribué à mettre en avant la géo-ingéniérie, en tant que « plan B ». Ces techniques potentiellement très risquées pourraient soudainement s'imposer en cas « d'urgence climatique ».
14. Terry Eagleton, *The Ideology of the Aesthetic*, Oxford, Basil Blackwell, 1990.

La nature trop loin

Le sublime, qui se déploie dans la littérature et la peinture des XVIIIe et XIXe siècles, consiste en la recherche du frisson provoqué par le sauvage et les lieux d'horreur, la quête du vertige des altitudes comme celui des profondeurs abyssales. Sur le toit du monde ou à des milliers de mètres sous les mers, les paysages terribles sont autant objet de fascination que de délectation et se déclinent en typologies de mers déchaînées, hautes montagnes, gouffres, grottes, volcans, chutes d'eau, face auxquels l'homme éprouve son courage et sa connaissance du monde. Les thèses eschatologiques qui voyaient dans les monts et les côtes déchiquetées les vestiges du Déluge, laissent place au cours du XVIIIe et du XIXe siècle à une rationalité moderne, où la genèse n'est plus de nature divine mais géologique. « Verrues de la Création [1] » selon les mots d'Alain Corbin, les montagnes deviennent les reliques de cataclysmes explicables. On cherche à lire dans les origines de la Terre le secret de la fin des temps. Sculptés par l'action des éléments, ces curiosités et monuments naturels sont pour les scientifiques et artistes des monstruosités inspirantes. Le développement des explorations des naturalistes contribue à enrichir cet inventaire topographique vulgarisé par les sociétés de géographie. Œuvres picturales, lanternes magiques puis cartes postales participent de la large diffusion de cette quête de sensation et de grandeur qui s'amenuise dans la multiplication de sa propre iconographie.

1. Alain Corbin, *L'Homme dans le paysage*, Paris, Textuel, 2001, p. 88.

DOVE ALLOUCHE
3 440 m (l'Olan et les Rouies du Sirac)
(détail, repr. p. 57)

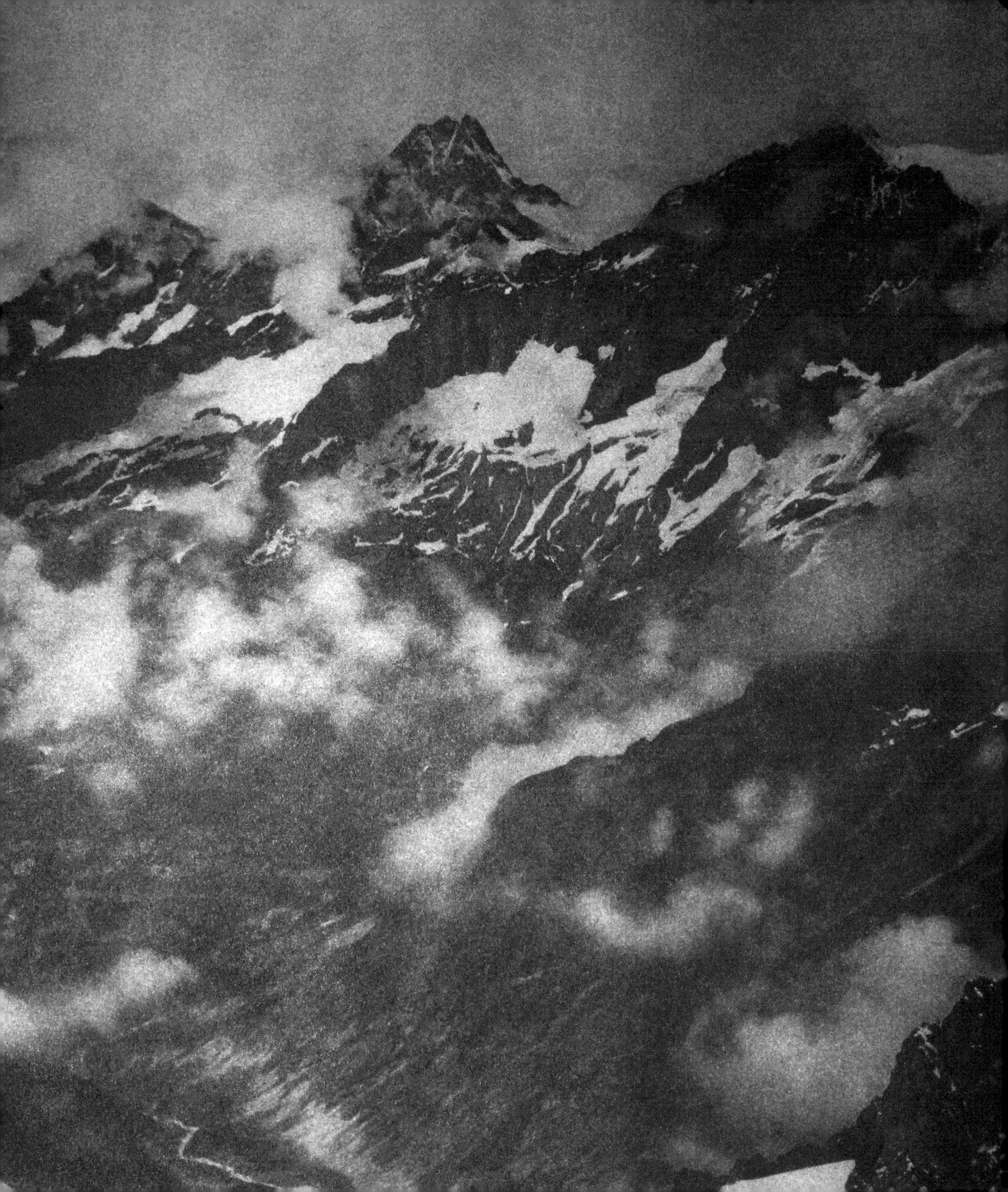

Lanternes magiques

L'art trompeur : la découverte d'un nouveau monde

Au XVIIe siècle, quelques privilégiés se partagent un secret bien gardé, celui de la « lanterne de peur », plus tard baptisée « lanterne magique », un appareil d'optique apparu en 1659 dans l'atelier de l'astronome hollandais Christiaan Huygens. Pour la première fois dans l'histoire de l'humanité, l'homme peut agrandir en projection des images peintes à la main, mobiles, représentant toute la palette de ses propres fantasmes : peurs, envies, désirs, joies, rêves et cauchemars. La lanterne magique possède dès son apparition un caractère démiurgique grâce à ses plaques animées ; pourtant, la première image que Christiaan Huygens projette en 1659 représente un squelette échappé de la *Danse de mort* de Hans Holbein. Le squelette peint par Huygens remue les bras, joue avec sa tête, fait signe au spectateur de le suivre. La dualité de la lanterne est troublante : c'est une invention d'optique remarquable, mais les vues grotesques ou diaboliques qu'elle projette la rendent peu sérieuse, voire dangereuse.
Mais le secret est éventé peu à peu. Un voyageur français, Charles Patin, assiste, médusé, à un spectacle de lanterne magique donné à Nuremberg. Dans une lettre publiée en 1674, Patin énonce plusieurs idées essentielles : « C'est cet Art trompeur qui se joue de nos sens et qui avec la règle et le compas dérègle tous nos sens. »
L'Art trompeur consiste soit à dupliquer artificiellement la réalité, soit à la déformer et à donner forme à tous les fantasmes. Dans tous les cas, il s'agit de sublimer, de transfigurer grâce à l'optique et la perspective, les images auparavant inertes. Les ombres, les silhouettes, les jeux de miroirs, les chambres noires et claires, les anamorphoses, les boîtes d'optique, les théâtres de perspective, les paradoxes dioptriques, les lanternes magiques, les fantasmagories, les disques stroboscopiques, les bandes zootropiques, les images séditieuses, truquées, panoramiques, dioramiques, diurnes et nocturnes, chronophotographiques, etc., se rattachent à ce courant et constituent une production immense dans l'histoire des sciences et des arts. Le Cinématographe Lumière avec ses vues documentaires (prétendant recréer la réalité) et les « films à trucs » à la Méliès apparaissent comme l'une des apothéoses de l'Art trompeur.
Les images produites par ce nouvel art ont eu pour vocation ontologique de « dérégler nos sens », avec parfois des effets inattendus pour l'histoire des formes. Par exemple, les théâtres de perspective du graveur allemand Martin Engelbrecht, au milieu du XVIIIe siècle, ont permis la vision des premières images en relief [→p. 46]. Les boîtes d'optique qui donnent la vision de gravures coloriées avec des effets de jour et de nuit, ou les lanternes magiques montées en batterie avec leurs plaques mécanisées, ont introduit une notion cruciale : la représentation du temps qui s'écoule, spécificité majeure de l'art cinématographique.
Avec l'ouverture en 1838 de la Royal Polytechnic Institution de Londres, « l'art des projections » atteint un sommet ultime. Des musiciens accompagnent les séances, des bruiteurs cachés derrière l'immense écran donnent aux images une ampleur sonore particulière. Les projections sont assurées par quatre, parfois six appareils énormes, montés en batterie pour le *dissolving views*, ces vues fondantes qui se succèdent les unes après les autres en une parfaite cadence et symbiose.
Pour expliquer le succès rencontré par la Royal Polytechnic, il faut insister sur le profond engouement du XIXe siècle pour l'exotisme, l'égyptomanie et l'orientalisme. La philosophie romantique du départ, de l'aventure, du refus de la bourgeoisie, donne naissance à de nouveaux vagabonds littéraires, de George Borrow à Rimbaud. Comme dans les poésies de Gray, Wordsworth, Keats et Shelley, il y a un intense et commun désir de transmettre les émotions suscitées par la nature, une volonté de célébrer la « liberté libre ».
Les plaques de verre de la Royal Polytechnic se rattachent aussi à la grande spécialité des Anglais, le paysage. Selon les conseils du poète Richard Knight, il faut se concentrer sur la « couleur, la lumière et les ombres, toutes ces combinaisons harmonieuses et magiques produisent la richesse et la splendeur et font l'essence de l'art ». Les peintres reprennent également les théories d'Edmund Burke (1757). Ce qui est plaisant, attirant et doux est qualifié de beau, tandis que ce qui suscite l'effroi est qualifié de sublime✿. Le sublime consiste le plus souvent à représenter des phénomènes naturels, le sujet précis des plaques de la Royal Polytechnic. Exemple d'un paysage sublime pour Burke, *L'Éruption du Vésuve*, qui sera un sujet classique des lanternes magiques.
Il y a donc une forte idéalisation romantique, et non la volonté d'obtenir une reproduction comme on pourrait le faire avec la photographie, par exemple. C'est d'ailleurs ce qui fait l'étrangeté des images produites par la Polytechnic : elles ne connaissent aucune stabilité entre le réel et l'imaginaire. Bien assis dans son fauteuil, le spectateur victorien – pauvres, ouvriers, bourgeois, nobles –, véritable voyageur immobile, explorait l'invisible et plongeait au fond de l'inconnu pour découvrir un monde nouveau. — L.M.

ANONYME
(attribué à William Robert Hill)
***[Le Mont Vésuve en éruption], [Tremblement de terre à Messine], [Avalanche], [Tempêtes de sable]*, milieu du XIXe siècle**
Plaques de verre peintes à la main, cadre en bois, 27,9 × 27,9 cm env. chacune
Paris, Cinémathèque française

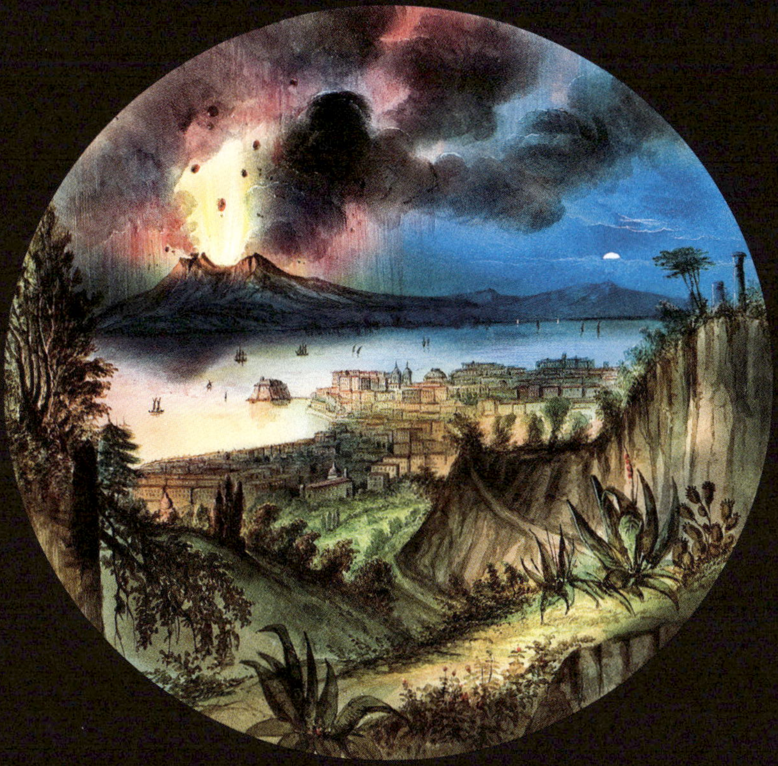

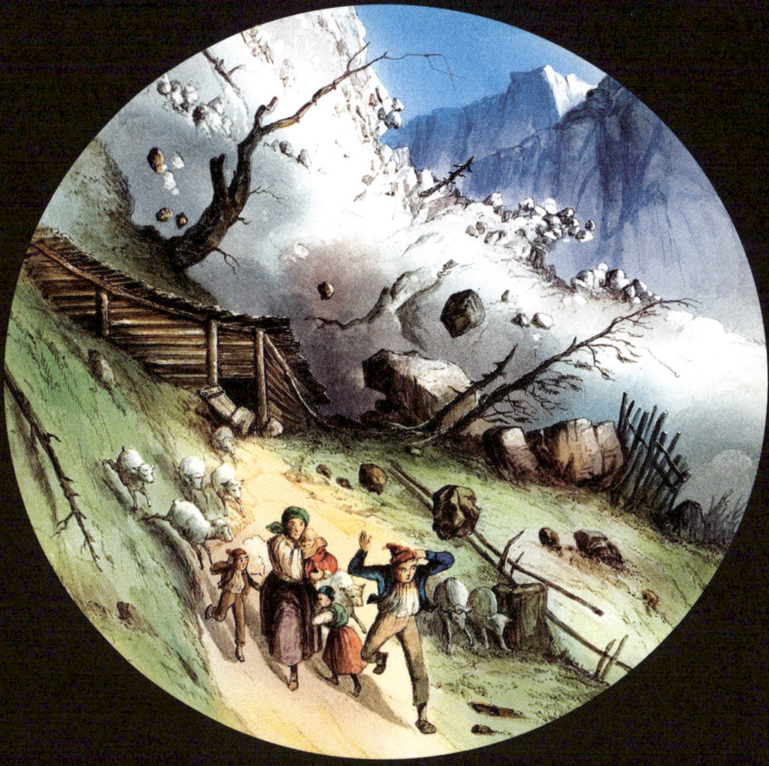

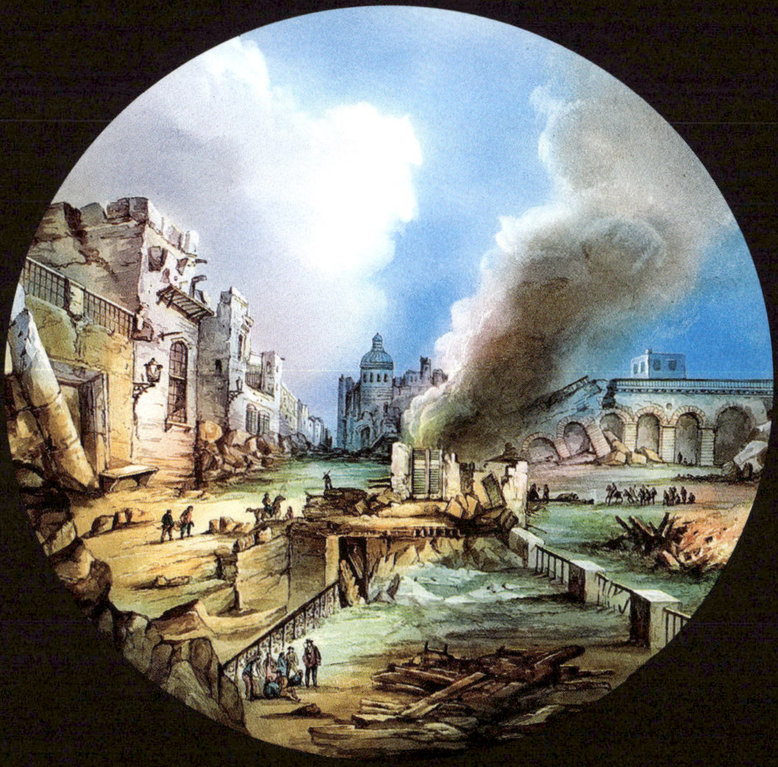

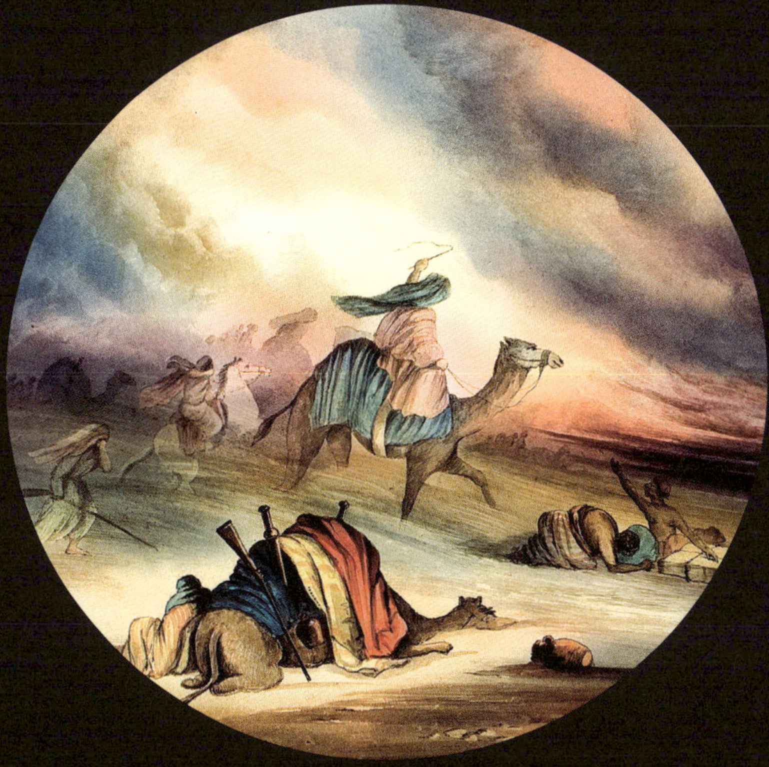

Bas Jan Ader, Barbara et Michael Leisgen

L'héritage du romantisme

L'héritage iconographique du romantisme ne retiendrait-il qu'une présence plus ou moins idéalisée de la « sainte Nature[1] » (Hölderlin) ? La période a certes induit une esthétique de communion avec elle : l'expérience de l'*Erdleben* (« vie de la terre[2] »), théorisée par Carl Gustav Carus autour de 1815-1824, s'oppose à sa domination qui voudrait nous en rendre « maîtres et possesseurs[3] » (Descartes).
Vers 1974, « les alentours sauvages de l'océan, du désert et des montagnes » de Los Angeles impressionnent Bas Jan Ader, et ce jusque dans la démesure de leurs « désastres », éprouvant la fragilité devant la présence intense des forces naturelles.
Si les romantiques ont peu célébré l'urbanité, il se sent « rapetissé par son échelle énorme », « métropole romantique sauvage des extrêmes », appréciant « la beauté solitaire des autoroutes la nuit[4] ». Son œuvre de 1971, *Farewell to Faraway Friends*, le montre face à l'horizon : réminiscence de la toile de Caspar David Friedrich, *Der Mönch am Meer* (1808-1810), une composition similaire se retrouve la même année pour son *Untitled (The Elements)*, où les quatre éléments sont réduits à leur inscription sommaire, tenue par lui sur un bord rocheux où viennent s'écraser les vagues.
Le motif apparaît aussi chez Barbara et Michael Leisgen, avec *La Création des nuages* en 1974 ou, malgré une perspective obstruée par des troncs d'arbres abattus, *La Forêt couchée*, en 1982, de leur série *Pink Depression*, versant plus pessimiste du *Wanderer über dem Nebelmeer* (1817) de Friedrich.
Cherchant à « dépasser ce qui est fini » afin de « réaliser l'infini »[5], la relation des romantiques à la nature (au même titre que leur évocation d'un lointain s'ouvrant à perte de vue) recèle une aspiration mystique – présente également chez les peintres d'Amérique du Nord comme Frederic Edwin Church ou Thomas Cole : elle permet de s'unir à l'« Absolu[6] » (Schelling), d'« Être un avec le Tout[7] » (Hölderlin). Ader reprend cette quête spirituelle, notamment en déambulant jusqu'à la mer au milieu de la « cité des anges », tel Diogène, une lampe torche à la main (*In Search of the Miraculous (One Night in Los Angeles)*, 1973). Souhaitant poursuivre ce triptyque par un « voyage romantique et aventureux[8] », qui se traduit par une traversée en solitaire de l'Atlantique à la voile, il alterne les leitmotive de l'idyllique (le *bulletin 89* le fait voir sur son bateau voguant par temps calme)[9] et de l'héroïsme (un voilier fonçant à travers des flots tumultueux figure sur l'invitation à la galerie Claire S. Copley en avril 1975).
Il rejoint le destin de Percy Bysshe Shelley qui, embarqué sur son *schooner*, se noie lors d'une tempête au large de la Toscane : seule l'épave du *Guppy pocket cruiser* est récupérée quelques mois plus tard, le laissant « perdu dans le grand bleu[10] » (Hölderlin). L'un de ses carnets mentionne par ailleurs un projet de photos où il se représente « mort dans l'océan, refoulé sur le rivage », qu'il assimile à une triste déploration de l'impermanence même de la mer et de la terre[11].
Cette dimension mélancolique, proche de l'*Ophelia* (1851-1852) du préraphaélite John Everett Millais, se reconnaît, non sans un certain décalage, dans *L'Eau mourante* [→p. 112], appartenant aux *Pink Depressions* des Leisgen.
Cette mise en avant de la vulnérabilité physique et émotionnelle ne doit pas faire oublier la portée sociale du romantisme et l'imagerie qu'elle infère.
Prolongement des Lumières plus que leur rejet, il accompagne les révolutions et les démocraties émergentes, exalte l'individu et son émancipation, abrite la maturation de conceptions radicales, telles que la non-violence, l'égalitarisme, le féminisme, le végétarisme ou l'écologie.
Joseph Beuys prolonge cette dernière avec son approche plastique totale se confondant avec le projet d'« État esthétique[12] » de Schiller. De manière plus détachée, les Leisgen attirent l'attention sur des sites pollués et saturés par l'intervention humaine. Dès lors, pour de nombreux artistes, la contemplation sous-tend une certaine responsabilité – tant passée qu'à venir –, et, malgré l'introduction d'une charge conceptuelle, souvent dénuée de toute velléité romantique, l'héritage du romantisme transparaît au travers d'un engagement pour préserver une nature non plus idéalisée, mais en perdition.— A.D.

1. *Hyperion oder der Eremit in Griechenland*, Tübingen, J. G. Cotta'schen, 1797-1799.
2. *Zwölf Briefe über das Erdleben*, Stuttgart, P. Balz'sche Buchhandlung, 1841.
3. *Discours de la méthode*, Leyde, Ian Maire, 1637, p. 62.
4. Paul Andriesse, « Bas Jan Ader, een persoonlijke ontwikkeling », *Jong Holland*, vol. 2, n° 1, mars 1986, p. 20-21.
5. Walter Biemel, « L'ironie romantique et la philosophie de l'idéalisme allemand », *Revue philosophique de Louvain*, 3e série, t. 61, n° 72, 1963, p. 640 et 634.
6. Voir par exemple *Ideen zu einer Philosophie der Natur*, Landshut, Philipp Krüll, 1803.
7. *Hyperion…*, *op. cit.*
8. *Bas Jan Ader: Please Don't Leave Me*, Rein Wolfs (éd.), Rotterdam, Museum Boijmans Van Beuningen, 2006, p. 103.
9. Amsterdam, Art & Project, juillet 1975.
10. *Hyperion…*, *op. cit.*
11. *Bas Jan Ader…*, *op. cit.*, p. 13.
12. « Ueber die ästhetische Erziehung des Menschen in einer Reyhe von Briefen » et « Die schmelzende Schönheit », *Die Horen*, Tübingen, J. G. Cottaischen, vol. 1, n° 1 et 2, vol. 2, n° 6, 1795, p. 7-48, 51-94 et 45-124.

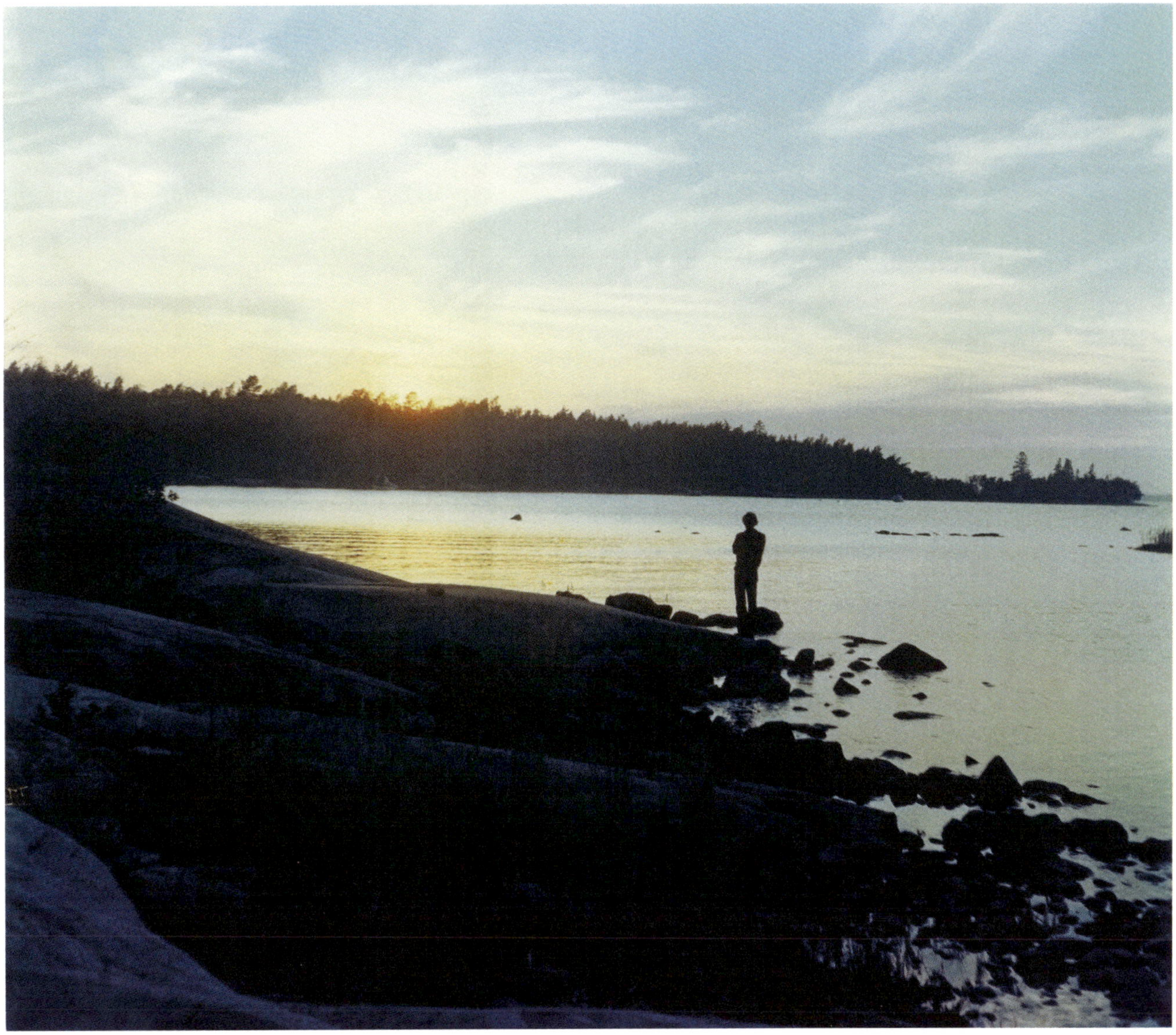

BAS JAN ADER
***Farewell to Faraway Friends*, 1971**
Épreuve chromogène, 49,5 × 56,5 cm
Rotterdam, Museum Boijmans
Van Beuningen

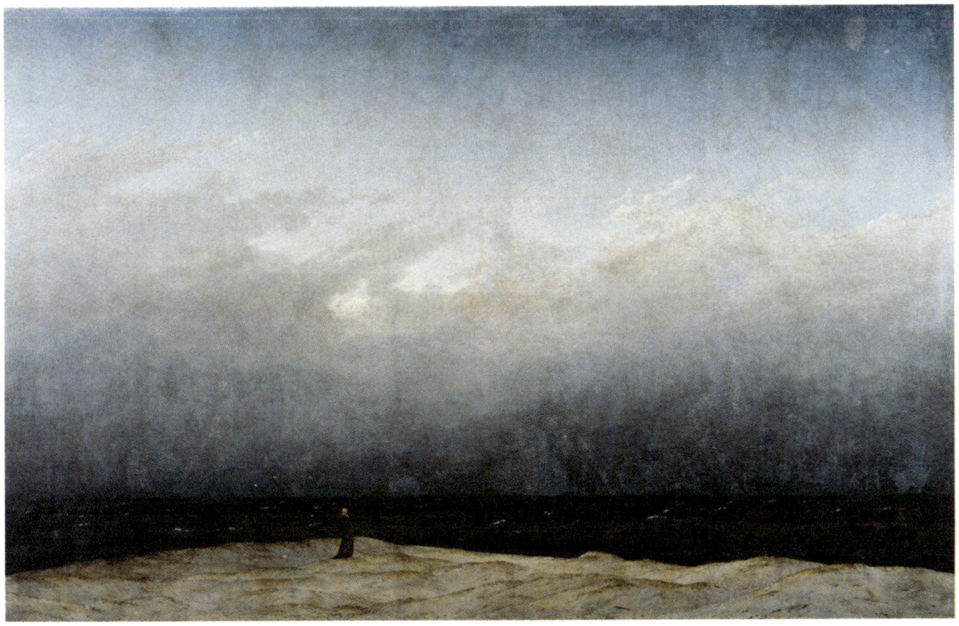

CASPAR DAVID FRIEDRICH
***Der Mönch am Meer*, 1808-1810**
Huile sur toile, 110 × 171,5 cm
Berlin, Staatliche Museen zu Berlin,
Nationalgalerie
Œuvre non exposée

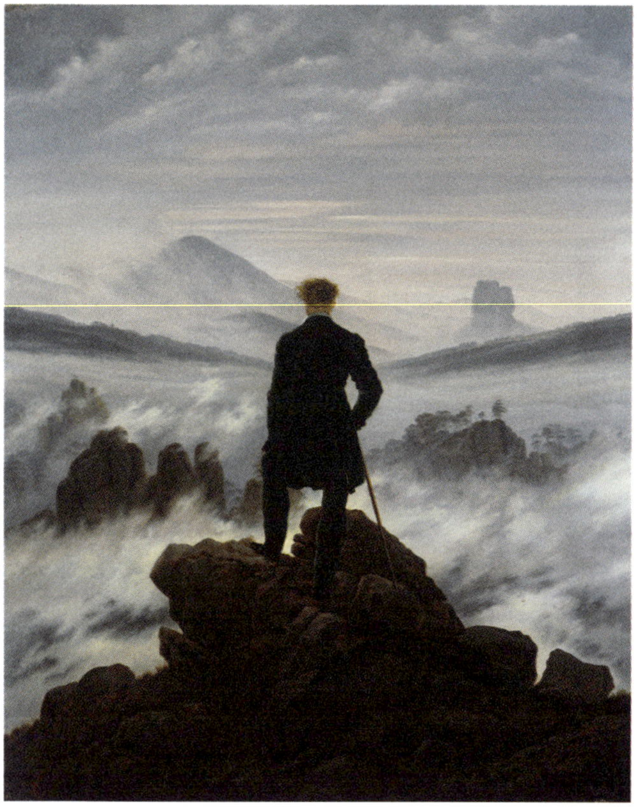

CASPAR DAVID FRIEDRICH
***Wanderer über dem Nebelmeer*, vers 1817**
Huile sur toile, 94,4 × 74,8 cm
Hambourg, Kunsthalle
Œuvre non exposée

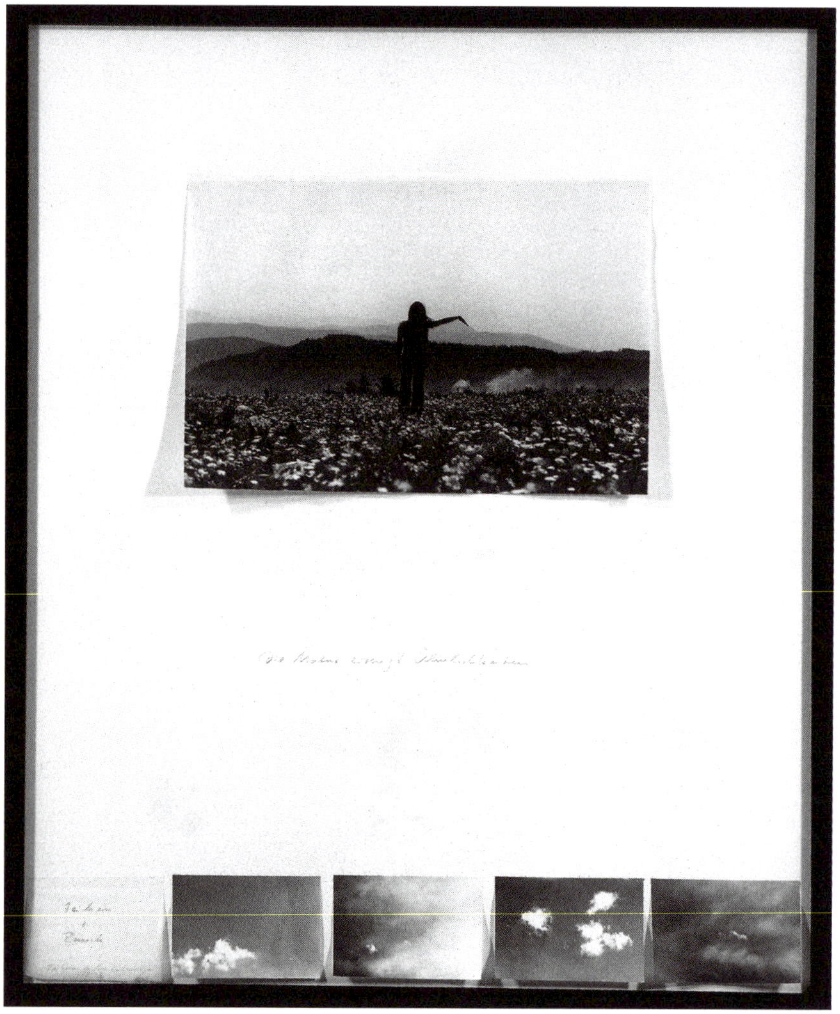

BARBARA ET MICHAEL LEISGEN
***Mimesis – Die Natur erzeugt Ähnlichkeiten*, 1972-1973**
Épreuve gélatino-argentique sur papier baryté, texte manuscrit sur papier-calque, 90,5 × 73,5 cm
Metz, collection 49 Nord 6 Est – Frac Lorraine

Dove Allouche, L.-A. et A.-R. Bisson, Aimé Civiale, Julien Discrit, Zarh Pritchard

Des abysses aux cimes

La conquête de territoires au XIXe siècle ne suit pas uniquement une trajectoire horizontale, mais se propage également des cimes aux abysses. Malgré l'ascension du sommet ultime des Alpes en 1786, les « hauteurs sauvages » (Schiller, « Der Alpenjäger », 1804) demeurent perçues comme un environnement hostile. Quand, fuyant Metz en 1813, Jean-André Boymans entreprend de gravir la Verrerie de Roche (Jura), elle lui apparaît « garnie de roches formidables », d'« obstacles presqu'insurmontables » et « de précipices affreux »[1]. Vers 1829, l'« Esquisse sur la physiognomonie des montagnes[2] » de Carl-Gustav Carus préconise une étude approfondie de ce milieu ; édité une première fois en 1869, *Les Grands Phénomènes* d'Honoré Benoist avance que « C'est à la science que s'adressent les innombrables merveilles que la superstition a longtemps regardées avec épouvante[3] ». L'Académie des sciences de Paris valide en 1863 les prises de vue effectuées par les frères Bisson à la cime de la « montagne maudite » en 1861 et 1862. Comme elle l'indique lors de son rapport du 16 avril 1866, la photographie constitue « un moyen au-dessus de toute controverse et indépendant de toute idée préconçue ou de toute erreur personnelle, de connaître la forme et le relief réel des massifs montagneux[4] ». Tandis que les dessins détaillés de Joseph Bettannier, qui accompagnent l'ouvrage de Louis Agassiz (*Études sur les glaciers*, 1840[5]), illustrent le déplacement des glaciers à partir des observations

▶▶▶

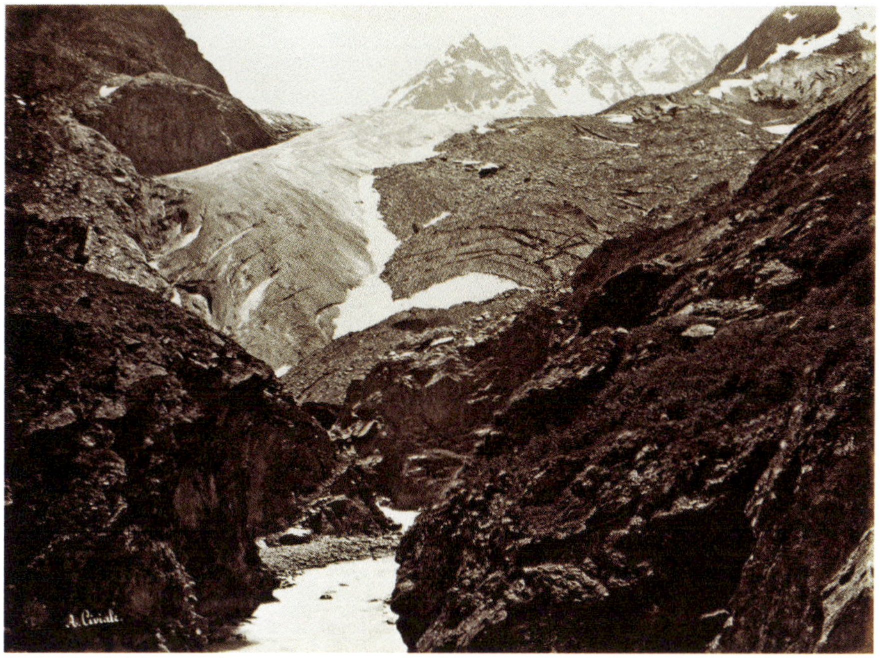

AIMÉ CIVIALE
***La Source de la Dranse au glacier Durand*, 1863**
Épreuve sur papier albuminé, 27 × 36 cm
Paris, Société de géographie, dépôt à la Bibliothèque nationale de France

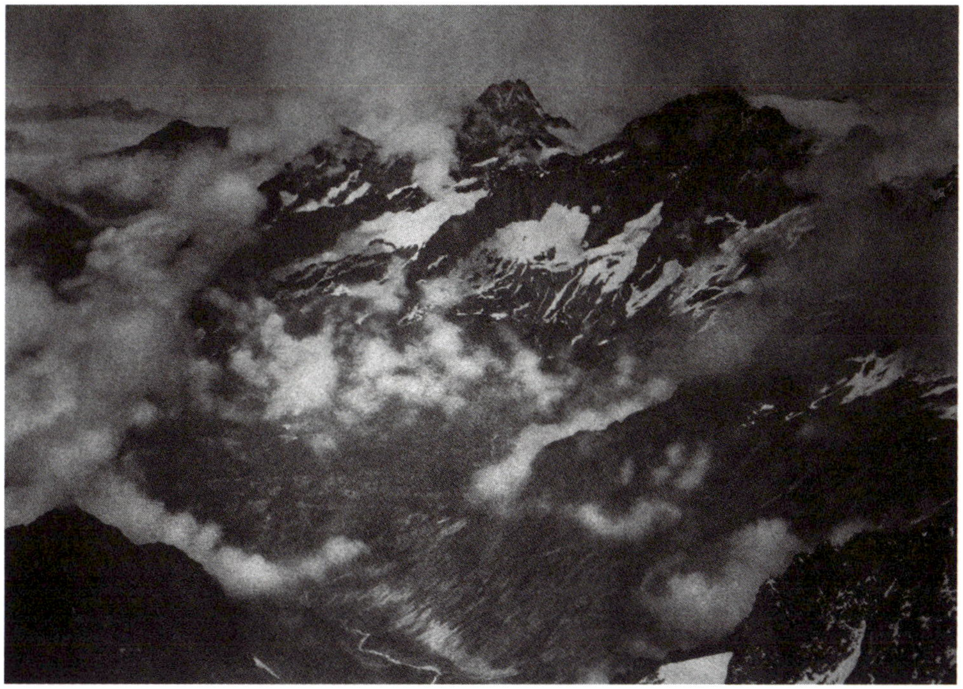

DOVE ALLOUCHE
***3 440 m (l'Olan et les Rouies du Sirac)*, 2009**
***D'après les illustrations héliogravées de l'ouvrage* Haute Montagne *de l'alpiniste Pierre Dalloz*, 1931**
Mine graphite et encre sur papier, 69,5 × 98 cm
Paris, Centre Pompidou, Musée national d'art moderne

de Franz-Joseph Hugi, le *Bloc erratique de serpentine au lac Mattmark* (v. 1860-1863) d'Aimé Civiale apporte une preuve irréfutable aux géologues éloignés du terrain. Pour autant, la mesure et l'inventaire n'abolissent pas la dimension incommensurable de ce « splendide et éternel panorama[6] ». En 1882, l'*Histoire d'une montagne*[7] du géographe Élisée Reclus mêle le sublime au documentaire.
Aujourd'hui encore, la distance reprographique et la minutie mobilisée par Dove Allouche afin de réaliser sa série (2009) d'après les photographies de Pierre Dalloz (*Haute Montagne*, 1931)[8], laissent entrevoir une correspondance phénoménologique entre l'expérience de la montagne et le soin pris à la restituer. L'*Inframince (Mont-Blanc)* (2006) de Julien Discrit matérialise une frontière à la perception indescriptible, au même moment où son *Mont Analogue* (2010) fait référence au roman éponyme inachevé (1939-1944) de René Daumal, quête d'une montagne que la courbure de l'espace occulte.
Les océans possèdent aussi leurs sommets grandioses et leurs gouffres imposants, dont la profondeur et les points culminants excédent ceux des terres émergées.
Si les équipées photographiques de Civiale en haute montagne nécessitent un lourd matériel pour la sensibilisation et le développement des plaques sur place, la plongée en milieu subaquatique se heurte à des limites physiques

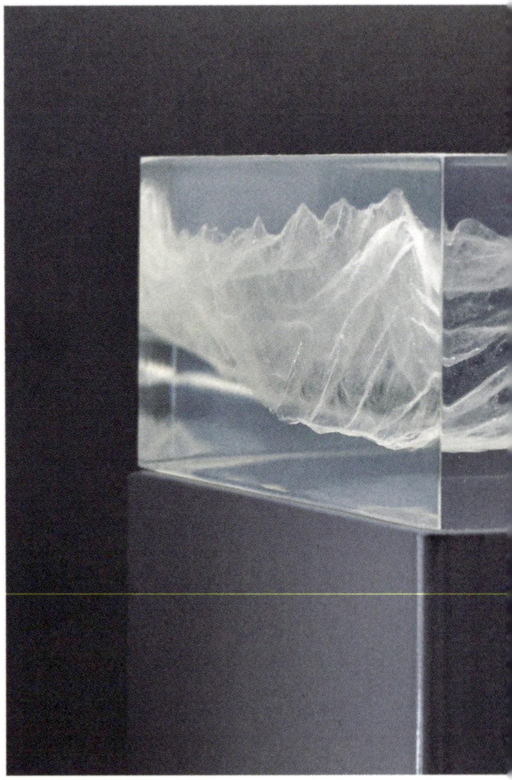

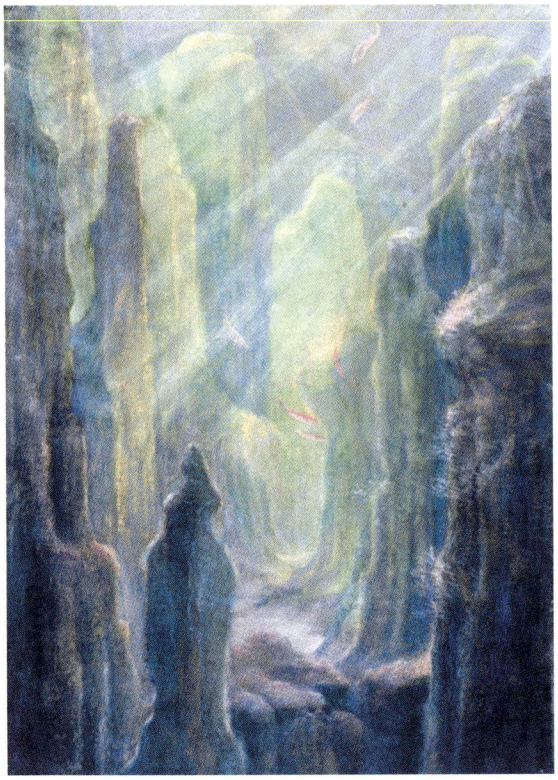

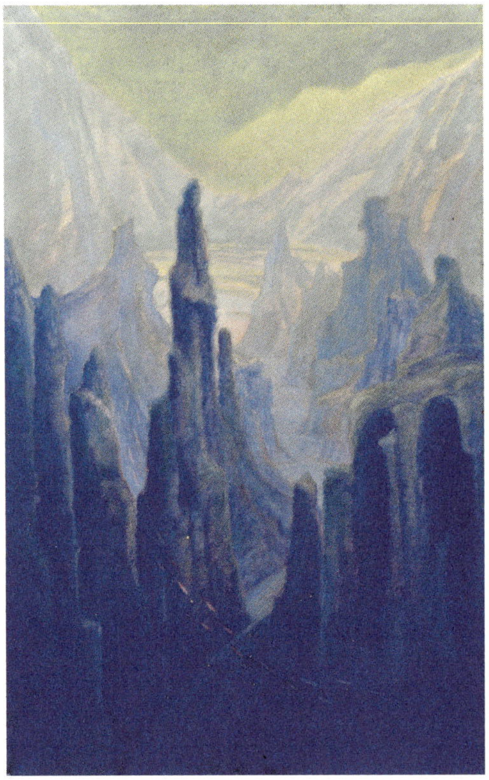

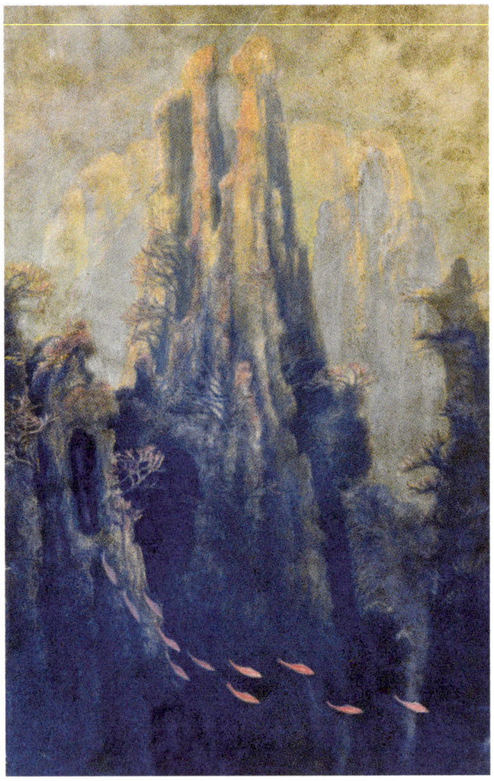

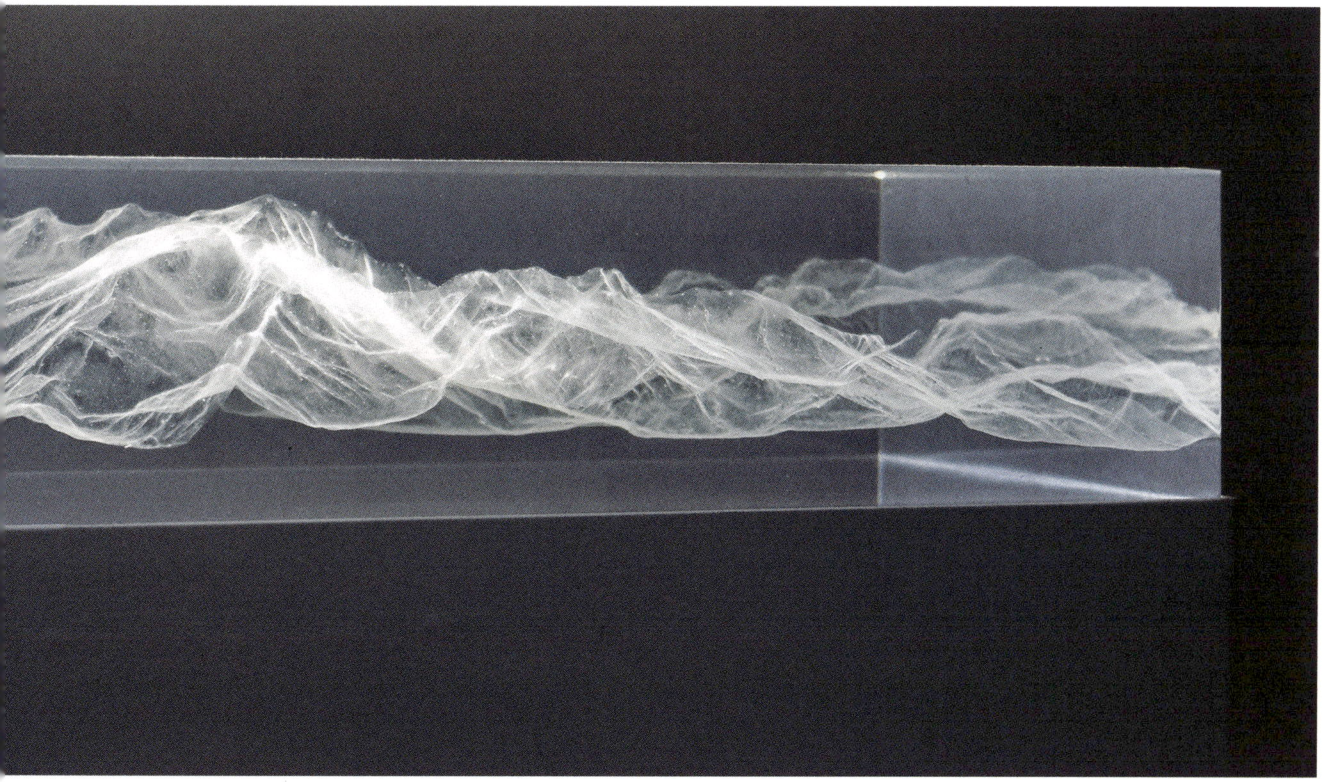

JULIEN DISCRIT
Inframince (Mont-Blanc), 2006
Résine époxy et bois,
88 × 37,6 × 28 cm
Collection de l'artiste

ZARH PRITCHARD
(Walter Howlison Pritchard, dit)
Coral Canon in the Lagoon of Maraa-Tahiti, 1908
Pastel sur peau, 56,5 × 39,8 cm
Paris, Centre Pompidou, Musée national d'art moderne

Dead Coral Structure, Lagoon of Maraa-Tahiti, 1924
Pastel sur peau, 58,7 × 37 cm
Paris, Centre Pompidou, Musée national d'art moderne

Coral Pinnacles with Squirrel Fish, 1925
Pastel sur peau, 59 × 36,3 cm
Paris, Centre Pompidou, Musée national d'art moderne

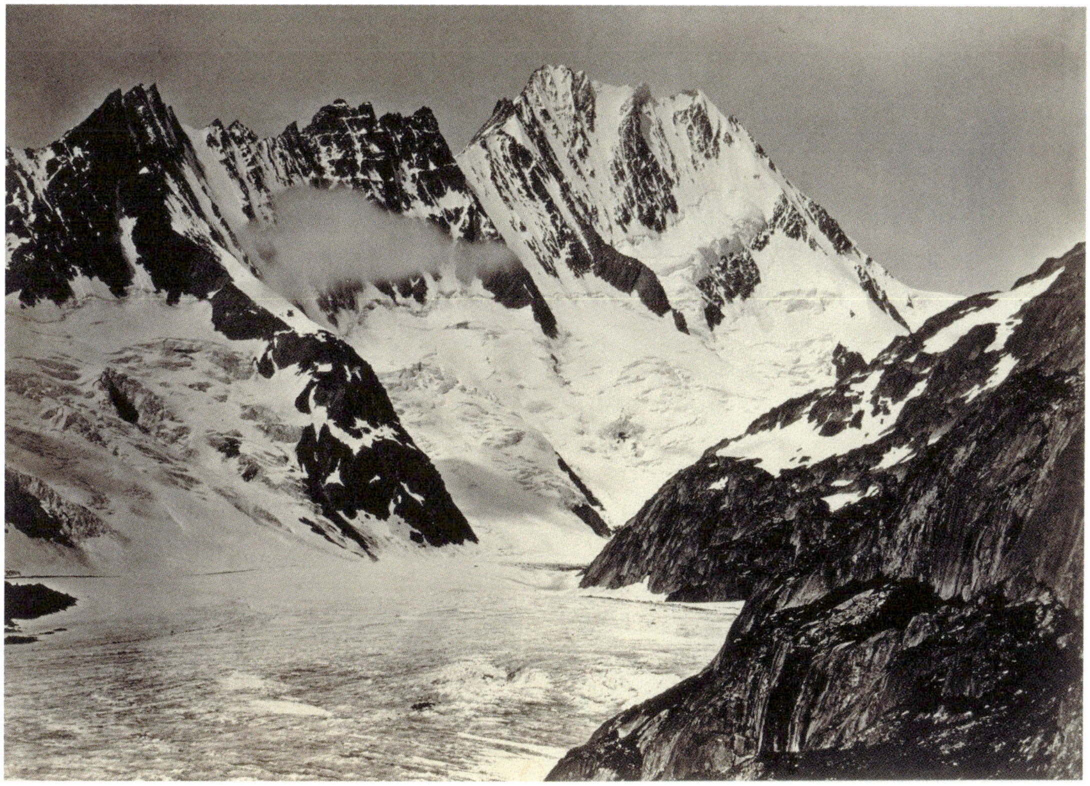

AUGUSTE-ROSALIE BISSON
Le Schreckorn (Suisse n° 24), 1862
Épreuve sur papier albuminé d'après un négatif au collodion, 44,5 × 63 cm
Paris, Société de géographie, dépôt à la Bibliothèque nationale de France

complexes à pallier : omniprésence de l'eau et absence d'air respirable, augmentation de la pression et diminution de la lumière au fur et à mesure de la descente... La mise au point de la prise de vue sous-marine se fait donc plus tardive : depuis les essais de William Thompson en 1856, elle ne devient concluante qu'à partir de 1893, avec Louis Boutan, qui publie, en 1900, *La Photographie sous-marine et les progrès de la photographie*[9]. L'œil de naturalistes capables de peindre sous l'eau, tel « Zarh » Pritchard, reste ainsi apprécié, notamment pour le rendu des couleurs. Les contraintes se révèlent extrêmes en ce qui concerne les abysses, longtemps restés *terrae incognitae*. Inaccessibles à l'homme, leur exploration s'accomplit à distance : à moins d'être appareillé, aucun regard direct ne peut les scruter. Matthew Fontaine Maury édite la première carte bathymétrique de l'Atlantique en 1854 grâce au sondage[10]. Afin de dresser la carte physiographique des grands fonds de l'Atlantique Nord en 1957, ou mondiale en 1977, en collaboration avec Bruce C. Heezen et le peintre Heinrich Berann, Marie Tharp doit calculer les données que livrent les sonars, les interpréter puis les restituer de manière visuelle[11].
Le rendu des séries d'Allouche, *Subductions* et *Fumeurs noirs* (2010), semble dater d'une époque de la photographie où les moyens techniques ne permettaient pas d'atteindre le plancher abyssal, décalage rendant à l'insondable sa juste mesure. — A. D.

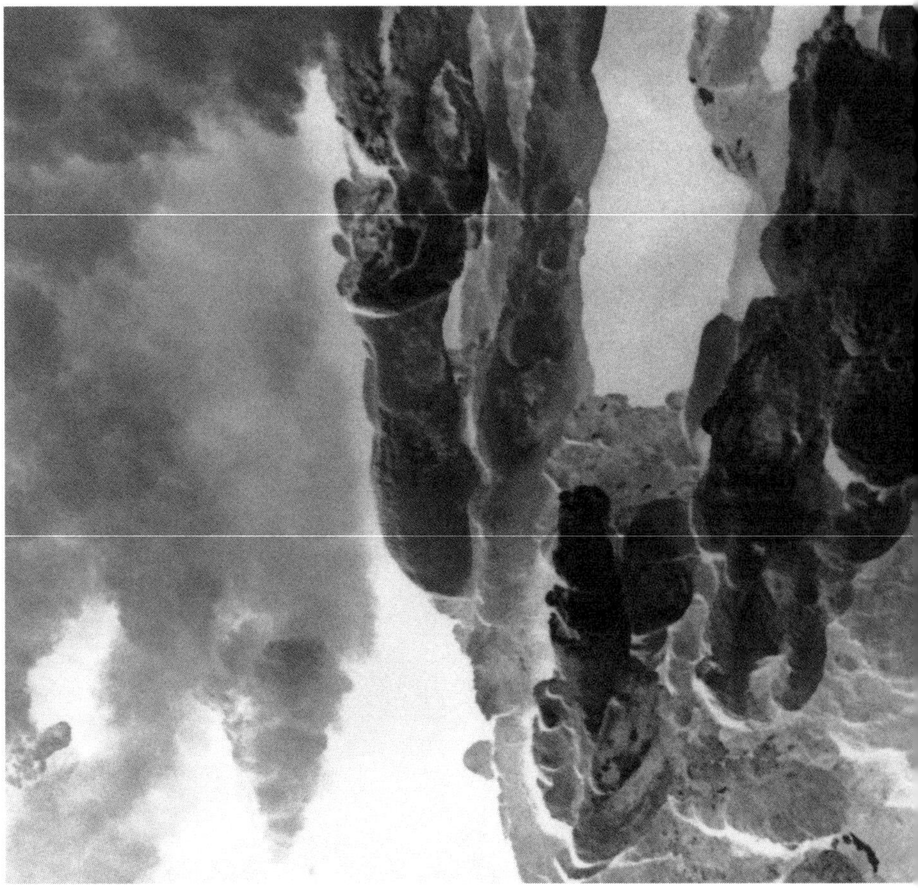

DOVE ALLOUCHE

***Les Fumeurs noirs, 6*, 2010**
Négatif sur papier gélatino-argentique viré à l'or, 20 × 25 cm
Paris, collection Jean-Michel Cambilhou

***Les Fumeurs noirs, 10*, 2010**
Négatif sur papier gélatino-argentique viré à l'or, 20 × 25 cm
Paris, galerie Gaudel de Stampa

***Les Fumeurs noirs, 2*, 2010**
Négatif sur papier gélatino-argentique viré à l'or, 20 × 25 cm
Paris, galerie Gaudel de Stampa

1. *Le Garde d'honneur, ou Épisode du règne de Napoléon Buonaparte*, Bruxelles, Weissenbruch, 1822, p. 47.
2. *Neun Briefe über Landschaftsmalerei*, Leipzig, Gerhard Fleischer, 1831, p. 169-185.
3. Paris, Librairie d'éducation, 1875, p. 211.
4. Voir Aimé Civiale, *Les Alpes : Au point de vue de la géographie physique et de la géologie*, Paris, J. Rothschild, 1882, p. 43.
5. Neuchatel, compte d'auteur.
6. Honoré Benoist, *op. cit.*, p. 212.
7. Paris, J. Hetzel et Cie.
8. Paris, Paul Hartmann.
9. Paris, Schleicher Frères.
10. *Explanations and Sailing Directions to Accompany the Wind and Current Charts*, Philadelphie, E. C. and J. Biddle, 6e éd.
11. « Connect the dots: Mapping the sea floor and discovering the Mid-Ocean Ridge », dans *Lamont-Doherty Earth Observatory: Twelve Perspectives on the First Fifty Years, 1949-1999*, éd. L. Lippsett, Lamont-Doherty Earth Observatory, Palisades, 1999, p. 31-37.

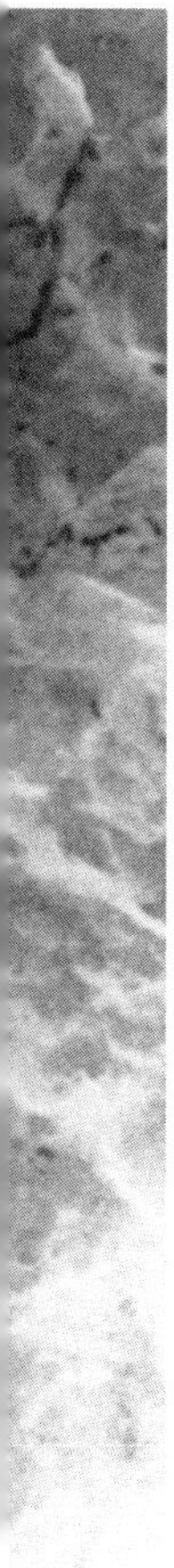

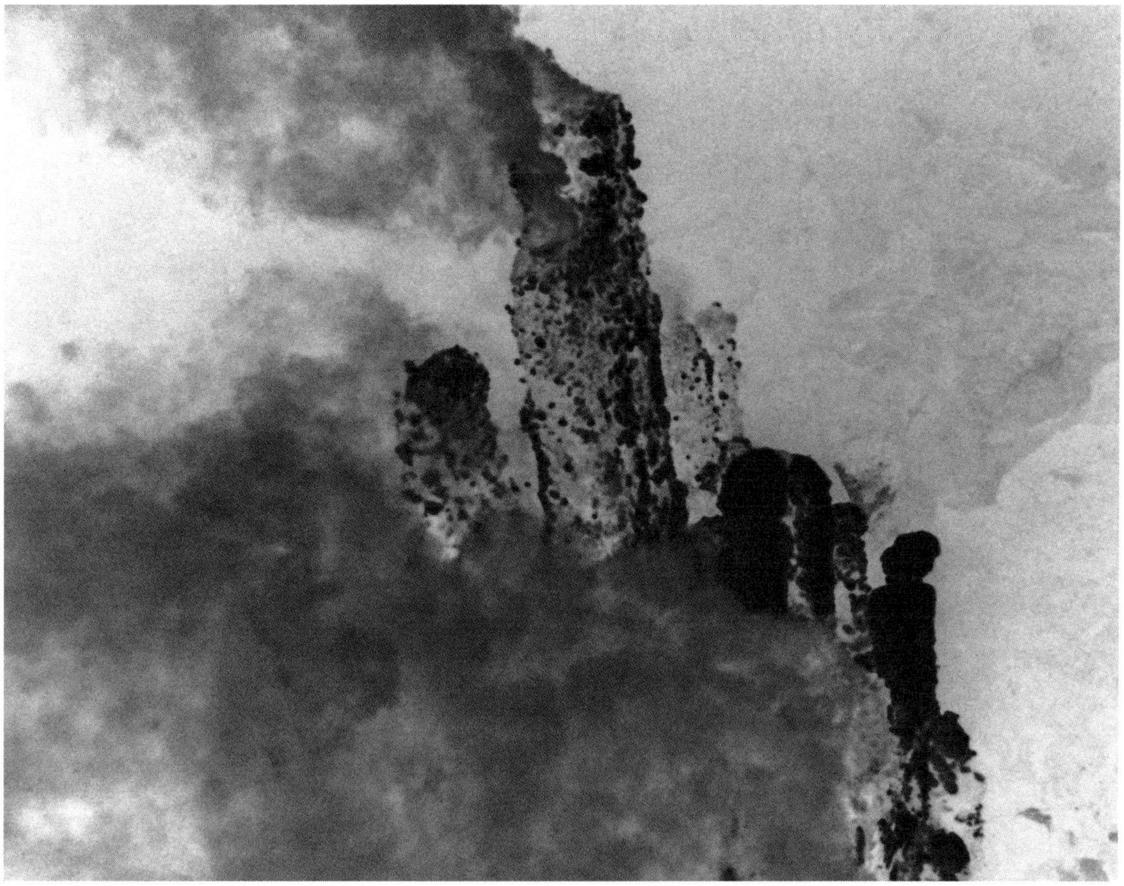

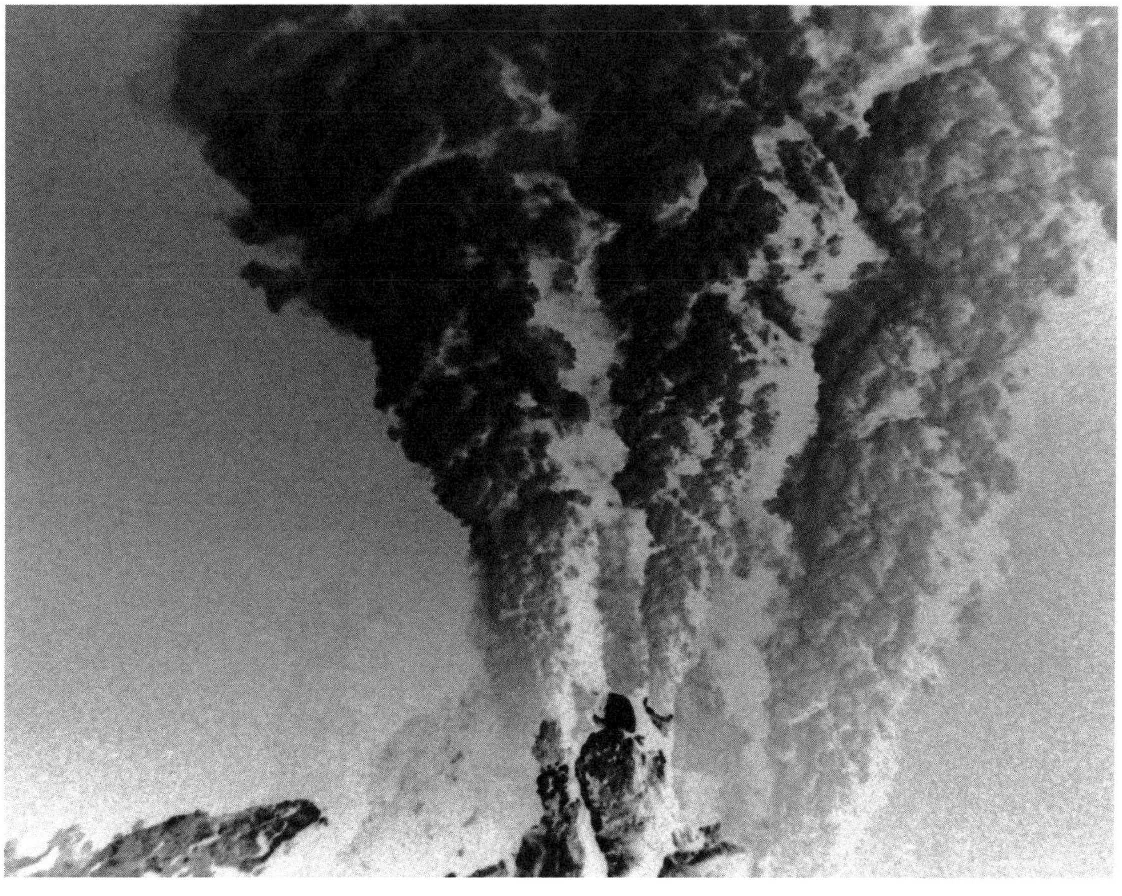

Joseph M. W. Turner | Affronter les tempêtes

Seascape with Storm Coming On (« Paysage marin avec tempête qui approche », 1840) de Turner semble annoncer, avec près d'un siècle d'avance, ce que sera l'art abstrait. Seul le titre rattache d'abord ces zones de couleur étalées sans ordre apparent ni délimitation claire à un « paysage marin avec l'arrivée d'une tempête ». C'est alors que le regard comprend : le bleu-vert de la partie inférieure du tableau est donc celui de la mer, le jaune orangé en hauteur celui d'un coucher de soleil, obscurci par un horizon gris et une tache noire, presque au centre – la tempête qui approche.
Dans les années 1840, la liberté du pinceau de Turner ne constituait pas un motif d'admiration générale, mais bien de dénigrement. Quand un critique jugera que l'un de ses paysages marins n'a pu avoir été concocté qu'avec « de la mousse de savon et de la chaux », le peintre répondit, furieux : « Mais à quoi croient-ils que la mer ressemble ? Si seulement ils y étaient allés... » (« *I wish they had been in it* »). De fait, Turner avait bien vu la mer, et de très près, se faisant attacher au mât d'un bateau par gros temps pour éviter d'avoir la tentation de se réfugier à fond de cale. On ne sait si l'anecdote est vraie, car elle est en tout point semblable à la légende d'un autre peintre de marine, Joseph Vernet ; c'est du moins le récit que fit l'intéressé à John Ruskin, dont la mère avait été frappée par la véracité de la *Tempête de neige. Bateau à vapeur au large d'un port* (Londres, Tate). Pour le peintre anglais, les tableaux marins ne sont donc pas compris comme des inventions d'artistes (ce qui est souvent le cas des esquisses), mais comme des moments vécus qu'il s'agit de retranscrire sur la toile.
Paysage marin avec tempête qui approche est patiemment composé ; la disposition centrifuge autour du noir central a pu être comparée à celle de la *Tempête de neige* précédemment citée. Elle évoque également un tableau de 1843 intitulé *Lumière et couleur (la théorie de Goethe) : le matin après le Déluge* (Londres, Tate), dans lequel Turner associe le cercle des couleurs de la *Farbenlehre* de Goethe à une vue diluvienne, peuplée de visages éperdus et dominée au centre par la figure de Moïse écrivant les Tables de la Loi dans une clarté aveuglante. « Il y a sûrement une signification sublime dans tout cela », écrira un critique dans le *Spectator* du 13 mai 1843. Avant de poursuivre, désarmé : « Mais nous ne pouvons pas suivre le peintre plus avant. » —— N.R.

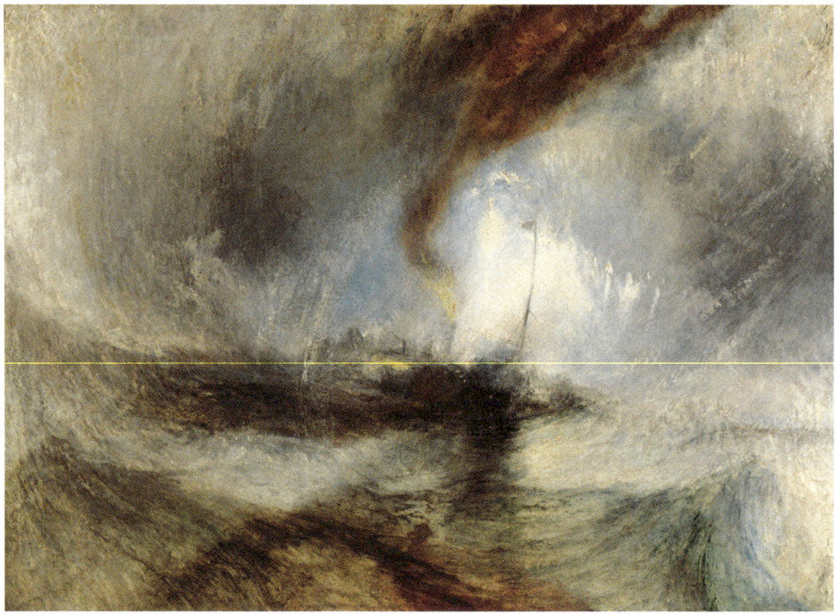

JOSEPH M. W. TURNER
***Snow Storm. Steam-Boat off a Harbour's Mouth*, 1842**
Huile sur toile, 91,4 × 121,9 cm
Londres, Tate
Œuvre non exposée

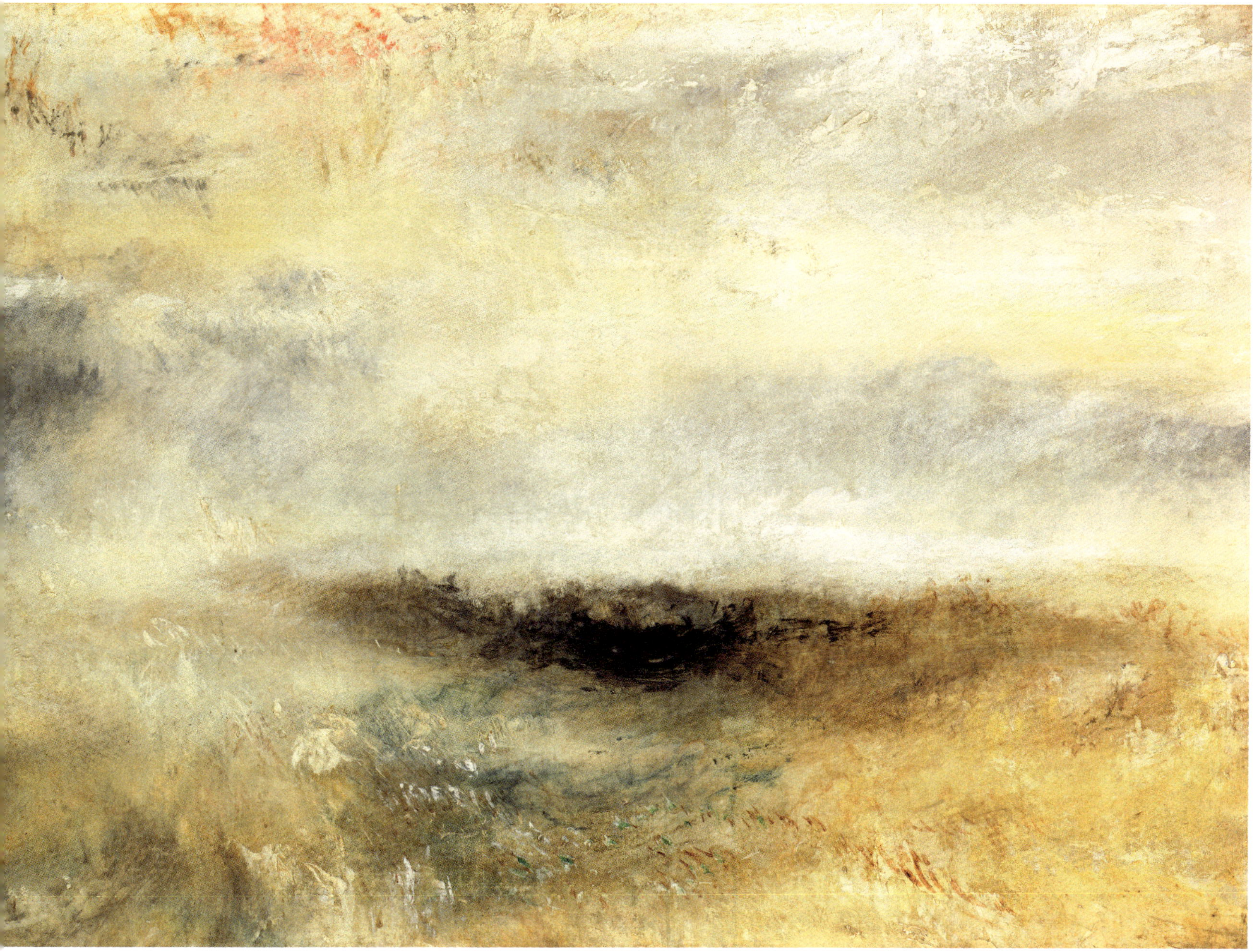

JOSEPH M. W. TURNER
***Seascape with Storm Coming On*, vers 1840**
Huile sur toile, 91,4 × 121,6 cm
Londres, Tate

Victor Hugo | Le vertige de l'infini

L'immense œuvre littéraire, philosophique et politique de Victor Hugo a longtemps occulté un tout autre pan de la création de ce génie de l'art romantique, bien plus intimiste et sombre, mais non moins visionnaire. Fort d'un corpus d'environ trois mille cinq cents feuilles et croquis fragmentaires, le dessin fut un prodigieux jardin secret pour l'artiste, cultivé avec une ardeur inouïe durant sa période d'exil dans les îles Anglo-Normandes (1852-1870). La « solitude splendide » engendrera un va-et-vient unique chez Hugo entre écriture et pratique du dessin autour d'un même thème impétueux : l'océan. Ainsi, l'univers de Gilliat, le héros tragique des *Travailleurs de la mer* (1866) s'attelant à la domination du chaos des flots, est conjuré dans les marges du manuscrit du roman et dans de grandes séries de dessins de l'auteur alors totalement affranchi des exigences et entraves de l'homme public. Hugo place ses « espèces d'essais » sous le signe de l'intuition et du rêve, s'attachant d'avantage aux visions qu'à l'observation. De là découle l'étrange modernité esthétique et technique de ses créations. La mer est ce paysage mental vivant et insondable qui réfléchit la précarité de la condition humaine et le vertige de l'infini. L'artiste s'abandonne volontairement à l'élément liquide : « J'habite dans cet immense rêve de l'océan, je deviens peu à peu un somnambule de la mer [...] ma pensée flotte et va et vient, comme dénouée par toute cette gigantesque oscillation de l'infini[1]. » Chez Hugo, plume, pinceau et brosse épousent l'élan de la houle pour étaler les nappes d'encres. Dépassant le système de forces dualistes du réel et du surréel, du beau et du monstrueux, du fini et de l'infini, les univers liquides parallèles – mixtures d'encres et océan – battent à l'unisson ; l'inaccessible presque touché. Le microcosme du dessin en gestation obéit alors au vieux rêve de l'art romantique de l'adéquation entre création naturelle et artistique. La notion du sublime intègre ainsi chez Hugo une véritable aspiration prométhéenne.
La recherche de totalité est pourtant des plus périlleuses. Observé depuis le haut de son *look out*, un atelier en verre que Hugo conçoit à Guernesey en 1862, le milieu fluide et obscur de l'océan ouvre un abîme chaotique au fond duquel guettent le dépassement de soi aussi bien que l'engloutissement de l'esprit par le chaos, autrement dit, la folie : « [Tout homme] est libre d'aller ou de ne point aller sur cet effrayant promontoire de la pensée d'où l'on aperçoit les ténèbres. S'il n'y va point, il reste dans la vie ordinaire, dans la conscience ordinaire [...] Pour le repos intérieur, c'est évidemment le mieux. S'il va sur cette cime, il est pris. Les profondes vagues du prodige lui ont apparu. Nul ne voit impunément cet océan-là. Désormais il sera le penseur dilaté, agrandi, mais flottant[2]. » — A.M.

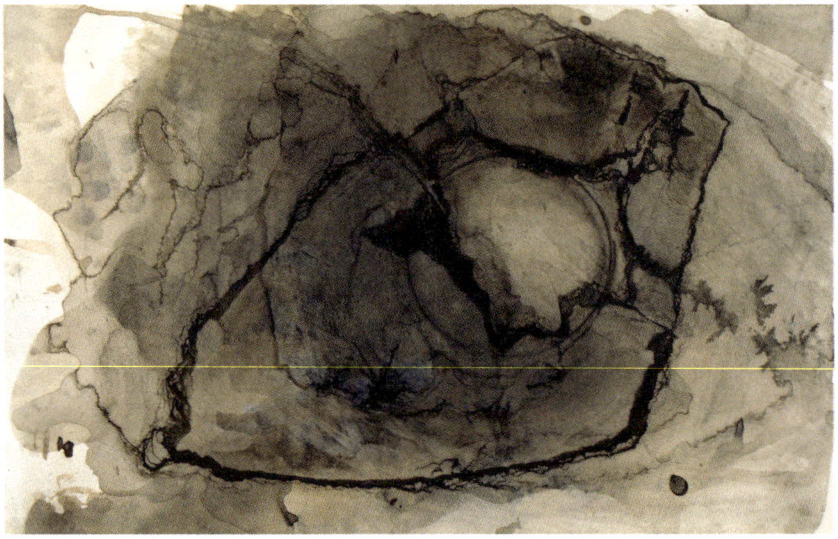

VICTOR HUGO
***La Planète*, 1853-1855**
Encre de Chine noire, lavis sur papier,
28,5 × 44,5 cm
Dijon, musée des Beaux-arts

VICTOR HUGO
***Les Travailleurs de la mer : la* Durande *portée par la lame*, 1866**
Plume, pinceau, encre brune et lavis,
rehauts de gouache blanche,
réserves sur papier, 17,8 × 17,3 cm
Paris, Bibliothèque nationale de France,
département des Manuscrits

1. Victor Hugo, « Moi prose », manuscrit 13420, Guernesey, avril 1856, dans *Œuvres complètes*, vol. *Océan*, Paris, Robert Laffont, coll. « Bouquins », 1989, p. 273.
2. « Promontorium somnii » dans *William Shakespeare*, dans *Œuvres complètes*, vol. *Critique*, Paris, Robert Laffont, coll. « Bouquins », 1985, p. 331.

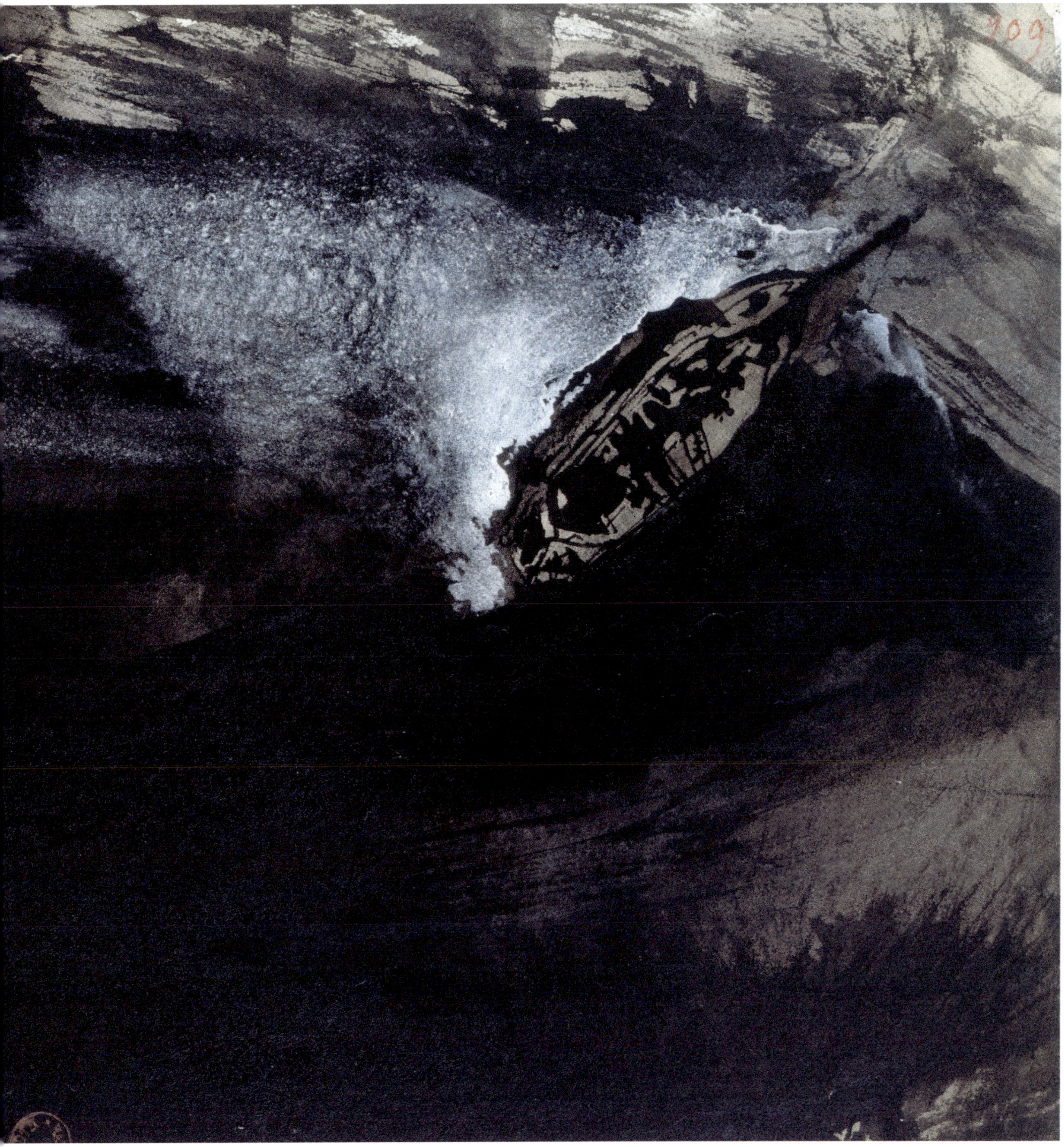

Susan Hiller | Les déferlantes

En 1976, à l'issue d'une résidence d'artiste, Susan Hiller, installée en Grande-Bretagne depuis la fin des années 1960, expose au Gardner of Arts (University of Sussex) *Dedicated to the Unknown Artists* (1972-1976), première des « installations mémorial ou hommage » (*Monument*, 1980-1981 ; *From the Freud Museum*, 1991-1997) et des « installations enquête » (*J-Street project*, 2002-2005) qui ponctuent l'œuvre conceptuelle, multimédia et participative de l'artiste. Hiller, après un abandon radical de la peinture en 1972, va collecter et travailler de multiples matériaux visuels et sonores, des faits culturels marginalisés, des phénomènes aux frontières de l'inconscient et du subconscient : rêves (*Dream Mapping*, 1974), écriture automatique (*Sisters of Menon*, 1972-1979), films sur le paranormal (*Psi Girls*, 1999), langues disparues (*The Last Silent Movie*, 2007), témoignages d'expériences de mort imminente (*Channels*, 2013). Matériaux ou artefacts que Susan Hiller, anthropologue de formation, traite sous la forme de l'investigation méthodique, de l'analyse lexicale, de la série comparative et de la classification, telles les trois cent cinq cartes postales initiales composant *Dedicated to the Unknown Artists*. Ces dernières, recueillies par l'artiste en Angleterre, en Écosse ou au pays de Galles à partir de 1972, recouvrent le thème des *Rough Seas* : paysages de mer agitée ou tempétueuse. Images photographiques reprenant l'un des motifs picturaux de prédilection du romantisme, et que Susan Hiller continue de collectionner et de travailler sous la logique – souvent subvertie – de la grille conceptuelle. Dès 1976, elle commence ainsi une série en noir et blanc, toujours en cours, intitulée *Addenda*, et, à partir des années 1980, ce seront des retirages photographiques utilisant la couleur monochrome (*Rough & Ready*, 2011 ; *Rough Dawns* et *Rough Sunsets*, 2012). En 2015 elle produit une nouvelle œuvre, *On the Edge*, rassemblant 482 vues de 219 sites suivant le littoral anglais. Ces vues de mer impressionnantes des côtes anglaises – mais réduites au format de la carte postale – ont été prises par des photographes anonymes auxquels l'artiste rend hommage, en se faisant, par l'installation qu'elle réalise, la commissaire, et qu'elle réinscrit dans une histoire de l'art trouée de lacunes et d'absences. Le motif pictural et sa représentation du sublime sont ici mis en abyme par les médiums de la modernité (la photographie, la carte postale), mais, qui, paradoxalement, se réapproprieront leur qualité de démesure dans la forme sérielle et *in progress* de l'installation contemporaine dont le spectateur fait l'expérience. — M.M.

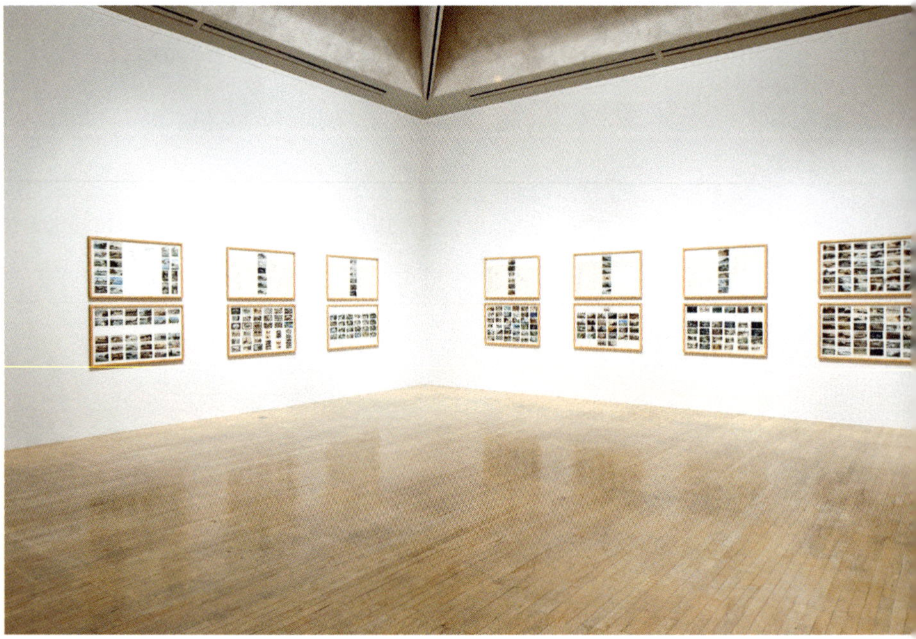

SUSAN HILLER
***Dedicated to the Unknown Artists*, 1972-1976**
14 panneaux composés de 305 cartes postales et de documents, 66 × 104,8 cm chacun, dim. totales variables
Londres, Tate
Œuvre non exposée

SUSAN HILLER
***On the Edge*, 2015**
2/15 panneaux composés de 482 cartes postales et de documents, 77,5 × 107,5 cm chacun, dim. totales variables
Courtesy l'artiste et Lisson Gallery, Londres

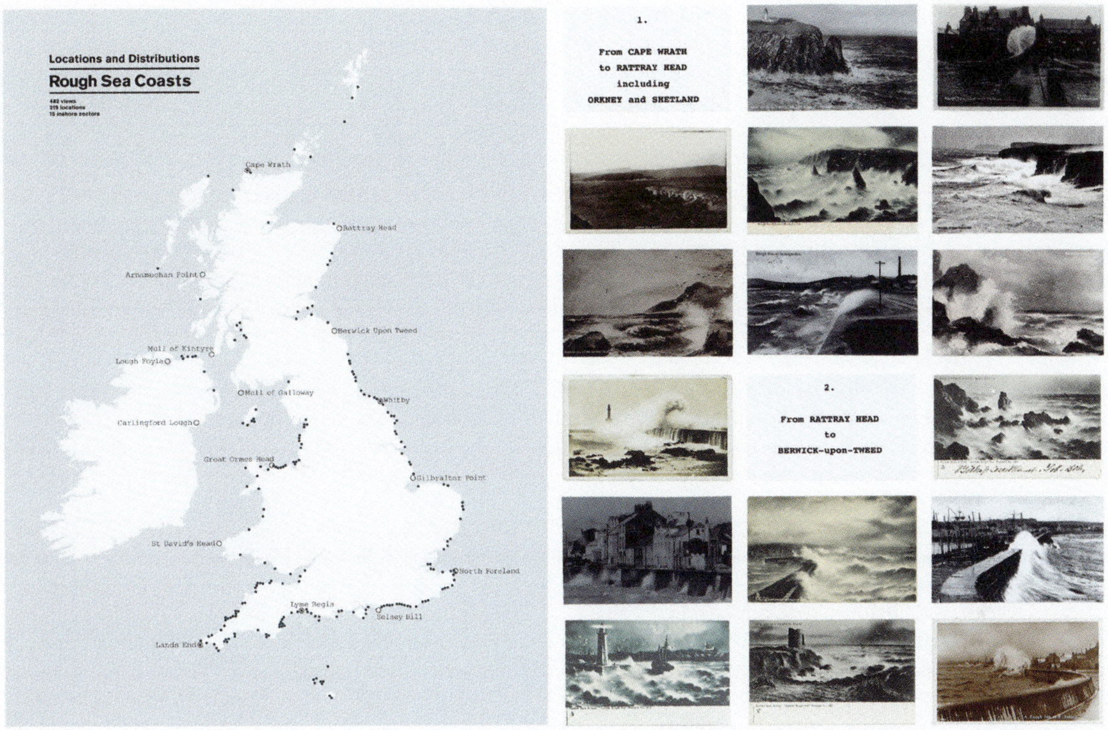
Locations and Distributions
Rough Sea Coasts
482 views
219 locations
15 inshore sectors
Cape Wrath
Rattray Head
Ardnamurchan Point
Berwick Upon Tweed
Moll of Kintyre
Lough Foyle
Moll of Galloway
Whitby
Carlingford Lough
Great Ormes Head
Gibraltar Point
St David's Head
North Foreland
Lyme Regis
Selsey Bill
Lands End
1.
From CAPE WRATH
to RATTRAY HEAD
including
ORKNEY and SHETLAND
2.
From RATTRAY HEAD
to
BERWICK-upon-TWEED

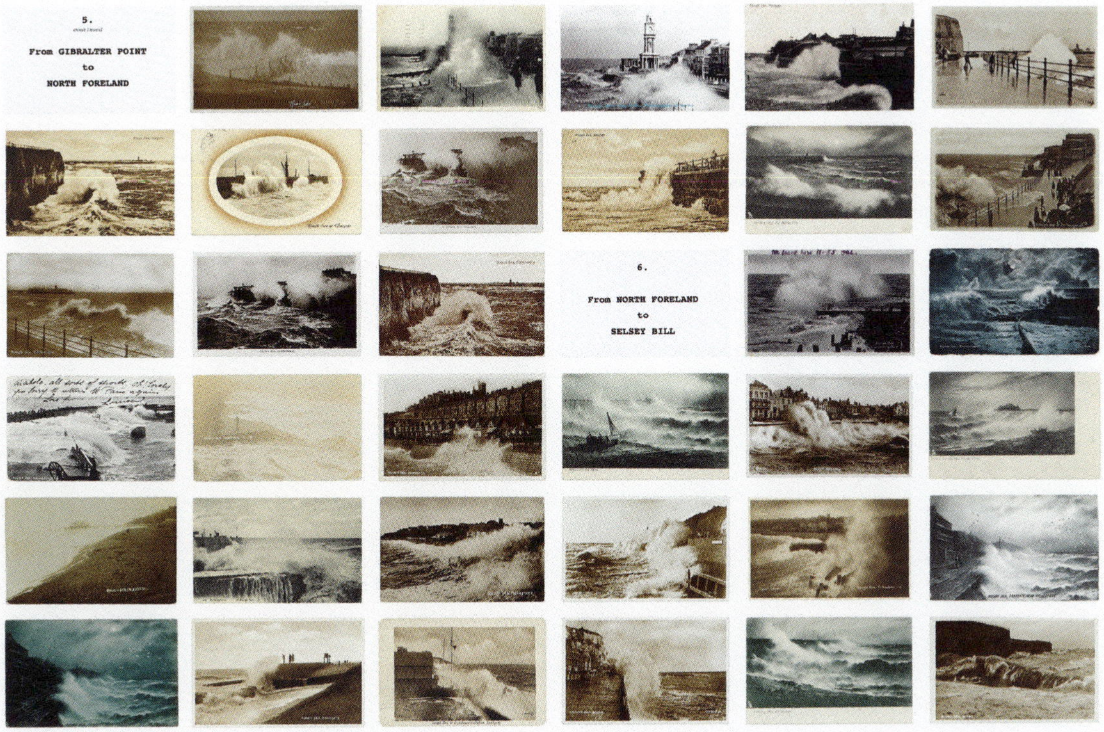
5.
From GIBRALTER POINT
to
NORTH FORELAND
6.
From NORTH FORELAND
to
SELSEY BILL

Francis Alÿs, Werner Herzog

Sub-limis, l'expérience des limites

Entre l'ascension et la chute, le mot sublime viendrait du latin *sublimis* qui évoque un mouvement vers le haut, *sub*, et une oblique, *limis*. Un moment de suspension, de sortie de soi, auxquels aspirent poètes, artistes et penseurs de la fin du XVIIIe siècle, traversés par le goût du pathétique et l'attrait ambivalent pour les paysages sauvages et la confrontation aux météores. Entre expérience esthétique et métaphysique, le sentiment de sublime permettrait d'accéder à une forme de connaissance au-delà de la raison. C'est notamment dans la manifestation paroxystique de la nature, dans ce moment suspendu entre fascination et terreur, que se jouent la révélation de l'insignifiance de l'être et le « renouvellement si ténu soit-il du sentiment de notre présence au monde[1] ». Très tôt, certains artistes tiennent à éprouver les situations qu'ils peignent afin sans doute de les restituer au plus juste : ainsi, Caspar David Friedrich sillonnait la forêt les nuits d'orage. Joseph Vernet et William Turner, embarqués à bord de navires pris dans une violente tempête, auraient demandé à être attachés au mât afin d'observer ce phénomène [→p. 62]. Entre pathétique et grandiose, ces expériences déclinent un sublime envisagé d'abord comme « un risque auquel s'exposent la nature, l'artiste, l'homme[2] », le plus souvent pour la finalité de l'art. Cette rencontre entre états-limites du paysage et états-limites de l'expérience s'actualise aux XXe et XXIe siècles. Le land art✿ sera notamment le territoire de plusieurs manifestations de cette épreuve du risque au nom de l'apparition de la forme.

En 1976, le cinéaste Werner Herzog se rend à la Guadeloupe, où la Soufrière donne depuis plusieurs mois les signes d'une imminente et potentiellement dévastatrice éruption. La population a été évacuée de mi-juillet à octobre 1976, contre l'avis du volcanologue Haroun Tazieff, par le gouvernement, sans doute influencé par le souvenir traumatique des trente mille victimes de l'éruption de la montagne Pelée en 1902. En dépit du danger, Herzog se rend sur place avec deux collaborateurs. L'évocation d'un paysan noir vivant sur les pentes du volcan et refusant, stoïque, l'évacuation, motive l'expédition : « J'avais le sentiment que cet homme avait une attitude différente envers la mort », évoque le cinéaste. Herzog traverse une île fantôme, hantée çà et là par des animaux livrés à leur destin. Aux rues vides et silencieuses de Basse-Terre succèdent la quête du paysan – ils sont en fait plusieurs à demeurer sur l'île – et les tentatives épiques d'ascension de la Soufrière. Enveloppées dans les brumes et fumerolles dégagées par le cratère, ses pentes hérissées ont une apparence lunaire. Les projections de pierres, secousses récurrentes du volcan et nuées de cendres auront raison de la ténacité du cinéaste qui s'éloigne de l'épicentre du danger pour redescendre vers les hommes. Le drame n'aura finalement pas lieu et Herzog conclut en qualifiant son film[3] de « documentaire sur une catastrophe inévitable qui ne s'est pas produite » et en soulignant la misère dans laquelle sont tenus ces hommes qui n'ont d'autre véritable choix que de rester.

Animé également par des préoccupations politiques et sociales, *Tornado, Milpa Alta* (2000-2010) de Francis Alÿs a été tourné dans une région du Mexique où naissent les tornades, favorisées par l'assèchement des lacs. Plongeant le spectateur dans un état de sidération, le film alterne des scènes de course effrénée d'Alÿs vers la tornade, et des prises de vues subjectives saisissant le tumulte des éléments et la perte des repères, entrecoupées d'une fulgurante et éphémère accalmie, lorsque, sans souffle, Francis Alÿs est à l'épicentre du cyclone. Si l'artiste, par cette succession de tourmentes et d'accalmies, entend symboliser l'instabilité du gouvernement mexicain, son expérience renvoie aussi à une certaine culture contemporaine du risque.

Galvanisé par l'énergie vitale des éléments, le désir de fusion avec la nature et d'expérience des limites, motive différentes manières de s'éprouver : du risque du hors-piste aux sauts en *wingsuit*, en passant précisément par la vogue des *tornado chasers* dont les exploits s'étalent sur Internet. Entre course contemporaine aux sensations fortes et « endurance » romantique, l'enjeu n'est plus dans la spéculation ou le fantasme, mais dans la confrontation à l'intensité de la nature « où éclatent à tout moment les coups de théâtre du sublime[4] » et dans une quête de synchronie des sensations et des phénomènes naturels. — H.G.

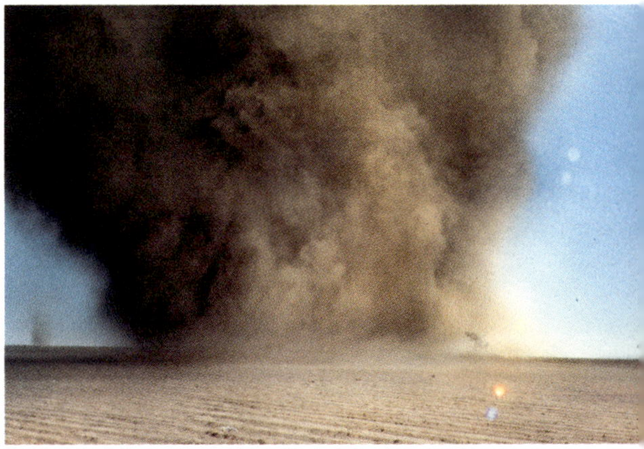

1. Baldine Saint Girons dans Chrystèle Burgard, Baldine Saint Girons (dir.), *Le Paysage et la question du sublime*, Paris, RMN/Valence, ARAC, musée de Valence, 1997, p. 76.
2. Baldine Saint Girons, dans *ibid.*, p. 83.
3. *La Soufrière – Warten auf eine unausweichliche Katastrophe*, Werner Herzog Filmproduktion, 29 min 53.
4. Victor Hugo, *William Shakespeare* [1864], dans *Œuvres complètes*, vol. *Critique*, Paris, Robert Laffont, coll. « Bouquins », 1985, p. 377.

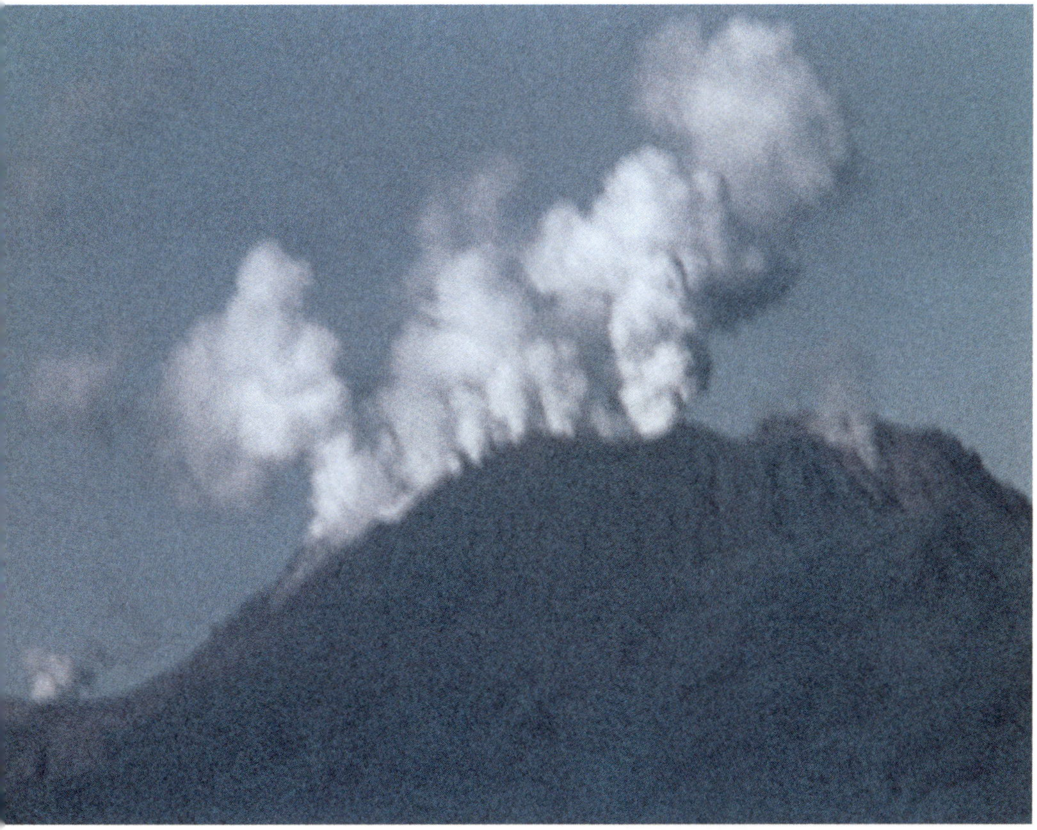

WERNER HERZOG
***La Soufrière – Warten auf eine unausweichliche Katastrophe*, 1977**
Film cinématographique 16 mm transféré sur dvd, couleur, sonore, durée : 29 min 53
Courtesy l'artiste et Potemkine films

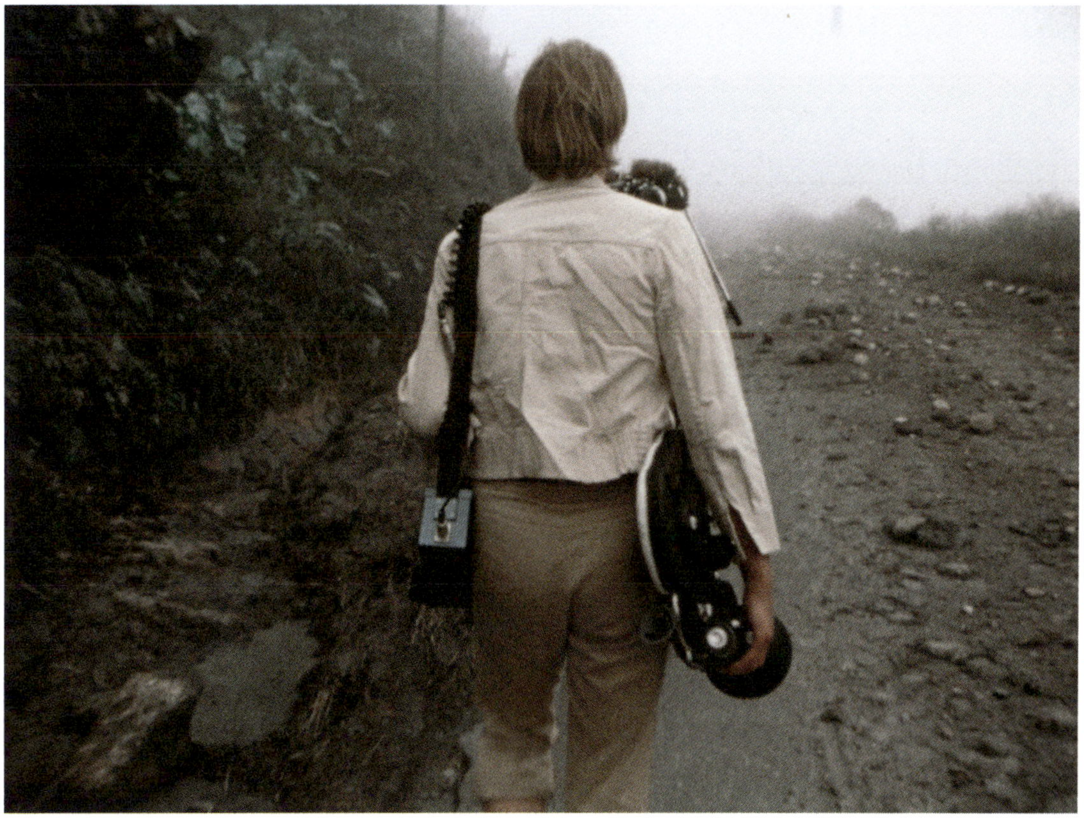

FRANCIS ALŸS (en collaboration avec Julien Devaux)
***Tornado, Milpa Alta*, 2000-2010**
Vidéo HD, couleur, sonore, durée : 39 min
Courtesy David Zwirner, New York
Œuvre non exposée

Volcans, l'acmé du sublime terrible

Thèmes privilégiés des tenants du sublime burkien, l'éruption volcanique et ses ravages connaissent une vogue importante au XVIIIe puis un succès non démenti jusqu'au début du XXe siècle. Des récits littéraires aux restitutions spectaculaires[1], de la peinture de genre à l'opéra en passant par les débats scientifiques, les volcans animent l'Europe des élites comme les couches populaires, qui se pressent pour assister aux spectacles pyrotechniques, dioramas ou séances de lanternes magiques simulant les éruptions.
Cet engouement pour la furie magmatique a plusieurs sources : la découverte des vestiges d'Herculanum en 1709 puis de Pompéi en 1748 suivie des premières campagnes de fouilles, excitent l'imaginaire catastrophiste tandis que des éruptions contemporaines (Santorin, 1707 ; Vésuve, 1737 et 1767 ; et plus tard l'éruption du Krakatau en 1883, en Indonésie) offrent autant de thèmes d'étude à une volcanologie naissante et de sujets spectaculaires aux artistes. Symbole de la puissance chaotique, le volcan incarne l'acmé d'une nature déchaînée dans laquelle tous les éléments, à leur paroxysme, s'entremêlent dans une confusion de feu, fumée, coulées de lave et jets de roches. « C'était un spectacle comme on n'en voit qu'une fois dans sa vie, une de ces beautés sévères et terribles de la nature qui vous font rentrer en vous-même et vous écrasent de votre petitesse[2] », rapporte Alexis de Tocqueville en 1827. Comme de nombreux auteurs, aristocrates ou peintres avant lui, il vient d'effectuer l'ascension de l'Etna pendant son voyage en Italie, dans la tradition du Grand Tour à la mode depuis le XVIIIe siècle.
Si le sujet connaît un tel succès c'est aussi parce qu'il incarne l'esprit d'une période traversée par de nombreux bouleversements. Cette image de puissance de destruction larvée ou explosive, mais aussi de régénération, devient l'allégorie des changements politiques fondamentaux qui s'opèrent alors avec les révoltes populaires, la Révolution française et les débuts de l'ère industrielle.
Genre en soi, la peinture de volcan a ses maîtres. Joseph Wright of Derby (1734-1797), Pierre-Jacques Volaire (1729-1799) ou Pietro Fabris[3] (1740-1792), parmi d'autres, multiplient de dramatiques vues nocturnes du Vésuve embrasé, baignant la baie de Naples d'une lumière rougeoyante. Des personnages au premier plan assistent à ce spectacle, minuscules figures face à la puissance de destruction, tandis que naufrages ou orages offrent de pittoresques variantes. Déployant virtuosité et complaisance pour le frisson esthétique, le genre se popularise également dans de modestes peintures ou gouaches anonymes qui brossent l'ascension des volcans et de spectaculaires éruptions, comme autant de souvenirs pour les visiteurs de passage. Si l'Etna et le Vésuve sont les sujets de prédilection de ce genre, la géographie picturale s'étend toutefois au cours du XIXe siècle à d'autres volcans européens, américains ou du Pacifique.

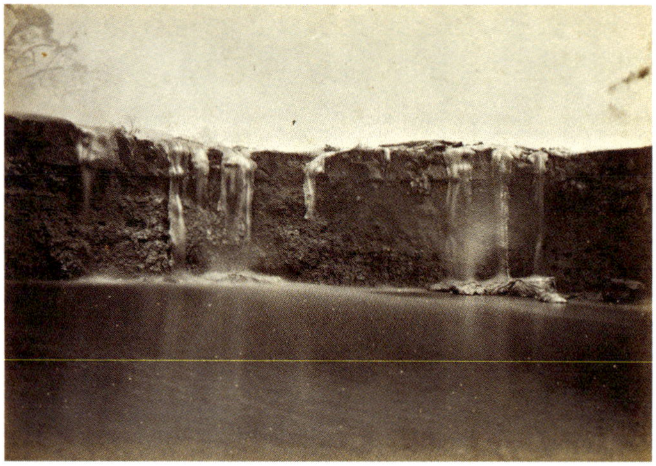

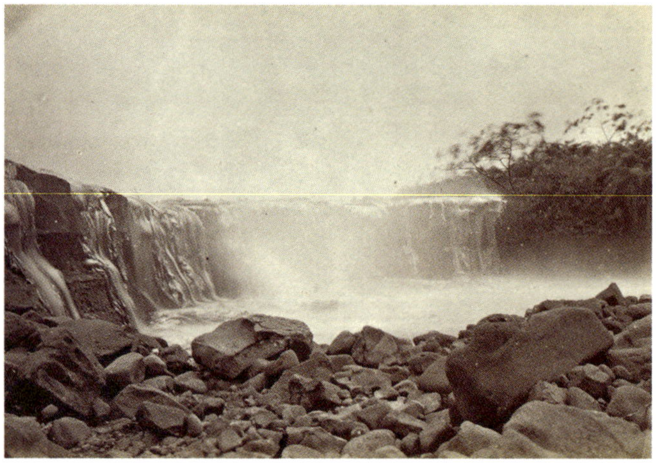

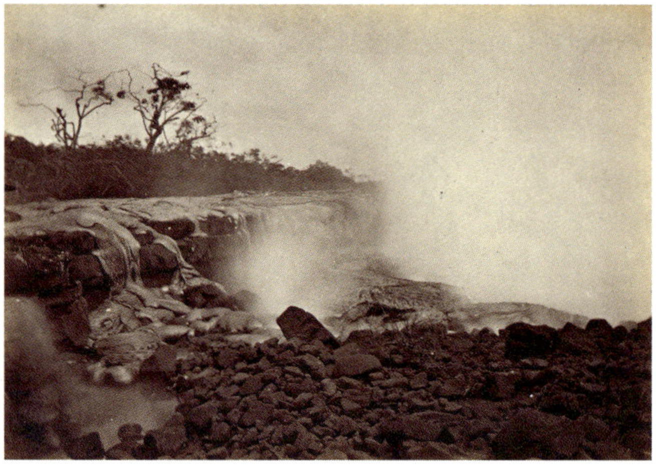

MENZIES DICKSON
***Mauna Loa, Hawaii: Five Views of Lava Cascades (taken 20 minutes apart)*, 1880-1881**
3/5 épreuves sur papier albuminé,
16,7 × 23 cm chacune
Paris, Société de géographie, dépôt
à la Bibliothèque nationale de France

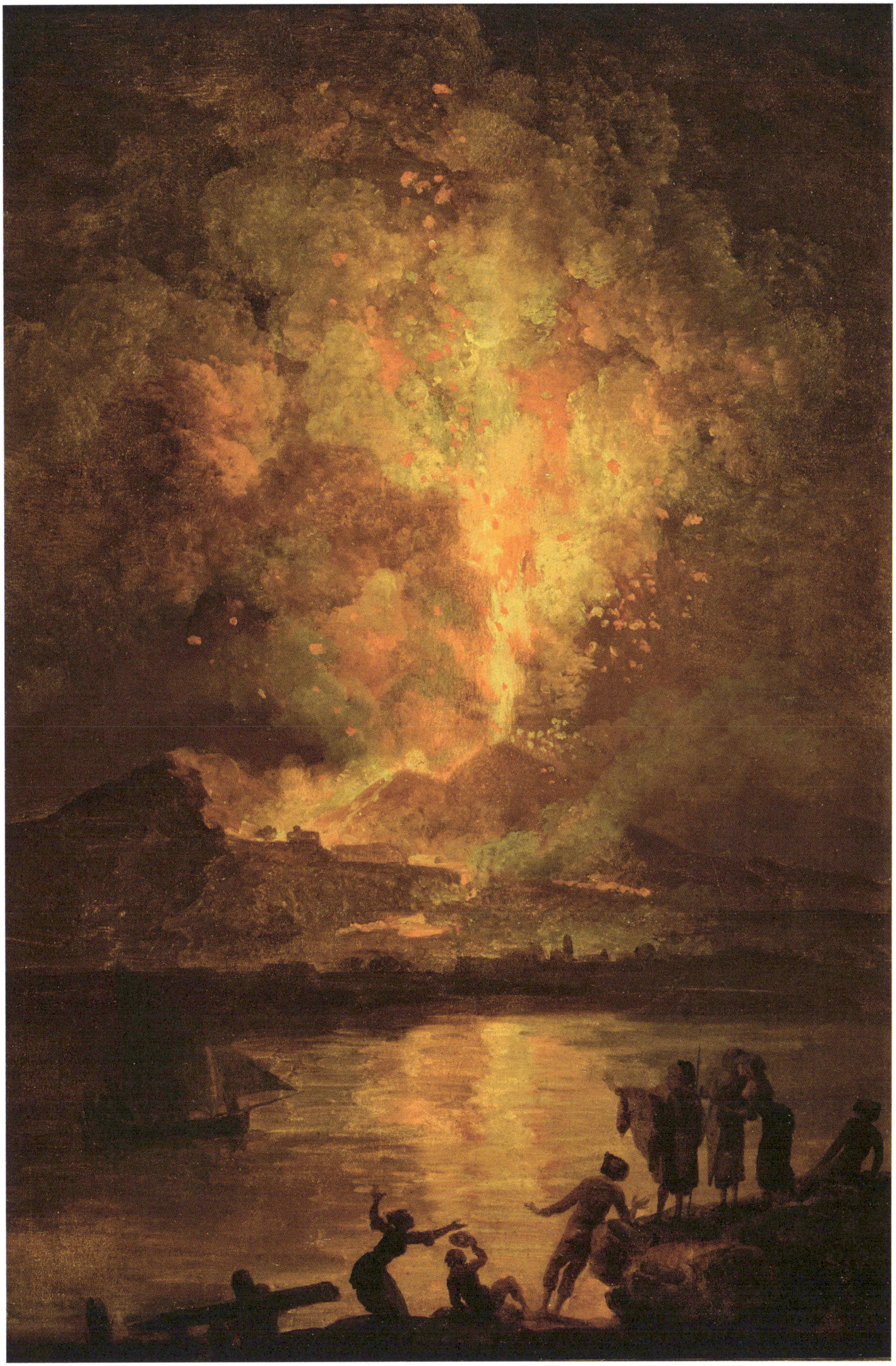

PIERRE-JACQUES VOLAIRE
***Éruption du Vésuve*, 1767**
Huile sur bois, 39 × 25 cm
Paris, Muséum national d'histoire naturelle,
Direction des bibliothèques
et de la documentation

Au XIXe siècle, la photographie prend le relais. Menzies Dickson réalise en 1882-1883 seize clichés des cascades de lave liquide du Mauna Loa, volcan de la plus grande île de l'archipel d'Hawaï, à raison d'une photo toutes les vingt minutes, témoignant ainsi de la dynamique et de la progression de l'éruption. Plus analytiques et objectives, les images produites n'en demeurent pas moins spectaculaires. Outre leur attrait esthétique et l'émotion trouble qu'ils provoquent, les volcans attisent la curiosité des scientifiques et, dans le sillage d'Athanasius Kircher (1602-1680) puis de lord Hamilton (1731-1803) qui mena pendant trente-six ans des observations sur l'activité du Vésuve, des explorateurs et naturalistes en font un objet d'études. Dans la première moitié du XIXe siècle, l'activité des volcans et la géologie nourrissent un débat sur les possibles origines de la formation de la Terre. Deux camps s'opposent : neptunisme, promouvant le rôle des océans, *versus* plutonisme, considérant les puissances magmatiques et tectoniques, la roche en fusion au cœur de la Terre, comme agents progressifs du façonnage du monde. Ces débats scientifiques autant que religieux entretiennent la popularité du sujet et dessinent les prémices d'une volcanologie moderne, née avec le XIXe siècle. — H.G.

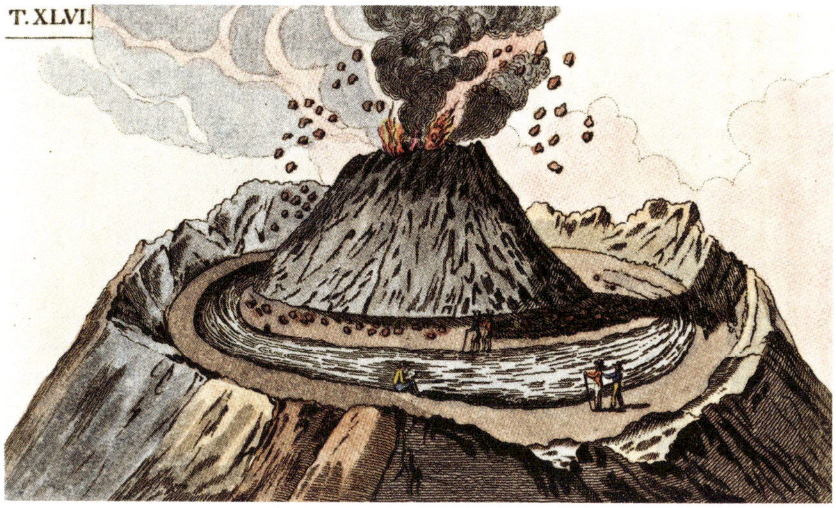

WILLIAM HAMILTON

***[Le Vésuve, 1751]. Planche T. XLVI de* Campi phlegraei : Observations sur les volcans des Deux Siciles *de Sir William Hamilton,* Naples, Pietro Fabris, 1776, éd. 1820**

Gravure couleur sur papier, 11 × 18,3 cm
Paris, Muséum national d'histoire naturelle, Direction des bibliothèques et de la documentation
Œuvre non exposée

ANONYME

***Fragment n° 73 [Ascension de l'Etna]*, 1920**

Film cinématographique 35 mm noir et blanc teinté, muet, durée : 1 min 04
Paris, Centre Pompidou, Musée national d'art moderne

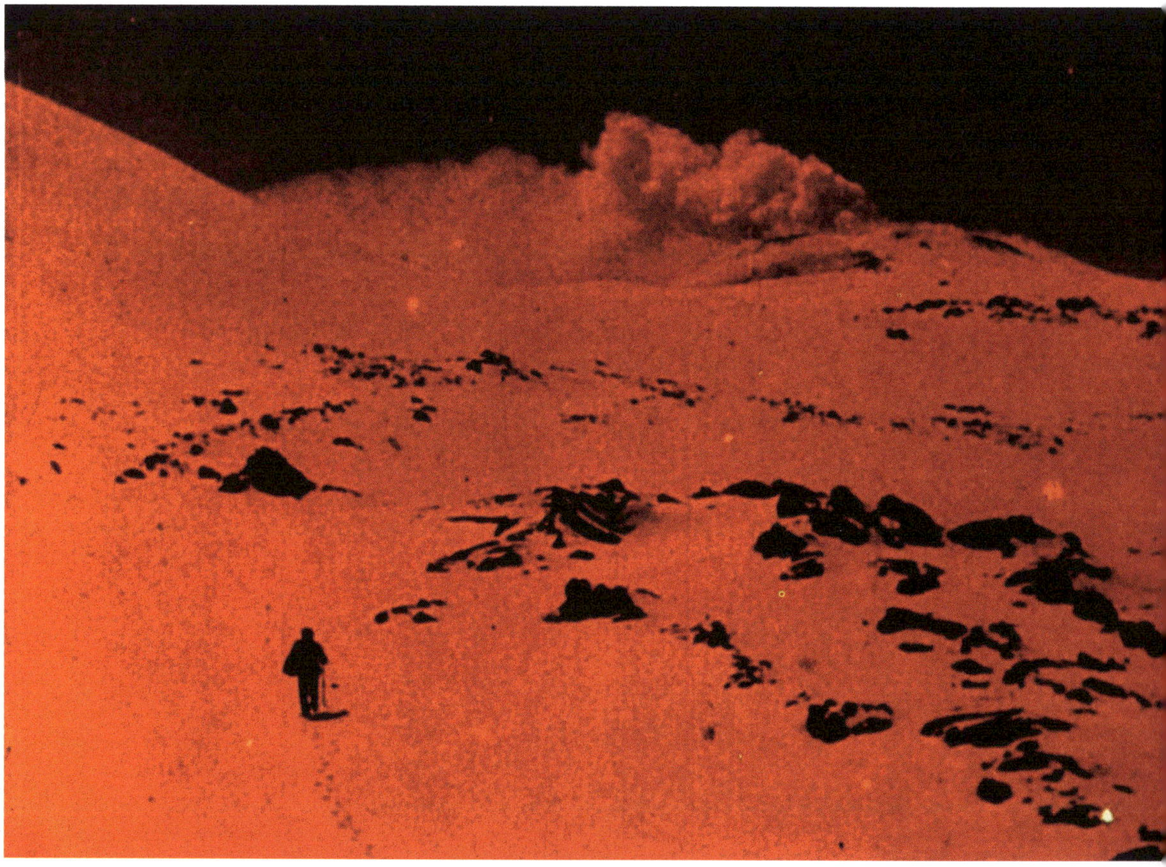

1. Le plus célèbre de ces spectacles, « Les forges de Vulcain sous le mont Etna », fut organisé en 1772 pour l'anniversaire du roi, dans les jardins de Marylebone. Il mettait en scène un volcan en éruption animé par Giovanni Battista Torre, pyrotechnicien italien.
2. Alexis de Tocqueville, *Voyage en Sicile*, (récit de 1827), dans Yvon Le Scanff, *Le Paysage romantique et l'expérience du sublime*, Seyssel, Champ Vallon, coll. « Pays/Paysages », 2007, p. 151.
3. Il illustre notamment *Campi phlegraei* (1776), l'ouvrage de lord William Hamilton, ambassadeur britannique à la cour de Naples de 1764 à 1800.

Katia et Maurice Krafft | *et in vulcania ego*

Les Krafft se rencontrent en 1966 à l'université de Strasbourg. Katia étudie la géochimie, Maurice la géologie. Quatre ans plus tard, les deux volcanologues se marient et amorcent ensemble une carrière exceptionnelle. Électrons libres, ils gravitent hors du giron universitaire en finançant eux-mêmes leurs missions grâce aux ventes de leurs livres et surtout aux images de leurs expéditions. La caméra de Maurice et l'objectif de Katia saisissent parfaitement la photogénie des spectacles volcaniques : gerbes de lave scintillante, magma visqueux, coulées sous-marines, panaches monstrueux... Conservée au Centre Image Lorraine de Nancy, cette fabuleuse production audiovisuelle compte environ 300 heures de films et 300000 diapositives, retraçant les cent soixante-quinze éruptions couvertes par les Krafft. Quelques explosions décisives ponctuent ce palmarès héroïque. Celle notamment du mont Saint Helens aux États-Unis en 1980, qui convertit Maurice Krafft aux «volcans gris» dont les éruptions explosives, avec leurs panaches de cendres brûlantes et leurs nuées ardentes, sont les plus dévastatrices. Celle, encore, du Nevado del Ruiz en Colombie qui engloutit vingt-deux mille âmes sous une coulée de boue en 1985. Cette catastrophe renforce la conviction des Krafft : outre leurs documentaires, il leur faut réaliser des films de vulgarisation accélérant l'évacuation des populations menacées. Leur film *Les Risques volcaniques* permet à des milliers de Philippins d'échapper au réveil du Pinatubo en 1991. Très soucieux de sensibiliser aux dangers éruptifs, les Krafft agissent pour leur part en aventuriers parfois téméraires. Les Américains les surnomment «*the fast running volcanologists*», les Indonésiens «les diables des volcans». On les voit camper au bord d'un lac de lave à Hawaï ou pagayer sur le lac acide d'un cratère indonésien. Infatigables, ils achèvent souvent seuls des expéditions que leurs guides refusent de mener plus loin. Fantasque, Maurice avoue préférer les visions de l'enfer à celles du paradis et rêve d'une embarcation capable de descendre une rivière de lave. Katia confie son addiction aux éléments déchaînés qui donnent «cette impression de ne plus rien être du tout». Scientifiques internationalement reconnus, les Krafft veilleront à un partage humaniste de leur savoir, adoptant parfois l'approche captivante de la science amusante ou de la fable dramatique pour raconter l'histoire de la Terre. Dans l'idée de consacrer un musée à leur passion, ils enrichissent une extraordinaire collection aujourd'hui conservée au Muséum national d'histoire naturelle de Paris : plus de trois mille ouvrages remontant jusqu'au XVIIe siècle, six cents estampes et une cinquantaine de peintures comptant de nombreuses gouaches napolitaines et quelques toiles de maîtres. Enfin, Maurice et Katia Krafft imaginent les prémices de Vulcania, parc d'attractions scientifique fondé dans le Puy-de-Dôme peu après leur disparition tragique en 1991, dans une nuée ardente dévalant le volcan Unzen au Japon.— H.M.

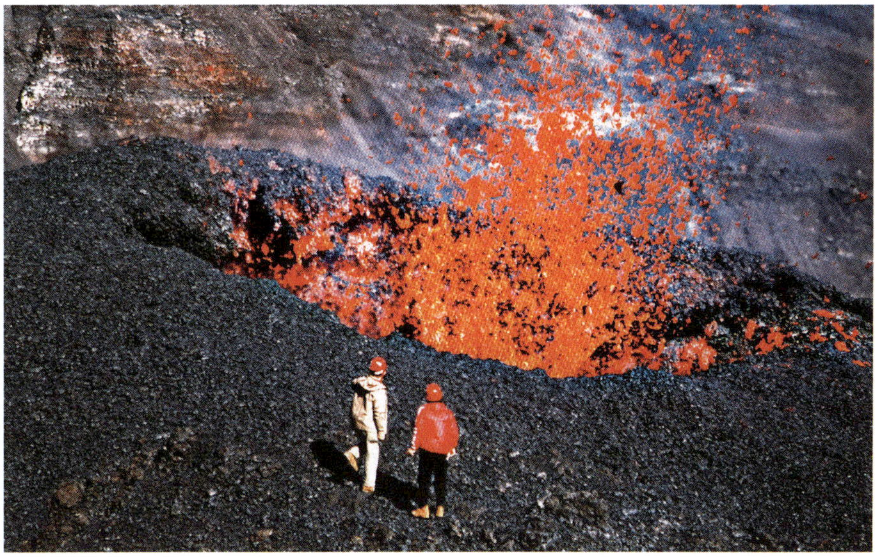

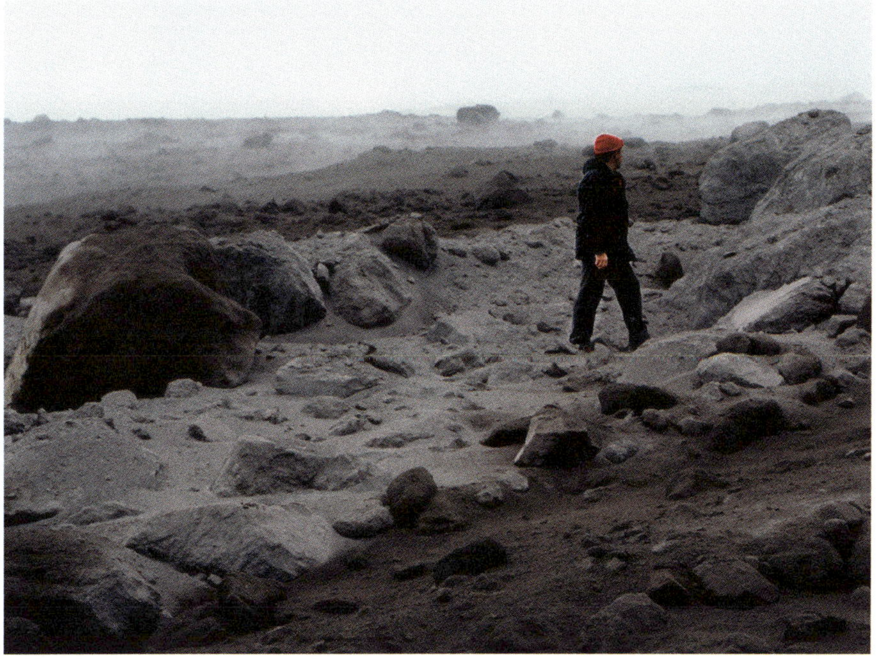

KATIA ET MAURICE KRAFFT
***Volcanologues de l'équipe Vulcain observant la formation d'un nouveau cratère avec fontaines de lave au Piton de la Fournaise, île de la Réunion*, 1975**
Épreuve chromogène d'après diapositive, 24 × 36 cm
Nancy, Centre Image Lorraine
Œuvre non exposée

KATIA ET MAURICE KRAFFT
***Maurice Krafft sur le dépôt encore chaud de nuées ardentes de l'Augustine, Alaska, États-Unis*, 1986**
Épreuve chromogène d'après diapositive, 24 × 36 cm
Nancy, Centre Image Lorraine
Œuvre non exposée

Adrien Missika | Contempler la porte de l'enfer

Contempler la porte de l'enfer à l'heure de la vidéo haute définition, des ravages environnementaux, du tourisme, des légendes urbaines et de l'Internet : dans un bruit sourd de combustion, une vapeur orangée anime le fond nocturne du premier plan fixe de *Darvaza* d'Adrien Missika. Éclairé par la fournaise, le passage fugace d'un volatile réveille ces récits relatant la présence d'oiseaux au-dessus de volcans – comme en 1341, lors de l'éruption de l'Hekla, que les témoins associèrent à des âmes[1]. Un cadrage serré sur un substrat pierreux brûlant sans combustible visible dresse un mur de feu inextinguible, dont les flammes virevoltantes parachèvent notre perte de repères. Un fondu au flou transmue ces dernières en autant de flocons ardents, tel un écho à ceux qui choient et embrasent le sable du cercle infernal où sont enclos les violents contre Dieu et la nature[2]. La gradation d'une lumière entre chien et loup et d'autres angles de prise de vue découvrent peu à peu un véritable « Colisée de feu[3] » (selon l'expression de l'explorateur George Kourounis), menant le spectateur au bord de *Jähennem derwezesi*[4], la « porte de l'enfer », dans le désert des « sables noirs » du Karakoum, non loin de l'ancien village turkmène de Derweze : une doline gigantesque (profonde d'une trentaine de mètres pour un diamètre d'environ soixante-dix), embrasée depuis près de quarante ans par le méthane qui s'en échappe. Selon une version répandue, mais non avérée[5], elle résulterait de l'effondrement d'une cavité souterraine lors de travaux de forage prospectifs soviétiques.
Site géologique colossal isolé, abandonné par le gouvernement d'un pays dont le volume en gaz naturel atteint la sixième place mondiale[6], il n'en reste pas moins une destination touristique⬟. Évoquant la carte stratigraphique de l'enfer peinte par Sandro Botticelli, il caractérise la consumation frénétique en quelques décennies des réserves d'énergies fossiles accumulées par la Terre sur des centaines de millions d'années. — A.D.

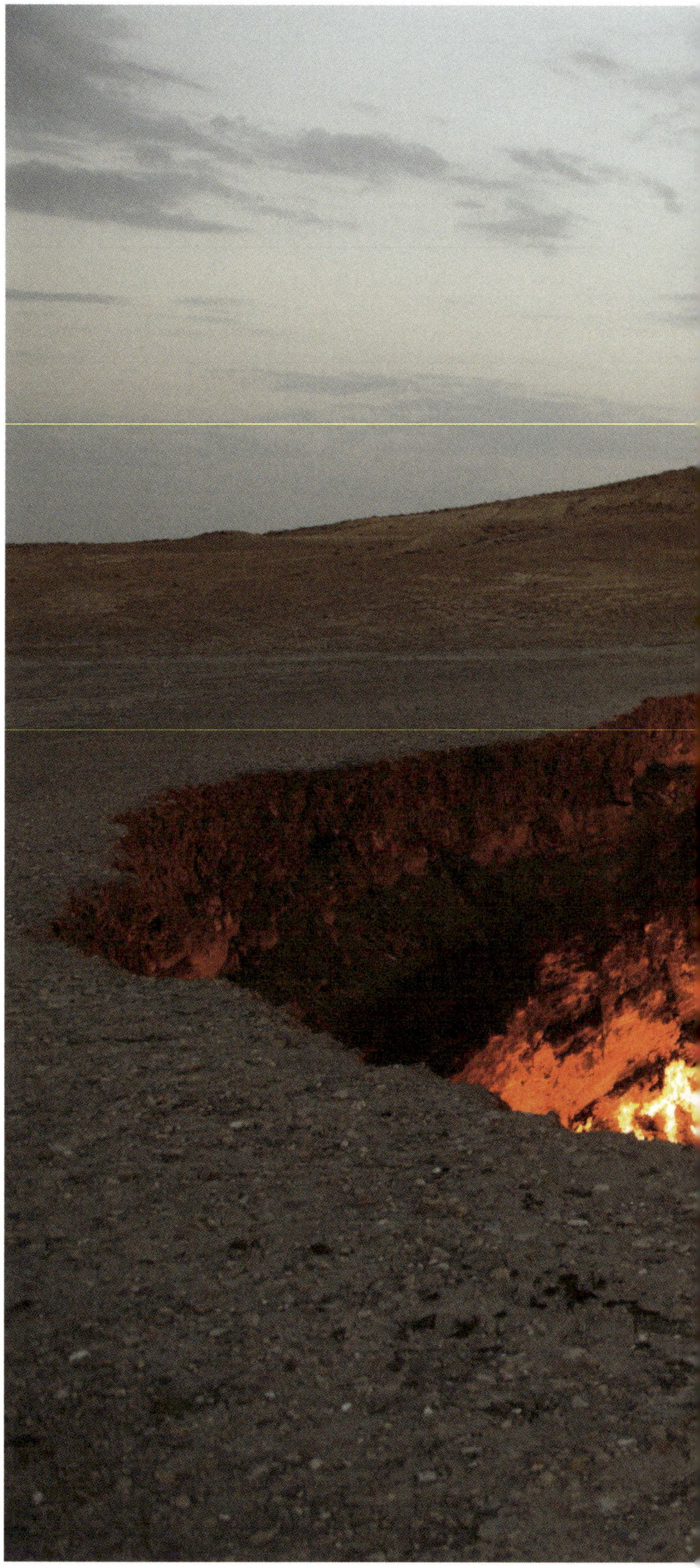

ADRIEN MISSIKA
***Darvaza*, 2011**
Vidéo HD, couleur, sonore, durée : 8 min 30
Courtesy galerie Bugada & Cargnel, Paris et Nouveau musée national de Monaco

1. Voir la chronique contemporaine de *Flateyjarannáll*, reprise dans *Flateyjarbók : En samling af norske konge-sagaer*, vol. 3, Guðbrandr Vigfusson et Carl Rikard Unger (éd.), Christiania, P. T. Mallings Forlagsboghandel, 1868, p. 559.
2. Dante Alighieri, *Inferno*, XIV, 28-39.
3. Christine Nunez, « Q&A: The First-Ever Expedition to Turkmenistan's "Door to Hell" », *National Geographic*, version en ligne, 17 juillet 2014.
4. Parfois *Dowzahyň derwezesi*. *Jähennem* renvoie à la *Jahannam* du Coran (sourate 9, *At-Tawba*) et à la Géhenne hébraïque (*géy-ḥinnōm*) et néotestamentaire, désignant à l'origine un lieu géographique au sud de Jérusalem, la « vallée de Hinnom », longtemps connue pour ses brasiers d'ordures, de rites funéraires ou de sacrifices aux idoles et à Moloch.
5. *National Geographic*, art. cité.
6. Chiffre donné par l'Agence d'information sur l'énergie (EIA) en juillet 2015.

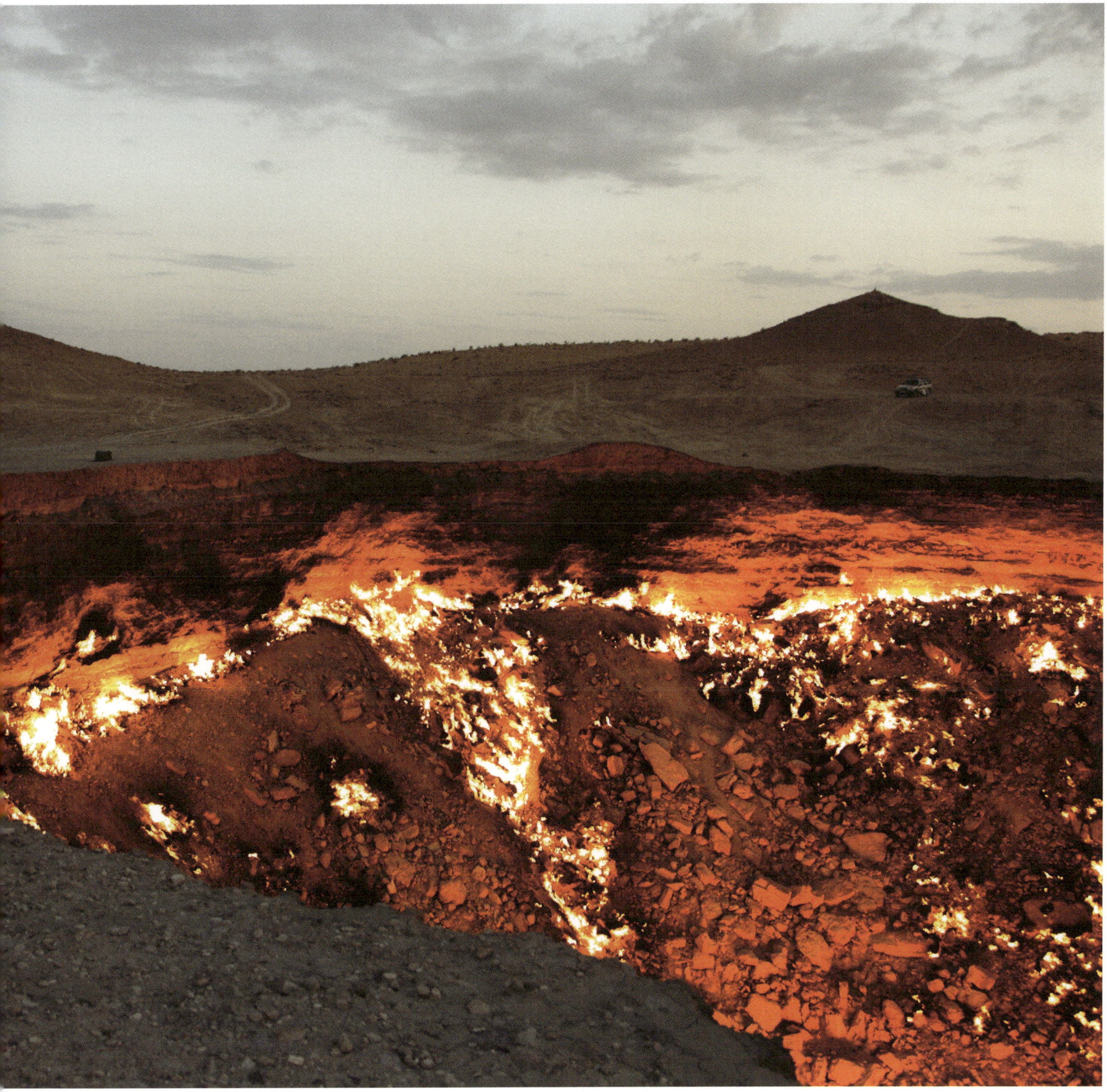

Imaginaires de la catastrophe

Malgré les thèses scientifiques sur le début et la fin du monde, la croyance et le mythe continuent d'alimenter un imaginaire catastrophique où la fantasmagorie persiste. Expérience de la transcendance, la menace des éléments demeure un objet de délectation aussi hypnotique que morbide. C'est cette prédisposition à esthétiser l'horreur que les philosophes Edmund Burke et Emmanuel Kant décrivent au XVIIIe siècle comme une « délicieuse horreur », un « plaisir négatif ». Pris dans un voyage immobile face à la nature déchaînée, le spectateur sidéré extrapole les conséquences du spectacle qui le subjugue. Absorbé dans le paysage, il éprouve des sentiments contrastés : la résignation ou l'exaltation, la mélancolie ou l'hébétude, et parfois l'accoutumance complaisante aux scènes spectaculaires. Toutes véhiculent l'image d'une nature souveraine tenant l'homme à sa merci. Évocations religieuses, fictionnelles, scientifiques de catastrophes naturelles et récits de fin du monde se mêlent ici, jusqu'à leurs avatars les plus contemporains. La multiplication des films dédiés à la catastrophe planétaire ou au jour d'après sont autant d'échos à l'anxiété d'une société qui se repaît du spectacle du monde mais ne se pose plus la question de sa survie. À l'ère d'une médiatisation globalisée, la force d'attraction des sites sinistrés est encore hantée par l'iconographie persistante d'un sublime romantique.

LARS VON TRIER
Melancholia, 2011
(détail, repr. p. 79)

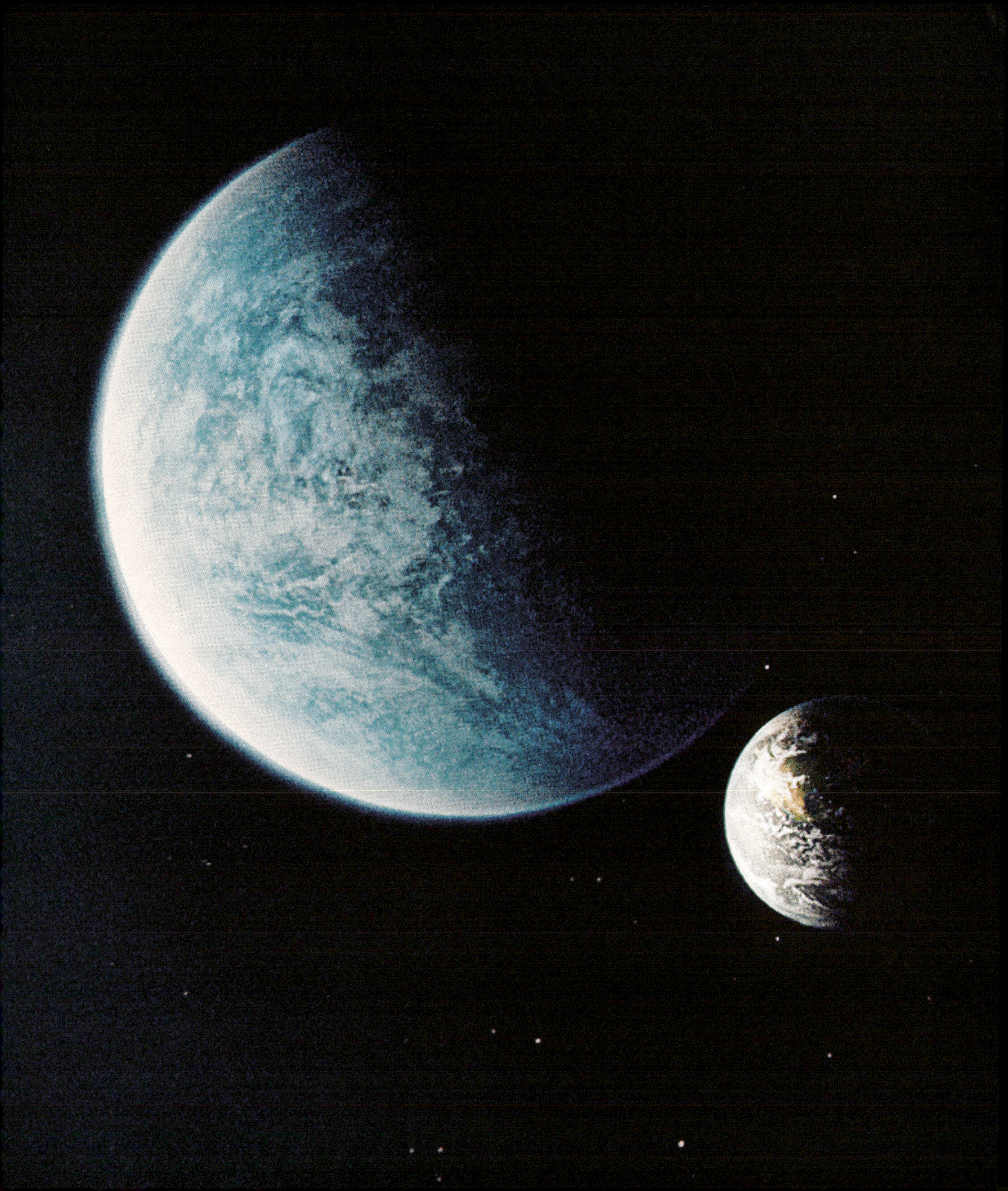

Dora García, Jiří Kolář, Lars von Trier, Jaume Xifra

Le fantasme de la disparition

Parmi les récits à fortune autour de la disparition du monde, l'hypothèse d'une collision fatale entre une comète et notre planète a engendré de tout temps des peurs, souvent amplifiées par les prophéties et prédictions de fin du monde qui l'accompagnaient. Les progrès de la science n'ont pas totalement occulté les superstitions et les passages de comètes restent associés à des croyances populaires quant à leur influence maléfique ou bénéfique. En 1893, l'astronome Camille Flammarion, mû, entre autres, par un souci de vulgarisation scientifique, publie dans la *Revue illustrée* une fiction, « La Fin du monde », reprenant ce scénario à succès d'une potentielle et imminente collision avec une comète : « Soudain, comme l'Humanité terrifiée regardait, immobile, silencieuse, retenant son souffle, pénétrée jusqu'aux moelles, cataleptisée par la terreur, toute la voûte du ciel sembla se déchirer de haut en bas, et, par l'ouverture béante, on crut voir une gueule énorme vomissant des gerbes de flammes vertes, écarlates[1]. » Son ouvrage est initialement voué à faire triompher l'esprit de raison sur la peur et la superstition. Cependant, en mai 1910, l'annonce du passage de la Terre dans la queue de poussière de la comète de Halley génère la panique et Camille Flammarion joint ses articles au concert des alarmistes. Les rumeurs de contamination par des gaz toxiques affolent les populations dans le monde entier. Un an avant la recrudescence des conjectures liées à la fin du calendrier maya et à une possible prophétie de disparition de la Terre, le cinéaste Lars von Trier compose, en 2011, une ode démesurée et onirique à la fin du monde. *Melancholia*, soleil noir qui hante ses personnages, sera l'instrument de cette catastrophe✿ cosmique à venir. Le désastre annoncé, déployé dans les premières minutes du film à travers l'apparition funeste et hypnotique de la planète et une série de scènes d'engloutissements des personnages dans une nature carnivore, devient drame métaphysique. L'apocalypse✿ est aussi celle de chaque individu ramené à sa vérité et à ses doutes. Truffé de références à l'histoire de l'art, à la psychanalyse et à la sorcellerie, le film assume et esthétise la passion morbide de l'Occident pour la disparition jusqu'à son terme ultime. Il n'y a pas d'après dans *Melancholia* : la dernière image se clôt sur la destruction de la planète et de l'humanité. Symptôme possible d'une civilisation en crise, le film fait écho à une obsession renouvelée de la fin du monde qui ne relève pas de la marginalité, comme le souligne cet étonnant sondage Ipsos réalisé dans vingt et un pays en 2012 : près de 15 % des humains penseraient faire de leur vivant l'expérience de la fin du monde. À cette vision anxieuse répondent l'humour et l'irrévérence. Jouant avec ces peurs et l'accumulation, au cours de l'histoire, de prophéties de disparitions, l'artiste Dora García dresse un inventaire de l'imaginaire du risque majeur et de la fin.

▶▶▶

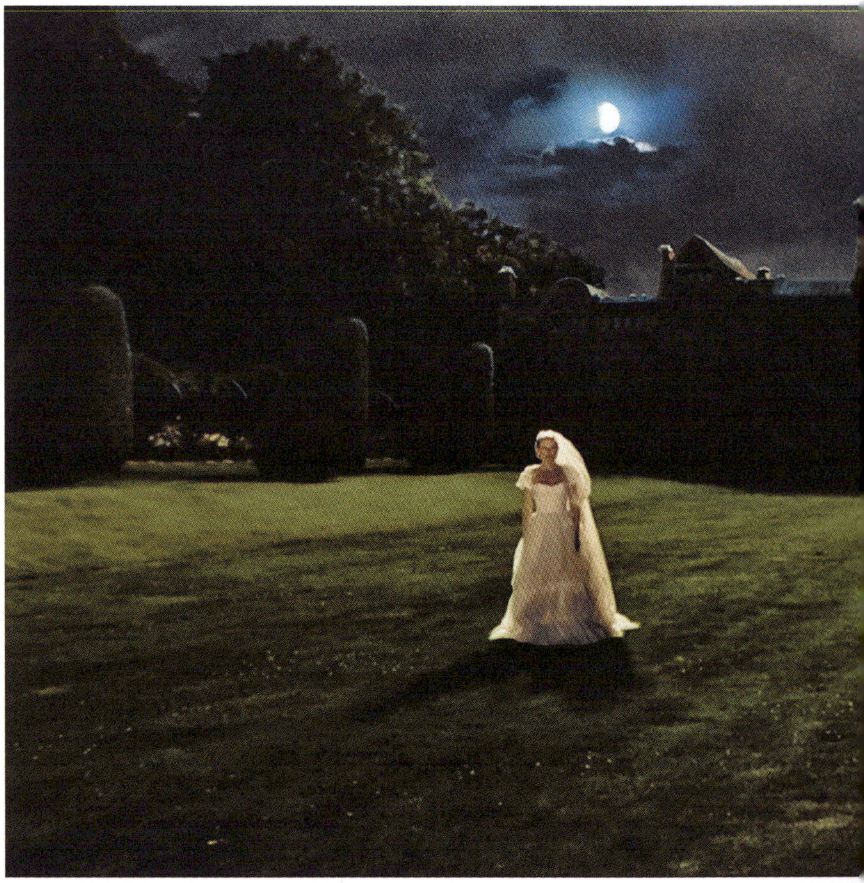

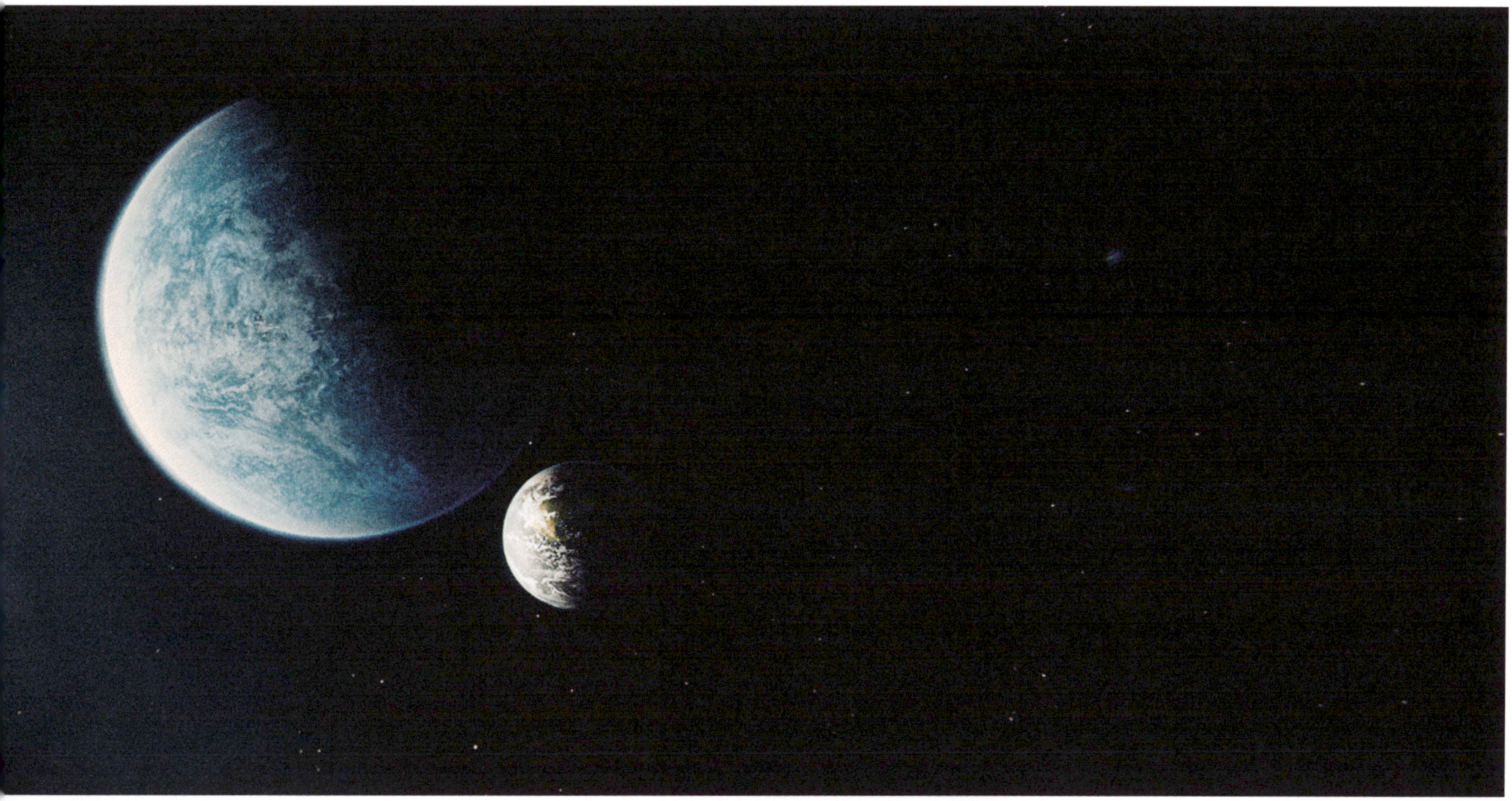

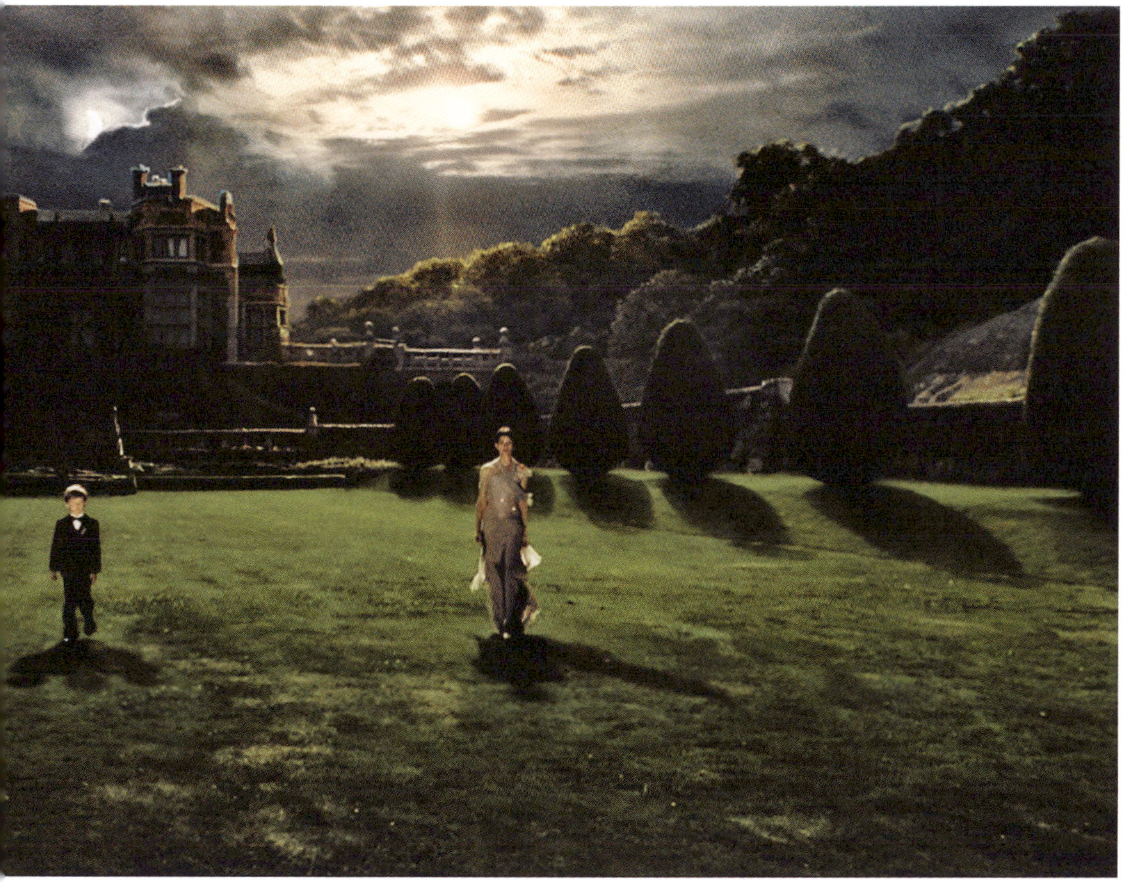

LARS VON TRIER
***Melancholia*, 2011**
Film cinématographique 35 mm, couleur, sonore, durée : 130 min
Courtesy Les Films du Losange, Paris

Un risque prospectif puisque ce sont les catastrophes à venir qui sont recensées, mêlant mouvement des astres, éclipses, calendriers mayas, bugs technologiques, fins du monde décrites dans la science-fiction et termes programmés d'événements planifiés au-delà de l'échelle humaine (*time capsules*✿, etc.). Dans ce vertige de la liste, aux accents prophétiques, l'auteure de la déclaration « Le futur doit être dangereux » met en exergue notre besoin de récits et de projections dans un devenir ou une fin commune. Dérision dans le tragique, le *Reliquiae Terra* de Jaume Xifra épingle un portrait laconique et *post mortem* du monde à l'usage de possibles extraterrestres ou de futurs humains exilés sur une autre planète. Eau, terre et photo vue du ciel, ces dérisoires fragments mis sous pochette plastique évoquent un prélèvement archéologique ou le portrait rébus d'une espèce disparue dans un musée d'histoire naturelle. Dans le même registre, la *Pelle pour ramasser l'univers* de Jiří Kolář, qui évoque au premier regard une pelle à charbon, s'avère remplie de papiers déchirés, mêlant une carte du ciel recouverte par l'Ancien Testament manuscrit : collage métaphysique, temps cosmique *versus* temps humain, ruine de l'Histoire dans une civilisation de l'après-Shoah, création et anéantissement humain. « Imaginer les pires lendemains possibles me procure de grandes joies sur le plan artistique. Les ténèbres du futur éclairent mon présent, et la prescience d'une fin à venir est garante de mon bonheur de vivre aujourd'hui[2] », évoque l'artiste Hiroshi Sugimoto en 2014, à l'occasion d'une exposition dans laquelle il déploie plusieurs scénarios possibles de fin du monde [→p. 95]. Au fond, tout est peut-être là, dans la dérision ou démesure des hypothèses : nourrir, par le récit et l'image, les angoisses collectives d'imminence de la fin du monde ou la crainte de « l'accident général[3] » pour mieux conjurer la peur. Se repaître de manière cathartique de la tragédie, en spectateur, pour mieux se rassurer de son salut présent. — H.G.

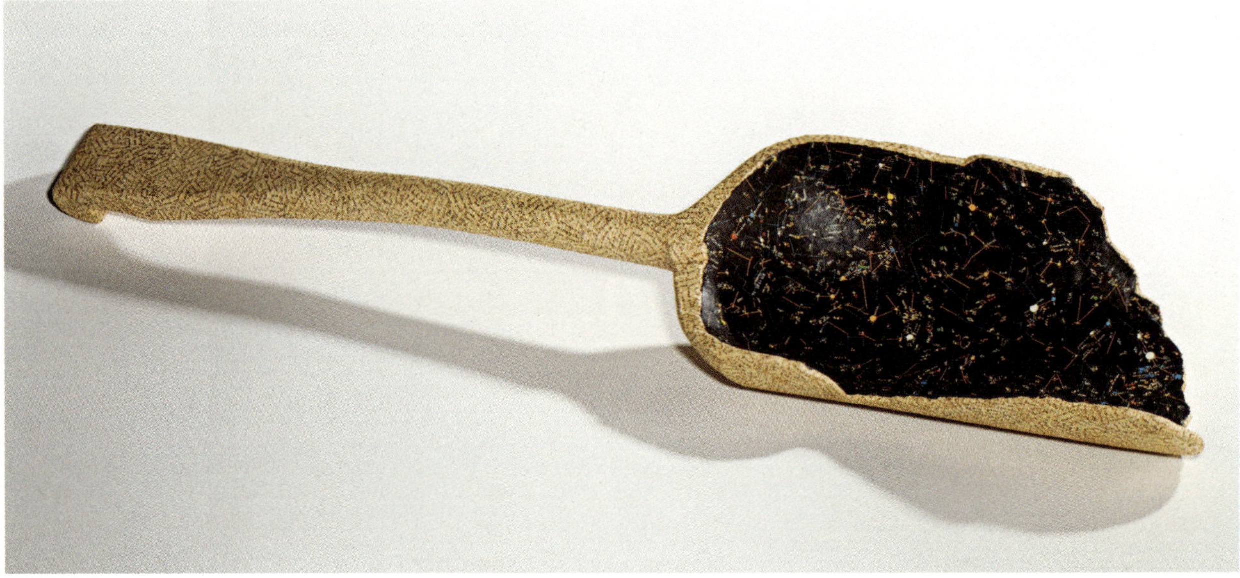

JIŘÍ KOLÁŘ
***La Pelle pour ramasser l'univers*, 1980-1981**
Bois et papier, 12,7 × 106 × 21,5 cm
Paris, Centre Pompidou, Musée national d'art moderne

1. François Walter, *Catastrophes. Une histoire culturelle, XVIe-XXIe siècle*, Paris, Seuil, coll. « L'univers historique », 2008, p. 186.
2. Hiroshi Sugimoto, à propos de son exposition « Aujourd'hui, le monde est mort (Lost Human Genetic Archive) », Paris, Palais de Tokyo, 25 avril-7 septembre 2014.
3. Paul Virilio, « Vitesse et information. Alerte dans le cyberespace ! », *Le Monde diplomatique*, août 1995, p. 28.

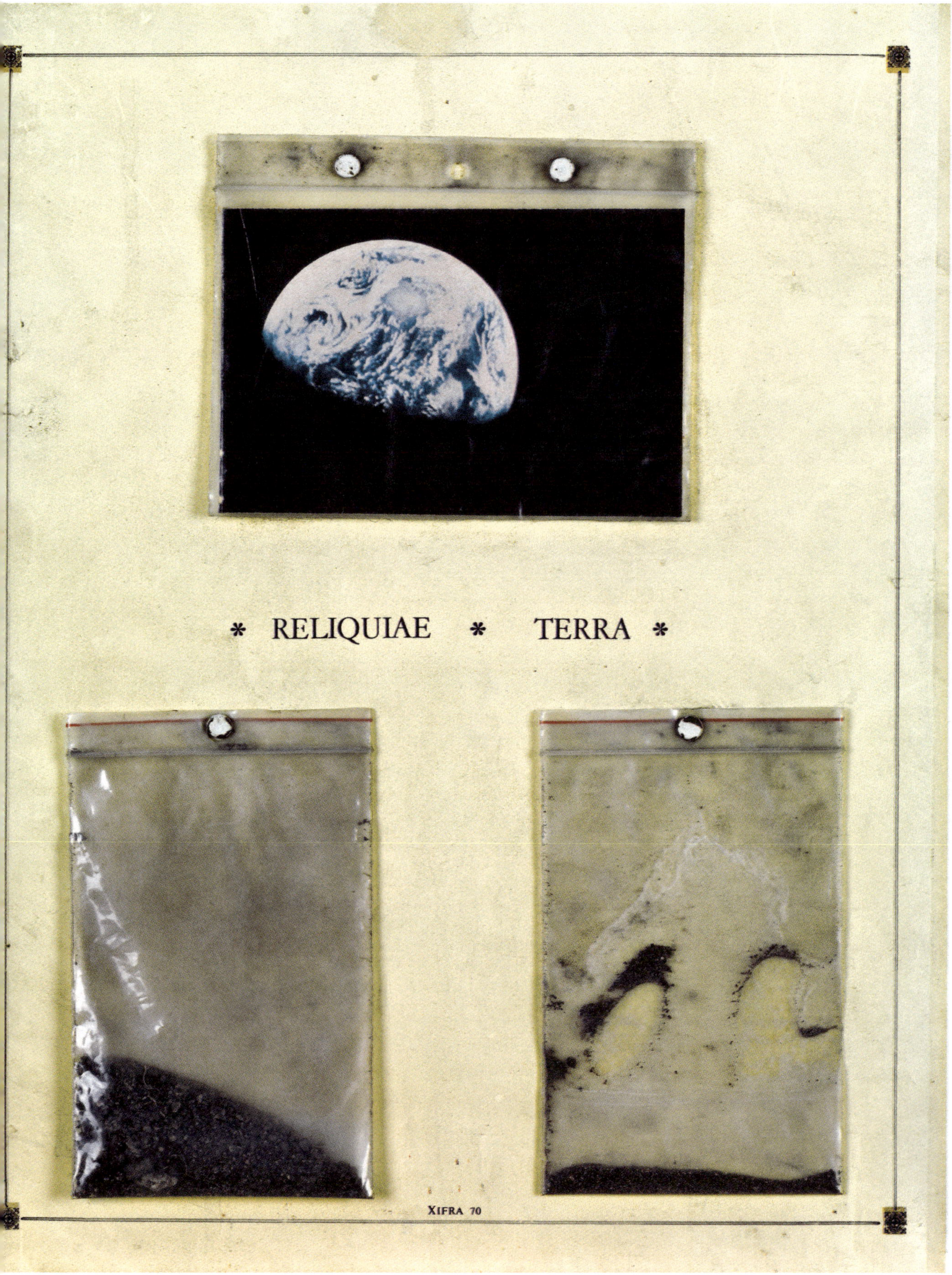

JAUME XIFRA
***Reliquiae Terra*, 1970**
Techniques mixtes sur plastique,
44 × 34 cm
Barcelone, MACBA – Museu d'Art
Contemporani de Barcelona

Le 15 janvier 2008, la sonde *Messenger* de la NASA fera son premier survol de Mercure. Le 7 janvier, il y aura une éclipse annulaire du soleil et le 21 février une éclipse lunaire totale. Le 1er août, il y aura une éclipse solaire totale visible depuis le Canada, la Sibérie, la Mongolie et la Chine. Le 11 avril 2009, Neptune aura exactement la même position dans le ciel que lors de sa découverte, 164 ans plus tôt. Le 6 juin aura lieu le deuxième et dernier passage de Vénus devant le soleil du XXIe siècle. Les transits suivants se tiendront en 2117 et 2125. Le 11 août 2012, le douzième et dernier *baktun* des calendriers maya et aztèque s'achèvera. Selon ces calendriers, cette échéance correspond à la fin du monde. Aucun consensus n'est encore fait sur la nature de celle-ci. Des croyances New Age interprètent cette date comme une prise de conscience globale de l'espèce humaine (la fin du monde prend ici un sens symbolique : l'ascension). D'autres, au contraire, s'attendent à un événement plus drastique : apocalypse chrétienne, inversion des pôles, etc. Durant l'année 2014, l'astéroïde 2003 QQ47 frôlera la Terre. Le 22 octobre 2015, à 18 h 29, des dizaines de Palestiniens se heurtent aux forces israéliennes près de Bureij dans le centre de la bande de Gaza. Le 30 octobre 2015 le bébé Ramadan Mohammed Faisal Thawabta sera mort après avoir inhalé des gaz lacrymogènes lors d'affrontements éclatés à proximité entre les Palestiniens et les forces militaires israéliennes. Pendant l'année 2015, entre 3 000 et 5 000 personnes arriveront chaque jour à l'île grecque de Lesbos comme porte principale d'entrée en Europe. Beaucoup d'entre eux mourront noyés dans la mer Égée. Vers la fin de la décennie 2020, la Terre dépassera les 8 milliards d'habitants. Le 20 janvier 2021 aura lieu l'investiture du nouveau président des États-Unis, une femme. En 2029, l'État américain rendra (finalement) publics tous les documents du FBI et de la CIA concernant l'affaire Kennedy, et l'astéroïde 99942 Apophis passera à proximité de la Terre, à environ un dixième de la distance Terre-Lune. Une déviation très minime de trajectoire pourrait entraîner une catastrophe, cette année-là ou la suivante, mais toujours le vendredi 13 avril. En 2042, et selon le Bureau du recensement des États-Unis, les résidents américains qui se considèrent comme étant hispaniques ou latinos, afro-américains, asiatiques, des îles du Pacifique, et d'origine amérindienne seront collectivement plus nombreux que ceux identifiés comme étant d'origine blanche non hispanique. Le 4 mai 2102, il y aura une légère possibilité de collision avec l'astéroïde 2004 VD17. Le 11 décembre 2117, le disque noir de Vénus se découpera sur le disque solaire : c'est le transit de Vénus. La plus longue éclipse jamais observée depuis l'année 3000 av. J.-C. se tiendra le 16 juillet 2186, et durera 7 minutes et 29 secondes. Le vendredi 22 février 2222, à 22 heures 22 minutes 22 secondes, on pourra lire cette date sur les ordinateurs comme 2222-2-22 22:22:22. Selon le Talmud, le monde s'achèvera en 2240. L'exécution de l'œuvre pour orgue de John Cage *Organe au carré/Aussi lent que possible* (commencée en 2001), qui doit durer 639 ans, est programmée pour s'achever à l'église Saint-Buchardi à Halberstadt, Allemagne, en 2640. 16 mars 2880 : c'est la date de l'impact prévu pour l'astéroïde (29075) 1950 DA, le corps céleste ayant la probabilité connue la plus élevée d'entrer en collision avec la Terre. Certains indiquent que l'année 3797 (ou 3786 pour d'autres) est celle de la fin du monde prévue par Nostradamus. Aux alentours de l'année 5200, l'humanité atteindra une civilisation de type II dans l'échelle de Kardashev. Il s'agit d'une civilisation capable d'exploiter toute l'énergie d'une étoile, approximativement 10^{26} watts. La « Crypt of Civilization », une « capsule de temps » gardée et cachetée à l'université d'Oglethorpe à Atlanta, Géorgie, sera ouverte en 8113. Dans près de 290 milliards d'années, le dimanche 4 décembre 292277026596 à 15:30:08 (Temps universel), le système actuel de mesure du temps, Unix Time, sera remis à zéro.

DORA GARCÍA
Les Fins du monde, 2006/2015
Texte
Courtesy l'artiste

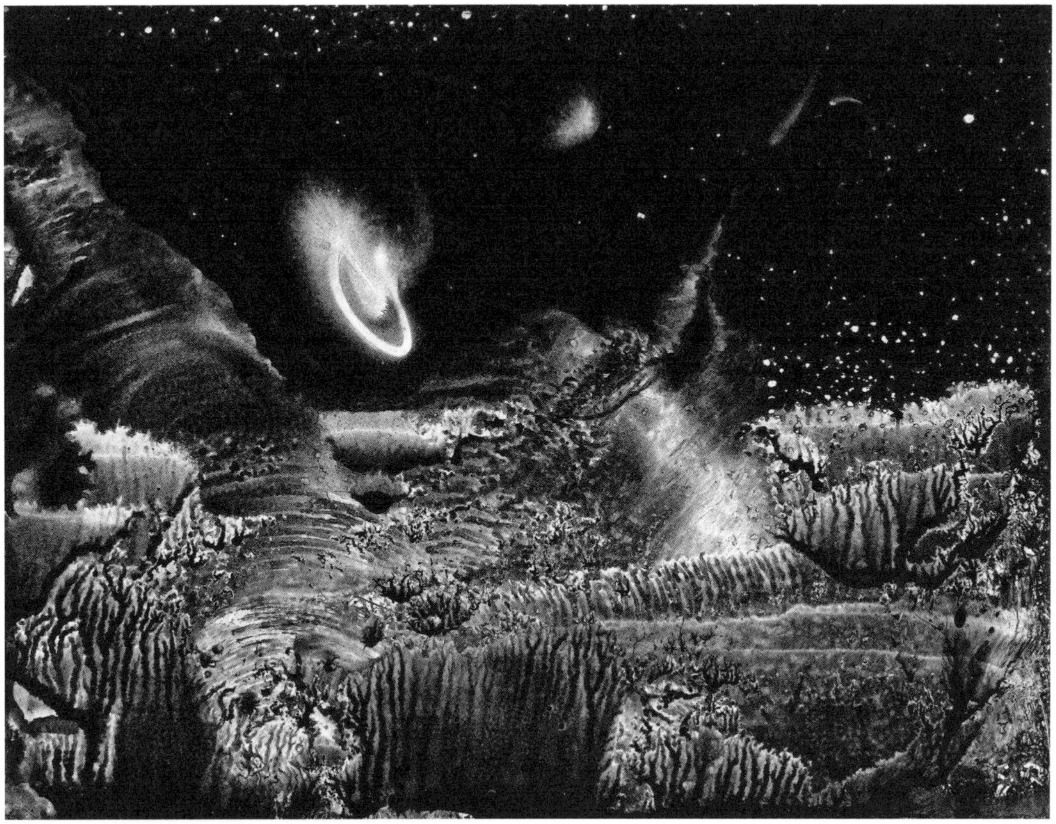

ROLAND FLEXNER
Sans titre (SN 73 2007), 2007
Encre Sumi sur papier, 13,8 × 17,7 cm
Paris, Centre Pompidou, Musée national d'art moderne

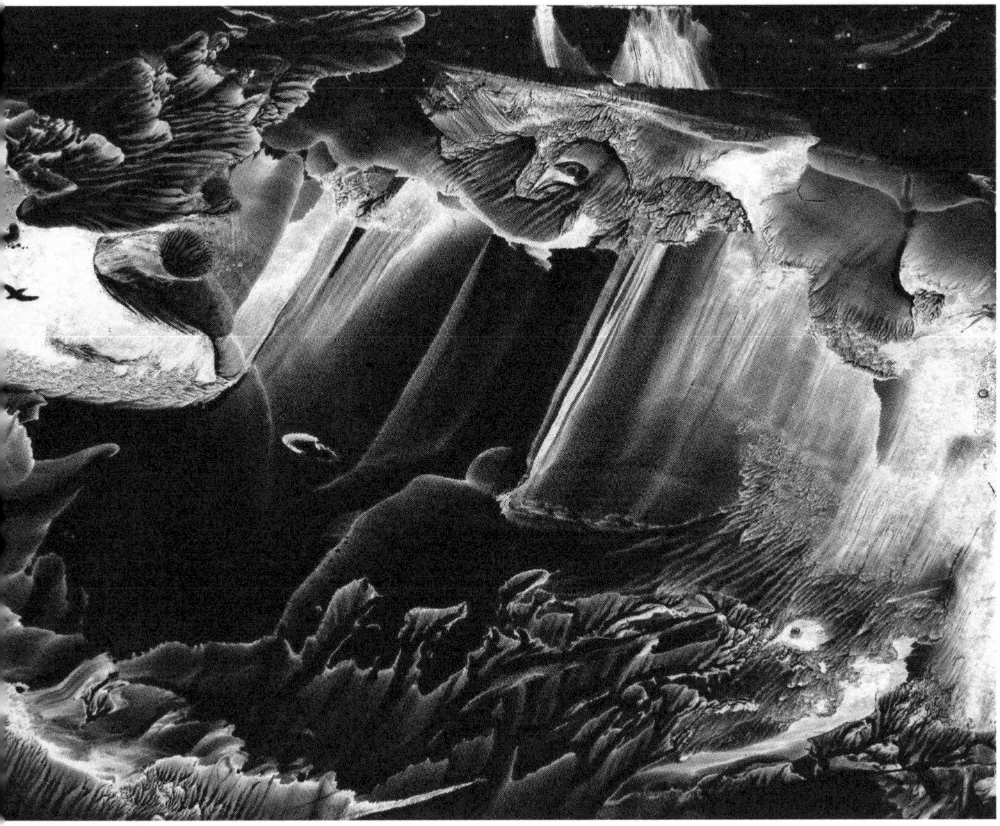

ROLAND FLEXNER
Sans titre (SN 29), 2006
Encre Sumi sur papier, 14 × 17,5 cm
Paris, Centre Pompidou, Musée national d'art moderne

Geert Goiris | Mammatus

On observe des mammatus dans la descente de Croix de Fra Angelico, les crucifixions de Hans Memling ou de Lucas Cranach[1], suggérant l'obscurcissement des cieux qui précède la mort du Christ – symbole eschatologique par excellence. Signe avant-coureur ou dénouement de phénomènes atmosphériques extrêmes[2], cet amas nuageux se caractérise par la répétition de lobes à la base du nuage, le plus souvent un cumulonimbus incus, dont l'impressionnant déploiement vertical indique un orage en formation. Le diamètre de chacune de ces « mamelles célestes » (*Ṛgveda*), encore nimbées de mystère, peut s'étendre sur plusieurs kilomètres, et leur durée de vie atteindre quelques heures[3]. Geert Goiris les découvre pour la première fois sur Internet. Incrédule, il part au Texas – haut lieu de l'extraction pétrolière, où la multiplication et l'amplitude des catastrophes météorologiques interrogent sur le changement climatique[4] – avec un chasseur de tornades. Après une poursuite de deux semaines sur près de neuf mille kilomètres, ils aperçoivent des mammatus flottant au-dessus d'un champ, traîne d'une violente tempête de grêle. Une fois la pellicule développée, l'artiste réalise que la majorité des clichés mis en ligne sont retouchés, comme si leur manipulation permettait de relater une telle rencontre. Déjà, entre 1856 et 1857, Gustave Le Gray avait eu recours à deux négatifs pour sa *Marine, étude de nuages*, révélant ici encore une construction du regard face à la singularité. Sans modification ultérieure, *Mammatus* (2010) oscille entre évidence et ineffable, combinaison insoluble où se discerne la photographie de Goiris, à la fois « fiction familière » et « enregistrement direct d'un emplacement réel[5] ». —— A.D.

1. Stanley David Gedzelman, « Cloud Classification before Luke Howard », *Bulletin of the American Meteorological Society*, vol. 70, n° 4, avril 1989, p. 390, et *The Soul of All Scenery: A History of the Sky in Art*, manuscrit non paginé, rév. 1993 (1978), chap. 5 et 6.
2. Howard B. Bluestein, *Severe Convective Storms and Tornadoes: Observations and Dynamics*, Berlin/Heidelberg, Springer-Verlag, 2013, p. 131-137.
3. David M. Schultz *et al.*, « The Mysteries of Mammatus Clouds: Observations and Formation Mechanisms », *Journal of the Atmospheric Sciences*, vol. 63, octobre 2006, p. 2409-2435.
4. Jurgen Schmandt *et al.* (éd.), *The Impact of Global Warming on Texas*, Austin, University of Texas Press, 2e éd., 2011.
5. Voir l'entretien avec Bert Danckaert, « An assault on Reality », *Handleiding*, n° 01-02, Aalst, Netwerk Galerij, 2002, p. 4.8-4.15.

GEERT GOIRIS
***Mammatus*, 2010**
Impression jet d'encre Archival,
207 × 160 cm
Courtesy galerie Art:Concept, Paris

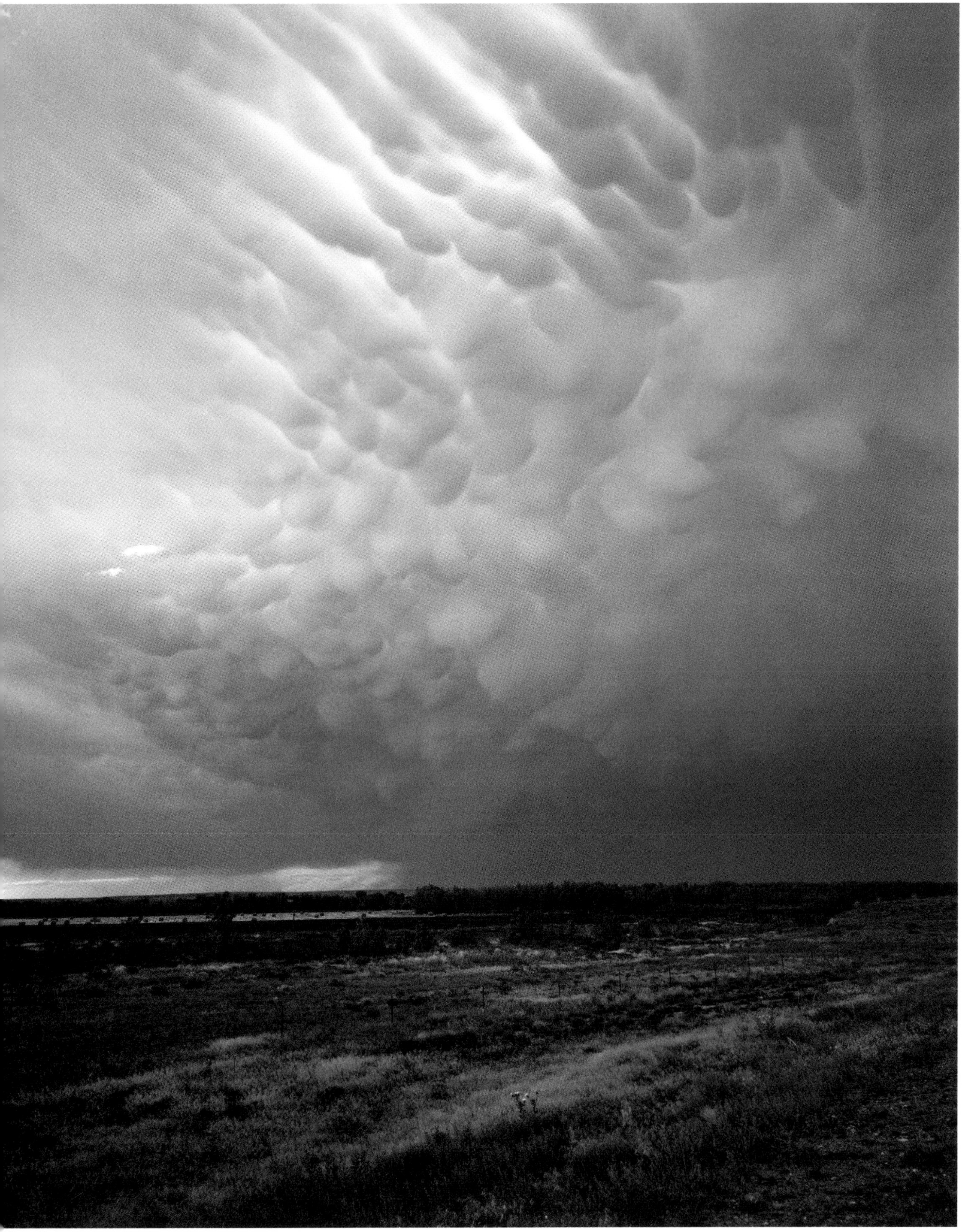

Léonard de Vinci | La mécanique du déluge

En 1516, Léonard de Vinci quitte définitivement l'Italie pour s'installer en France : il passera les trois dernières années de sa vie en Touraine, choyé par François Ier. En plus de fournir divers projets au monarque (l'escalier hélicoïdal de Chambord, et vraisemblablement les plans du château tout entier), et de poursuivre ses travaux de peintre (la *Joconde* est sans cesse retouchée), Léonard a l'habitude de méditer sur les choses de la vie. Arrivé au terme de son existence, le vieil artiste ne s'intéresse pas tant au Jugement dernier qu'à la catastrophe fondatrice du Déluge. Il doute d'abord que la Bible décrive fidèlement un événement que les Italiens appellent toujours *Diluvio universale*, tant la perspective d'une inondation *universelle* – c'est-à-dire sur l'ensemble de la surface de la terre – lui semble invraisemblable. Léonard ne ménage pourtant pas ses efforts pour donner vie à une telle scène, autant par les mots que par le dessin – ce dont les trois feuilles conservées au château de Windsor sont le témoin. Sur la voûte de la chapelle Sixtine, achevée en 1512, Michel-Ange avait représenté le Déluge comme une simple montée des eaux contraignant les humains à la fuite ; Léonard ne s'intéresse ni aux hommes, ni aux terres – seule compte cette « pluie [qui] tomba sur la terre quarante jours et quarante nuits » (Genèse, VII, 12). À la perspective humaine, se substitue un point de vue divin. Vinci envahit ses dessins de tourbillons dont on a du mal à comprendre s'ils sont constitués d'eau, d'air ou de feu. Cette ambiguïté est certainement recherchée ; elle oblige le spectateur à inventer sa propre œuvre, dans la lignée du précepte léonardesque : « Si tu regardes des murs souillés de beaucoup de taches, ou faits de pierres multicolores, avec l'idée d'imaginer quelque scène, tu y trouveras l'analogie de paysages au décor de montagnes, rivières, rochers, arbres, plaines, larges vallées et collines de toute sorte[1]. » Les nuées semblent tantôt prendre la forme de feuilles de chêne, symboles de la nature végétale non domestiquée, tantôt de feuilles d'acanthe, chères à la théorie de l'architecture et au langage des ordres : comme un combat recréé entre nature et culture. Un seul dessin laisse apercevoir une ville dévastée. En bas à droite, une forteresse juchée sur un piton évoque la tour de Babel autant que le château Saint-Ange, à Rome, cette « Babylone maudite » dont Martin Luther souhaite ouvertement la destruction au moment même où Léonard trace son dessin. Celle-ci adviendrait dix ans plus tard, en 1527, quand la Ville éternelle sera mise à sac par les lansquenets de Charles Quint.— **N.R.**

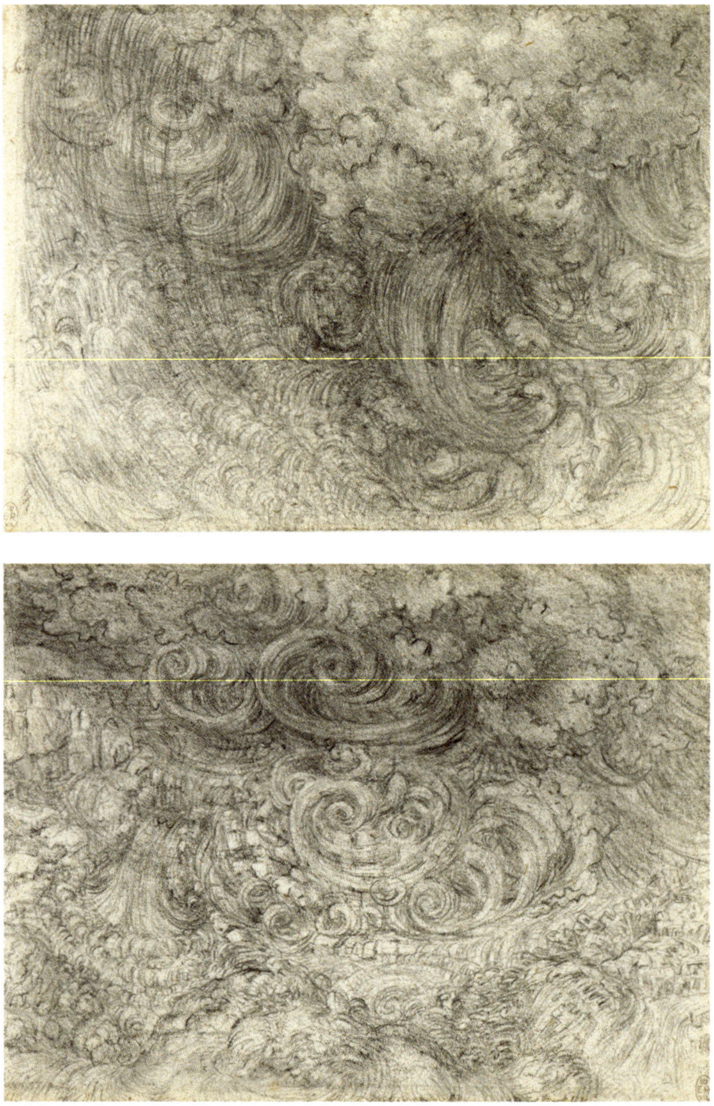

LÉONARD DE VINCI
***[Un déluge]*, vers 1517-1518**
Craie noire sur papier, 15,8 × 21 cm chacun
Windsor, The Royal Collection/HM Queen Elizabeth II

1. Léonard de Vinci, *Traité de la peinture*, trad. et éd. André Chastel, nouvelle édition revue, corrigée et augmentée par Christiane Lorgues, Paris, Calmann-Lévy, 2003, p. 216.

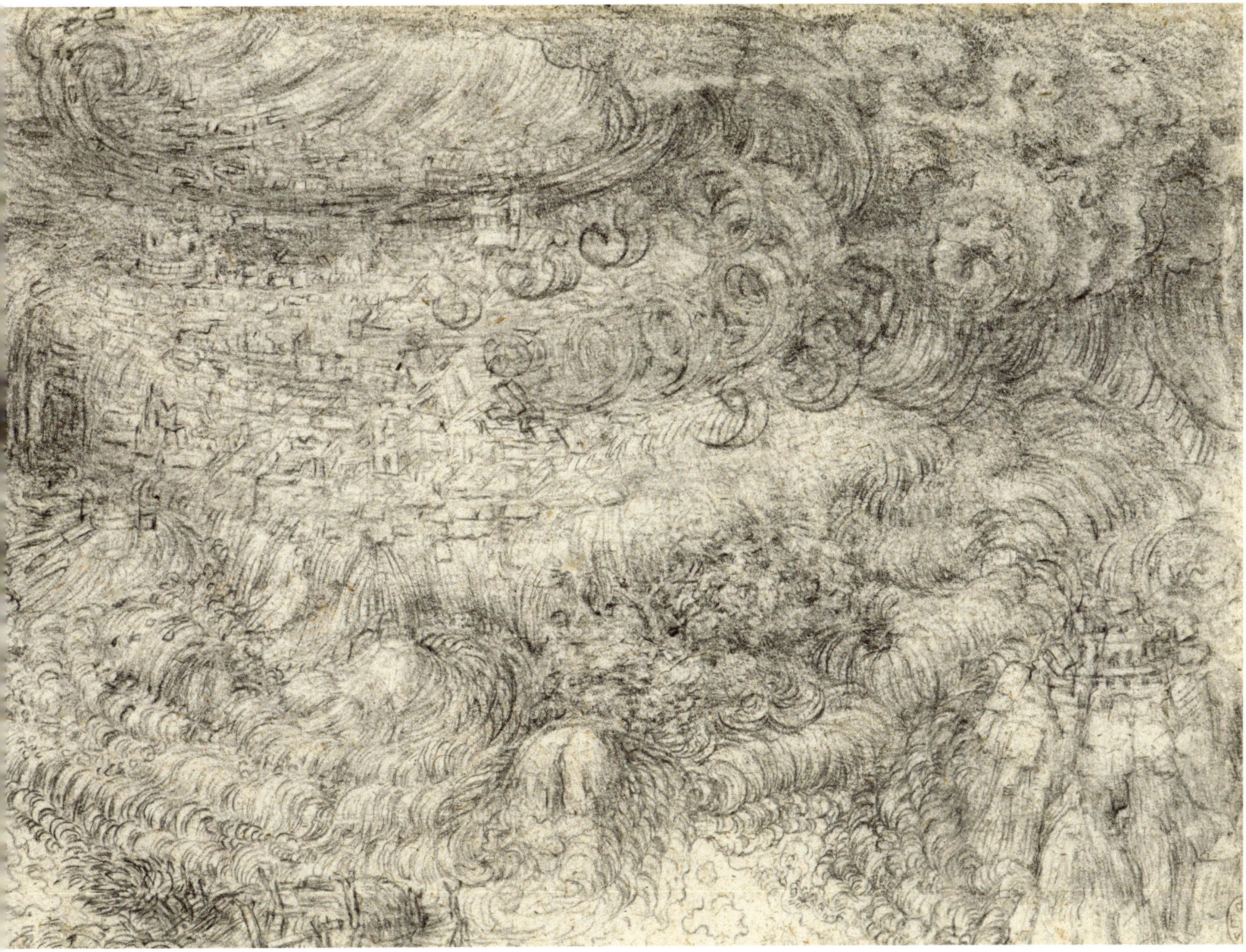

Laurent Grasso | Les reliques du désastre

Dans le domaine de l'archéologie, on dit de la personne qui découvre une relique ou un trésor qu'elle en est l'inventeur. S'il est arrivé que certains archéologues mal intentionnés contrefassent des vestiges pour leur gloire personnelle, l'invention véritable n'a rien à voir avec la fabulation, reposant au contraire sur l'authenticité de l'objet trouvé. Certaines inventions comme les reliques de la Passion (couronne d'épines, clous et morceaux de la Croix) demeurent néanmoins problématiques car leur nature miraculeuse semble plutôt relever de la foi et de la légende. Ces moments où l'histoire flirte avec la croyance et la fiction fascinent Laurent Grasso. Avide lecteur des chroniques médiévales ou des *Prophéties* de Nostradamus, l'artiste s'intéresse aux lectures surnaturelles, prophétiques ou apocalyptiques de phénomènes climatiques inhabituels, longtemps perçus comme des punitions divines ou des présages célestes. Météores, comètes, séismes, inondations, aurores boréales, soleil double, « pluie de sang », etc. : ces turbulences ont alimenté les inquiétudes de chaque époque, en même temps qu'elles en ont révélé les troubles et les attentes. Dans plusieurs vitrines de bois pensées comme des reliquaires minimalistes ou des musées miniatures, l'artiste rassemble à chaque fois trois « indices » autour d'un même événement. Information la plus immédiate, une date inscrite en néon blanc assure la première marche de l'enquête historique. Fameuse, l'année 79 évoque ainsi presque immédiatement l'éruption du Vésuve qui a enseveli Pompéi. D'autres dates – 986, 1556 ou 1917 – restent en revanche plus énigmatiques. Un fragment archéologique ou géologique, une statuette ou une météorite s'imposent ensuite comme les échantillons d'une réalité plus vaste dont ils prouveraient l'existence. Enfin, une miniature peinte dans le style et la technique de l'époque qu'elle décrit vient clore cette commémoration triangulaire. Inscrites dans la continuité d'une série antérieure intitulée *Studies into the Past*, ces images génèrent une succession de doutes : décrivent-elles les phénomènes d'un passé mythique, ceux d'une réalité vécue (et probablement interprétée de manière ésotérique) ou d'un futur prophétique ? En même temps qu'il doute de la véracité de l'événement dépeint, le spectateur s'interroge sur l'authenticité du tableau. Par le biais de cette confusion temporelle, Grasso suscite un état de paranoïa et de scepticisme généralisés, où la distinction du « survenu » et de l'à-venir se trouble.— H.M.

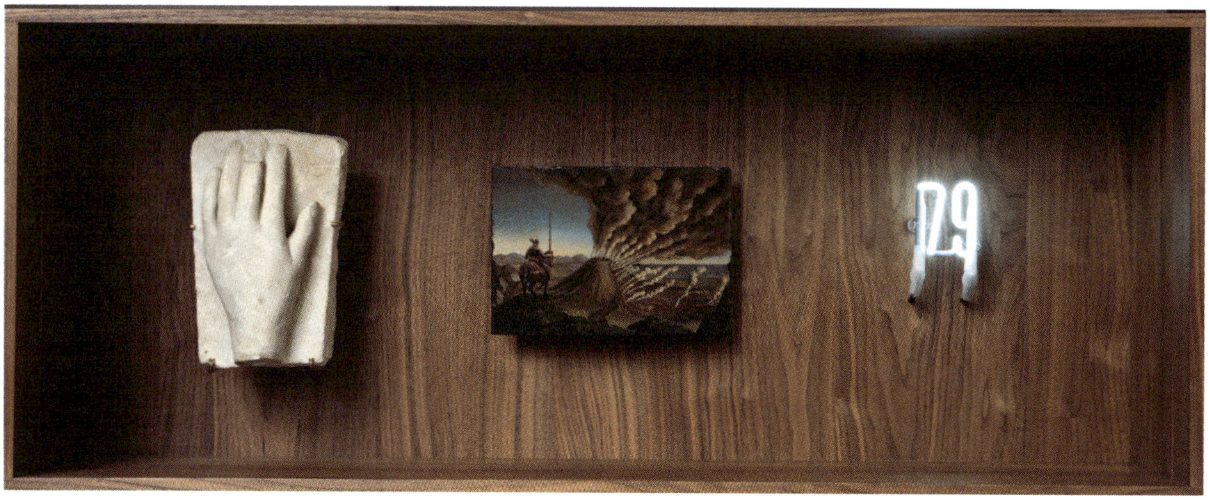

LAURENT GRASSO
79, Éruption à Pompéi, sculpture en marbre romain
Vitrine en noyer massif, marbre blanc, huile sur bois et néon, 45 × 110 × 30 cm
Courtesy l'artiste

John Martin | Cette obscure clarté

Le sujet biblique des trois gravures de John Martin est difficilement discernable : *The Creation* (Genèse, I, 3) ne laisse apercevoir que dans un second temps, en contre-jour, la gigantesque figure de Dieu le Père séparant la clarté de l'obscurité ; *The Deluge* (Genèse, VII, 6-24) montre une terrible tempête, sans indiquer l'arche de Noé ; enfin *Joshua Commanding the Sun to Stand Still*, (« Josué commande au soleil de s'arrêter », Josué, X, 12-14) [→p. 10] frappe par son paysage montagneux que surplombe une ville monumentale, autant que par les gestes des troupes qui assaillent cette dernière, mais l'événement notable ne peut qu'échapper au spectateur du tableau – il s'agit du soleil, figé par la volonté divine afin de permettre à Josué de conquérir Gabaon avant la tombée de la nuit.
Ces compositions ont d'abord été peintes à grande échelle ; mais malgré l'intérêt que reçoivent ses tableaux à la Royal Academy de Londres, John Martin ne les vend pas. La réalisation de gravures sur cuivre sera pour l'artiste un moyen de commercialiser ses inventions, mais aussi de se renouveler : en 1834, il peint une seconde version du *Déluge* qui deviendra son « tableau préféré » et recueillera les éloges d'un Théophile Gautier lors d'une exposition parisienne.
En regardant le *Josué*, il est difficile de ne pas penser à la peinture classique, et notamment à Nicolas Poussin, dont Charles Le Brun avait jadis loué, pour la *Récolte de la manne* (Paris, musée du Louvre), des effets atmosphériques dans des termes qui pourraient convenir à l'œuvre de Martin. Dans ses autres gravures, ce dernier s'éloigne de l'idéal classique pour une vision plus apocalyptique, en phase avec son temps – d'aucuns ont même vu dans ses effets de lumière l'inspiration directe des dioramas.
Il ne faut pourtant pas interpréter ces paysages bibliques comme le simple fruit d'une imagination débridée : pour Martin, les scènes qu'il représente ont bel et bien eu lieu. Son *Déluge* est ainsi le résultat d'une recherche topographique précise, effectuée entre Herculanum et Pompéi (villes antiques pétrifiées par l'éruption du Vésuve), tandis que la *Création* s'inspire directement de la grotte de Fingal, caverne basaltique (donc « primitive ») située sur l'île écossaise de Staffa et popularisée par la pièce symphonique de Felix Mendelssohn, *Les Hébrides*.
Après sa mort, John Martin passera vite de mode ; on prendra ses paysages pour l'œuvre d'un fou – la démence du frère de l'artiste se superposant à ses visions fantastiques, peintes ou gravées, pour créer dans l'imaginaire collectif un personnage lui aussi légendaire : « Mad Martin ». — N.R.

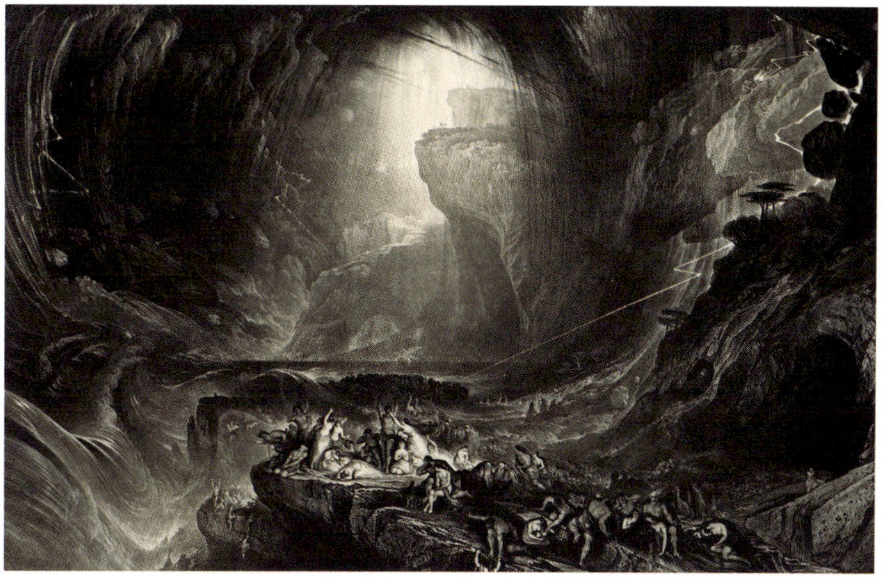

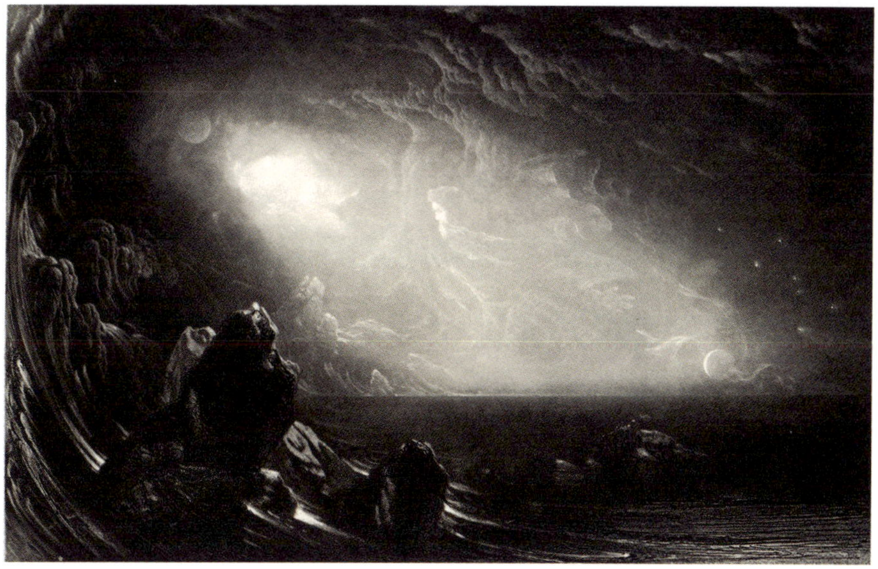

JOHN MARTIN
***The Deluge*, 1828**
Manière noire, eau-forte, 56,6 × 75,3 cm
Londres, British Museum

JOHN MARTIN
***The Creation*, 1831**
Manière noire, eau-forte, 27 × 35,7 cm
Londres, British Museum

Cornelia Parker | L'émiettement du monde

«[...] Je voulais réaliser une œuvre utilisant un processus destructif qui s'était fait sur plusieurs années, et non en une fraction de seconde. Un archéologue [...] me parla d'un lieu, sur la côte sud de l'Angleterre, entre Folkestone et Douvres, où tout un ensemble de maisons avait chuté dans la mer, à la suite de l'érosion de la falaise. Au cours de plusieurs voyages, je ramassai sur la plage, parmi les débris, une masse de briques qui, peu à peu, s'étaient mêlées aux galets, sous la force continue des vagues[1].» Connue pour son travail sculptural et performatif (*The Maybe*, avec l'actrice Tilda Swinton, 1995), pour son œuvre dessiné et vidéo (*Chomskian Abstract*, avec le philosophe et linguiste Noam Chomsky, 2007), c'est ainsi que Cornelia Parker relate la genèse de son installation *Neither From Nor Towards* (1992). Celle-ci figure ce processus narratif et temporel, tout à la fois lent et violent, et reprend cette forme développée par l'artiste, dès la fin des années 1980, de la sculpture «chorégraphiée» dont les éléments (objets trouvés, collectionnés) et les matériaux altérés – ici ces briques érodées par la nature après la catastrophe – sont suspendus à de minces fils métalliques et dessinent dans l'espace une fragile géométrie en volume. *Neither From Nor Towards* redéploie, dans un vide spatial, à la fois par le vestige et ses ombres, par le fragment dans son enveloppe abstraite, la maison disparue, soustraite par l'œuvre à son «aura de mort», et, au regard du spectateur, l'image à la fois de la chute et du lent processus d'érosion rongeant les falaises calcaires des côtes anglaises.

Avec ces installations, Cornelia Parker, qui explore les champs de la psychanalyse, de la littérature, de l'archéologie ou de l'astronomie, place le spectateur devant la «scène de la catastrophe». «Voir» la catastrophe✪ en ses composantes : les débris d'une remise de jardin volontairement explosée (*Cold Dark Matter: An Exploded View*, 1991), les bois carbonisés d'une église baptiste incendiée par un geste criminel raciste (*Anti-Mass*, 2005)... Voir, métaphoriquement, sur la surface de la Terre, l'impact de la chute d'une météorite. Peur ancestrale à laquelle Cornelia Parker donne une vision saisissante, teintée d'un humour caustique et distancié, avec ces *Meteorite Lands*, réalisés à partir de 1998. Chauffant le fragment d'une météorite, Parker le place sur une carte de la capitale londonienne, précisément sur l'emplacement de lieux célèbres ou symboliques du pouvoir (humain), pulvérisés par la brûlure cosmique. En 2001, l'artiste conçoit *Meteorite Lands in the Middle of Nowhere*, *The American Series*, sur le même principe, le New York d'avant le 11-Septembre devenant la «cible» de la catastrophe. Cette pièce ne fut jamais ou peu montrée.— M.M.

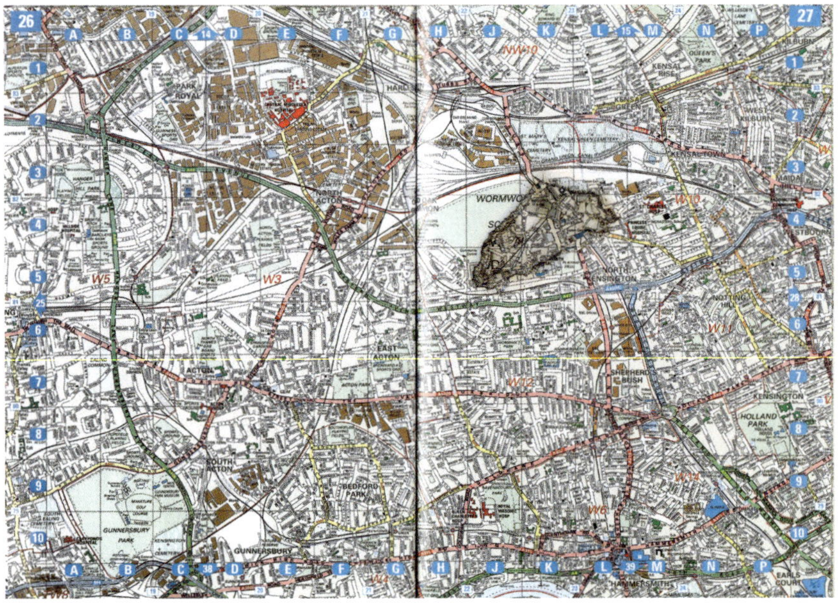

CORNELIA PARKER
***Meteorite Lands on Wormwood Scrubs*, 1998**
Papier imprimé et brûlé, 54 × 69 cm
Londres, Arts Council Collection, Southbank Centre

1. Iwona Blazwick, *Cornelia Parker*, Londres, Thames & Hudson, 2014, p. 52.

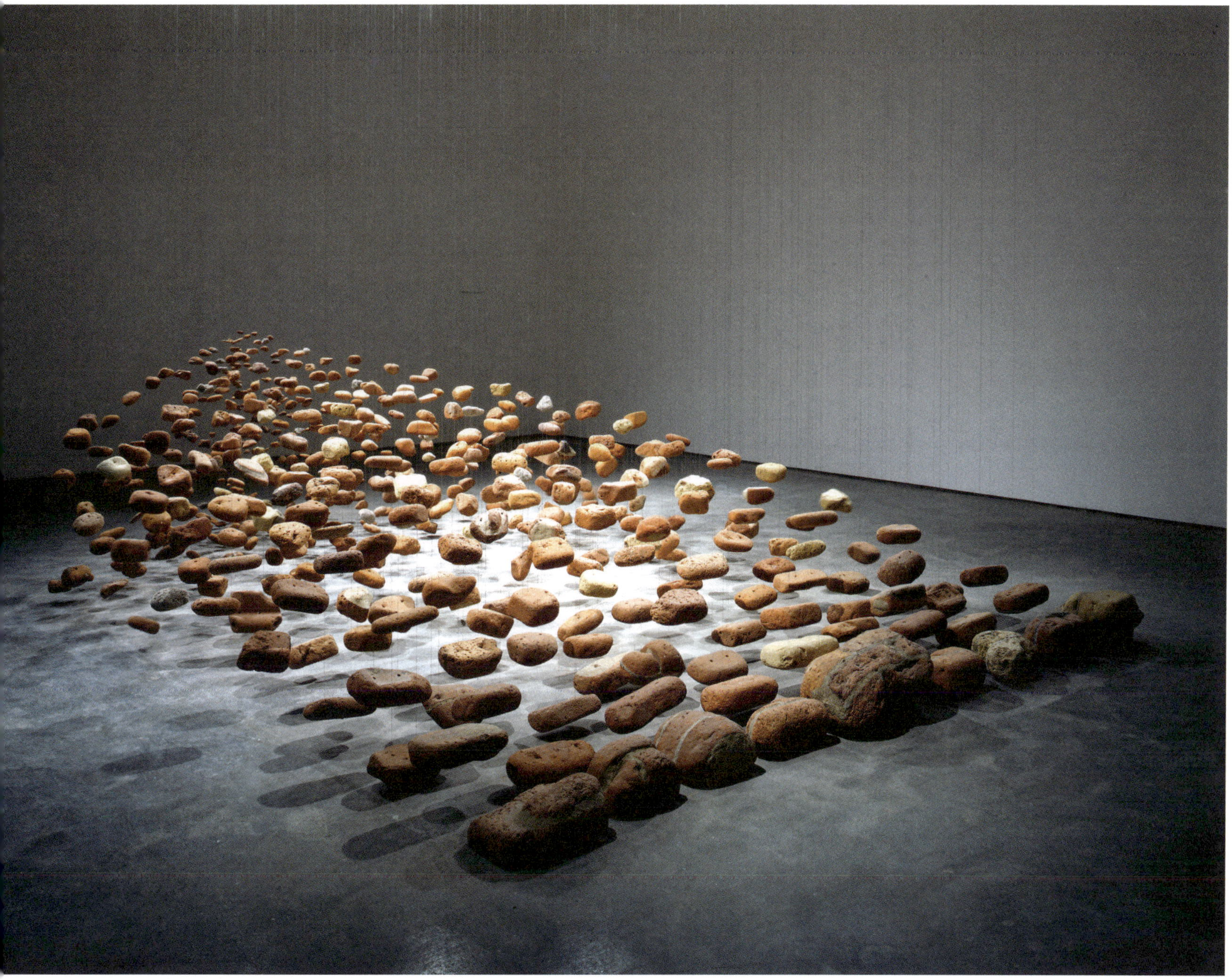

CORNELIA PARKER
***Neither From Nor Towards*, 1992**
Briques et fil de fer, 250 × 250 × 400 cm
Londres, Arts Council Collection,
Southbank Centre

Mark Dion, Robert Smithson, Chen Zhen

Entropie/anthropocène : un nouveau récit de fin du monde ?

En 2012, à Brisbane, le 34e Congrès international de géologie devait statuer sur une question cruciale : sommes-nous entrés dans une nouvelle ère géologique ? L'humanité a-t-elle engendré, au cours des deux derniers siècles, un changement tel, qu'elle constituerait une puissance équivalente aux facteurs climatiques et naturels qui ont façonné la Terre sur plusieurs millions d'années ? La déclaration historique a été reportée au prochain congrès, mais, depuis le début des années 2000, les scientifiques s'agitent autour de cette question. Anticipant d'une certaine manière les débats actuels, Robert Smithson développe dès la fin des années 1960 une réflexion complexe, nourrie de science-fiction et de géologie, autour du désastre et de l'entropie. Il s'intéresse aux sites industriels et anciennes mines, prenant acte, sans nostalgie, de la réalité des paysages contemporains façonnés par l'exploitation. À partir de 1970, il s'adresse à des compagnies, proposant de « réhabiliter » leurs sites par l'art, inventant un trait d'union entre l'écologie et l'industrie [→p. 150]. Son refus d'idéalisation du paysage et la fascination pour l'entropie le conduisent à réaliser à partir de 1969 des coulées de matériaux dans la nature. À Rome, en 1969, un camion déverse de l'asphalte dans une carrière abandonnée, déposant une strate nouvelle et générant une « rivière pétrifiée[1] » : *Asphalt Rundown*. Tandis que films et photographies témoignent de la viscosité du matériau, de son écoulement et du double acte de recouvrement et révélation des ravines existantes, des dessins renforcent l'analogie avec des processus naturels et géologiques : coulée de lave, avalanche, érosion [→p. 32]. Sa compagne, l'artiste Nancy Holt, qualifie cette série d'« entropie rendue visible ». Entre vandalisme, désolation et conscience aiguë de l'irréversibilité des actions humaines, il vient littéralement interférer avec le temps géologique et inscrire son action dans cette perspective : « L'œuvre est là, à la fois solidement présente et soumise aux éléments [...] On a le sentiment qu'elle s'inscrit très nettement dans le temps et, en même temps, qu'elle prend une dimension intemporelle. Ce qui m'intéresse ici, c'est de l'enraciner dans les contours du paysage pour qu'elle en fasse définitivement partie tout étant soumise à l'usure du temps et des intempéries[2]. » *Deep Time Closet* (2001), de l'artiste Mark Dion, poursuit cette mise en perspective de notre inscription dans un temps géologique. Évoquant *Asphalt Rundown* et les *Alogon* de Smithson, sculptures reprenant la forme de marches, l'œuvre de Dion est une construction en escalier énonçant sur chaque contremarche une ère géologique : quaternaire, crétacé, jurassique, etc. Les marches les plus hautes sont recouvertes d'un goudron solidifié, mais non figé, versé depuis un seau placé au sommet. L'œuvre se réfère à l'expérience du physicien lord Kelvin, qui tenta au XIXe siècle de simuler ainsi le mouvement des glaciers. L'écoulement lent mais continu

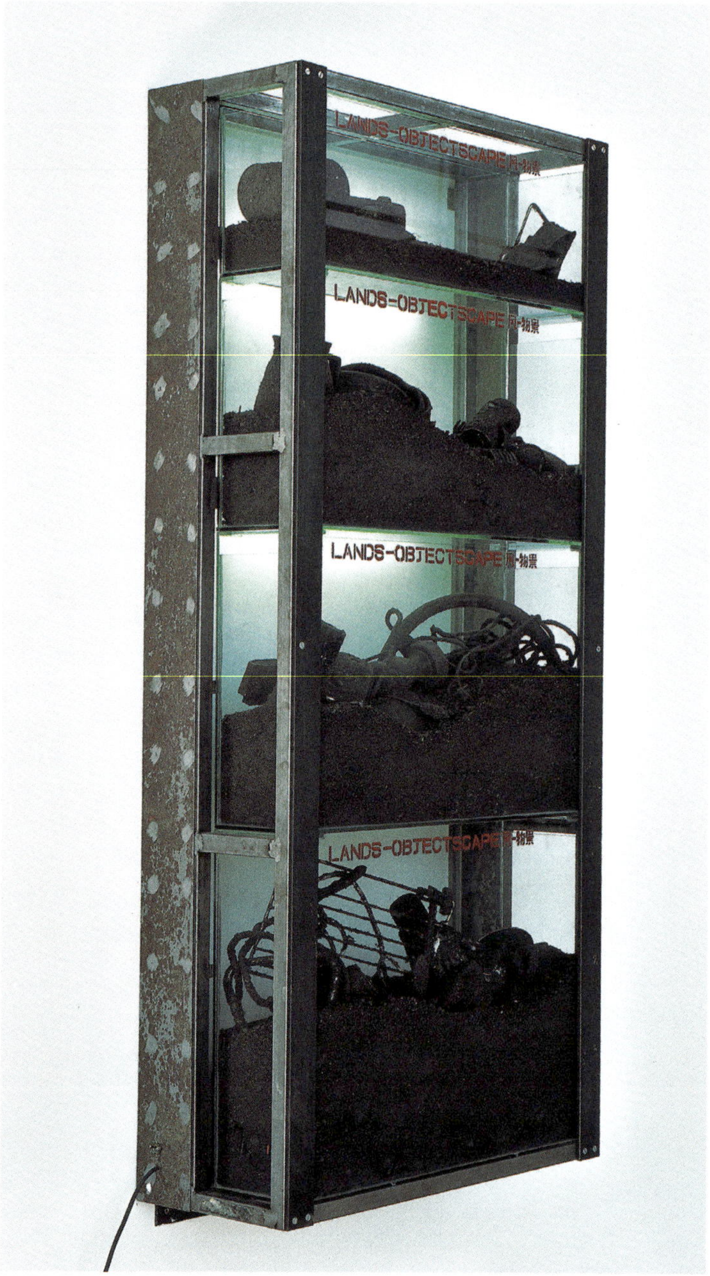

CHEN ZHEN
***Lands-Objectscape n° 3*, 1993**
Étagères métalliques, objets divers, sous-verre, 180 × 80 × 32 cm
Sélestat, collection Frac Alsace

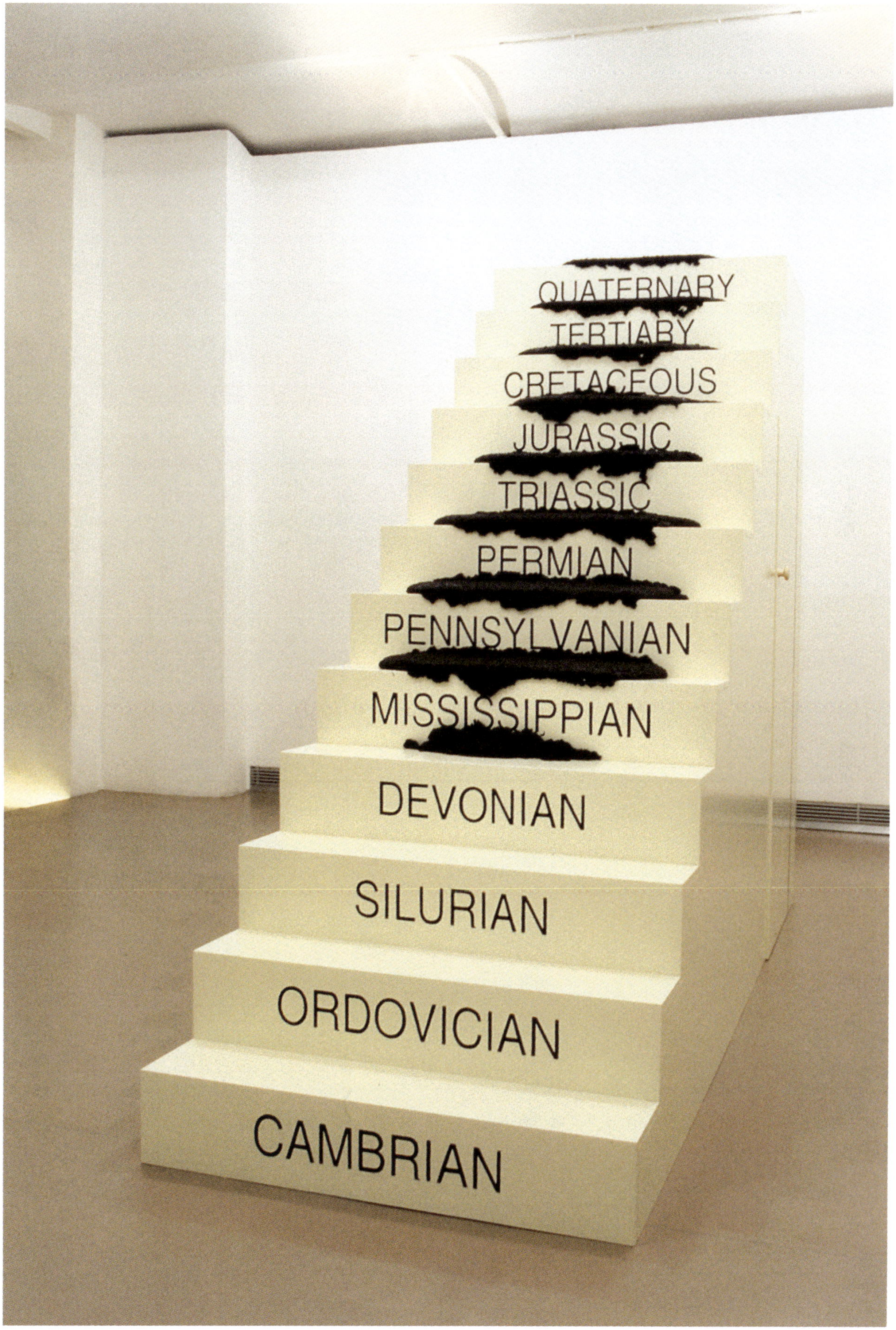

MARK DION
***Deep Time Closet*, 2001**
Bois, asphalte, lumière, peinture
198 × 86 × 259 cm
Courtesy Georg Kargl Fine Arts, Vienne

de la matière va, comme le bitume répandu à la surface du globe, continuer « très lentement durant les trois prochains siècles[3] » à étendre son emprise.
Tandis que les géologues poursuivent leur controverse, le concept d'anthropocène est désormais sorti du cercle savant. Amplifié, hanté par les conséquences potentielles et irrévocables sur notre environnement, l'anthropocène a toutefois pris l'allure d'une actualisation moderne et scientifique des mythes de déclin et fin du monde. Chaque nouveau désastre naturel est ainsi lu dans les médias comme signe de la grande catastrophe à venir. Littérature et cinéma regorgent de récits d'anticipation conçus à partir des hypothèses scientifiques et de leurs modèles de prévision. Évocation possible de « ce jour d'après », le *Lands-Objectscape n° 3* (1991) de Chen Zhen offre un témoignage ultime de l'activité humaine et de son devenir stratigraphique. Entre archéologie du futur et *memento mori*, ce sarcophage de verre renferme des objets du quotidien et déchets mêlés à de la terre, sorte de *time capsule* de la vulnérabilité.
Le grand récit de l'anthropocène et les scénarios du pire qui se déploient depuis quelques années ne doivent pas occulter cependant les alternatives à inventer. Car, qu'est-ce que cette chronique d'une fin annoncée : « Est-ce la fin de notre monde transformé en désert écologique auquel survivront quelques humains ? [...] La fin de l'humanité à laquelle succédera un monde ré-ensauvagé et luxuriant[4] ? » — H.G.

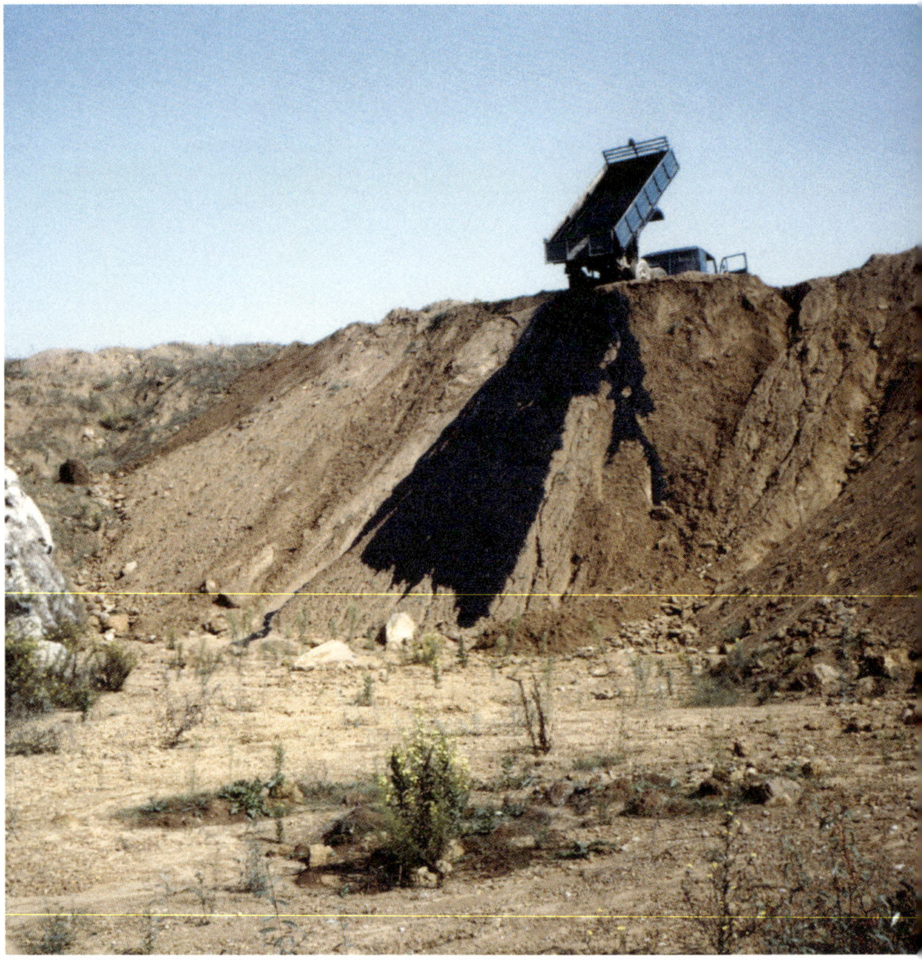

ROBERT SMITHSON
***Asphalt Rundown, Rome, Italy*, 1969**
Épreuve jet d'encre sur papier chiffon d'archive, 44,4 × 44,4 cm
Courtesy The Holt-Smithson Foundation, Santa Fe et James Cohan Gallery, New York

1. Robert Smithson en interview, cité dans Eric McCauley Lee, « Asphalt on Eroded Cliff », *The Fred Jones Jr. Museum of Art at the University of Oklahoma, Selected Works*, Norman, University of Oklahoma Press, 2004, p. 264.
2. Robert Smithson, dans *ibid.*
3. Mark Dion, cité par Natacha Pugnet, *Mark Dion. L'ichthyosaure, la pie et autres merveilles du monde naturel*, cat. exp., Marseille, Images en manœuvres, 2003.
4. Émilie Hache, « Introduction, Retour sur Terre », dans *De l'univers clos au monde infini*, ouvrage collectif, Paris, Dehors, 2014, p. 17.

Peter Hutchinson, Jochen Lempert, Hiroshi Sugimoto

Museum mortem

Peter Hutchinson est une figure pionnière tant du narrative art que du land art, lié, dans les années 1960-1970, à Dennis Oppenheim et Robert Smithson, avec qui il partage un même intérêt pour les sciences naturelles, la cartographie et la géologie, et un goût passionné pour l'écriture et la science-fiction. Installé et travaillant depuis 1976 à Provincetown, sur la Côte est des États-Unis, Hutchinson témoigne d'une activité artistique profuse, nourrie de ses lectures de Carl Jung ou de Charles Darwin, et fondée sur les formes de l'expérimentation en biologie. Fondée, aussi, sur toutes les ressources, manipulations et métamorphoses de la langue, des mots et des images (*Alphabet Series*, 1974 ; *Mountain Grammar Series*, 1984-1985 ; *Alliterative Alphabet*, 1993), de la nature et ses cycles micro- et macrotemporels, des mix-médiums que sont, pour l'artiste, la peinture, la sculpture et la photographie.
Peter Hutchinson étudie les processus de croissance et de décomposition de la matière organique. En 1970, *Paricutín Volcano* consista à placer, sur les rebords du cratère d'un volcan mexicain, trois cents kilos de pain humide enveloppé dans du plastique, puis à en observer la formation de moisissures et la recomposition en un paysage originel. Ces *earthworks* sont fixés par la photographie, accompagnée de textes descriptifs ou narratifs, de dessins ou de cartes. Ce travail sur la décomposition, Hutchinson l'expérimente avec le mot et la lettre. Dans *Untitled Species Series – Erase Study* (1979), huit photographies en noir et blanc, alignées en grille, d'animaux en voie de disparition des grands espaces naturels, « sous-titrées » d'un « *study for "E" from "E" "R" "A" "S" "E"* », scandent visuellement et verbalement l'effacement d'une espèce, et réassemblent les images d'un monde perdu. Les œuvres de Hutchinson sont éphémères, comme tout organisme vivant, mais elles se « recyclent », se « rejouent » par les montages ou collages de leur image photographique, retravaillée par la couleur picturale ou la production du mot.
Connu pour ses séries photographiques en noir et blanc (*Wax Museums*, 1976 ; *Theaters*, 1978 ; *Seascapes*, 1980 ; *Conceptual Forms*, 2004 ; *Lightning Fields*, 2009), tendues entre composition architecturée, temporalités arrêtées en une méditation immémoriale et hyper-fictionnalisation du motif, Hiroshi Sugimoto réalise, en 1976, *Dioramas*, série fondatrice qu'il photographie dans les espaces muséaux de l'American Museum of Natural History de New York. Un lieu de monstration dont il photographiera encore en 1982, 1994 et 2012 les dispositifs scéniques et de reconstitution peinte de paysages ou d'environnements naturels, d'où se détachent des animaux naturalisés et des figures préhistoriques en cire, que sont ces dioramas. La méthode de Sugimoto se focalise, ici, sur une double illusion : la facticité de ces reconstitutions à vocation pédagogique, et celle de son médium auquel la modernité a assigné la fonction d'une représentation « vraie »

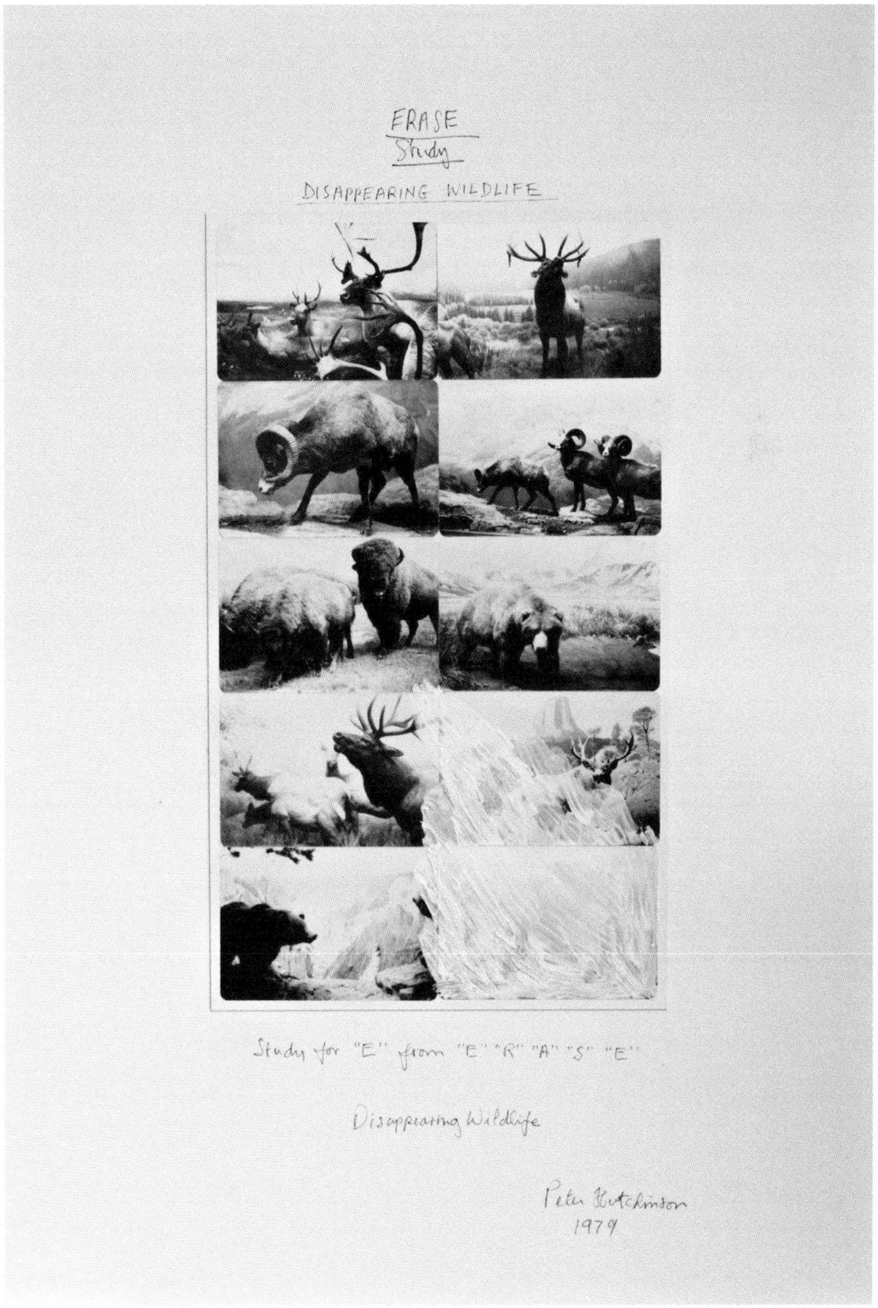

PETER HUTCHINSON
***Erase Study*, 1979**
Photomontage, peinture et écritures,
76 × 51 cm
Courtesy galerie GADCOLLECTION, Paris

du réel. L'œil de l'appareil photographique, le temps de pose et le travail sur le tirage argentique produisent un effet de réel augmenté ou de surréel, procurant cette sensation d'étrange véracité de la présence, dans l'image, de ces espèces disparues ou en voie d'extinction. Que ce soit *Polar Bear* ou *Hyena Jackal-Vulture* (1976), *Earliest Human Relatives* (1994) ou *Homo ergaster* (1997), ce sont des temps fossilisés qui reviennent vers le spectateur, ou un temps déjà présent, après la disparition de toute humanité. Sugimoto imagine et postule l'achèvement, condensant dans l'image les commencements et les fins. Jochen Lempert place son travail photographique aux frontières perméables de l'image, de son objet et du dessin. À la fois minimales dans leur noir et blanc argentique et conceptuelles dans leur forme et leur exposition sans cadre, ses images renvoient au monde animal et végétal, aux traces éphémères de phénomènes naturels, dans une démarche de (fausse) typologie zoologique – Lempert a une formation de biologiste et d'entomologiste – et d'archive. Oiseaux, feuilles d'arbres, paysages de pluies, nuées de moucherons, grains de sable érodés par le vent… déposent sur la surface photographique des lignes abstraites, des points happés par la disparition, des signes furtifs, dans une évocation fantomatique. Il y a une forme d'atemporalité dans les images de Jochen Lempert, qu'il dispose en grille ou en diptyque, comme il y a un désir mélancolique d'inventaire, *post mortem*, qui se déploie dans sa série *The Skins of Alca impennis* (1995-2014). Ces vues de profil, tels des portraits, de spécimens naturalisés et conservés dans des muséums d'histoire naturelle du Grand Pingouin de l'océan Atlantique Nord, fixent l'image répétée d'une extinction✿. Celle de cette espèce pourchassée par l'homme, disparue au milieu du XIXe siècle, et dont il ne reste que cette trace muséale, que l'artiste recherche, inventorie depuis une vingtaine d'années, complète. Ainsi par un spécimen retrouvé au musée de la Cour d'Or, à Metz.— M.M.

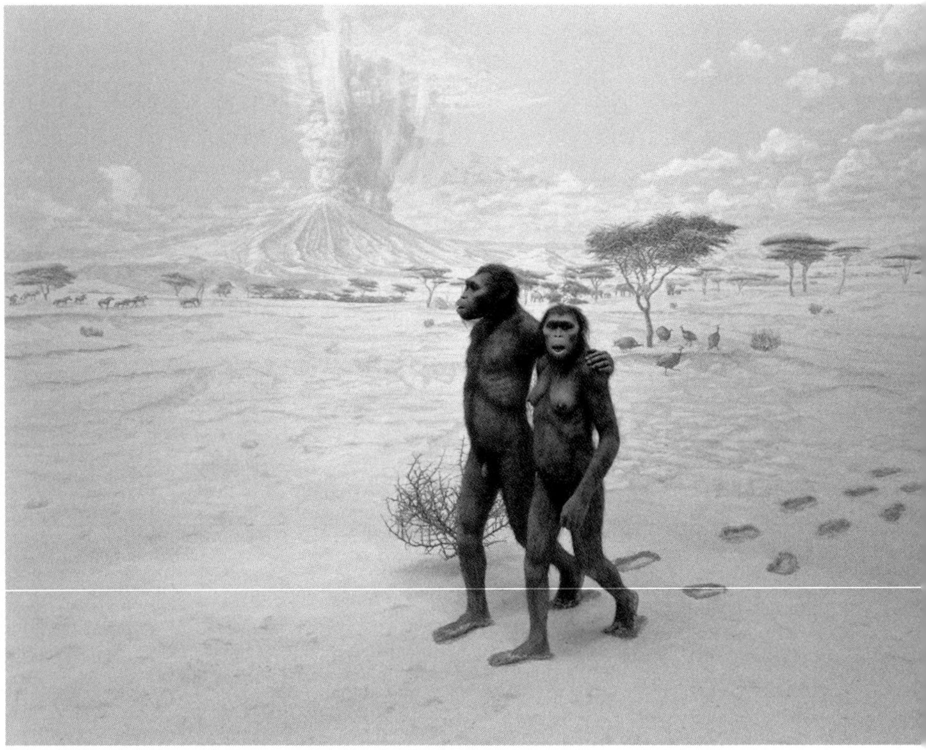

HIROSHI SUGIMOTO
***Earliest Human Relatives*, 1994**
Épreuve gélatino-argentique, 50,8 × 61 cm
Courtesy l'artiste et Pace Gallery, New York

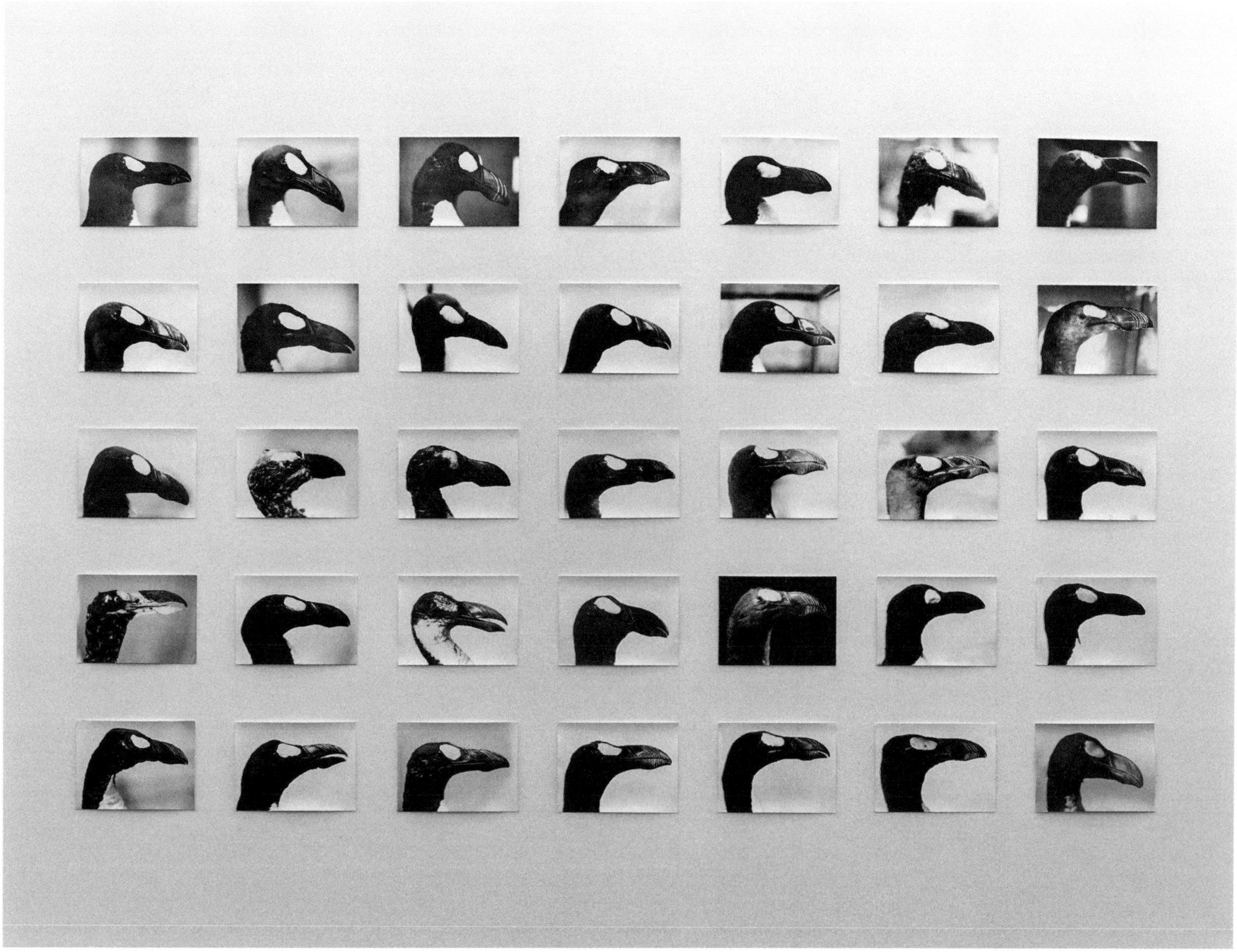

JOCHEN LEMPERT
***The Skins of Alca impennis*, 1995-2014**
36 épreuves gélatino-argentiques, 18 × 23,7 cm chacune
Courtesy l'artiste et ProjecteSD, Barcelone

Robert Smithson | Anticipations du désastre

Discrètement fédérateur, Robert Smithson marque plusieurs tendances américaines de la fin des années 1960 – conceptuelle, minimale ou environnementale – sans appartenir définitivement à aucune d'entre elles. Fasciné depuis l'enfance par les fossiles et les dinosaures des muséums, l'artiste accumule un savoir encyclopédique en matière d'histoire naturelle, auquel s'ajoute un goût pour le roman gothique et la science-fiction. L'important corpus d'essais, articles et poèmes qu'il laisse à sa disparition soudaine en 1973 révélera une pensée iconoclaste et labyrinthique, fortement enracinée dans une pratique de terrain. Très tôt en effet, Smithson arpente les mines et les carrières du New Jersey dont il est originaire, et y organise même dès 1966 des excursions informelles avec sa compagne Nancy Holt et d'autres artistes comme Carl Andre ou Robert Morris. Les bassins sédimentaires de l'Ouest américain, les mégalithes de Stonehenge ou les vestiges mayas du Yucatán complètent sa géographie personnelle, pour former les monuments continus d'une ruine généralisée. Au gré de ces prospections, l'artiste fait l'acquisition de certains sites afin d'y aménager des digues ou des tertres : des travaux de terrassements, *earthworks* en anglais, qui inaugurent ces œuvres de terre d'un genre nouveau. En 1969, Smithson orchestre notamment une série de coulées spectaculaires : de l'asphalte dans une carrière romaine (*Asphalt Rundown* [→p. 94]), du béton dans un ravin de Chicago (*Concrete Pour*) et de la colle sur une friche de Vancouver (*Glue Pour*). Certains peintres voient un point de non-retour dans ces gigantesques coulures, plus informes encore que les giclures de Jackson Pollock. En janvier 1970, l'artiste prévoit d'effectuer une coulée de boue à la Kent State University où il doit intervenir, mais le froid le force à adapter son projet : avec l'aide d'une tracto-pelle et d'une poignée d'étudiants, il fait déverser de la terre sur une cabane de bois jusqu'à ce que sa poutre centrale cède. Véritable « anticipation du désastre », *Partially Burried Woodshed* subit un processus de ruine accélérée, rappelant certaines fabriques des parcs du XVIIIe siècle, d'emblée bâties à demi détruites. Tous ces déversements accomplis au camion-benne traduisent l'attirance de l'artiste pour les paysages miniers et volcaniques, où la matière se dilapide en même temps qu'elle apparaît. Cette fuite incessante et irréversible du monde qu'exprime le principe d'entropie✿ sous-tend toute la démarche de l'artiste, profondément marqué par la catastrophe✿. — H.M.

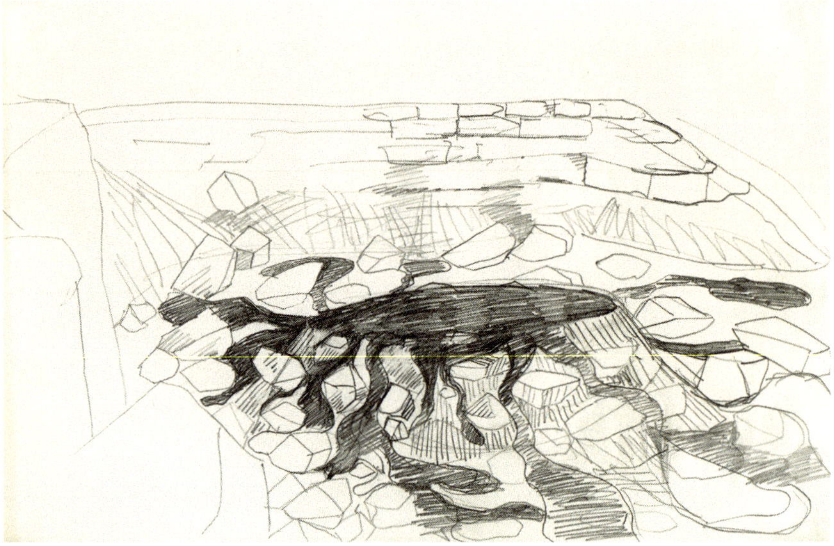

ROBERT SMITHSON
***Sketch for Quarry Project: Texas Overflow*, 1968**
Mine de plomb sur papier, 30,4 × 45,8 cm
New York, The Museum of Modern Art

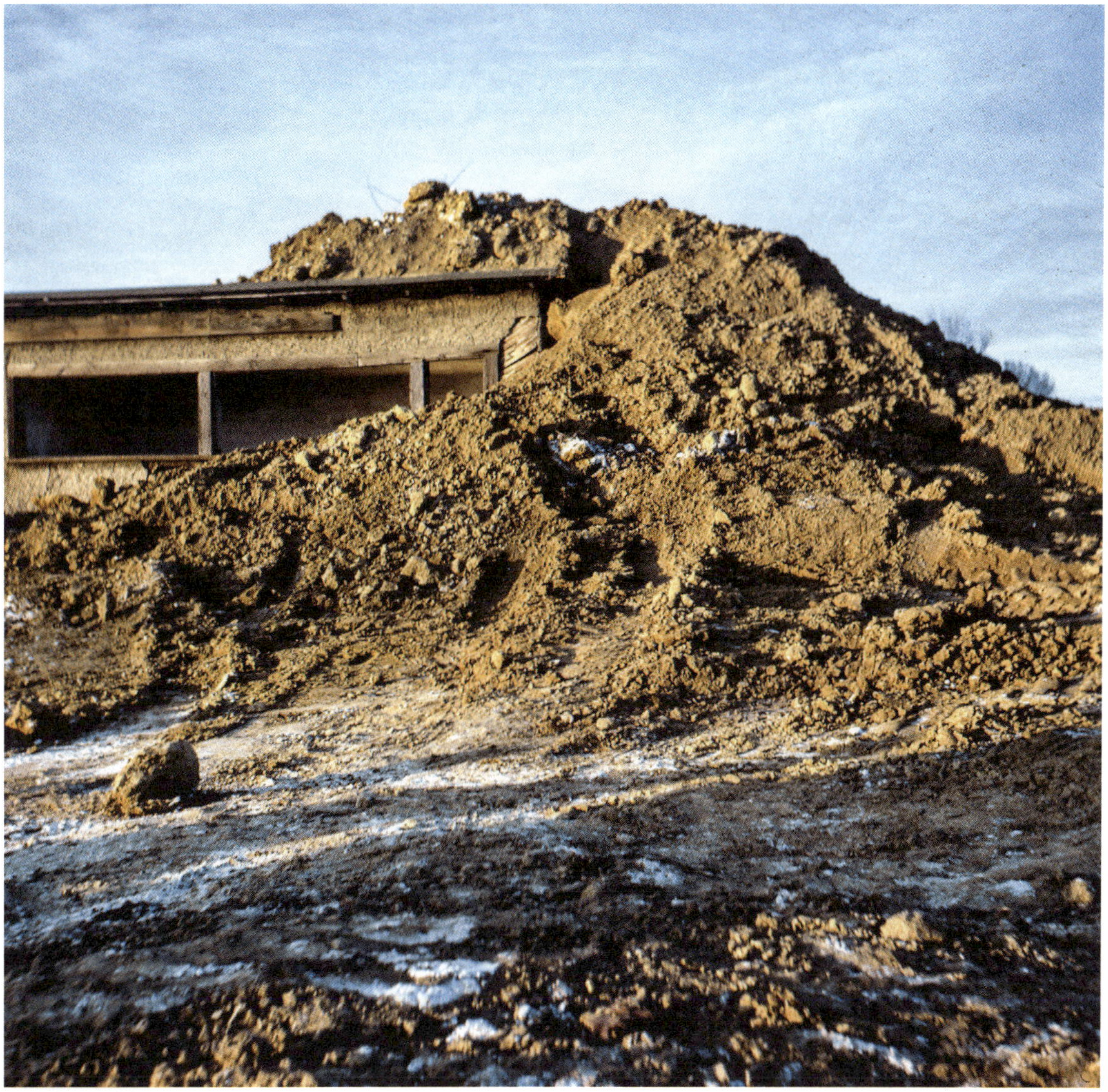

ROBERT SMITHSON
***Partially Buried Woodshed, Kent, Ohio,* janvier 1970**
Épreuve jet d'encre sur papier chiffon d'archive, 44,5 × 44,5 cm
Courtesy The Holt-Smithson Foundation, Santa Fe et James Cohan Gallery, New York

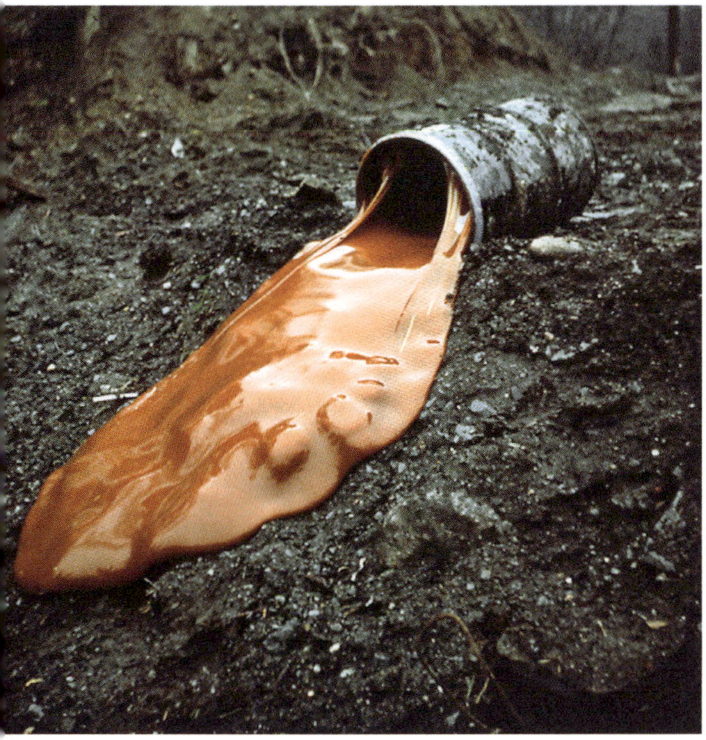

ROBERT SMITHSON
***Glue Pour, Vancouver, British Columbia,* janvier 1970**
Épreuve jet d'encre sur papier chiffon d'archive, 44,5 × 44,5 cm
Courtesy The Holt-Smithson Foundation, Santa Fe et James Cohan Gallery, New York

La tragédie du paysage

À l'imaginaire fertile et spectaculaire d'une catastrophe s'incarnant dans la nature démontée, s'ajoute peu à peu ce qui est sans doute l'un des grands tournants de la seconde moitié du XXe siècle : le devenir invisible du désastre. Dans les années 1960, des artistes documentent l'impact de l'activité industrielle sur la nature. Passant souvent par une photographie mêlant objectivité conceptuelle et investigation journalistique, ces témoins vigilants révèlent les ravages de l'anthropocène. Cette nouvelle ère géologique, amorcée dès le XIXe siècle avec l'industrialisation croissante et évaluée par la concentration de dioxyde de carbone dans l'atmosphère, acte l'impact environnemental des activités humaines. La démographie, l'industrialisation, l'exploitation des ressources, les transports, la déforestation, etc. sont devenus de véritables forces géophysiques capables de modifier l'atmosphère, la biosphère, l'hydrosphère et même la lithosphère de la planète. L'homme prend alors conscience qu'il est à l'origine de catastrophes « naturelles » qu'il croyait subir. La pollution, tout comme les tsunamis ou les canicules, sont à présent imputables à des causes connues, parfois tues. Les prévisions révèlent des cercles vicieux : réchauffement climatique, fonte des glaces, élévation du niveau de la mer, inondation, etc. Une confusion subsiste pourtant dans la contemplation impuissante de ces chamboulements climatiques et de leurs territoires traumatiques : trompeuse, leur beauté reste parfois séduisante.

DARREN ALMOND
Night + Fog (Monchegorsk), 8, 2007
(détail, repr. p. 114)

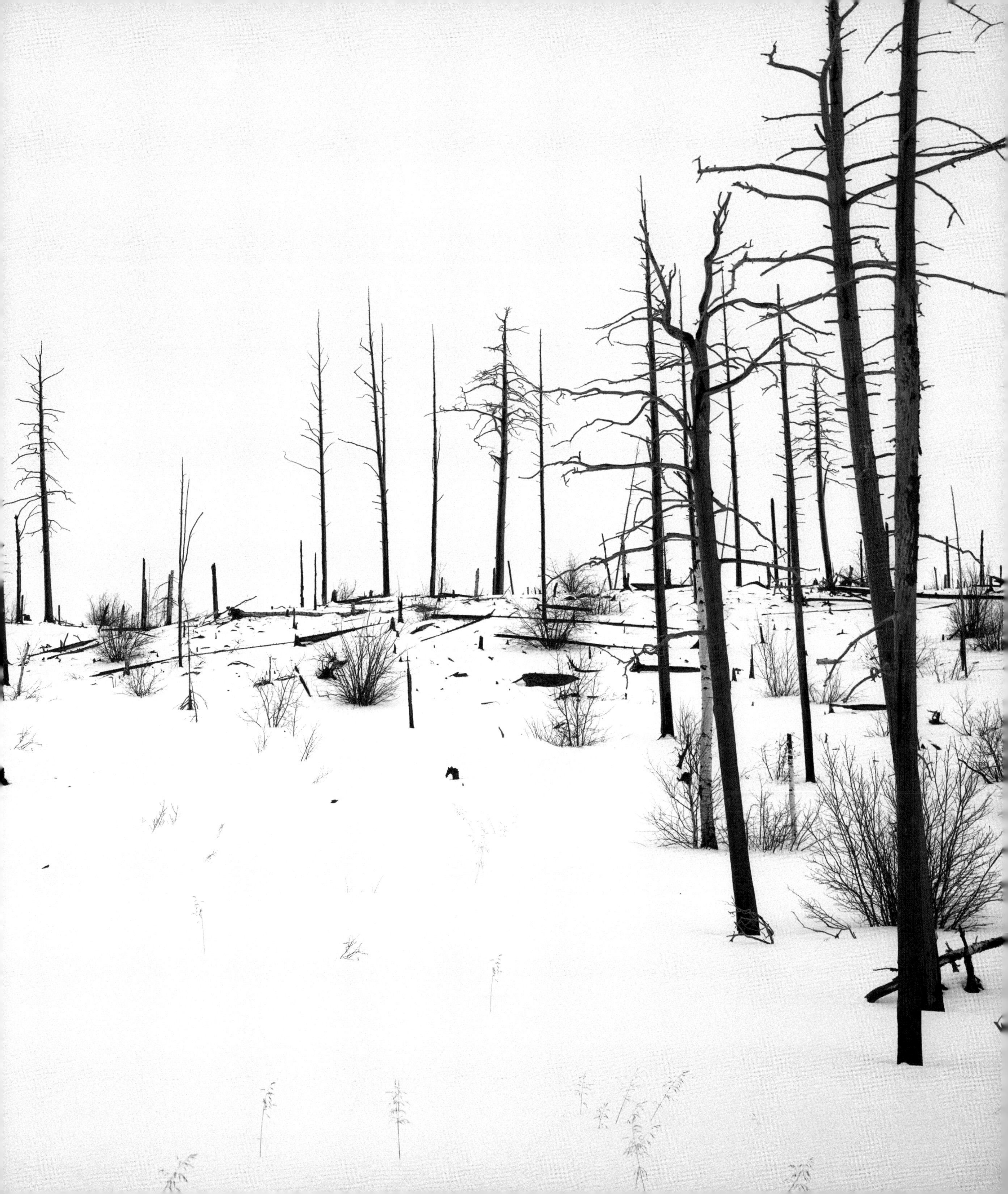

Robert Adams, Lewis Baltz, Edward Burtynsky, Richard Misrach

Altered Landscape

À l'instar des romantiques envers le développement urbain, industriel et agricole[1], les peintres de l'Hudson River School prennent déjà conscience de l'altération des paysages qu'entraîne la conquête de l'Ouest, et s'efforcent, tel Albert Bierstadt, d'en saisir l'état originel ou les mutations en cours. Outre les lettres, de Ralph Waldo Emerson à Emily Dickinson, en passant par Henry David Thoreau et Walt Whitman, mais aussi John Muir et George Perkins Marsh, la photographie participe à la formation d'une sensibilité à la nature et à sa préservation : Carleton Watkins, Timothy O'Sullivan ou William Henry Jackson accompagnent les expéditions d'études géologiques, qui entraînent notamment la création de parcs nationaux.
Lors de la Grande Dépression, l'exploitation intensive se combine aux sécheresses, réduisant des centaines de milliers d'hectares de couches arables en poussière, emportée au gré des vents et des tempêtes. Le *Dust Bowl* représente la première catastrophe écologique d'une telle ampleur à être autant couverte par les médias de masse. Le pays connaît le tirage de nombreuses cartes postales, et la Resettlement Administration (qui devient vite la Farm Security Administration) commissionne une vaste campagne documentaire dirigée par Roy Stryker, recrutant, dès 1935, des photographes comme Walker Evans, Dorothea Lange, Marion Post ou Arthur Rothstein. Leurs prises de vue permettent de prendre la mesure de la dévastation des paysages et de leurs conséquences sociales, que répercutent les romans de John Steinbeck entre 1936 et 1939 : *In Dubious Battle*, *Of Mice and Men* et *The Grapes of Wrath*.
En janvier 1975, William Jenkins réunit les travaux de Robert Adams, Lewis Baltz, Bernd et Hilla Becher, Joe Deal, Frank Gohlke, Nicholas Nixon, John Schott, Stephen Shore et Henry Wessel, pour une exposition qu'il intitule « New Topographics: Photographs of a Man-Altered Landscape » (George Eastman House, International Museum of Photography, Rochester). Dans la lignée d'Ed Ruscha et de ses *Twentysix Gasoline Stations*[2] de 1962, leur approche allie démarche artistique et distance documentaire, répertoriant l'empreinte ostensible de nos activités sur l'organisation du paysage. Afin de présenter des zones industrielles, pavillonnaires ou administratives, Baltz opte ainsi pour une structuration frontale et symétrique de ses clichés en noir et blanc. Capturé par Adams pendant l'hiver 1974, l'immense panache de fumée anthracite émanant d'un puits de pétrole (*Burning Oil Sludge. Boulder County, Colorado*) fait sourdre une menace plus explicite.
La série qu'amorce Richard Misrach à partir de 1979, *Desert Cantos*, résonne de présages tout aussi inquiétants, comme avec la ligne incandescente et serpentueuse de *Desert Fire #249* (1985/1994). Son *Desert Fire #11 (Burning Palms)* (1985) renvoie tant aux *Dead Palms Partially Uprooted, Ontario, California* (1983) d'Adams qu'aux palmeraies ravagées par la guerre de Sophie Ristelhueber[3] (*Irak*, 2001).
En 1985, Baltz photographie un dépotoir sur l'île de Svolvær, haut lieu de la pêche et du tourisme de l'archipel des Lofoten (*Continuous Fire Polar Circle*, 1986), où le feu

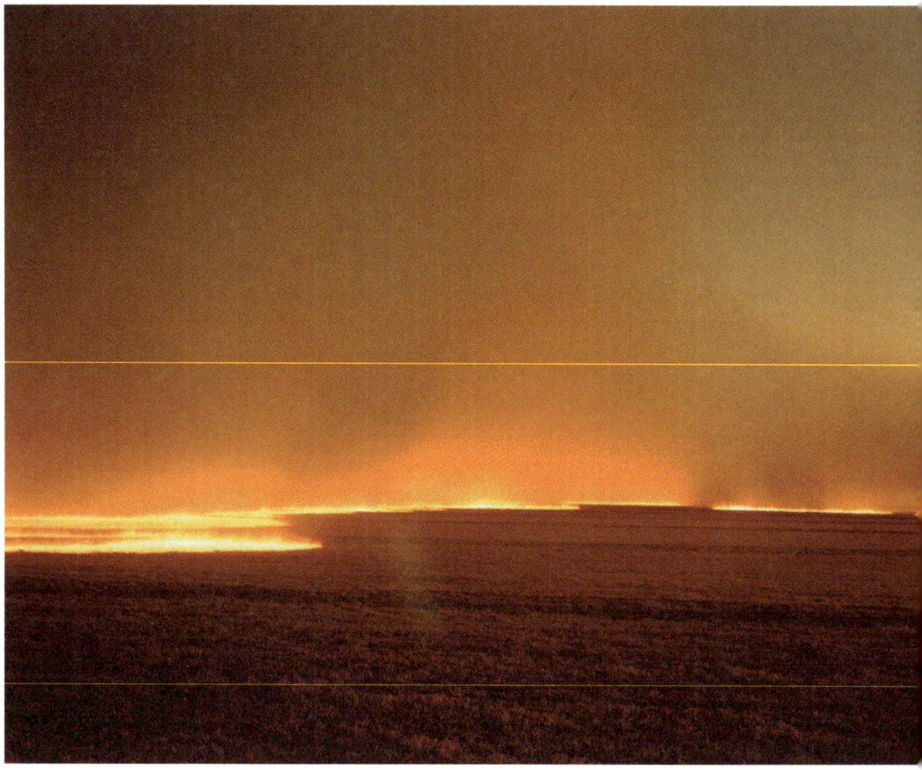

RICHARD MISRACH
***Desert Fire #249*, 1985/1994**
Épreuve par formation de colorants,
45,7 × 58,4 cm
Reno, The Nevada Museum of Art

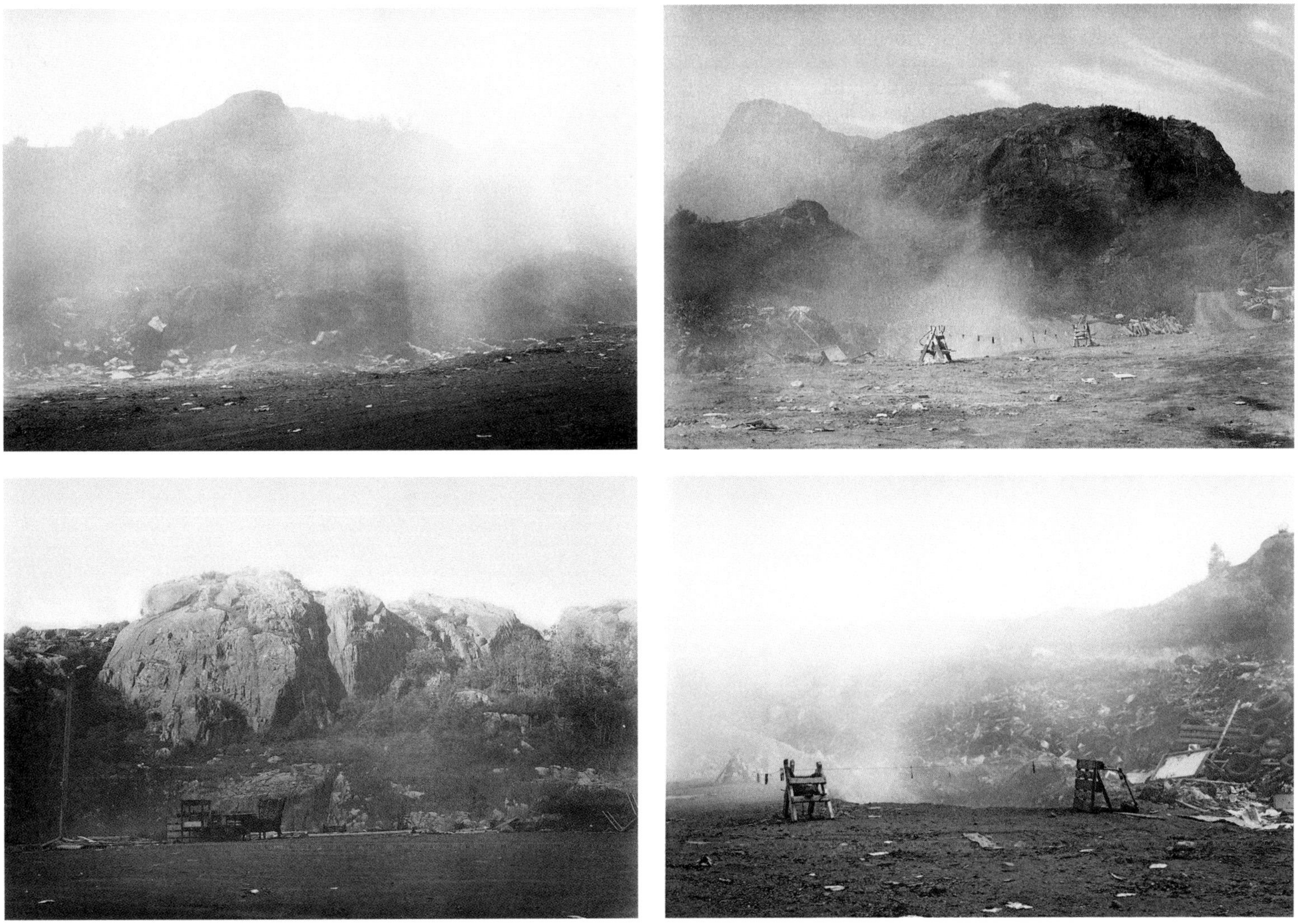

LEWIS BALTZ
***Continuous Fire Polar Circle*, 1986**
4/8 épreuves gélatino-argentiques,
20 × 26 cm chacune
Rennes, collection Frac Bretagne

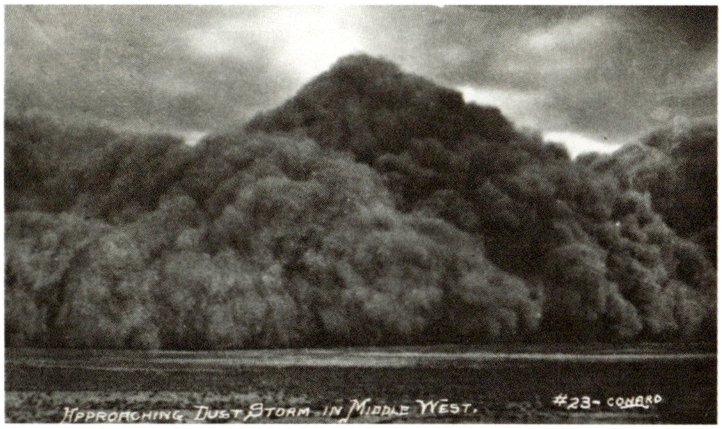

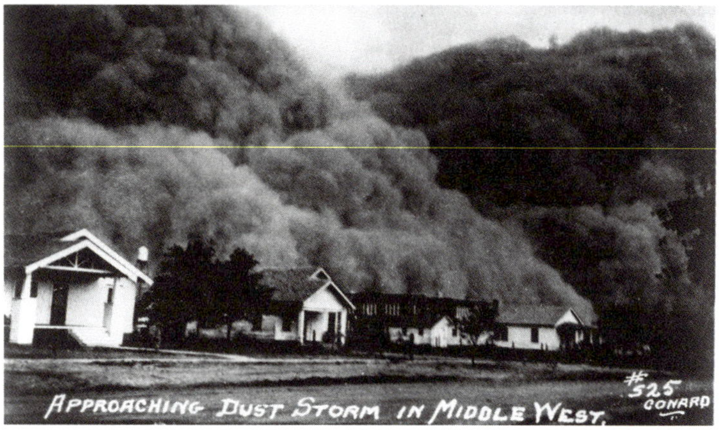

CONARD FRANK DURNELL

***Approaching Dust Storm in Middle West*, vers 1935-1936**
Carte postale, 8,7 × 13,9 cm
Topeka, Kansas State Historical Society

***Approaching Dust Storm*, vers 1935-1936**
Carte postale, 10 × 12,2 cm
Topeka, Kansas State Historical Society

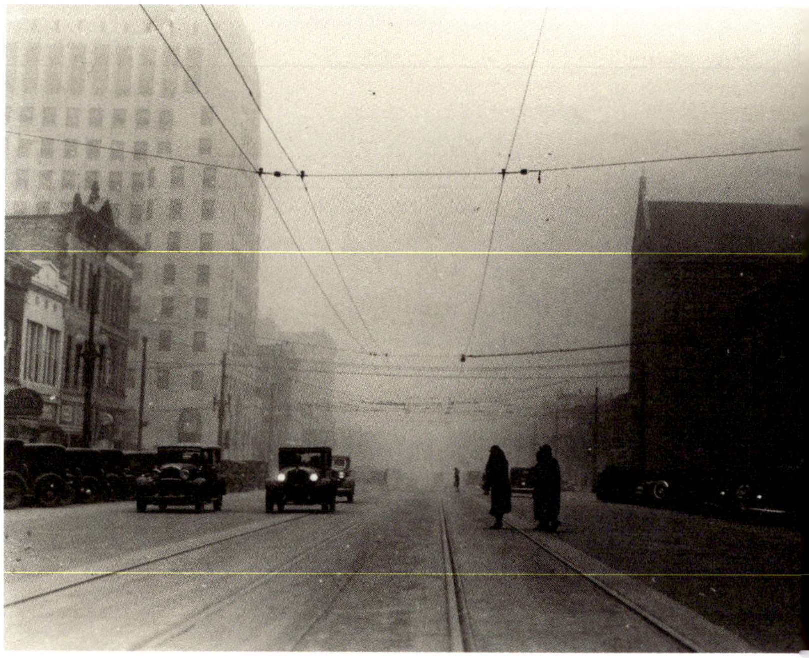

ANONYME

***Dust Storm, Topeka, Kansas*, 20 mars 1935**
Épreuve gélatino-argentique, 10,4 × 12,7 cm
Topeka, Kansas State Historical Society

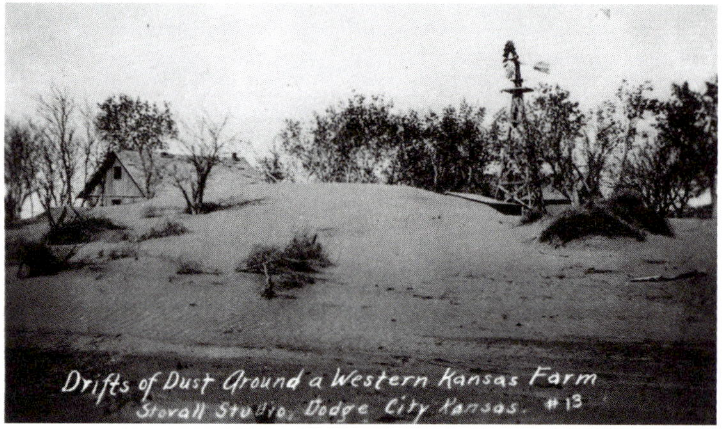

STOVALL STUDIO

***Drifts of Dust around a Western Kansas Farm*, 1935**
Carte postale, 9 × 13,9 cm
Topeka, Kansas State Historical Society

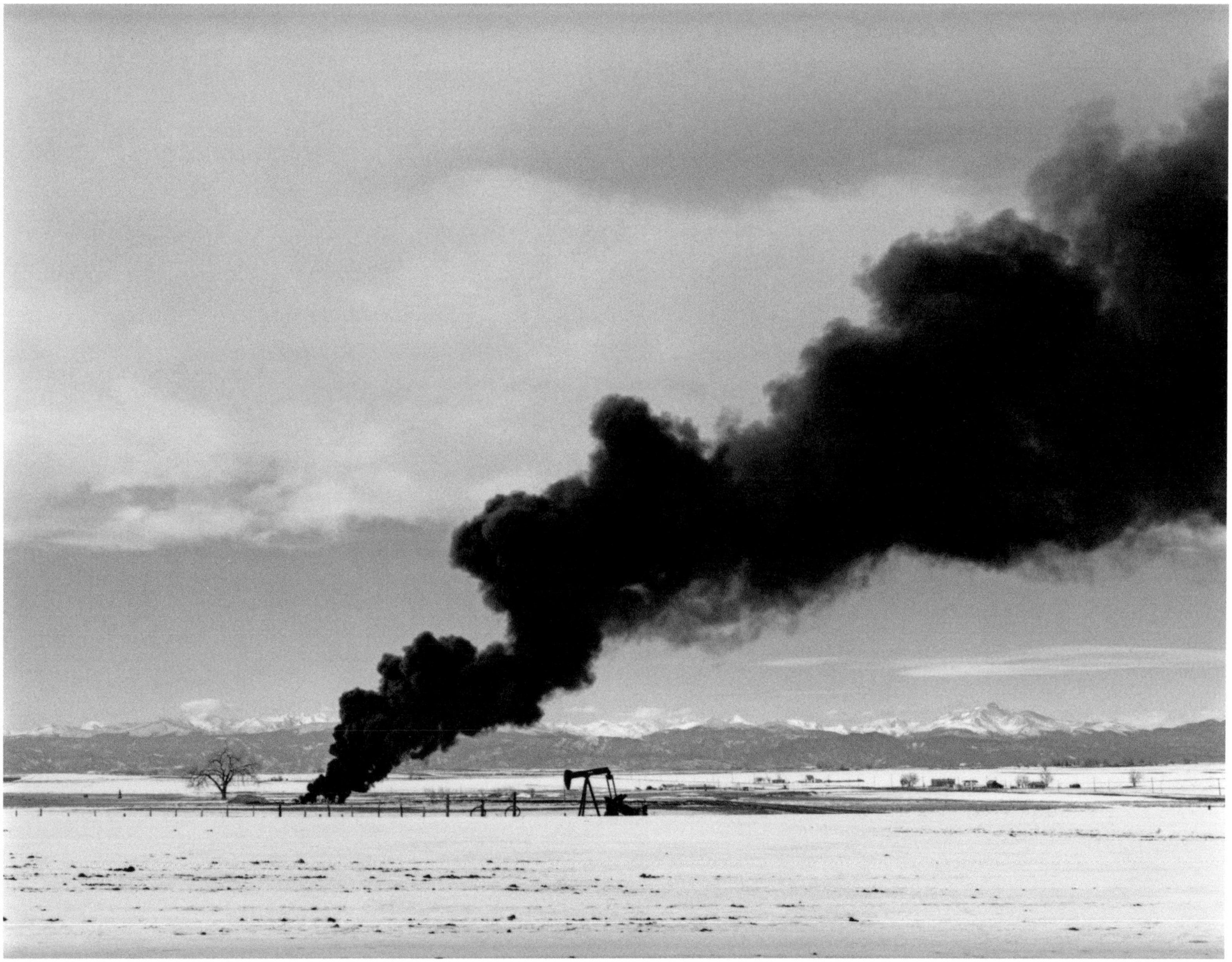

ROBERT ADAMS
***Burning Oil Sludge. Boulder County, Colorado*, 1974**
Épreuve gélatino-argentique,
40,6 × 50,8 cm
Reno, The Nevada Museum of Art

qui y couve trahit un consumérisme s'auto-alimentant. Chez Adams, les débris géologiques côtoient les débris laissés par l'homme en secteur inondable avec *Santa Ana Wash, San Bernardino County, California*, de 1982.
La série *Tailings* d'Edward Burtynsky suit la trace des pollutions des cours d'eau provoquées par l'extraction du nickel ou de l'uranium. L'oxydation du fer excédentaire en provenance de gisements à Sudbury, dans l'Ontario, explique le rouge-orange vif de *Nickel Tailings #31* (1996), rompant avec la vision d'un Canada dont les forêts inaltérables s'étalent à perte de vue.
Commanditée par le High Musem of Art d'Atlanta, la série de Misrach, *Cancer Alley*[4] (1998), à laquelle appartient *Swamp and Pipeline, Geismar, Louisiana*, met en évidence l'intrication des complexes industriels et des lieux de vie qui jalonnent le « corridor pétrochimique » du Mississippi, entre Baton Rouge et La Nouvelle-Orléans, corrélant en filigrane maladies insidieuses et pauvreté. Le bayou de l'industrie dédiée à la transformation des hydrocarbures saisi par Misrach inspire la série télévisée écrite et dirigée par Nic Pizzolatto et Cary Fukunaga, *True Detective* (2014) : le générique intègre même des photographies du projet *Petrochemical America* (2012), réalisé en collaboration avec l'architecte paysager Kate Orff.
Au début des années 1990, le Nevada Museum of Art entame la constitution d'un fonds dédié à ces mutations paysagères : *Altered Landscape Photography Collection*.
En dépit d'un recul photographique voulant se soustraire à un regard déjà imprégné d'une charge émotionnelle, nombre d'œuvres ne peuvent que raviver l'avertissement d'Élisée Reclus quant aux outrages faits à « la terre nourricière » : « Là où le sol s'est enlaidi, là où toute poésie a disparu du paysage, les imaginations s'éteignent, les esprits s'appauvrissent, la routine et la servilité s'emparent des âmes et les disposent à la torpeur et à la mort[5]. » — A.D.

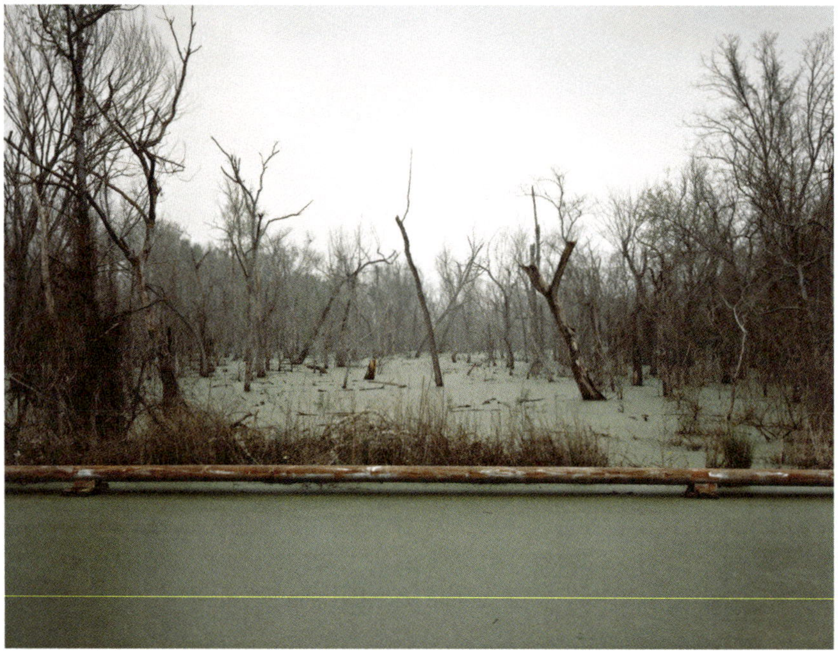

RICHARD MISRACH
***Swamp and Pipeline, Geismar, Louisiana*, 1988**
Épreuve chromogène, 46,4 × 58,4 cm
Reno, The Nevada Museum of Art

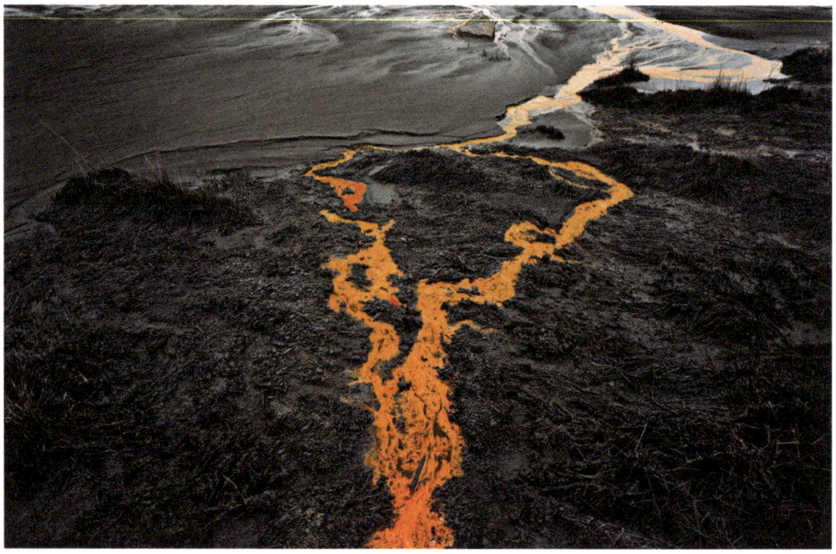

EDWARD BURTYNSKY
***Nickel Tailings #31, Sudbury, Ontario*, 1996**
Épreuve chromogène, 60,3 × 88,3 cm
Reno, The Nevada Museum of Art

1. Voir James C. McKusick, *Green Writing: Romanticism and Ecology*, New York, Palgrave Macmillan, 2000.
2. Alhambra, National Excelsior Press, 1963.
3. Baltz et Gohlke participent comme elle à la mission photographique de la DATAR durant les années 1980.
4. Surnom que lui donnent ses habitants : voir Barbara L. Allen, « Narrating the Toxic Landscape in "Cancer Alley", Louisiana », dans *Technologies of Landscape: From Reaping to Recycling*, David E. Nye (éd.), Boston, University of Massachusetts Press, 1999, p. 187-203.
5. « Du sentiment de la nature dans les sociétés modernes », *Revue des Deux Mondes*, t. 63, mai-juin 1866, p. 379-380.

Isamu Noguchi | Cette terre torturée

Issu d'une union américano-japonaise, le sculpteur, architecte paysagiste et designer Isamu Noguchi se définit lui-même comme membre fondateur d'une société cosmopolite en devenir. À l'écart de toute emprise formelle et idéologique forte, l'œuvre de cette âme errante est le fruit d'influences diverses, orientales, européennes et américaines. L'artiste s'intéresse tout particulièrement à la relation spatio-temporelle du spectateur à l'œuvre et vise l'expérience esthétique globale – ce qui l'amène dès 1933 à concevoir sculptures, jardins et aires de jeux à l'échelle du paysage[1]. Se décrivant lui-même comme «*earth sculptor*», il précède alors de plus d'une génération les artistes du land art. Ces derniers ignoreront pourtant largement ses travaux, dont bon nombre sont restés à l'état de dessin ou de maquette. Les recherches de Noguchi se voient interrompues, puis corroborées par l'expérience traumatisante de la guerre. Les pratiques discriminatoires à l'égard des Japonais et les conditions de vie extrêmes d'une incarcération de plusieurs mois dans un camp d'internement de l'Arizona[2] font naître en lui le désir d'un art à l'ancrage profondément social. Une poignée seulement des travaux de l'artiste est liée à la problématique du sublime, ceux qui rendent tangibles les séquelles de la guerre. *This Tortured Earth* est la maquette d'un *earthwork* monumental inabouti. La découverte d'une série de photos aériennes montrant un désert africain criblé de cratères de bombes serait à l'origine de l'œuvre, imaginée dans les quelques mois qui ont suivi la libération de Noguchi. Versant sombre de la grande lignée des jardins et aires de jeux qu'il imagina, elle peut être qualifiée d'anti-monument de guerre. Ici, point d'héroïsme humain ; la vue verticale donne à voir la désolation et la beauté terrible d'une surface terrestre violentée, portant les stigmates d'une intervention dévastatrice menée à coups de bulldozers et de bombes. Entremêlant érotisme et cruauté, les perforations des monticules bombés et les incises de flancs longilignes évoquent les orifices de corps féminins mutilés par une intervention chirurgicale. Ce rapprochement terrifiant est renforcé par la perte d'échelle qu'induit la vision plongeante : affranchi de l'angle de vue strictement humain, la surface terrestre devient corps estropié. L'acte de voir se mue, selon la théorie brechtienne de l'effet de distanciation, en un processus constructif, amenant le spectateur à prendre conscience de la continuité entre micro- et macrocosme de la nature, de son appartenance à cette totalité comme de son pouvoir de nuisance dévastateur sur elle.—A.M.

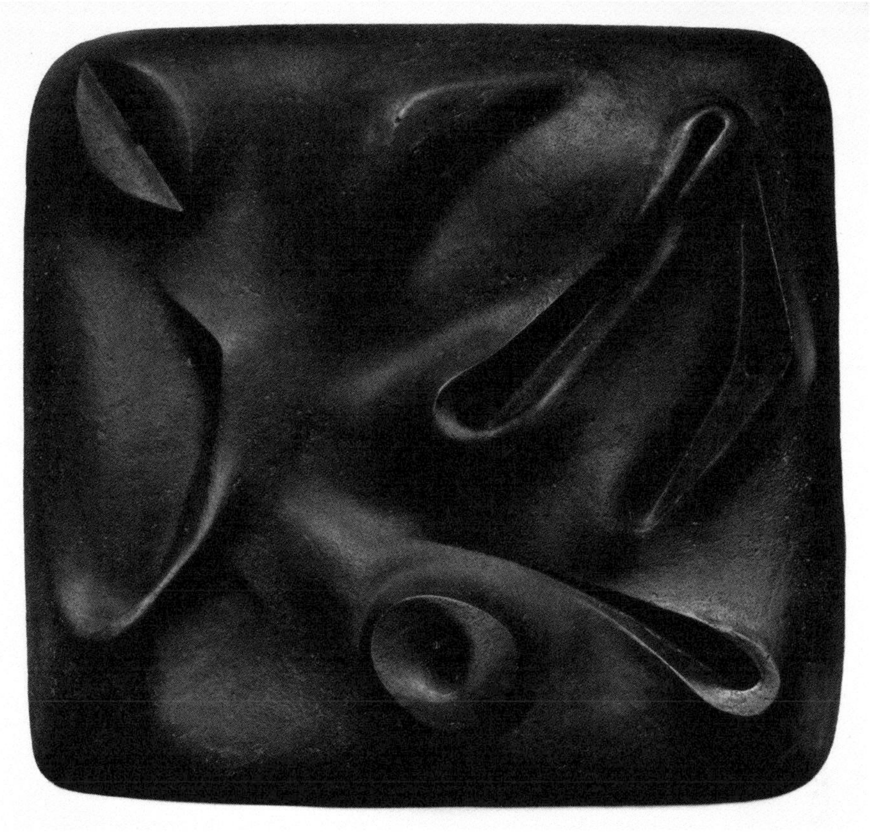

ISAMU NOGUCHI
***This Tortured Earth*, 1943**
Bronze, 73,7 × 72,4 × 7,6 cm
New York, The Isamu Noguchi Foundation and Garden Museum

1. Le projet non réalisé *Monument for the Plough* (1933) sera le premier d'une longue lignée.
2. À la suite de l'attaque de Pearl Harbour, un décret présidentiel américain ordonne en février 1942 le regroupement sous surveillance militaire de tout ressortissant japonais ou d'origine japonaise de la Côte ouest (env. 110 000 personnes) dans des centres d'isolation. En tant que New-Yorkais, Noguchi n'est pas concerné par ce décret. Profondément affecté par les événements, il décide pourtant de se faire incarcérer volontairement pour œuvrer de l'intérieur à l'amélioration des conditions de vie des détenus. La désillusion sur la véritable volonté de l'administration militaire de parer à l'état de misère de la communauté nippone ne se fait guère attendre. Objet des suspicions de tous bords, sa demande de libération ne sera obtenue qu'après de longs mois de tractation.

Joseph Beuys | De la documenta à l'engagement politique

Dans le contexte d'une République fédérale d'Allemagne de la croissance économique et des deux premiers chocs pétroliers, de l'action directe des années de plomb et du parlementarisme où se relayent CDU et SPD, l'engagement « socio-écologique[1] » de Joseph Beuys exprime une certaine défiance vis-à-vis du concept de « politique », auquel il substitue celui d'« autogestion[2] ». Le 14 décembre 1971, l'année même où il constitue une organisation prônant la participation référendaire, il mène une marche collective contre un projet de déforestation. Non sans remémorer les compagnies de miliciens peintes par Hals ou Rembrandt, son affiche montre un groupe enjoué muni de longs balais[3], Beuys en tête, patrouillant dans les bois de Grafenberger à Düsseldorf, avec pour slogan : « Vaincre enfin la dictature des partis ![4] » Selon l'artiste, en effet, « Être "politiquement compétent", c'est renoncer pour toujours à tout potentiel d'idées[5] ». Ainsi, son approche écologiste nécessite la levée des barrières institutionnelles et d'actualiser le « Jeder Mensch sollte Künstler seyn[6] » loué par Novalis, afin de libérer les forces vives et créatrices de chacun, véritable « Capital » d'une économie plus inventive que monétaire. Son idée de *sculpture* ou de *plastique sociale*[7] proscrit autant l'inertie duchampienne (*Das Schweigen von Marcel Duchamp wird überbewertet*, 1964) que la violence de la Rote Armee Fraktion (*Dürer, ich führe persönlich Baader + Meinhof durch die documenta V*, 1972). Si elle demande une « transformation du corps social[8] » effective, elle revêt une dimension thérapeutique[9] qui s'appuie sur les principes de l'anthroposophie de Rudolf Steiner : lors de la documenta 7 de Cassel en 1982, Beuys entreprend, opposant « reboisement contre administration », la plantation de sept mille chênes (*7000 Eichen : Stadtverwaldung statt Stadtverwaltung* [→p.156]), ou, à partir de 1983, la défense pure et simple de la nature dans les Abruzzes (*Difesa della Natura*). — A.D.

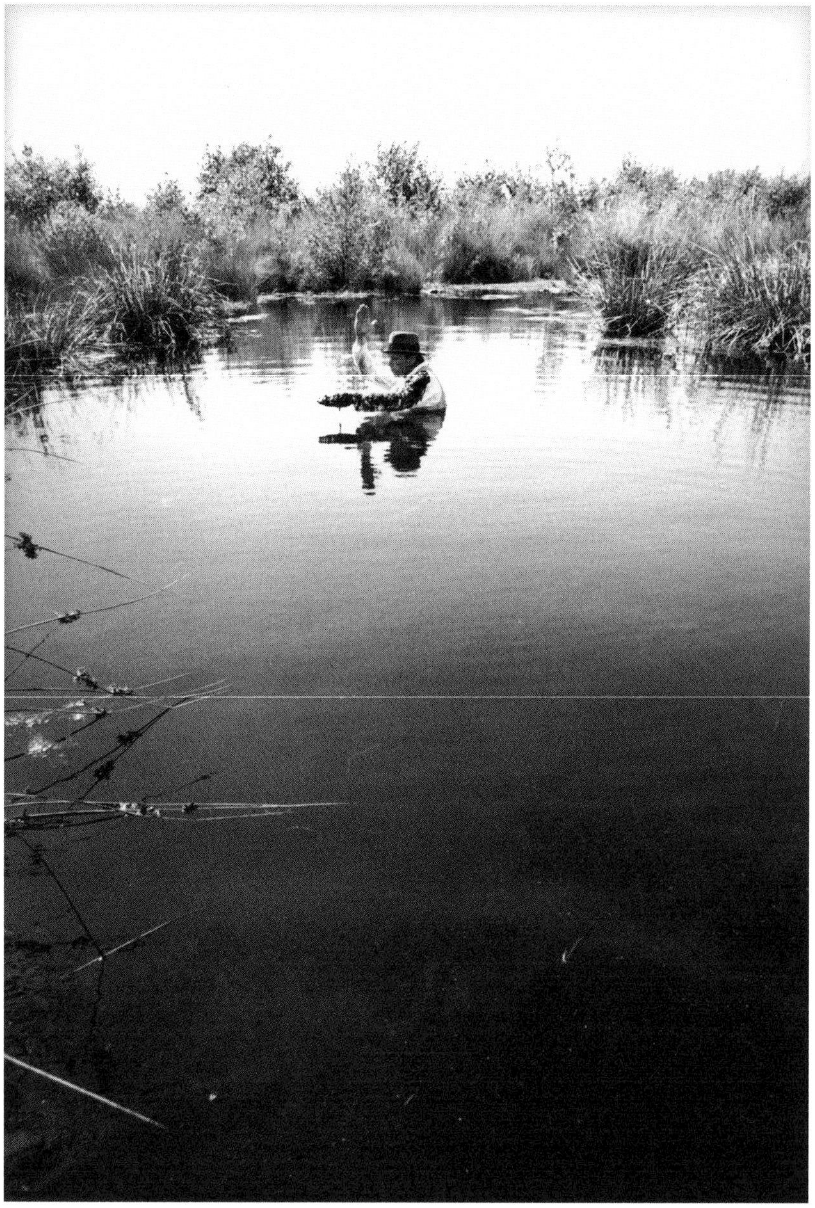

GIANFRANCO GORGONI
***Joseph Beuys : Aktion im Moor*, août 1971**
Épreuve gélatino-argentique sur papier baryté mat, 22 × 32 cm
Düsseldorf, Archiv künstlerischer Fotografie der rheinischen Kunstszene (AFORK) – Stiftung Museum Kunstpalast

1. « Discours sur mon pays », *Par la présente, je n'appartiens plus au monde de l'art*, éd. Max Reithmann, trad. Olivier Mannoni et Pierre Borassa, Paris, L'Arche, 1988, p. 39.
2. *Ibid.*, p. 25 et 33.
3. Voir également la manifestation, *Ausfegen*, du 1er mai 1972 à Neukölln.
4. Il contribue néanmoins en 1980 à la fondation du parti écologique allemand Die Grünen.
5. « Discours... », *Par la présente...*, *op. cit.*, p. 32.
6. « Glauben und Liebe », *Jahrbücher der preußischen Monarchie*, vol. 2, Berlin, Johann Friedrich Unger, mai-août 1798, p. 285.
7. Voir « Entrée dans un être vivant », *Par la présente...*, *op. cit.*, p. 44.
8. « Discours... », *ibid.*, p. 24 et 29.
9. « Discours... », *ibid.*, p. 20.

Gustav Metzger | Mécanique de l'autodestruction

Toute création engendre sa part de destruction et de désordre. En ne tenant compte que des effets décrits par le second principe de thermodynamique – dont la formulation de base s'établit entre les deux révolutions industrielles[1] –, l'énergie mobilisée produit de la chaleur, et augmente en conséquence l'entropie du système. Au-delà d'un ordre apparent, la production technique intensive des XXe et XXIe siècles ne fait qu'exacerber ce chaos croissant. Conscient de sa destination, l'art auto-destructif de Gustav Metzger intègre sa propre finitude, allant à l'encontre de tout fétichisme, dont celui, « pittoresque », qu'induirait une esthétique des ruines[2]. Voué, comme des millions d'autres, à l'extermination par l'administration nazie, l'artiste apatride reconnaît la pulsion de mort chez l'être humain et sa capacité d'autodestruction. Cette dimension mortifère, il la décèle également à travers le capitalisme (rejoignant les analyses de Marx et Engels) et la société de consommation (sans omettre le communisme) : à l'instar de l'armement, l'« homme de Regent Street[3] » s'anéantit lui-même, tandis que « les œuvres d'art les plus raffinées produites aujourd'hui sont jetées dans les rues de Soho[4] ». Activiste écologique et membre du Committee of 100, Metzger refuse l'asservissement de l'art à la technologie, qui exige des moyens économiques conséquents[5]. Relique ou débris des Trente Glorieuses[6] finissantes et du « tout-pétrole », le caisson en plexiglas de *Mobbile* (1970) rend patent une nocivité longtemps niée. Contenant des matières végétales, il sert de réceptacle aux gaz d'échappement d'une voiture sur laquelle il est monté : la combustion du moteur interne sature alors le cycle de transformation naturel du dioxyde de carbone en oxygène, asphyxiant la plante, tandis que la pollution s'accumule sur les parois transparentes. — A.D.

1. Voir Sadi Carnot, *Réflexions sur la puissance motrice du feu et sur les machines propres à développer cette puissance*, Paris, Bachelier, 1824, et Rudolf Clausius, « Ueber die bewegende Kraft der Wärme und die Gesetze », dans *Annalen der Physik und Chemie*, Leipzig, Johann Ambrosius Barth, 3e série, vol. 79, 1850, p. 500-524.
2. *Manifesto Auto-Destructive Art*, Londres, 10 mars 1960.
3. *Ibid.*
4. *Auto-Destructive Art Machine Art Auto-Creative Art*, Londres, 23 juin 1961.
5. « Automata in History », *Studio International*, mars 1969, p. 107-109.
6. Jean Fourastié, *Les Trente Glorieuses ou la révolution invisible de 1946 à 1975*, Paris, Fayard, 1979.

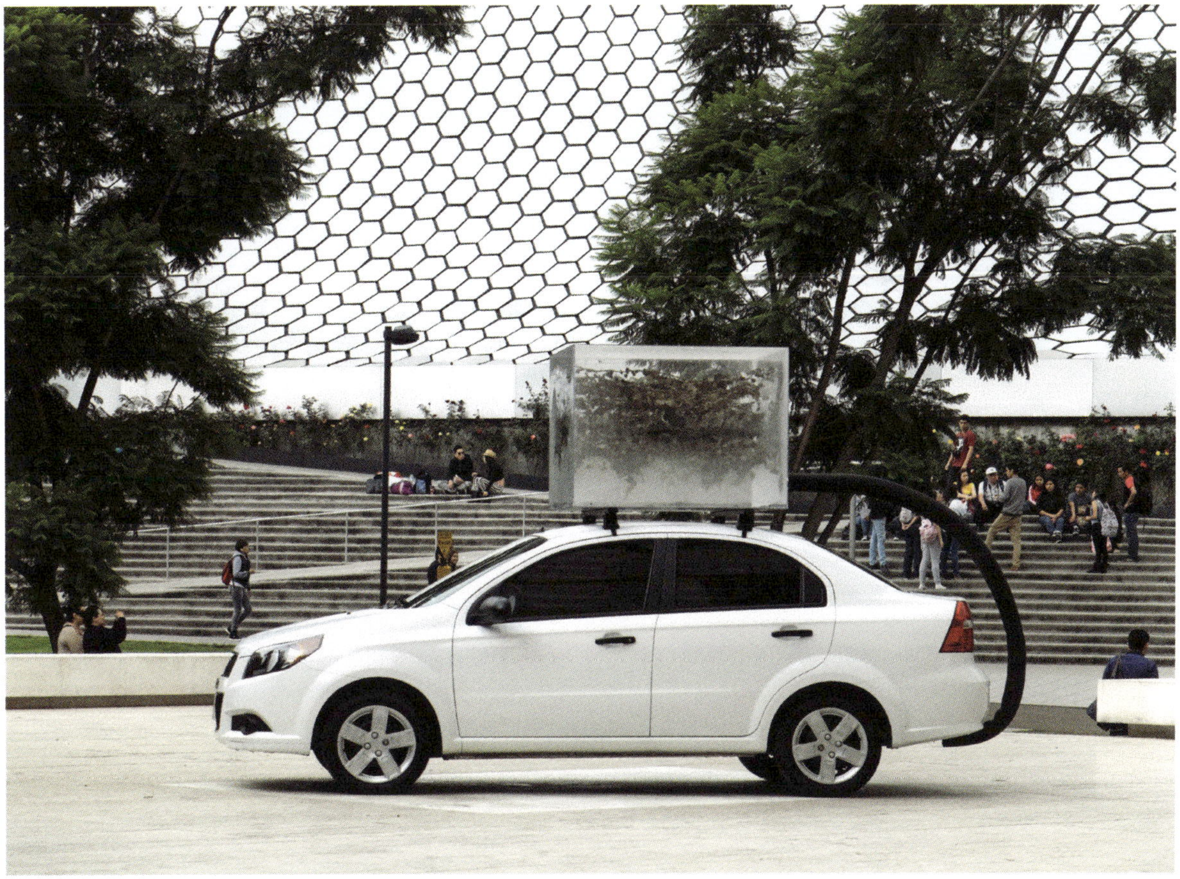

GUSTAV METZGER
***Mobbile*, 1970/2015**
Réactivation à la Fundacíon Jumex arte contemporáneo, Mexico, juillet 2015
Boîte en Perspex transparente, plantes, gaz d'échappement, 100 × 100 × 100 cm
Courtesy l'artiste

Barbara et Michael Leisgen, Nicolás García Uriburu

L'eau mourante

Si les années 1970 sont traversées par des mouvements de contre-culture qui prônent un nouveau rapport à la nature, elles sont aussi, associées aux années 1980, une période clé de la mal nommée « révolution verte ». Cette transformation majeure de l'agriculture qui voit notamment le passage à l'industrialisation des systèmes de production alimentaire, l'accroissement sans précédent de l'usage des sols ou encore l'utilisation à l'échelle industrielle de pesticides et d'engrais chimiques, bouleverse les pratiques agricoles, transforme les paysages et affecte l'environnement. Dans ce contexte, le rapport à la nature se réinvente et pour certains artistes comme pour certains activistes, le paysage se transforme peu à peu en théâtre d'opérations.

C'est par un acte démonstratif que l'artiste argentin Nicolás García Uriburu a signé sa première œuvre à vocation résolument écologique à Venise en juin 1968. Une « œuvre d'art identifiée à l'intervention de la couleur dans la nature », écrit Pierre Restany pour la décrire. Invité à la Biennale, Uriburu choisit en effet d'intervenir directement sur le Grand Canal en déversant dans l'eau une teinture non toxique colorant ainsi sa surface d'une large flaque vert fluorescent. Avec cette action, l'artiste entend mettre en éveil les consciences, en un geste qui le rapproche des pratiques du land art✿. « Je dénonce avec mon art l'antagonisme entre la nature et la civilisation, écrit l'artiste dans un texte manifeste. C'est pour ça que je colore mon corps, mon sexe et les eaux du monde. Les pays les plus évolués sont en train de détruire l'eau, la terre, l'air, réserves du futur dans les pays latino-américains. » Aussi, entre 1968 et 1970, Nicolás García Uriburu réitère son geste et colore l'East River de New York, la Seine à Paris, le Rio de la Plata à Buenos Aires... Ces colorations sont à chaque fois accompagnées de rencontres, d'affichages, ou d'envois de cartes postales. Elles font aussi l'objet de prises de vue. Si elles sont résolument politiques, ces actions n'en sont pas moins des simulacres. Par un geste sans conséquence réelle, qui signale en la rejouant une pollution lancinante, l'artiste choisit d'agir sur le terrain du symbolique plus que sur l'environnement *stricto sensu*. Son action qui produit la vision fascinante d'une eau emplie de lumière, provoque également l'image mentale de l'intoxication. La confrontation directe au paysage devient pour lui une stratégie activiste (celle-ci sera d'ailleurs éprouvée dans les actions de l'ONG Greenpeace, fondée en 1971, dans laquelle l'artiste s'investit). Sur le territoire de l'art, la nature ne s'envisage plus seulement dans un rapport de représentation, elle devient un sujet actif.

C'est avec cette intention de s'engager physiquement dans l'environnement que Barbara et Michael Leisgen ont réalisé *Pink Depression – L'Eau mourante*. La série de neuf photographies cibachrome met en scène Barbara, vêtue d'un pull rose et d'un pantalon rouge, le corps flottant, face immergée, dans l'eau d'un ruisseau. Le point de vue

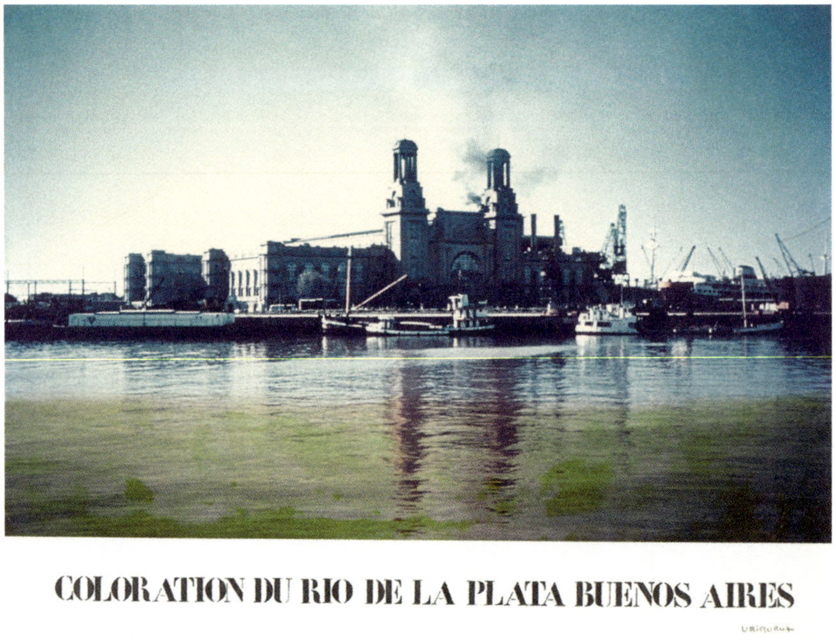

NICOLÁS GARCÍA URIBURU
***Coloration du Rio de la Plata, Buenos Aires*, 1970**
Épreuve chromogène contrecollée sur papier et titre au pochoir, 65 × 100,2 cm
Paris, Centre Pompidou, Musée national d'art moderne

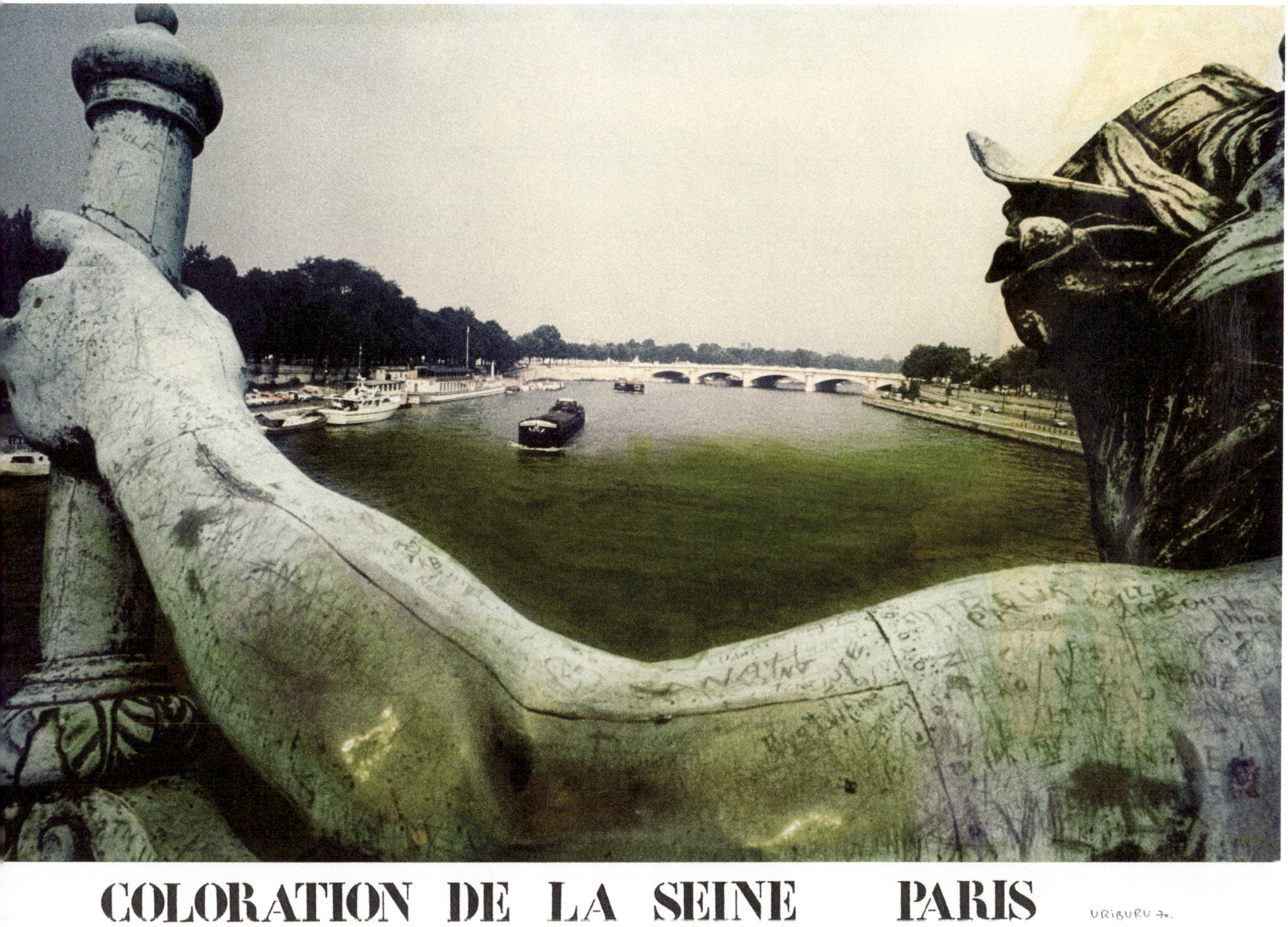

NICOLÁS GARCÍA URIBURU
***Coloration de la Seine, Paris*, 1970**
Épreuve chromogène contrecollée sur papier et titre au pochoir, 66,5 × 101,5 cm
Paris, Centre Pompidou, Musée national d'art moderne

surplombant interdit toute perspective et focalise sur cette parcelle resserrée de paysage à l'intérieur de laquelle l'artiste gît, comme noyée, les bras levés. La série, réalisée en Belgique, non loin d'une usine d'aluminium contaminant les cours d'eau alentour, oscille entre le drame et l'absurde, entre l'humour et le tragique. Il faut dire d'abord que le titre, qui annonce un programme, joue sur une ambivalence. Le rose, par nature, s'accorde mal à la dépression, pas plus qu'il ne s'accorde à l'image d'un corps flottant les bras en croix dans quarante centimètres d'eau. Cette mise en scène de noyade paraît détourner certains thèmes du romantisme allemand, les artistes, par leur origine, avouent d'ailleurs une parenté culturelle [→p. 54]. Mais ici, la vision de la majesté du monde sauvage semble réévaluée en regard du désastre écologique en cours. La poétisation des éléments ne correspond plus au contexte d'industrialisation déraisonnée, et c'est à la violence du réel à laquelle il faut à présent faire face. Pour les Leisgen, le corps sans vie d'une Ophélie en pull rose baignant dans des eaux mourantes et jaunâtres finit d'acter l'échec d'une possible harmonie. La relation du corps au paysage ne s'envisage plus dans la verticalité de la contemplation mais dans l'horizontalité de la chute. Dans *Pink Depression*, la puissance d'un monde naturel mis à mal rencontre l'impuissance des artistes à y changer quoi que ce soit. Les œuvres de Barbara et Michael Leisgen comme celles de Nicolás García Uriburu opèrent à travers des gestes qui font signes. Les artistes, concernés, critiques, et parfois ironiques, tentent par le prisme de leur art d'alerter sur les ravages du régime de domination de la nature. Tout en inscrivant leur démarche dans la perspective de l'histoire de l'art, ils revendiquent leurs productions sur le terrain de l'action, créent des formes engagées qui composent les prémices d'un possible langage de résistance.— G.M.

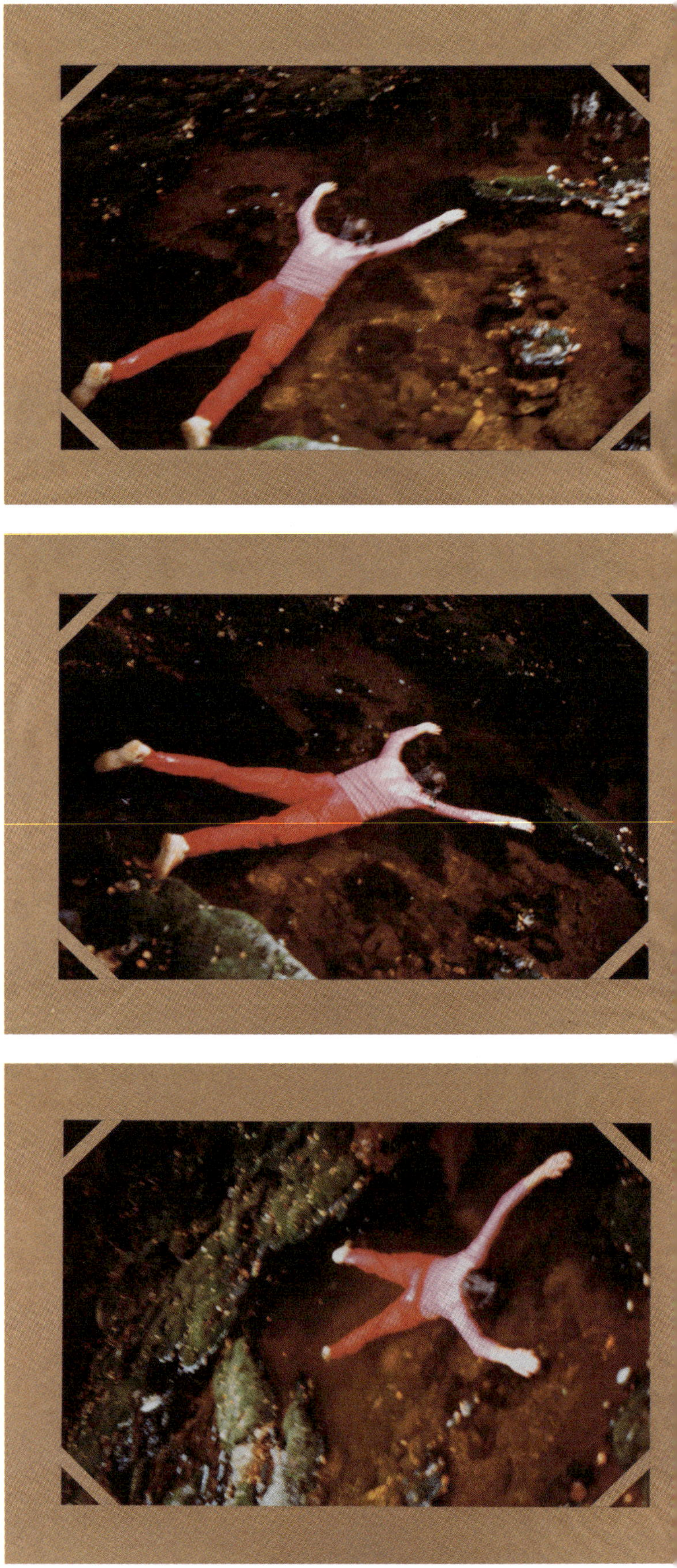

BARBARA ET MICHAEL LEISGEN
***Pink Depression – L'Eau mourante*, 1982**
9 épreuves chromogènes cibachromes montées sur papier kraft, encadrés, 219 × 315 cm ;
chaque élément : 73 × 105 cm
Paris, Centre Pompidou, Musée national d'art moderne

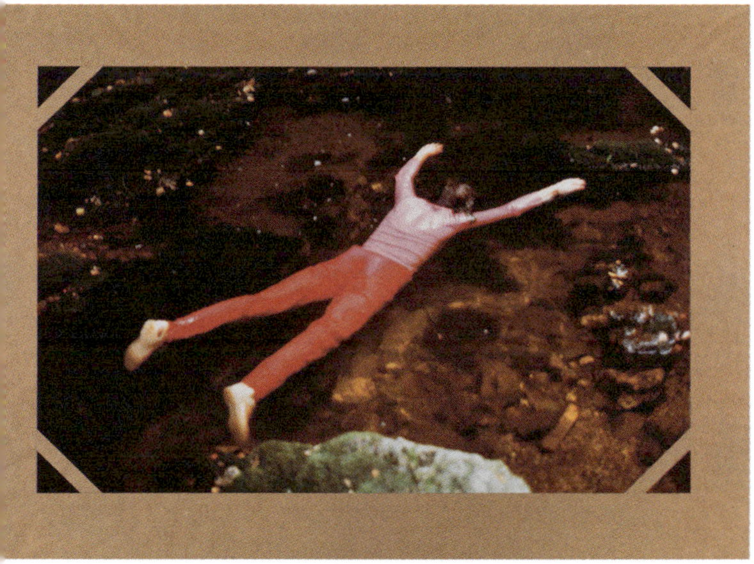

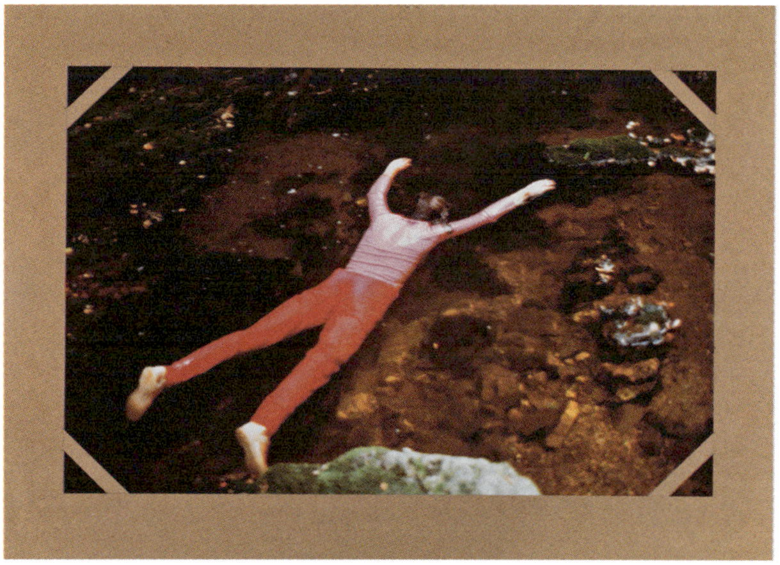

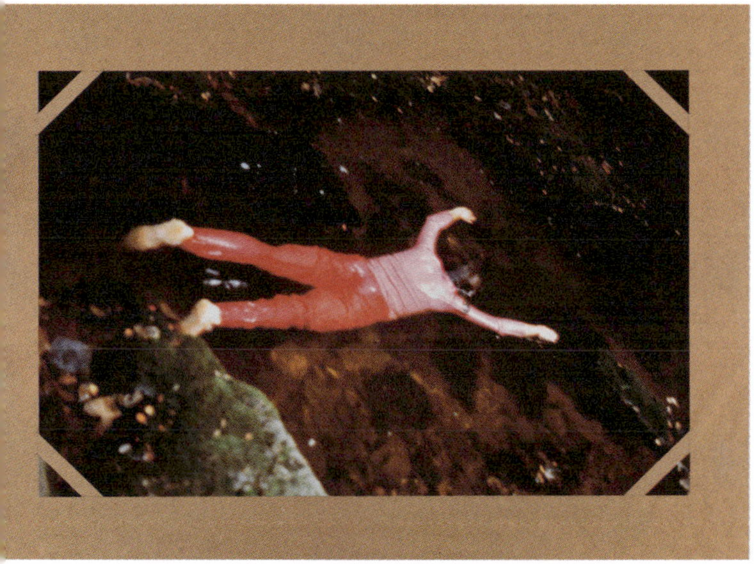

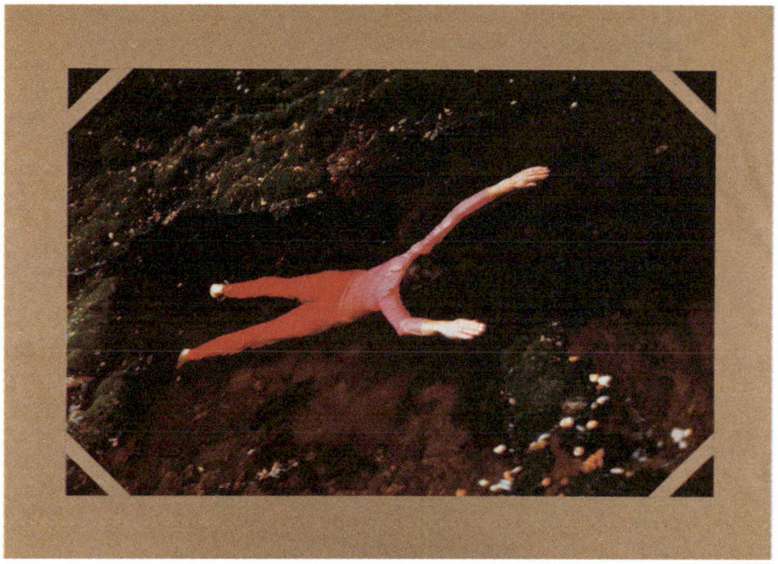

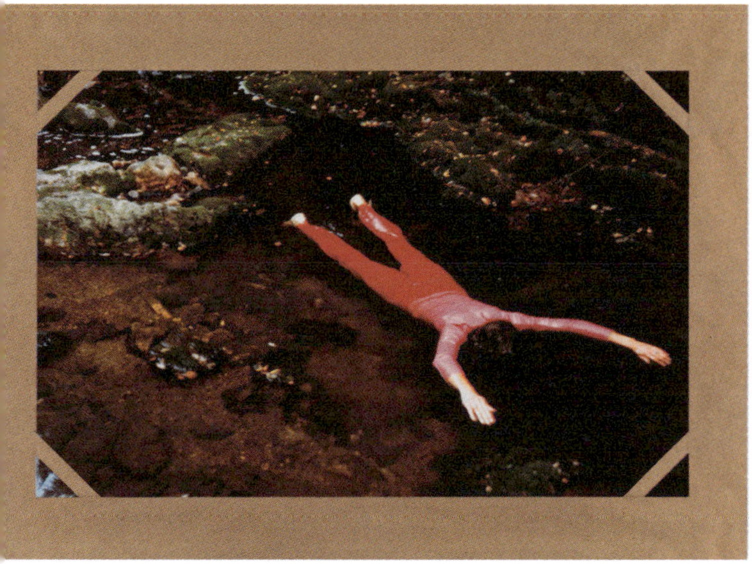

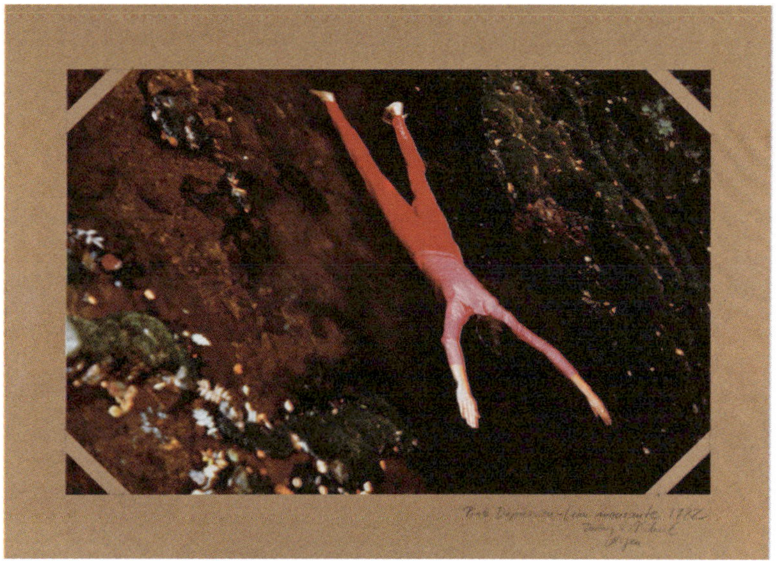

Darren Almond | Le cabinet de la disparition

Les destinations de l'artiste voyageur Darren Almond ne figurent pas sur la carte du Grand Tour britannique[1] : non borné au continent européen, ni à la redécouverte de l'héritage de civilisations humanistes – tel Johann Heinrich Füssli se lamentant, dans son dessin *Der Künstler verzweifelnd vor der Grösse der antiken Trümmer* (v. 1778-1780), sur la magnificence des ruines antiques –, il arpente un monde à l'ère des catastrophes✿ écologiques planétaires, empreint de la réminiscence, parfois indicible, des massacres de masse perpétrés au XXᵉ siècle.
Pour sa série *Night + Fog* de 2007, il parcourt pendant de longs mois les environs de Montchegorsk, de Mourmansk ou de Norilsk, et y photographie les emplacements d'anciens goulags staliniens, aux prémices (dès 1935) de l'exploitation du nickel dans une région située au-delà du cercle arctique[2] : les arbres décharnés par les pluies acides témoignent de la pollution au dioxyde de soufre que provoque aujourd'hui encore cette industrie dorénavant privatisée. La sobriété des prises de vue, où autant de troncs noircis percent des étendues neigeuses, s'apparente à celle des « paysages stratigraphiques vides et lacunaires » des cinéastes Jean-Marie Straub et Danièle Huillet, lieux funestes « où la terre vaut pour ce qui est enfoui[3] ». Intitulée d'après le décret concentrationnaire nazi de 1941 (*Nacht und Nebel*), l'œuvre corrèle la dictature à la dégradation des sols et aux carnages, comme un écho, à quelques siècles d'intervalle, aux vers des *Tragiques* d'Agrippa d'Aubigné : « La terre n'aime pas le sang, ni les ordures : / Il ne sort des tyrans, & de leurs mains impures, / Qu'ordures ni que sang[4]. »
Présage d'une catastrophe potentielle, les panoramas glaciaires majestueux de *Until MMXLI* viennent rappeler l'échéance du Protocole de Madrid, amendement de 1991 au Traité de l'Antarctique, censé protéger, depuis son entrée en vigueur en 1998, l'intégrité de l'environnement antarctique « jusqu'en 2041 » : dès lors, aucune loi internationale ne pourra empêcher l'exploitation des ressources de ce territoire si la date butoir n'est pas repoussée.— A.D.

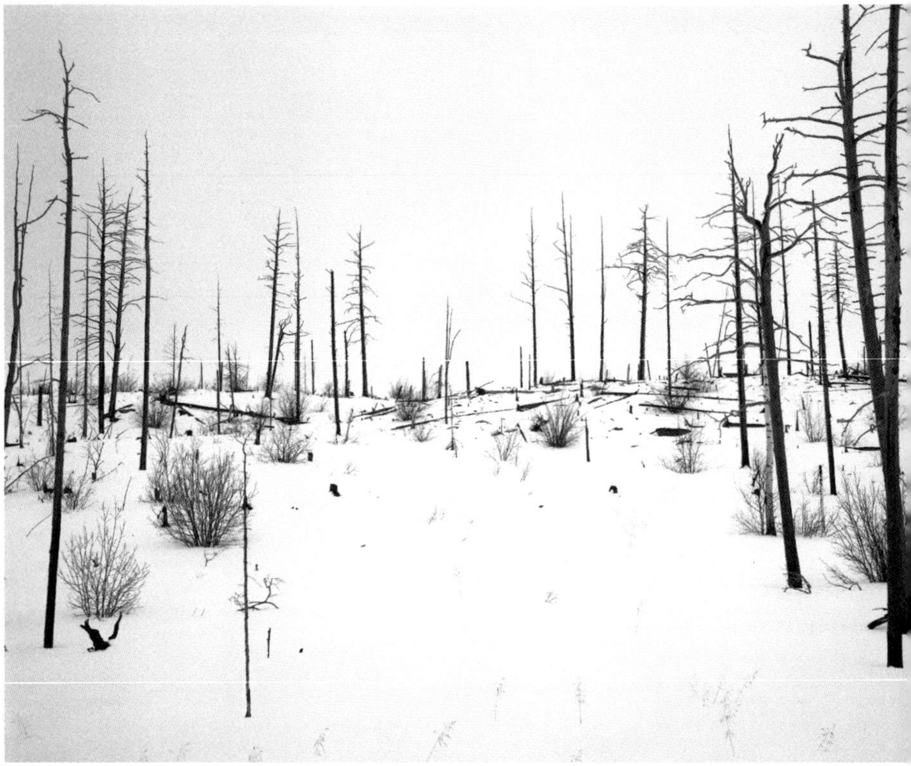

DARREN ALMOND
***Night + Fog (Monchegorsk), 8*, 2007**
Épreuve au gélatino-bromure d'argent, 119 × 149 cm
Courtesy galerie Max Hetzler, Berlin/Paris

1. Voir Ilaria Bignamini et Andrew Wilton (dir.), *Grand Tour: The Lure of Italy in the Eighteenth Century*, Londres, Tate Gallery Publishing, 1996.
2. Voir Paul R. Josephson, *The Conquest of the Russian Arctic*, Cambridge (Mass.) / Londres, Harvard University Press, 2014, p. 282-283.
3. Gilles Deleuze, *Cinéma 2. L'image-temps*, Paris, Minuit, 1985, p. 318.
4. Livre I, « Misères », v. 277-279, Maillé, Au Dezert, 1616, p. 10.

Mark Dion | Officine toxique

Du cercle polaire à la jungle brésilienne, des canaux vénitiens à la Tamise londonienne, Mark Dion mène un travail brouillant les frontières entre l'art, la science et l'histoire naturelle. Fort du principe que « les scientifiques n'ont pas le monopole de la nature[1] », l'artiste se mue tantôt en collectionneur à la manière des naturalistes, tantôt en biologiste, afin d'explorer notre perception culturelle de la nature.
Au-delà d'un discours portant sur l'écologie politique, ses œuvres interrogent le rôle joué par les musées dans l'histoire de la représentation de l'environnement. « Mon travail concerne donc plus les idées sur la nature que la nature elle-même, ce qui explique qu'il soit essentiellement centré sur les institutions qui, en produisant du savoir, construisent notre compréhension du monde naturel[2]. »
Soulignant la contradiction entre la dangerosité des produits montrés et leur séduisante présentation, l'œuvre *Biocide Cabinet* met symboliquement en scène le pouvoir du musée de décontextualiser les objets exposés. La disposition taxinomique des bouteilles de détergents en tout genre use des méthodes scientifiques – collectes et classifications rigoureuses – pour mieux les déconstruire. Ainsi présentés, ces funestes ready-mades constituent intrinsèquement une représentation, sans besoin de recourir au truchement du tableau ou de la sculpture[3]. Tournés en dérision par l'artiste, ces nouveaux fétiches endossent le statut de relique, annonçant le péril écologique imminent.
Cette installation est étroitement liée à une œuvre immersive réalisée en 2000, *The Museum of Poison*, où Dion a reconstitué de manière théâtrale une salle d'exposition exhibant dans ses vitrines des produits chimiques. À la fois parodie du musée et réminiscence du cabinet de curiosités, cette pièce monumentale, tout comme *Biocide Cabinet* qui se concentre sur les vingt et un biocides les plus courants, dénonce en creux le désir humain de dompter la nature. Mark Dion fait ici écho à l'ouvrage fondateur *Printemps silencieux* publié en 1962 par Rachel Carson, qui étudie la nocivité des produits toxiques, tout autant pour l'homme que pour l'environnement. Requalifiant de biocide les herbicides et autres pesticides, la zoologiste et biologiste alerte sur le caractère dévastateur de ces poisons qui détruisent le vivant.— A.H.

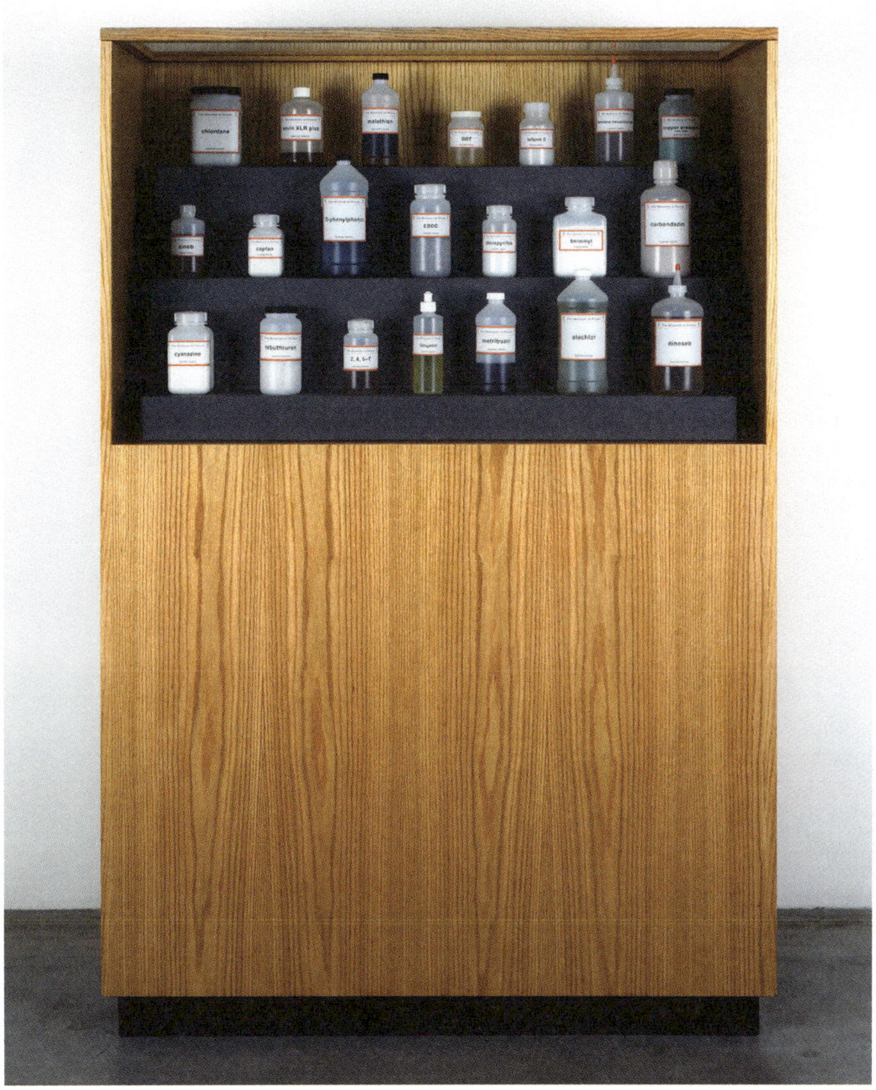

MARK DION
***Biocide Cabinet*, 2000**
Buffet en bois avec vitre, bouteilles en plastique, étiquettes et divers produits chimiques, 172 × 114 × 43 cm
Londres, Murderme Collection

1. Nathalie Blanc et Julie Ramos, *Écoplasties, art et environnement*, Paris, Manuella Éditions, 2010, p. 139.
2. *Ibid*, p. 144.
3. Françoise Cohen, Natacha Pugnet et Andreas Meier, *Mark Dion. The Natural History of the Museum*, cat. exp., Paris, Archibooks, 2007, p. 82.

Amy Balkin | Atmosphère : du domaine public au patrimoine mondial

« D'abord, nous devons réconcilier l'idée que nous avons du ciel et ce que nous y faisons. Nos actions y sont enregistrées et cartographiées. Le ciel doit lui-même s'inscrire dans le tissu de notre sentiment sociétal du lieu[1]. » Le regard que porte l'historienne de la culture et archiviste Megan Prelinger sur le poster-essai *The Atmosphere. A Guide* illustre parfaitement les recherches pluridisciplinaires menées par Amy Balkin. À travers la mise en œuvre de projets participatifs, cette artiste de la scène californienne interroge les interactions de l'homme avec son environnement, ainsi que la pertinence des régulations juridiques en ce domaine[2]. Dépassant la simple proposition conceptuelle, son travail explore en creux la notion d'art politique et tend à abolir la frontière entre art et activisme.
Tentant de matérialiser l'invisible, ses projets soulignent le caractère global de l'atmosphère qui, dépassant les frontières, ne peut être régie à l'échelle nationale. Dans l'optique de constituer un ensemble de biens communs universels, Balkin acquiert en 2003 une parcelle de désert au nord de Los Angeles que chacun peut s'approprier.
Ce projet utopique, intitulé *This is the Public Domain*, dont « l'intention est de créer de manière pérenne un patrimoine mondial, un espace partagé et ouvert à tous à travers le monde[3] », nous invite à penser notre manière d'appréhender le partage des ressources communes, en premier lieu l'air que nous respirons.
Le projet *Public Smog*, initié en 2004, constitue pour sa part une dénonciation de l'hypocrisie des permis à polluer, à travers la mise en œuvre de mesures compensatoires imposées aux entreprises [→p.156]. L'artiste a retiré du marché des crédits carbone en les rachetant, afin de créer symboliquement des « *clean-air parks*[4] ». Balkin milite ensuite pour l'inscription de l'atmosphère sur la liste du patrimoine mondial de l'Unesco, tentant ainsi d'éveiller les consciences en détournant le carcan juridique qui préside à la gestion de l'environnement.
Synthétisant ses précédentes démarches, *The Atmosphere. A Guide* considère l'atmosphère comme une entité extraterritoriale, où interagissent les champs sociaux, scientifiques, économiques et politiques. Le ciel est ici cartographié selon des niveaux de lecture pluriels. Suivant l'échelle balayant l'espace du niveau de la mer jusqu'à l'exosphère, Balkin répertorie la diversité de l'impact humain sur l'air à travers le temps, depuis les explorations scientifiques à bord des premiers aérostats jusqu'aux tests nucléaires, en passant par les multiples traités internationaux. — A.H.

1. Megan Prelinger, *Charting the Sky*, dans Amy Balkin, *The Atmosphere: A Guide*, poster-essay, 2013.
2. Amy Balkin, *Free Seas, Free Skies*, conférence tenue le 18 septembre 2010 à l'University College London.
3. Theresa Deichert, « Amy Balkin and "Art Activism": A New Approach to Environmental Activism », dans Edwin Coomasaru et Tom Snow (dir.), *Amy Balkin: (In)visible Matter*, cat. exp., New Westminster, International New Media Gallery, 2013, p. 21. Le catalogue est disponible en ligne : http://issuu.com/inmg/docs/amy-balkin/10 (consulté le 5 août 2015).
4. *Public Smog*, Amy Balkin, http://www.greenmuseum.org/c/aer/projects/public_smog/

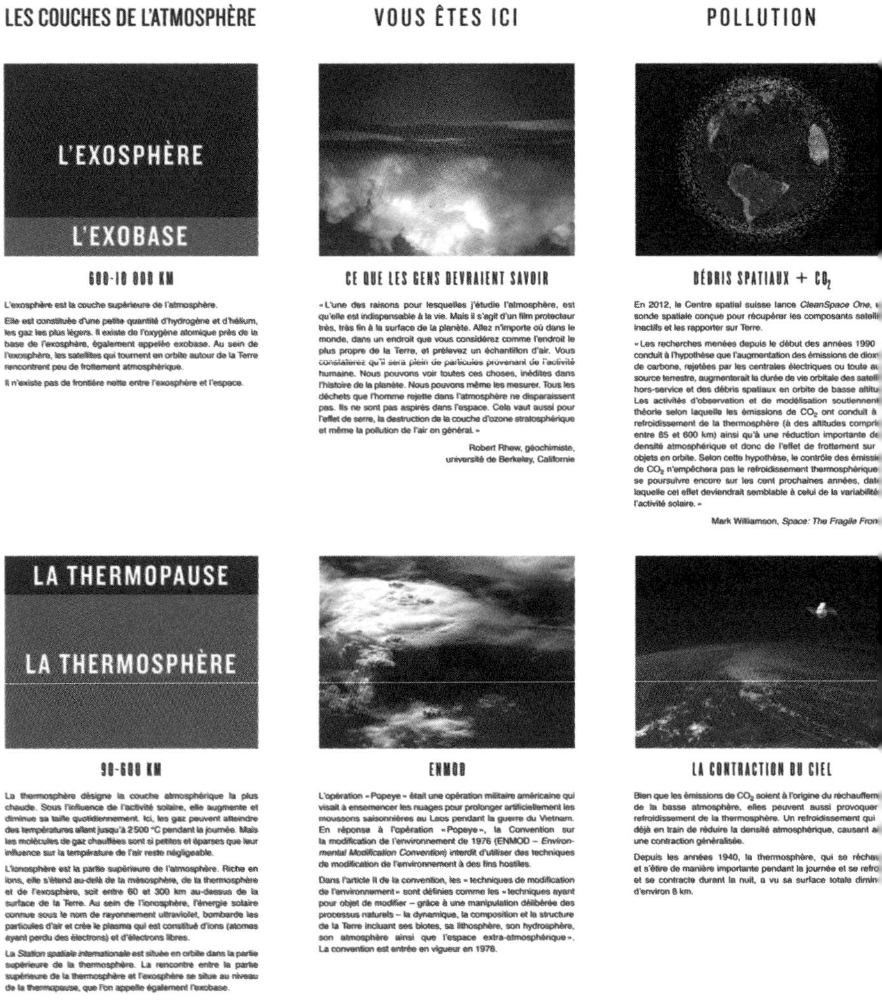

AMY BALKIN
***The Atmosphere. A Guide*, 2013/2015**
Impression numérique sur papier, 121,9 × 81,3 cm
Courtesy l'artiste

L'ATMOSPHÈRE

LES COUCHES DE L'ATMOSPHÈRE

L'EXOSPHÈRE

L'EXOBASE

600-10 000 KM

LA THERMOPAUSE

LA THERMOSPHÈRE

80-600 KM

LA MÉSOPAUSE

LA MÉSOSPHÈRE

50-90 KM

LA STRATOPAUSE

LA STRATOSPHÈRE

20-50 KM

LA TROPOPAUSE

LA TROPOSPHÈRE

0-20 KM

LE NIVEAU DE LA MER

0-20 KM

VOUS ÊTES ICI

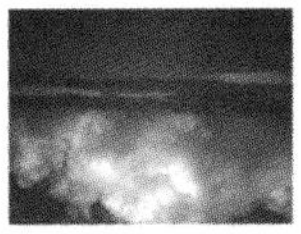

CE QUE LES GENS DEVRAIENT SAVOIR

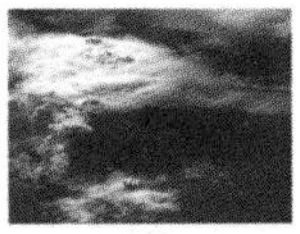

ENMOD

NUAGES NOCTULESCENTS

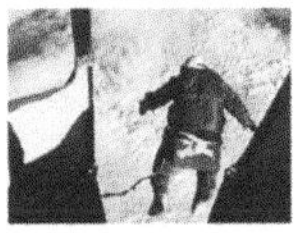

JOSEPH KITTINGER (31 KM)

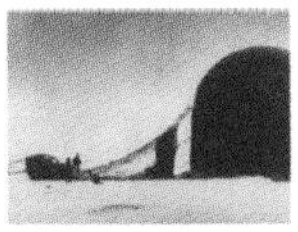

L'EXPÉDITION EN BALLON À DESTINATION DE L'ARCTIQUE, 1897

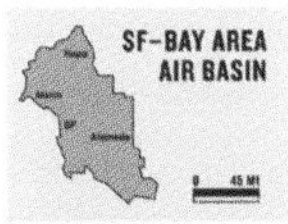

LE BASSIN ATMOSPHÉRIQUE DE LA BAIE DE SAN FRANCISCO

POLLUTION

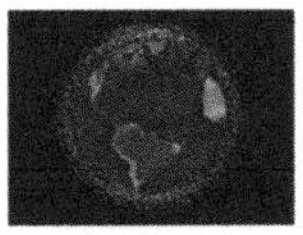

DÉBRIS SPATIAUX + CO_2

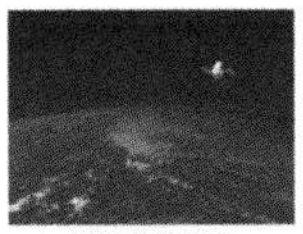

LA CONTRACTION DU CIEL

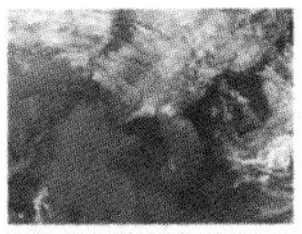

LA CONVENTION DE GENÈVE SUR LA POLLUTION DE L'AIR

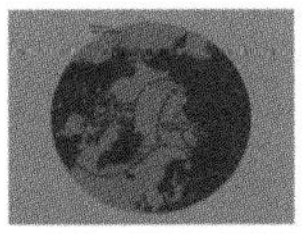

LE TRANSPORT DE LA POLLUTION DE L'AIR EN ARCTIQUE

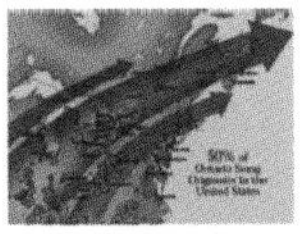

LA POLLUTION ATMOSPHÉRIQUE TRANSFRONTIÈRE

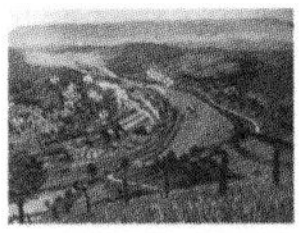

LE BROUILLARD DE DONORA, PENNSYLVANIE

POLITIQUE SPATIALE

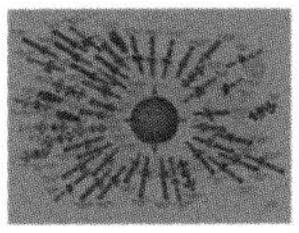

SATELLITES

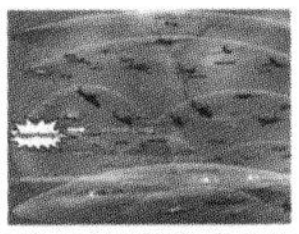

DÉPLOIEMENT DES ARMES DANS L'ATMOSPHÈRE

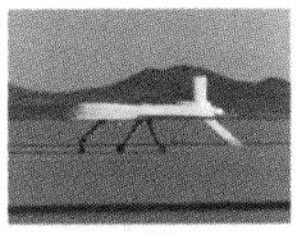

SCIENCE ET RÉCUPÉRATION MILITAIRE

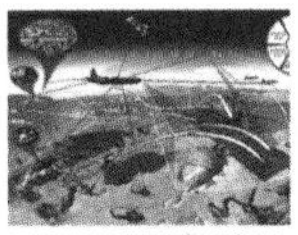

LA GUERRE DANS L'ATMOSPHÈRE INFÉRIEURE

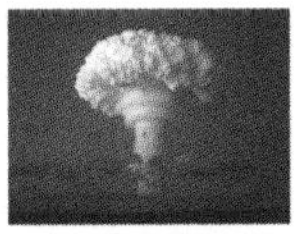

ESSAIS NUCLÉAIRES DANS L'ATMOSPHÈRE

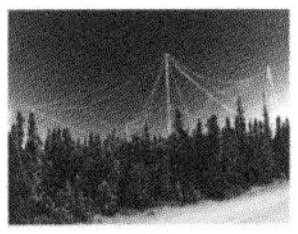

HAARP

TÉLÉDÉTECTION

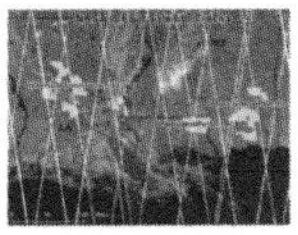

TÉLÉDÉTECTION PAR SATELLITE

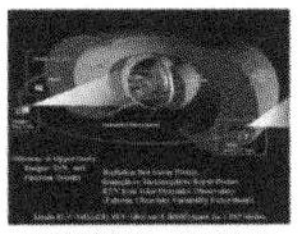

SONDES IONOSPHÈRE – THERMOSPHÈRE

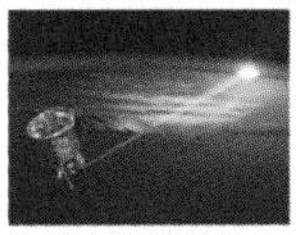

AERONOMY OF ICE IN THE MESOSPHERE

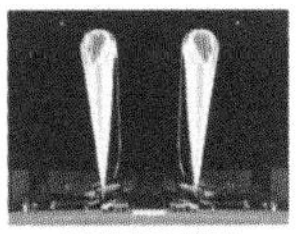

LE BALLON STRATOSPHÉRIQUE

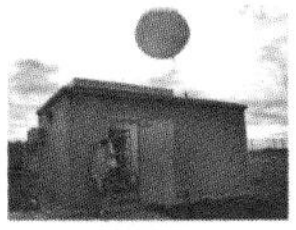

LA RADIOSONDE

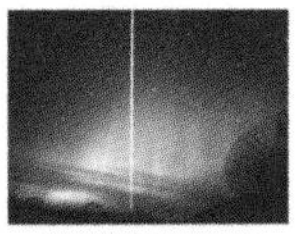

LIDAR (TÉLÉDÉTECTION PAR LASER)

CHANGEMENT CLIMATIQUE

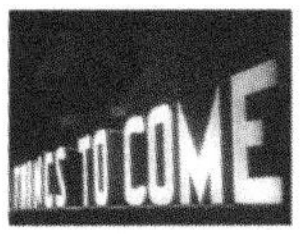

SPÉCULATIONS

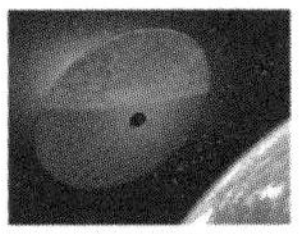

GÉO-INGÉNIERIE

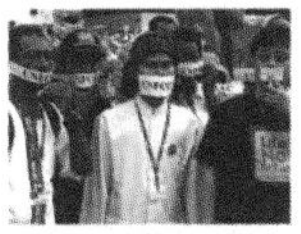

UNE JUSTICE ATMOSPHÉRIQUE ET CLIMATIQUE

COUCHE D'OZONE STRATOSPHÉRIQUE

OZONE (O_3)

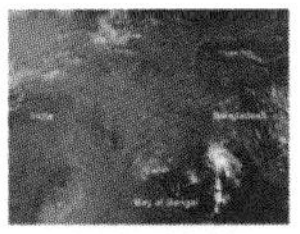

LES NUAGES BRUNS ATMOSPHÉRIQUES

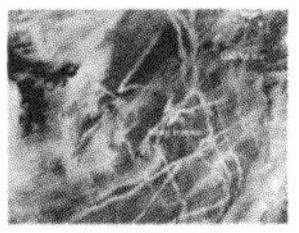

EXHALAISONS MARITIMES

ESPACE AÉRIEN

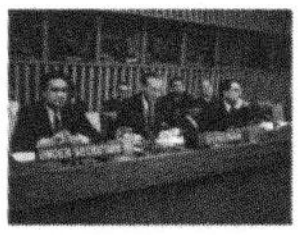

TRAITÉ DE L'ESPACE DE 1967

LA LIGNE DE KÁRMÁN

LA LIGNE DE KÁRMÁN (100 KM)

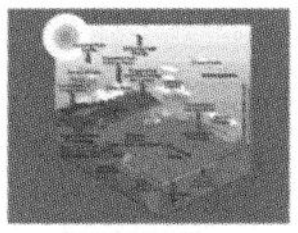

MODÈLE CLIMATIQUE

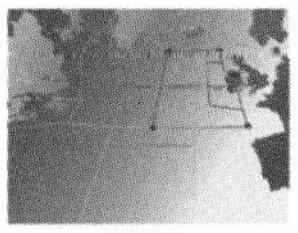

DÉVIATIONS

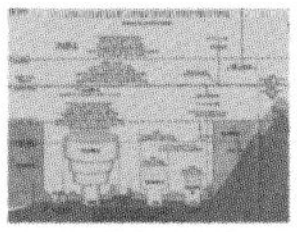

UNE DIMENSION VERTICALE DE LA SOUVERAINETÉ

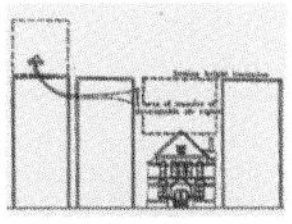

DROITS AÉRIENS

SPECTRE ÉLECTROMAGNÉTIQUE

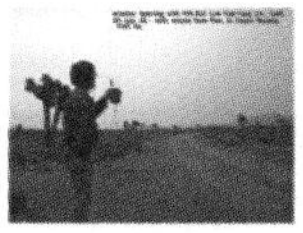

LES SONS DE LA MÉTÉOROLOGIE SPATIALE

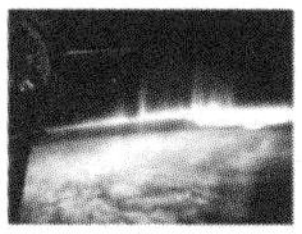

AURORES

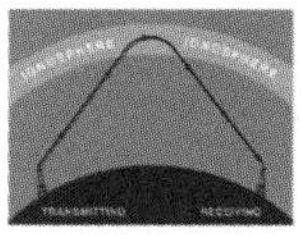

PROPAGATION IONOSPHÉRIQUE (SKYWAVE)

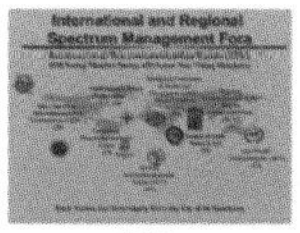

SPECTRE

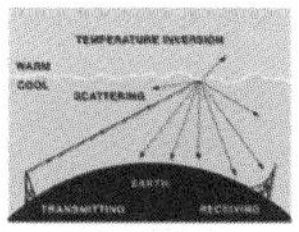

PROPAGATION TROPOSPHÉRIQUE

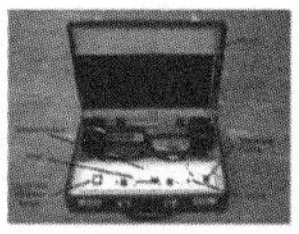

RADIO PUBLIQUE

Michael Heizer, Sharon Gilbert, Peter Goin, Maurizio Lazzarato et Angela Melitopoulos, Dona Ann McAdams, Louise Neaderland

Le nucléaire et le sublime ultime

Le photographe Peter Goin est l'un des premiers civils autorisés à photographier en 1991 les sites de tests nucléaires du désert du Nevada[1]. Entre 1951 et 1963, date de la signature du Traité d'interdiction partielle des essais nucléaires[2], plus de deux cents explosions y ont eu lieu en surface, avant de se poursuivre en souterrain. Goin photographie, dans cette zone interdite de plusieurs milliers de kilomètres carrés, la beauté mortifère de l'invisible et l'indicible : l'impalpable radioactivité encore présente et les reliques d'une course internationale à l'intimidation et à la suprématie. Dans ces « paysages de la peur », anciennes incarnations de la *wilderness* américaine, chauffés à blanc dans une métaphore solaire d'autres radiations, le silence et la désolation dominent entre cratères, ruines d'infrastructures et zones en apparence épargnées que seules viennent contredire des mentions telle « Site of Above Ground Test ».

Dans le même État, au cœur de la Garden Valley, Michael Heizer entame en 1972 un gigantesque projet de construction. Inaccessible au public jusqu'à son achèvement, cette « City » qui s'étalera à terme sur plus d'un kilomètre et demi, est composée de plusieurs complexes de terre et béton aménagés autour d'une cour. Cette vaste entreprise, qui s'inscrit dans sa pratique du land art de *Double Negative* (Nevada, 1970) [→p.31] à *Effigy Tumuli* (Illinois, 1985) [→p.148], évoque la tradition amérindienne des monticules sacrés ou cérémoniels.

Elle s'envisage également comme une réponse à ce contexte géographico-militaire du Nevada et à cette période hantée par la menace d'un conflit nucléaire international. Michael Heizer l'évoque à plusieurs reprises : « Ma pratique reflète en particulier ma conscience de vivre à l'ère du nucléaire. Nous sommes peut-être en train de vivre la fin de la civilisation[3] » ou encore, « La bombe H, voilà l'ultime sculpture[4] ». *City*, entre mémorial de la fin des temps et trace survivante d'une civilisation dans l'imminence de sa disparition[5], est ainsi un défi à la mesure de la menace. « Quand la déflagration finale nous emportera, *Complex I* constituera votre artefact. Il représentera votre art parce qu'il est conçu pour durer et résister à une température et à un choc considérable », déclare-t-il en 1977[6]. Une architecture post-apocalyptique face au sublime ultime d'une possible explosion nucléaire…

Ce fantasme d'imminence de la destruction et ce climat de terreur international sont partagés par le grand public et les intellectuels. L'auteure Christa Wolf, notamment, l'évoque dans son ouvrage *Cassandre*, qui actualise la figure mythologique dans ce contexte de menace : « Si le danger atomique nous conduit à la limite de l'anéantissement, il devrait nous avoir conduits aussi à cette limite où on ne peut plus se taire, où on ne peut plus tolérer, où on ne peut plus retenir sa peur ni son inquiétude,

»»»

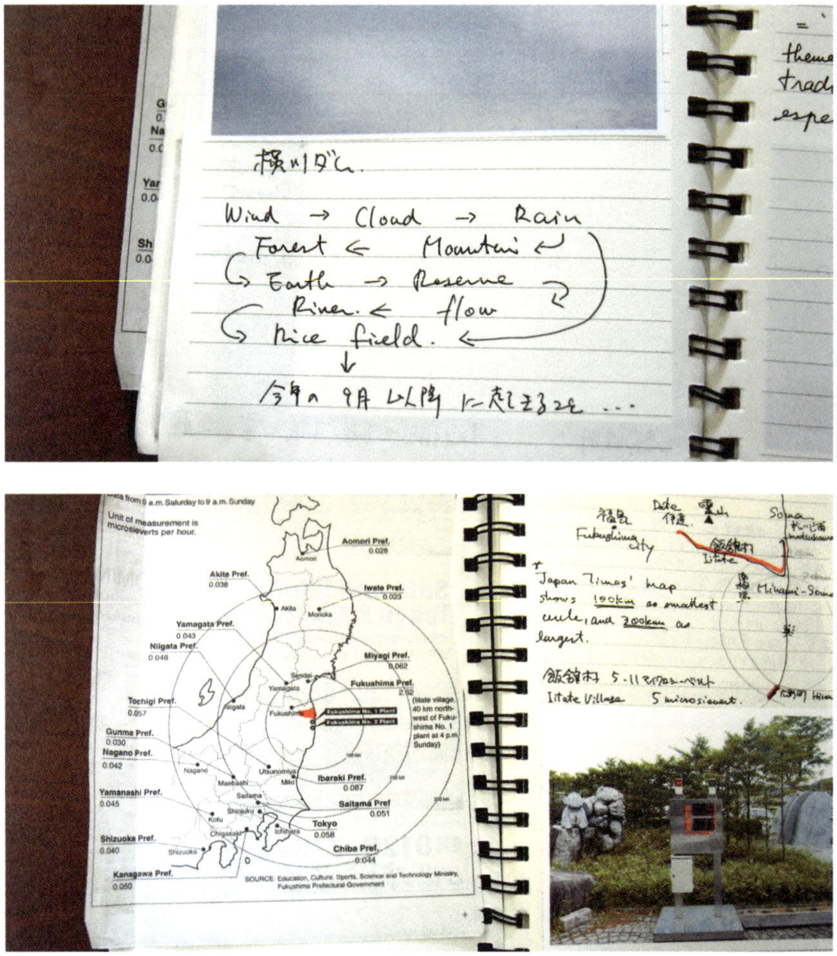

MAURIZIO LAZZARATO ET ANGELA MELITOPOULOS
***Two Maps*, 2012**
Installation vidéo, 12 documents A4 sous vitrine, dimensions variables
Courtesy les artistes

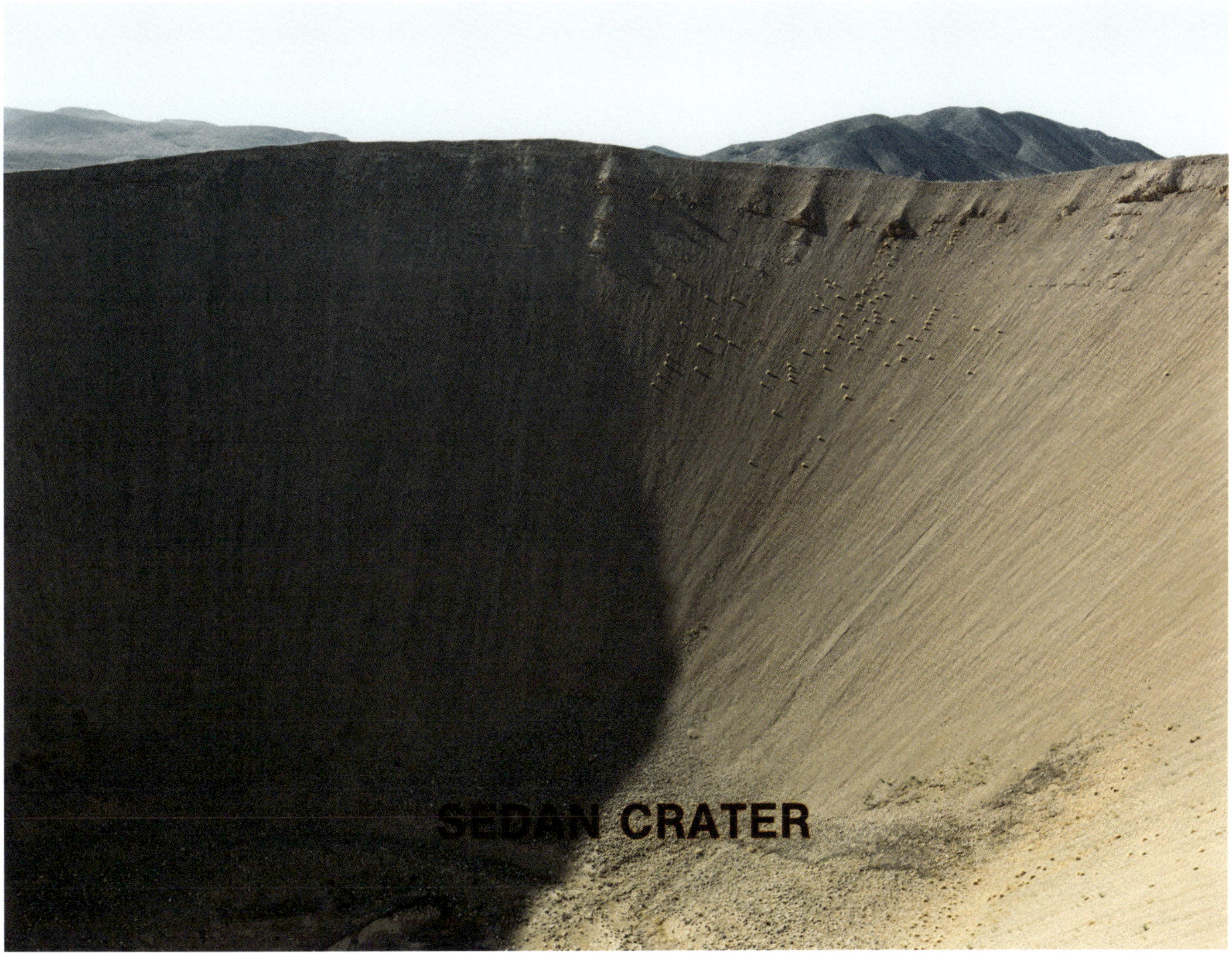

PETER GOIN
***Sedan Crater*, 1985-1991**
Série « Nuclear Landscapes, the Nevada Test Site »
Épreuve chromogène, 25,4 × 33,7 cm
Reno, The Nevada Museum of Art

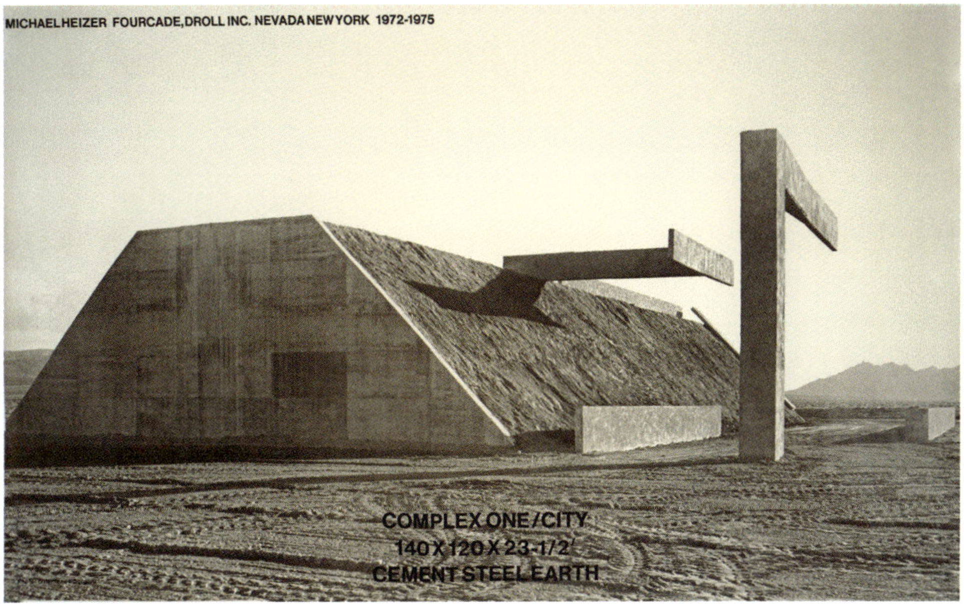

MICHAEL HEIZER
***Complex One/City 140 × 120 × 23 1/2' Cement Steel Earth*, vers 1975**
Impression offset sur papier, 91,4 × 147,3 cm
Reno, The Nevada Museum of Art, Center for Art + Environment

et où il faut dire ce qu'on pense vraiment[7]. »
Dans les cercles militants ou féministes, des voix s'élèvent pour exprimer le refus de la menace, militaire et civile, que fait peser cette technologie sur le monde. Des formes s'inventent, souvent modestes et largement diffusables, pour appeler à la vigilance. Parmi ces projets, à la lisière de l'artistique et de l'activisme, nés de l'urgence, le *Nuclear Fan* (1984) de Louise Neaderland, dérisoire éventail de papier déployant l'image d'un champignon atomique accompagnée du texte « THIS IS ONLY A TEST… Caution ! handle with care FLAMABLE », suggère une ultime et définitive brise.
Avant même la catastrophe de Tchernobyl, en avril 1986, le bien-fondé du choix stratégique d'un devenir nucléaire du monde est questionné. Dans son portfolio *The Nuclear Survival Kit* (1978-1985), Dona Ann McAdams décline sur des tracts, cartes postales, posters, des autoportraits devant des centrales nucléaires. On la voit notamment, peu de temps avant l'accident de Three Mile Island en Pennsylvanie (1979), jongler avec deux amies devant les tours d'une centrale avec le message « Ils jonglent avec nos gènes ! ». Sharon Gilbert réalise en 1982 un *Atlas nucléaire*[8], articulant collages, cartes, données scientifiques et extraits de revues de presse listant des incidents ou accidents nucléaires à travers le monde et leurs conséquences sur l'environnement et la santé. Elle produit également de petits carnets aux titres chocs, *Poison America*, *Urgent Life* ou encore *Chemical Ways*[9], mêlant la fragilité des motifs de mains et de lignes de vie à des coupures de presse déclinant ces mêmes sinistres informations. Les féministes se mobilisent et en appellent à la responsabilité pour les générations futures. Le numéro 13 du magazine américain *Heresies* intitulé « Earthkeeping/Earthshaking » (1981), consacré au féminisme et à l'écologie, se fait ainsi l'écho de ces débats. Lorna Salzman, représentante des Amis de la Terre à New York, clôt son article avec cette question : « Concernant l'énergie, nous n'avons pas vraiment posé les bonnes questions et nous avons donc reçu de mauvaises réponses. Au lieu de partir du principe que nous aurons toujours besoin de davantage d'énergie pour satisfaire des besoins non définis, nous devrions nous demander : de combien d'énergie avons-nous besoin et pour faire quoi ? Qui la paie ? Qui en profite et qui en fait les frais ? Quelles sont les autres solutions possibles[10] ? »
À côté de ces formes militantes, d'autres inventent, à l'image du réalisateur japonais Akira Kurosawa, des œuvres cathartiques. Dans son court-métrage *Le Mont Fuji en rouge* (1990), il décrit l'explosion d'une centrale nucléaire située à proximité du mont Fuji. Dans un déluge de feu, s'entremêlent l'incendie des réacteurs et les éruptions de la montagne réveillée par l'accident. Sur ce fond d'apocalypse, une foule éperdue prend la fuite. Vingt et un ans avant Fukushima, dans ce récit tristement prémonitoire, le responsable de la centrale implore les survivants de pardonner l'arrogance scientifique d'une foi inébranlable en la fiabilité technologique.
Cet imaginaire de la disparition par le nucléaire qui hante la seconde moitié du XXe siècle a contribué à forger un nouveau sublime, largement déployé dans les splendides et terrifiantes images de champignons atomiques montées en 1976 par Bruce Conner dans *Crossroads*. Cette technologie a également généré une nouvelle forme de désastre aux conséquences multiples : « Il n'y a plus de catastrophe naturelle : il n'y a plus qu'une catastrophe civilisationnelle[11]. »
Dans leur vidéo *The Life of Particles*, Maurizio Lazzarato et Angela Melitopoulos interviewent l'anthropologue Chihiro Minato six mois après la catastrophe de Fukushima, évoquant la gestion de la communication autour de la radioactivité et ses conséquences. Confrontant des cartes destinées aux Japonais et aux étrangers, il fait surgir l'évidence de la minimisation de la zone impactée et d'une perception biaisée du désastre. Il soulève surtout l'amnésie partielle de ces cartes recouvertes de cercles concentriques évoquant un épicentre et des zones « hors d'atteinte », qui ne prennent pas en compte les mouvements des vents et de la pluie. « Je crois que ces cercles parfaits révèlent le fonctionnement de la bureaucratie et donc le politique. Le cercle est politique tandis que la géographie est la vie », exprime-t-il. Esquissant un parallèle avec Hiroshima, il précise que ces cercles abstraits et arbitraires dessinent une ligne de partage entre les personnes qui pourront être dédommagées et celles qui ne le seront pas. Insistant sur la relation entre la géographie et la psychologie, entre l'abstraction de la carte et la réalité des faits, Lazzarato, Melitopoulos et Minato soulignent l'autre événement majeur du XXe siècle, déjà soulevé par Rachel Carson dans son *Printemps silencieux* ✿ (1962) : l'invisibilité de la catastrophe et la géographie de la peur qu'elle engendre. — H.G.

LOUISE NEADERLAND
***Nuclear Fan*, 1984**
10 volets photocopiés, cartonnés et reliés par un rivet sous coffret cartonné, 21 × 35,5 cm
Collection Hélène Guenin et Anthony Berthelier

SHARON GILBERT
***A Nuclear Atlas*, 1982**
Livre imprimé en offset noir et blanc, 28 × 24 cm
Collection Hélène Guenin et Anthony Berthelier

DONA ANN McADAMS
***They're Juggling Our Genes! The Nuclear Survival Kit*, 1978-1985**
Cartes postales photocopiées sur papier cartonné, reliure à spirales, couverture en acétate, 12 × 19,5 cm
Collection de l'artiste

1. Peter Goin photographie également les sites de tests nucléaires au Nouveau-Mexique, dans le complexe de Hanford, dans l'État de Washington et sur l'atoll de Bikini dans les îles Marshall.
2. Ce traité fut ratifié par les États-Unis, le Royaume-Uni et l'URSS.
3. Serge Paul, « Michael Heizer et les risques du sublime technologique », *Marges, revue d'art contemporain*, nº 14, printemps/été 2012, « Au-delà du Land Art », Paris, Presses universitaires de Vincennes, p. 29. Source : Michael Heizer cité par Michael Kimmelman, « Art's Last, Lonely Cowboy », *New York Times Magazine*, 6 février 2005, p. 36.
4. Germano Celant, *Michael Heizer*, Milan, Fondazione Prada, 1997, p. 207 (déclaration en 1982, citation traduite par Serge Paul).
5. Voir plus largement sur ce sujet Serge Paul, art. cité.
6. Serge Paul, art. cité, p. 29. Source : John Gruen, « Michael Heizer: You Might Say I'm in the Construction Business », in *Artnews*, décembre 1977, p. 99.
7. Christa Wolf, *Cassandre. Les prémisses et le récit*, Paris, Stock, coll. « Bibliothèque cosmopolite », 2012, p. 143. Première parution en 1983.
8. Sharon Gilbert, *A Nuclear Atlas*, édité par The Women's Studio Workshop, Rosendale, New York, 1982 (édition de 500).
9. Édités par l'artiste, respectivement en 1988 (édition de 300), 1990 (édition de 300) et 1997.
10. Lorna Salzman, « Energy Modes: Towards a Harmony of the Biosphere », *Heresies*, nº 13, « Earthkeeping/Earthshaking: Feminism & Ecology », New York, 1981, p. 36.
11. Jean-Luc Nancy, *L'Équivalence des catastrophes (Après Fukushima)*, Paris, Galilée, coll. « La philosophie en effet, 2012, p. 58.

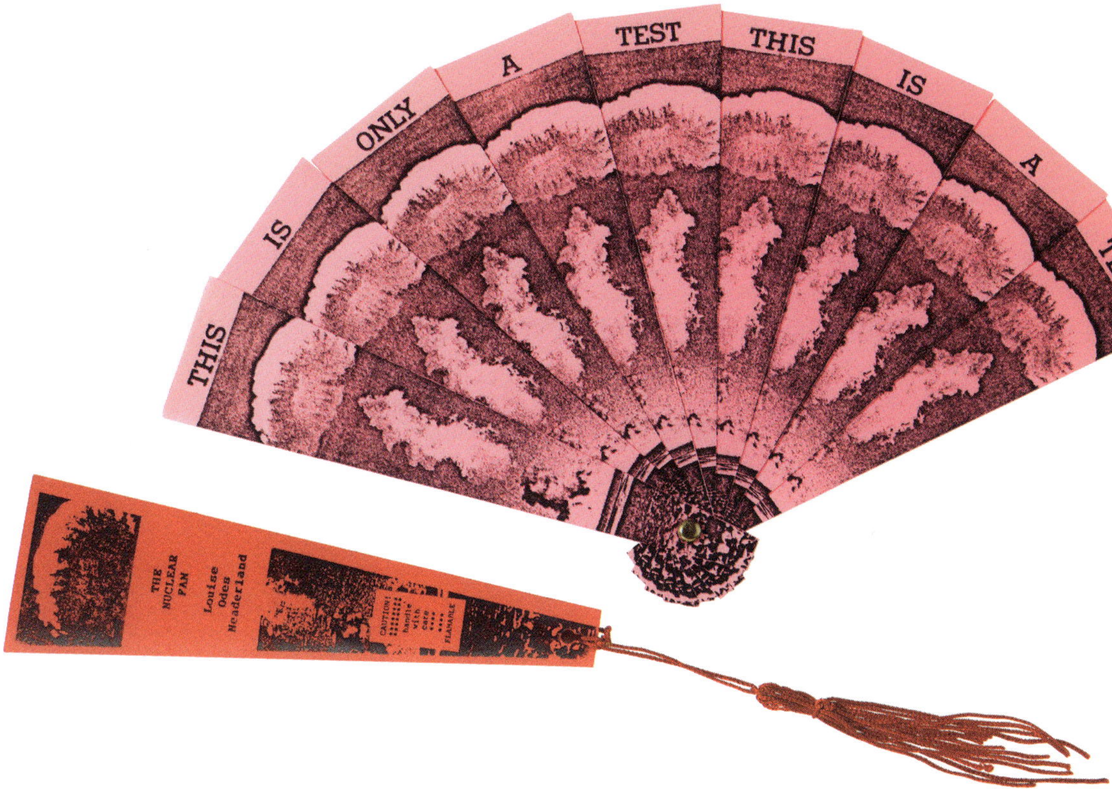
THIS
IS
ONLY
A
TEST
THIS
IS
A
TEST
THE NUCLEAR FAN
Louise Odes Neaderland

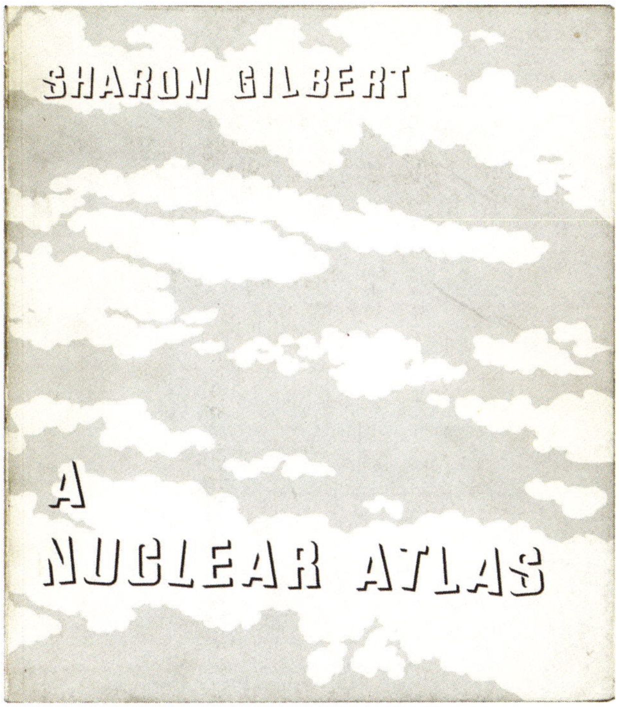
SHARON GILBERT
A NUCLEAR ATLAS

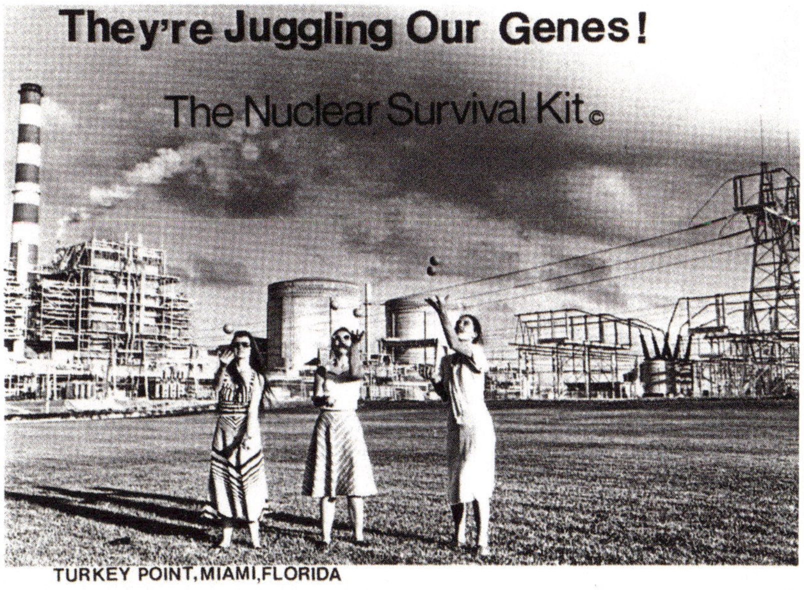
They're Juggling Our Genes!
The Nuclear Survival Kit ©
TURKEY POINT, MIAMI, FLORIDA

Les revues militantes

Le vent se lève : l'avènement de l'écologie militante

Si la presse écrite d'opinion est aujourd'hui en grande difficulté, elle ne l'était pas moins dans les années 1960-1970 pour la presse dite alternative et écologiste. Celle-ci a défini et structuré un courant de pensée dont nul au XXIe siècle ne peut faire abstraction, la conférence sur le climat organisée à Paris en décembre 2015, la COP21, en étant une parfaite illustration. L'histoire de la presse écologique française ne sera évoquée ici que de manière succincte. Il faut rendre hommage à ses acteurs, aujourd'hui pour la plupart disparus. Dès le début des années 1970, Jean Carlier (1922-2011), journaliste à RTL, s'investit totalement dans la défense de l'environnement, en assurant des rubriques régulières à l'antenne notamment sur la sauvegarde du Parc de la Vanoise et en créant l'association des Journalistes-écrivains pour la nature et l'écologie (JNE). Pierre Fournier (1937-1973) créé le mensuel *La Gueule ouverte* en 1972. C'est grâce au soutien de *Charlie Hebdo*, dont il était membre, qu'il lance ce mensuel vendu à ses débuts à plusieurs dizaines de milliers d'exemplaires. Fournier est le véritable fondateur de l'entrée en politique de l'écologie. Il décède à trente-cinq ans. Isabelle Cabut (1937-2013) prend sa succession. *La Gueule ouverte* devient hebdomadaire et développe une écologie positive et libertaire. Mais ses dix mille abonnés et ses ventes en kiosques ne suffisent pas et la revue cesse de paraître fin 1980. Isabelle Cabut, trop méconnue des écologistes, disparaît deux ans avant l'assassinat de son ex-mari dessinateur. Journaliste et inlassable défenseur de l'environnement, Alain de Swarte dirige de A à Z le trimestriel *Combat Nature*, entre 1974 et 2005 : un mélange journalistique de niveau philosophique avec la participation, entre autres, de Jacques Ellul et de la famille Charbonneau, ainsi que des rubriques militantes associatives. Jean-Luc Burgunder, quant à lui, n'a jamais cessé de rembourser les dettes occasionnées par la publication pendant une bonne partie des années 1970 et 1980 d'*Écologie Infos*, un concurrent/collègue de *La Gueule ouverte*. Enfin, citons le mensuel *Le Sauvage*, seul organe de presse écologiste des années 1970 soutenu par un groupe puissant – *Le Nouvel Observateur*. Bien que vendu à plusieurs dizaines de milliers d'exemplaires, *Le Sauvage* cessera lui aussi sa parution. Malgré ses vicissitudes, cette presse écologiste française demeure très présente : en 2016, plusieurs périodiques se battent brillamment pour exister. La revue mensuelle *Silence* en est le plus bel exemple. Édité depuis 1982, *Silence* et ses quatre mille abonnés vont atteindre le numéro 450. Des lecteurs solidaires permettent à l'équipe de – presque – subvenir aux besoins du journal. Le mensuel *La Décroissance* se vend en kiosques à une dizaine de milliers d'exemplaires et dispose de trois mille abonnés et de quatre permanents. Autre mensuel, *L'Âge de faire* compte douze mille abonnés et six permanents. Il est en vente dans les magasins bio et, comme les autres titres, dans les salons du type Marjolaine. Le trimestriel *L'Écologiste* poursuit très honorablement son chemin et sa diffusion atteint des milliers d'exemplaires en kiosques ou par abonnements. On ne peut que conclure par l'excellent site *Reporterre, le quotidien de l'écologie*, dirigé par Hervé Kempf, journaliste pendant près de quinze ans au *Monde*. *Reporterre* est suivi quotidiennement par vingt mille personnes et salarie une équipe de journalistes professionnels. Bien d'autres publications ont existé (*La Baleine*, *Le Pont*, *Les Réalités de l'écologie*…) ou existent comme notamment, au niveau régional, le mensuel *Le Ravi* en PACA, ou thématique, au niveau national, le trimestriel *Sortir du nucléaire*.— J.-L.B.

LES AMIS DE LA TERRE
***Sauve qui pleut !*, non daté**
Impression offset couleur, 60 × 40 cm
Pierrefitte-sur-Seine, Archives nationales

Oxygène Bretagne. Mensuel écologique breton
« Assez ! », n° 14, avril-mai 1980
Revue
Thiverval Grignon, musée du Vivant – AgroParisTech

La Gueule ouverte. Le journal qui annonce la fin du monde
« Tout doit disparaître », n° 71, septembre 1975
Revue hebdomadaire
Thiverval Grignon, musée du Vivant – AgroParisTech

Le Sauvage
« Danger la pollution », n° 11, mars 1974
Revue
Thiverval Grignon, musée du Vivant – AgroParisTech

La Baleine. Journal des amis de la Terre
« Il ne faudrait pas prendre cette planète pour un supermarché », n° 34, mars 1978
Revue
Thiverval Grignon, musée du Vivant – AgroParisTech

The Ecologist. Incorporating Mazingira
« Sea Level Rise: The Policy Implications », vol. 19, n° 1, 1989
Courtesy Resurgence Trust

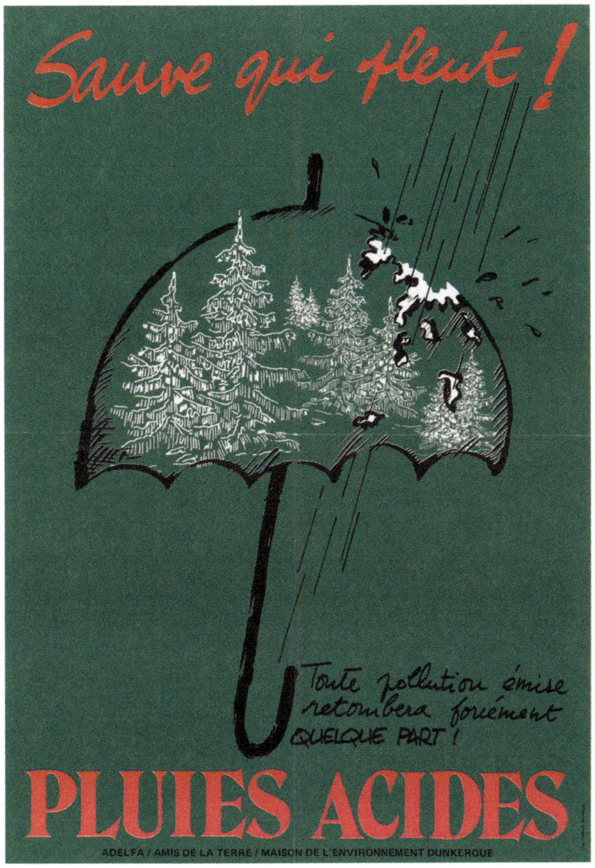
Sauve qui pleut !
Toute pollution émise
retombera forcément
QUELQUE PART !
PLUIES ACIDES
ADELFA / AMIS DE LA TERRE / MAISON DE L'ENVIRONNEMENT DUNKERQUE

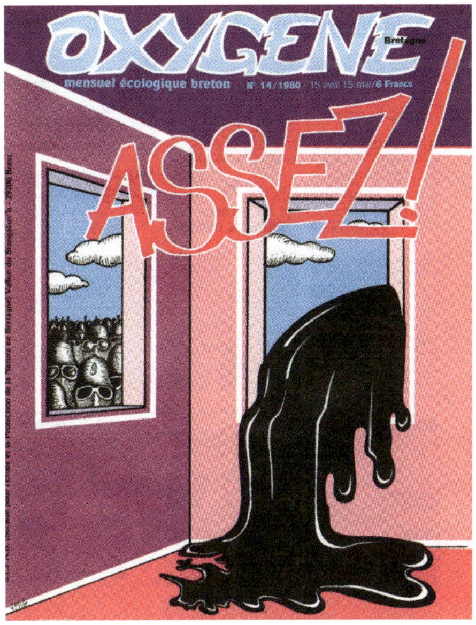
OXYGENE
Bretagne
mensuel écologique breton
N° 14/1980 - 15 avril-15 mai/6 Francs
ASSEZ!

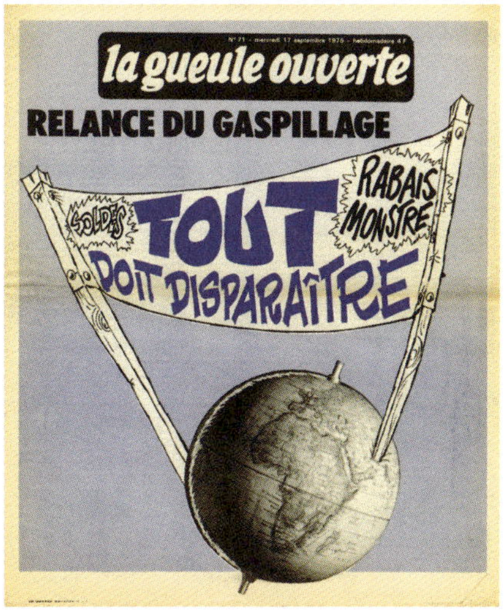
la gueule ouverte
RELANCE DU GASPILLAGE
SOLDES
TOUT
RABAIS
MONSTRE
DOIT DISPARAÎTRE

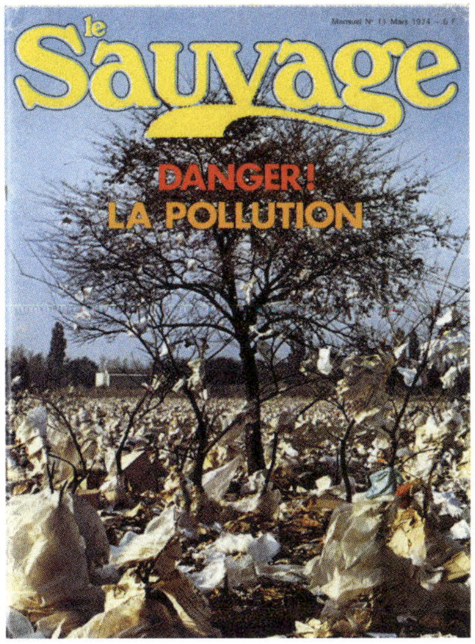
le Sauvage
DANGER!
LA POLLUTION

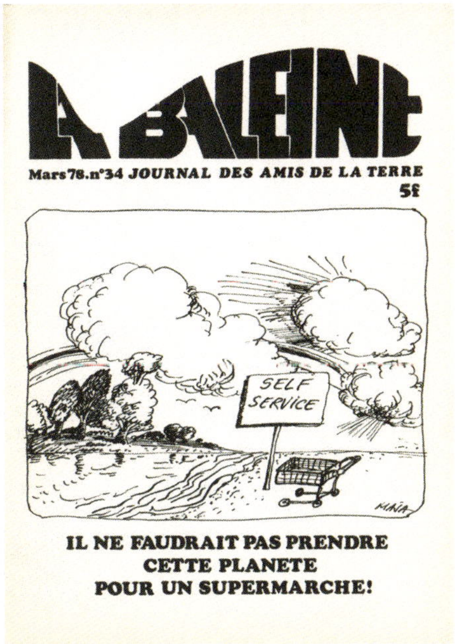
LA BALEINE
Mars 78. n°34 JOURNAL DES AMIS DE LA TERRE
5f
SELF SERVICE
IL NE FAUDRAIT PAS PRENDRE
CETTE PLANETE
POUR UN SUPERMARCHE!

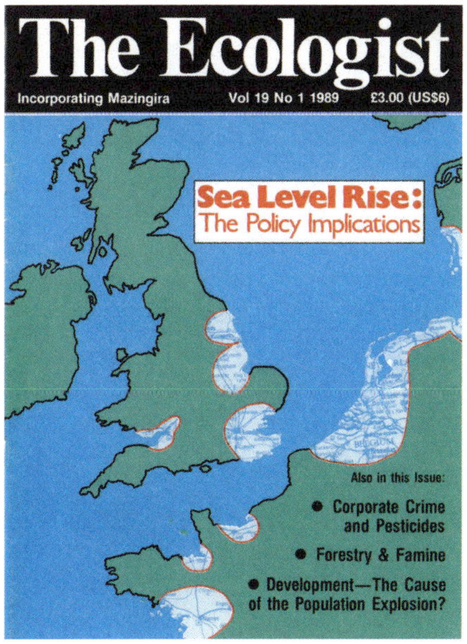
The Ecologist
Incorporating Mazingira
Vol 19 No 1 1989
£3.00 (US$6)
Sea Level Rise:
The Policy Implications
Also in this Issue:
Corporate Crime and Pesticides
Forestry & Famine
Development—The Cause of the Population Explosion?

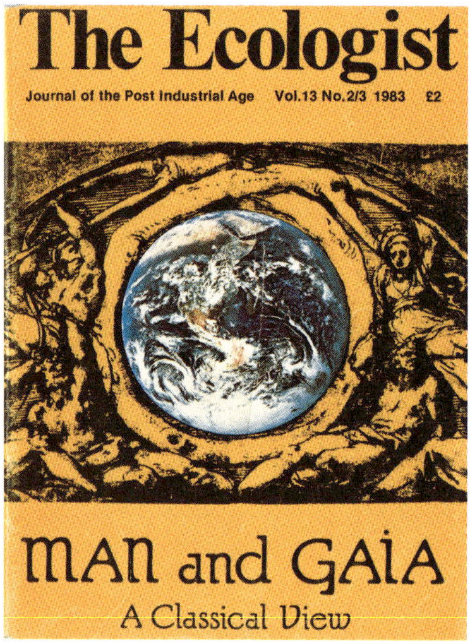

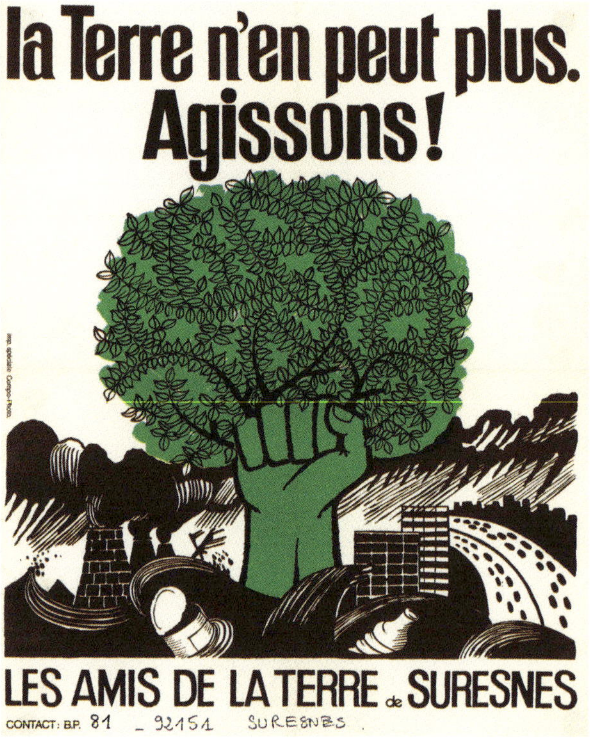

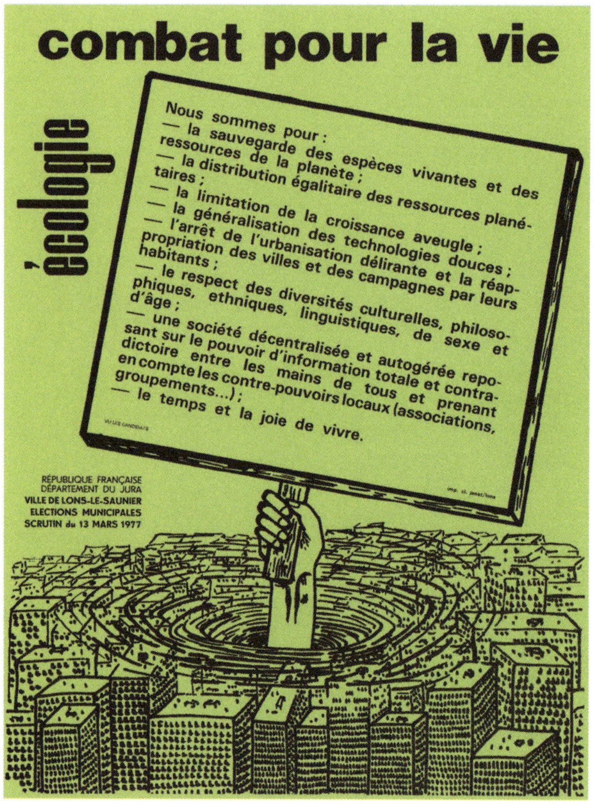

LES AMIS DE LA TERRE
***La Terre n'en peut plus. Agissons !*, 1980**
Impression offset couleur, 62 × 49 cm
Pierrefitte-sur-Seine, Archives nationales

LES AMIS DE LA TERRE
***Combat pour la vie*, 1980**
Impression offset couleur, 77 × 56 cm
Pierrefitte-sur-Seine, Archives nationales

***The Ecologist. Journal of the Post Industrial Age* «*Man and Gaia*», vol. 13, nº 2/3, 1983**
Impression offset couleur, 77 × 56 cm
Courtesy Resurgence Trust

KLAUS STAECK
***Und neues Leben blüht aus den Ruinen*, 1979**
Sérigraphie sur papier, 84 × 59 cm
Limoges, collection Frac Limousin

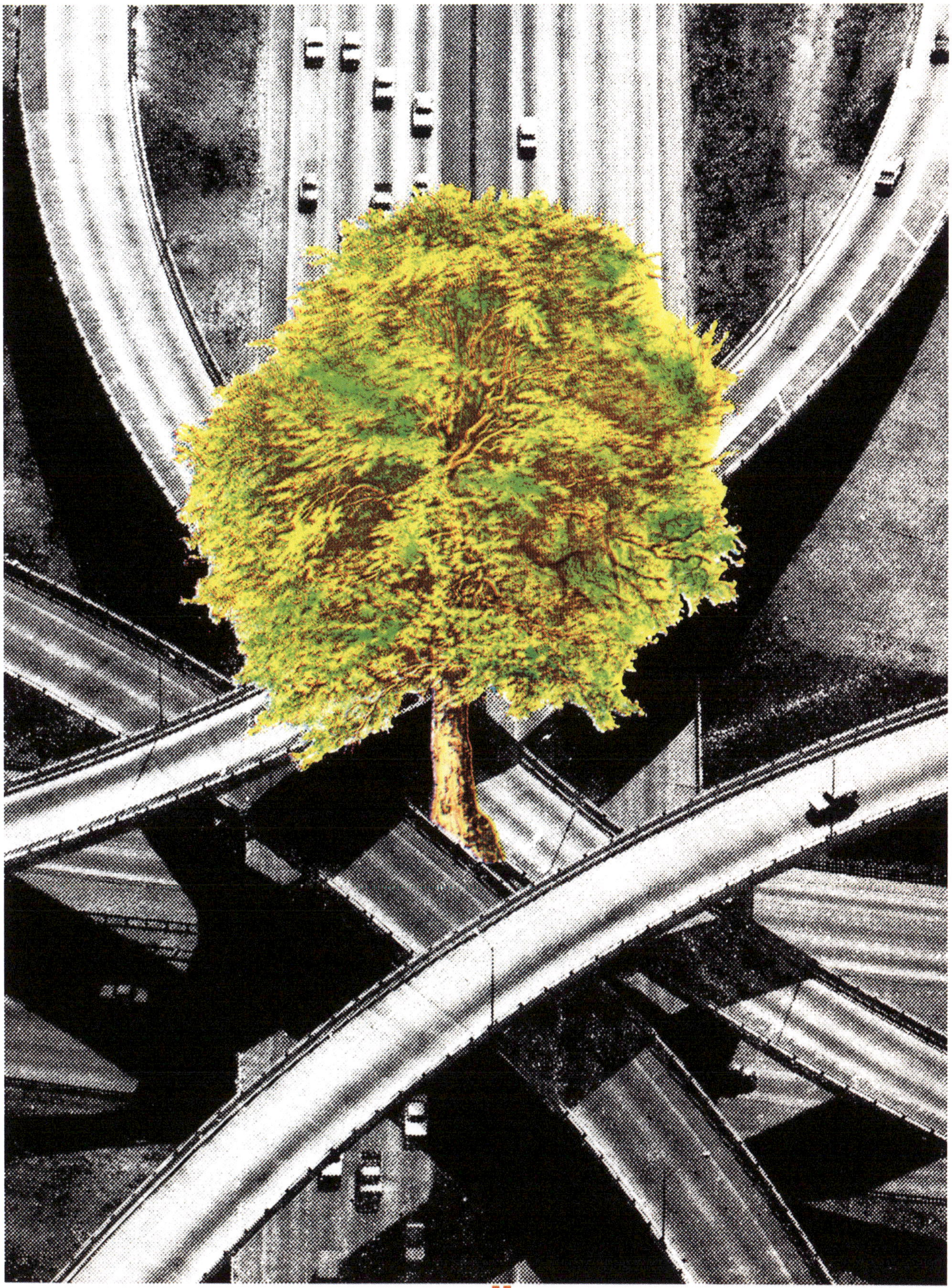

UND NEUES LEBEN BLÜHT AUS DEN RUINEN

Ursula Biemann | L'effet papillon

Artiste vidéaste, co-commissaire d'expositions pour des projets curatoriaux collaboratifs, théoricienne de la culture à l'ère de la globalisation, chercheuse à la Zürcher Hochschule der Künste, Ursula Biemann réalise *Deep Weather* en 2013, sous la forme d'une « vidéo essai ». Format dont les dispositifs narratifs et de montage, entrecroisant témoignages, sources d'images et voix multiples, ou voix off distanciée, lui permettent, au-delà du documentaire journalistique ou anthropologique, d'interroger, par un langage visuel renouvelé, des réalités humaines et non humaines en mutation, des géographies mouvantes et des temporalités divergentes, dans un monde global pris dans le réseau complexe des causes et des effets – ce que l'on a appelé l'« effet papillon✿ ».
Le travail d'Ursula Biemann soude à la fois une analyse critique d'une vision anthropocentrée des ressources premières comme l'eau et le pétrole (*Black Sea Files*, 2005 ; *Egyptian Chemistry*, 2006-2009) et celle des écosystèmes✿ menacés (*Forest Law*, 2014), des mobilités migratoires (*Sahara Chronicle*, 2006-2009), de la prostitution des femmes dans les zones-frontières (*Performing the Border*, 1999).
Deep Weather est un diptyque sur le changement climatique✿ et ses significations humaines et écologiques, à l'échelle locale et mondiale. La première partie (« Carbon Geologies » [géologies du carbone]) a été tournée dans le nord de la province de l'Alberta, au Canada, zone d'extraction et d'exploitation intensives, à ciel ouvert, de sables bitumineux, située au cœur d'immenses forêts boréales, territoire de vie des nations premières amérindiennes. La seconde partie (« Hydrographies ») a été réalisée dans les deltas du sud du Bangladesh, là où les terres sont menacées par la montée inexorable du niveau de la mer et par de dramatiques inondations, conséquences de la fonte accélérée des neiges himalayennes. Une voix off narrative, celle de l'artiste, relie les deux phénomènes et sphères géographiques, et recouvre, sur le mode d'un murmure glaçant, des images d'une « terrible beauté[1] ». Celles des paysages détruits de la forêt boréale par l'industrie pétrolière, paysages mutants vers l'inhumain ; celles de milliers de femmes et d'hommes bangladais qui, en une longue file serpentine, « bâtissent », de leurs mains, des digues de boue pour protéger leurs villages des crues, et survivre.— M.M.

URSULA BIEMANN
***Deep Weather*, 2013**
Vidéo HD, couleur, sonore, durée : 8 min 58
Metz, collection 49 Nord 6 Est – Frac Lorraine

1. Extrait de *Pâques 1916*, du poète irlandais William B. Yeats : « *All changed, changed utterly:/A terrible beauty is born.* »

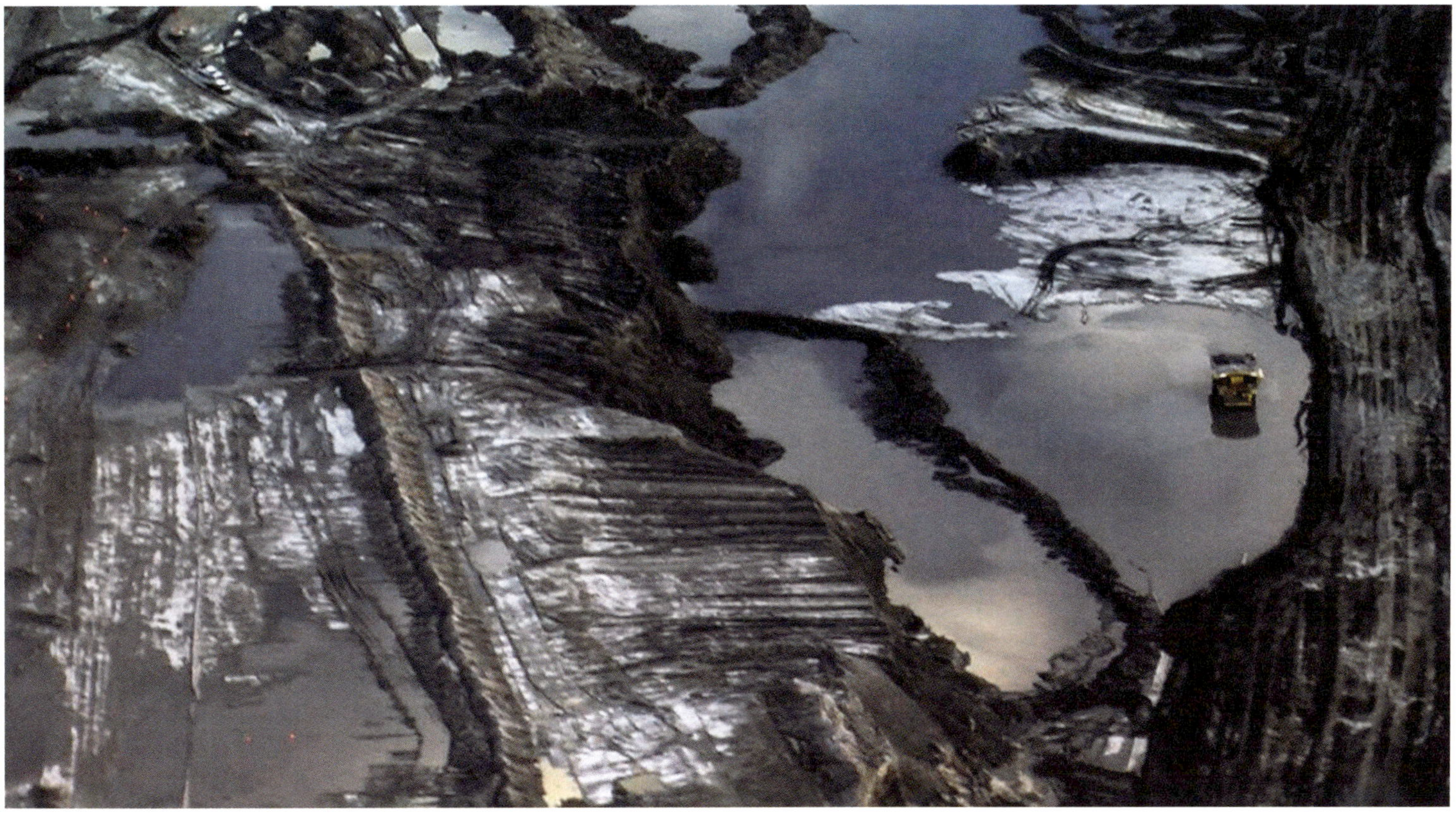

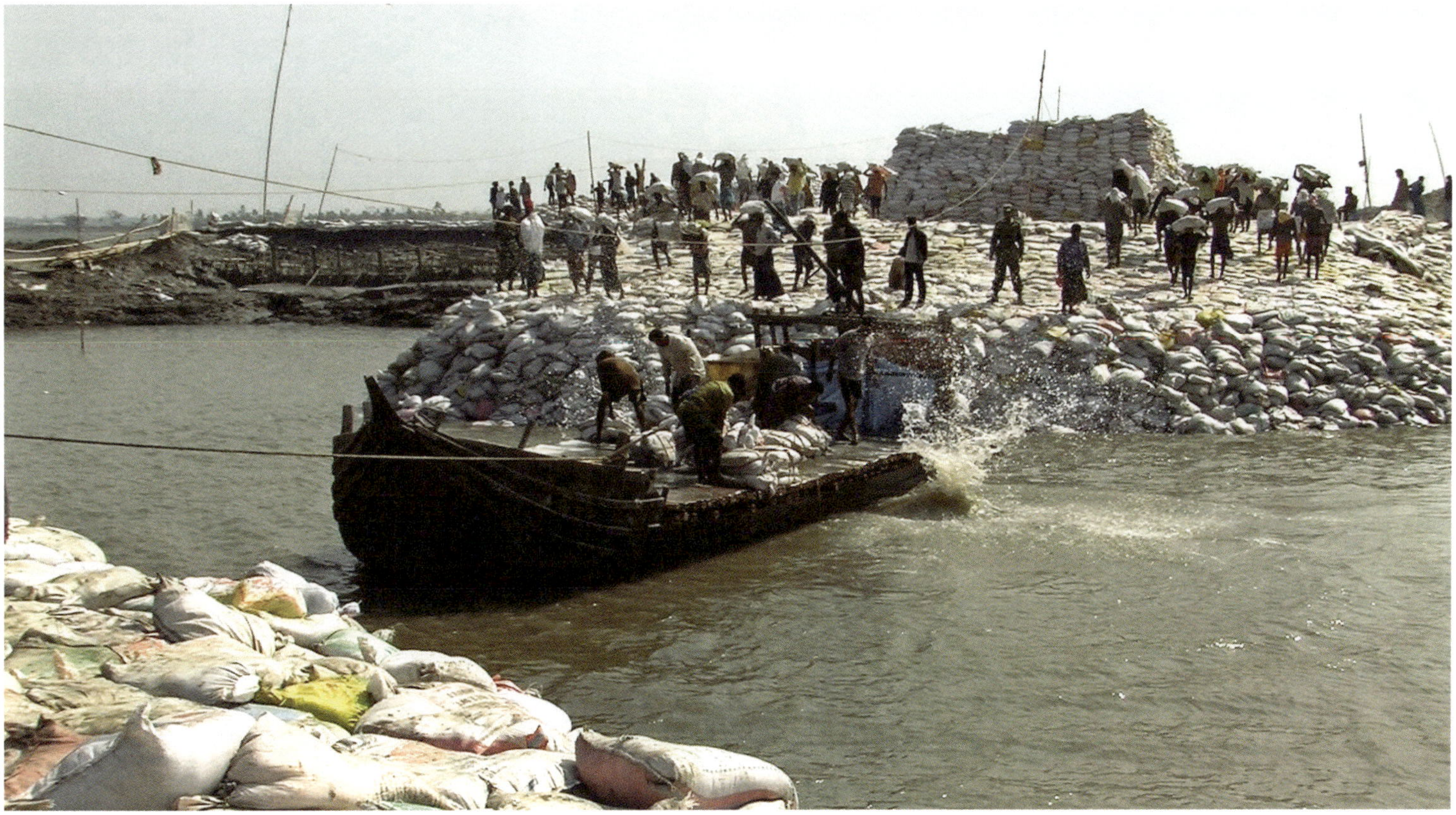

Tadashi Kawamata | *Under the Water*

Une vague scélérate semble s'être abattue dans la galerie du Centre Pompidou-Metz, charriant avec elle tout élément se trouvant sur sa trajectoire. Cette puissante lame de bois disparate, dense, suspendue au-dessus des têtes, crée un moment de sidération, saisissant le visiteur par sa dimension physique et menaçante.
Réalisée à l'aide de matériaux de bois et de mobilier usagé, comme toutes les œuvres de l'artiste japonais, cette installation de Tadashi Kawamata est à la fois une réminiscence des catastrophes qui ont durement touché le Japon en mars 2011 et un hommage aux disparus. Frappé par le séisme le plus puissant de son histoire, le pays a subi ensuite la réplique d'un tsunami dévastateur générant des vagues de près de quinze mètres de haut. Rapidement, les images de cette crue meurtrière, qui a sévi également sur de nombreux littoraux du Pacifique, se sont répandues dans les médias, répétant jusqu'à la nausée des images terrifiantes de vagues, charriant dans leur sillage tout ce qu'elles pouvaient emporter de débris d'habitats.
Monument silencieux et figé aux quelque vingt mille Japonais disparus, cette installation aérienne, suspendue dans l'espace entre les deux vues sur la ville, génère une expérience de choc et fait éprouver furtivement au visiteur cette marée de décombres, l'anéantissement et le ciel fragmenté, constellé d'objets charriés, perçu par les victimes.
Emportés au gré des courants, après la catastrophe, les débris ont rejoint les poubelles flottantes qui parsèment la surface des océans et ont pour certains, échoué quelques mois plus tard sur la côte ouest des États-Unis.
Incursion inédite de l'artiste dans le registre du drame, *Under the Water*, d'abord imaginée pour sa galerie parisienne, fin 2011, puis réinventée pour le Centre Pompidou-Metz, est une œuvre magistrale qui s'inscrit toutefois dans une recherche autour de la catastrophe qu'il mène depuis près de quinze ans. Fasciné par le projet de *Musée des accidents majeurs* de Paul Virilio et ce que le philosophe qualifie de « surexposition du public à l'effroi », Tadashi Kawamata collecte des images de désastres dans les journaux, rassemblant une archive du débordement, de l'effondrement, de la béance et de l'accumulation, « des formes hors de contrôle[1] », qui fait singulièrement écho à son œuvre et l'éclaire d'un jour nouveau.
Le calme qui se dégage de l'installation, le soin apporté à l'assemblage et au rythme de cette ondulante trame, génèrent paradoxalement un moment de contemplation et de recueillement, face à un monument silencieux, désormais universel et collectif. — H.G.

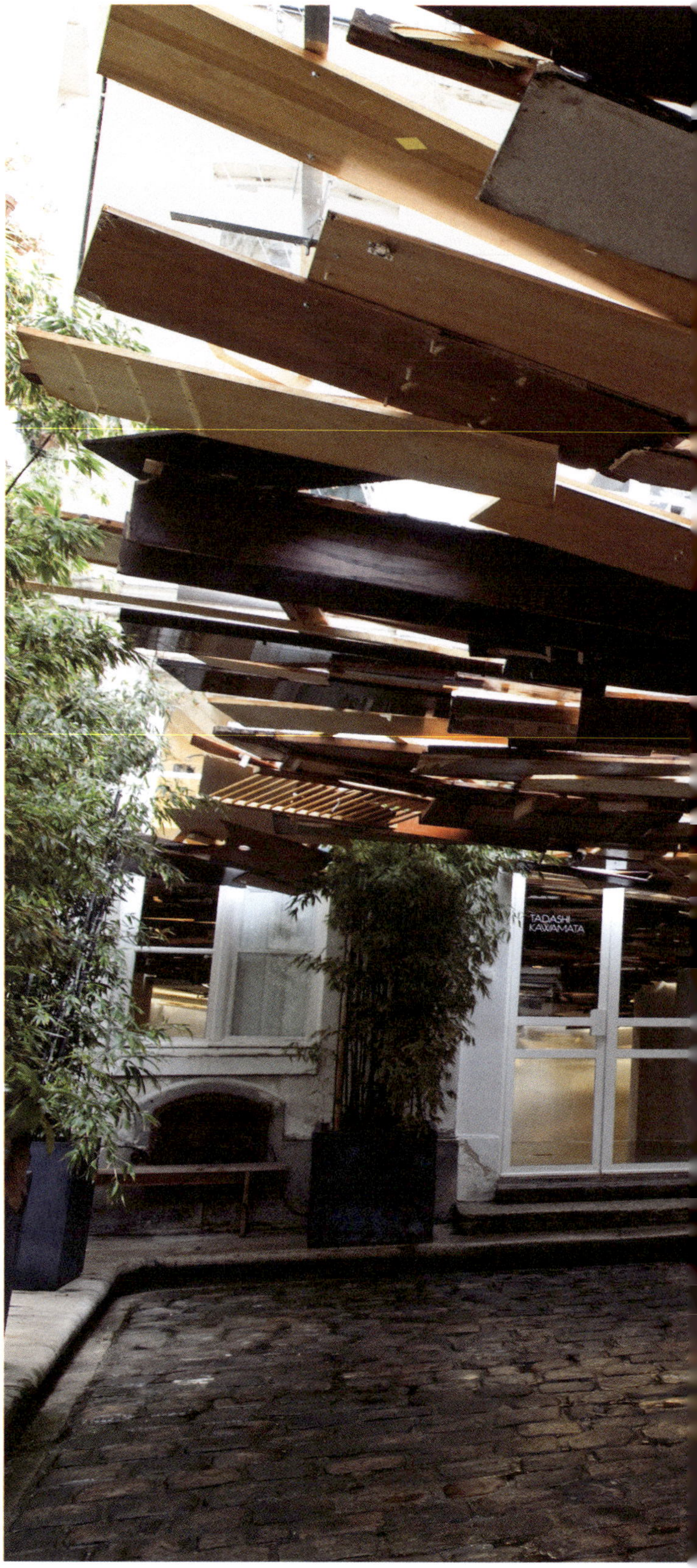

TADASHI KAWAMATA
***Under the Water*, 2011**
Éléments de mobilier en bois, *in situ*
Courtesy l'artiste et kamel mennour, Paris

1. *Tadashi Kawamata / Entretiens*, traduit de l'anglais par Raphaëlle Brin, Cerise Fontaine et Olivier Reneau, Paris, Éditions Lutanie, 2013, p. 112.

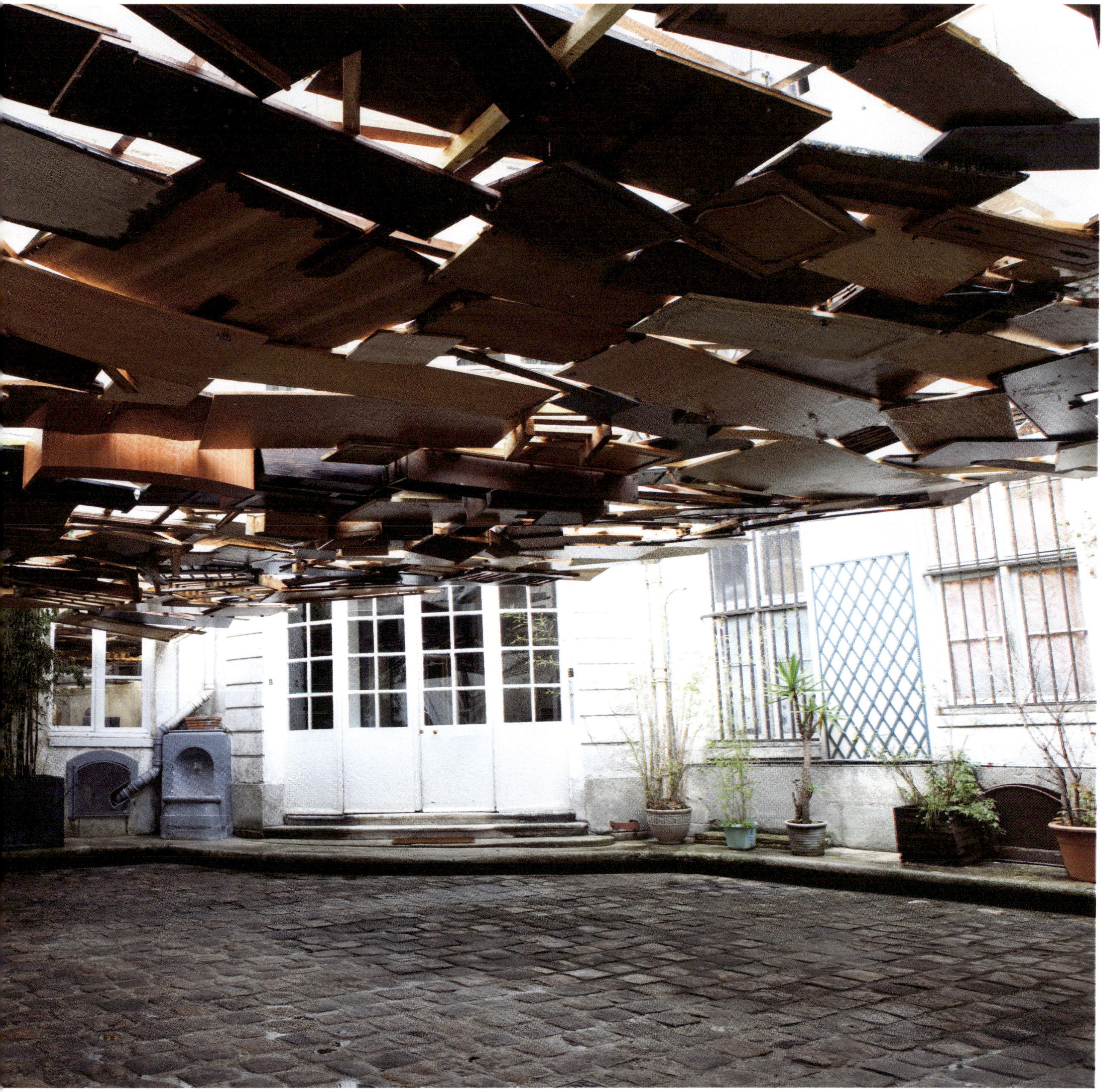

Alternatives

Alors que Gaïa était perçue comme un organisme géant aux ressources inépuisables, notre planète apparaît à la fin des années 1960 comme un « vaisseau Terre » aux réserves comptées (Buckminster Fuller). Si certaines hypothèses extravagantes imaginent coloniser l'espace, des alternatives concrètes proposent en revanche de stopper les dégradations en cours, de conserver et de restaurer le patrimoine restant. Apparaît alors le concept écologique de *sustainability*, littéralement « soutenabilité », qui prévoit des modèles de développement durable associant équité sociale, viabilité économique et respect environnemental. Le 1er janvier 1970, des millions d'Américains protestent contre la pollution lors du premier « Earth Day » ; des lois comme le Land Reclamation Act (1973) contraindront ensuite certains industriels et États américains à réhabiliter les terres détruites par l'exploitation. Des artistes proches du land art investiront d'anciennes mines, tantôt pour les requalifier, tantôt pour les sanctuariser. Certains proposent des solutions de développement durable, de dépollution ou de reforestation, d'autres imaginent des moyens de survie. Capsules climatiques, oasis artificielles, cosmos synthétiques ou villes amphibies ne seraient que des réserves temporaires. À moins que la « terraformation » – la transformation d'une planète, d'un satellite naturel ou d'un corps céleste en environnement habitable – à laquelle s'attache la science-fiction, ne soit un jour possible…

JUAN NAVARRO BALDEWEG
***Ecosystems Enclosed in Pneumatic Bubbles Floating in New York Harbor…*, 1972**
(détail, repr. p. 138)

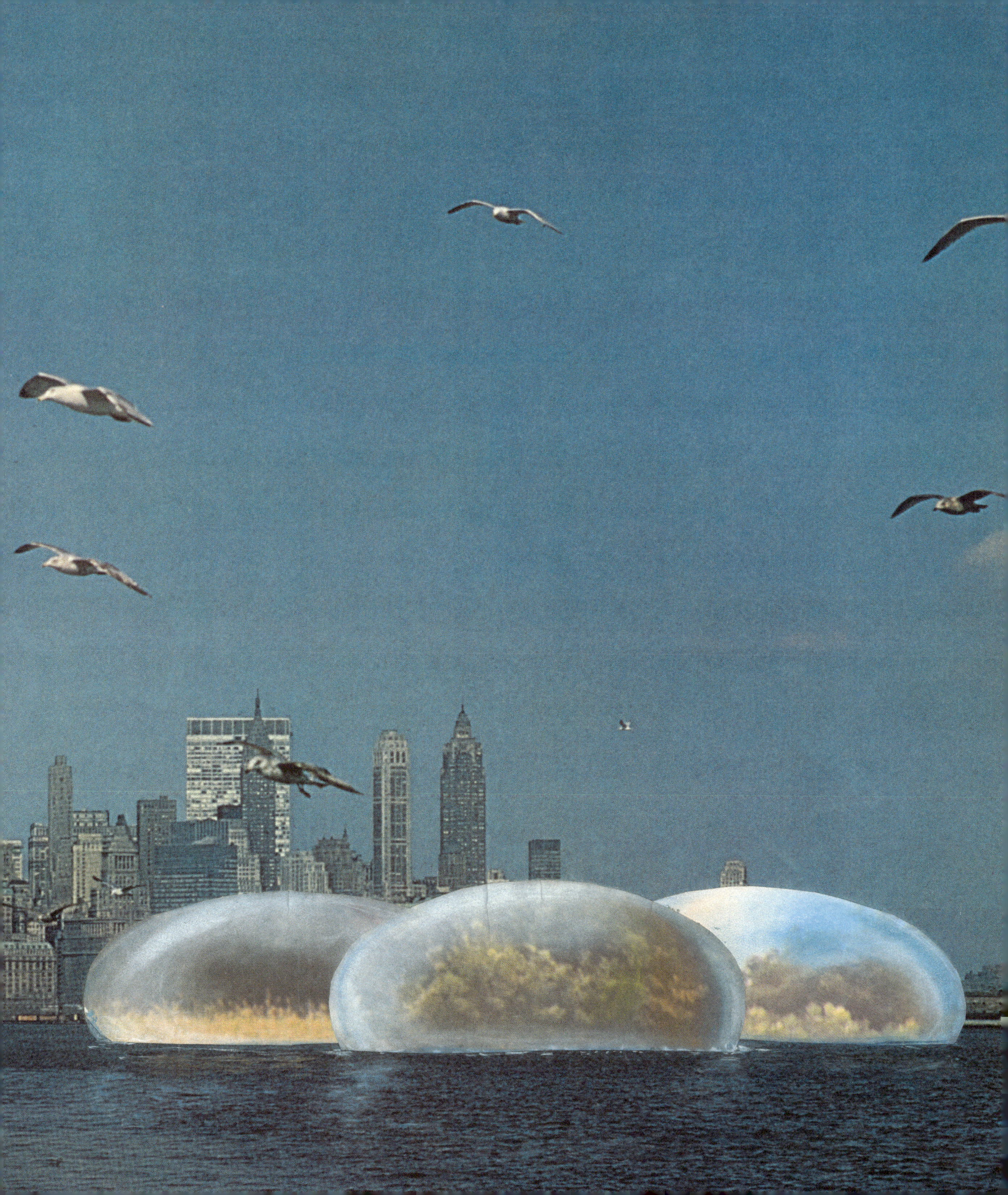

Richard Buckminster Fuller | *Spaceship Earth*

Richard Buckminster Fuller est l'un des grands penseurs du XXe siècle, le père d'une recherche visionnaire sur l'espace, située au croisement de la technologie et de l'environnement. Ingénieur, designer, théoricien et pédagogue, inventeur de structures légères, Fuller est l'apôtre d'une nouvelle manière d'appréhender le monde.
Dès les années 1920, il définit les principes d'une écologie planétaire fondée sur la préservation des ressources et la nécessité d'une conscience globale et mondialisée – seuls moyens à ses yeux d'assurer l'avenir de l'humanité.
En 1927, il présente un prototype d'habitat du futur inspiré des techniques de construction aéronautique : *Dymaxion House* offre une traduction littérale de la « machine à habiter » moderniste. Conçue pour le « citoyen du monde », la maison est définie comme un environnement entièrement mécanisé dont la structure, l'orientation et les usages sont calculés et évolutifs. Fuller vise une interaction automatique entre l'espace et l'ordre disséminé de l'information. L'habitat n'est plus défini par son inscription territoriale mais par sa « connectivité » au réseau.
Le ciel deviendra pour Buckminster Fuller le lieu métaphorique de ce « design intégral » étendu à l'univers tout entier (*Dymaxion Air Ocean World Map*, 1943). Les dômes géodésiques qu'il fait breveter à partir des années 1950 imposent l'image d'une voûte céleste synthétisée par le calcul, icônes d'un monde entré dans l'ère de la communication totale [→p. 21]. Chez Fuller, les notions d'environnement et de climatisation supplantent le concept d'espace architectural tandis que la maîtrise de l'air devient l'objet de ses recherches structurelles.
Entre 1960 et 1965, plusieurs projets d'urbanisme explorent sur un mode utopique le thème de la survie sur Terre. L'architecte recouvre New York d'un gigantesque dôme synthétique, minimisant la consommation énergétique, contrôlant la température et préservant de la pollution tout en maintenant le lien des habitants au cosmos (*Dome over Manhattan*). Il conçoit aussi des cités aériennes mises en orbite et flottant tels des nuages sous l'effet du rayonnement solaire (*Floating Cloud Structures*, 1960) ; il imagine une ville pyramidale pour un million d'habitants implantée au cœur de la baie de San Francisco (*Floating Tetrahedral City Planned for San Francisco Bay*, 1965).
Les visions saisissantes de cet urbanisme futurologique, aux prises avec une réalité hostile, influenceront de façon décisive les projets critiques d'Archigram et de la scène radicale européenne.—A.V.

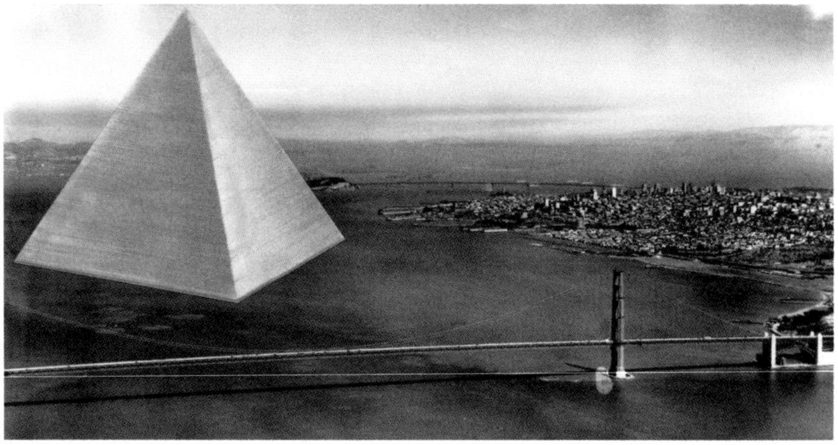

RICHARD BUCKMINSTER FULLER
***Floating Tetrahedral City Planned for San Francisco Bay*, 1965**
Épreuve gélatino-argentique, 38,9 × 48,3 cm
Courtesy The Estate of R. Buckminster Fuller, Santa Barbara

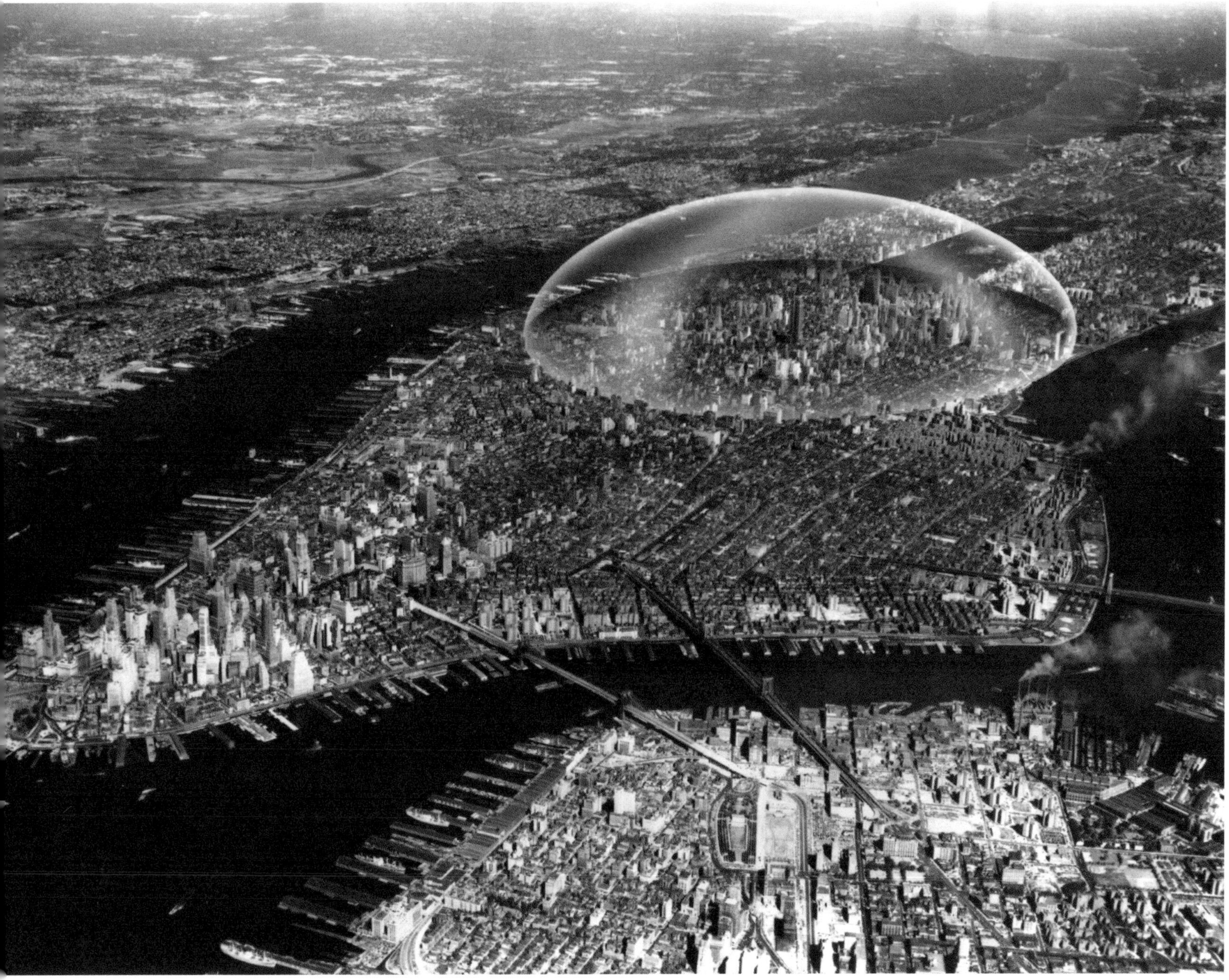

RICHARD BUCKMINSTER FULLER
***Dome over Manhattan*, vers 1960**
Épreuve gélatino-argentique, 34,9 × 46,7 cm
Courtesy The Estate of R. Buckminster Fuller, Santa Barbara

Juan Navarro Baldeweg, Tacita Dean, David Greene, Gernot Nalbach, Guy Rottier, Jacques Rougerie

Architectures climatiques : l'utopie confinée

Dans son ouvrage *Où vivrons-nous demain ?* paru en 1963, Michel Ragon analyse la crise de l'urbanisme occidental. Dénonçant les ravages d'une concentration urbaine « asphyxiante », impuissante devant l'explosion démographique et les bouleversements sociologiques sans précédent, le critique met en avant les solutions « visionnaires » d'une poignée d'architectes, seules capables selon lui d'assurer le futur de l'humanité.
Contemporains d'une époque de croissance fulgurante et de démocratisation des loisirs, située au croisement conflictuel des espoirs géostratégiques de la conquête spatiale et des peurs de la guerre froide, Yona Friedman, Paul Maymont, Chanéac et quelques autres étudient des scénarios de survie en misant sur les technologies les plus avancées pour libérer l'espace terrestre et investir les domaines inexplorés.
Les recherches du GIAP (Groupe international d'architecture prospective, fondé par Michel Ragon en 1965) porteront ce rêve cybernétique, défini comme une « ère de l'apesanteur » (Nicolas Schöffer), rejetant l'ordre statique et permanent de l'urbanisme pour tendre vers une mobilité totale des hommes et des informations, sous terre et dans l'espace, à la surface ou dans les profondeurs des océans.
En 1973, Jacques Rougerie inaugure ainsi une recherche sur le développement d'une architecture sous-marine. Projeté au large des îles Vierges, le *Village sous-marin* jette les bases d'une communauté d'aquanautes immergée à 40 mètres de profondeur et pouvant accueillir jusqu'à deux cent cinquante habitants. Le village est pensé pour servir de base d'entraînement sous la mer aux astronautes de la Nasa. « Réfléchir sur la vie aquatique permet d'avancer sur un futur inévitable : la conquête par l'homme d'autres planètes » (J. Rougerie).
Si cet optimisme technologique trouve une forme aboutie avec le premier pas de l'homme sur la Lune, le domaine orbital constitue le cadre privilégié de cet urbanisme utopique. De gigantesques *Villes spatiales* s'y projettent à travers une capacité infinie de planification et d'extension grâce à leurs ossatures préfabriquées. Atmosphérique et sans fondations, l'espace urbain de ces « mégastructures » est un entrelacs d'échanges et de flux disséminés où se connectent des enveloppes climatiques autonomes : « La maison est un appareil à transporter avec soi, la ville une machine sur laquelle on vient se brancher », déclare Archigram, qui fixe cet horizon futurologique dans des représentations spectaculaires où fusionnent vision globale et vision approfondie au moindre détail (*Plug-in City*, 1964).
En 1965, le *Living Pod* (David Greene) donne à lire cette réduction du logement à une simple enveloppe technologique, dotée du confort minimum et autosuffisante. Avec ses pieds vérins adaptables, il reprend l'esthétique du cosmonaute pour fonctionner comme une capsule

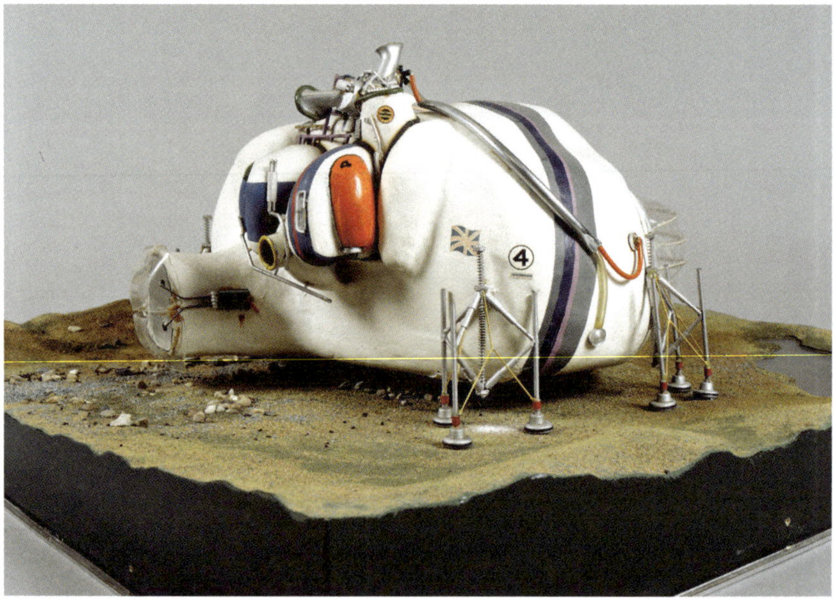

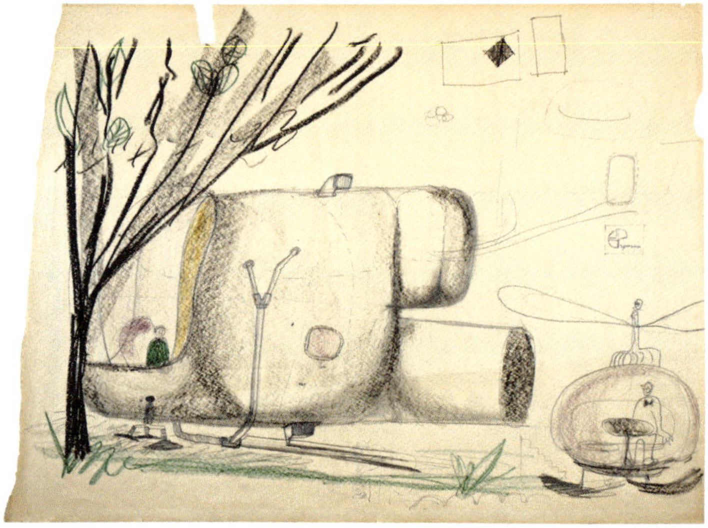

DAVID GREENE
***Living Pod*, 1965-1966**
Plastique, peinture, métal, fibre végétale, pierre, adhésif et bois, 40 × 81,5 × 80,5 cm
Orléans, collection Frac Centre

DAVID GREENE
***Living Pod*, 1967**
Pastel, encre, charbon et crayon de couleur sur papier, 44,9 × 59,8 cm
Orléans, collection Frac Centre

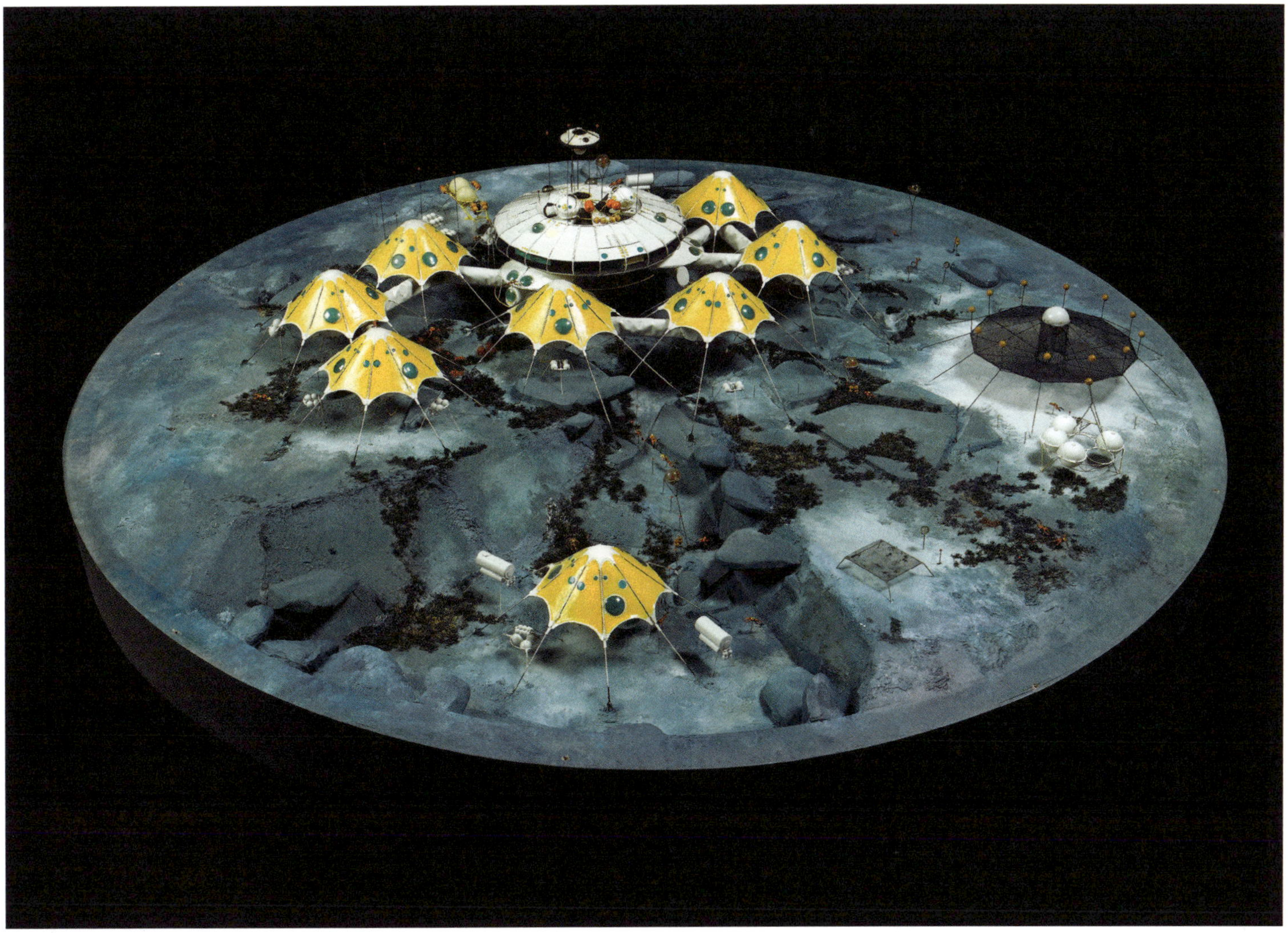

JACQUES ROUGERIE
***Village sous-marin*, 1973**
Plastique, bois et métal, h. : 140 cm, diam. : 177 cm
Paris, Centre Pompidou, Musée national d'art moderne

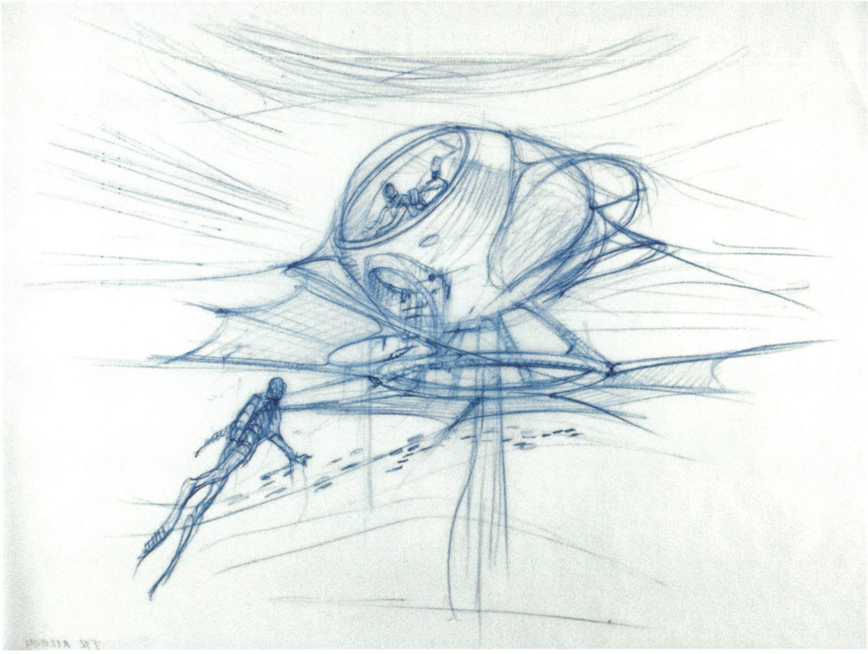

JACQUES ROUGERIE
***Village sous-marin, perspective, esquisse*, 1971-1972**
Crayon bleu sur calque, 29,7 × 42 cm
Paris, Centre Pompidou, Musée national d'art moderne

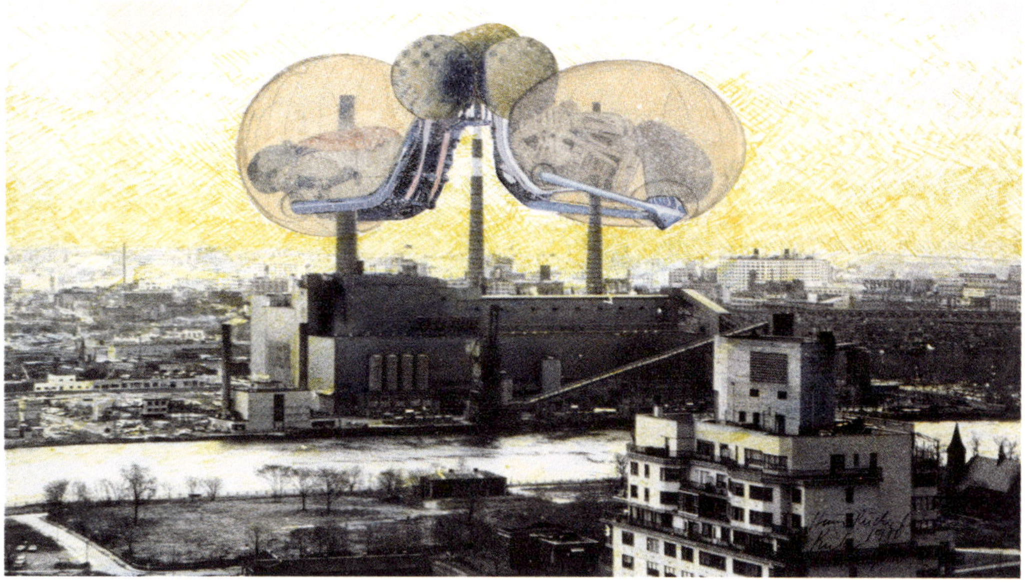

KLAUS PINTER
***Queens*, 1970**
Collage de papiers et calques, gouache blanche et crayons de couleur sur tirage papier d'une épreuve gélatino-argentique, 28,5 × 49 cm
Paris, Centre Pompidou, Musée national d'art moderne

pressurisée, capable de résister en milieu hostile et de simuler une atmosphère terrestre dans un espace confiné. Projet iconique des « années pop », le *Living Pod* synthétise le rêve d'un habitat nomade envisagé comme un abri autant qu'une interface entre l'individu et le cosmos.
La maison comme extension technologique du corps, connectée par toutes sortes de médias au monde, entendu comme système global d'informations, c'est aussi le sens du célèbre dessin de François Dallegret, publié en avril 1965 dans la revue *Art in America* pour illustrer l'article « A Home Is Not A House » du critique et théoricien Reyner Banham. *Un-house – Transportable standard-of-living package/The Environment Bubble* figure ainsi l'habitat comme un simple équipement machinique portatif et pouvant être abrité sous une cellule gonflable, en relation continue avec l'environnement (grâce notamment à des capteurs solaires). Dans une vision à la fois hippie et ultra-technologique, Banham et Dallegret sont représentés nus autour de ce robot-totem qui annonce la disparition de l'architecture, vouée à « se dissoudre dans la technologie environnementale » (R. Banham, *The Architecture of the Well-Tempered Environment*, 1969).
La bulle climatique, indice d'une continuité organique entre l'espace à vivre et l'environnement extérieur, renvoie aux recherches de Frederick Kiesler sur l'habitat comme « sculpture-environnementale » (*Endless House*, 1947-1961), relativisant l'autonomie d'un espace désormais « contaminé par ses propres implications contextuelles » (James Wines).
Au cours des années 1960, les performances des architectes radicaux multiplieront sur un mode conceptuel et critique l'usage de cabines d'introspection physique, envisagées comme autant de sphères d'expansion de la subjectivité. La présence récurrente de casques, dispositifs prothétiques et autres environnements technoïdes chez Walter Pichler, Coop Himmelb(l)au, Haus-Rucker-Co ou Ugo La Pietra, sont autant d'expérimentations sur le lien évolutif entre les pulsations du corps, la vie de la conscience

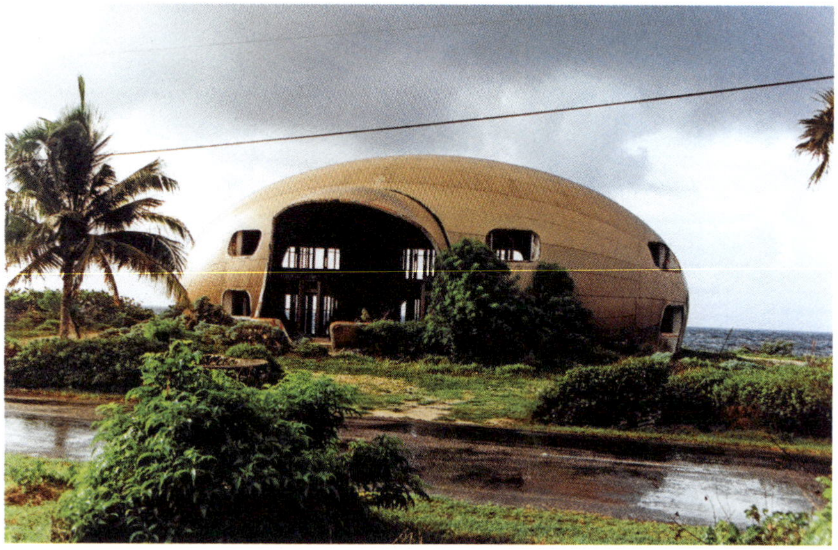

TACITA DEAN
***Bubble House*, 1999**
Épreuve chromogène, 149 × 188 cm
Paris, Centre Pompidou, Musée national d'art moderne

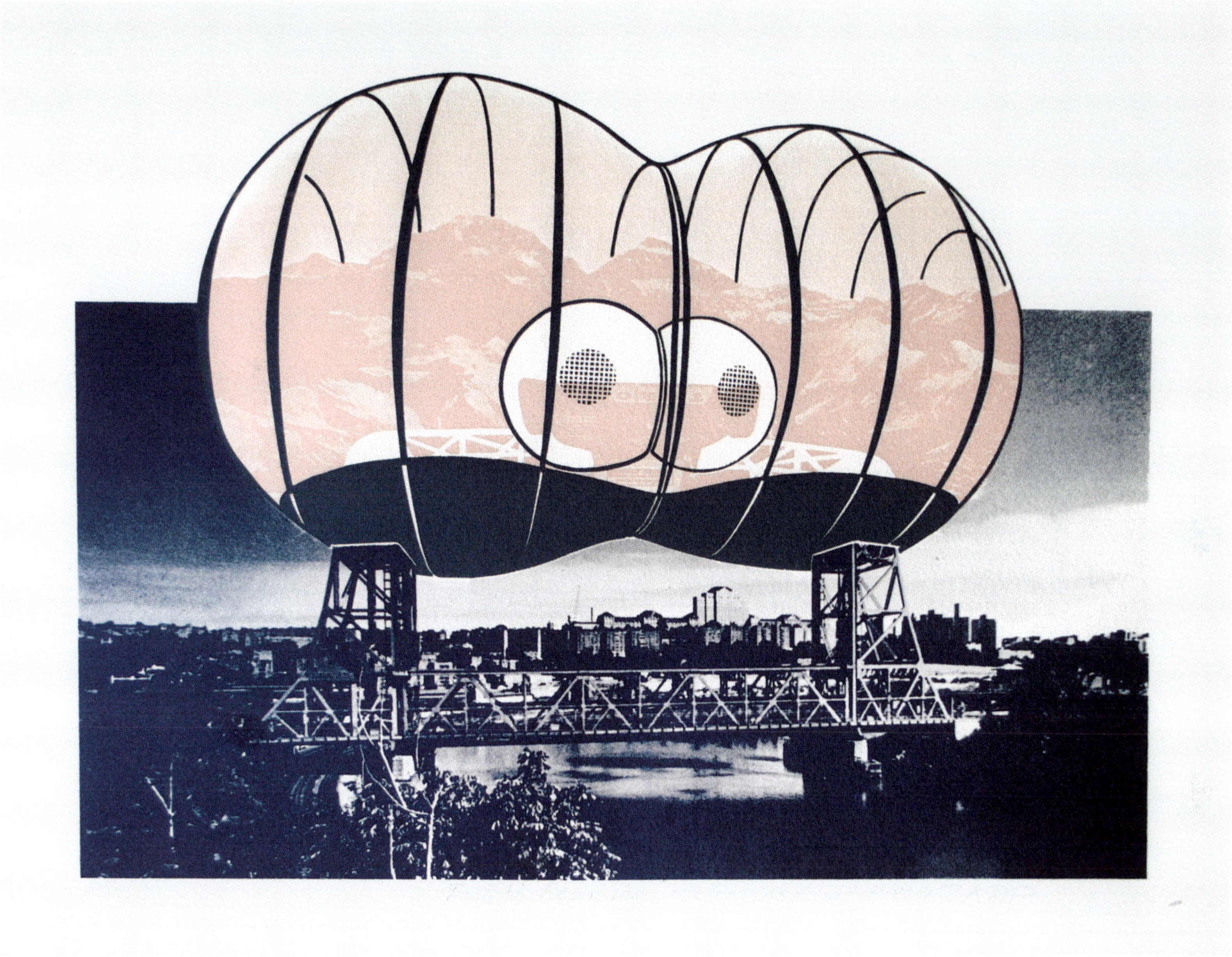

ZAMP KELP (HAUS-RUCKER-CO)
***Fresh Air Reservation, Broadway Bridge, New York*, 1971**
Sérigraphie sur papier, 57,5 × 74 cm
Berlin, collection Zamp Kelp

et ce milieu intermédiaire que le critique d'art italien Germano Celant désigne comme «*ambiante*». Propulsant le corps et l'esprit vers de nouveaux modes d'appréhension du réel, ces dispositifs isolent momentanément l'individu, figurant dans un même mouvement un état d'aliénation et l'espoir d'une libération.

Tandis que la critique du progrès, de l'industrialisation et de son impact environnemental devient plus virulente, une nouvelle «conscience écologique» s'affirme au cours des années 1960, cristallisant les formes et les positions contestataires de la contre-culture. Aux premières images photographiques de la Terre diffusées dans les médias internationaux succèdent des visions photomontées d'une planète «en danger de mort», sous le coup d'une menace non pas extraterrestre mais proprement humaine. À Londres, la revue *Architectural Design* titre sur l'urgence d'un «design de la survie» («Designing for survival», juillet 1972). Buckminster Fuller s'impose comme apôtre d'un «design global» pensé à l'échelle du «système monde» et définit les principes d'une écologie fondée sur la préservation des ressources énergétiques. Ses études sur la morphologie des structures participent d'une redéfinition stratégique et géographique des équilibres planétaires : les immenses coupoles géodésiques qu'il projette dès les années 1950 fonctionnent comme des enveloppes climatiques artificielles, permettant de circonscrire et d'exploiter de vastes territoires inhabitables pour garantir la survie de l'humanité. En 1971-1972, Juan Navarro Baldeweg développe au sein du MIT une recherche visionnaire sur les systèmes atmosphériques et le contrôle climatique appliqué à des environnements artificiels. L'architecte espagnol étudie la possibilité de recréer les différents écosystèmes terrestres au sein de grandes structures pneumatiques dérivant dans toutes les régions du monde. Les projets d'urbanisme «éco-responsable» se multiplient également en Europe. L'architecte Guy Rottier développe en 1970 avec l'héliophysicien Maurice Touchais un projet pionnier fondé sur l'énergie solaire comme «source de vie». La cité d'*Ecopolis* est fondée sur l'usage de gigantesques tubes à parois intérieures réfléchissantes, reliés à un miroir capteur permettant d'éclairer des volumes aveugles ou enfouis sous terre. Ces «lumiducs» transportent la lumière solaire en sous-sol et partout où elle est nécessaire, distribuée de façon équitable et réduisant la pollution.

Entre 1965 et 1978, Rottier développera une série des *Maisons enterrées*, projets alternatifs fondés sur le recyclage, le gain d'espace et le jeu d'esprit. Perçues comme des «paysages de surface», ces architectures ne sont pas creusées dans le sol mais recouvertes de la terre retirée pour les fondations, puis de gazon ou de tout autre élément de couverture. Pour l'artiste Arman, Rottier construit en 1968 une maison enfouie dont l'espace du séjour se dilate par sa large ouverture sur la nature et par la présence de poteaux habillés de miroirs qui

▸▸▸

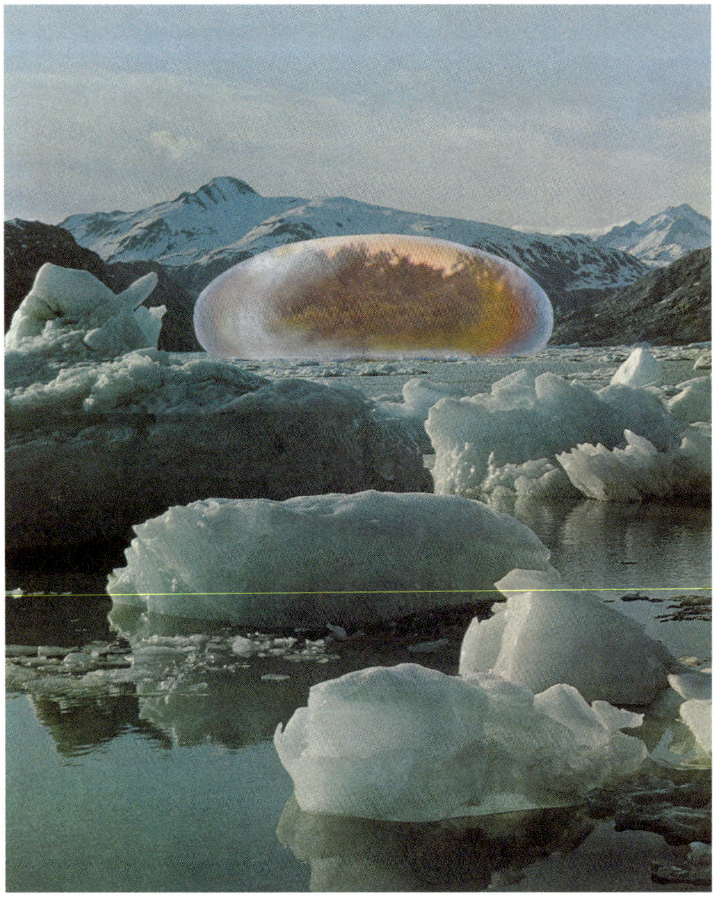

JUAN NAVARRO BALDEWEG
***A Tropical Forest in an Arctic Landscape. Application of a Climatic Control System*, 1972**
Photomontage, 68,5 × 53,5 cm
Madrid, Navarro Baldeweg Asociados

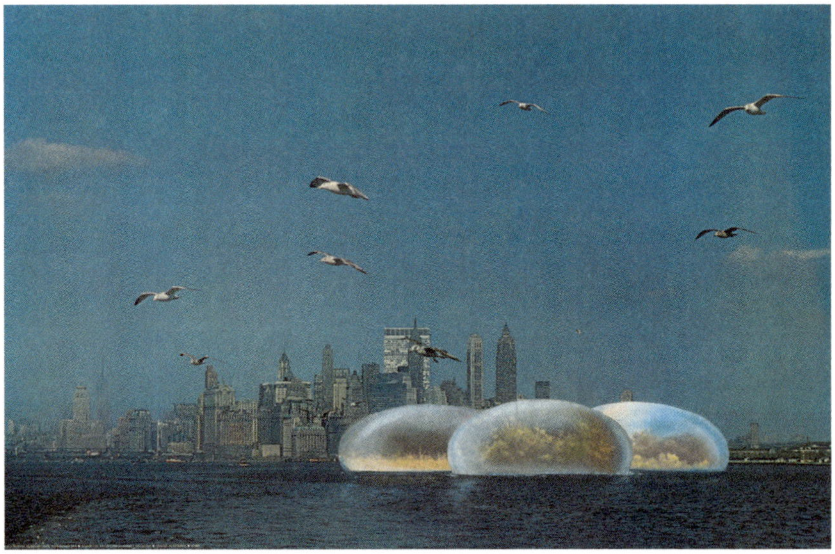

JUAN NAVARRO BALDEWEG
***Ecosystems Enclosed in Pneumatic Bubbles floating in New York Harbor. Application of a Climatic Control System*, 1972**
Photomontage, 57,5 × 89,5 cm
Madrid, Navarro Baldeweg Asociados

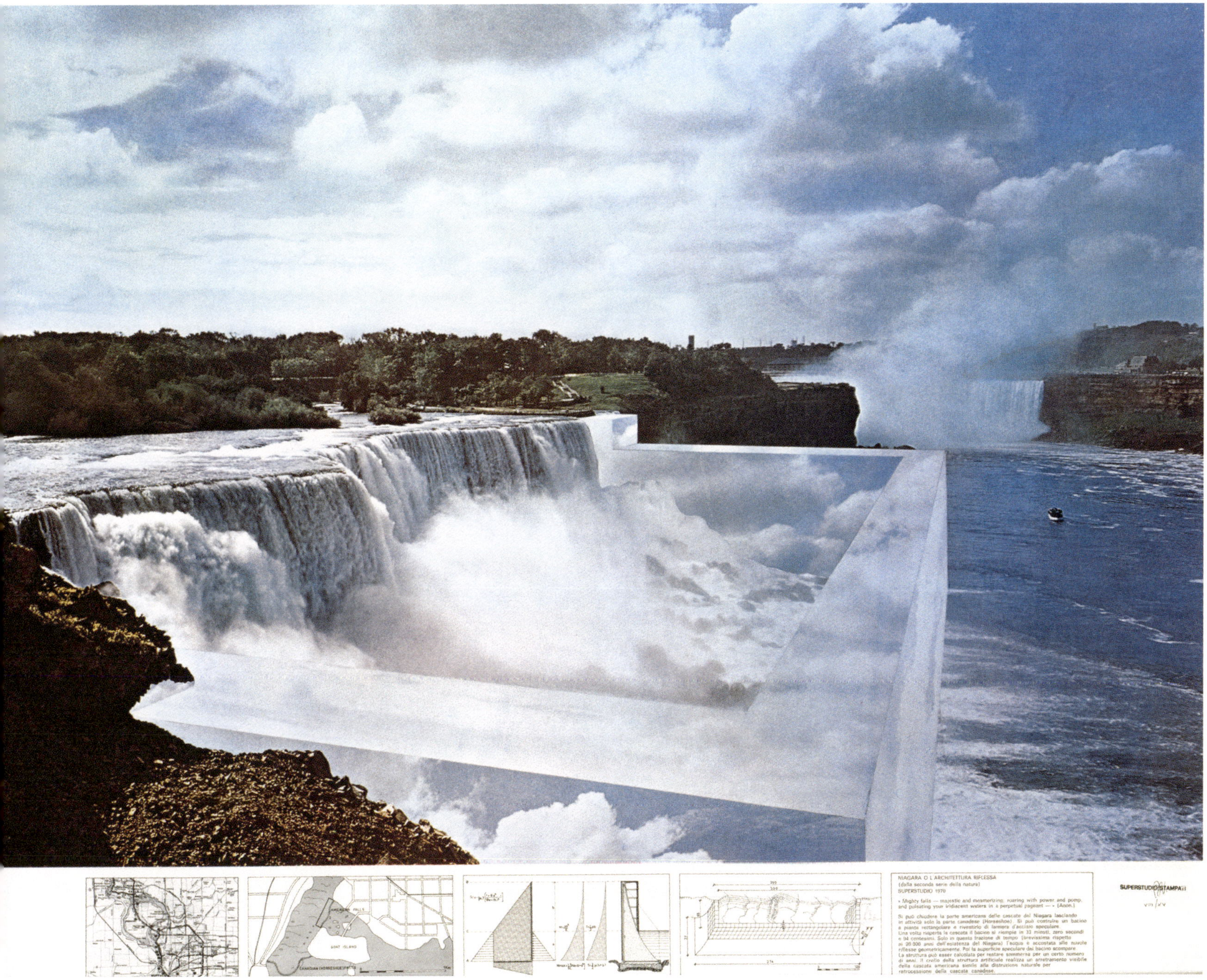

SUPERSTUDIO
***Architettura Riflessa, Niagara Falls*, 1970**
Épreuve numérique sur papier glacé, 69,2 × 87 cm
Paris, Centre Pompidou, Musée national d'art moderne

complexifient les relations entre l'intérieur et l'extérieur. La *Maison «Architecture d'occasion»* est quant à elle entièrement recouverte de carcasses de voitures, déchets de nos sociétés industrialisées ainsi reconvertis en espaces d'habitation. En 1999, l'artiste Tacita Dean livre la vision saisissante d'une «maison bulle» située sur l'île de Cayman Brac aux Caraïbes. Conçue comme un abri contre les ouragans, mais abandonnée avant même d'avoir été achevée, elle se dresse parmi la végétation luxuriante d'un paysage tropical de bord de mer. Avec sa forme ovoïde tout droit sortie d'un film de science-fiction, la *Bubble House* ouvre une brèche dans le réel pour faire surgir des espaces-temps contradictoires, imposant l'image d'un futur utopique à l'état de ruine. Centrée sur elle-même mais ouverte à tous les vents, la maison convoque «le pouvoir cryptique» des monolithes échoués du Mur de l'Atlantique. Ultimes refuges dressés face au vide de l'océan marin, ces autels de béton poétisés par Paul Virilio (*Bunker Archéologie*, 1975) sont le lieu d'une méditation esthétique sur l'apocalypse. — A.V.

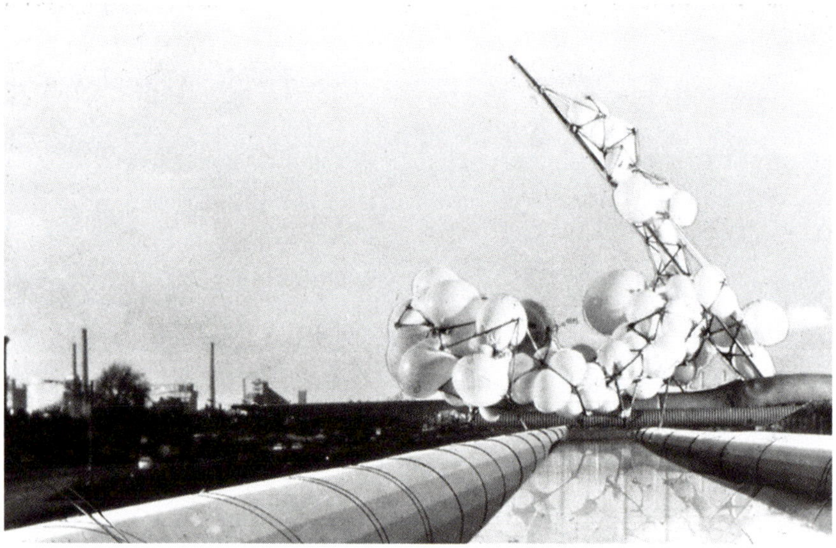

GERNOT NALBACH
***Pneumo-City*, 1966**
Photomontage, 60 × 83 cm
Courtesy Nalbach + Nalbach Architekten, Berlin

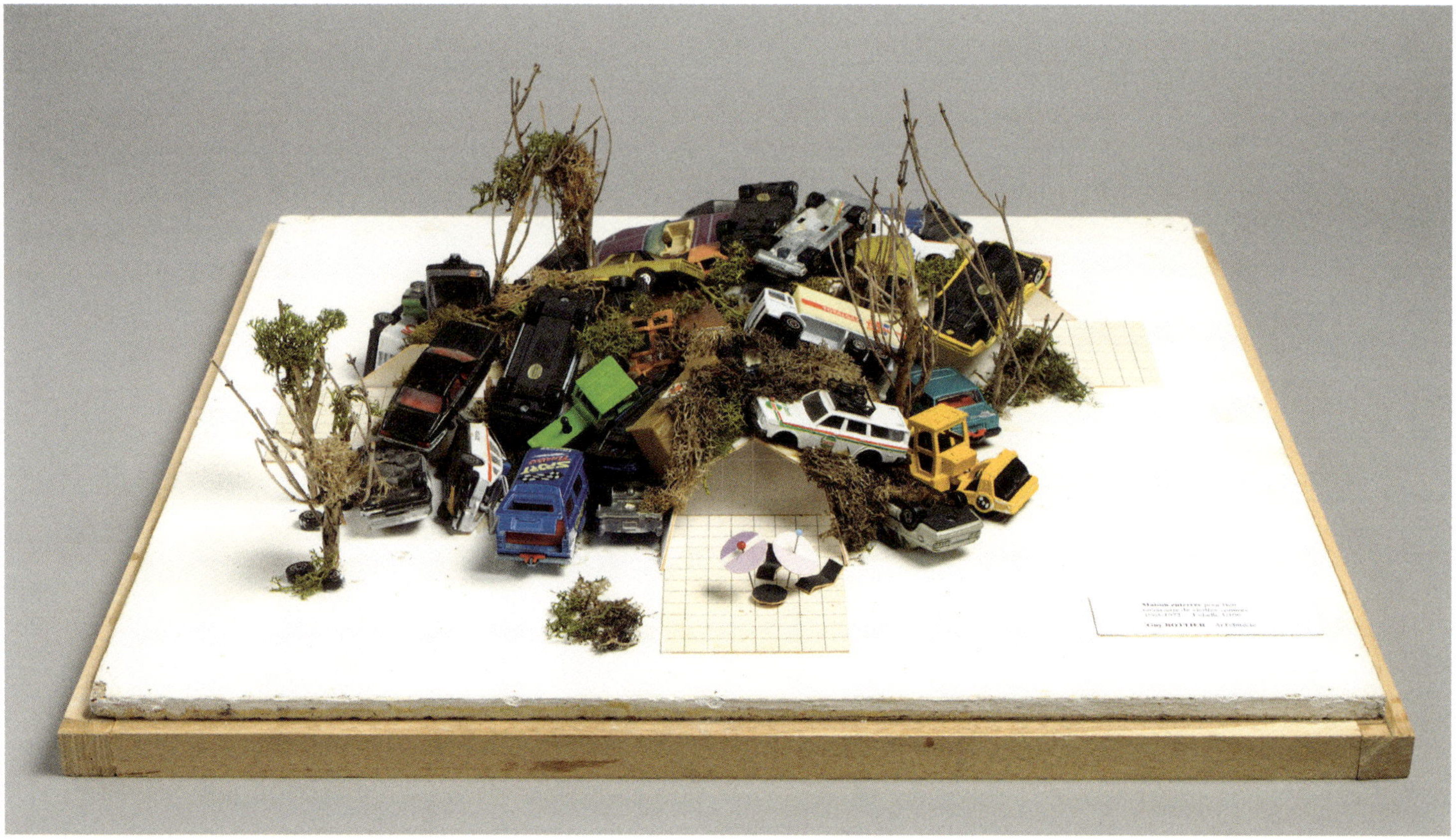

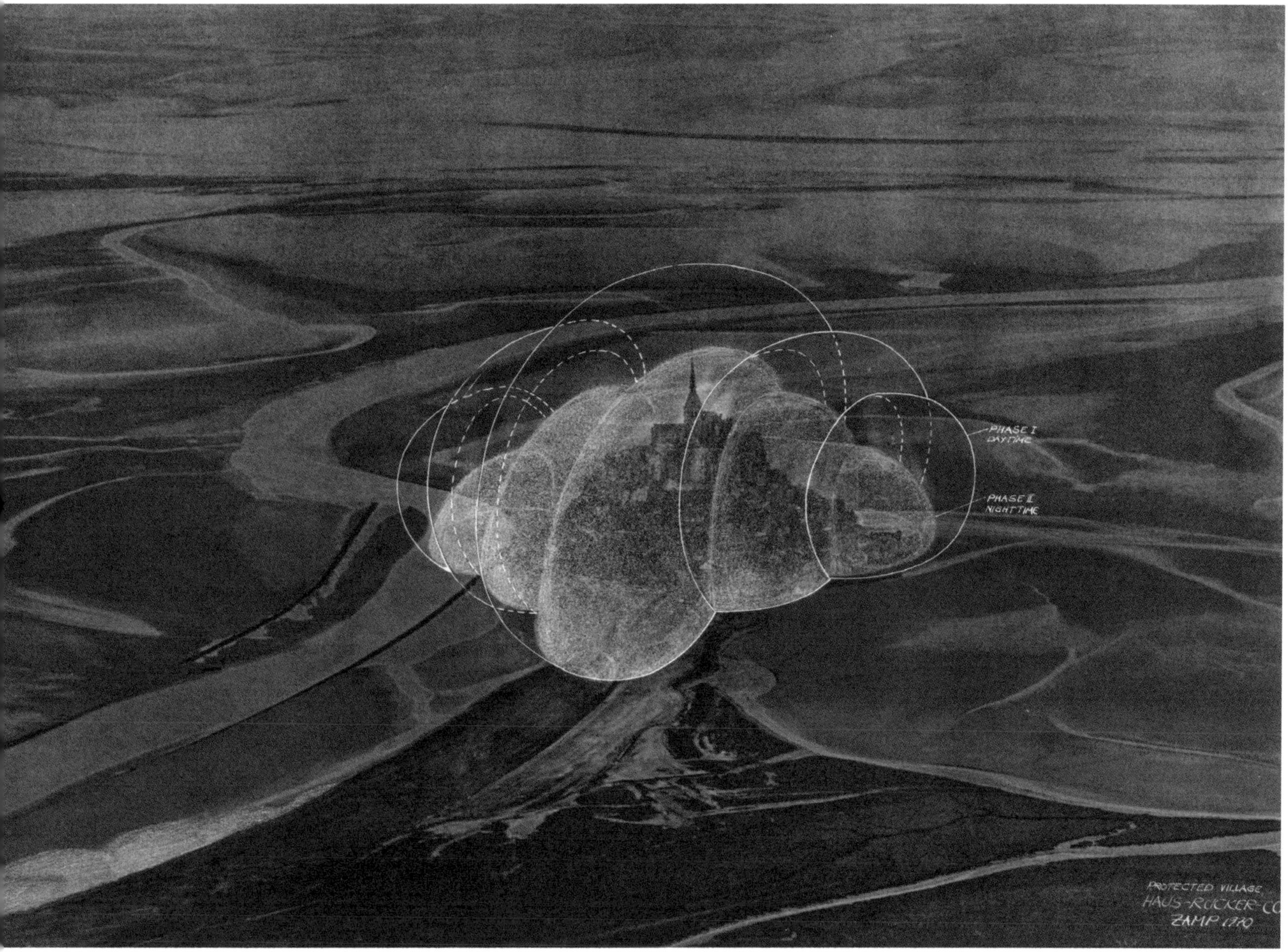

ZAMP KELP (HAUS-RUCKER-CO)
***Protected Village*, 1970**
Épreuve gélatino-argentique, 56 × 75 cm
Berlin, collection Zamp Kelp

GUY ROTTIER
***Maison enterrée recouverte de vieilles voitures*, 1965-1972**
Fibres compressées, carton, jouets, mousses, thym, peinture, 21 × 50 × 50 cm
Orléans, collection Frac Centre

Haus-Rucker-Co | Bulles atmosphériques, de nouveaux mondes habitables ?

Groupe d'architectes viennois, emblématique de la scène radicale européenne, Haus-Rucker-Co développe au tournant des années 1960 et 1970 une approche conceptuelle et alternative de l'espace urbain. En 1967, le *Mind Expanding Program* inaugure une série de dispositifs sensoriels – casques, capsules, enveloppes gonflables – activés lors de performances urbaines. Ces micro-environnements aux formes technoïdes doivent libérer le corps et l'esprit, élargir le champ cognitif de l'individu et stimuler sa conscience dans un rapport critique au matérialisme et au fonctionnalisme dominants. Parallèlement, Haus-Rucker-Co étend sa pratique expérimentale à des projets d'urbanisme visionnaire. Programme manifeste, *Pneumacosm* («respiration du cosmos») est développé pendant le séjour du groupe à New York. Dessins et collages mettent en scène la mégapole prise d'assaut par des colonies de cellules, greffées horizontalement telles des ampoules incandescentes qui viendraient «activer» et «électrifier» l'architecture. Leur critique de la notion de progrès, de l'industrialisation et de son impact environnemental devient plus virulente au début des années 1970. Dépassant la simple logique de contagion et d'interaction cybernétique, les bulles atmosphériques se chargent d'une dimension écologique nouvelle, comme *Fresh Air Reservation* (1971) [→p. 137]. D'immenses structures pneumatiques coiffent les toits des immeubles, recouvrent des segments de nature ou des villes entières (*Protected Village*, 1970 [→p. 141]). La fine membrane plastique sert désormais de séparation ; l'air pur pompé dans les montagnes est acheminé vers ces écosystèmes artificiels, ultimes refuges dans un environnement hostile, frappé de pollution et voué à la catastrophe.
Si les différentes séries de photomontages produites à l'époque privilégient un langage utopique pour aiguiser les consciences et méditer le sens d'un monde habitable, Haus-Rucker-Co testera le principe de ces «paradis synthétiques» à l'échelle de l'installation publique. En 1972, à Cassel, les architectes accrochent à la façade du bâtiment de la documenta une cellule pneumatique aménagée. *Oase Nr.7* explore sur un mode insurrectionnel et performatif les voies d'une réappropriation urbaine, ouverte à des formes alternatives de comportement.— A.V.

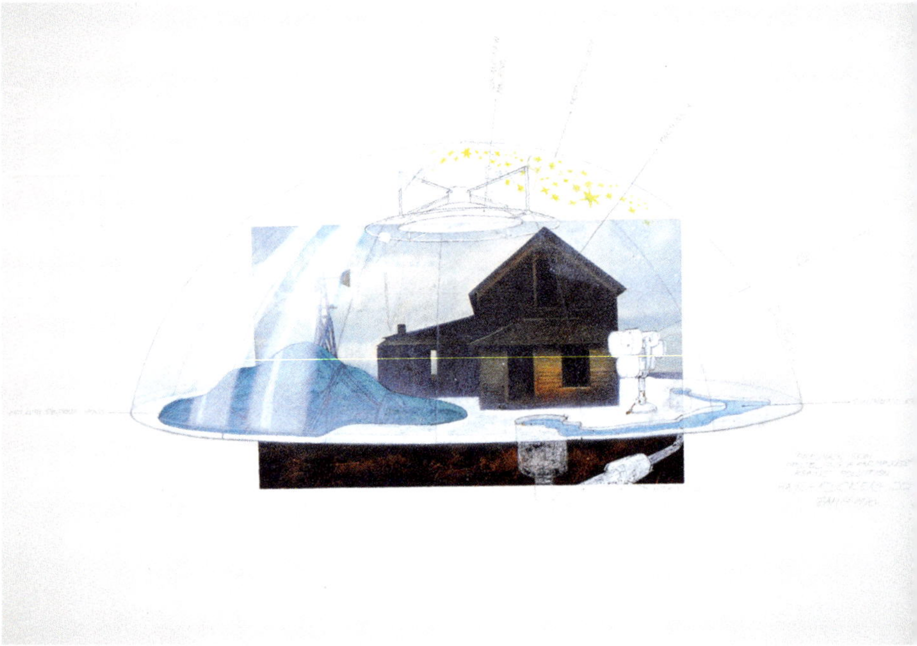

ZAMP KELP (HAUS-RUCKER-CO)
***Protected Farmhouse*, 1970**
Collage, 50 × 61,2 cm
Berlin, collection Zamp Kelp

Shigeru Ban, Gernot Nalbach

Architectures d'urgence

Le thème de l'architecture d'urgence traverse la modernité, associant l'innovation technologique au principe d'engagement social et éthique de l'architecte. Conçu pour permettre la survie dans les pires conditions, l'abri d'urgence est défini par sa rapidité de mise en œuvre, sa légèreté structurelle et son adaptabilité à tous les contextes.
Dans l'après-guerre, la pénurie de logements favorise l'expérimentation d'habitats provisoires ; Jean Prouvé met au point pour les plus démunis plusieurs systèmes de refuges innovants par leurs structures flexibles en bois et acier. La généralisation des matériaux de synthèse à partir des années 1950 ouvre des possibilités nouvelles : cabines en plastique monocoques, enveloppes pneumatiques, structures géodésiques sont autant de solutions légères, véhiculant le rêve d'une architecture organique, connectée aux besoins essentiels et ouverte à toutes les situations. Buckminster Fuller développe pour la Nasa des typologies d'habitats « instantanés », commandés par téléphone et livrés sur site par hélicoptère (1954) ; Arthur Quarmby réalise des cellules mobiles destinées à l'abri d'urgence et à des expéditions scientifiques en Antarctique (1962) ; Hans-Walter Müller expérimente pour les sans-abri parisiens des tentes gonflées par les bouches d'aération urbaines (1975). En 1962, après le tremblement de terre du Frioul, les architectes viennois Gernot et Johanne Nalbach projettent un abri formé de quatre capsules pneumatiques fixées au sommet d'une structure métallique : la *Low-cost House (Pneumatic Container)* s'apparente à une sonde télescopique ainsi érigée en modèle d'un urbanisme futurologique – atmosphérique et sans fondation. En connectant ainsi le progrès technologique aux concepts de précarité, de péril et de catastrophe✿, l'abri d'urgence cristallise l'ambiguïté des « années pop », tiraillées entre l'enthousiasme et la peur, entre l'optimisme triomphant de la conquête spatiale et le spectre de la guerre totale.
À l'aube du XXIe siècle, le dérèglement climatique, l'intensification des catastrophes naturelles et des conflits armés déterminent une approche politique et mondialisée de l'aide aux réfugiés. Consultant auprès du Haut Comité aux réfugiés de l'ONU de 1995 à 1999, l'architecte japonais Shigeru Ban est célèbre pour avoir mis au point des abris économiques à partir de simples tubes de papier recyclé et comprimé. Construits sur des casiers à bières en plastique remplis de sable qui en assure l'étanchéité, les murs en tubes de carton sont reliés par des tiges métalliques et portent une simple charpente soutenant une toile. Utilisées après les séismes de Kobe (1995) et d'Istanbul (1999), ces maisons provisoires d'une surface de seize mètres carrés offrent une grande résistance et peuvent être assemblées en quelques heures par les victimes elles-mêmes (*Paper Log House*, *Kobe*, 1995).——A.V.

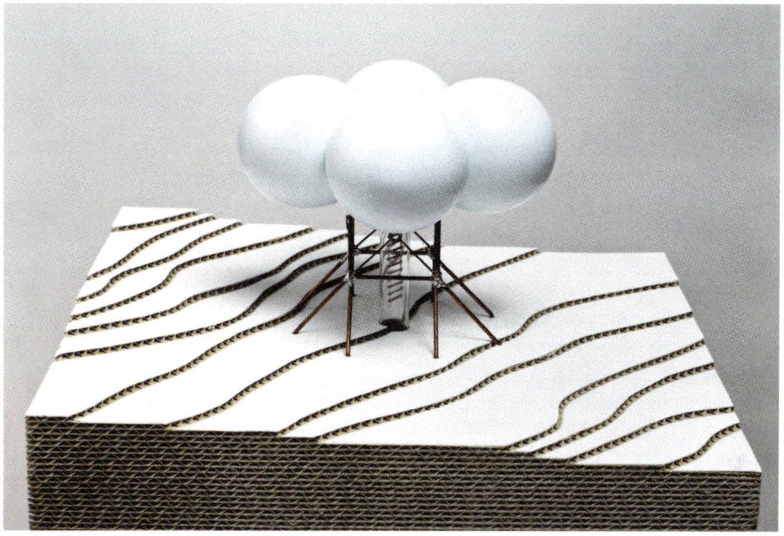

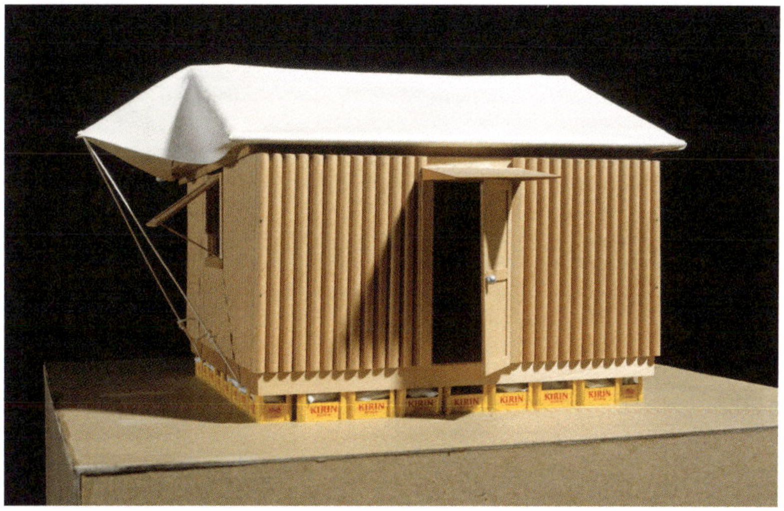

GERNOT NALBACH
***Low-cost House (Pneumatic Container)*, 1961-1962**
Projet d'habitat d'urgence gonflable prévu pour les victimes du tremblement de terre du Frioul, Italie.
Reconstitution de la maquette en 1980
Plastique, métal et carton,
143 × 33,5 × 33,5 cm
Paris, Centre Pompidou, Musée national d'art moderne

SHIGERU BAN
***Paper Log House, Kobe, Site Model II*, 1995**
Carton, tissu, bois, plastique et ficelle,
114,5 × 50,5 × 50,3 cm
Orléans, collection Frac Centre

Charles Simonds | L'utopie d'un habitat autosuffisant

L'œuvre de Charles Simonds révèle une fascination pour la nature et les formes primitives. Au cours des années 1970, l'artiste new-yorkais façonne des sculptures en argile, qu'il décrit comme les vestiges d'un monde imaginaire peuplé de ruines et de labyrinthes. Simonds conçoit aussi des performances dans des paysages désertiques, activant sur son propre corps un usage rituel de la terre. Empreintes de nostalgie, ces œuvres contiennent une forte charge idéologique, dans un contexte marqué par la contre-culture et le mouvement environnementaliste qui irriguent la scène artistique à l'époque. Ainsi les célèbres *Dwellings* (1972-1974), architectures miniatures sculptées sur les trottoirs et dans les recoins des immeubles du Lower East Side, font surgir au cœur de Manhattan le spectre des *pueblos* – ces sites archéologiques indiens devenus des icônes pour l'imaginaire alternatif des hippies. Simonds forge sa critique du capitalisme et du modèle industriel à travers une recherche écologique teintée de mysticisme, soucieuse d'inscrire des formes de vie communautaires, en symbiose avec le cosmos et les traces de vie passées. Plusieurs projets d'habitat utopiques expérimenteront la quête d'autonomie sociale, énergétique et le champ des pratiques auto-constructives alors en plein essor. L'espace, pour Charles Simonds, doit tendre vers une fusion progressive de l'homme, de la nature et de l'architecture. *Growth House* développe l'idée d'un habitat autosuffisant entièrement libéré des systèmes industriels de production et de distribution. La maison nourrit en même temps qu'elle protège. Capable de s'autorégénérer au gré des saisons, elle est constituée de briques de terre contenant des graines. Celles-ci germent, poussent et transforment la structure, qui d'abri se voit convertie en nourriture, récoltée puis consommée. Si le thème de l'architecture comestible renvoie à l'univers des contes, *Growth House* offre une image universelle – à la fois « hermaphrodite », assimilant les caractéristiques masculines de protection au principe féminin de fécondité, et cosmique, par sa forme circulaire liée aux lois d'évolution organiques autant qu'aux cycles calendaires présents dans les sociétés archaïques. L'artiste concrétisera ce projet sous la forme d'une installation grandeur nature, présentée en 1994 à la Fundacio la Caixa de Barcelone.—A.V.

CHARLES SIMONDS
***Growth House*, 1975**
Lithographie, photogravure, encre sur papier, 65,2 × 76,7 cm
Orléans, collection Frac Centre

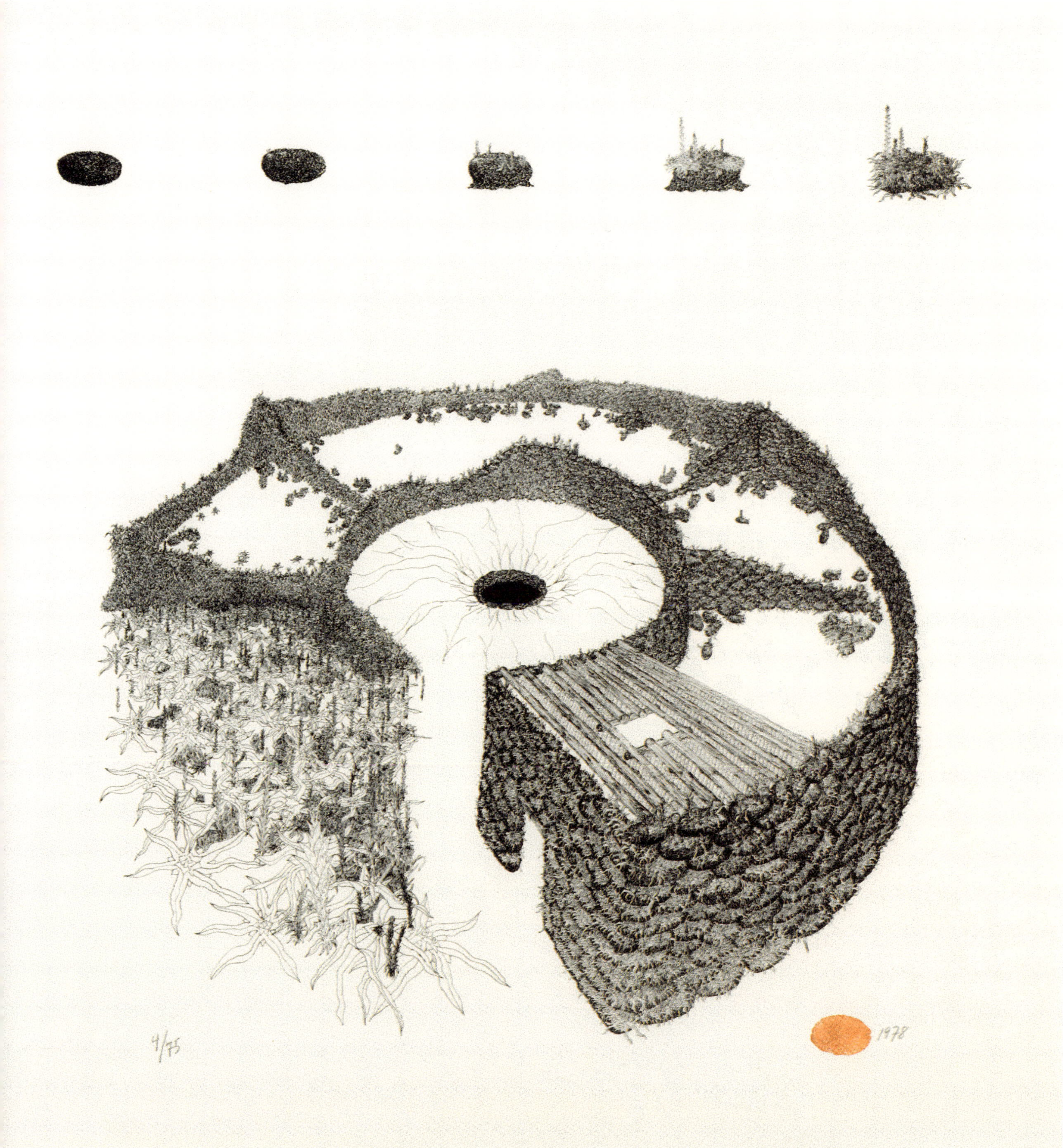
4/75
1978

Earth shows : l'émergence d'un mouvement

Intitulée « Earth Works », la première exposition consacrée aux œuvres de terre reçoit un écho médiatique très favorable. Elle se tient du 5 au 30 octobre 1968 à la Dwan Gallery de New York. Pourtant, la décision de monter une telle exposition en galerie n'est qu'un pis-aller. À l'origine du projet : l'étude de Robert Smithson au sein du cabinet TAMS pour l'aménagement du futur aéroport de Dallas-Fort Worth en 1966-1967. Smithson, qui venait de débuter sa collaboration avec Virginia Dwan, imagine un partenariat entre la galerie et TAMS qui doit aboutir à une exposition en septembre 1967. Mais le manque d'intérêt de TAMS fait échouer l'entreprise. Cependant, enthousiasmées par l'idée d'un musée à ciel ouvert, Dwan et Nancy Holt se sont déjà lancées en quête d'un terrain. Entre avril 1967 et juin 1968, accompagnées de Smithson, Carl Andre, Sol LeWitt ou Dan Graham, elles explorent le New Jersey et les États voisins. Ces recherches restant infructueuses, Dwan doit se résoudre à monter une exposition plus classique.
Aux côtés des œuvres de Smithson, Andre, LeWitt et Morris, impliqués dans le projet texan, figurent celles de Herbert Bayer, Walter De Maria, Michael Heizer, Claes Oldenburg, Dennis Oppenheim et Stephen Kaltenbach. Même si les pratiques des dix plasticiens divergent, la terre, à la fois matériau et concept, joue le rôle de dénominateur commun. Dès juillet 1968, l'article de Smithson évoquant dans *Artforum* des « projets telluriens », presque un manifeste, ou celui de Howard Junker décrivant dans *Newsweek* ce « nouvel art [...] très, très détaché » avaient communiqué au public l'envie de s'évader à la fois d'un quotidien médiatique pessimiste et d'un contexte artistique plutôt conservateur. « Earth Works » invite le réel dans le contexte aseptisé d'une galerie de Midtown Manhattan sous la forme d'amas de terre ou de roche, mais aussi à travers des cartes, des plans, des dessins, des photographies ou des films. Les commentateurs assimilent désormais le terme d'*earthworks* (terrassements), une appropriation smithsonienne, à cette ébauche de mouvement artistique.
En décembre 1968 et janvier 1969, Liza Béar et Willoughby Sharp interrogent Heizer, Oppenheim et Smithson sur leurs nouvelles pratiques. Sharp suggère alors à Thomas W. Leavitt, directeur du musée Andrew Dickson White de Cornell University, de réunir des artistes pour réaliser des œuvres à l'intérieur, autour du musée et dans la région d'Ithaca. Intitulée « Earth Art », l'exposition se déroule du 11 février au 16 mars 1969. Elle est précédée le 6 d'une table ronde modérée par Leavitt, à laquelle participent Oppenheim, Smithson, Neil Jenney, Günther Uecker, Hans Haacke et Richard Long. Jan Dibbets, David Medalla et Robert Morris font également partie des exposants. Quant à De Maria et Heizer, qui a creusé une énorme tranchée derrière le musée, ils décident de quitter l'exposition en cours de route et de ne pas figurer dans le catalogue. Malgré les querelles d'ego et les tensions dues au manque de temps, cette exposition marque les esprits et les sollicitations se multiplient.
Or, la plupart des commissaires cherchent à conceptualiser ou à « dématérialiser » cette pratique, ce que déplore Smithson. Les titres de leurs expositions reprennent des termes alors en vogue tels que concept, processus ou situation, assez vagues pour inclure des artistes purement conceptuels ou même se passer des artistes en leur demandant un descriptif par téléphone ou par courrier. Certaines démarches se distinguent, comme la « galerie télévisuelle » de Gerry Schum, qui diffuse le 15 avril 1969, sur la première chaîne d'Allemagne fédérale, son film *Land Art* montrant le travail de huit artistes américains et européens. Comme *earthworks* et *earth art* aux États-Unis, le terme de *land art*✿ désigne dorénavant cette pratique en Europe. En septembre-octobre, la plupart des Américains traversent l'Atlantique pour participer à deux expositions d'envergure : « Quand les attitudes deviennent forme », organisée par Harald Szeemann à Berne puis à Londres, et « Prospect 69 », organisée par Konrad Fischer et Hans Strelow à Düsseldorf.
Forts de leur succès, les Américains se lancent dans des projets de grande ampleur comme *Double Negative* [→p. 31] et la *Spiral Jetty* [→p. 43]. Grâce à son originalité et à son ambition, et malgré une thématique floue, le festival « Sonsbeek 71 », organisé par Wim Beeren, attire aux Pays-Bas la plupart des artistes du mouvement du 19 juin au 15 août 1971. Le sous-titre de l'exposition, « Sonsbeek dépasse les bornes », s'entend au propre comme au figuré : les artistes ne sont pas limités au seul parc Sonsbeek, près d'Arnhem. Morris y trouve l'occasion de réaliser *Observatory* et sur les indications de Sjouke Zijlstra, directeur du centre d'art local, Smithson découvre le site de *Broken Circle/Spiral Hill* à Emmen [→p. 37], dans le nord du pays. Ces deux *earthworks* resteront longtemps les seules œuvres pérennes du genre en Europe. La fermeture de la Dwan Gallery cet été-là et un début de crise économique mettront un terme à cette vague des *earth shows*, laissant place à des projets individuels parfois démesurés. — S.P.

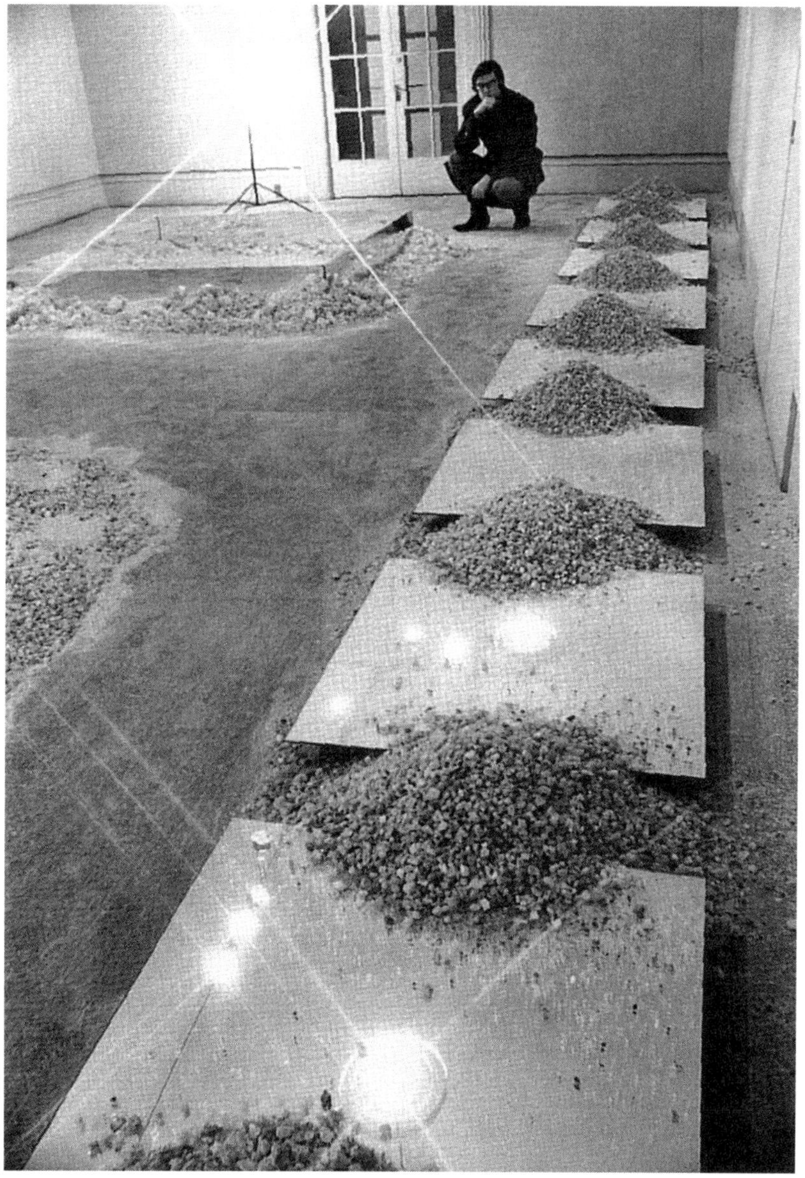

ROBERT SMITHSON
Exposition « Earth Art », Andrew Dickson White Museum, Cornell University, Ithaca, 11 février-16 mars 1969
Rock Salt and Mirror Square (au fond à gauche) et *Eight-Part Piece* (à droite)
Épreuve gélatino-argentique, 21 × 15 cm
Courtesy The Holt-Smithson Foundation, Santa Fe et James Cohan Gallery, New York
Œuvre non exposée

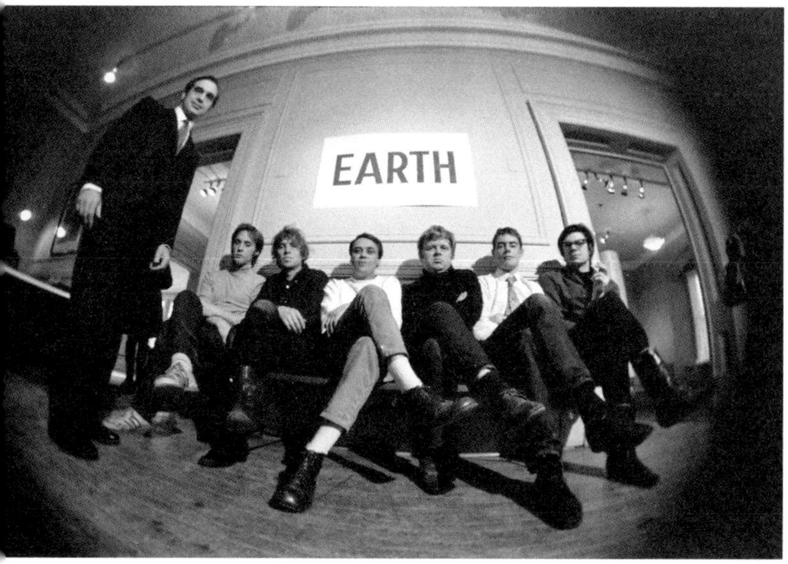

PAT CROWE
Exposition « Earth Art », Andrew Dickson White Museum, Cornell University, Ithaca, 11 février-16 mars 1969
De gauche à droite : Thomas W. Leavitt, directeur du White Museum (debout), Neil Jenney, Dennis Oppenheim, Günther Uecker, Jan Dibbets, Richard Long et Robert Smithson
Épreuve gélatino-argentique, 10 × 15 cm
Courtesy The Holt-Smithson Foundation, Santa Fe et James Cohan Gallery, New York
Œuvre non exposée

Land Reclamation : l'art de la reconversion

À partir de 1971, avec la réduction des budgets consacrés à la culture, les artistes du land art✿, aux exigences logistiques hors normes, se tournent vers d'autres partenariats. Cette situation coïncide avec le retour au Congrès américain du débat sur une législation fédérale concernant les mines à ciel ouvert en fin d'exploitation. Jusque-là, chaque État votait sa propre législation, généralement permissive à l'égard des exploitants. En 1967, un rapport parlementaire accablant, *Surface Mining and Our Environment*, avait provoqué une onde de choc. Le *National Environmental Policy Act* (NEPA) de 1970 rend désormais obligatoire une étude d'impact environnemental pour tout projet « susceptible d'affecter de manière significative l'environnement humain ». En 1971, la production de charbon issue d'exploitations à ciel ouvert dépasse historiquement celle des mines souterraines. Trente-six projets de loi destinés à encadrer l'industrie minière sont présentés au Congrès, qui auditionne et examine des milliers de pages de témoignages. Il s'agit de déterminer les industries visées, par quels règlements, sur quel budget, et qui devra les appliquer.
Le 22 mars 1972, Wayne Hays, député démocrate de l'Ohio, présente un projet de loi global (H.R. 6482). Consensuel et soutenu par la plupart des groupes écologistes et syndicats de mineurs, le texte est rejeté par les deux principaux syndicats d'exploitants. Ce projet de loi prévoit notamment l'application du principe de restitution approximative de la topographie initiale (AOC : *approximate original contour*), ainsi qu'une valorisation touristique des zones proches des bassins de population, comme le préconisait le rapport de 1967. C'est dans ce contexte que Robert Smithson pense avoir une carte à jouer. Bertram S. Katz, un enseignant en art du Hunter College qui vient de l'inviter à participer à un colloque à l'Ohio State University, lui obtient un rendez-vous avec le sénateur républicain Harry L. Armstrong. Le 9 avril 1972, Smithson s'entretient avec Armstrong, qui le met en relation avec l'Ohio Reclamation Association. Début juin, avec un pilote et un forestier membres de l'ORA, il visite durant trois jours des sites susceptibles d'accueillir une œuvre. Intéressé par l'Egypt Valley, qui doit devenir un parc de loisirs, Smithson écrit le 10 juin à Ralph Hatch, président de la compagnie Hanna Coal. Hatch repousse la discussion en attendant l'issue du débat parlementaire.
Le 12 octobre 1972, la loi Hays est adoptée par les députés, mais la session parlementaire est ajournée avant que le Sénat ait pu l'examiner. Smithson adresse alors à une cinquantaine de dirigeants un dossier comprenant une profession de foi, un C.V., des photographies et des copies d'articles. Il y présente la *Spiral Jetty* et *Broken Circle/Spiral Hill* comme des reconversions réussies, respectivement sur un site pétrolier et une sablière. Selon lui, une œuvre peut conférer un centre d'intérêt, et donc une valeur ajoutée, aux projets de reconversion : « L'earth art peut transformer une économie aveugle en économie visuelle. » Fort de son expérience de 1966 avec TAMS, Smithson est convaincu que les artistes doivent quitter la marginalité pour s'impliquer dans les domaines clés de la société. Dans son article d'*Artforum* en février 1973, Central Park représente cette valeur ajoutée par l'art paysager. Smithson se positionne ainsi comme l'héritier d'une tradition du pittoresque mêlant destruction et régénération. Mais la crise économique se double d'une crise pétrolière et la législation fédérale n'entrera en vigueur qu'avec le *Surface Mining Control and Reclamation Act* (SMCRA) en 1977. Lors de son intervention sur une gravière en 1979, Robert Morris constate, résigné, que tout projet de « reconversion par l'art [...] n'a d'autre choix que de servir en particulier l'image de l'industrie minière et en général l'accélération du projet techno-consumériste ». Depuis, la part des exploitations à ciel ouvert a explosé aux États-Unis.
En Grande-Bretagne, l'idée de démarginaliser les artistes en les plaçant dans les circuits décisionnaires prend forme avec la création de l'Artist Placement Group en 1966, à l'initiative des artistes Barbara Steveni et John Latham, rejoints par Jeffrey Shaw, Barry Flanagan, Stuart Brisley, David Hall, Anna Ridley, Maurice Agis et Ian McDonald Munro. En 1968, l'APG, qui vient d'entrer en négociation avec des industriels et des institutionnels, rencontre des représentants du projet américain EAT (*Experiments in Art and Technology*). Dès 1969, les premiers « placements d'artistes » interviennent dans la sidérurgie, les transports, les médias, le textile, l'immobilier, etc. Latham, quant à lui, s'investit auprès de l'industrie houillère à travers le National Coal Board, qui finance son court-métrage *Erth* en 1971. L'APG prend rapidement une dimension internationale. Rebaptisé Organisation and Imagination (O + I) en 1989, il compte à présent dans son directoire, ainsi que parmi ses membres et conseillers, divers artistes, hauts fonctionnaires, politiques, scientifiques et universitaires de premier plan. — S.P.

MICHAEL HEIZER

***Effigy Tumuli Sculpture* (détail) :**
***Water Strider*, 1983-1985**
Araignée d'eau : l'une des 5 sculptures
de terre compactée, 209 × 207 × 4,27 m
Buffalo Rock State Park, Ottawa, Illinois
Courtesy l'artiste et galerie Gagosian,
Los Angeles
Œuvre non exposée

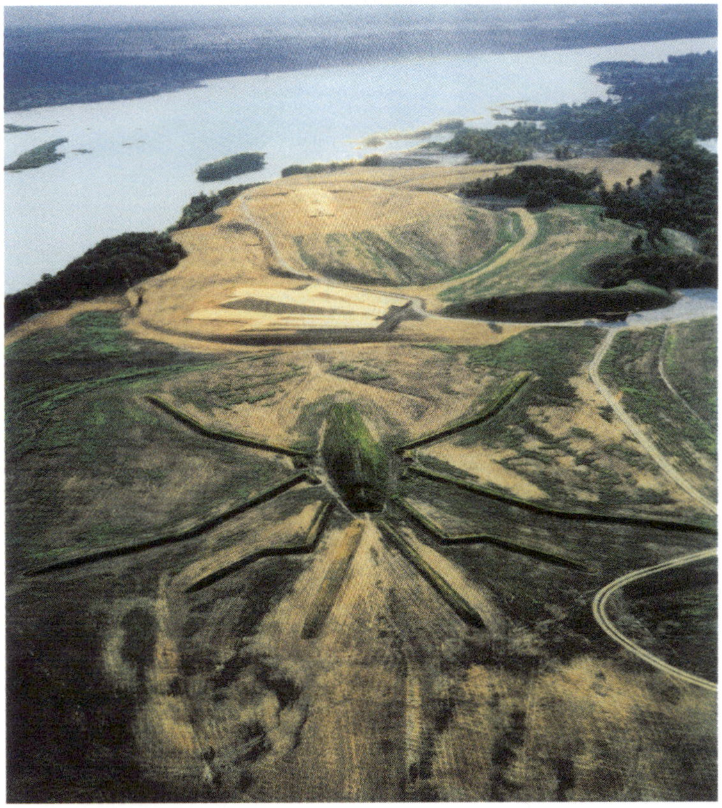

ROBERT SMITHSON

Bingham Copper Mining Pit – Utah
***Reclamation Project*, 1973**
Crayon gras et ruban adhésif sur film
plastique et photographie, 52,1 × 77,5 cm
New York, The Metropolitan Museum of Art
Œuvre non exposée

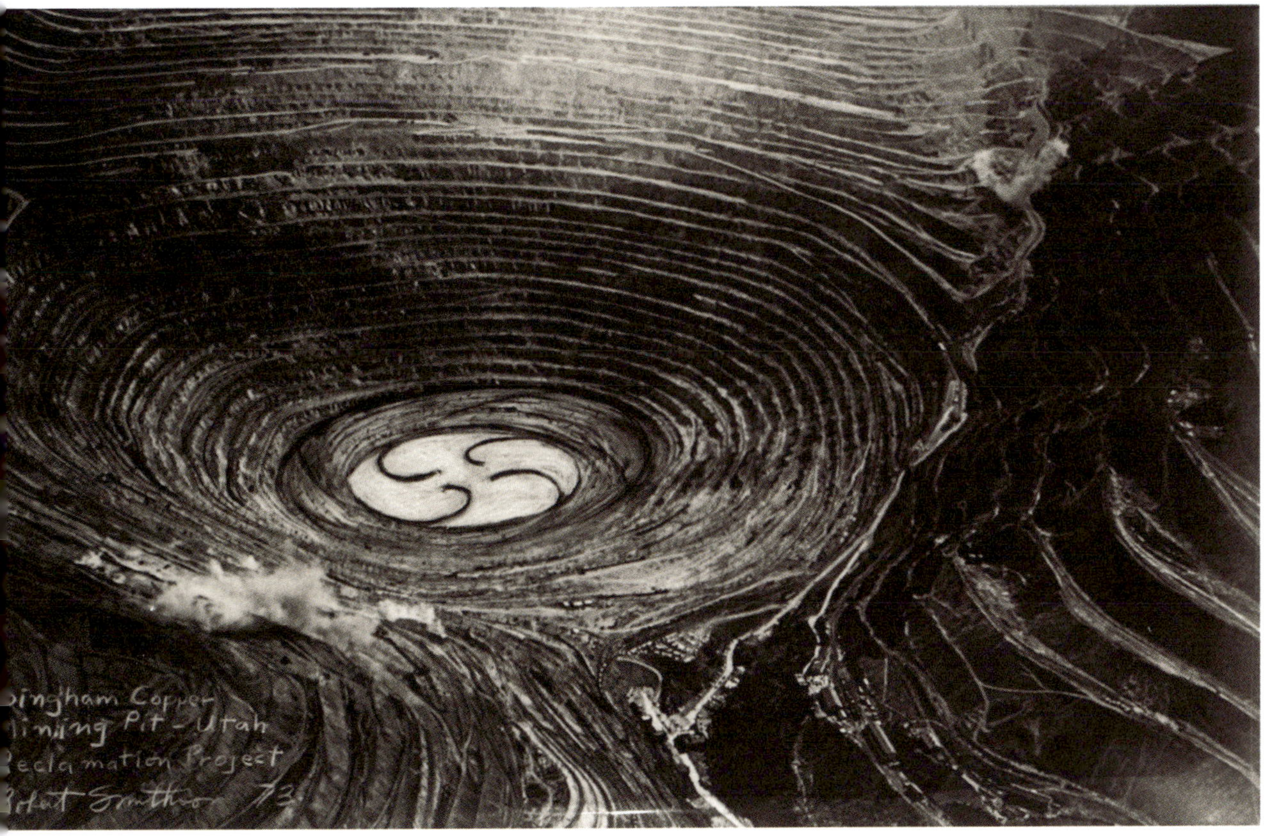

John Latham | Les *bings*. La conservation d'un patrimoine indutriel

De décembre 1975 à avril 1976, John Latham est invité en résidence, *via* l'APG, par la Scottish Development Agency. L'agence gouvernementale, gênée par la présence de crassiers, ou *bings*, à proximité d'Édimbourg, engage l'artiste afin d'imaginer une manière de gérer ce qu'elle considère comme un problème esthétique. Ces immenses tas de pierre roussie, atteignant par endroits près de cent mètres, sont pour la plupart issus de l'exploitation de schistes bitumineux durant plus d'un siècle, jusqu'aux années 1960. Calcinés pour en extraire de l'huile de paraffine, ces résidus se sont accumulés pour former des pyramides asymétriques à l'aridité martienne. Alors que personne n'envisage encore la conservation d'un tel patrimoine industriel, Latham plaide pour la préservation de cinq de ces sites en tant que monuments, mettant en avant le témoignage historique et la qualité « purement sculpturale des *bings* ». Latham fait également valoir un argument économique auprès des industriels propriétaires de ces « terrains à l'abandon » (*derelict land*) : le coût de leur déblaiement serait bien supérieur et une offre massive de ce matériau de remblai en ferait chuter le cours. Latham est persuadé que la prochaine génération, moins sensible à leur bilan social et environnemental, va apprécier les *bings*. Parmi les cinq ready-mades désignés par Latham, deux se situent dans le Lothian occidental : *The Niddrie Woman*, entre Winchburgh et Broxburn, et *Five Sisters*, près de West Calder. La vue aérienne du premier lui évoque le corps disloqué d'une femme qu'il compare à la Vénus de Willendorf, une icône préhistorique. Latham espère que la personnification de ces monuments en facilitera l'appropriation par la population locale. Alors qu'il compte placer deux sculptures d'acier et de béton sur *The Niddrie Woman*, le plasticien n'envisage aucune intervention sur l'ensemble des *Five Sisters*. L'objet muséal *Five Sisters* se présente sous la forme de photographies du site prises par l'artiste Rita Donagh, associées à des échantillons de matériau posés sur une étagère dans le coin inférieur gauche du panneau. Évoquant les Seven Sisters, des falaises de craie du Sussex, ou les Three Sisters de Monument Valley, le titre lui-même suscite l'imagination. Latham préconise en effet de présenter le site dans les brochures touristiques et d'en aménager l'accès pour y pratiquer des activités de loisirs. Or quarante ans plus tard, la préservation des *bings* doit plus à la particularité de leur faune et à leur flore qu'à leur statut de monuments post-industriels. — S.P.

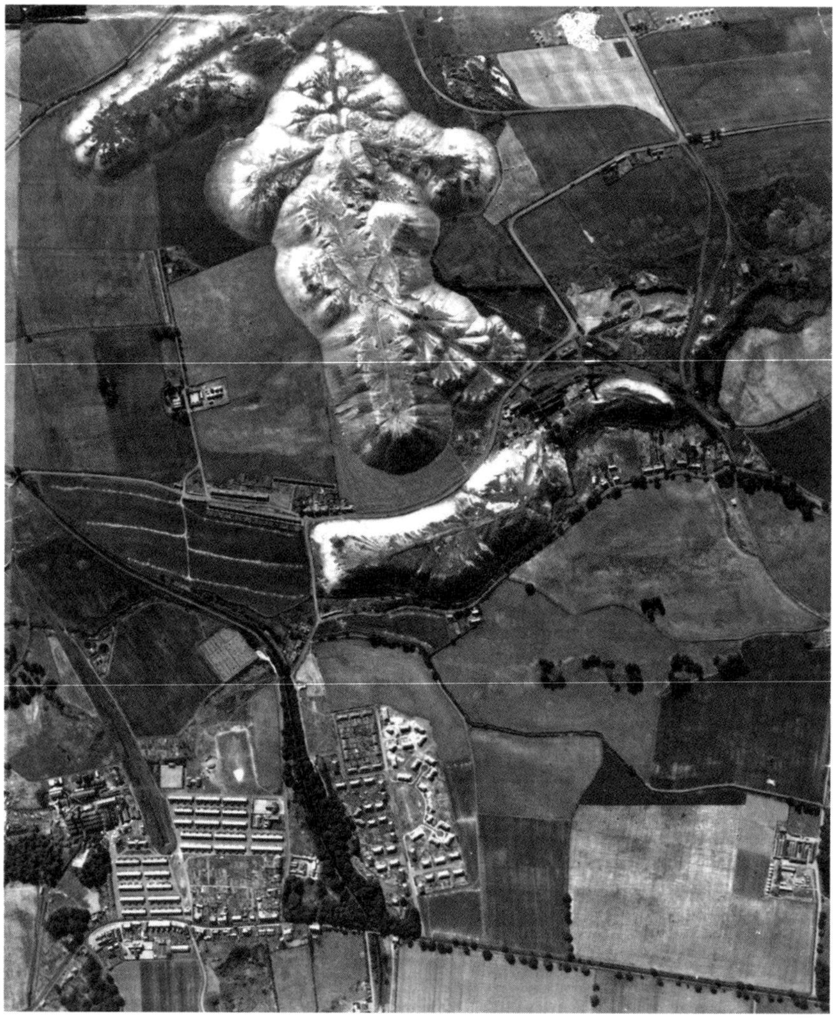

JOHN LATHAM
***Photographie aérienne de* The Niddrie Woman, vers 1976**
Épreuve gélatino-argentique, 20 × 25 cm
Londres, Tate Archives
Œuvre non exposée

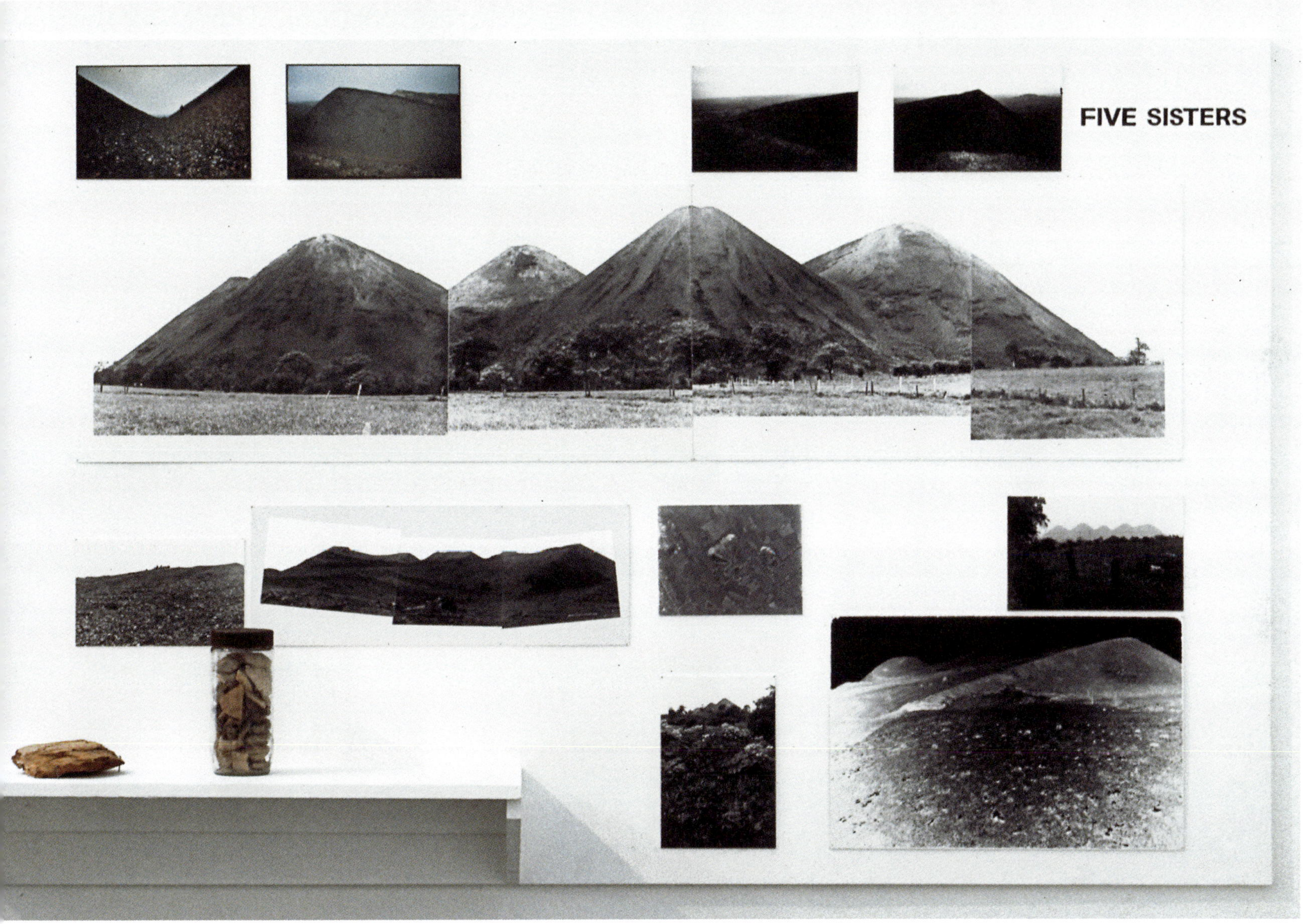

JOHN LATHAM
***Derelict Land Art: Five Sisters*, 1976**
Bois, photographies, bocal en verre
et schiste, 121,9 × 182,9 × 24,1 cm
Londres, Tate

Horacio Larraín Barros, Graham Stevens

Les sourciers

Aux antipodes de « la stupéfiante indifférence[1] » dénoncée en 1977 par le film de Robert Bresson, *Le Diable probablement*, où les personnes les plus résignées attribuent la dégradation de l'environnement à une force extérieure sur laquelle ils n'ont aucune emprise, tant Horacio Larraín Barros que Graham Stevens se sont penchés sur des solutions concrètes en vue de pallier la raréfaction des ressources en eau potable, proposant des dispositifs capables de la capter en milieu désertique.
Universitaire aux approches transversales, dont l'éco-anthropologie, qui étudie les interrelations entre écosystèmes et groupements humains, Horacio Larraín Barros conduit des recherches relatives aux côtes arides du Nord Chili et ses communautés autochtones. Observant les Aymaras du désert d'Atacama, son attention se porte sur la technique ancestrale des *atrapanieblas*, littéralement les « attrape-brouillard », véritables pièges à vapeur d'eau en textile où se condensent les gouttelettes microscopiques en provenance des brumes océanes (*camanchacas*) de la région. Depuis 1997, le géographe Pablo Osses et l'ingénieur Juan de Dios Rivera veillent à leur déploiement technique dans des lieux comme l'« oasis de brume » d'Alto Patache.
De son côté, Carlos Espinosa Arancibia (1924), qui signe, avec H. Raúl Muñoz, un article de synthèse autour des travaux interdisciplinaires menés depuis le début des années 1960 à propos du captage non conventionnel en zones sèches[2], dote l'Unesco d'un brevet[3] libre de droit afin de rendre accessible au plus grand nombre ce genre de collecteurs.
Le *Desert Cloud* de l'artiste Graham Stevens, prototype d'une structure flottante en plastique conçue pour récupérer les énergies atmosphériques, est déployé en 1974 dans le désert d'Arabie[4]. Se dispensant de la consommation d'énergies fossiles, ce radeau aérien à « la membrane solaire [...] transparente, partiellement réfléchissante (argentée) et absorbante (noire)[5] » ne se contente pas seulement de recueillir l'eau : serre bioclimatique, il pourrait produire de la nourriture, servir d'abri et même de transport. — A.D.

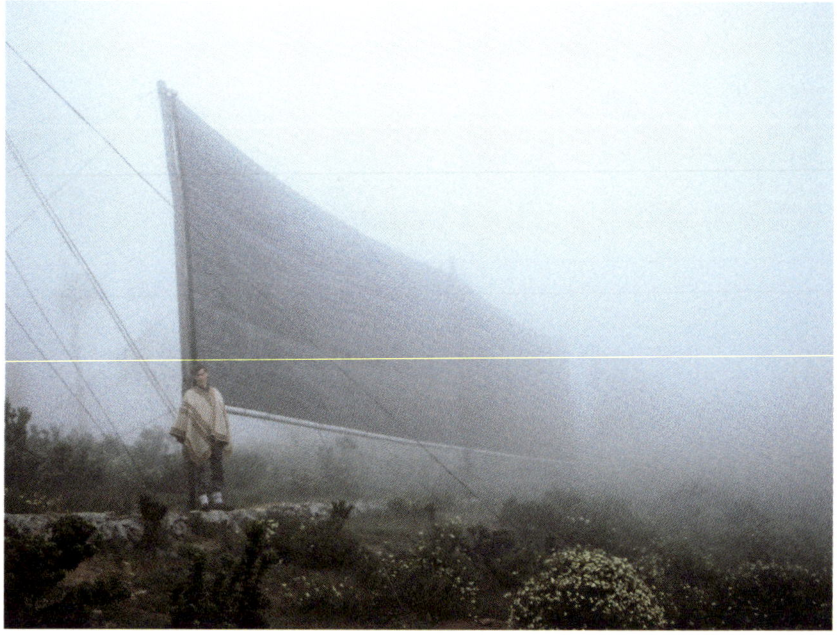

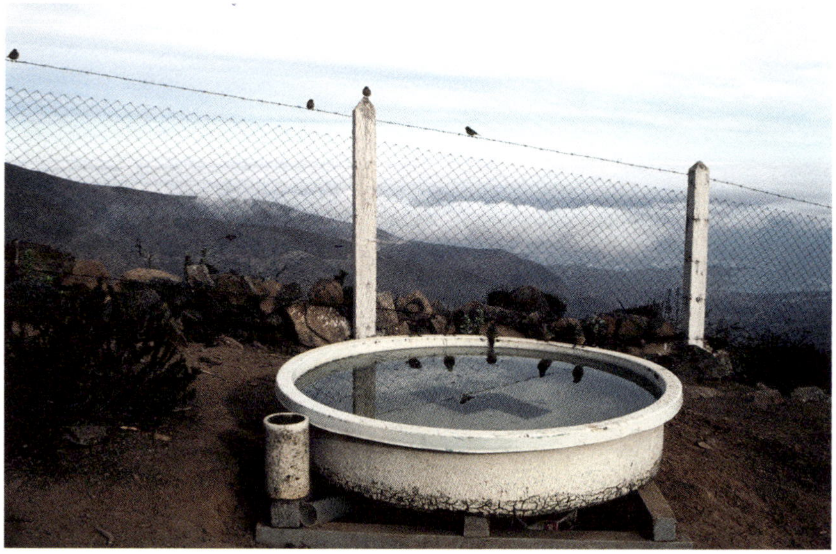

HORACIO LARRAÍN BARROS
***Sans titre*, 2012**
Épreuves chromogènes, 30 × 45 cm chacune
Courtesy Horacio Larraín Barros et documenta Archive, Cassel

1. Cité par Roger Régent dans *La Nouvelle Revue des Deux Mondes*, juillet-août-septembre 1977, p. 469-470.
2. « Rocío y nieblas : Recursos hídricos no convencionales en las zonas áridas », *Plandes*, Santiago du Chili, Ediciones Forum Publicidad, 1970, p. 44-49.
3. Voir *El atrapanieblas 611115*, Antofagasta, Universidad Católica del Norte, 1977.
4. Au sujet de sa description, son fonctionnement et ses applications, voir son texte « Solar powered air structures » dans Costis Stambolis (dir.), *Solar Technology for Building*, Londres, Riba Publications, vol. 2, 1978, p. 830-839.
5. *Ibid.*, p. 832.

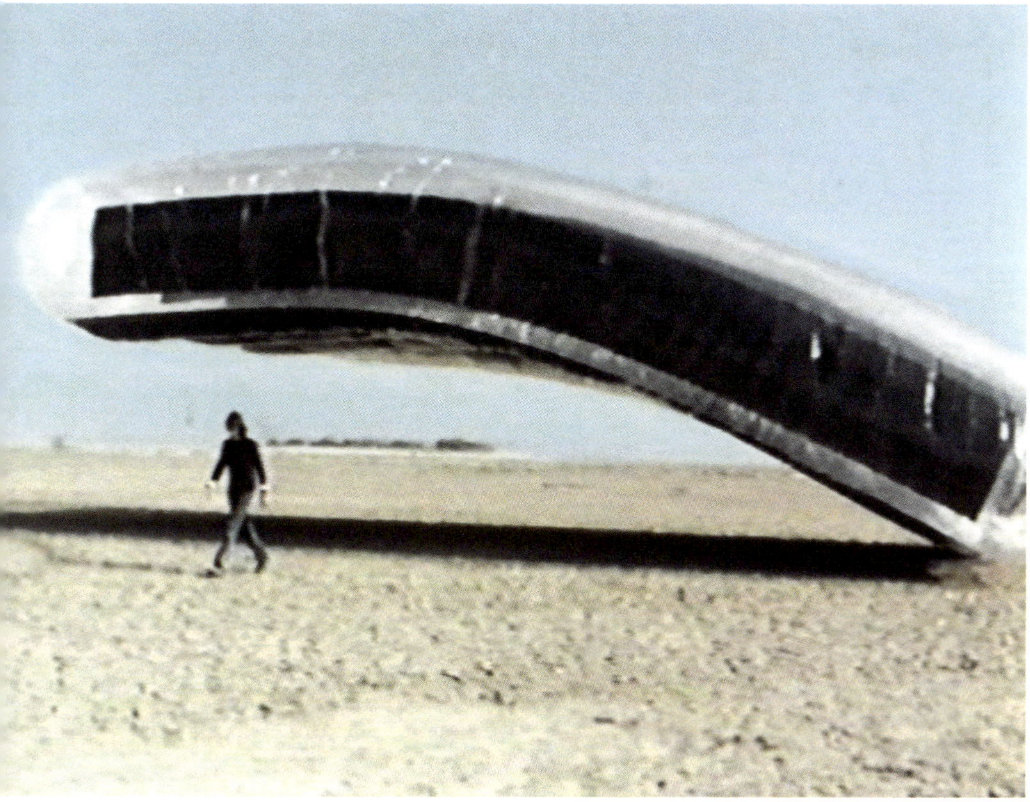

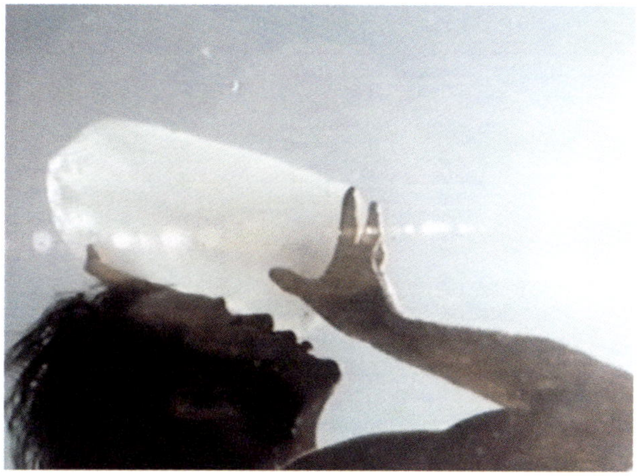

GRAHAM STEVENS
***Desert Cloud*, 1974**
Film cinématographique 16 mm, couleur, sonore, durée : 17 min 17
Paris, Centre Pompidou, Musée national d'art moderne

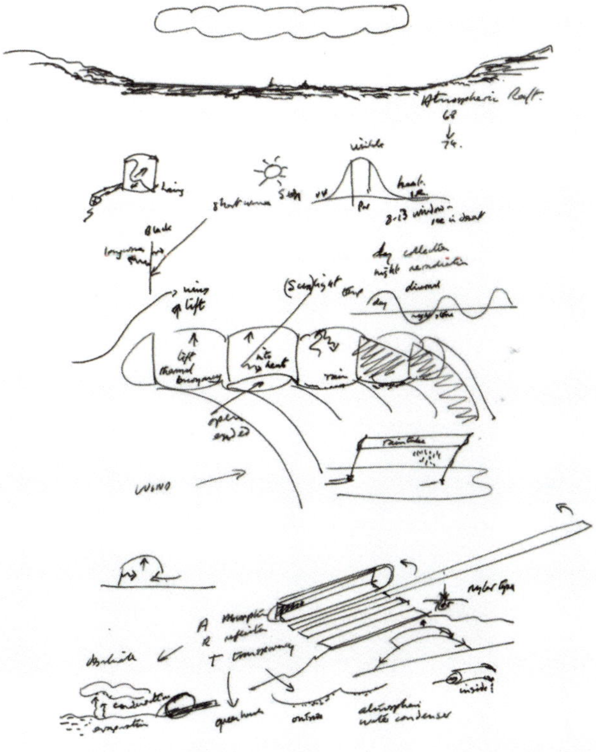

GRAHAM STEVENS
***Desert Cloud*, 1974**
Feutre noir sur calque, 42 × 29,7 cm
Paris, Centre Pompidou, Musée national d'art moderne

Agnes Denes | Planter, régénérer

Commissionné par le Public Art Fund[1], *Wheatfield. A Confrontation* d'Agnes Denes se développe à l'échelle d'une saison : face au quartier financier de New York, volontaires et assistants se livrent à de vastes travaux des champs sur le terrain d'une décharge. Sur quelque huit mille mètres carrés, ils y plantent du blé en mai 1982, qu'ils moissonnent en août. La confrontation que le titre évoque n'a rien de la démonstration de force : plus proche de l'*ahiṃsā* de Gandhi, sa seule « violence » relève du « phénomène vital » – selon la distinction faite par Jean Genet, opposant celle du « grain de blé qui germe et fend la terre gelée » à la « brutalité » insidieuse du chiffre, de la vitesse ou de la bureaucratie[2]… À proximité de la *Liberté éclairant le monde*, le projet anti-monumental met en présence deux être-au-monde aux horizons d'attente divergents : marchés où se décide le cours des céréales et champ tissé d'interactions sociales, que l'artiste associe à Shangri-La[3]. Les quatre cent cinquante kilos de grains obtenus grâce à la germination de ce « concept philosophique visuel[4] » voyagent entre 1987 et 1990 lors de l'*International Art Show for the End of World Hunger*, et se voient semés à différents endroits du globe. La même année que la récolte, l'artiste conçoit l'ébauche de *Tree Mountain. A Living Time Capsule*. Annoncée par le gouvernement finlandais au Sommet planète Terre de Rio✪ le 5 juin 1992, l'œuvre organique est inaugurée en 1996, après l'élévation d'une colline artificielle et la plantation de onze mille sapins sur le site d'une gravière, à Pinziö, près d'Ylöjärvi (Finlande). Chacun d'entre eux, répartis en suivant un motif d'entrelacs spiralés conforme à une suite de Fibonacci, correspond à une personne détenant un certificat de protection, qui peut se transmettre par donation ou héritage. Inaliénable, la forêt doit être sauvegardée pendant quatre siècles, durée nécessaire pour redevenir primaire. Concordance entre la nature et l'algorithme, cette action de bioremédiation aspire à compenser des dommages environnementaux aux proportions planétaires.—A.D.

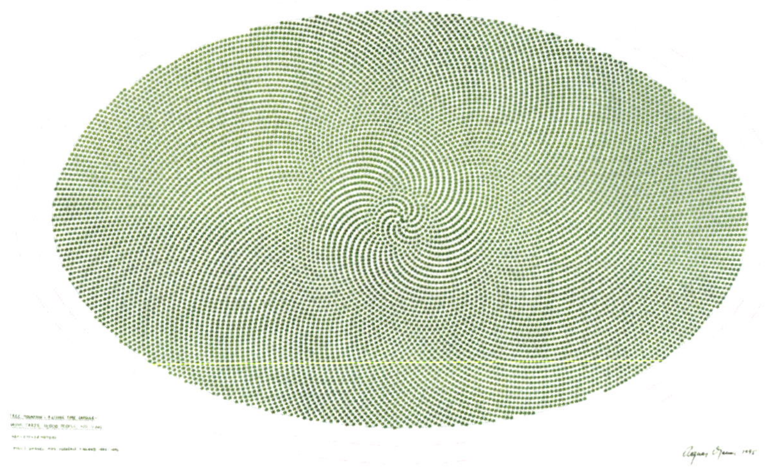

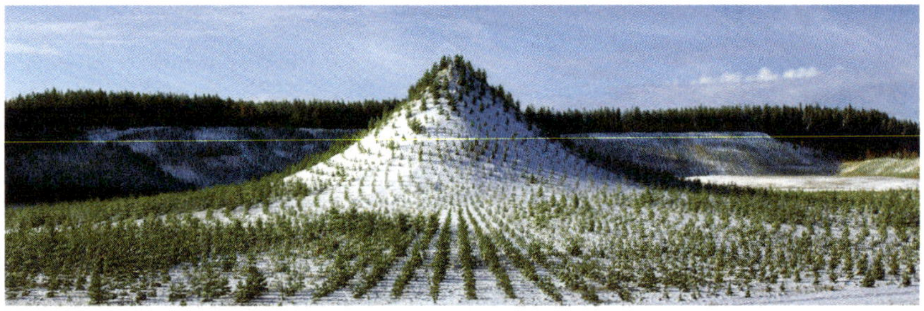

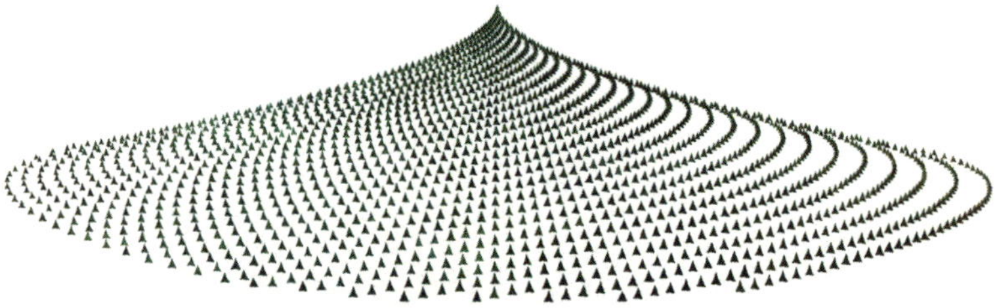

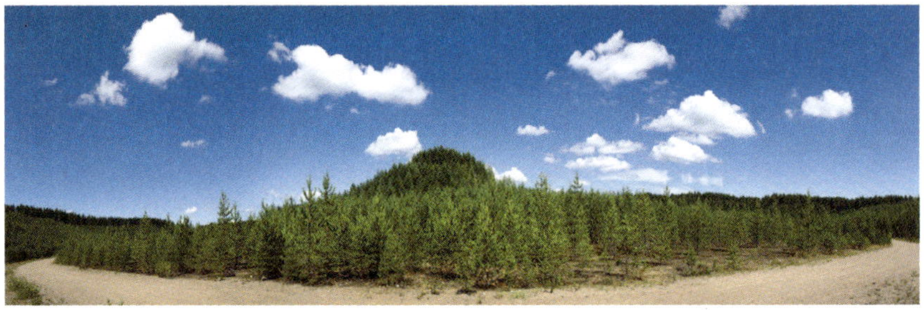

AGNES DENES
***Tree Mountain. A Living Time Capsule, Ylöjärvi, Finland*, 1992-1996**
Vue aérienne du schéma mathématique ayant servi à planter les arbres, 1995
Impression numérique, 64,8 × 91,4 cm
Courtesy galerie Leslie Tonkonow artworks + projects, New York

AGNES DENES
***Tree Mountain. A Living Time Capsule – 11,000 Trees, 11,000 People, 400 Years*, 1992/2013**
C-print, 91,4 × 91,4 cm
Courtesy galerie Leslie Tonkonow artworks + projects, New York

1. *Wheatfields for Manhattan*, deuxième projet de la série « The Urban Environmental Site Program ».
2. « Violence et brutalité », *Le Monde*, n° 10137, 2 septembre 1977, p. 1-2.
3. Voir James Hilton, *Lost Horizon*, Londres, Macmillan & Co. Limited, 1933.
4. À propos de son œuvre *Dialectic Triangulation – A Visual Philosophy* de 1967-1969 (voir « A Short History of the Pyramids », *The Living Pyramid*, John Hatfield (éd.), New York, Socrates Publishing, 2015, p. 19). *Wheatfield* comme « concept universel », voir Ana Cristina Bozzo *et al.*, *The International Art Show for the End of World Hunger*, New York, Artists to End Hunger, Inc., 1987, p. 86.

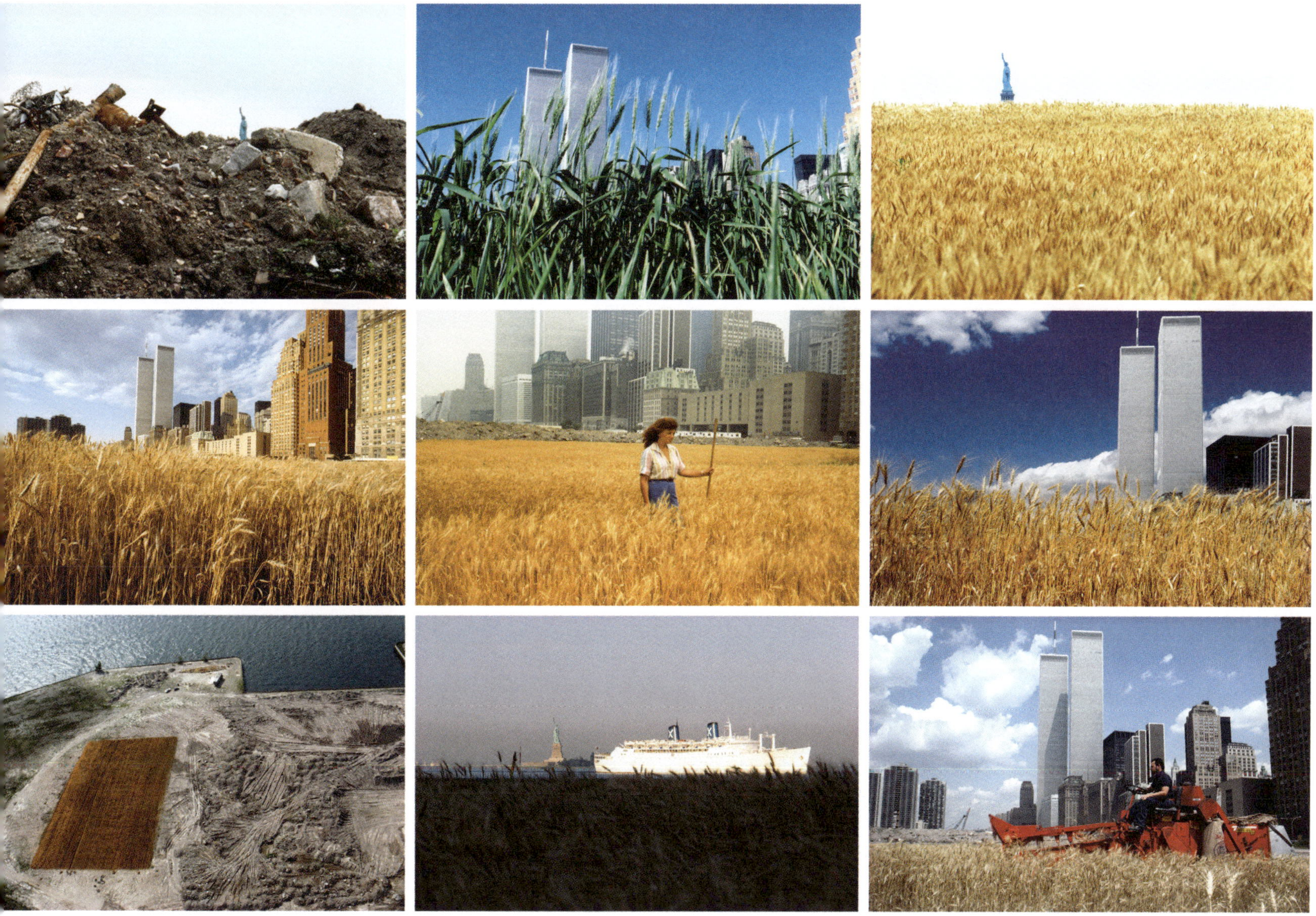

AGNES DENES

***Wheatfield. A Confrontation: Battery Park Landfill, Downtown Manhattan*, 1982**

C-print, 76,2 × 101,6 cm

Courtesy galerie Leslie Tonkonow artworks + projects, New York

SIGNAL

Christo et Jeanne-Claude
***Surrounded Islands*, 1980-1983**

États-Unis, Floride, Miami, baie de Biscayne

Après avoir récolté 40 tonnes de détritus lors du nettoyage de la baie, les artistes et leur équipe ont déployé d'immenses tissus roses formant des auréoles autour de chacune des 11 îles. Visibles pendant deux semaines, ces corolles symbolisent le mode de vie des habitants, entre terre et mer, et font écho à la végétation locale.

→ Projet éphémère réalisé à l'initiative des artistes

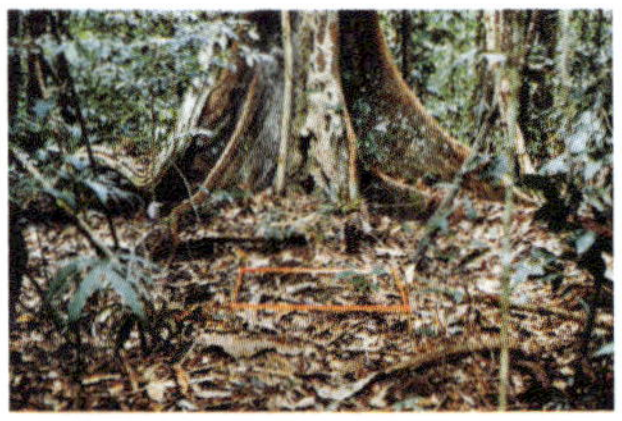

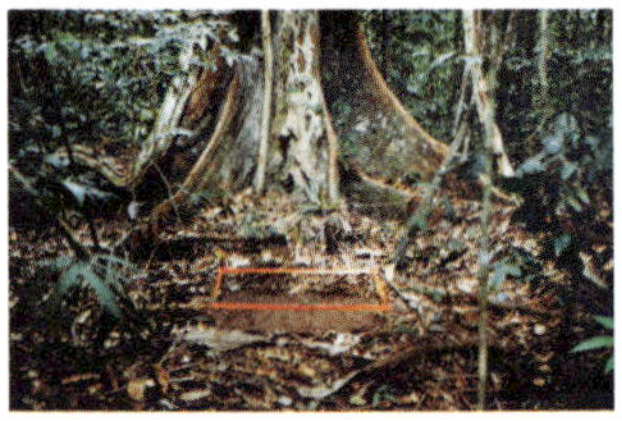

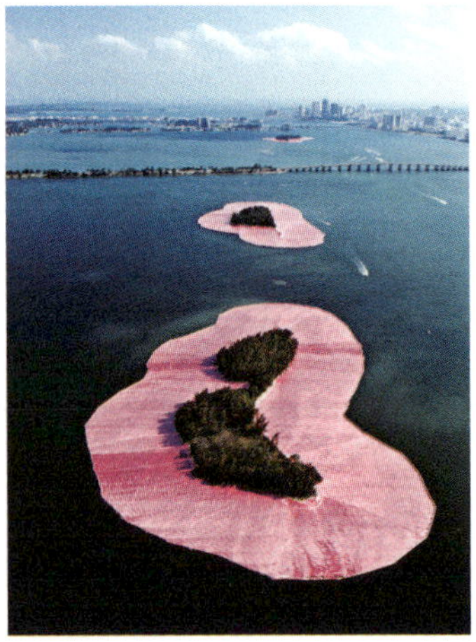

Mark Dion
***A Meter of Jungle*, 1992**

Brésil, parc de Belem / Museu de Arte Moderna de Rio de Janeiro

Au pied d'un arbre de la forêt brésilienne, l'artiste a délimité un périmètre de 1 m^2 de terre et de végétation. Extrait de son environnement, l'échantillon est montré tel quel dans une exposition pendant le Sommet de la Terre de Rio⬟. Hommage au naturaliste William Beebe, cet acte révèle la richesse des micro-écosystèmes, indispensables à de la vie sur terre.

→ Action réalisée dans le cadre de l'exposition « Arte Amazonas », Museu de Arte Moderna de Rio de Janeiro

Amy Balkin
***Public Smog*, 2004**

Public Smog est un parc public d'air pur que chacun peut protéger, notamment en achetant des permis d'émission sans émettre, préemptant ainsi les « parts de pollution » que se réservent les grandes entreprises, moyennant finances. En 2004, l'artiste achète ainsi le droit d'émettre 11 kilos d'oxyde d'azote dans le ciel californien, puis 51 tonnes de CO_2 au-dessus de l'Europe en 2006-2007.

→ Projet réalisé à l'initiative de l'artiste

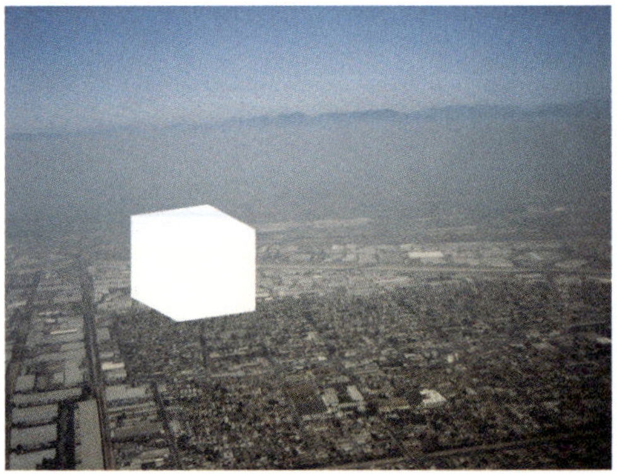

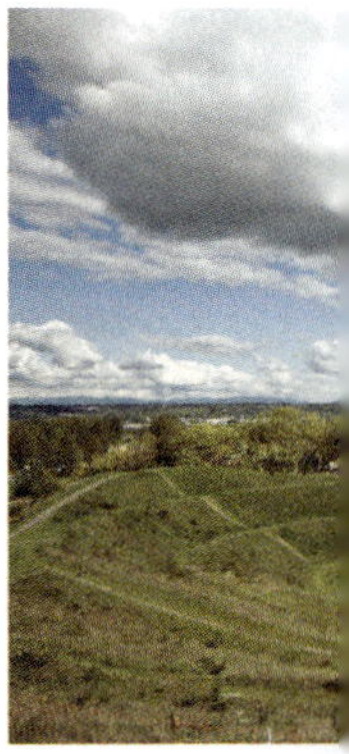

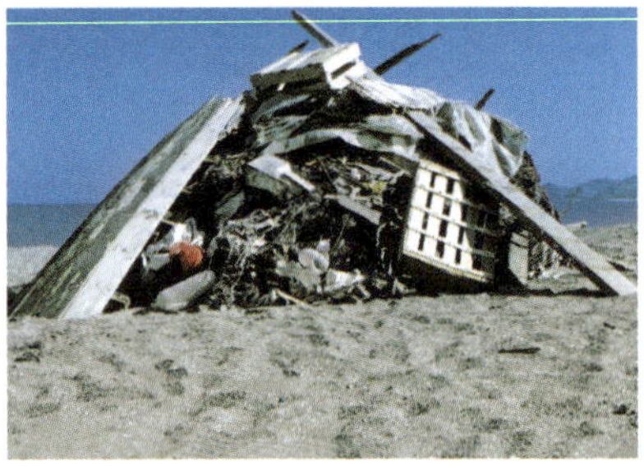

Hans Haacke
***Monument to Beach Pollution*, 1970**

Espagne, Carboneras, plage

L'artiste a nettoyé 200 mètres de plage, amassant les déchets rejetés par la mer et abandonnés sur le sable en un seul tas imposant, immortalisé par une photographie. Obstacle gênant et inesthétique, l'accumulation révèle l'impact de l'activité humaine, des ravages du tourisme à l'abandon de matériaux en mer.

→ Projet éphémère réalisé à l'initiative de l'artiste

Lara Almarcegui
***A Wasteland on the banks of the Ebro River, Zaragoza*, 2008**

Espagne, Saragosse, rives de l'Èbre

Après avoir négocié dans plusieurs grandes villes la préservation temporaire de terrains à l'abandon, l'artiste a obtenu la protection à long terme d'une friche de 700 m^2 sur les rives de l'Èbre. Elle prolonge ainsi par une sauvegarde active son enquête sur les espaces négligés, reconstituant une géographie invisible, laissée à l'entropie et à l'aléatoire.

→ Projet réalisé à l'initiative de l'artiste

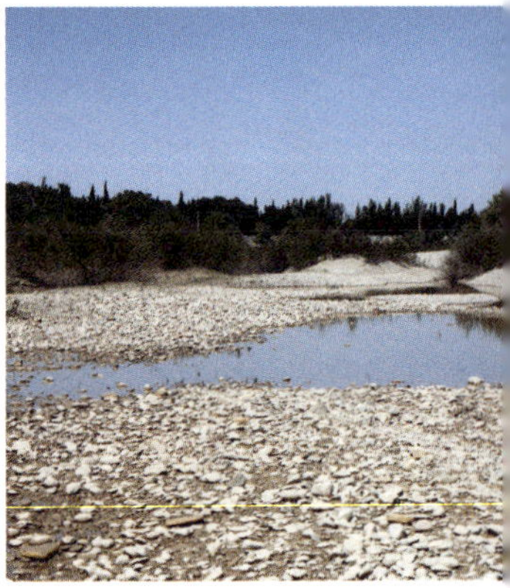

Éco-activisme

Pour une topographie subjective des pratiques environnementales

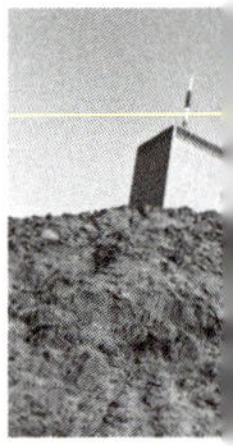

Dirk Fleischmann
***myforestfarm*, 2008-**

Philippines, province de Rizal, zone montagneuse près de la ville d'Antipolo

Cultivée avec la population locale, cette plantation de plus de 1,5 hectare est entièrement biologique. Ressource d'oxygène pure, son empreinte carbone est nulle, et aucun des crédits de carbone n'est à revendre. Grâce aux fruits et légumes récoltés, la plantation devient autosuffisante. Elle propose une activité économique collective, indépendante et durable.

→ Reforestation réalisée en collaboration avec Thomas Daquioag et Renato Habulan

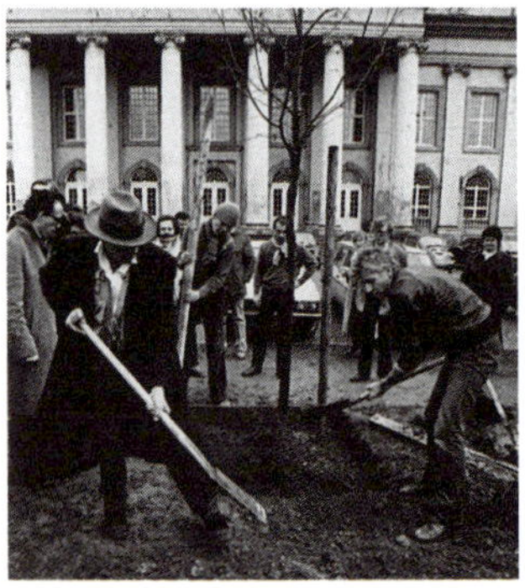

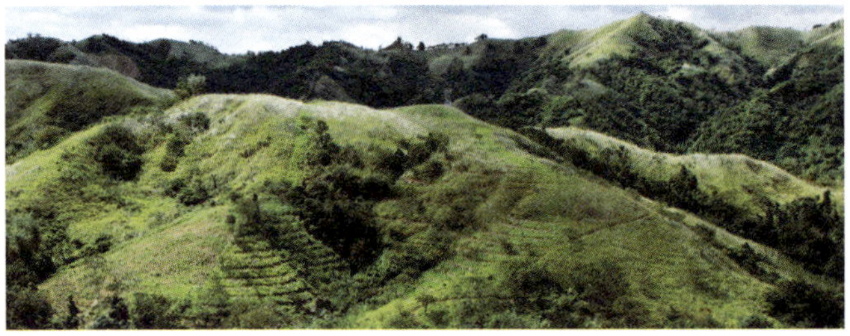

Joseph Beuys
***7000 Eichen*, 1982-1987**

Allemagne, Cassel, Friedrichsplatz

Pour la documenta 7 en 1982, Joseph Beuys initie la plantation de 7000 chênes dans toute la ville de Cassel. Chaque arbre est planté à un emplacement choisi par les habitants, et accompagné par un bloc de basalte fiché dans la terre, lui servant d'étalon de croissance. Achevé après la mort de l'artiste, en 1987, le projet sera réactivé dans plusieurs villes.

→ Projet réalisé à l'initiative de l'artiste, en lien avec la FIU-Baumkoordination

PÉPINIÈRE

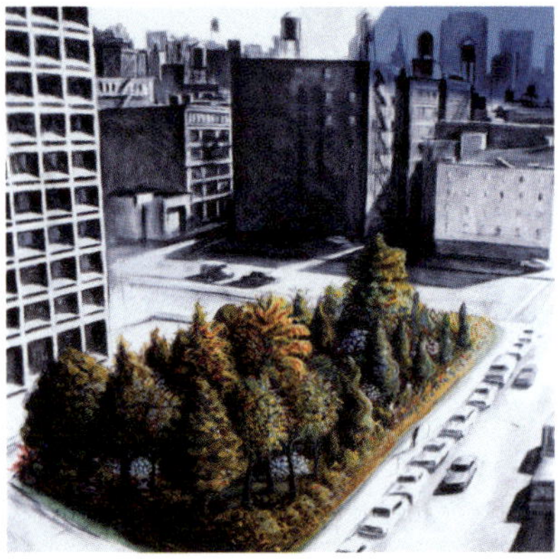

Allan Sonfist
***Time Landscape*, 1965**

États-Unis, New York, Manhattan, Greenwich Village

À l'emplacement d'une friche urbaine, l'artiste recrée la nature antérieure à l'arrivée des premiers colons au XVIe siècle : formations rocheuses et géologiques originelles, prairie, noyers, genévriers, érables, sassafras, chênes, bouleaux, buissons de fleurs. Ce parc naturel absorbe l'eau de pluie, produit de l'oxygène, et élimine les polluants en suspension dans l'air.

→ Projet financé par le New York City Parks Department

Buster Simpson
***Purge Diptych*, 1983**

Hudson Headwaters Purge, 1991, États-Unis, Lake Placid, source du fleuve Hudson • *Purge Projectile*, 1983, États-Unis, New York, au pied du World Trade Center

Les performances de *Purge Diptych* combinent thérapeutique environnementale et *agitprop* (agitation et propagande). Depuis 1983, l'artiste dissout dans des rivières polluées par les pluies acides des disques de calcaire qui adoucissent l'eau, comme des comprimés effervescents. Parallèlement, il vise le World Trade Center de sa fronde chargée de blocs de calcaire, entreprenant la purge symbolique de l'un des anciens sièges du haut capitalisme.

→ Actions réalisées à l'initiative de l'artiste

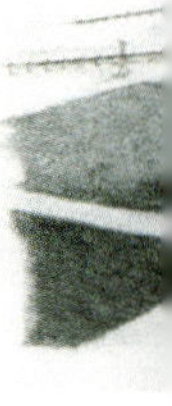

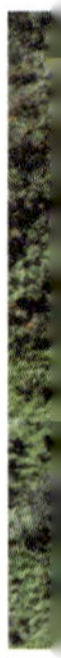

Mel Chin
***Revival Field*, 1990-1993**

États-Unis, Minnesota, Saint Paul, décharge de Pig's Eye

Cette culture en forme de cadran est plantée de différentes variétés de mauvaises herbes, qui assimilent les métaux lourds contaminant le sol. Récoltées, séchées et brûlées, ces plantes deviennent un antipolluant. L'expérience a été réalisée avec le scientifique Rufus Chaney, spécialiste de la dépollution des sols par les plantes antitoxiques.

→ Projet financé par le National Endowment of the Arts (NEA)

RÉSERVE

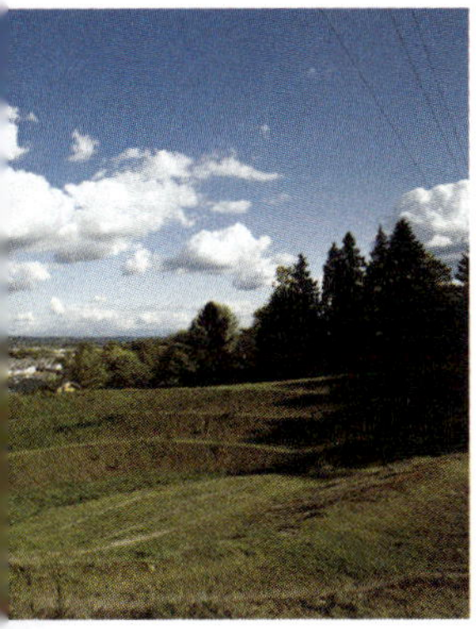

Robert Morris
***Johnson Pit #30*, 1979**

États-Unis, État de Washington, King County, gravière désaffectée

Six terrasses concentriques et quelques souches d'arbres espacées gardent la trace de l'exploitation du site, une ancienne gravière désaffectée. Pour cette commande, l'intervention de l'artiste est volontairement minimale, refusant de légitimer, par un geste réparateur, les autorités responsables de la dégradation du site.

→ Projet réalisé sur l'invitation du King County Arts Commission

David Nash
***Ash Dome*, 1977**

Pays de Galles, Galles du Nord, Maentwrog, Caen-y-Coed

Plantés en cercle à espacements réguliers, 22 frênes ont été inclinés et soigneusement guidés par l'artiste au cours de leur croissance, composant au fil des saisons une clairière en forme de coupole. Débutée en 1977, cette architecture vivante s'affranchit peu à peu de toute intervention humaine.

→ Projet réalisé à l'initiative de l'artiste

REFUGE

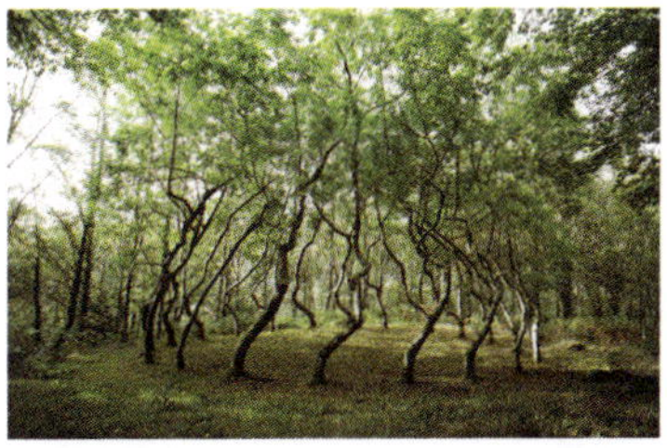

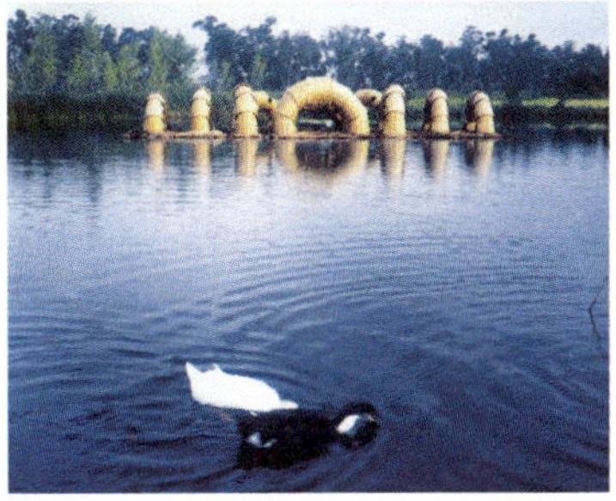

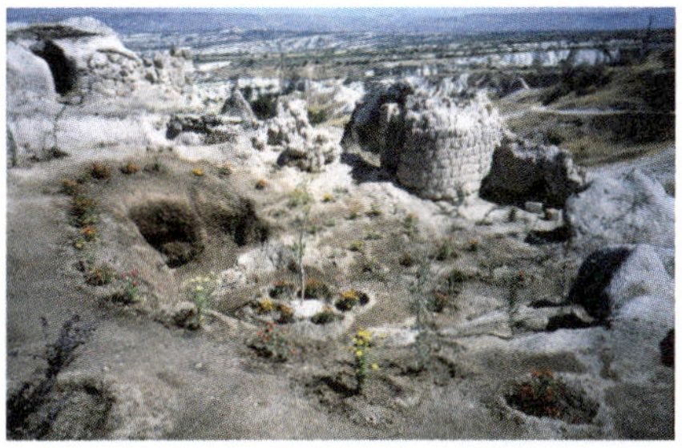

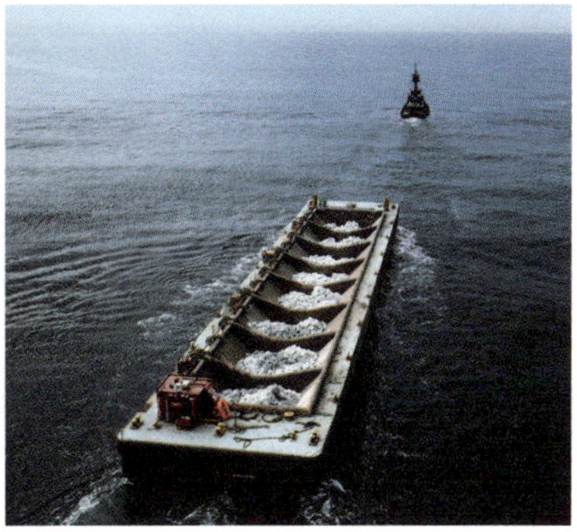

Yutaka Kobayashi
***The Oasis in the Ruins*, 2000**

Turquie, Cappadoce, région d'Uchisar

Délaissé lorsque le système d'eau de la ville voisine s'est développé, cet ancien village est investi par l'artiste afin d'esquisser une réflexion sur nos modes de vie. Les eaux d'écoulement et de pluie sont dirigées vers un bassin de pierre, puis un réseau de canalisation. Planté de fleurs et d'arbres fruitiers, le site initialement abandonné est entretenu par les habitants et devient un petit bois.

→ Projet réalisé à l'initiative de l'artiste, dans le cadre d'« Organic Shop Project », en collaboration avec Platform C Academy

Yolanda Gutiérrez
***Sanctuario*, 1995**

Mexique, Mexico City, lac Xochimilco

L'expansion galopante de Mexico a fini par encercler le lac Xochimilco et menacer ses marais. En collaboration avec un biologiste et un ornithologue, l'artiste conçoit une structure flottante légère, destinée aux oiseaux aquatiques. Poules d'eau, canards sauvages et certaines espèces rares y ont progressivement installé leur nid.

→ Projet réalisé grâce au Fondo Nacional para la Cultura y las Artes (FONCA)

Betty Beaumont
***Ocean Landmark*, 1978-1980**

Océan Atlantique, au large de New York, plateau continental

Inspirée par des recherches sur la stabilisation en mer des déchets polluants, l'artiste propose de recycler les cendres issues de la combustion du charbon. Elles sont solidifiées en 17 000 briques et transportées par bateau pour être déposées au fond de l'océan. Leur transformation contrôlée fait naître un jardin sous-marin, écosystème florissant répertorié comme refuge de poissons.

→ Projet réalisé à l'initiative de l'artiste

RÉGÉNÉRATION

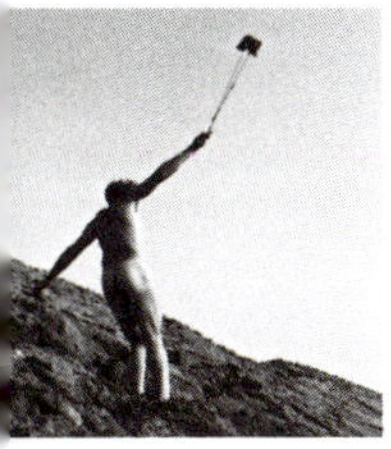

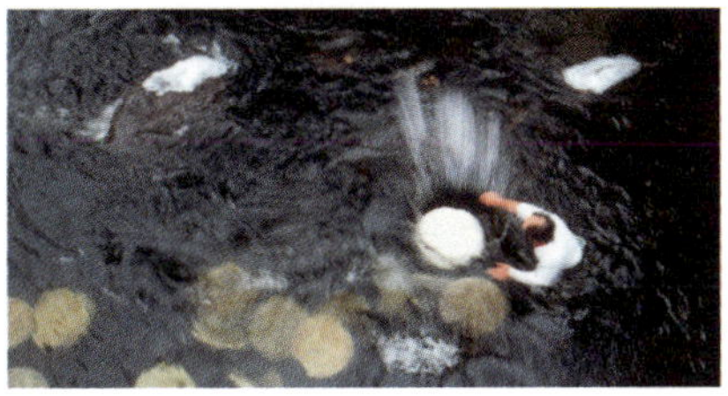

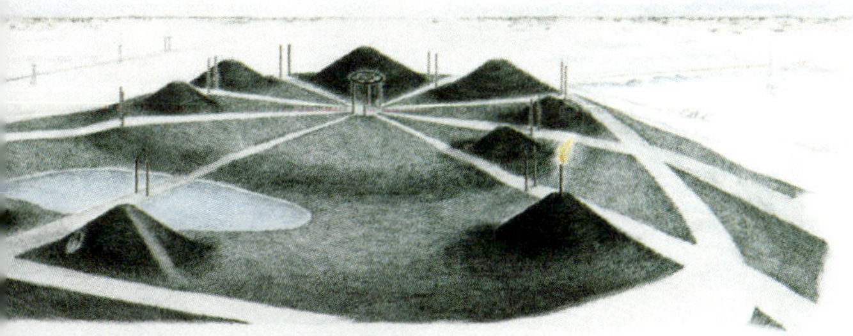

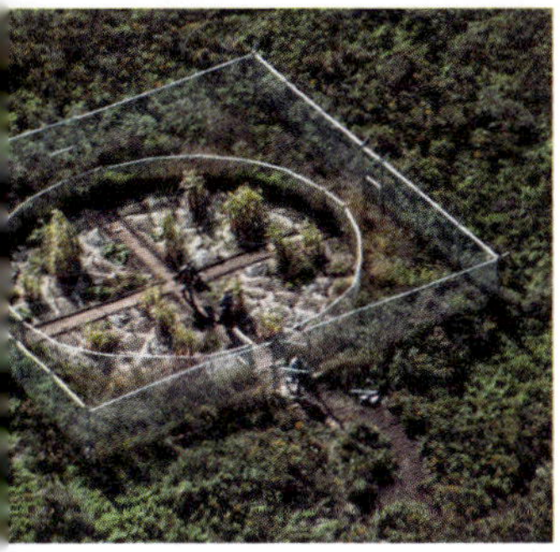

Nancy Holt
***Sky Mound*, 1984-**

États-Unis, New Jersey, Hackensack, Meadowlands, décharge

Sur le site d'une décharge, Nancy Holt a imaginé un réseau de canalisations qui absorbe le méthane des déchets enfouis pour le convertir en source d'énergie. La couverture végétale, les canaux de drainage et le bassin de récupération des eaux préviennent l'érosion et attirent les oiseaux. Les tunnels et les arches dessinés par l'artiste sont autant de points d'observation des astres, de jour comme de nuit.

→ Projet suspendu, initialement soutenu par le National Endowment of the Arts (NEA), the New Jersey State Council on the Arts, et le New Jersey state environmental bond

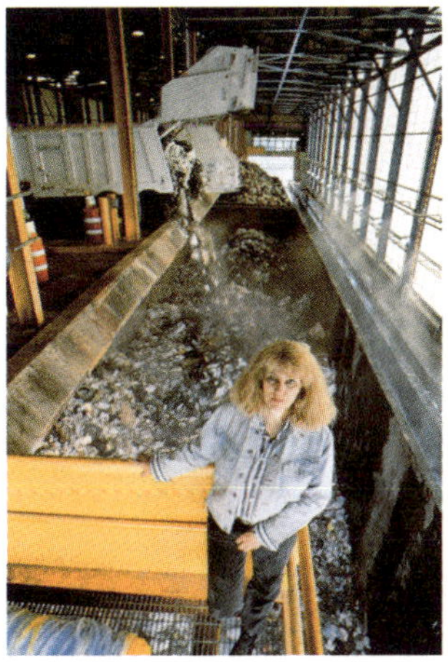

Mierle Laderman Ukeles
***At Flow City*, 1983-**

États-Unis, New York, New York City Department of Sanitation, Marine Transfer Station

Depuis 1978, Mierle Laderman Ukeles travaille pour la reconnaissance du travail des employés de nettoyage de la ville de New York, par le biais d'actions et d'installations. Avec *Flow City*, elle transforme la déchetterie de Manhattan en observatoire du traitement des ordures : aménagé dans la décharge, un parcours et des vidéos permettent au visiteur de prendre conscience du trajet et de la quantité des déchets recyclés.

→ Projet réalisé à l'initiative de l'artiste

COOPÉRATION

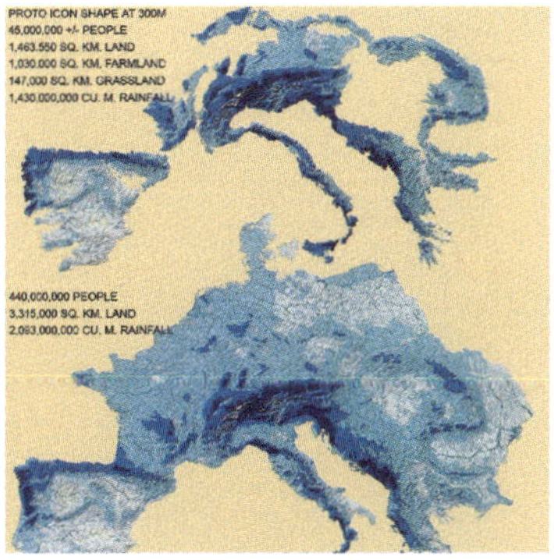

Helen Mayer Harrison et Newton Harrison
***Peninsula Europe*, 2001/2005**

Seules figurent sur cette carte les altitudes supérieures à 350 m, hauteur médiane où se forment la plupart des fleuves. Les artistes ont proposé il y a 15 ans de protéger en priorité ces altitudes pour limiter les sécheresses des niveaux inférieurs. L'objectif global de leur projet *Peninsula Europe* est de restaurer la variété des cultures à l'échelle du continent, sur le modèle du jardin domestique, et d'entretenir une immense forêt qui fournirait de l'eau et de l'air pur.

→ Étude réalisée à l'initiative des artistes

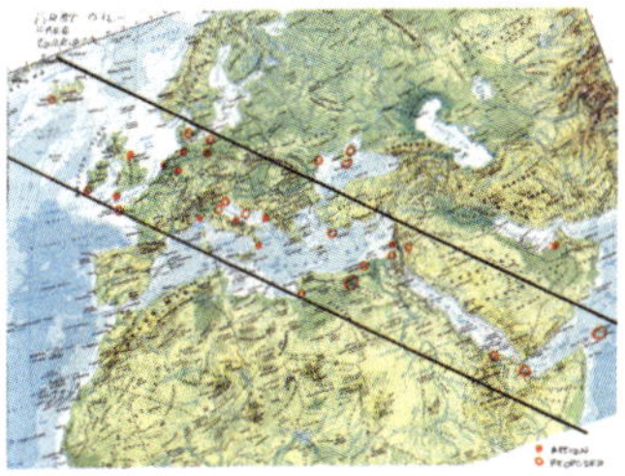

Peter Fend
***First Oil Free Corridor with Proposed and Completed Action Sites*, 2015**

Mer Rouge, mer Méditerranée, océan Atlantique, mer du Nord

Prenant appui sur des cartes et des vues satellites, Peter Fend et son groupe de recherche Ocean Earth Development Corporation proposent des solutions aux problèmes écologiques actuels. Ils ont testé l'efficacité d'une énergie renouvelable non polluante, produite par des algues marines, qui pourrait constituer un « couloir sans pétrole », traversant les mers, depuis la Somalie jusqu'à l'Islande.

→ Étude réalisée à l'initiative Peter Fend et d'Ocean Earth Development Corporation

Réenchantement

Le motif du spectateur absorbé dans la contemplation d'un paysage grandiose se cristallise au XIXe siècle dans la peinture de Caspar David Friedrich. Des promeneurs solitaires y communient avec une nature dont les accalmies permettent des rapports apaisés, mais toujours respectueux des forces en puissance. Revenant à des pratiques rituelles, certains artistes renouent, dans les années 1960 et 1970, avec des traditions panthéistes, holistes et parfois animistes. Passant par l'immersion, l'osmose avec la nature peut déclencher une vocation écologique. L'expérience de la nature se fait plus existentielle et subjective. Humilité, ascèse et non-agir rejoignent les spiritualités zen et bouddhiste. L'interventionnisme musclé du land art cède la place à la discrétion conciliante des pratiques performatives. Conçue en 1973 par le philosophe norvégien Arne Næss, l'éthique environnementale de l'« écologie profonde » oppose à l'anthropocentrisme d'une écologie superficielle, l'égale dignité de toutes les formes de vie. De cette position découlent les aspirations actuelles à la décroissance et à la « sobriété heureuse », mais aussi une volonté écoféministe d'inventer une alternative à une société dominée par l'exploitation et donc la destruction. Médiateurs, certains artistes réparent, soignent et pansent la terre, autant de gestes symboliques, chamaniques, accomplis avec humour et distance parfois. Réenchanter la nature consisterait moins à la dissocier de soi comme altérité extrême, qu'à s'y identifier et s'y fondre.

ANA MENDIETA
Silueta Works in Mexico, 1973
(détail, repr. p. 177)

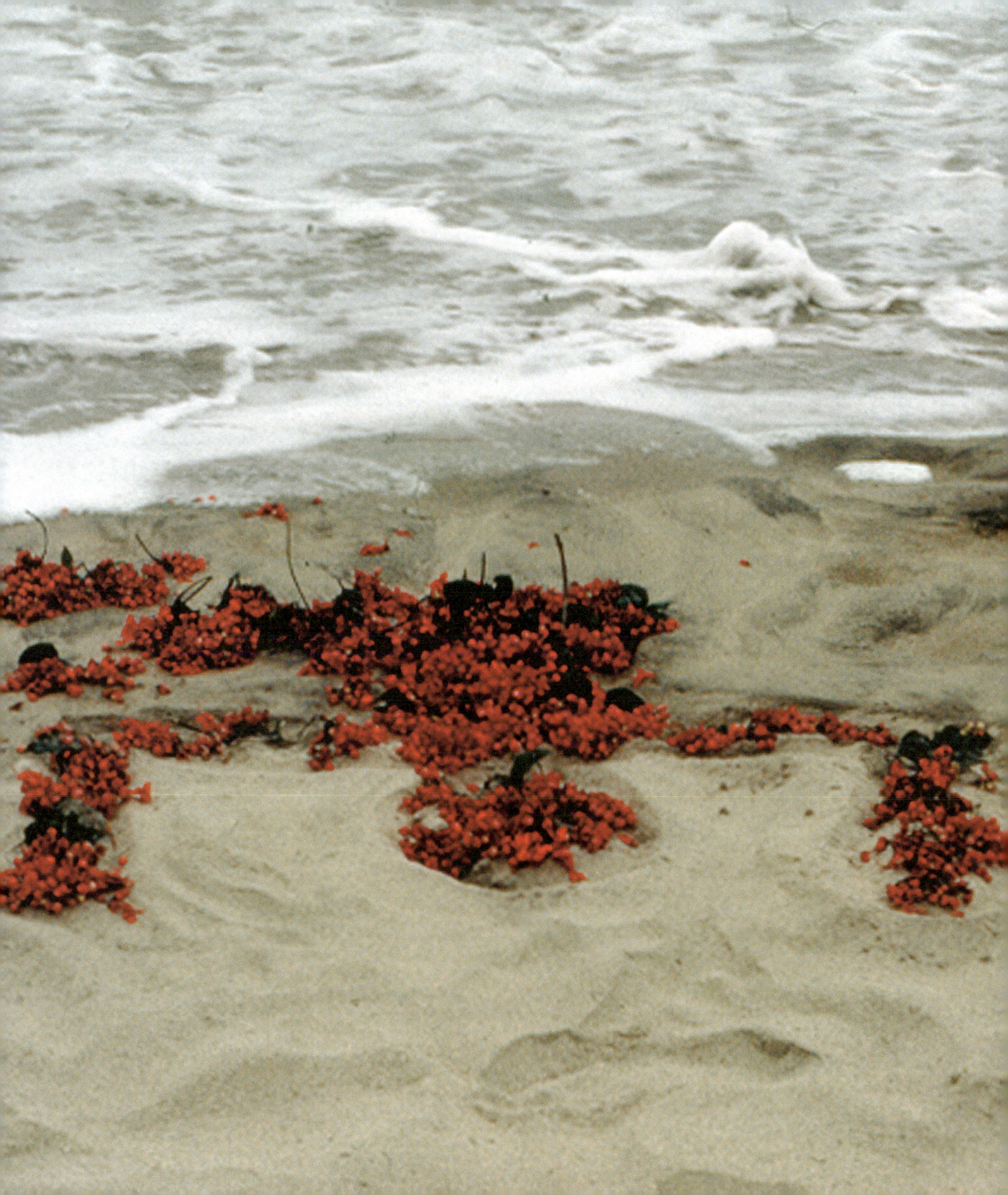

Nacho Criado, Kazumichi Fujiwara, Robert Kinmont, Július Koller

Terrains de jeux

Au tournant des années 1970, l'avant-garde artistique internationale connaît d'importantes transformations. De nouveaux territoires d'expérimentations s'ouvrent, mettant en question les principes qui fondent le modernisme. La critique d'art Lucy Lippard, dans son ouvrage *Six Years: The Dematerialization of the Art Object*, décrit un « réseau chaotique d'idées dans l'air du temps en Amérique et ailleurs entre 1966 et 1972 ». En même temps qu'ils interprètent différemment le monde qui les entoure, les artistes inventent de nouveaux processus, débordent des limites traditionnelles de production et de monstration, et redéfinissent l'œuvre jusqu'à la « dématérialiser ». L'art existe alors par l'action et par l'idée, et réagit aux évolutions d'une société elle aussi en pleine mutation. Alors que le modèle consumériste prospère, s'appuyant sur l'explosion des mass media, l'homme prend conscience de la finitude des ressources naturelles et des enjeux écologiques qu'impose son nouveau mode de vie. Dans ce contexte, certains artistes choisissent de tourner le dos à la ville, de sortir de l'espace muséal et d'en finir avec la production d'objets pour développer une pratique plus directement liée à l'expérience humaine. Quitter l'atelier pour créer des formes vivantes devient un projet en soi.

Ainsi en 1969, Robert Kinmont réalise *8 Natural Handstands*, une série de photographies qui le montre en train d'accomplir des équilibres sur les mains dans différents paysages de l'Ouest américain. Cette œuvre positionne l'artiste à la frontière du land art et de l'art conceptuel. Les équilibres qu'il exécute dans la concentration et l'effort semblent vouloir se mesurer, avec une forme de vaine défiance, à la constance des éléments. Kinmont, bouddhiste convaincu et pratiquant zen, oppose ici la persévérance (de l'exercice physique) à la persistance (du monde). *8 Natural Handstands* exprime un sentiment d'humilité face au temps infini qui sculpte le paysage. L'imprégnation de la vie et de l'art est au cœur du projet de beaucoup d'artistes de la fin des années 1960 et pour Robert Kinmont, comme pour l'artiste slovaque Július Koller, cette position s'envisage en dehors d'un contexte artistique surdéterminé, dans un désert américain ou sur le plateau d'une montagne d'Europe centrale.

Ainsi l'anti-happening *HRY Orientácia* de Július Koller a-t-il été réalisé au cœur d'un massif montagneux. Les trois photographies en noir et blanc qui en rendent compte montrent l'artiste, seul, statique, dans différentes postures, au milieu d'une nature sans repère. Ces images témoignent d'une action faisant partie des anti-happenings *Jeux* qu'il initie à partir de 1967. Nés d'un croisement d'intérêts pour les activités artistiques, sportives et touristiques, ceux-ci ont pour principe de déplacer dans le domaine culturel les caractéristiques du jeu sportif et de créer alors des « situations culturelles subjectives » à même de transformer le rapport à la réalité. Július Koller envisage le jeu comme

»»»

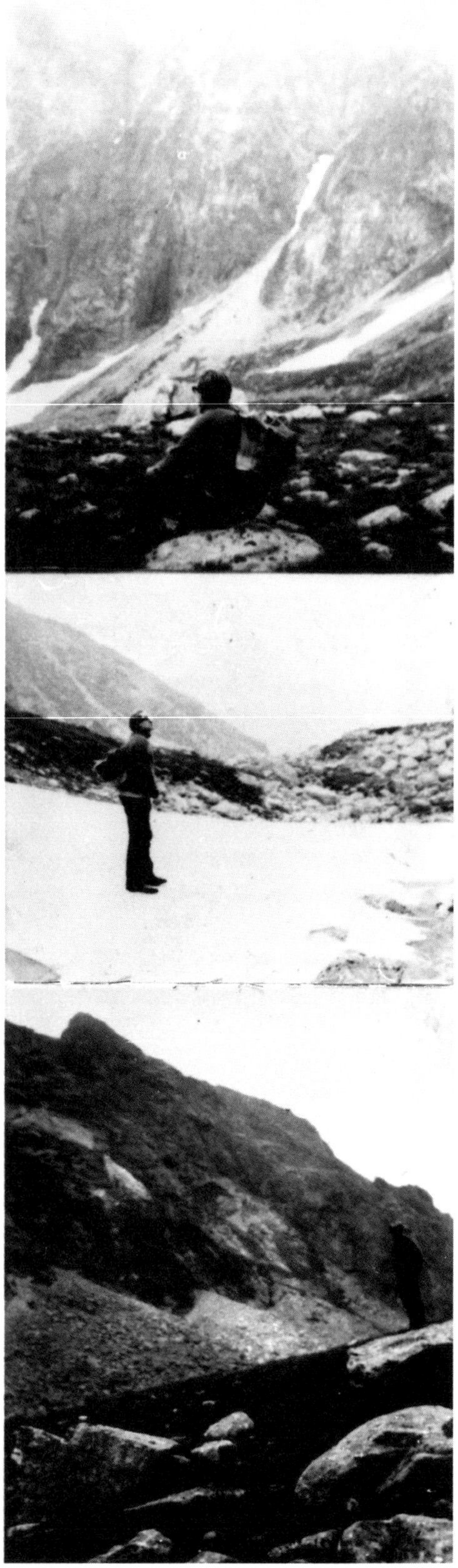

JÚLIUS KOLLER
***HRY Orientácia*, 1967**
Épreuves gélatino-argentiques, 36,2 × 9,8 cm
Paris, Centre Pompidou, Musée national d'art moderne

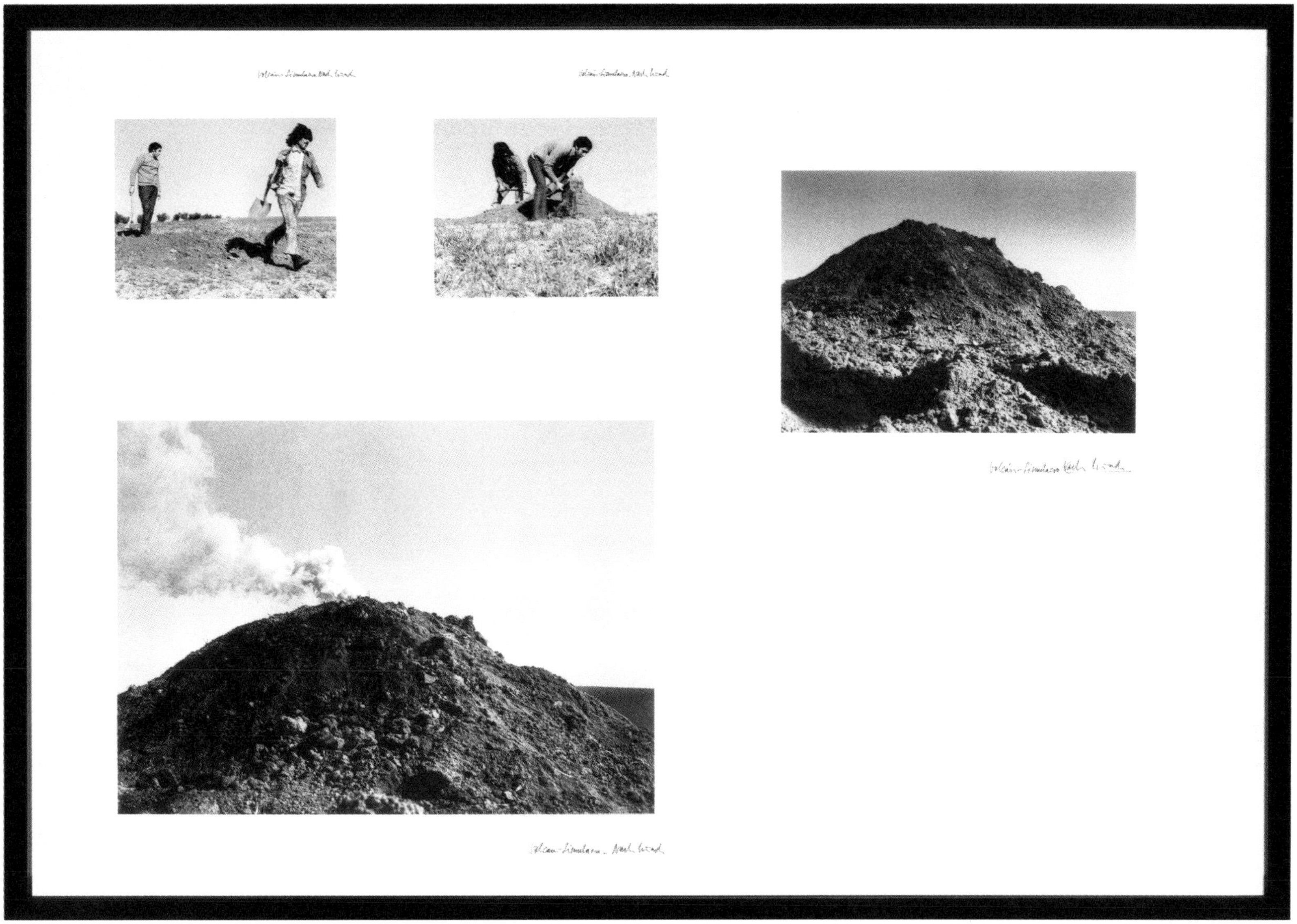

NACHO CRIADO
***Volcán (Simulacro)*, 1973**
Épreuves numériques, 101 × 141 cm
Madrid, Museo Nacional Centro
de Arte Reina Sofía

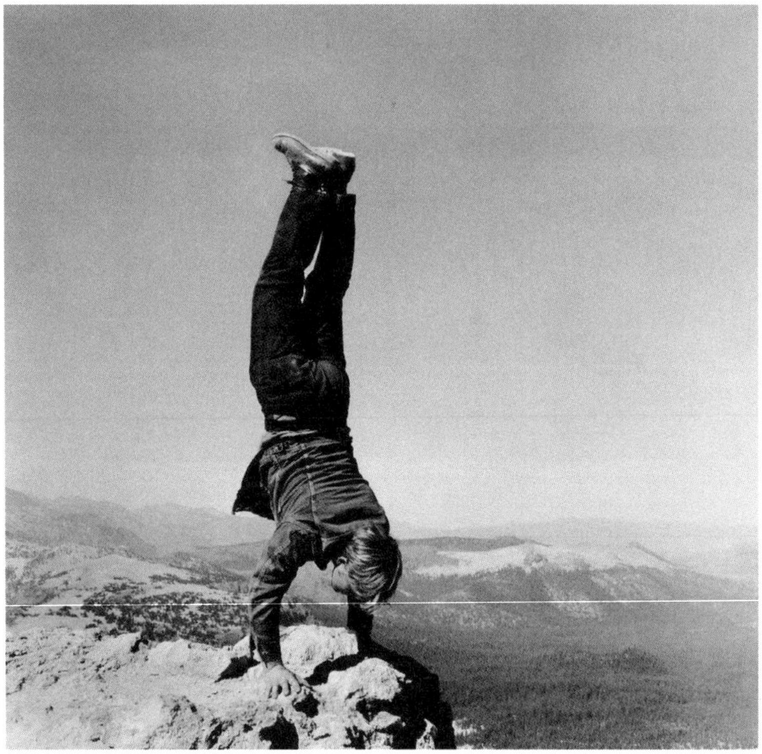

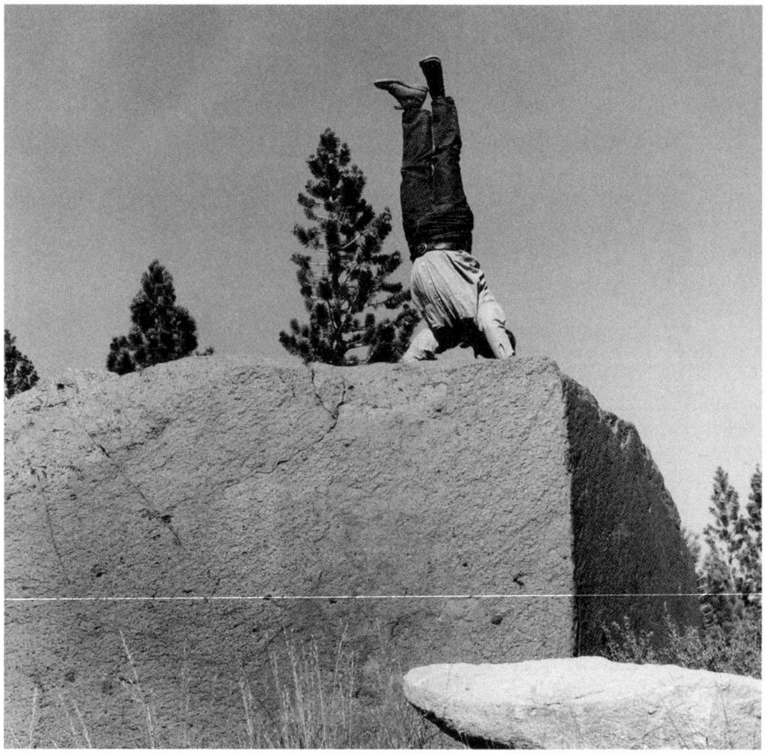

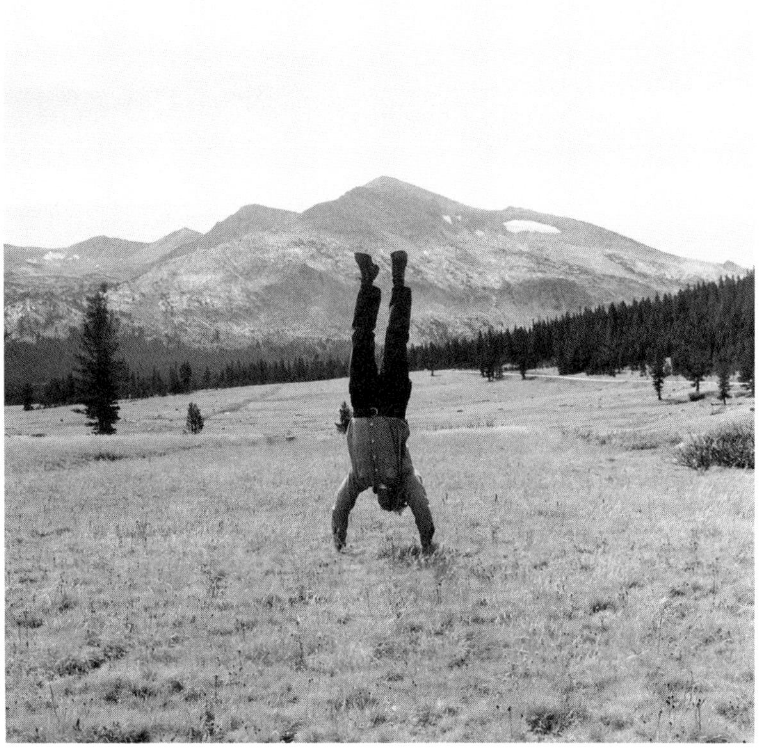

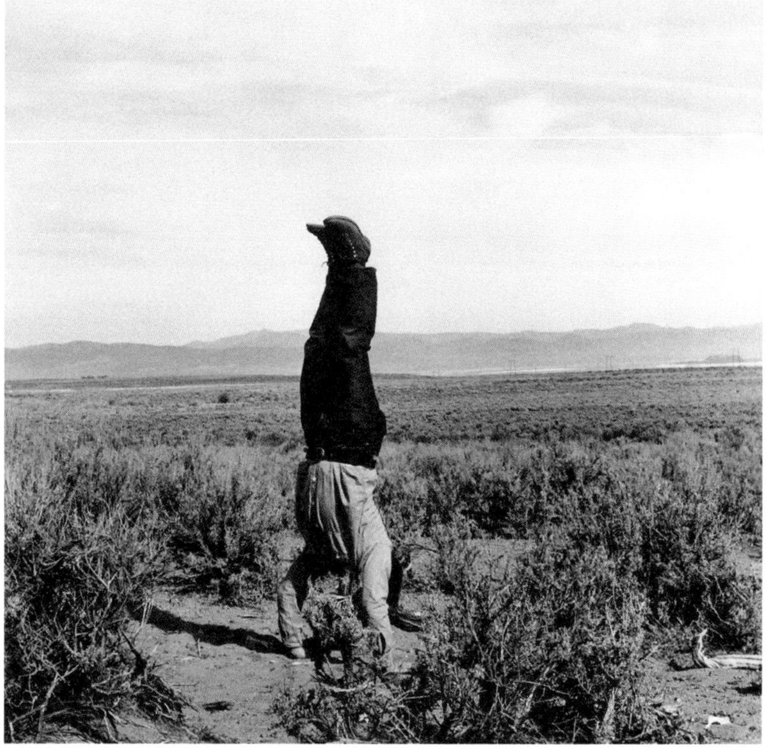

ROBERT KINMONT
***8 Natural Handstands*, 1969/2005**
Épreuves gélatino-argentiques,
20,3 × 20,3 cm chacune
Courtesy l'artiste et galerie Alexander
and Bonin, New York

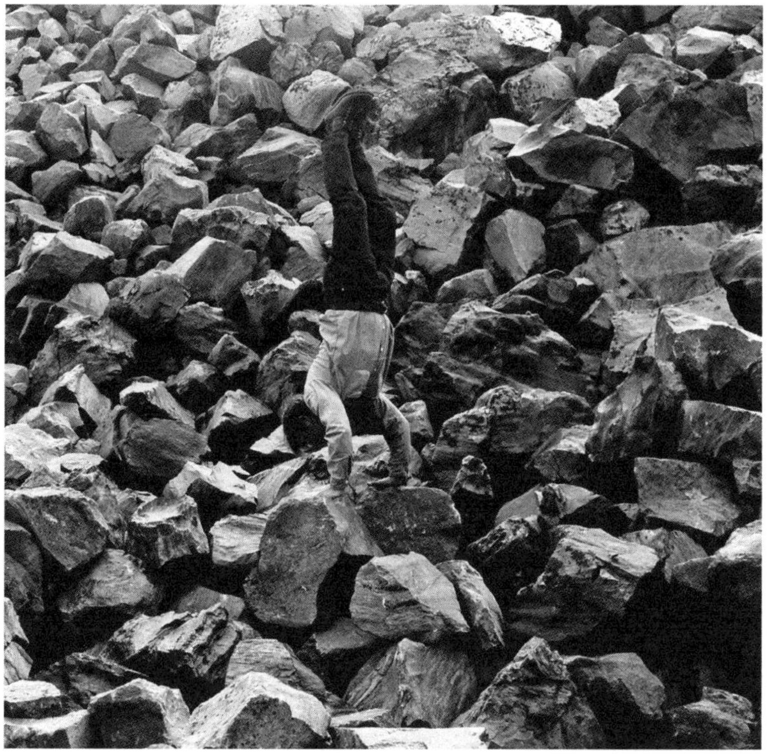

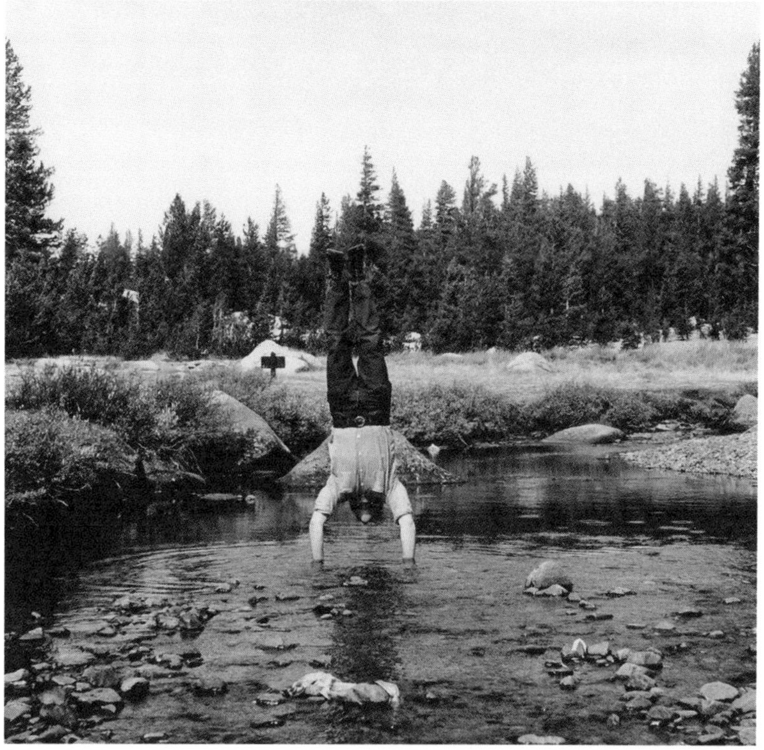

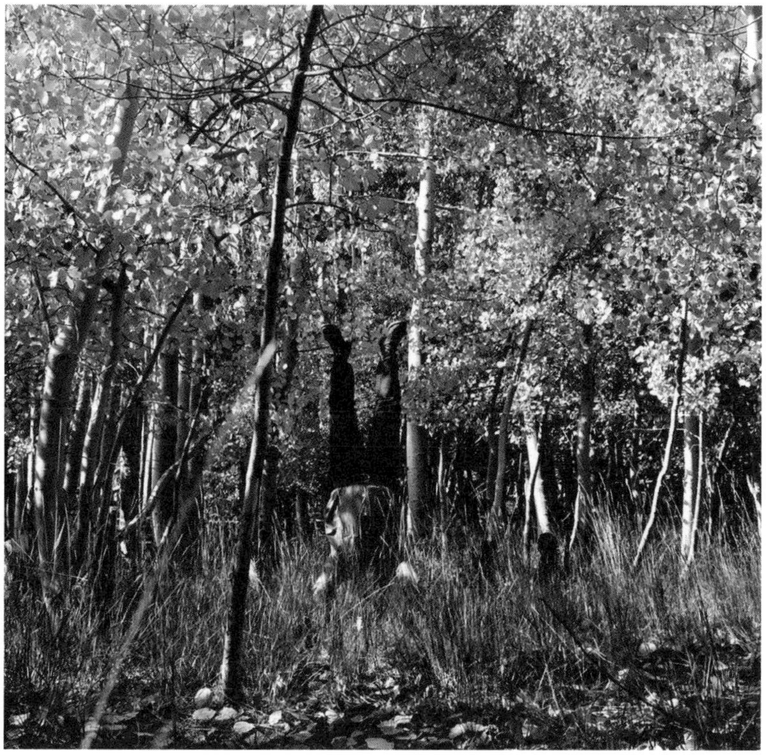

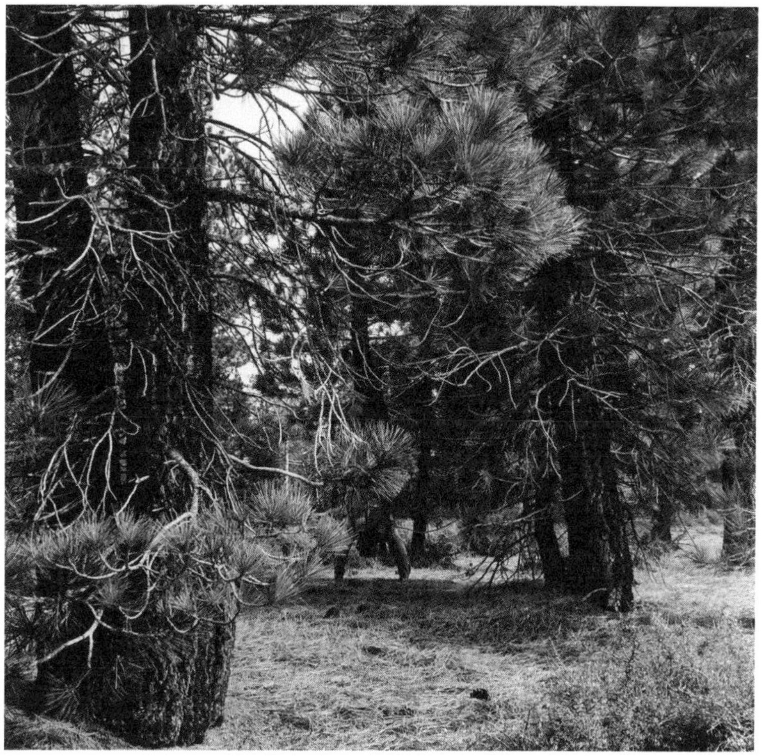

un moyen pour construire une nouvelle manière d'habiter le monde. Par-delà la question artistique, il souhaite inventer un art de vivre résistant à la banalité de l'existence.
À un autre niveau et dans une optique résolument plus « interventionniste », *Operation Vesuvio* (1972) de l'artiste et compositeur Kazumichi Fujiwara place la question de l'interaction entre les hommes et leur environnement au centre de son intention. Invité dans le cadre d'un projet conçu par Pierre Restany qui imagine transformer le Vésuve en parc culturel international, l'artiste conçoit sur plan un dispositif sonore monumental. Le principe des *Echo Locations*, qu'il a, depuis 1969, déjà expérimenté, consiste à produire du son grâce aux frottements d'un cylindre de béton ou de roches naturelles. Actionné silencieusement par quatre ou cinq hommes grâce à un système de meule, de leviers et cordes, la colonne minérale, pouvant atteindre cinquante à soixante tonnes, dégage des sons sourds, graves et forts. Pour le Vésuve, Fujiwara conçoit un dispositif motorisé mettant en mouvement un gigantesque cylindre de béton dans une construction architecturale composée d'un tunnel traversant de part en part un flanc du cratère et d'un « tuyau » de huit mètres de diamètre diffusant le son vers l'extérieur. Le gigantisme de la proposition rejoint celui du site. À travers ce projet de construction, l'artiste souhaite cristalliser les énergies humaines autour du volcan pour en saisir, par le spectre sonore, la puissance tellurique.
Pour l'artiste espagnol Nacho Criado, le volcan représente aussi un foyer d'énergies mais il est par ailleurs l'endroit où les éléments se rencontrent. En 1973, dans la région montagneuse de Cuenca, où il s'installe à la fin des années 1960 afin d'y développer un travail directement inscrit dans le paysage, il réalise *Volcán (Simulacro)*.
Cet ensemble de photographies séquence une action dans laquelle on voit l'artiste, accompagné d'un homme, pelle à la main, choisir un site avant de se mettre au travail dans le but de constituer un monticule de terre suffisamment grand pour représenter un volcan miniature.
Loin de la démesure, Nacho Criado se met en scène en démiurge de pacotille. Dans ce simulacre mis en œuvre avec des moyens minimaux, l'immensité volcanique rejoint le possible de l'homme et le temps géologique est ramené à celui d'une action. En fait de paysage, cette œuvre pourrait être lue comme une vanité dans laquelle l'éphémère joue contre l'éternel, la fragilité contre l'immuable. Elle est représentative de cette volonté d'affirmer l'élément naturel comme un élément constitutif de l'œuvre.
Pour Criado comme pour Kinmont, Koller, Fujiwara et bien d'autres artistes des années 1970 non directement affiliés au land art, les grands espaces sont des champs ouverts de liberté. Cependant, la nature ne constitue pas pour eux un territoire à conquérir, elle s'envisage d'abord de manière pacifique, avec humilité, sans désir d'annexion, souvent dans le simple rapport de leur corps à l'espace. Ce retour aux paysages ne s'envisage pas comme une fuite mais au contraire comme une avancée vers le substrat de la terre. Ce contact fondamental leur permet alors d'« articuler le langage et le monde physique[1] ». — G.M.

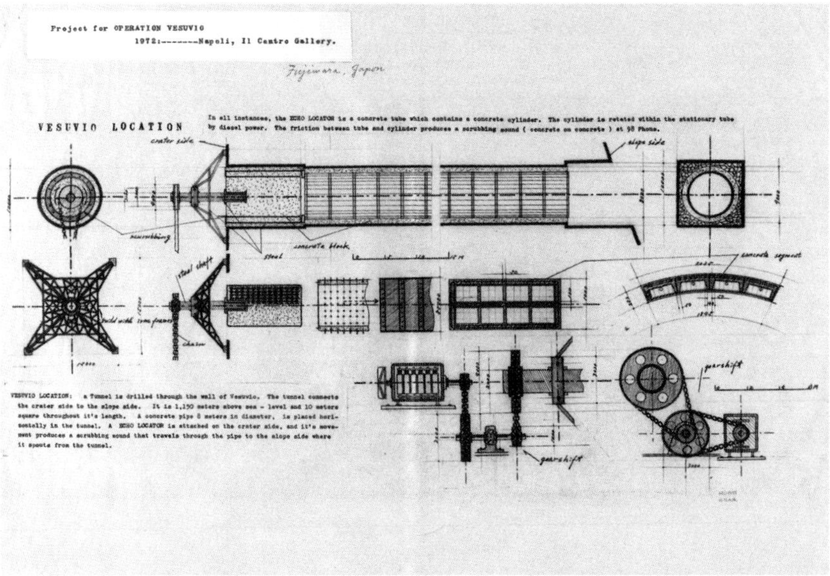

KAZUMICHI FUJIWARA
***Projet pour « Operation Vesuvio », Naples, galerie Il Centro*, 1975**
Photocopie noir et blanc sur papier, collage, 29,5 × 42 cm
Paris, Centre Pompidou, Musée national d'art moderne, Bibliothèque Kandinsky

1. Robert Smithson, « Cultural Confinement », *Artforum*, vol. XI, n° 2, octobre 1972, p. 39.

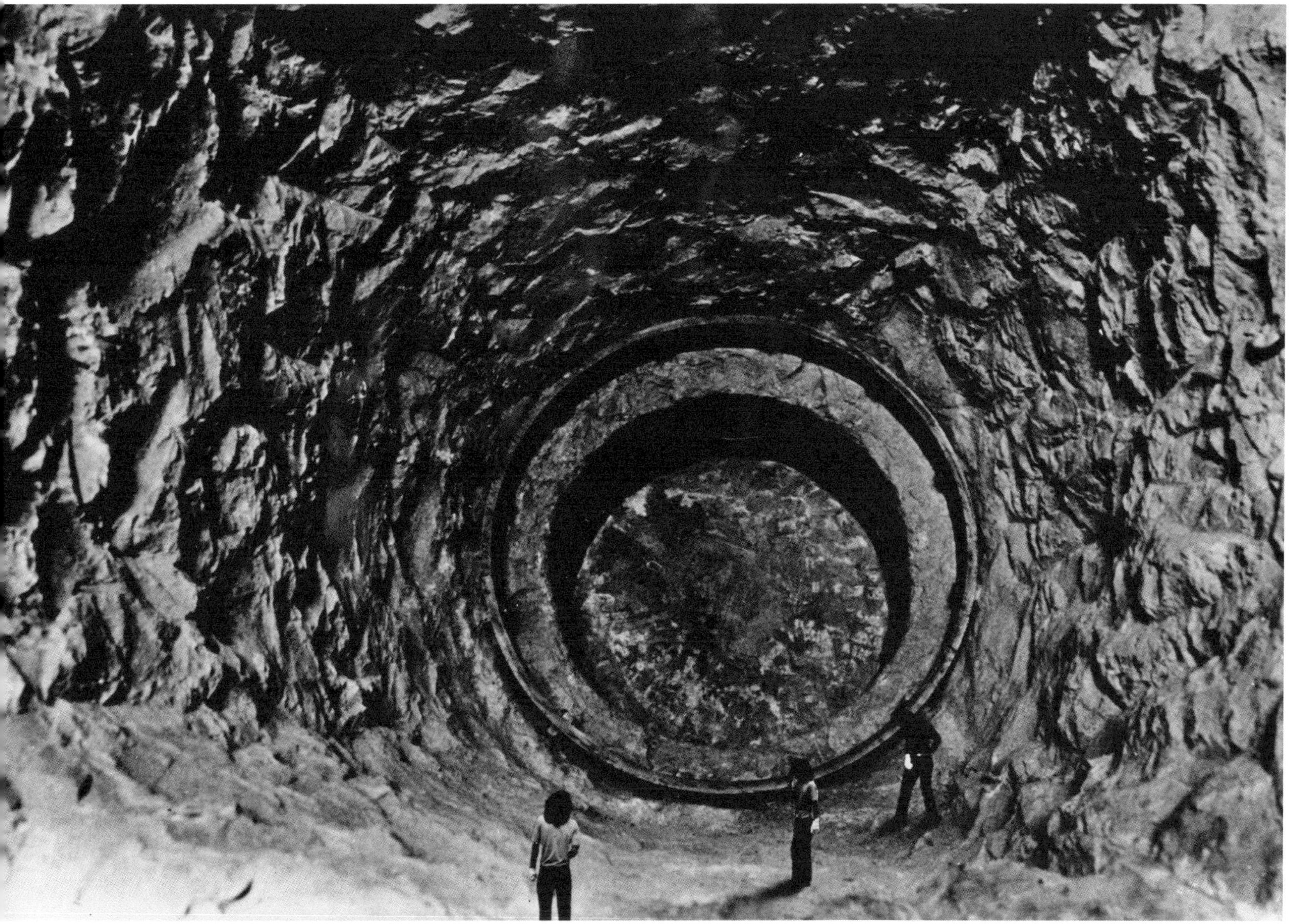

KAZUMICHI FUJIWARA
***Projet pour « Operation Vesuvio », Naples, galerie Il Centro*, 1972**
Épreuve gélatino-argentique, 18,4 × 24 cm
Paris, Centre Pompidou, Musée national d'art moderne, Bibliothèque Kandinsky

Gordon Matta-Clark | Une danse du printemps et de la fertilité

À partir de 1972, Gordon Matta-Clark intervient directement sur des bâtiments voués à la destruction, qu'il découpe méthodiquement afin d'en transformer les fonctions et d'en proposer de nouveaux points de vue. Cette expérience de déconstruction, traversée par des notions telles que l'« anarchitecture », illustre la volonté de l'artiste de déplacer la question de l'architecture par-delà la seule nécessité de la construction, dans un rapport sensible à l'espace, dans le déséquilibre, la tension entre un lieu et un corps. Dans son processus de réalisation, le film *Tree Dance* n'a rien de commun avec les *building cuts*, mais il les rejoint précisément sur ces points, sur cette capacité à envisager l'espace comme une matière première, et sur cette volonté d'opérer des ouvertures à l'intérieur d'une structure censément figée. Filmé à l'occasion de l'exposition « Twenty Six by Twenty Six » à la Vassar College of Art Gallery de Poughkeepsie, à New York, *Tree Dance* est la restitution d'une performance durant laquelle un groupe de danseurs déploie une chorégraphie aérienne depuis un arbre majestueux. Avec une relative économie de moyens (échelles de cordes, filets, balançoire, tissus tendus), ils évoluent de branche en branche pour habiter l'élément naturel.
Gordon Matta-Clark considère cette « danse » comme un rituel de printemps ayant pour objet le retour de la vie ; pour lui, le rapprochement de l'homme et de son environnement originel est le vecteur essentiel de ce renouveau. Le contexte aérien de la danse colore le film d'une ambiance poétique et primitive à laquelle s'ajoute la vision utopique d'une architecture à l'échelle des corps (composée de parois souples). L'artiste détourne le végétal et lui invente des usages, le définissant comme un lieu autre, un endroit de possibles dans lequel une communauté peut s'organiser. Il imagine le territoire d'une nouvelle structure sociale qui semble ne pas répondre aux règles de l'opérationnalité mais à celles d'un émerveillement sensible. Gordon Matta-Clark travaille avec les énergies et remet l'homme en condition d'éprouver physiquement et spirituellement la nature, et, le temps d'une danse, d'embrasser le végétal comme un lieu de vie.
Que ce soit avec *Cherry Tree*, une installation consistant à planter un cerisier et à le faire fleurir dans le sous-sol d'une galerie, comme au regard de ses séries de dessins *Energy Tree* ou *Tree Form* notamment, l'arbre est un élément important du vocabulaire artistique de Gordon Matta-Clark. À travers lui, ce sont les flux de la vie que l'artiste souhaite manipuler.— G.M.

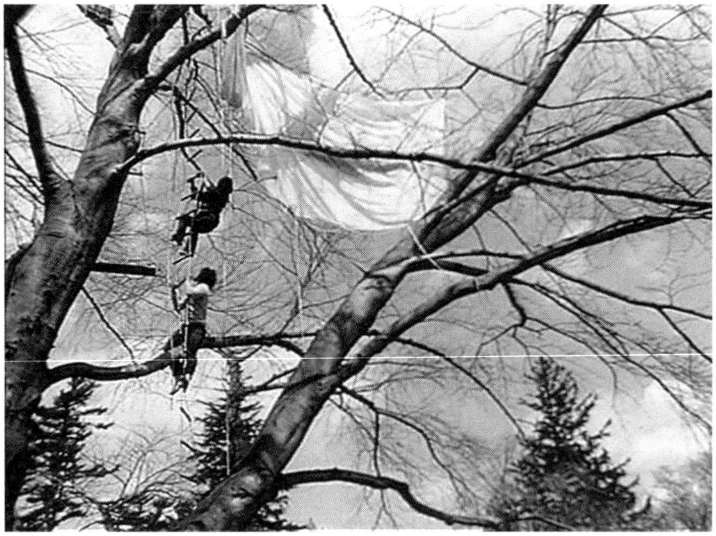

GORDON MATTA-CLARK
***Tree Dance*, 1971**
Film 16 mm transféré sur vidéo, noir et blanc, muet, durée : 9 min 32
Courtesy Electronic Arts Intermix (EAI), New York

Christo et Jeanne-Claude, Mary Beth Edelson, Marianne Heske, Petr Štembera

L'éthique du *care*

À l'automne 1969, le couple d'artistes Christo et Jeanne-Claude installent, après des mois de préparation, nourris de dessins, de maquettes, de collages et de photographies, leur premier projet d'«empaquetage» d'un site naturel, à Little Bay, le long d'un rivage rocheux de la côte sud-est de l'Australie, près de Sydney. *Wrapped Coast. One Million Square Feet* (1968-1969) nécessite, comme chacune des œuvres sculpturales, monumentales et éphémères réalisées par les deux artistes dans des environnements urbains ou naturels – *5,600 Cubicmeter Package*, pour la documenta 4 de Cassel (1967-1968); *Wrapped Museum of Contemporary Art and Wrapped Floor and Stairway*, Chicago (1968-1969); *Running Fence*, Californie (1972-1976), ou *Surrounded Islands, Biscayne Bay*, Floride (1980-1983) [→p. 156]; *The Pont Neuf Wrapped*, Paris (1975-1985) –, une «infrastructure» humaine et technique imposante et collaborative. L'installation et la fixation d'un voile de tissu anti-érosion, gigantesque drapé pictural de couleur grège – proche d'une neutralité sculpturale monochrome – mobilisent une centaine d'étudiants en art et en architecture. L'œuvre, qui emballe 92 900 mètres carrés (ce «*One Million Square Feet*») de rivage et de falaise, restera visible pendant dix semaines, soumise aux aléas climatiques. Les formes créées laissent émerger, non pas tant un nouveau paysage, qu'un moment de suspension du paysage originel ainsi préservé. Ce paysage qui s'efface pour se reformer, enclos dans une enveloppe le moulant et l'abritant, lui restituant ses structures cachées, se trouve rehaussé dans l'ampleur de sa surface et de son volume. Recouvrement passager, nomade – notions revendiquées par Christo et Jeanne-Claude pour l'ensemble de leur travail –, qui fixe, provisoirement, la matière et la découpe d'un paysage en son dessin dévoilé.
Artiste conceptuelle américaine, Mary Beth Edelson compte parmi les pionnières de l'art féministe de la Côte est, dès les années 1960. Avec Carolee Schneemann, Ana Mendieta, Hannah Wilke, Judith Chicago et Nancy Spero, elle appartient à cette génération engagée dans une remise en question des représentations idéologiques d'une société occidentale patriarcale, dénonçant la négation des artistes femmes par l'histoire de l'art. Un activisme qui traverse jusqu'aujourd'hui, par la sculpture, l'affiche, le collage, la gravure, l'écriture, la photographie et la performance, l'œuvre politique d'Edelson. Dans les années 1970, elle pratique le body art et la performance, en public mais également de façon plus intime. Des performances dans la nature où le corps de l'artiste et de la femme, recouvert d'un léger tissu, se situe hors des normes culturelles, se mêlant aux énergies vitales du paysage ou semblant émerger de celui-ci, dans une recherche d'identité. Des photographiques en noir et blanc en sont le seul témoignage et mode de communication. *Cliff Hanger* (1978), réalisée du haut des berges de Montauk, à Long Island, montre un corps accomplissant un saut dans le vide, tout en semblant

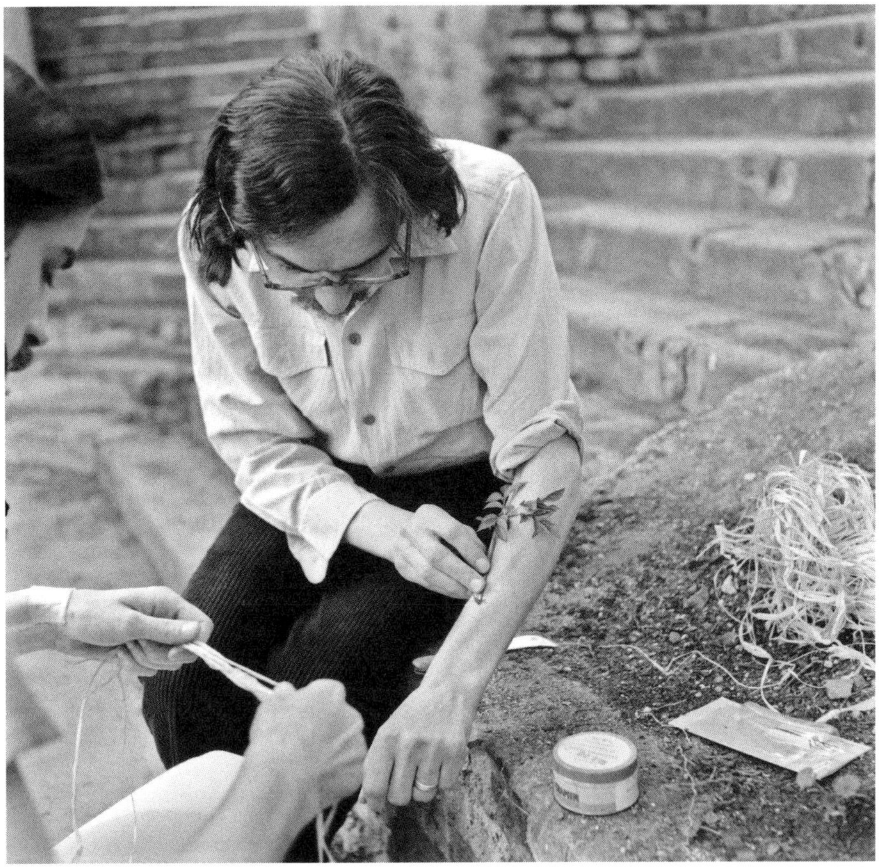

PETR ŠTEMBERA
***Štěpování*, 1975**
Épreuve gélatino-argentique,
23,5 × 17,1 cm
Courtesy l'artiste et Erste Stiftung, Vienne

se fondre dans la matière d'argile sombre, à même la falaise. Edelson confronte, dans *Up From the Earth* (1979), performé en Islande, et dans un « rite » vestimentaire identique, son corps à un paysage rugueux, inhospitalier de lave durcie. L'artiste teste les limites de son propre corps, dans une nature première, muette, seul lieu d'une connaissance de soi.

Depuis la fin des années 1970, Marianne Heske pratique la vidéo et l'installation multimédia interactive (*Voyage pittoresque*, 1983). Elle explore, notamment, les potentialités de l'image vidéo, le traitement virtuel de la couleur à travers des « *video paintings* » (*Mountains of the Mind*, 2009-2010), dont le motif central est le paysage. Celui unique, grandiose et imposant des fjords de Norvège. Et un lieu précis et isolé sur la côte ouest du pays : Tafjord, village dont Marianne Heske va utiliser, dans plusieurs installations, l'histoire et la géographie.

En 1980, Heske participe à la XIe Biennale de Paris et présente, au Centre Pompidou, *Project Gjerdeløa Tafjord-Paris*. Dans ce qui a pu être qualifié d'esthétique du déplacement, Marianne Heske transporte, au sein de l'institution muséale, une cabane en rondins datant du XVIIe siècle, provenant des montagnes de Tafjord, et qui, au cours des siècles, servit entre autres de refuge de fortune. Démontée, morceau par morceau, puis « reconstruite » dans l'exposition, elle accueille les visiteurs, invités à joindre leurs graffitis, traces écrites ou dessinées, à ceux accumulés par les anciens occupants sur les murs de bois de cette « cabane-objet ». Un an plus tard, celle-ci sera réinstallée sur son site d'origine. L'artiste met ainsi en place un art du détachement, du déplacement et de la « relocalisation ». En 1993, Heske réalise une installation *in situ*, à Tafjord : *Petrified Video*. Sur l'ancien site d'une avalanche de pierres, huit moniteurs diffusent les interviews d'artistes (Nam June Paik), de collectionneurs ou de critiques d'art. Sur ce même site, où, en 1927, un éboulement de rochers emporta un tiers de la population du village, Marianne Heske imagine une installation multimédia – *Project II* – qui vise, par de grandes photographies de roches, tirées sur toile et tendues sur toute la surface de la catastrophe, à « cicatriser » visuellement le paysage, à effacer le désastre, par l'image reproduite de l'élément naturel. L'installation restera à l'état de projet.

Petr Štembera est l'une des figures majeures de la scène artistique tchèque des années 1970. Durant cette décennie de « normalisation », après l'écrasement du Printemps de Prague en août 1968, Štembera, avec Karel Miler et Jan Mlčoch, va multiplier les actions de body art et les performances, dans des lieux isolés ou privés, devant un public restreint. Peintre de formation, Petr Štembera réalise ses premières interventions et actions corporelles en 1970-1971, dans des espaces extérieurs. Ce sont des expériences physiques et mentales éprouvantes, intérieures et solitaires, dans un geste ascétique revendiqué. Le corps se place à la fois dans un silence résistant à la souffrance (*Flagellation*, 1974), dans une acuité réflexive et existentielle (les séries *Narcissus*, 1974, 1976, 1978), ou s'exposant au danger et au hasard par l'utilisation du feu et de l'acide. *Štěpování* (« Greffe ») fait partie, avec *Sleeping in a Tree*, de performances réalisées en avril 1975, à Prague, mettant en jeu les relations entre le corps humain et des éléments naturels. Ainsi, pour *Štěpování*, Petr Štembera greffe sur l'un de ses bras le rameau d'un arbuste, utilisant, comme il le précise dans le « rapport d'action » documentant celle-ci, les techniques habituelles de l'arboriculture. L'accueil par le corps humain d'un corps exogène ou, peut-être, manquant, dans des conditions dont les conséquences demeurent inconnues, défie la division humain/non-humain. Les deux corps s'expérimentant et se nourrissant l'un l'autre, dans une réciprocité symbolique. — M.M.

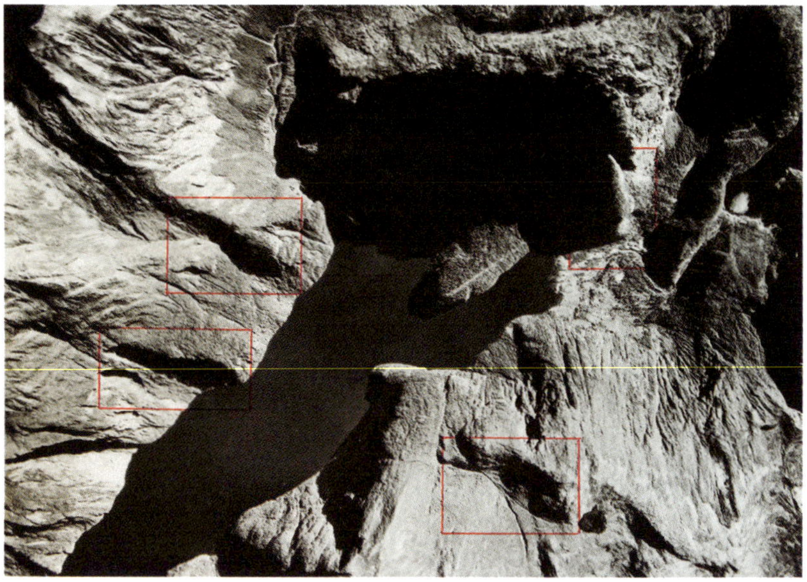

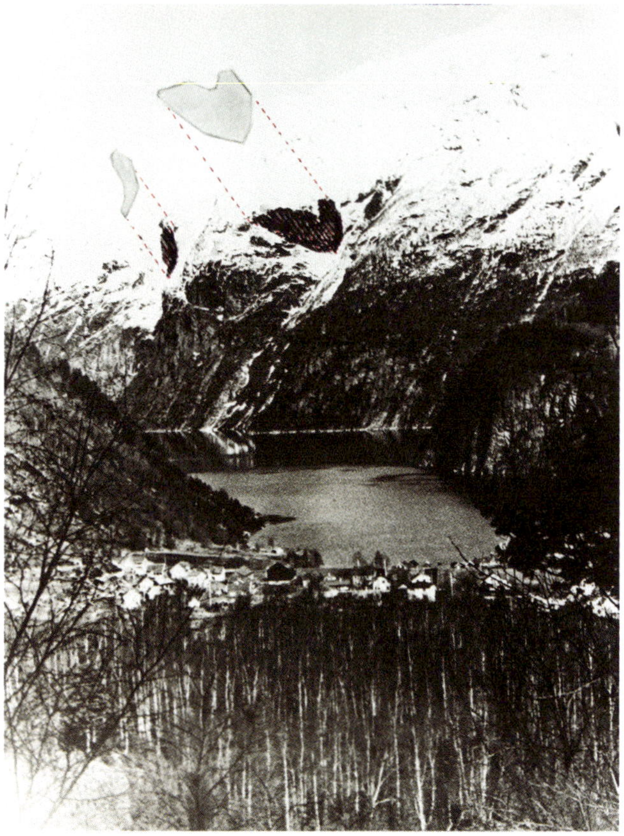

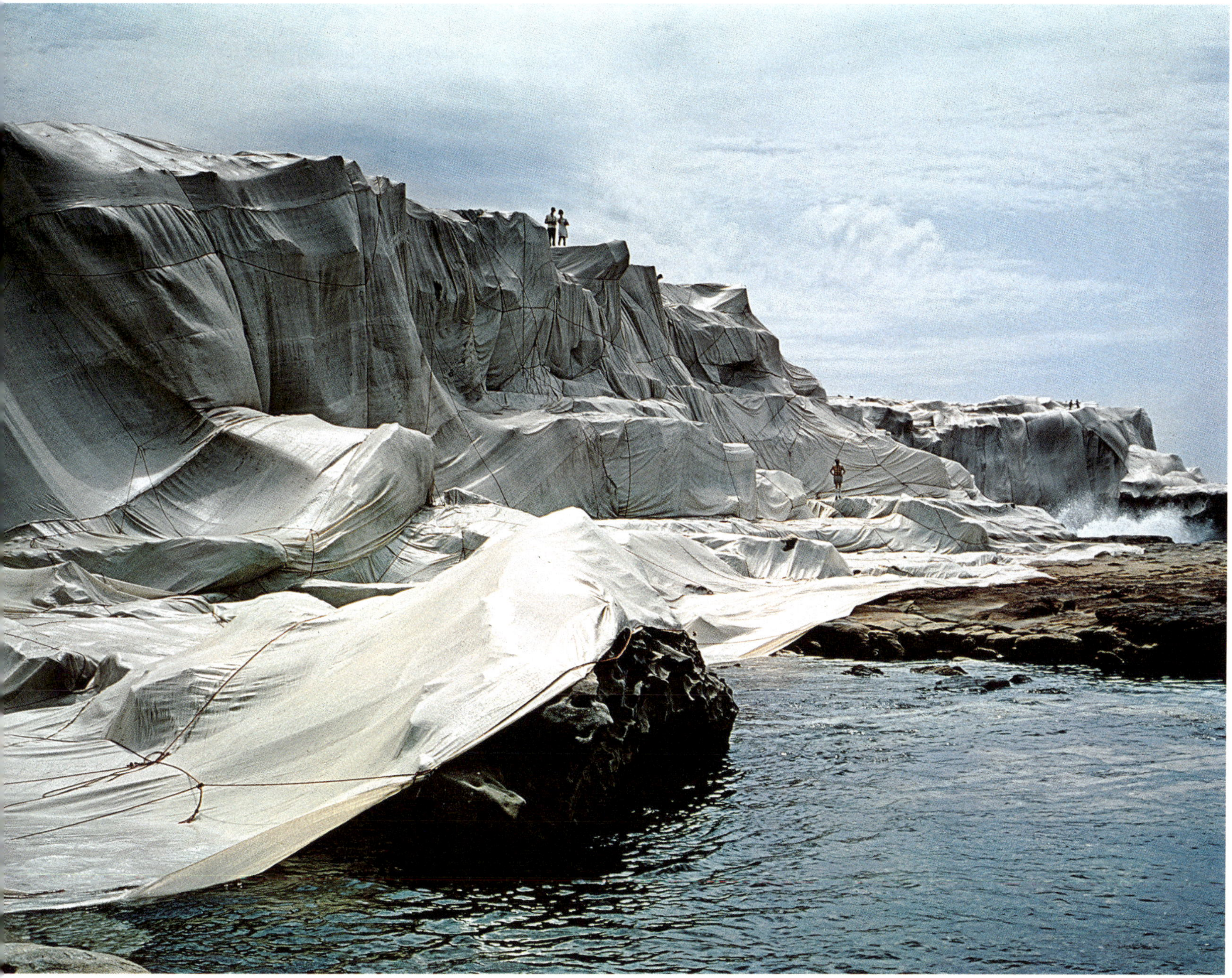

CHRISTO ET JEANNE-CLAUDE
***Wrapped Coast. One Million Square Feet, Little Bay, Australia*, 1969**
Épreuve chromogène contrecollée sur carton, 57 × 72 cm
Courtesy l'artiste

MARIANNE HESKE
***Project Gjerdeløa*, 1980**
Épreuves gélatino-argentiques rehaussées de dessins à la mine graphite et à l'encre rouge, 29,3 × 21 cm
Paris, Centre Pompidou, Musée national d'art moderne, Bibliothèque Kandinsky

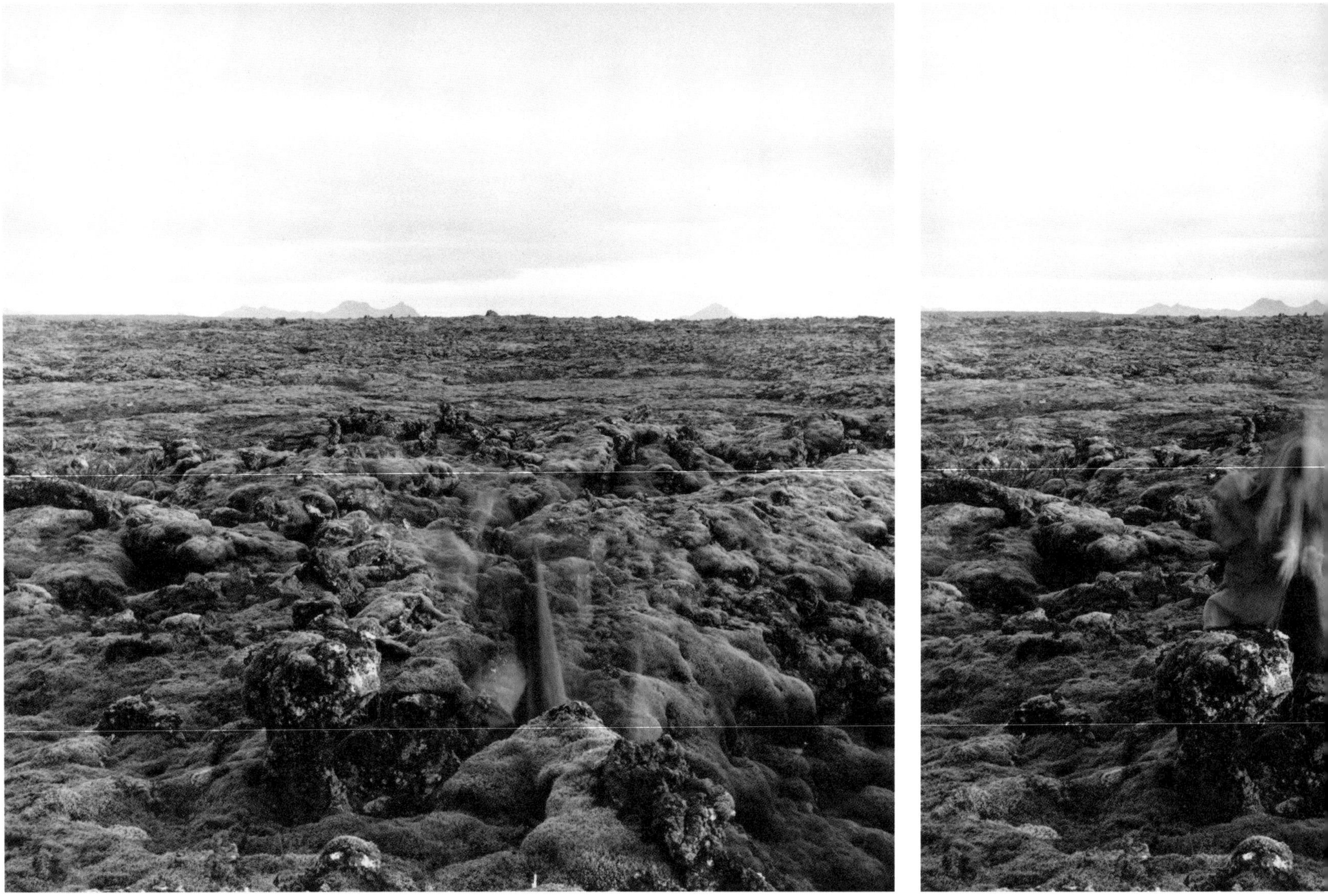

MARY BETH EDELSON
***Up From the Earth*, 1979**
Épreuves gélatino-argentiques,
50,8 × 50,8 cm chaque
Courtesy l'artiste

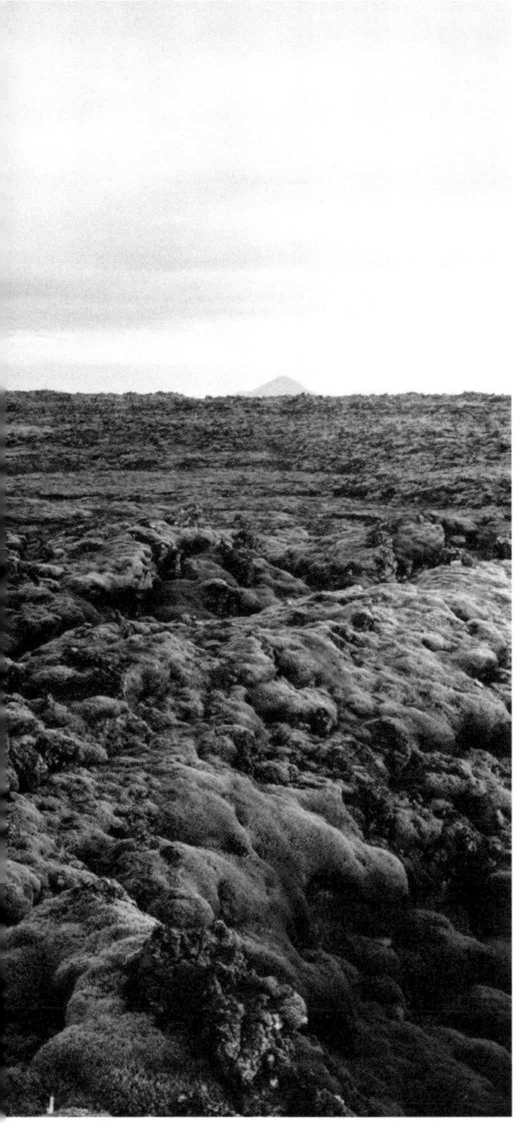

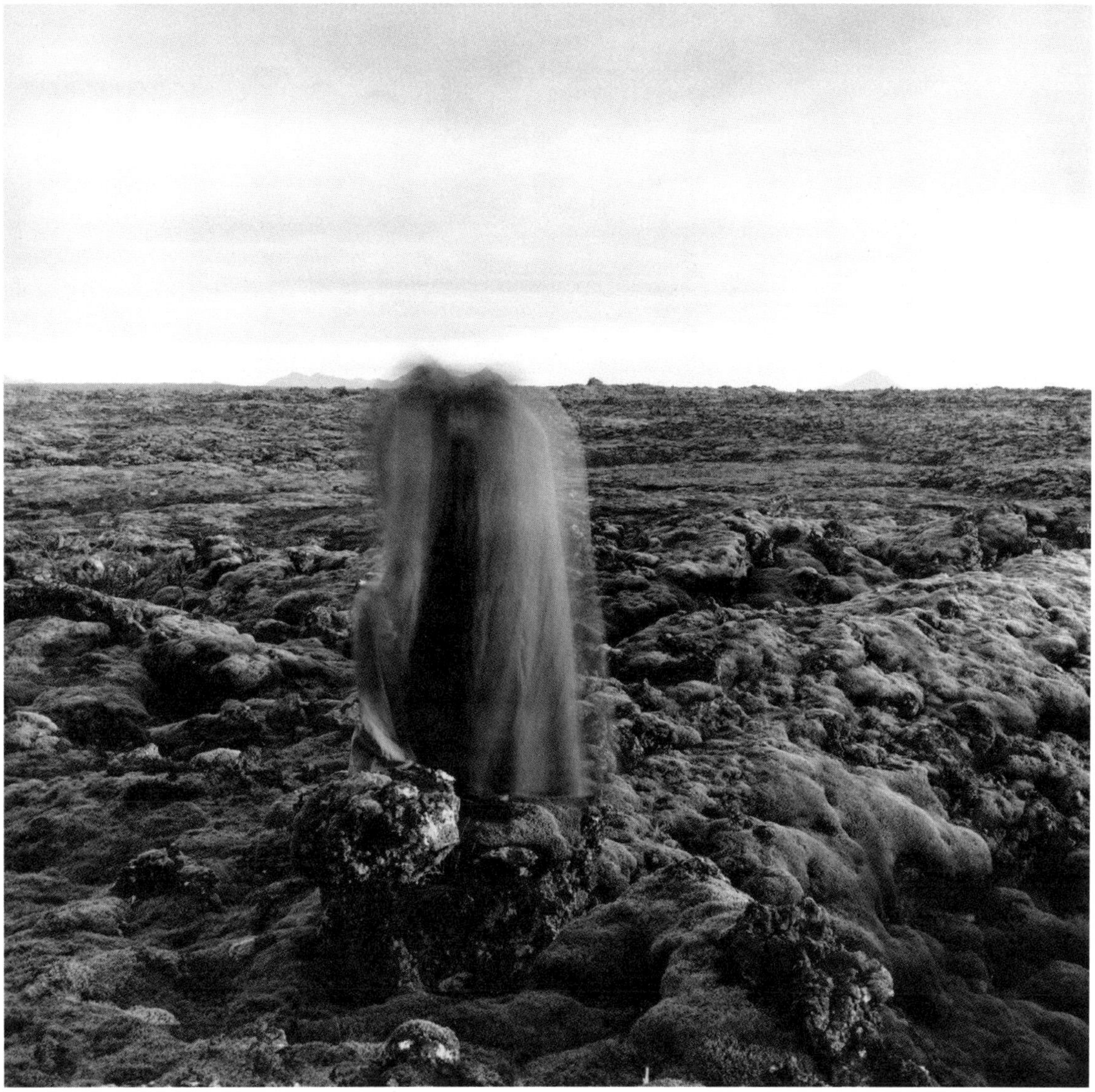

Gina Pane | Le geste compassionnel

La première action de Gina Pane dans des espaces naturels et avec manipulations d'éléments également naturels, *Pierres déplacées* (1968), est un récit symptomatique – et bien connu – des séries d'actions que l'artiste réalise, entre 1968-1969 et 1971, dans la solitude et l'environnement ouvert d'un paysage en voie de mutation industrielle. En juillet 1968, au cours d'une promenade dans la vallée de l'Orco, près de Turin où elle a passé son enfance et son adolescence, avant de s'installer en France, Gina Pane fait un constat, évident : les pierres situées sous l'ombre froide du versant nord de la vallée, « recouvertes de mousse et encastrées dans une terre humide[1] », ne reçoivent jamais la chaleur des rayons du soleil. Elle décide, *in situ*, de les déplacer vers le versant sud, ensoleillé. Geste prosaïque devenant acte et action artistiques, et venant perturber, modifier, « inverser une situation immuable[2] ». Geste qui instaure un lien direct et une relation d'attention affective et de protection envers une nature exposée à ses propres cycles et fêlures, à des menaces extérieures. Ces actions pourront recouvrir une signification rituelle et symbolique, « écologique » et « cosmogonique », Gina Pane fonctionnant selon un système binaire de signifiants que l'on a pu qualifier d'« archaïque[3] » : froid/chaud, nourricier/stérile, vie/disparition. Cette action fondatrice, qui engage, pour la première fois, le corps de l'artiste dans une médiation, voire une intercession, avec une terre vécue intimement « comme un lieu de mémoire et d'énergies[4] », et qui pose les éléments de ce langage corporel que Pane développera – en public et en intérieur – durant la décennie suivante, sera reproduite et photographiée. Ce seront les « constats d'actions », longuement et précisément préparés par Gina Pane et sa photographe Françoise Masson. Plus que traces, ils sont des mises en séquences formelles de l'action solitaire conçue. Ce sont des actions minimalistes, non spectaculaires, laissant peu de signes visibles dans l'espace, à la différence des artistes américains du land art✿. *Enfoncement d'un rayon de soleil*, réalisé en 1969 à Écos dans l'Eure, est la captation, grâce à deux miroirs, de la lumière solaire, puis son enfouissement

▶▶▶

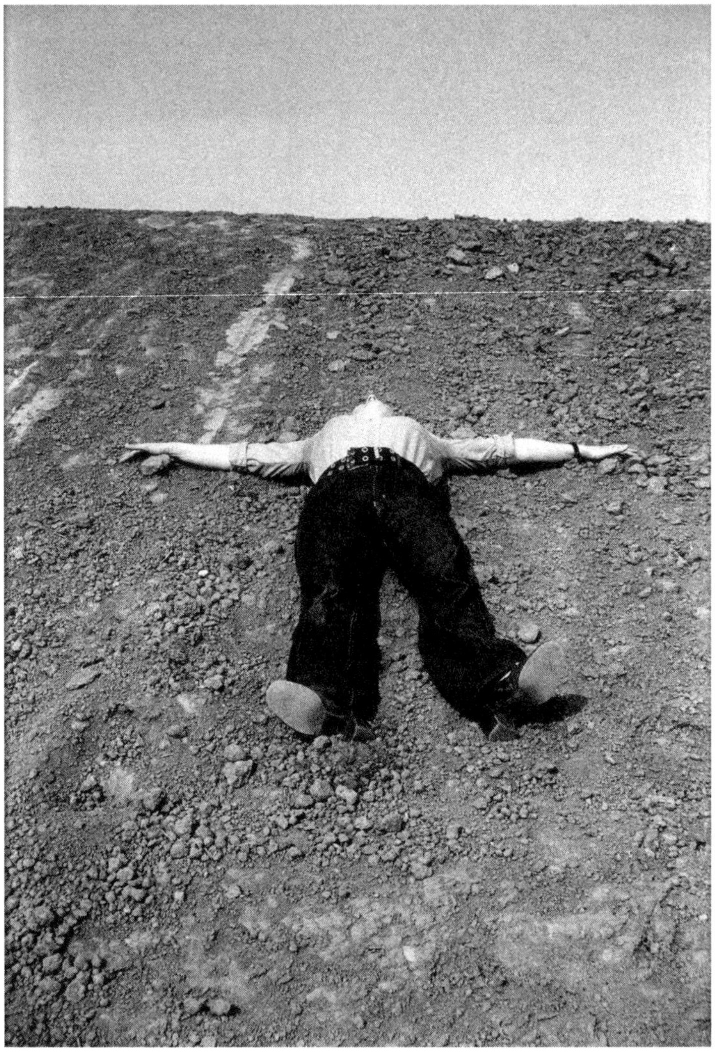

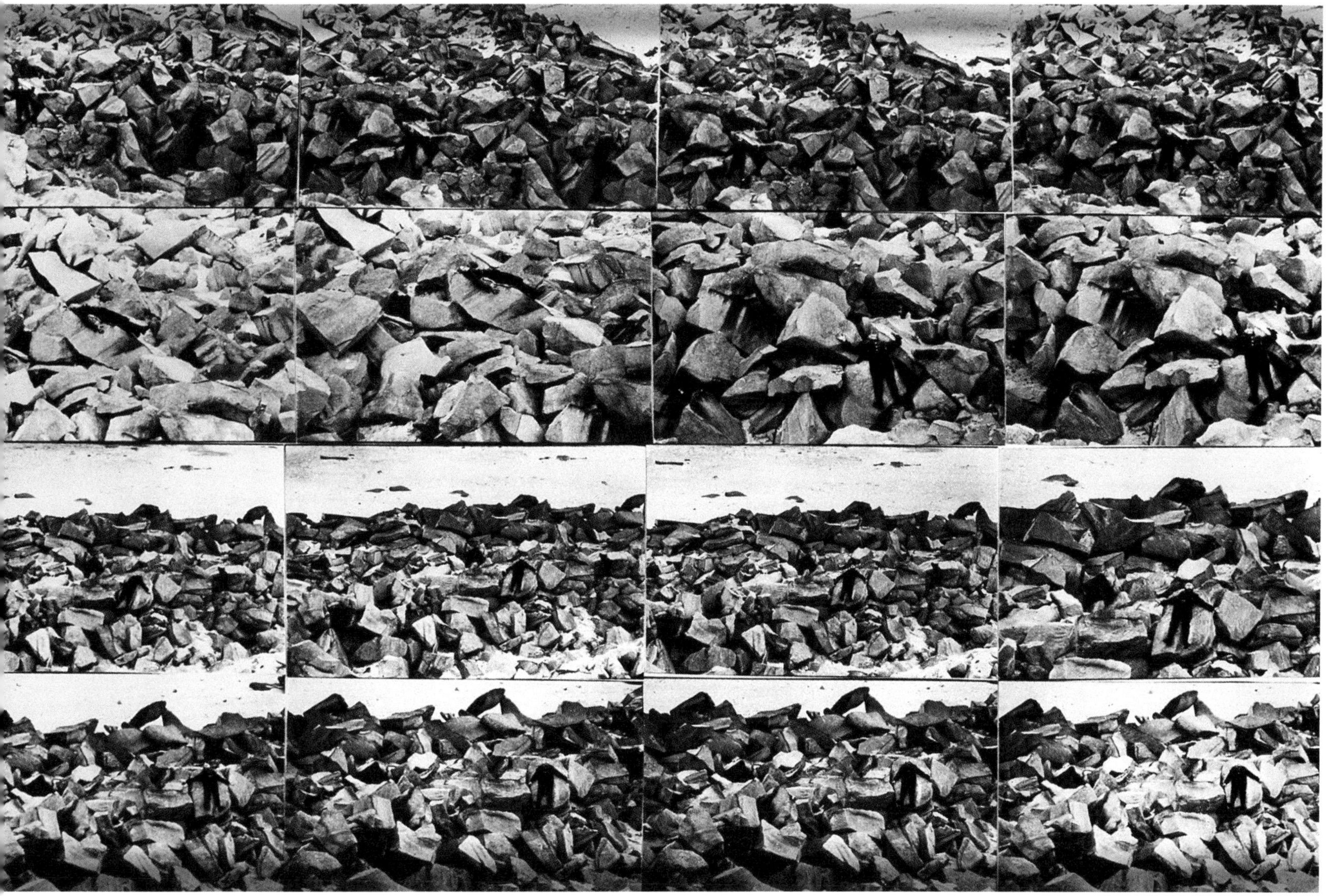

GINA PANE
***Mon corps*, 1970**
Épreuve gélatino-argentique
virée sépia, 40 × 50 cm
Paris, Centre national des arts plastiques

GINA PANE
***Terre protégée II, Pinerolo*, juin 1970**
Épreuve gélatino-argentique marouflée sur papier
plastifié, 100 × 67,5 cm
Vitry-sur-Seine, collection MAC VAL – Musée d'art
contemporain du Val-de-Marne, dépôt
au Musée d'art moderne, d'art contemporain
et d'art brut, Lille Métropole

au sein d'une petite fosse creusée par l'artiste dans un champ cultivable. *Terre de lecture*, également de 1969, prend la forme d'une offrande, par la transmission du corps et de la main de l'artiste, de ce soleil nourricier à cette terre labourée. Gina Pane va aussi utiliser l'humus : le constat d'action de *Manipulation d'humus* (1970) montre celle-ci déposant, sur une étendue de terre sablonneuse, en rangées parallèles, des monticules carrés d'humus « humide mélangé à toutes sortes de graines, de vent ». Soleil, humus sont dans ces actions des sources vitales et énergétiques que Gina Pane renvoie à une symbolique de la fécondation, de la préservation et de la protection. Nourrir la terre, réchauffer la terre, protéger la terre, par un « geste primitif » qu'elle oppose au « geste décadent »[5], celui d'une société d'après la Seconde Guerre mondiale, des radiations atomiques, de la prospérité économique accompagnée d'une industrialisation et d'une urbanisation accélérées. Il y a une foi et une urgence dont le corps de l'artiste se fait l'émetteur et le transmetteur. L'ensemble générique *Terre protégée*, composé de trois actions, en scande la politique formelle. L'installation inaugurale, *Terre protégée I* (1968), mais, surtout, plus radicale, l'action *Terre protégée II*, réalisée en 1970, dans les environs de Turin, dont le constat d'action montre le corps de l'artiste, immobile, les bras en croix, allongé sur cette terre, en adhérence avec elle, et face au ciel. « Je l'ai protégée avec ma chair, dit Gina Pane. [...] La terre est nourricière de mon organisme biologique et moi, je la protège parce que je suis coupable de ce qu'elle n'existe plus, de ce qu'elle disparaît[6]. » Ce sera la figure mélancolique de *Terre protégée III* (1971) où l'inscription même du titre est encerclée de trois rangées de pierres et balayée de fleurs blanches séchées, tels une tombe ou un mémorial. Ce corps si désirant de l'artiste de protéger la nature, en lui insufflant sa propre énergie vitale, inspire aussi l'action *Mon corps* (1970), où Gina Pane se fond littéralement dans un paysage de larges pierres enchevêtrées. Acte à la fois charnel, politique et d'échange, ce moment fusionnel s'inscrit dans la fragilité d'une nature désirée et immémoriale.— M.M.

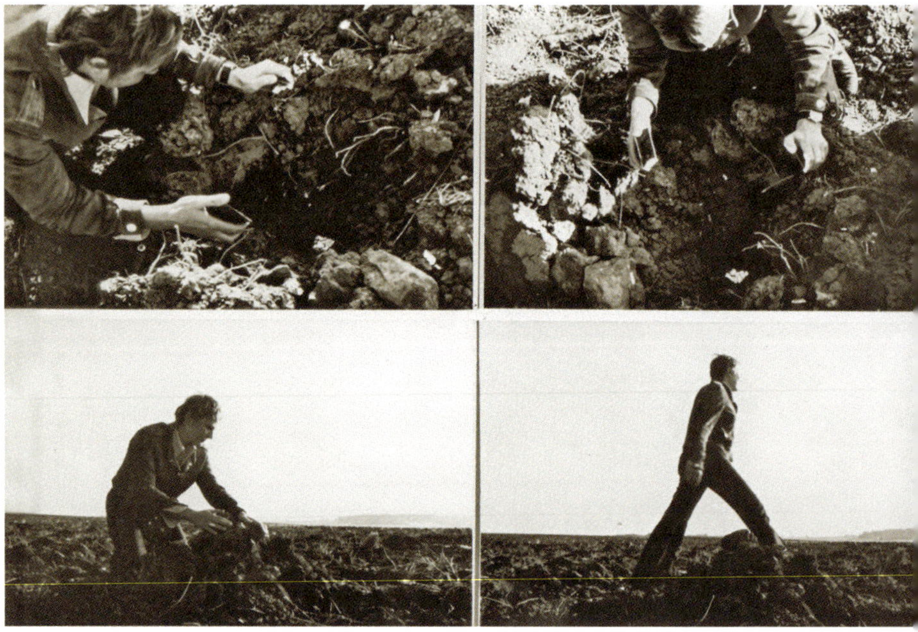

GINA PANE
***Enfoncement d'un rayon de soleil*, 1969**
Épreuve gélatino-argentique virée sépia, 39,5 × 60 cm
Paris, Centre national des arts plastiques

1. Gina Pane, *Lettre à un(e) inconnu(e)*, textes réunis par Blandine Chavanne et Anne Marchand, Paris, École nationale supérieure des beaux-arts, coll. « Écrits d'artistes », 2003.
2. *Ibid.*
3. Anne Tronche, *Gina Pane – actions*, Paris, Fall Éditions, 1997.
4. *Ibid.*
5. Cité par Sophie Duplaix, *Gina Pane : terre – artiste – ciel*, Arles, Actes Sud, 2012.
6. Gina Pane, *op. cit.*

GINA PANE
***Manipulation d'humus*, 1970**
Épreuves gélatino-argentiques contrecollées et mine de plomb sur bois peint, 69 × 43 cm
Collection particulière

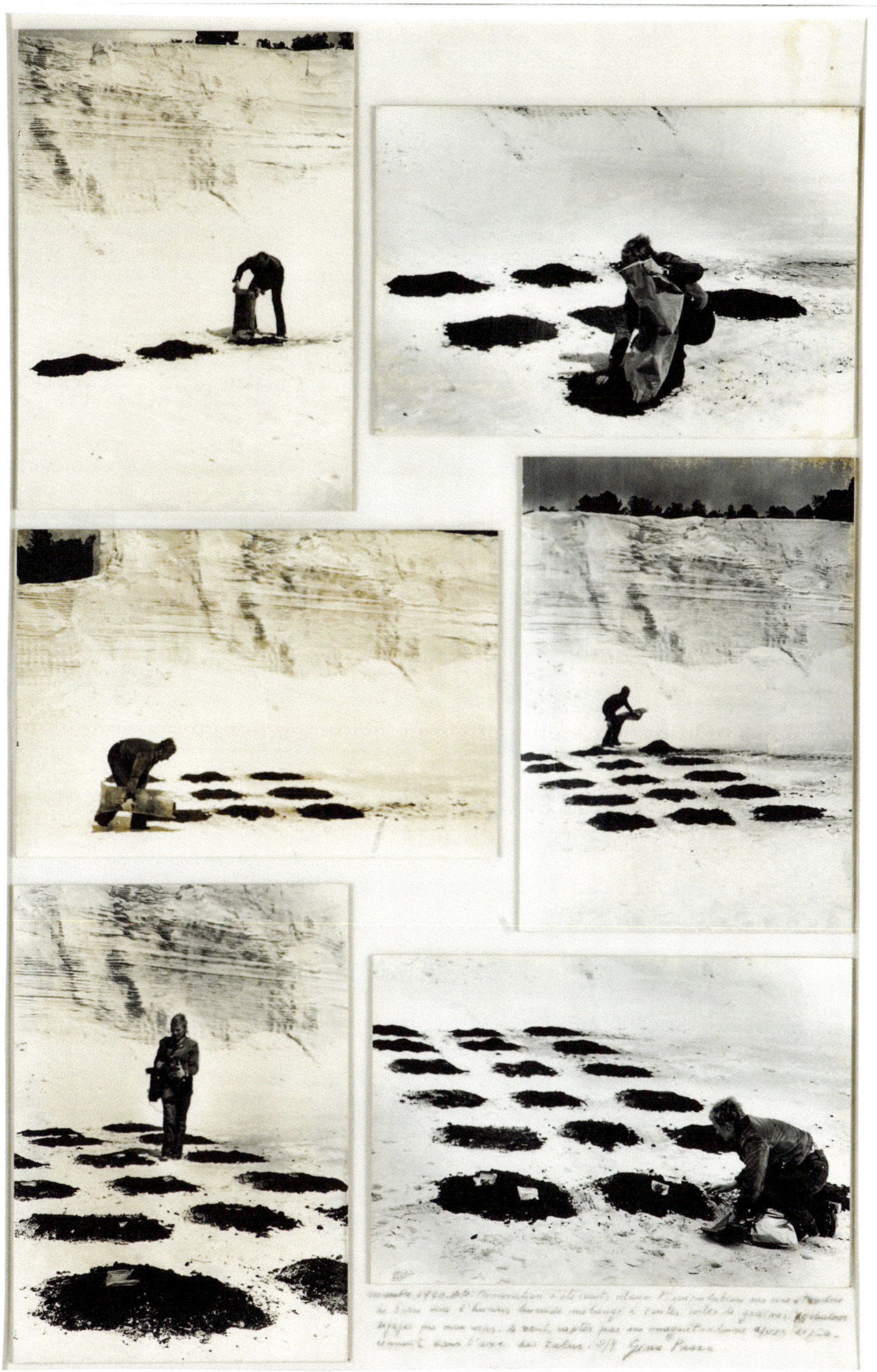

Ana Mendieta | Le germe de l'écoféminisme

Actrice un temps oubliée de l'avant-garde new-yorkaise des années 1970, l'artiste américano-cubaine Ana Mendieta fait aujourd'hui unanimement figure de pionnière. À la croisée des courants majeurs qui ont nourri l'art américain (le land art, l'art corporel, l'art conceptuel), son œuvre déploie un vocabulaire formel et théorique singulier qui met en relation la domination des femmes et celle de la nature et sème le germe d'un écoféminisme. Combinant la performance, la photographie, la sculpture et le film, son travail s'appréhende comme une globalité qui prend comme point d'origine le corps de l'artiste. La violence figurée (et parfois réelle) de certaines de ses œuvres tient en ce qu'elles convoquent la puissance et les attributs du rituel. Aussi les matériaux qu'elle utilise revêtent-ils une dimension hautement symbolique : la terre, le feu, le sang, l'herbe, les pierres, les fleurs, les plumes... Ils se réfèrent à la fertilité, au mythe de la Création, à la purification, et plus généralement aux forces de vie et de mort. Les croyances primitives que l'artiste réactive sont autant de moyens de parvenir à une profonde connaissance de soi ainsi qu'à un stade supérieur de conscience du monde. La série *Siluetas* qu'elle réalise entre 1973 à 1980, dans l'Iowa et au Mexique, constitue le cœur de sa production. Composée de près de deux cents pièces (photographiques et filmiques), elle prend comme point de départ un geste consistant pour l'artiste à dessiner au sol, à l'aide de matériaux trouvés sur place – pierres, herbe –, les contours de son corps. Creusées, brulées, modelées, ces empreintes éphémères indiquent un point de rencontre, voire de fusion, avec les paysages. À travers la signature de sa silhouette apposée dans la terre, Ana Mendieta tente symboliquement de s'inclure dans l'ordonnancement du monde sauvage. Mais si l'empreinte dit sa présence, elle signale tout autant une absence. Elle renvoie au déracinement de l'artiste qui, à l'âge de douze ans, a dû quitter son pays d'origine pour rejoindre les États-Unis. Rapportant cet épisode à son œuvre, elle écrit : « J'ai le sentiment d'avoir été expulsée d'un utérus (la nature). Mon art est le moyen par lequel je rétablis les liens qui m'unissent à l'univers. C'est un retour à la source maternelle[1]. » La maternité, en tant que ferment de vie, unit de manière inextricable la femme à la nature et l'artiste travaille obstinément cette puissance féminine. Parfois, comme pour souligner ce lien essentiel, elle se dessine les bras levés, à l'image d'une déesse de la fertilité. [→p. 182]
Mais une tension dramatique émane également des *Siluetas*, la solitude des corps évanouis dans le paysage semble mettre en relation une quête d'origine et l'espace de la mort. La renaissance s'apparente aussi à un sacrifice et la silhouette modelée ou dessinée tient alors lieu de tombeau. Nourrie par les mythes et les rites de l'Amérique latine et de l'Afrique, Ana Mendieta travaille sur cette vérité contradictoire qui consiste à assigner la mort pour libérer l'énergie de la vie. C'est précisément de cette dualité dont témoigne également la vidéo *Burial Pyramid* (1976). Dans celle-ci, un plan sur un paysage rocailleux laisse à peine entrevoir l'artiste, allongée, dissimulée sous un tas de pierres. Chaque respiration lui permet de se dégager davantage de la pression des roches et laisse peu à peu apparaître son corps nu. Par son souffle, elle anime l'environnement, et le fragile instant de la vie naissante s'accorde à l'éternité des éléments. On pourrait considérer que *Burial Pyramid* fonctionne à l'inverse de *Siluetas*, qu'on assiste ici à une naissance, à une extraction, là où on s'imaginait une mise en terre. Mais pour l'artiste, tout se rejoint pour créer un cycle sans début ni fin dans lequel les énergies vitales ne cessent de s'interpénétrer. Aussi, la sépulture (*burial*) de pierres peut dès lors devenir le lieu d'un commencement. « Elle est devenue une prêtresse, une déesse de la terre[2] », écrit à propos de l'artiste le critique d'art John Perreault, comme si le travail d'Ana Mendieta devait finalement exister par-delà les limites de l'art, dans une vie augmentée directement connectée à d'incommensurables puissances invisibles.— G.M.

1. Ana Mendieta, « Unpublished statement » 1981, cité dans *Ana Mendieta, A Retrospective*, Petra Barreras del Rio, John Perreault, New York, The New Museum of Contemporary Art, 1987.
2. John Perreault « Earth and Fire, Mendieta's Body of Work », dans *ibid*.

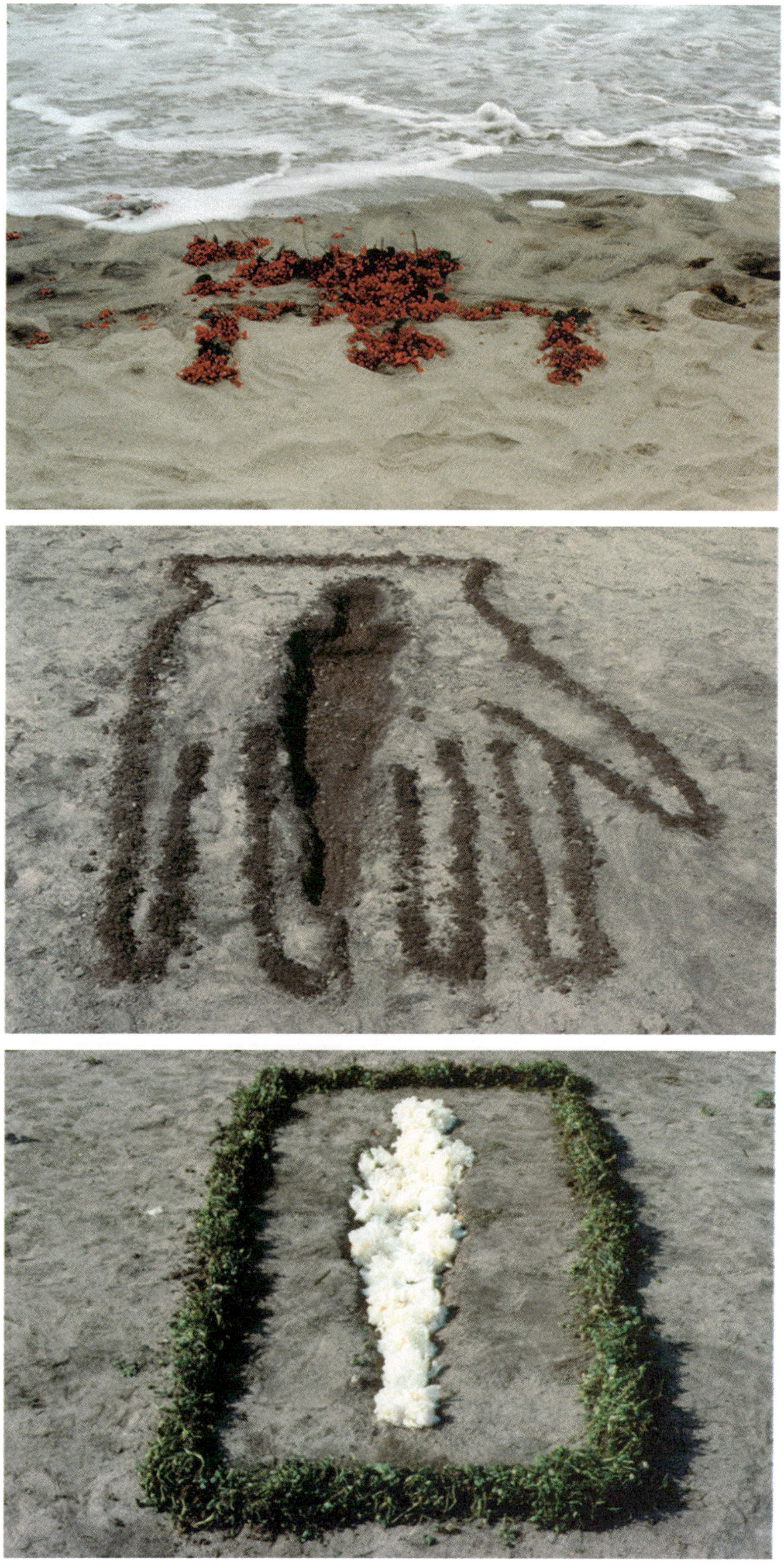

ANA MENDIETA
***Silueta Works in Mexico*, 1973**
3/12 épreuves chromogènes,
40,6 × 50,8 cm chacune
Courtesy the Estate of Ana Mendieta
Collection et galerie Lelong, New York/Paris

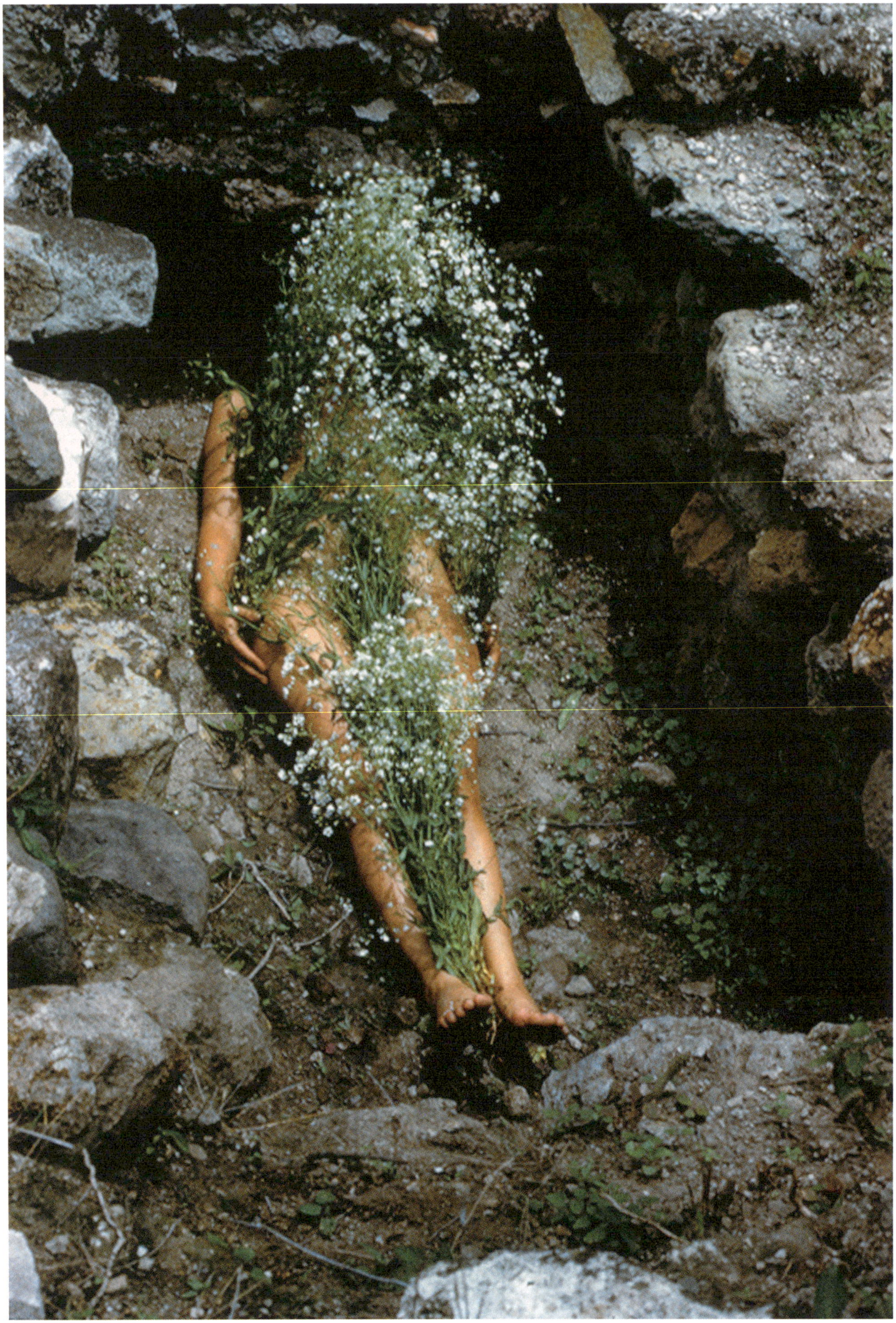

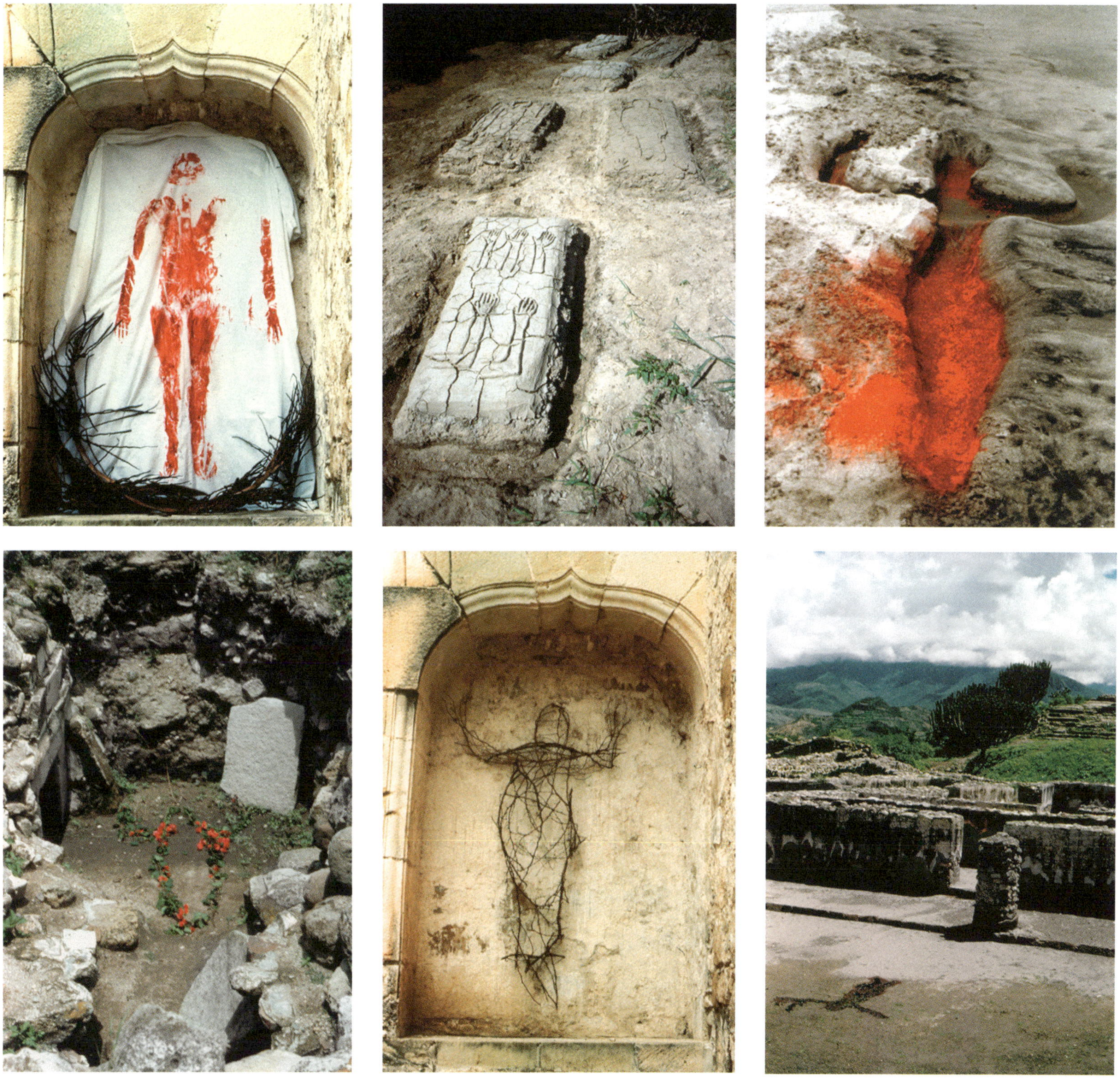

ANA MENDIETA
***Silueta Works in Mexico*, 1973**
7/12 épreuves chromogènes,
50,8 × 40,6 cm chacune
Courtesy the Estate of Ana Mendieta
Collection et galerie Lelong, New York/Paris

Rosa Barba | Conjurer l'inexorable dérive d'une île

Rosa Barba réalise *Outwardly from Earth's Center* durant l'hiver 2006-2007, lors d'une résidence au Baltic Art Center de Visby, sur l'île suédoise de Gotland. L'artiste, dont l'œuvre protéiforme et chorale, faite entre autres de sculptures cinétiques, de sculptures-projecteurs ou d'installations projections, utilise et expérimente le médium cinématographique dans toutes ses composantes matérielles et immatérielles, en en dénudant et disloquant les mécanismes, voire en les hybridant, pour réorchestrer de nouvelles potentialités esthétiques : le projecteur 16 ou 35 mm, la pellicule vierge, la surface écran, l'image lumineuse et blanche, le texte et ses infinies virtualités de dialogues et de fictions, la bande-son, la salle de projection... Il y a au cœur de la pratique filmique de Rosa Barba la recherche documentaire de paysages, disponibles, possibles, porteurs de passés géologiques ou industriels, d'histoires singulières : « Je vois les lieux que j'utilise comme des scènes où j'installe mes histoires. Je recherche des paysages qui ont déjà une histoire, un cadre auxquels j'ajoute ma fiction[1]. » L'île à la dérive de Gotska Sandön, au large de celle de Gotland, est le « lieu paysage » d'*Outwardly from Earth's Center*, à la fois scène et perspective d'une fiction à performer, d'une dramaturgie de la catastrophe✪ et d'une forme sensible, à la rencontre duquel va la caméra de Rosa Barba (comme elle a pu le faire pour le Vésuve, dans *The Empirical Effect*, en 2010, pour le désert californien de Mojave, dans *They Shine*, en 2007, ou celui du Texas, dans *Time as Perspective*, en 2012).
Conjurer l'inexorable, la dérive – fait réel – d'un mètre par an, vers le pôle Nord, de cette île de la mer Baltique. Conjurer la disparition annoncée qu'elle porte en elle. La fiction mise en place par Rosa Barba, avec des protagonistes qui se présentent au spectateur par leur seule profession – le gardien du phare, les archéologues, l'archiviste, l'architecte et le politicien –, est l'anatomie de cette dérive par le discours de l'autorité des savoirs constitués – et de leur vanité – et une réponse utopique. Celle des habitants, de la communauté, du nous. Et, au-delà, celle de l'art. Arrêter la dérive et la menace par l'invention d'une forme nouvelle, celle réalisée par les habitants grâce à des cordages tirés vers la mer, arrimés à un infini futur, imaginaire, et qu'une vue aérienne magnifique découvre au regard. —— M.M.

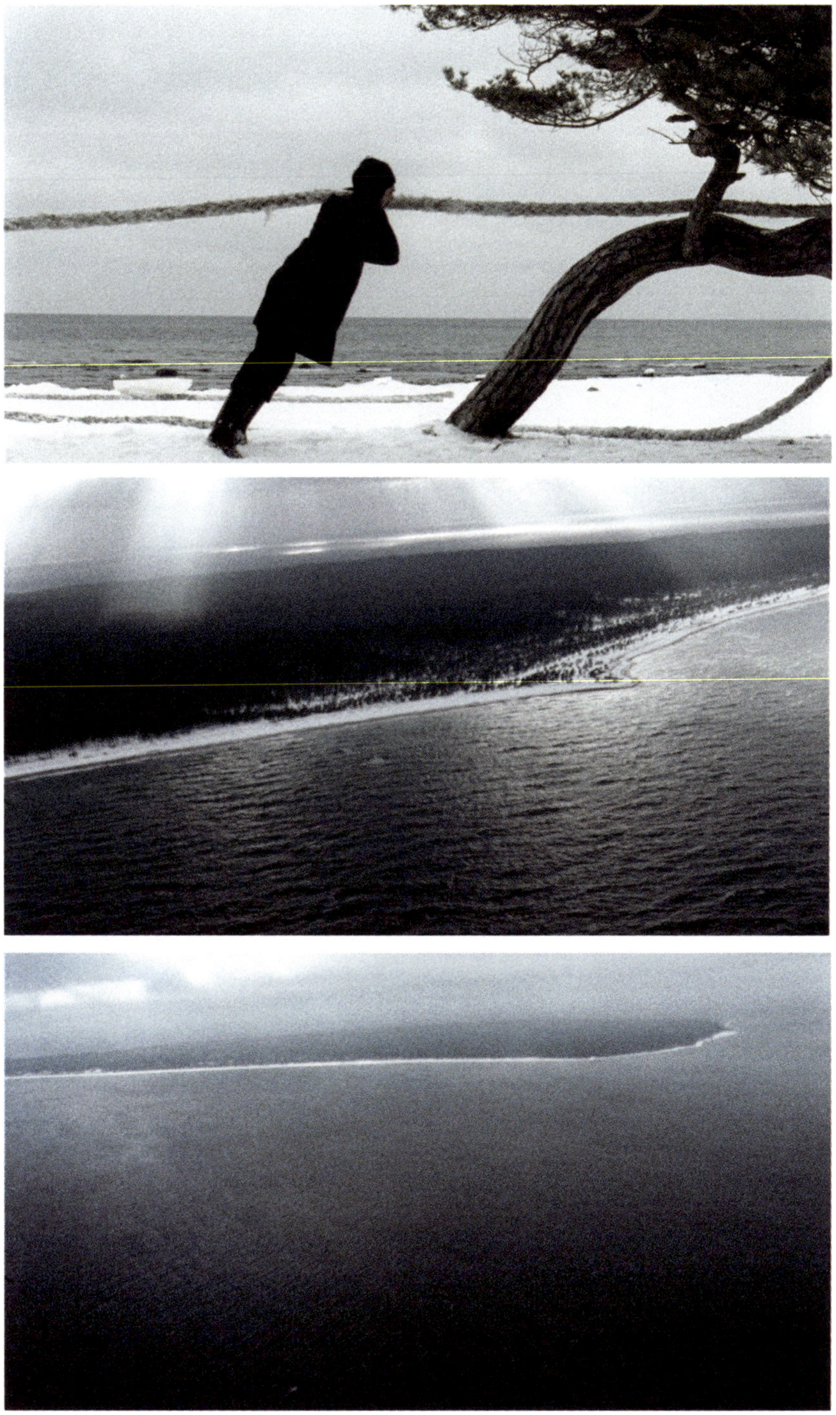

ROSA BARBA
***Outwardly from Earth's Center*, 2007**
Film 16 mm transféré sur vidéo, couleur, sonore, durée : 25 min
Courtesy l'artiste

1. Rosa Barba, *In Conversation With*, Milan, Mousse Publishing, 2011, p. 26.

Koji Enokura, Barbara et Michael Leisgen, Ana Mendieta, Karel Miler

Osmose. Le sublime réinventé

Entre quête de transcendance et dissolution du je dans un grand tout cosmique, la pensée romantique de la fin XVIIIe et du début du XIXe siècle, autour, entre autres, de Schlegel, Schelling, Goethe ou Novalis, ré-évalue le rapport de l'individu à la nature, explorant la révélation d'une sympathie, voire d'une fusion, entre l'être et l'univers. La notion de sublime✿, qui exalte ce moment de friction au monde dans le point limite d'une disparition de l'individu dans le tourment des éléments, ou dans la plénitude de l'abandon de soi dans la contemplation d'un paysage, est l'une des matrices de cette pensée de l'indistinction entre le sujet et son environnement : « Je » participe d'une totalité, d'un organisme universel. Cette aspiration à la « perméabilité » du corps au monde rejaillit dans la seconde moitié du XXe siècle, au moment où le paysage cesse d'être simple objet de représentation, pour devenir un espace pratiqué par les artistes. La relation au paysage n'est plus dans la seule jouissance de ce qui est donné à contempler mais dans un corps à corps où les points de frottement entre l'homme et le monde sont rejoués ou incarnés. Cette démarche est le plus souvent mue par un souci de réparation d'un univers en mutation profonde, la revendication poétique d'un retour à une unité essentielle avec la nature et la conscience intuitive d'un devenir commun.

Analogons
Barbara et Michael Leisgen sont des figures essentielles de cette réinvention de la tradition romantique mêlée d'une conscience aiguë de la transformation irréversible de notre univers. Dans leurs photographies, la silhouette de Barbara Leisgen est mise en scène dans le paysage, rejouant cette quête d'indistinction avec la nature : dans la série *Mimesis, la Nature produit des ressemblances* [→p. 56] ou *La Description du soleil*, son bras vient tour à tour épouser la ligne dessinée par la courbe des collines puis le soleil. Ces moments éphémères fixés par la photographie incarnent cette réflexion de Michel Collot : « Le paysage est "mon horizon", au point que j'ai parfois l'impression de pouvoir toucher l'horizon d'un geste de la main, aussi facilement que je l'embrasse du regard. Le paysage est ressenti comme un prolongement de l'espace personnel, son ampleur mesure l'envergure d'un corps propre agrandi aux limites de l'horizon[1]. » Leur travail envisage un rapport osmotique avec la nature qui apparaît comme un théâtre d'échanges permanents où le corps semble délimiter ou donner naissance aux éléments et être en parfaite connivence avec eux.
Artiste du mouvement Mono-ha, Koji Enokura a produit en 1972 *Symptom – Sea-Body (P.W. – No. 40)*, une photographie le montrant étendu sur le sable. La posture légèrement incurvée de son corps suit la forme de la vague qui vient

»»»

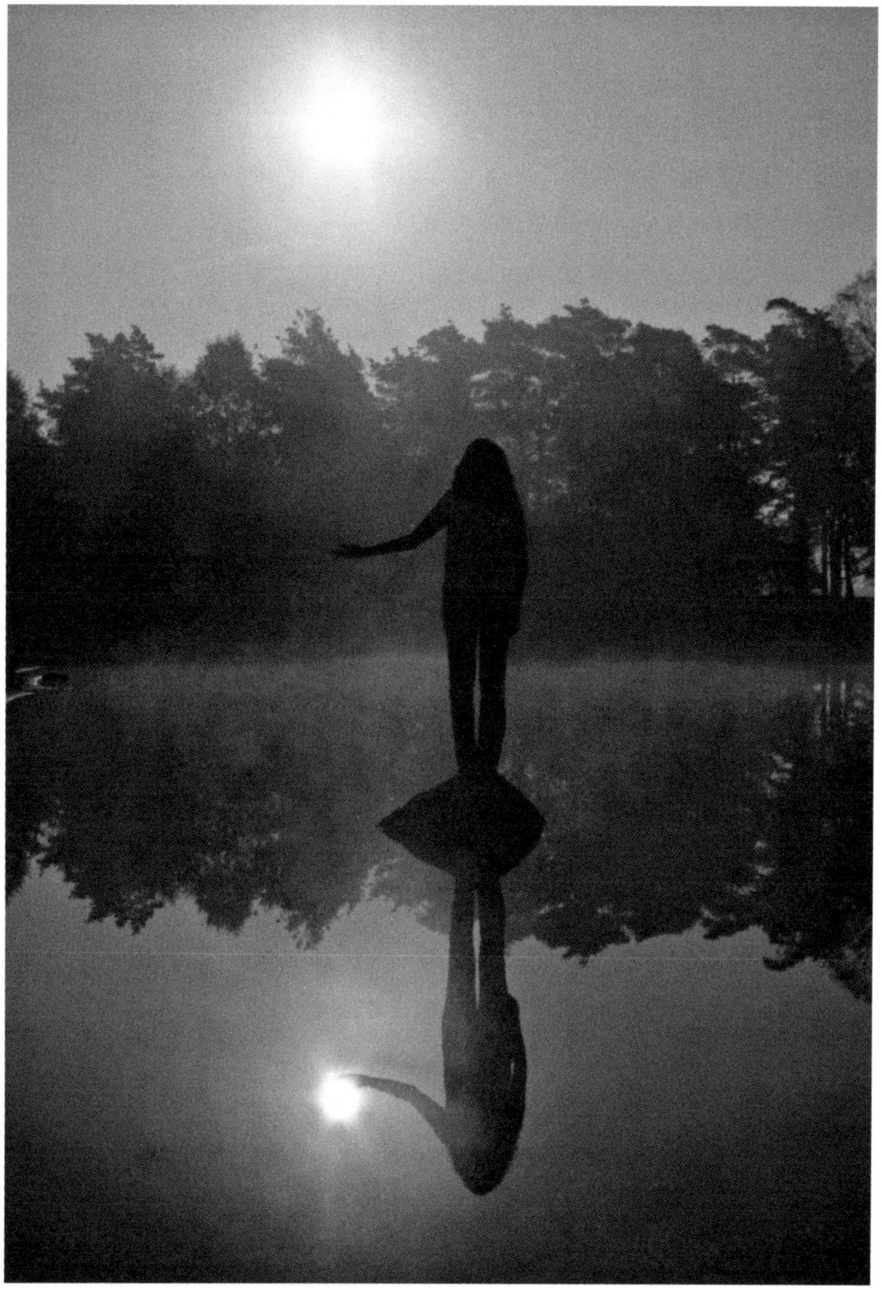

BARBARA ET MICHAEL LEISGEN
***Sauvez le soleil!*, 1976**
Épreuve gélatino-argentique contrecollée sur Dibond sous Diaplex, 120 × 80 cm
Courtesy les artistes

mourir sur la plage et qu'il semble envelopper, répétant, comme en un écho, la ligne sans cesse renouvelée du flux et reflux de la mer. Enokura exprime ici une sorte de communion métaphysique, de correspondance existentielle avec les éléments, évoquant la pensée formulée par Novalis en 1799 : « Notre corps est une partie du monde, ou pour mieux dire, un membre. Il exprime déjà l'autonomie, l'analogie avec le tout [...]. Il fait que ce membre corresponde à l'ensemble. Celui-ci est un raccourci, celui-là une extension de la même substance[2]. »

Fusion/incarnation

Cette aspiration à l'unité et à une relation pacifiée avec la nature, fondée sur une interaction éphémère et non invasive, fait écho aux thèses développées par Arne Næss en 1972 autour de l'idée d'écologie profonde, la *deep ecology*. Proposant une vision non anthropocentrique de l'écologie, le philosophe norvégien prône une nouvelle approche métaphysique où l'humanité apparaît comme inséparable de la nature. Symbiose, identification, intégration aux processus naturels et prise en compte des besoins vitaux des autres écosystèmes caractérisent cette démarche qui considère toute atteinte portée contre la nature comme une atteinte contre l'humanité.
Cette altérité extrême trouve une forme d'incarnation dans le champ de l'art avec des artistes comme Fina Miralles ou Ana Mendieta qui, notamment dans leurs œuvres *Relacions. Relació del cos amb elements naturals. El cos cobert de palla* (1975) [p.187] et *Arbol de la vida* (1976) [p.186], évoquent un devenir végétal du corps et une identification entre le corps de la femme et les forces créatrices de la nature. Leurs œuvres révèlent un intérêt pour la nature conçue comme un organisme vivant, spirituel et doué d'autonomie. Pionnière du earth/body art, Ana Mendieta imprime littéralement le mouvement de sa respiration à la terre en 1974, dans sa performance filmée *Grass Breathing*. Camouflée sous un rectangle de terre engazonné, elle donne vie, régénération et souffle à cette parcelle qui dans le même temps l'ensevelit.
Cette incarnation de la nature à travers la femme est bien sûr une évocation du mythe primitif de Gaïa, la Terre mère, mais aussi son actualisation politique : la posture alternative des femmes sur l'écologie dans une société patriarcale dont l'idéologie dominante demeure le progrès, la sujétion de la nature au nom de l'exploitation et du profit. Chez Mendieta, ces gestes et traces inscrites dans la nature sont également une référence à son déracinement, à son désir de retour à sa terre d'origine, Cuba.
Ce principe d'analogie entre le règne naturel et la vie humaine est aussi l'un des aspects majeurs du travail de Giuseppe Penone depuis la fin des années 1960. Dans le projet *Souffle de feuilles* (1979) [→p.189], l'artiste imprime la trace de son corps et de sa respiration dans un amas de feuilles mortes, comme une tentative de réanimer et régénérer ces « poumons » de l'arbre et de notre atmosphère. Entre quête d'authenticité, sensualisme empirique, animisme et vitalisme, ces démarches font écho à la pensée romantique, notamment celle de Novalis qui fait dire au personnage de son roman *Henri d'Ofterdingen* : « On voudrait pleurer de joie et, séparé du monde, enfoncer ses mains et ses pieds dans la terre pour y prendre racine et ne jamais quitter cet heureux

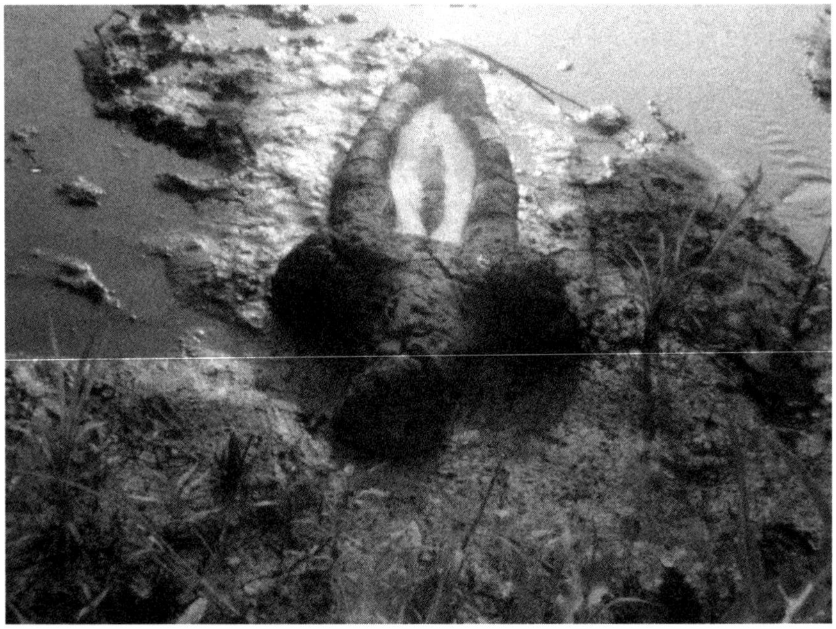

ANA MENDIETA
***Birth*, 1981**
Film super-8, noir et blanc, muet,
durée : 2 min 03
Courtesy the Estate of Ana Mendieta
Collection et galerie Lelong, New York/Paris

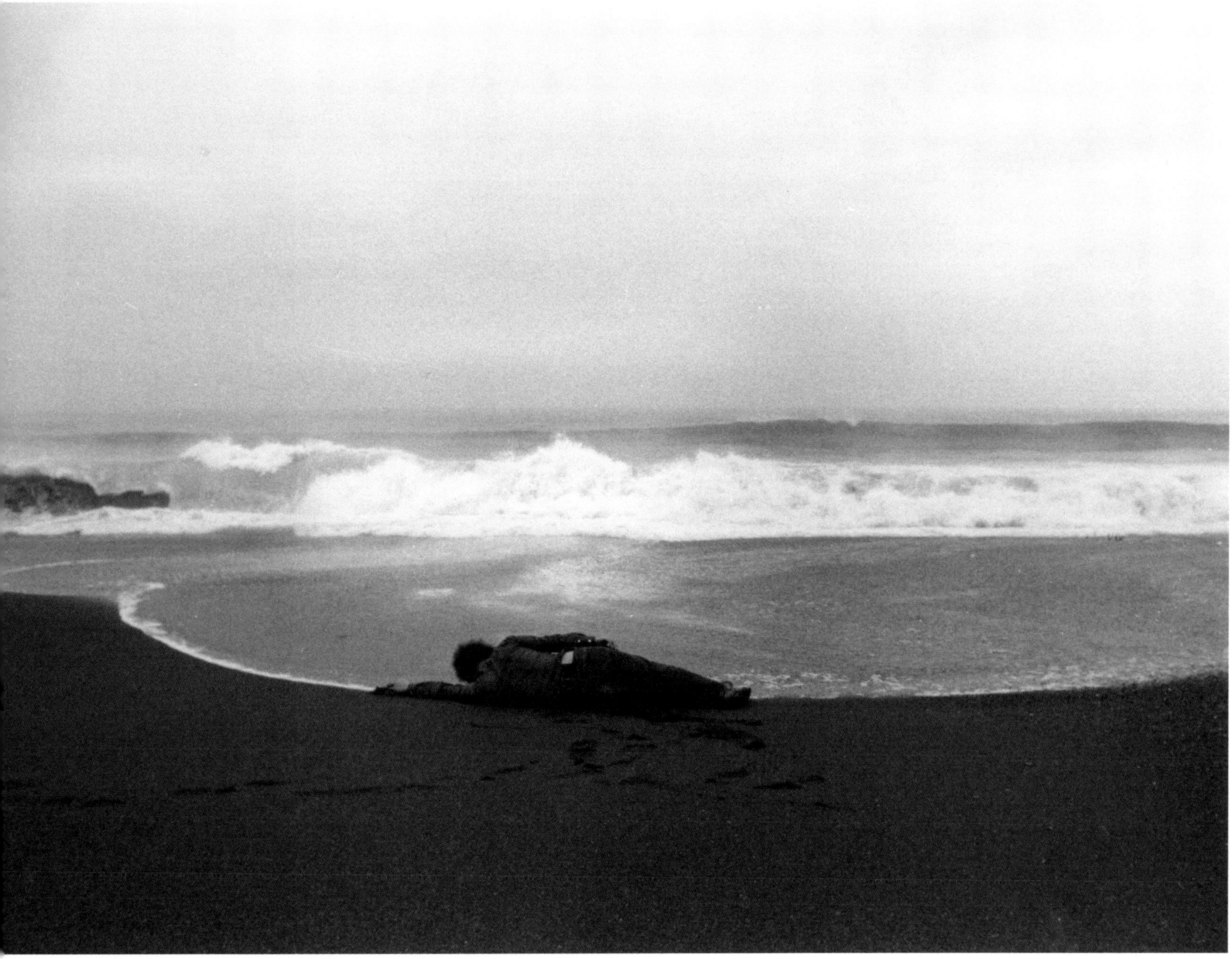

KOJI ENOKURA
Symptom – Sea-Body
***(P.W. – No. 40)*, 1972**
Épreuve gélatino-argentique, 41 × 61 cm
Courtesy l'artiste et Blum & Poe,
Los Angeles
Œuvre non exposée

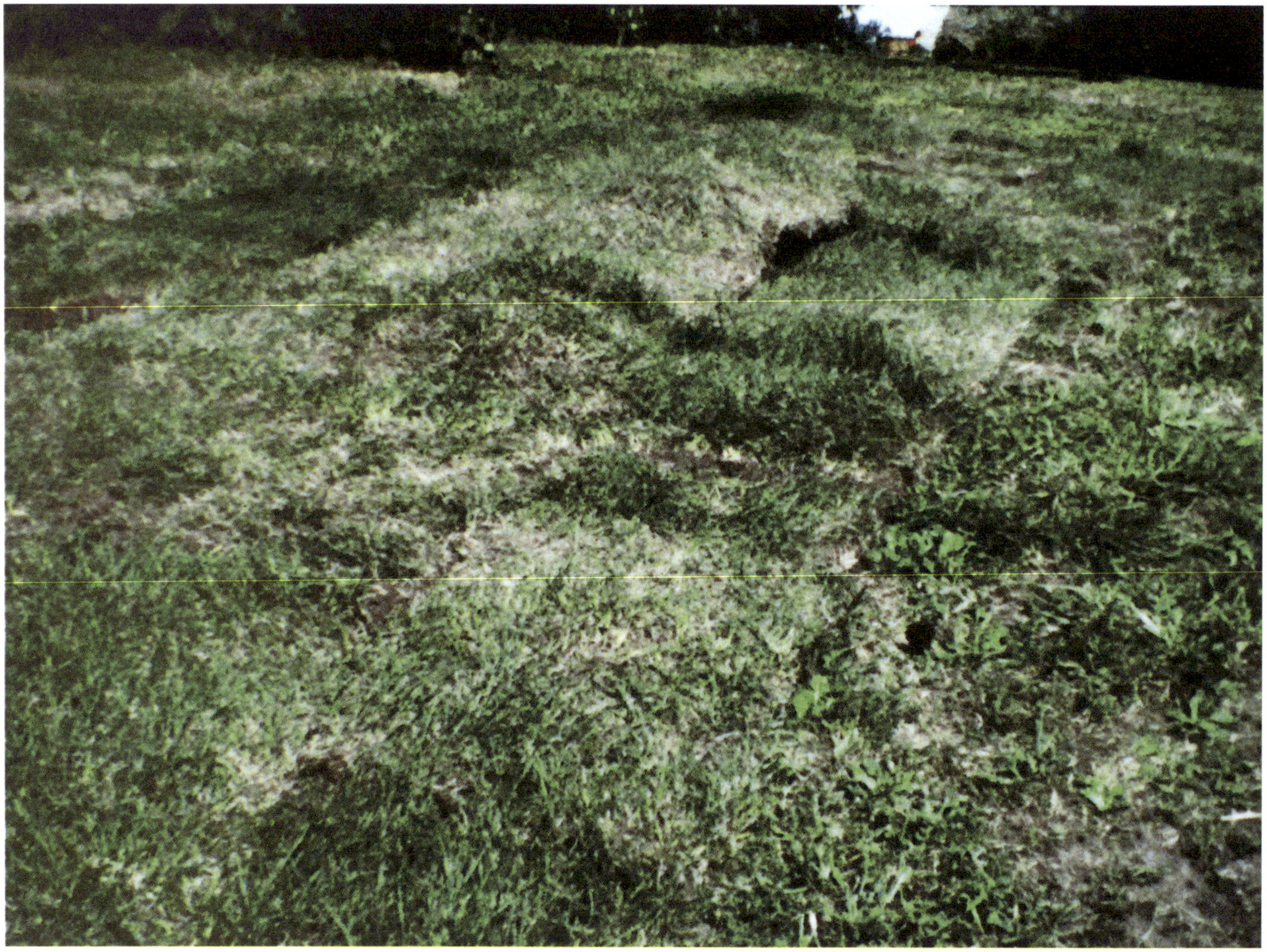

ANA MENDIETA
***Grass Breathing*, 1974**
Film super-8, couleur, muet,
durée : 3 min 08
Courtesy the Estate of Ana Mendieta Collection
et galerie Lelong, New York/Paris

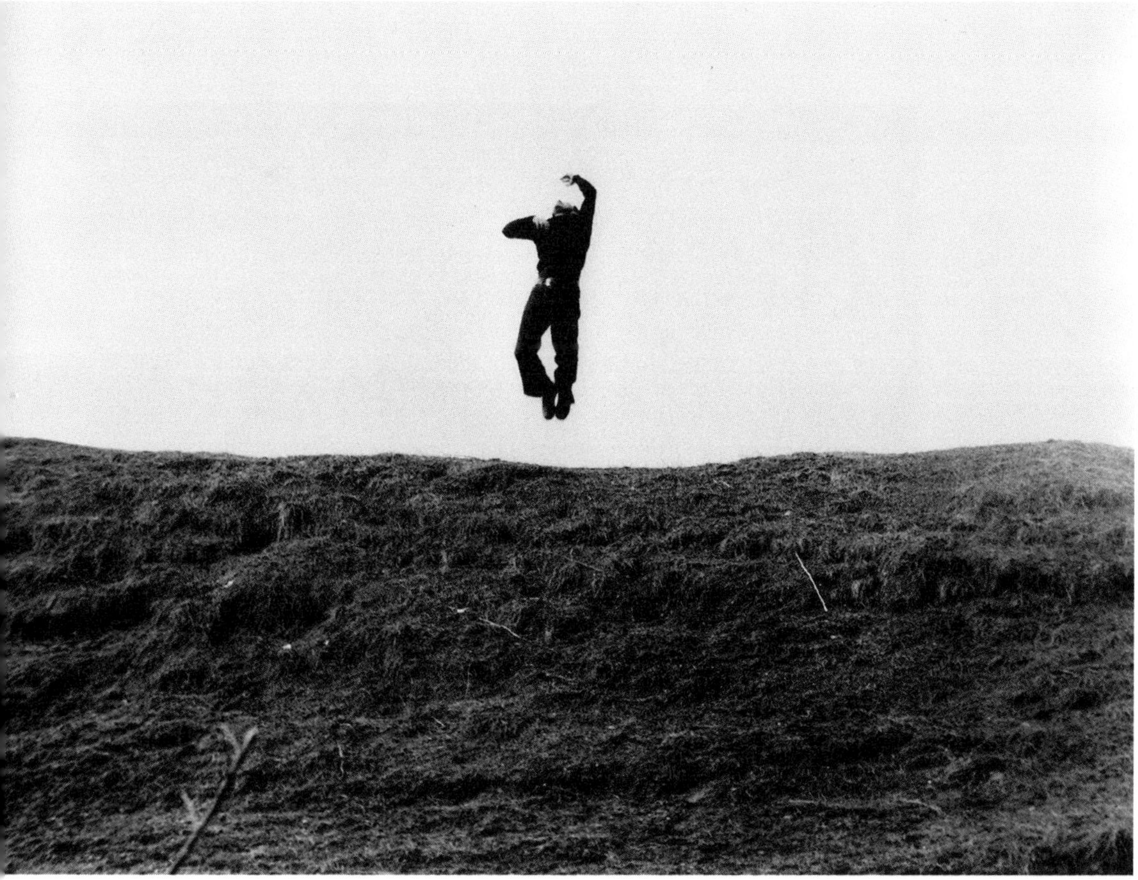

KAREL MILER
***Closer to the Clouds*, 1977**
Épreuve gélatino-argentique, 24 × 30 cm
Courtesy l'artiste et galerie SVIT, Prague

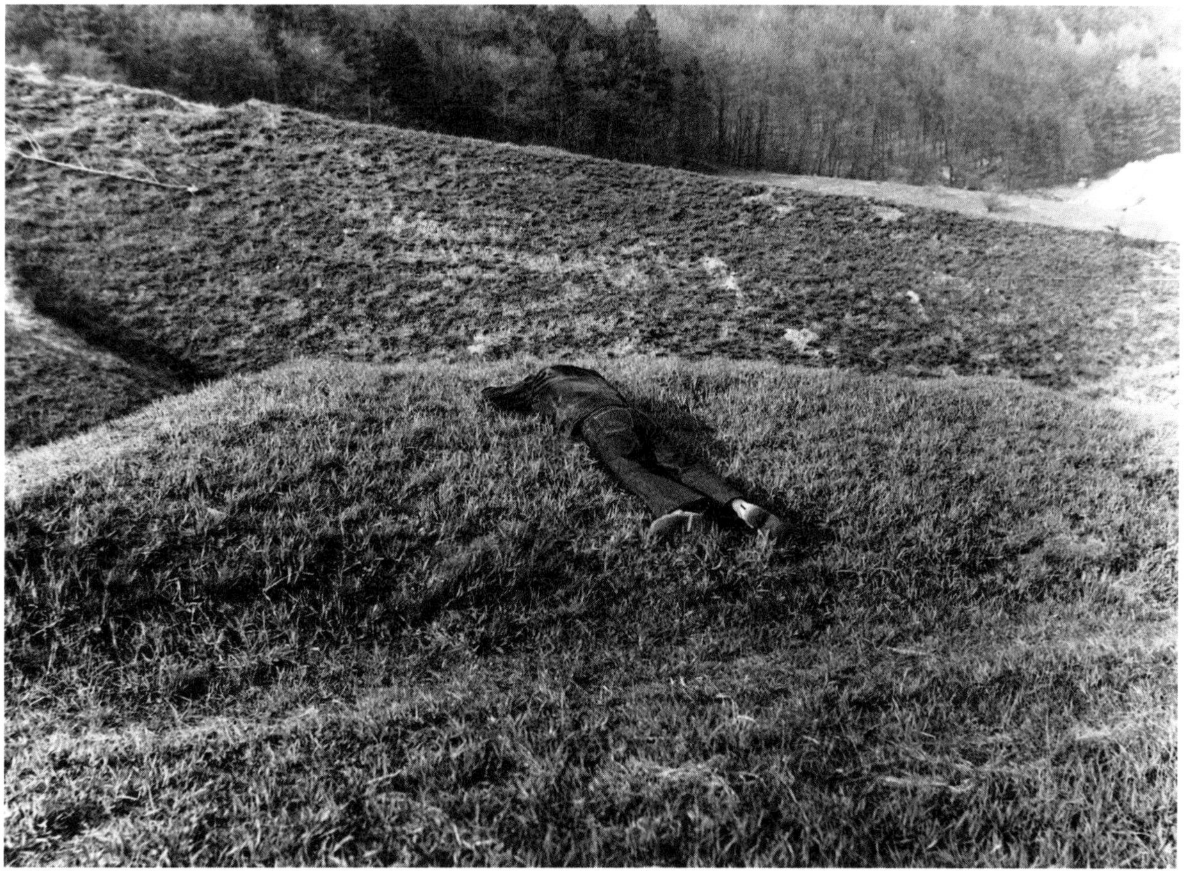

KAREL MILER
***Felt by Fresh Grass*, 1976**
Épreuve gélatino-argentique, 24 × 30 cm
Courtesy l'artiste et galerie SVIT, Prague

voisinage[3]... » *Felt by Fresh Grass* (1976) du Tchèque Karel Miler en constitue le pendant humoristique et démystifié : inversant le point de vue traditionnel, il s'offre à la pelouse, lui donnant, avec dérision, la possibilité de le (res)sentir. Ces différentes modalités d'interaction avec la nature dessinent des cosmologies « qui transforment le corps en un microcosme et le cosmos en un corps géant[4] ». À travers ces gestes primordiaux – car il s'agit bien, dans les projets cités, d'un répertoire de gestes plutôt que d'objets –, les artistes assument une aspiration à l'unité qui se veut autant un retour à des formes primitives et indigènes qu'une poétique de la vigilance à l'heure de la mise en doute des récits modernistes. Poussant cette démarche jusqu'à une forme de mythologie, renouant avec des récits traditionnels de naissance du monde, Charles Simonds réalise en 1970 le film *Birth*, dans lequel son corps émerge lentement de la terre, comme dans une forme de renaissance ou de rappel d'un lien originel et vital. Cette œuvre suggère en tous les cas, à l'instar de la démarche de nombreux artistes de cette génération, qu'« il faut replonger dans le primitif chaos des sensations pour recréer un monde qui ne soit pas le cosmos figé de nos représentations et formulations habituelles mais un *chaosmos* vibrant et vivant[5] ». — H.G.

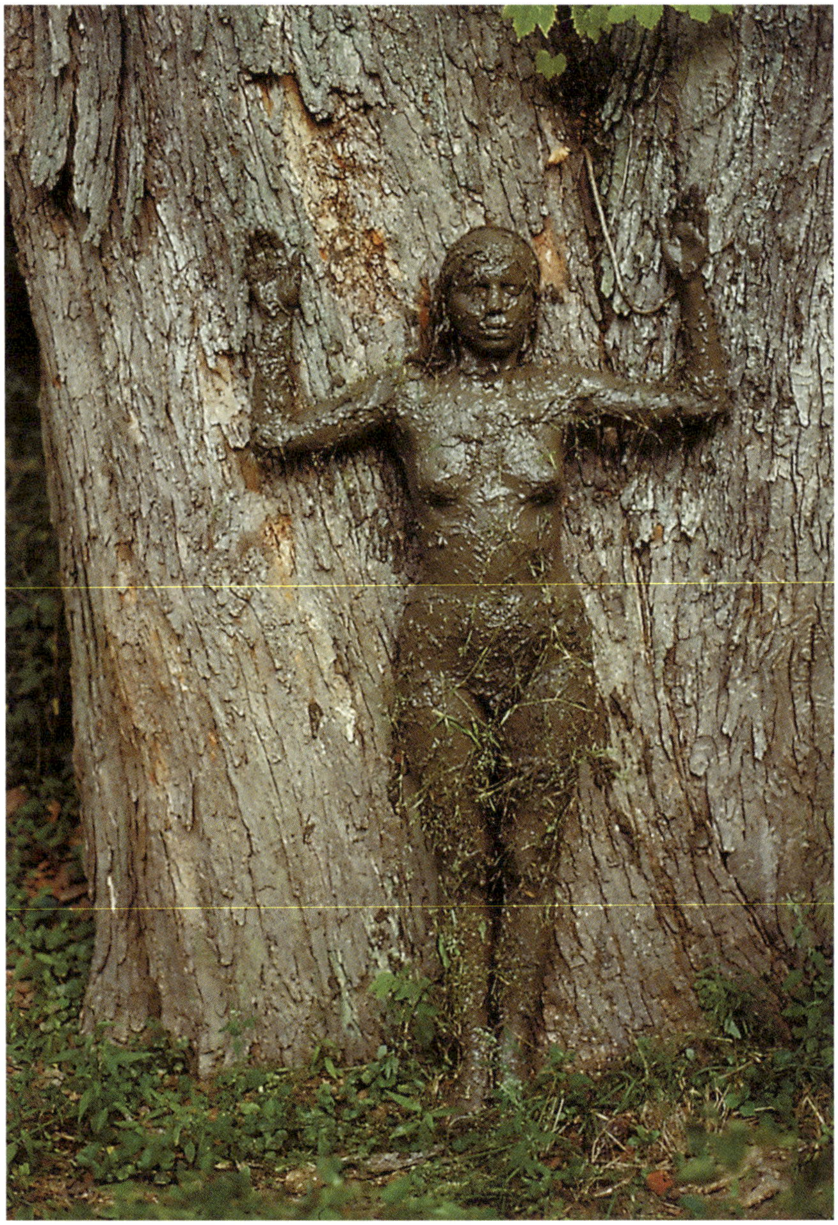

ANA MENDIETA
***Arbol de la vida*, 1976**
Épreuve chromogène, 50,8 × 33,7 cm
Collection particulière

1. Michel Collot, *L'Horizon fabuleux 1, XIXe siècle*, Paris, José Corti, 1988, p. 12-13.
2. Novalis, *Œuvres complètes*, t. II, *Fragments*, Paris, Gallimard, coll. « Du monde entier », 1975, p. 191.
3. Novalis, *Henri d'Ofterdingen*, 2e partie, trad. Marcel Camus, Paris, Aubier, 1946, p. 377.
4. Michel Collot, *Le Corps cosmos*, Bruxelles, La Lettre volée, coll. « Essais », 2008, p. 33.
5. *Ibid.*, p. 81.

Fina Miralles | Générer des relations inattendues

Traversée par l'art conceptuel, le land art, l'arte povera ainsi que par les pensées féministe et environnementaliste, l'œuvre de l'artiste catalane Fina Miralles s'attache à lier l'art et l'expérience de la vie. Son travail emprunte au paysage ses matériaux et joue sur la mise en dialogue de la culture et de la nature. Le point de vue écologique qu'elle défend s'augmente souvent d'une critique sociale, aussi dès le milieu des années 1970, alors que le franquisme prend fin, s'intéresse-t-elle aux causes et aux effets de l'exercice du pouvoir dans une société patriarcale. Dans cette perspective, l'attention que l'artiste porte aux notions de visible et d'invisible prend un sens résolument politique. Engagée à partir de 1975, la série des *Relacions* se fonde sur un principe d'actions simples qu'elle exécute elle-même et qui sont captées à l'aide de courtes séries de photographies. Ici, l'artiste cherche à créer une connexion entre deux éléments *a priori* étrangers l'un à l'autre. Par leur rapprochement, elle entend suggérer un nouveau champ de signification. « Toutes choses génèrent toutes choses, écrit-elle. Toutes les choses sont opposées et complémentaires par principe : le ciel et la terre, le masculin et le féminin, l'actif et le passif, le positif et le négatif. Toutes les choses génèrent des relations[1]. »
Pour les *Relacions. Relació del cos amb elements naturals*, Fina Miralles se recouvre de pierres, de sable ou de terre, se fait mouiller par la pluie, plonge dans la mer, ou laisse ses pieds s'ensevelir dans le sable d'une plage… « Toutes les actions liées à la série des *Relacions* sont tellement élémentaires, qu'elles pourraient se référer à des rituels ancestraux[2] », déclare-t-elle. L'action *El cos cobert de palla* (« Le corps couvert de paille »), qu'elle réalise en mars 1974 à Sabadell devant un citronnier dans le jardin de sa maison familiale, la montre à travers quatre photographies, debout à différents moments de son recouvrement. Pour cette action, Fina Miralles a d'abord trié la paille de l'herbe du jardin avant d'attacher sur son corps les brins trouvés à l'aide de ficelles. Camouflée, l'artiste semble s'effacer peu à peu jusqu'à ne devenir qu'une silhouette sans identité ni consistance corporelle. Les limites entre sa présence et l'environnement qui l'entoure s'amenuisent au fur et à mesure de la séquence. Plus qu'une disparition, il s'agit ici d'une métamorphose, avec un vocabulaire volontairement réduit à l'essentiel, l'artiste s'invente en alchimiste rendant la matérialité de son corps au monde végétal.— G.M.

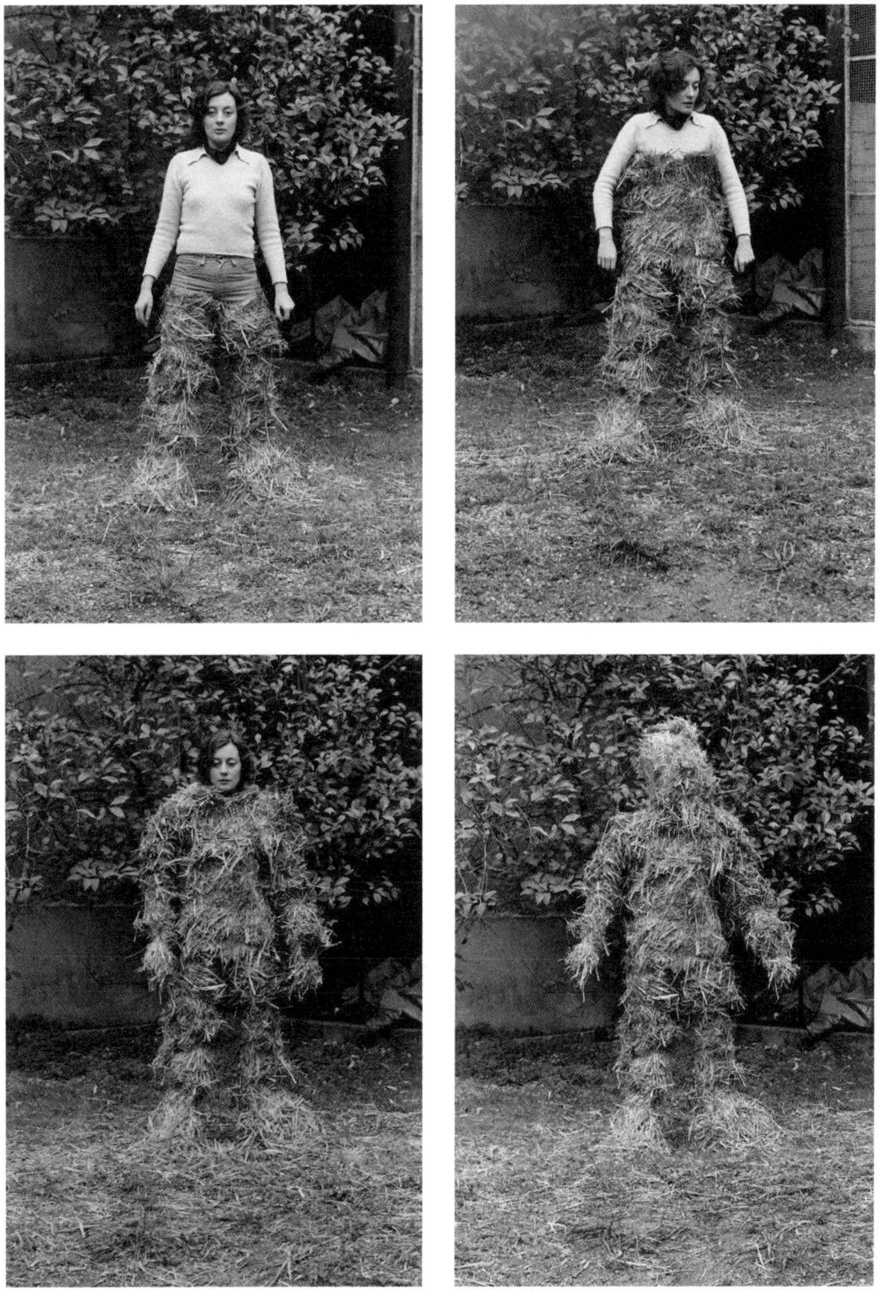

FINA MIRALLES
***Relacions. Relació del cos amb elements naturals. El cos cobert de palla*, 1975**
Documentation d'une action réalisée en janvier 1975 à Sabadell, en Espagne
Épreuves gélatino-argentiques sur papier marouflées sur bois, 59 × 40 cm
Barcelone, MACBA – Museu d'Art Contemporani de Barcelona, en dépôt au Museo Nacional Centro de Arte Reina Sofía, Madrid

1. Fina Miralles, *LLibre de treball 1er*, 1972-1978, p. 26-27, cité par Marta Pol Rigau dans sa thèse *Anàlisi de l'obra plàsticovisual i poèticotextual de Fina Miralles : L'arbre com a reflex de la seva cosmologia*, Universita autonoma de Barcelona, juillet 2012.
2. Note de Fina Miralles, *ibib*. p. 31.

Giuseppe Penone | Le souffle, énergie vitale

Le souffle est une des composantes majeures de l'œuvre de Giuseppe Penone, il rejoint un intérêt plus global pour la relation qu'un corps peut entretenir à l'espace. Parmi les liens infimes et multiples qui maillent la relation de l'homme au monde, la respiration peut être reçue comme une interaction première, le véhicule d'une incessante interconnexion.
Soffi, série de dix-neuf photographies que l'artiste produit en 1975, signe l'origine d'un ensemble de travaux de différentes natures prenant précisément la respiration comme objet. Chacune des images donne à voir une nuée blanche volatile qui, flottant à quelques centimètres du sol, semble évoluer entre les arbres d'une forêt.
Par le geste simple de la projection de poussière dans l'espace, Giuseppe Penone produit une forme faible et symbolique possiblement porteuse d'un récit.
Rapporté à la question de la sculpture, le souffle se traduit pour l'artiste en termes de volume et de geste producteur de forme. Ainsi, la quantité d'air expulsé par les poumons crée-t-elle une masse invisible qu'il travaille à rendre perceptible dans une masse d'argile (voir la série des *Souffles*).
Mais plus que de matérialiser une relation, Giuseppe Penone propose à travers la sculpture un point de vue sensible sur ce qui fonde l'essence universelle de la vie.
Ce faisant, il travaille principalement avec des éléments naturels (arbres, feuilles, terre...) qu'il considère comme partie prenante du processus vital.
Soffio di foglie (1979), à la suite de *Soffi*, s'inscrit dans cette réflexion sur l'espace symbolique et mythique créé par l'interaction vitale de l'homme au monde. Disposant dans la salle d'exposition un tas de feuilles de buis, Giuseppe Penone s'y allonge sur le ventre et, tête tournée, expire à plusieurs reprises jusqu'à laisser, par le vide, la marque de sa respiration. Dans l'empreinte, le corps et le souffle de l'artiste ont la même présence, le même poids, c'est la trace physique de l'être dans sa relation directe à l'environnement qui se révèle au regard. Cette plongée littérale dans la nature végétale affirme un retour à l'essentiel par la connexion du corps. Le caractère temporaire de l'œuvre souligne l'intérêt que Giuseppe Penone attache à redéfinir les dogmes de la sculpture. Plus largement, à travers l'éphémère, l'artiste active la question du devenir, du temps. Il confronte la volatilité de l'œuvre à l'éternité du cycle naturel et crée ainsi une beauté transitoire qui dit aussi, face à l'infini, une idée du sublime.— G.M.

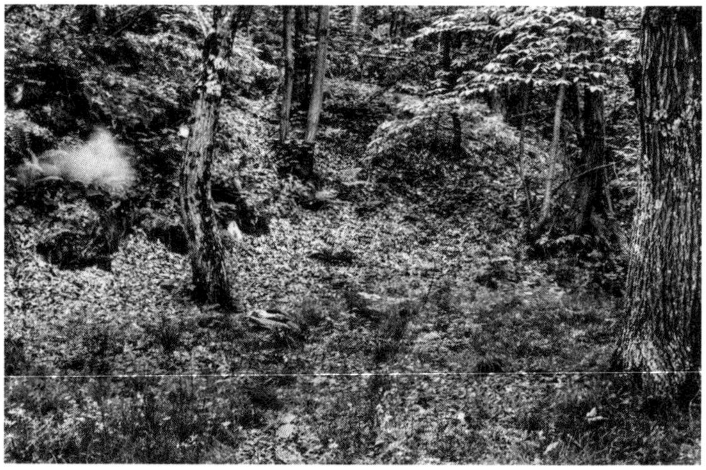

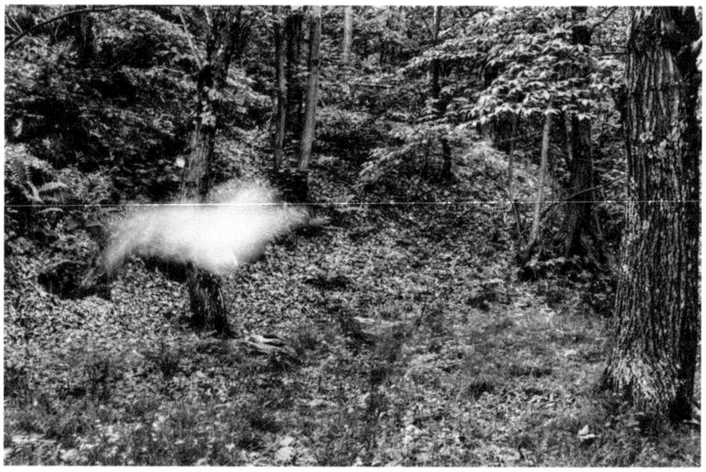

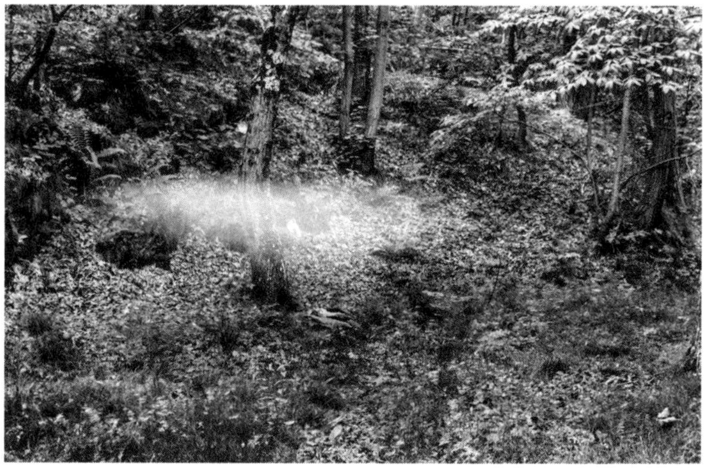

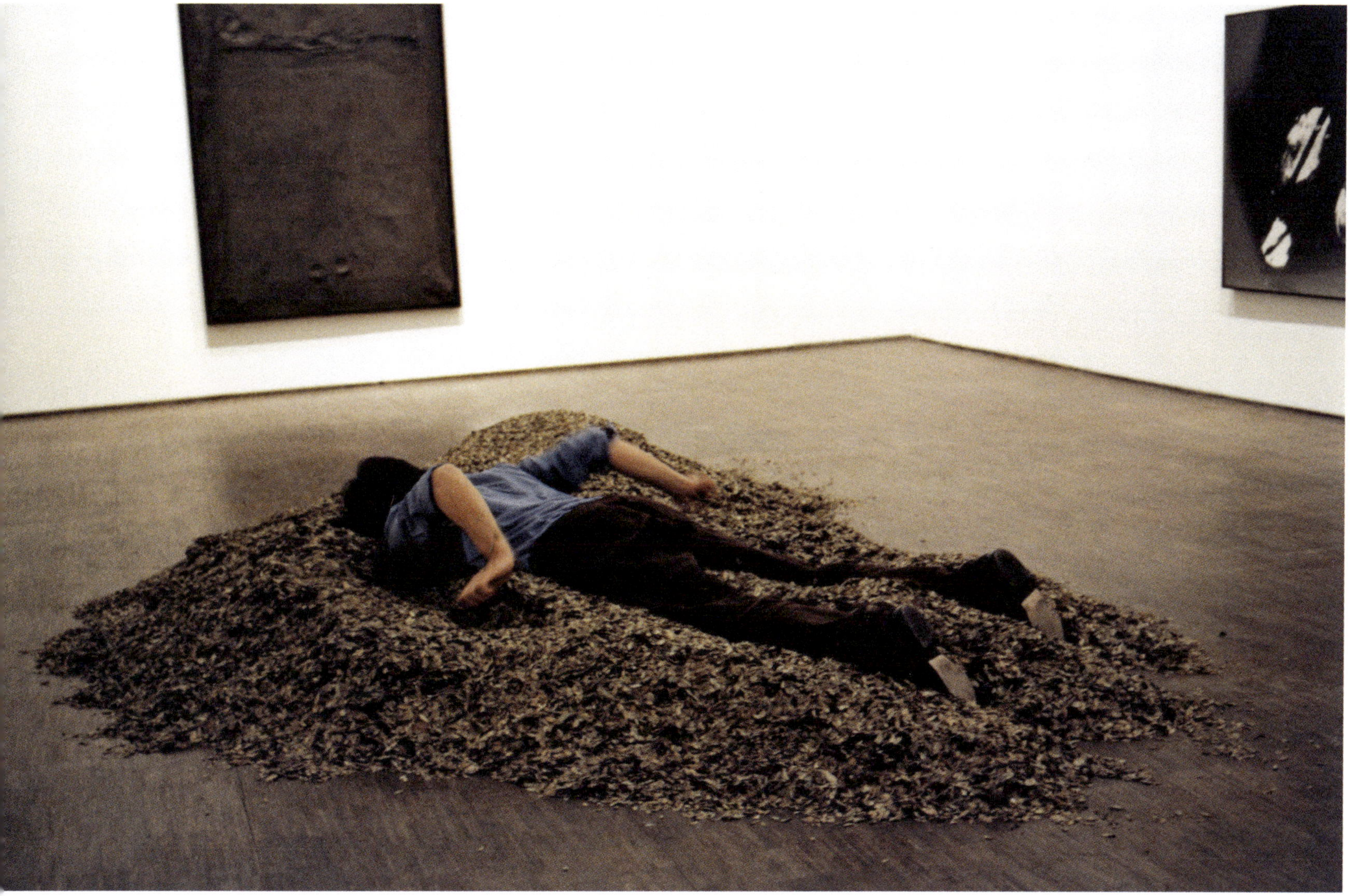

GIUSEPPE PENONE
***Soffio di foglie*, 1979**
Vue de la réalisation pour l'exposition «L'empreinte», Centre Pompidou, Musée national d'art moderne, Paris, 1997
Feuilles de buis, installation *in situ*, dimensions variables
Collection particulière

GIUSEPPE PENONE
***Soffi*, 1975**
3/19 épreuves gélatino-argentiques virées au sélénium sur papier baryté, 37,7 × 50,3 cm chacune
Courtesy l'artiste
Œuvre non exposée

glossaire

ANTHROPOCÈNE

→ Population décuplée en trois siècles et disséminée en tout point du globe, élevage industrialisé et abattage annuel de dizaines de milliards d'animaux, transformation irréversible de plus du tiers des terres émergées, destruction de la majorité des zones humides côtières, utilisation de la moitié de l'eau douce accessible à l'échelle planétaire, rythme d'extinction des espèces des forêts tropicales humides décuplé, déprédation de plus du quart des ressources halieutiques, épuisement en quelques générations d'énergies fossiles stockées au fil de centaines de millions d'années, climat affecté pour des dizaines, voire des centaines de milliers d'années par les émissions atmosphériques, multiplication des substances chimiques et toxiques dans l'environnement… Litanie qui n'est qu'un aperçu de l'emprise toujours croissante des activités humaines sur le système Terre, et dont l'ampleur et l'universalité sont aujourd'hui telles que l'humanité constitue désormais une force géologique et écologique à part entière. Elle s'est arrogé un pouvoir d'ordre tellurique qui, s'il ne signe pas – encore ? – la fin du monde, entérine celle de l'époque géologique post-glaciaire entamée il y a quelque 11 500 ans, l'holocène. *Anthropocène*. Au début des années 2000, le néologisme par lequel le chimiste de l'atmosphère et prix Nobel Paul Crutzen assène l'avènement à la fin XVIIIe siècle, à la faveur de l'invention de la machine à vapeur par James Watt (1769), de ce nouvel âge de la Terre sous l'empire du genre humain. Dorénavant, l'Anthropos de l'anthropocène est confronté aux limites de Gaïa, et requis d'apprendre à « être » non plus « dans la nature », mais « de cette terre », une *Terra incognita*… — A.D.

APOCALYPSE

→ L'apocalypse est aujourd'hui synonyme de fin du monde ou du moins de catastrophe gigantesque. Initialement, les récits d'apocalypse, genre littéraire en vogue autour du début de l'ère chrétienne, se définissaient comme le *dévoilement* ou, dans un sens théologique, comme la *révélation* (ἀποκάλυψις en grec ancien) du destin du monde par-delà les illusions de la réalité. Sous l'influence de la célèbre Apocalypse de Jean, qui clôt le Nouveau Testament, ce sont les préoccupations eschatologiques (relatives aux derniers temps du monde) et sotériologiques (relatives au salut des âmes) qui ont profondément marqué la signification du terme apocalypse. Il existe aussi des visions positives de l'apocalypse, dites millénaristes, qui annoncent le retour du Messie sur terre avant le Jugement dernier. Avec le progrès des sciences et des techniques, la notion d'apocalypse s'est sécularisée pour désigner la catastrophe ultime qui mettra fin à la civilisation, voire à toute vie terrestre sous l'effet de forces effroyables. Les risques d'apocalypse les plus communément représentés dans la littérature et le cinéma de genre vont de la chute d'astéroïde géant (*Armageddon*) et d'invasion extraterrestre (*Mars Attack*) à des causes technologiques comme la révolte des machines (*Terminator*) ou biotechnologiques (*Contagion*). Les désordres écologiques ne sont pas en reste avec le réchauffement climatique (*Le Jour d'après*) et surtout les catastrophes et guerres nucléaires. Ainsi, depuis 1947 une « horloge de l'apocalypse » mise à jour par des scientifiques atomistes nous indique notre proximité supposée avec la fin du monde représentée par minuit. Fin 2015, elle était réglée à 23 h 57. — J.D.

BIOSPHÈRE

→ Tous les êtres vivants qui peuplent la Terre sont irrévocablement liés entre eux et avec leur environnement, en un entrelacs d'interactions et d'interdépendances dont l'intrication porte un nom : la biosphère. Concept élaboré par un minéralogiste russe, élève de Mendeleïev et pionnier de la biogéochimie dans les années 1920, Vladimir Ivanovitch Vernadsky, la biosphère est ce mécanisme qui unifie toute la vie, toute la matière vivante – également appelée biomasse ou biote – en un ensemble indivisible indissociable des trois autres composantes du métabolisme global du système terrestre, la lithosphère, l'hydrosphère et l'atmosphère. Nouant ensemble géologie, biologie, physique, Vernadsky opère ainsi pour l'espace ce que la théorie darwinienne de l'évolution a fait pour le temps : considérée du point de vue global biosphérique, l'évolution des espèces vivantes au cours des temps géologiques, c'est-à-dire « la diffusion de la matière vivante à la surface de la terre [...] est un mouvement inévitable, déterminé par les nouveaux organismes provenant de la multiplication, qui occupent des places nouvelles dans la biosphère », étendant sans cesse le domaine de la vie en même temps qu'ils créent complexité et néguentropie là où, sans la vie, il n'y aurait que de l'entropie. Si elle ne connaît pas un succès immédiat et fait aujourd'hui encore l'objet de diverses perspectives théoriques et intentions philosophiques, la notion de biosphère n'en joue pas moins un rôle déterminant dans l'émergence de concepts essentiels à la compréhension du fonctionnement de notre planète : elle prélude aussi bien à la science des écosystèmes qu'au système écologique global de l'hypothèse Gaïa – la Terre comme être vivant. — A.D.

BOMBE P

→ Un milliard vers 1800, 2 milliards en 1930, 4 milliards en 1975, 7 milliards aujourd'hui, 9 milliards en 2050…

Telle une cellule cancéreuse, l'espèce humaine prolifère et menace l'organisme qui l'héberge, la Terre. Telle est la thèse du best-seller publié en 1968 par Paul Ehrlich, *La Bombe P*, la bombe population, qui relègue la bombe atomique au rang de moindre apocalypse décrite par Einstein comme « la plus faible des trois explosions auxquelles l'humanité sera nécessairement confrontée ». Car « l'humanité va bientôt assister à l'explosion de la vie qui apportera plus de bouleversements que celle de la matière ».
Certes nombre des prévisions d'Ehrlich se sont révélées erronées, à l'instar de celles de Malthus lui-même et de ses épigones. Pourtant, *La Bombe P* a fait date, non seulement en raison de son influence sur le mouvement écologiste naissant de la fin des années 1960, mais surtout par la démonstration qu'aux côtés de la population, les facteurs modes de vie et technologies surdéterminent l'empreinte écologique de l'homme.
Quelques décennies plus tard, le « consensus néo-malthusien » de la seconde moitié du XXe siècle semble avoir cédé le pas à l'enthousiasme nataliste, érigeant la bombe P en repoussoir liberticide. En dépit de l'impact écologique croissant des activités humaines, la question démographique se voit désormais éludée. La bombe P aurait-elle été désamorcée par la transition démographique ? Ou, au contraire, a-t-elle d'ores et déjà explosé ? — A.D.

CATASTROPHE

→ La catastrophe dans son acception la plus neutre désigne un événement soudain qui perturbe le cours des choses. Ainsi doit-on comprendre le terme en mathématiques lorsqu'on parle de « théorie des catastrophes », lesquelles désignent des phénomènes discontinus à l'aide de modèles mathématiques continus. Les catastrophes désignent pourtant la plupart du temps des désastres d'ampleur majeure que l'on se plaît à classer selon leur origine : naturelle ou humaine (à l'exception des causes divines). Or, depuis Rousseau qui a fait remarquer en 1756 à propos du séisme de Lisbonne que « la nature n'avait point rassemblé là vingt mille maisons de six à sept étages », les catastrophes dites naturelles comportent toutes des facteurs de vulnérabilité humains. Quant aux catastrophes écologiques, elles découlent en plus de l'impéritie humaine dans son rapport à l'environnement. Et comme elles n'ont jamais été aussi nombreuses, qu'il s'agisse d'événements climatiques extrêmes, de pollutions ou d'extinctions de masse, Isabelle Stengers en déduit que nous vivons *Au temps des catastrophes*. Si notre destin est la catastrophe, le catastrophisme – le fait de prévoir le pire pour pouvoir l'éviter – ne fait même plus recette ; au contraire de la catastrophe qui, sujet du sublime par excellence, ne cesse de fasciner. N'est-ce pas le film d'une catastrophe inéluctable et sans suspens, *Titanic*, qui a rassemblé le plus de spectateurs dans l'histoire ? Quand, pour paraphraser Voltaire, l'humanité fataliste dit que « tout va au plus mal, dans le pire des mondes possibles », l'amour de la catastrophe reste sa dernière consolation. — J.D.

CATASTROPHISME

→ « Catastrophe » vient du terme grec *katastrophê* (« renversement ») issu de la racine indo-européenne *streph-* (« tourner »). À la fois spatial et temporel, le préfixe *kata-* signifie « vers le bas » et « jusqu'au bout ». Exprimant principalement la destruction, la catastrophe implique aussi l'action de renverser, de soumettre et d'achever.
Au début du XIXe siècle, elle fait l'objet d'une théorie spécifique baptisée « catastrophisme » : Georges Cuvier, fondateur de la paléontologie des vertébrés et de la géologie stratigraphique, postule l'hypothèse d'extinctions successives d'espèces par de grands cataclysmes périodiques. Cette théorie prolonge les études du naturaliste allemand Johann Friedrich Blumenbach sur les fossiles, la « géogénie » (formation de la Terre) et la succession des cataclysmes, tout en participant de l'imaginaire catastrophiste du romantisme et des « mondes en ruines » d'après l'Empire. Cuvier énonce ses positions dans ses *Recherches sur les ossements fossiles de quadrupèdes* (1812) et dans son *Discours sur les révolutions de la surface du globe* (1825). À partir de l'observation des fossiles et de leur distribution stratigraphique, il décrit une histoire rythmée par des ruptures brutales qui ont fait se succéder les êtres marins, les mollusques et les vertébrés, puis les amphibiens, les reptiles et les mammifères, et enfin, l'homme. La nature et l'origine de ces grands cataclysmes restent à l'époque de Cuvier à l'état de conjectures : variations climatique, raz-de-marée ou refroidissements soudains ? — H.M.

CATASTROPHISME TECHNOLOGIQUE

→ Théorie décrite dans *La Fin du monde par la science*, petit ouvrage rédigé par Eugène Huzar, peu avant que n'ouvre à Paris l'Exposition universelle de 1855. Face à l'émergence d'une société technoscientifique, cet avocat méconnu reproche à la science d'être « imprescient », aveuglée par le progrès immédiat aux dépens des conséquences lointaines de ses productions techniques. « Le décalage entre les capacités techniques et les capacités de prévision sera la cause de l'apocalypse. » L'auteur préconise la création d'une nouvelle science des risques ainsi que l'établissement d'une « édilité planétaire* ». « Technocratie saint-simonienne supranationale » selon l'historien Jean-Baptiste Fressoz, l'utopie huzarienne repose sur une conception cyclique de l'Histoire : « La catastrophe est certaine car elle a déjà eu lieu, la mémoire antéhistorique est une mémoire de l'avenir**. » Les ruines relèvent ainsi chez Huzar d'une archéologie du futur. Ce catastrophisme technologique émerge au moment où culmine justement la poétique des ruines et où naît la littérature d'anticipation, mais aussi lorsque apparaissent les premières controverses « environnementales » : quelles conséquences auront sur la Terre et l'homme la déforestation, la vaccination, l'industrie chimique, les chemins de fer ? — H.M.

* Jean-Baptiste Fressoz, « Eugène Huzar et l'invention du catastrophisme technologique », *Romantisme*, 2014/4, n° 150, p. 98.
** *Ibid.*, p. 100.

CHANGEMENT CLIMATIQUE

→ « Pour comprendre la réalité du réchauffement, il faut avoir de l'eau dans son salon. À Manhattan, on réalisera tout cela un peu plus tard parce qu'ils sont derrière des digues. Mais un jour, à New York, ils verront de l'eau dans leur salon et ils se diront : “Tiens, le changement climatique est une réalité !” Chez nous, aux Maldives, l'eau est déjà dans la maison. » Une déclaration prémonitoire de l'ancien président des Maldives Mohamed Nasheed : quelques jours plus tard, l'ouragan Sandy submergeait Manhattan sous plusieurs mètres d'eau… Réduction drastique de la banquise arctique et des calottes glaciaires groenlandaises, fonte du pergélisol, recul des glaciers, effets géophysiques et sismiques, modification des précipitations, bouleversements de la répartition des espèces animales et végétales, dégradation des écosystèmes, multiplication des événements climatiques extrêmes (vagues de chaleur, inondations, tempêtes et ouragans, etc.)…, l'irrésistible accélération et la généralisation de ces phénomènes ont éteint les controverses sur la réalité et l'imputabilité du changement climatique. Son origine anthropique s'avère indubitable, ses conséquences implacables : à la surface de la terre, nul ne sera épargné. « Coopère ou échoue. » Tel est l'impératif cosmopolitique qui selon Ulrich Beck s'impose désormais à l'humanité face à ce risque planétaire : si la température de la planète augmente de 2 °C d'ici la fin du siècle, les conséquences seront irréversibles et non maîtrisables. Ce qui empêche alors l'anticipation au présent de ces catastrophes futures ? Un simple fait : « Nous ne croyons pas ce que nous savons*. » — A.D.

* Jean-Pierre Dupuy, *Pour un catastrophisme éclairé*, Paris, Seuil, « Points Essais », 2004.

CLUB DE ROME

→ Pour être célèbre, le Club de Rome n'en est pas moins méconnu, y compris comme instigateur des concepts de développement durable ou d'empreinte écologique. Créé au printemps 1968 à Rome – d'où son nom – à l'initiative d'Aurelio Peccei, résistant au fascisme, économiste et industriel humaniste, et d'une poignée de scientifiques, industriels et fonctionnaires internationaux (OCDE), ce groupe de réflexion n'était sans doute pas prédestiné à une telle renommée eu égard à son but : encourager les gouvernements occidentaux à considérer les enjeux socio-économiques et écologiques qui engagent l'avenir de l'humanité. Réalisé par des chercheurs du MIT, le premier rapport publié en 1972 par le Club de Rome, *The Limits to Growth* (*Halte à la croissance : Rapport sur les limites de la croissance*) propulse le Club sur le devant de la scène. Rebaptisé du nom de ses principaux auteurs, le « rapport Meadows » est un phénomène planétaire (12 millions d'exemplaires). Un véritable big bang, tant par son contenu que par les lectures partielles et partiales qui en sont faites. Au cœur du rapport, « World3 », première simulation informatique de scénarios d'évolution du monde compte tenu des interactions entre population, croissance industrielle, production de nourriture et limites des écosystèmes terrestres. Et World3 prouve que l'effondrement est inéluctable si rien n'est fait pour substituer un équilibre à la croissance démographique et industrielle. Des conclusions qui s'attirent des critiques virulentes, parfois infondées – la croissance zéro ou la décroissance sont absentes du rapport –, et contribuent à en faire une référence incontournable qui fait entrer le Club de Rome dans l'Histoire. — A.D.

CONTE D'AVERTISSEMENT

→ La littérature fantastique, la science-fiction et la *fantasy* regorgent de fables morales édifiantes, et parfois manichéennes, où le mal et le bien se disputent l'exploitation et la protection de la nature. La science-fiction post-apocalyptique imagine des pénuries futures, des éclatements de violence et des extinctions désolantes, comme dans les récits de J. G. Ballard, de Frank Herbert ou plus récemment dans *La Route* (2006) de Cormac McCarthy. Parallèlement, des forces merveilleuses persistent dans une veine mythologique et folklorique à la Tolkien. Dans les films d'animation de Hayao Miyazaki notamment, les esprits de la nature font preuve d'une résistance parfois violente. Dans *Nausicaä de la vallée du vent* une forêt gardée par des insectes mutants retraite la pollution de l'ancien monde en émettant des spores mortelles. Dans

Princesse Mononoké, les esprits de la forêt entrent en guerre contre les humains qui la détruisent. Nimbées de forces surnaturelles, ces histoires de fées, d'elfes et d'esprits combattent un même ennemi, transposé dans des temps médiévaux : le capitalisme industriel. C'est également lui que critique William Morris, fondateur de la Confrérie préraphaélite et socialiste révolutionnaire, dans son roman *Nouvelles de nulle part* (1890), où Londres est devenu en 2102 un jardin fertile, sans argent ni travail. Il s'agirait là d'un « conte d'incitation » plutôt que d'avertissement, mais l'utopie et la dystopie sont toujours les deux faces d'un même présent insatisfaisant. — H.M.

CONTRAT NATUREL

→ *Les arbres peuvent-ils agir en justice ?* C'est par cette question de prime abord loufoque qu'un juriste, Christopher Stone, va contribuer de manière décisive à l'émergence du droit de l'environnement dans les années 1970. L'argument est imparable : donner une existence juridique aux entités naturelles s'inscrirait dans le processus historique d'extension des droits légaux, aux prisonniers, aux femmes, aux fous, aux Noirs, aux fœtus et aux Indiens... Concevoir la nature comme un collectif sujet de droit, au même titre que les humains, apparaît alors comme une issue logique ; au contrat exclusivement social il est désormais nécessaire d'adjoindre un « contrat naturel de symbiose et de réciprocité » – telle est la thèse de Michel Serres. Un contrat avec la nature... oui, mais en quelle langue, avec quels signataires ? Et pourquoi pas un arbre stylo à la main ! Mais, souligne Michel Serres, « après tout, le vieux contrat social, aussi, restait non écrit : nul n'en a jamais lu l'original ni même une copie ! [...] En fait, la Terre nous parle en termes de forces, de liens et d'interactions, et cela suffit à faire un contrat ». Une question clé demeure cependant en suspens : la légalité peut-elle suffire ? Ne faut-il pas plutôt considérer, avec Peter Sloterdijk, la primauté de l'esthétique sur le juridique : « Aussi longtemps que les gens ne seront pas conscients de leur contrat poétique envers le monde, aussi longtemps qu'ils n'auront pas accompli le partage poétique de l'indivisible, il sera vain de vouloir les lier aux formes légales des contrats sociaux. » — A.D.

DARK TOURISM

→ La catastrophe et le morbide, qui ont toujours fasciné l'homme, font désormais l'objet d'enjeux économiques et culturels à travers le développement du *dark tourism*, terme anglais désignant le tourisme macabre. Théorisé par John Lennon et Malcolm Foley dans l'ouvrage *Dark Tourism – The Attraction of Death and Disaster* publié en 2000, le tourisme noir consiste à visiter des sites marqués par des événements traumatiques tels que guerres, génocides, désastres nucléaires ou catastrophes naturelles. Le concept d'hétérotopie imaginé par Michel Foucault – un espace autre, support d'un imaginaire où le temps se serait arrêté – participe à sa définition. L'industrie touristique s'est emparée de cette manne en développant des stratégies marketing autour de produits dérivés commémoratifs et de visites guidées des sites sinistrés. Dérive du tourisme culturel, cette exploitation de la détresse humaine révèle une curiosité malsaine du public. Néanmoins, d'autres motivations, comme l'intérêt pour l'Histoire ou le devoir de mémoire, peuvent également être invoquées. Au-delà de l'impact touristique, ces tours contribuent à la patrimonialisation des espaces dévastés. La construction de cette mémoire en creux, qui érige certains symboles, laisse dans l'ombre des zones tout aussi affectées. La ville de La Nouvelle-Orléans ravagée par l'ouragan Katrina en 2005 ou encore les zones contaminées par l'accident nucléaire à Tchernobyl en 1986 font partie des sites de tourisme noir les plus emblématiques. — A.H.

DEEP ECOLOGY

→ « Le mouvement d'émergence des écologistes hors de leur relative obscurité initiale constitue un tournant pour nos communautés scientifiques. Mais leur message est déformé et utilisé à mauvais escient. Un mouvement d'écologie superficielle, qui est en fait actuellement des plus puissants, et un mouvement d'écologie profonde, qui est bien moins influent, luttent l'un contre l'autre pour retenir notre attention. » Plus de trente ans après, la distinction posée par Arne Næss n'a rien perdu de son acuité, entre d'un côté une « écologie superficielle » (*shallow ecology*) anthropocentrée et cantonnée à la lutte contre l'épuisement des ressources et la pollution dans les pays riches, et de l'autre une « écologie profonde » (*deep ecology*) biocentrée qui « explore les racines des problèmes écologiques dans la structure des sociétés et des cultures du monde entier ».
Renversant les paradigmes dominants des grandes sociétés industrielles, la *deep ecology* s'articule en effet autour de ce principe fondamental : « L'épanouissement de la vie humaine et non humaine sur Terre a une valeur intrinsèque. » En découlent huit préceptes de base de l'*écosophie*, philosophie pratique qui place l'éthique environnementale au cœur de toutes nos actions, puisque « nous sommes une partie tout aussi intime de l'écosphère que nous le sommes de notre propre société ». Une proposition radicale à l'origine d'une véritable mise au pilori de la *deep ecology*, agrémentée d'accusations de fascisme vert, malthusianisme, anti-humanisme ou encore éco-centrisme qui participent pour une large part de sa persistante marginalisation. — A.D.

DÉLUGE

→ Dans le récit de la Genèse, il est dit que Dieu, mécontent de l'impiété des humains, décida d'en faire disparaître la race, et pour cela provoqua un déluge qui noya intégralement la Terre. Mais avant de déclencher cette inondation qui dura quarante jours et quarante nuits, il ordonna à Noé, le plus juste des hommes, de construire une arche et d'y faire entrer un couple de chaque espèce animale pour les sauver de l'annihilation. Ce terrible châtiment rappelle la toute-puissance divine et symbolise le lavage des péchés du monde et sa réjuvénation par l'eau purificatrice. En effet, les récits de déluge sont extrêmement répandus dans les mythologies antiques d'Orient et d'Occident comme en témoignent les plus anciens textes mésopotamiens (*L'Épopée de Gilgamesh*). Auraient-ils pour origine un événement réel ? Nombre d'archéologues et de géologues spéculent sur l'inondation soudaine de l'actuelle mer Noire par les eaux de la Méditerranée il y a 7500 ans environ. Par ailleurs, l'épisode du Déluge institue Noé et sa descendance en sauveurs de la Création, thème récemment développé par la pensée écologique qui fait des réserves naturelles et des zoos les arches du XXIe siècle pour les espèces menacées de disparition. Les scènes de Déluge dans la peinture (Poussin, Turner, Comerre) poussent la représentation du sublime à son paroxysme, au point d'être aujourd'hui reprises et détournées par la photographie (David LaChapelle), et le cinéma (*Noé* de Darren Aronofsky). — J.D.

ÉCOCIDE

→ Été 2011. Les milliers d'îles – *Aral* en kazakh – qui ont donné son nom à cet immense lac salé, d'un bleu intense, sont noyées dans le désert. La Grande Aral, lobe méridional de ce qui fut la quatrième étendue lacustre du monde, est asséchée. Une catastrophe écologique ? Oui, mais pas seulement. Un crime contre l'environnement ? Oui, aussi, sans nul doute, puisque l'assèchement d'Aral fut planifié par les bolcheviques dès 1917 : le « génocide » programmé et pleinement réalisé d'un biotope. Aral est devenue le symbole de l'écocide, cette destruction systématique et totale d'un écosystème – intentionnelle ou non –, qui, s'il est débattu depuis 1947 au sein de diverses instances juridiques internationales (Commission du droit international chargé de l'élaboration du Code des crimes contre la paix et la sécurité de l'humanité, Convention sur le génocide de 1948, etc.), n'a toujours pas été élevé à la dignité de crime à part entière, reconnu par la loi des hommes.

Aral émeut la planète entière depuis plus de vingt ans ; et tant d'autres écocides sont passés sous silence… Parce que trop lointains, trop méconnus, trop peu spectaculaires… bref, trop invisibles et destinés à le rester. Pourtant, les initiatives visant à criminaliser l'écocide sont récurrentes : *End Ecocide* en Europe, tribunaux sur le climat d'Oxfam, « tribunaux pour les crimes contre la nature et le futur de l'humanité » lancés à la suite du sommet de Rio de 2012. Las, l'écocide demeure sans doute *le* grand crime de masse encore impuni. Pour combien de temps ? — A.D.

ÉCOLOGIE

→ L'écologie naît en 1866 sous les auspices de la science et de l'art, sous la plume du biologiste et philosophe allemand Ernst Haeckel, auteur de plusieurs milliers de planches à la fois splendides et surprenantes rassemblées dans ses *Kunstformen der Natur* (réédité il y a peu). Si l'origine du terme « œcologie » n'est pas contestée, la paternité de cette discipline scientifique demeure controversée, et le plus souvent soustraite des mains si habiles du darwinien Haeckel. Or, en la définissant comme « science de l'économie de la nature », une « nature-totalité » tissée des interrelations, interdépendances et adaptations hautement complexes, il dresse les bases de la science écologique à venir.

Il faudra plus d'un demi-siècle pour que l'écologie soit constituée en discipline à part entière, *via* les travaux pionniers d'Eugene P. Odum. Ses *Fondamentaux de l'écologie* posent en 1953 les notions clés de l'écologie comme science des écosystèmes, selon une approche holiste qui prend directement appui sur l'étymologie du mot écologie, οἶκος (la maison) et λόγος (discours, raison) : « L'écologie est littéralement l'étude des "choses domestiques", du "ménage" de cette grande maison qu'est la planète Terre, ce "ménage" incluant les plantes, les animaux, les micro-organismes et les humains qui y vivent ensemble, comme autant de composantes interdépendantes. » « Père de l'écologie moderne », devenu l'un des écologistes les plus populaires au monde à la faveur de la première journée de la Terre en 1970, Odum illustre aussi la spécificité de cette nouvelle science de « l'étude de la structure et de la fonction de la nature » : elle est indissociable de l'environnementalisme. — A.D.

ÉCONOMIE ÉCOLOGISTE

→ « Les primevères et les paysages ont un déficit grave : ils sont gratuits. L'amour de la nature ne fournit de travail à nulle usine. » Prenant au pied de la lettre cette formule de l'auteur du *Meilleur des mondes*, quelques économistes vont, dans les années 1990, tenter de calculer la valeur des services rendus à l'humanité par les écosystèmes terrestres. Robert Costanza les évalue ainsi à 30 000 milliards de dollars par an *a minima*, tandis que la valeur du capital naturel se voit attribuer un montant supérieur au PIB annuel mondial.

Ce faisant, les économistes de l'écologie entendent reconnaître, « en envisageant la nature, la biosphère et la Terre sous forme de capitaux [...], la contribution, souvent ignorée, de ces éléments à l'économie ». Une approche qui connaît une fortune sans précédent en 2006 avec le Rapport Stern sur le coût du changement climatique (5,5 trillions d'euros), qui conclut sur la nécessité d'y consacrer au moins 1 % du PIB mondial. Au-delà de ses vertus pédagogiques, cette version de l'économie écologique s'enracine dans un système économique perçu par certains comme antinomique avec l'écologie. D'autres approches se font ainsi plus radicales et alternatives, préconisant transformation des modes de vie, décroissance et sortie du capitalisme – tel André Gorz, pour qui « envisager une autre économie, d'autres rapports sociaux, d'autres modes et moyens de production et modes de vie passe pour "irréaliste", comme si la société de la marchandise, du salariat et de l'argent était indépassable. En réalité [...] les chances d'une sortie civilisée du capitalisme dépendent avant tout de notre capacité à distinguer les tendances et les pratiques qui en annoncent la possibilité ». — A.D.

ÉCOSOPHIE

→ C'est à l'aune de la *deep ecology* que se fait jour, sous la plume du « sage de Tvergastein », Arne Næss, la possibilité d'une *écosophie* conçue comme code personnel de valeurs, comme vision du monde qui guide nos propres décisions, nos manières d'aborder les « situations pratiques dans lesquelles nous sommes impliqués » au regard des « problèmes qui concernent la nature et nous-mêmes ».
À chacun donc de développer sa propre écosophie, telle l'« écosophie T » (T pour Tvergastein) de Næss, une philosophie personnelle et empirique, à rebours des diktats professés par des systèmes philosophiques souvent trop absolutistes.
Une approche écosophique du drame écologique reprise quelques décennies plus tard par Félix Guattari et érigée en instance de « recomposition des praxis humaines dans les domaines les plus variés ». Car il s'agit bien d'un grand retournement, qui engage la conception même de la subjectivité individuelle et collective et, dans le même mouvement, de l'ensemble des pratiques sociales et individuelles que Guattari « range dans trois rubriques complémentaires : l'écologie sociale, l'écologie mentale et l'écologie environnementale, et sous l'égide éthico-esthétique d'une écosophie ».
Élargissant la philosophie personnelle de Næss, cette « écosophie d'un type nouveau, à la fois pratique et spéculative, éthico-politique et esthétique [lui] paraît devoir remplacer les anciennes formes d'engagement religieux, politique, associatif ».
Une promesse de reconquête d'autonomie créatrice bien difficile à tenir... — A.D.

ÉCOSYSTÈME

→ « Quand les abeilles disparaîtront, les hommes n'auront plus que quatre ans à vivre. » Si cette sentence d'Einstein n'a rien d'un énoncé scientifique, elle illustre en revanche avec force la fragilité des écosystèmes. La disparition d'une espèce, si menue soit-elle, peut en effet occasionner des bouleversements majeurs au sein des écosystèmes, ce dont témoignent avec une acuité particulière les abeilles, ces insectes pollinisateurs essentiels à la reproduction des plantes à fleurs.
C'est en 1935 que le botaniste anglais Arthur George Tansley formule le concept d'écosystème – contraction d'*ecological system* – pour décrire « le système physique unique » né de la totale interdépendance et des échanges constants non seulement entre les êtres vivants (biocénose), mais aussi avec leur milieu inorganique propre (ou biotope). Pour Tansley, « les systèmes ainsi formés sont du point de vue de l'écologiste les *unités de base* de la nature à la surface de la Terre ». Unité fondamentale de la nature, l'écosystème est perpétuellement en équilibre instable, à même d'évoluer et de s'adapter au contexte biotique et abiotique, mais aussi, sous la pression de transformations brutales, d'atteindre un point de non-retour ou « transition catastrophique ». Logiquement l'écosystème s'est imposé comme clé de voûte de l'écologie, qui permet à la fois d'appréhender l'écosystème Terre et des milieux aussi hétérogènes qu'une petite mare temporaire de quelques mètres carrés, une forêt tropicale de plusieurs milliers d'hectares, une steppe désertique ou un récif corallien. — A.D.

EFFET PAPILLON ET THÉORIE DU CHAOS

→ L'« effet papillon » est l'une des illustrations les plus célèbres de la sensibilité aux conditions initiales des systèmes chaotiques. L'expression revient au météorologue américain Edward Lorenz qui s'interrogeait en 1972 : « Le battement des ailes d'un papillon au Brésil peut-il déclencher une tornade au Texas ? » Sa réponse était en réalité très sceptique : les innombrables battements d'ailes des autres papillons peuvent aussi empêcher cette tornade. La véritable morale de cette fable était de montrer la très forte non-linéarité des résultats des modèles météorologiques malgré leur nature déterministe, lorsqu'une même cause produit toujours les mêmes effets en théorie. Mais en pratique, une infime et inévitable variation des conditions initiales peut conduire à des effets radicalement différents. Cela combiné à l'autre grande caractéristique des systèmes chaotiques, leur forte récurrence, induit que leur dynamique devient totalement imprévisible après un certain temps, ce qui est le cas en météorologie. Les résultats convergent toutefois vers un ensemble ou espace qu'on nomme « attracteur » qui aide à visualiser et comprendre les propriétés du système chaotique. Finalement, le chaos n'est pas si « chaotique » qu'on pourrait le supposer : ce n'est ni l'aléatoire, ni le désordre absolu. On retrouve les systèmes chaotiques dans nombre de domaines qui vont de l'astronomie à la finance, de la biologie des populations à la physique des plasmas.— J.D.

ENTROPIE

→ Signifiant littéralement « action de se retourner », le terme « entropie » est créé par le physicien allemand R. Clausius en 1865 pour désigner la déperdition d'énergie irréversible qui intervient dans un système clos, en l'occurrence dans un système mécanique où se joue une perte de chaleur. Un siècle plus tard, ce concept rencontre de nouvelles applications, notamment dans les champs de l'économie, de la cybernétique et de l'art. Inspirateur d'une pensée de la décroissance, l'économiste américain Nicholas Georgescu-Roegen décrit dans *The Entropy Law and the Economic Process* (1971) une économie elle aussi soumise aux lois physiques de l'entropie et de la biologie, contrevenant aux calculs habituels purement mécaniques. Le monde est un système clos aux ressources limitées, où l'énergie s'évapore plus vite qu'elle ne se produit. Fasciné par cette « fuite d'énergie » irréversible, l'artiste américain Robert Smithson en fera le processus fondateur de sa pensée, multipliant les images pour illustrer le phénomène : jamais la coquille de l'œuf Humpty Dumpty tombé de son mur ne pourra être recollée. Après le premier choc pétrolier de 1973 et face aux déchets croissants de la société de consommation, l'artiste conclut que « toute la crise d'énergie est une forme d'entropie ». Hanté par la ruine, la fuite et la dispersion, la rupture et l'érosion, il ne croit pas aux cycles, ni aux recyclages. La spirale ouverte et ascendante (ou descendante) sera d'ailleurs un motif récurrent dans son œuvre.— H.M.

ENVIRONNE-MENTALISME

→ *Printemps silencieux* de Rachel Carson fait en 1962 l'effet d'une bombe : en dévoilant les effets des pollutions massives par le DDT, cet ouvrage constitue l'un des actes fondateurs des mouvements écologistes. Préserver la nature de l'action humaine en prônant le respect et la restauration de l'environnement : c'est l'enjeu autour duquel se constitue à partir des années 1960-1970 une nébuleuse très réactive, détachée des forces politiques traditionnelles et critiques de la civilisation industrielle. Les écologistes intègrent ensuite progressivement le champ partisan, entériné par leur participation à des gouvernements dans les années 1990.
Pour autant, l'existence même des partis écologistes et de l'écologie comme courant politique à part entière ne cesse d'être remise en question : l'écologie serait une préoccupation commune et non le fondement d'une politique – fréquemment dénoncée comme *diktat* vert. L'environnementalisme souffre en effet encore de l'illusoire – et tenace – séparation entre science et politique, entre l'écologie scientifique d'un côté et l'écologie politique de l'autre, deux écologies dont il s'agirait de préserver scrupuleusement le cloisonnement.
Écologisme ou environnementalisme, peu importe au final : comme tout substantif en *-isme*, ils se conçoivent comme le prolongement philosophico-politique du « vrai » – en l'occurrence la vérité énoncée par la science écologique, corpus d'idées scientifiques dont ils constitueraient l'extension *idéologique*. Or, dès ses origines, l'écologie scientifique a nourri l'environnementalisme, érigeant peu à peu l'écologie en pensée politique à part entière.— A.D.

EXTINCTION

→ L'extinction désigne la disparition complète d'une espèce ou d'un taxon biologique. Au cours de l'histoire du vivant, le processus d'évolution n'a cessé de créer de nouvelles formes (par spéciation), mais du fait de la sélection naturelle et des effets du hasard, des espèces s'éteignent en permanence lorsqu'elles ne sont plus adaptées aux conditions du milieu ou qu'elles subissent la concurrence d'autres espèces. Au cours des temps géologiques, les taux d'extinction sont restés très bas, ponctués occasionnellement par des épisodes d'extinctions de masse provoqués par des phénomènes tectoniques, volcaniques ou la chute d'astéroïdes (comme il y a 65 millions d'années pour la disparition des « dinosaures » – disparition partielle en réalité car les oiseaux actuels sont des dinosaures théropodes). Seul l'homme peut se targuer de posséder un impact écologique aussi redoutable car il est à l'origine de ce qu'on nomme la sixième extinction de masse. Les chiffres sont terrifiants : les espèces disparaissent à un rythme cent à mille fois supérieur à la normale ! Et les causes sont multiples : destruction directe bien sûr, comme pour le célèbre dodo de l'île Maurice, mais aussi introduction d'espèces invasives, destruction des habitats, et enfin changements climatiques globaux. Il est par ailleurs évident que l'évolution est très loin de pouvoir faire apparaître de nouvelles espèces au même rythme. En fin de compte, il ne faudrait pas oublier que l'espèce humaine elle-même pourrait s'éteindre, surtout si son mode de vie et de consommation global persiste à être aussi peu durable.— J.D.

GODZILLA

→ Quel rapport existe-t-il entre les bombardements atomiques d'Hiroshima et Nagasaki et l'abominable Godzilla ? Le lézard géant, mi-baleine mi-singe, comme l'indique son nom japonais « Gojira », aussi à l'aise sur terre que sous l'eau, est un fossile vivant : une bête du fond des océans et du fond des temps, réveillée par les radiations d'essais nucléaires réalisés dans l'océan Pacifique. Godzilla est une victime doublée d'un mutant, métamorphosée en « bombe atomique vivante », dotée d'un souffle radioactif mortel. Le monstre détruit les côtes japonaises et Tokyo. À la fois préhistorique et post-apocalyptique, la créature imaginée par le réalisateur Ishirō Honda pour son film de 1954 ouvre une saga fantastique très populaire puisqu'une vingtaine de reprises suivront. D'autres monstres verront le jour comme Mothra, phalène géante protectrice de la nature. Permis par la levée du contrôle américain des scénarios en 1953, l'histoire de Godzilla s'inspire d'un événement réel : l'irradiation de vingt-trois pêcheurs japonais, contaminés en mer par les retombées radioactives de l'essai nucléaire de *Castle Bravo*, réalisé par les Américains sur l'atoll de Bikini le 1er mars 1954. Mal évaluée, l'explosion de cet essai s'était avérée trois fois plus puissante que prévue. Les retombées radioactives et les cendres contaminées des coraux calcinés avaient dérivé vers l'est. Dix ans plus tard, un traité d'interdiction partielle des essais nucléaires sera signé après la crise de Cuba, prohibant les essais atmosphériques et sous-marins mais pas les essais souterrains. — H.M.

HIVER NUCLÉAIRE

→ En 1982, en pleine guerre froide entre les États-Unis et l'Union soviétique, les deux scientifiques américains Paul Crutzen et John Birks publient dans la revue *Ambio* un article intitulé « L'atmosphère après la guerre nucléaire : le crépuscule à midi » dont l'hypothèse est la suivante : les incendies que causeraient d'importantes explosions atomiques dégageraient des quantités de fumée et de suie capables d'obscurcir durablement l'atmosphère au point de former une couche uniforme, opaque aux rayonnements solaires. Cet obscurcissement mènerait à l'assèchement et au refroidissement des régions les plus continentales, ainsi qu'à la suspension de la photosynthèse et à la dégradation de la couche d'ozone sous l'effet d'un mélange chimique et radioactif toxique. Un an plus tard paraît dans le magazine *Science* « L'hiver nucléaire : les conséquences globales de multiples explosions nucléaires », article confirmant ce scénario catastrophe. Si l'hypothèse d'un hiver nucléaire a rencontré une grande réceptivité médiatique dans un contexte exposé aux tensions de la guerre froide et regagné par l'activisme pacifiste, elle a cependant été modérée par d'autres scientifiques américains proposant un climat moins radical : « l'automne nucléaire ». — H.M.

HIVER VOLCANIQUE

→ Les cendres et les gaz que les éruptions volcaniques rejettent dans l'atmosphère peuvent dans certains cas obscurcir et refroidir durablement le climat de zones parfois très étendues. Cette perturbation saisonnière rare s'appelle l'hiver volcanique.
En 1783, le volcan islandais Laki entre en éruption et glace pour plusieurs années l'hémisphère Nord. Les récoltes catastrophiques entraînent famines et révoltes paysannes. Certains historiens voient même dans cette éruption un facteur indirect de la Révolution française. Le mont indonésien Tambora entre en éruption en 1815. L'été suivant, il gèle à New York et pleut sur le lac Léman, au bord duquel Mary Shelley imagine alors les tourments alpins et polaires du monstrueux *Frankenstein*.
La surface du globe compte quelques supervolcans dont l'activité, bien que très espacée dans le temps, est d'une intensité incomparable. Leur réveil en chaîne occasionnerait la projection dans l'atmosphère de plusieurs centaines de kilomètres cubes de cendre aux conséquences apocalyptiques. Dans l'hypothèse d'un emballement du réchauffement climatique, le scientifique russe Mikhaïl Budyko conçoit dans les années 1970 un projet de géo-ingénierie ensuite promu par Paul Crutzen, visant à recréer un hiver volcanique artificiel en déployant dans la stratosphère un bouclier de particules de sulfate. En réfléchissant le rayonnement solaire, celles-ci auraient la capacité de refroidir le climat global. — H.M.

HUDSON RIVER SCHOOL

→ Considérée comme la première école de peinture proprement américaine, l'Hudson River School regroupe plusieurs générations de paysagistes qui célèbrent au XIXe siècle l'immensité du Nouveau Monde. Ses représentants – et notamment son initiateur Thomas Cole, auteur du programmatique *Essay on American Scenery* (1836) – peignent d'abord la vallée de l'Hudson, au nord de New York. Mais très vite, aux forêts mystérieuses et aux chutes du Niagara s'ajoutent les topographies héroïques du Grand Ouest, de l'Amérique latine et des expéditions polaires. En immortalisant les montagnes Rocheuses, Yellowstone et Yosemite, Albert Bierstadt et Thomas Moran contribuent à la création des parcs naturels nationaux. Marqué par les voyages du naturaliste allemand Alexander von Humboldt et par les dernières explorations arctiques,

Frederic Edwin Church peint des volcans équatoriens, des monts colombiens et des icebergs du Labrador. Ses gigantesques toiles sont exposées dans des dispositifs théâtralisés : présentés seuls, dans l'obscurité, vivement illuminés, entourés de rideaux et parfois de végétation, ces panoramas s'offrent comme des « tableaux-mondes ». Les géographies et les échelles démesurées de l'Hudson River School contribuent autant à l'éveil d'une conscience écologique qu'à l'émergence d'une société du spectacle et du tourisme. Elles véhiculent aussi l'idéologie nationaliste de la conquête de terres vierges et le sentiment religieux de la manifestation de Dieu dans la nature. Des esquisses peintes en plein air aux paysages recomposés en atelier, son esthétique articule le naturalisme des maîtres anglais à un hyperréalisme suspect : un paradoxe que résume bien le terme *scenery* signifiant à la fois « paysage » et « décor ». — H.M.

HYPOTHÈSE GAÏA

→ Dans la *Théogonie* qu'il compose au VIIIe siècle avant J.-C., le poète grec Hésiode chante la naissance des dieux primordiaux. En premier vint Chaos « l'Abîme-Béant », secondé par Gaïa « la Terre aux larges flancs ». Décrite comme « un séjour à jamais stable pour les immortels », Gaïa enfante le ciel, les monts et les flots et incarne la fécondité. « Gaïa » est le nom que choisit le chimiste anglais James Lovelock pour baptiser la thèse scientifique qu'il développe dans les années 1970 en collaboration avec Lynn Margulis : novatrice et controversée, « l'hypothèse Gaïa » voit dans la planète Terre un super-organisme vivant qui, sur le modèle de la cybernétique alors en vogue, fonctionne comme un système autorégulé, capable de réagir aux variations extérieures (le *feedback*) et d'équilibrer ses flux pour maintenir un état physiologique stable (l'homéostasie). Le scientifique émet cette hypothèse en 1972, à la suite des mesures qu'il effectue en différents points du globe de la teneur atmosphérique en sulfure de diméthyle (un composé organique comportant du soufre). Ces relevés lui révèlent l'impact des êtres vivants et de leur décomposition sur l'air et le climat. Pour Lovelock, l'humanité ne vit pas *sur* la Terre, mais *en* Gaïa. Si son principe fondamental est de « rendre optimum les conditions de toute vie terrestre », Gaïa pourrait cependant contracter une « fièvre planétaire » et se purger des éléments qui perturbent son équilibre. L'homme notamment. — H.M.

LAND ART, EARTH ART ET ART ENVIRONNEMENTAL

→ Tracer une ligne droite dans l'herbe haute avec ses pas (Richard Long), intercepter la foudre du Nouveau-Mexique (Walter De Maria) ou nettoyer seul deux cents mètres de plage (Hans Haacke) : de l'empreinte fugace à l'ingénierie *high-tech* les façons d'envisager et de pratiquer la nature à la fin des années 1960 sont aussi multiples que les écoles de peinture de paysage. En sortant de l'institution, beaucoup d'artistes partagent néanmoins le même désir d'échapper au marché de l'art. Souvent inaccessibles au spectateur, leurs interventions sont réalisées *in situ* et documentées par des films et des photographies. Il arrive également que la nature investisse la galerie, l'exemple le plus frappant restant les cent vingt-sept tonnes de terre déversées par Walter De Maria dans un centre d'art de New York en 1977. Avec ses bulldozers, ses grands déserts et ses friches industrielles, le maximalisme du land art à l'américaine écrase le pittoresque et la discrétion britannique. Pourtant, de part et d'autre de l'Atlantique, les sites mégalithiques et amérindiens fascinent tout autant ; ancêtres énigmatiques, ils devancent les orientations cosmologiques d'œuvres plus récentes. Enfin, si le retour à la terre de la vague hippie est alors dans l'air, tous les artistes ne suivent pas pour autant l'engagement écologique d'un Joseph Beuys. — H.M.

MILLÉNARISMES

→ Certaines doctrines judéo-chrétiennes, mais aussi musulmanes et bouddhistes, croient en l'avènement d'un royaume de bonheur, de paix et de repos, rétablissant pour mille ans un âge d'or originel : le millénium. Seuls les élus peuvent y accéder, parfois sous la conduite d'un messie charismatique. Un passage de l'Apocalypse assure ainsi aux chrétiens de ressusciter aux côtés du Christ pour un règne intermédiaire de mille années précédant le Jugement dernier. Les sectes millénaristes voient dans les épidémies et les famines des épreuves annonçant l'avènement du Royaume ; comètes, météores, séismes, « pluies de sang », etc. valent aussi comme des présages célestes. Au Moyen Âge, des calculs eschatologiques se développent pour prédire l'établissement du millénium, que des entreprises comme les croisades tentent de précipiter en voulant rétablir à Jérusalem la Jérusalem céleste. Assez répandues dans le christianisme des premiers siècles, les sectes millénaristes ressurgissent à l'approche de l'an mille, notamment parce que les inégalités sociales augmentent et que le millénium promet un monde sans classes, égalitaire et communautaire. Ainsi rattaché à une forme d'utopie collective, le millénarisme prend dès lors des tournures révolutionnaires, parfois anarchistes, revendiquant l'établissement d'une souveraineté populaire, émancipée du communisme religieux initialement revendiqué. Plus pessimistes, les années 1990 connaissent une recrudescence de sectes millénaristes marquées par des vagues de suicides collectifs, comme chez les Davidiens de Waco ou l'ordre du Temple solaire. — H.M.

MUSÉE DES ACCIDENTS MAJEURS

→ Profondément marqué par l'accident nucléaire de la centrale de Three Mile Island en Pennsylvanie en 1979, Paul Virilio entreprend à l'époque des recherches sur l'accident. Faisant sienne la pensée d'Hannah Arendt, « le progrès et la catastrophe sont l'avers et le revers d'une même médaille », le dromologue – analyste des phénomènes d'accélération – constate que le développement du phénomène de vitesse, expliqué par la course effrénée aux inventions, a induit catastrophes artificielles et drames écologiques en série. Convaincu que « l'écologie politique ne pourra plus longtemps faire l'impasse sur la dimension eschatologique des drames provoqués par l'idéologie positiviste du Progrès* », Virilio souligne notre incapacité à nous projeter au-delà de l'instant présent. Le philosophe propose d'exposer et analyser l'accident dans un musée éponyme, qui pourrait être conçu sur le mode du Conservatoire des arts et métiers, afin de prévenir les désastres futurs. Doté d'une intelligence préventive, celui-ci serait conduit par le principe de responsabilité et le devoir de mémoire. Le Musée des accidents, loin d'être un simple répertoire documentaire, présenterait en regard les œuvres d'architectes, urbanistes, artistes ou encore vidéastes. Parmi ses pièces iconiques pourrait figurer le film *Crossroads* réalisé par Bruce Conner en 1976, reprenant les images d'archives des essais nucléaires américains menés sur l'atoll de Bikini entre 1948 et 1956. L'exposition « Ce qui arrive », présentée à la Fondation Cartier pour l'art contemporain de novembre 2002 à mars 2003, en offrit une préfiguration. — A.H.

* Paul Virilio, *Ce qui arrive*, Paris, Éditions Fondation Cartier pour l'art contemporain et Actes Sud, 2002, p. 24.

OBSOLESCENCE DE L'HOMME

→ Le 11 mars 1942, Günther Anders écrit dans son journal : « Ce matin, je crois bien avoir découvert la trace d'un nouveau *pudendum*, d'un nouveau motif de honte encore inconnu dans le passé. Pour le moment, je l'appelle "honte prométhéenne", et j'entends par là "la honte qui s'empare de l'homme devant l'humiliante qualité des choses qu'il a lui-même fabriquées"*. » Reprise dans le premier tome de *L'Obsolescence de l'homme*, paru en 1956, cette théorie fonde sa pensée sur le caractère destructeur de la technique moderne, engendrée par l'homme. Dénonçant les travers de la société de consommation naissante, le philosophe analyse l'évolution de la condition humaine depuis la deuxième révolution industrielle et pose les bases du discours écologique qui s'épanouira dans les années 1970. Dans la continuité de sa réflexion sur la finitude de l'homme, il évoque la menace que la machine fait peser sur la planète et son potentiel dévastateur. Notre incapacité à assurer la responsabilité de nos créations conduit en effet autant à notre propre obsolescence programmée, qu'au péril de l'environnement. Militant antinucléaire convaincu, Anders consacre également un essai à la bombe, faisant état de l'irréversibilité du processus enclenché à partir de l'invention de l'arme atomique. Éclaireur face à l'apocalypse, Anders constate deux décennies plus tard, dans la préface à la cinquième édition de son ouvrage, l'actualité troublante de sa pensée. — A.H.

* *L'Obsolescence de l'homme – Sur l'âme à l'époque de la deuxième révolution industrielle* [1956], Günther Anders, Paris, Éditions de l'Encyclopédie des nuisances / Ivrea, 2002, p. 37.

PERMACULTURE

→ C'est par *La Révolution d'un seul brin de paille* du Japonais Fukuoka que l'idée de *permanent agriculture* initiée aux débuts du XXe siècle s'équipe de fondements philosophiques, théorisés en 1978 sous le vocable de *permaculture* par deux Tasmaniens d'adoption, Bill Mollison et David Holmgren. Son credo : « travailler avec et non contre la nature » afin de concevoir « une agriculture pérenne pour l'autosuffisance et les exploitations de toutes tailles », et ce en accordant une importance spécifique aux processus et à la spatialité. L'idée n'est pas nouvelle, ainsi qu'en témoigne déjà au XVIIIe siècle *L'Agronome*, de Pons Augustin Alletz : « C'est une chimère que de prétendre donner une méthode d'agriculture générale : il en faudrait une différente pour chaque province ou chaque canton ; car chaque province ne doit travailler à perfectionner que ce qu'elle possède et ne faire d'essais que sur les productions analogues à son terroir. » Mais l'approche de la permaculture se veut davantage holiste et s'affiche comme une méthode systémique de conception et de design d'habitats humains et de systèmes agricoles, fondée scientifiquement sur l'écologie des systèmes. Et plus encore, elle se mue en *permanent culture*, en proposition pour une alternative sociétale et autogestionnaire qui, si elle se veut révolutionnaire, n'en demeure pas moins résolument moderne dans sa prétention à faire société sur fond de science – vision normative qui n'est pas sans emporter le risque de dérives doctrinaires. — A.D.

PRINCIPE DE RESPONSABILITÉ

→ « Agis constamment en sorte que les conséquences de ton action demeurent compatibles avec la persistance d'une vie authentiquement humaine sur cette Terre. » Telle est pour le philosophe allemand Hans Jonas l'éthique de la responsabilité à laquelle l'humanité se voit désormais convoquée par son délire prométhéen. La technique moderne a en effet transformé inexorablement les objets et les conséquences de l'action humaine, dont l'ampleur inédite charrie son cortège de dangers imminents et de menaces futures et rend caduques les cadres de l'éthique qui prévalaient jusqu'alors. Un renversement décisif : « nulle éthique antérieure n'avait à prendre en considération la condition globale de la vie humaine et l'avenir lointain et l'existence de l'espèce elle-même ». De fait, l'extension de la « cité de l'homme, jadis une enclave à l'intérieur du monde », qui toujours davantage « se répand sur la totalité de la nature terrestre et usurpe sa place », a ouvert une ère dont vulnérabilité, précarité et fragilité constituent les fondements ontologiques. Dorénavant, seule une « heuristique de la peur » semble pouvoir fonder une éthique à la mesure de cette « nouvelle dimension de responsabilité jamais imaginée auparavant » née de l'extension spatiale et temporelle d'un agir humain aux conséquences toujours plus cumulatives et irréversibles. Là où croît le péril doit instamment croître l'heuristique de la peur, condition nécessaire – à défaut d'être suffisante – pour « maintenir ouverte la possibilité de l'existence de l'homme ». C'est là tout l'enjeu du principe de responsabilité. — A.D.

PRINTEMPS SILENCIEUX

→ En janvier 1958, une amie de Rachel Carson lui signale la mort de nombreux oiseaux dans le Massachusetts après la pulvérisation de pesticides destinés aux moustiques. Alarmée, la zoologiste et biologiste marine entreprend une enquête de quatre ans dont *Printemps silencieux* sera l'aboutissement. Le titre s'inspire d'un poème de John Keats où « nul oiseau ne chante ». En s'appuyant sur de nombreuses études de cas, l'auteur décrit les effets toxiques des herbicides et pesticides contenant de l'arsenic, du phosphate, du mercure, du chlordane, du DDT (dichloro-diphényl-trichloroéthane), etc. Largement pulvérisés, ces cocktails chimiques infiltrent toute la chaîne des écosystèmes. Leur dissémination est invisible et irréversible, leurs effets cumulatifs et imprévisibles. De plus, ils s'avèrent souvent contre-productifs à long terme, car les « nuisibles » ou les « mauvaises herbes » mutent et deviennent résistants. *In fine*, l'homme souffre des mêmes maux que les animaux : cancers, stérilité, troubles neurologiques et nerveux, mutations génétiques, etc. L'auteur renomme ces poisons des biocides, des « produits qui tuent le vivant ». Elle préconise un usage ciblé des pesticides, ou mieux, d'y substituer des espèces prédatrices. Succès retentissant aux États-Unis, *Printemps silencieux* est souvent considéré comme le déclencheur du mouvement écologiste : il entraîne la création de l'Agence de protection environnementale en 1970 et l'interdiction du DDT aux États-Unis en 1972. — H.M.

PROTOCOLE DE KYOTO

→ « On pleurait beaucoup à Kyoto, que l'on soit savant, politique ou associatif. Kyoto, de son petit nom "COP3" [Conference of the Parties] a d'abord été un événement émotif. » L'humanité se décidait à « agir concrètement contre le changement climatique ». Dans ce témoignage militant du Réseau Action Climat se dessinent les immenses espoirs soulevés par l'adoption en décembre 1997 du protocole de Kyoto, additionné à la Déclaration de Rio dont il doit mettre en œuvre la Convention cadre sur le changement climatique.
Si sa portée symbolique est – tout au moins initialement – colossale, son contenu et, plus encore, sa mise en œuvre s'avéreront nécessairement décevants. L'élan cosmopolitique doit en effet cohabiter avec les intérêts propres à chaque État ; son salut tiendra au fait que « nul ne veut être celui qui aura fait échouer le sommet » ! De l'intention à l'action, le chemin est étroit et sinueux, les détours et errements nombreux, et la traduction du dessein commun s'avère inévitablement procédurale et austère. Mais au-delà des objectifs de diminution globale de 5 % des émissions des principaux GES [gaz à effet de serre] sur la période d'engagement 2008-2012 – taux variable selon les pays, plus élevé pour les plus développés (8 % pour l'Europe) –, le protocole entérine surtout les principes de contrainte juridique internationale, mécanisme de sanction et différenciation entre pays développés et pays en développement.
Les ombres au tableau ne manquent pas. Kyoto est en clair-obscur : cent quatre-vingt-quatre pays le signent, mais parmi eux les États-Unis ne le ratifieront pas. Au final, le bilan de la COP3 est peut-être décevant, si ce n'est que nul n'a oublié Kyoto, ville devenue protocole où l'espace d'un sommet international se sont affirmées d'autres visions de l'avenir possible. — A.D.

RÉFUGIÉ CLIMATIQUE

→ « La France ne peut pas accueillir toute la misère du monde, mais elle doit en prendre fidèlement sa part. » Souvent amputée, cette phrase de Michel Rocard valait au début des années 1990 surtout pour les réfugiés économiques. Vingt-cinq ans plus tard, la misère s'est dotée d'un nouveau visage : le changement climatique. Les estimations sont alarmantes : 250 millions de réfugiés environnementaux et climatiques d'ici 2050 pour l'ONU, trois fois plus de réfugiés du fait de l'environnement que des conflits en 2013 selon le Norwegian Refugee Council... Si la notion apparaît en 1985 dans un rapport du Programme des Nations unies pour l'environnement (PNUE) qui définit les réfugiés de l'environnement comme « ceux qui sont forcés de quitter leur lieu de vie temporairement ou de façon permanente à cause d'une rupture environnementale (d'origine naturelle ou humaine) qui a mis en péril leur existence ou sérieusement affecté leurs conditions de vie* », elle n'est toujours pas stabilisée, mais amplement controversée et totalement dépourvue d'existence juridique au regard de la Convention de Genève de 1951. Malgré les initiatives en faveur d'une reconnaissance du statut de réfugié climatique – ONU, programme *Climate Justice* lancé par soixante-dix ONG, principes de Nansen –, aucun consensus n'a à ce jour émergé pour trancher dans le continuum entre migrations volontaires et déplacements forcés que recouvrent les multiples types de mobilités humaines induites par le changement climatique. D'autant que la tentation est forte d'instrumentaliser les réfugiés climatiques pour durcir toujours davantage les politiques migratoires occidentales... — A.D.

• Essam El-Hinnawi, *Environmental Refugees*, Nairobi, PNUE, 1985.

SEPTIÈME CONTINENT

→ Tourné en 1989, *Le Septième Continent* ouvre la trilogie que Michael Haneke consacre à la « glaciation émotionnelle » de la société de consommation postindustrielle. Une famille allemande s'enferme progressivement dans un isolement total, avant de détruire méthodiquement tous ses biens et de se donner la mort. Les plans énigmatiques d'une plage déserte entrecoupent l'entreprise suicidaire, vécue comme une ascèse libératoire. Il n'y a pas de lien direct entre ce film et le septième continent qui existe bel et bien à la surface des océans. Pourtant, il semblerait qu'il y ait à la racine un mal commun : une consommation insensée. Chaque seconde des dizaines de tonnes de détritus plastique provenant des ports, des côtes et des rivières pénètrent les mers, et sont entraînées par les vents et les courants vers les cinq grands vortex qui gravitent au cœur des océans. Le biologiste marin Charles Moore découvre en 1997 une gigantesque étendue de plastique flottant dans le Pacifique Nord. Le Pacifique Sud, l'Atlantique Nord, l'Atlantique Sud et l'océan Indien ont également leur continent de déchets. Sous l'effet du soleil et de l'érosion, les plastiques se désintègrent en de microparticules que la faune marine confond avec du plancton. En 2012, dix-sept kilogrammes de plastique ont ainsi été retrouvés dans l'estomac d'une baleine échouée sur une plage espagnole. Cette pollution touche des étendues énormes : le tourbillon de déchets du Pacifique Nord ferait six fois la taille de la France. — H.M.

SMOG

→ Mot-valise composé de *smoky* (« enfumé ») et de *fog* (« brouillard »), ce terme anglais désigne un nuage de pollution. En 1884, le critique d'art et philosophe John Ruskin donne à Londres une conférence intitulée *The Storm-Cloud of the Nineteenth Century* (« Le Nuage d'orage du dix-neuvième siècle »). Il y décrit l'apparition de conditions atmosphériques inédites observées et dessinées par lui depuis 1871 : aux nuages sains apportant la pluie ou l'orage, s'ajoutent les nuages pestilentiels de l'industrialisation (*plague-clouds*) qui obscurcissent l'atmosphère et blanchissent le soleil. Critiquant l'industrialisation, Ruskin attribue l'origine de ces nuages terrifiants et diaboliques à la pollution au charbon des villes. La pensée hygiéniste du XIXe siècle contribue au souci d'une meilleure circulation de l'air dans les villes. Mais en décembre 1952 un grand smog s'abat sur Londres, obscurcissant son atmosphère pendant cinq jours et occasionnant la mort à court et long terme de quelque douze mille personnes. Plusieurs phénomènes expliquent cet épisode de brouillard pollué : le froid, l'anticyclone et l'absence de vent, laissant stagner les fumées du charbon de chauffage, des centrales à charbon et des autobus au diesel. Surnommé « soupe de pois », le brouillard jaune-noir hâte la rédaction du *Clean Air Acts* en 1956, ancêtre de la loi sur la qualité de l'air plaçant certaines zones sous contrôle et interdisant aux foyers de brûler du fioul polluant. — H.M.

SOMMET DE LA TERRE DE RIO

→ « Jamais l'humanité ne s'est assigné des objectifs aussi ambitieux. Mais jamais non plus cela n'avait été comme aujourd'hui la condition de sa propre survie. Mesdames et Messieurs, faites, je vous en prie, que le nom de Rio soit synonyme d'espérance. » C'est par ces mots, à la mesure de l'événement, que François Mitterrand achève son discours prononcé le 13 juin 1992, à la veille de la clôture de la Conférence des Nations unies sur l'environnement et le développement de Rio. Cent soixante-dix-huit pays, 110 chefs d'État et de gouvernement, 2 400 représentants d'ONG, 17 000 participants au sommet des ONG parallèle : rebaptisée Sommet « planète Terre », cette conférence est l'objet d'une mobilisation sans précédent. Un « moment historique pour l'humanité », dans lequel s'invente une diplomatie environnementale et qui débouche sur l'adoption d'une série de grands principes d'action. Au premier chef la Déclaration de Rio, qui définit les droits et devoirs des États, et pose la responsabilité des pays les plus développés à l'égard de ceux du Sud. À la tonalité très environnementale de Stockholm en 1972, Rio substitue en outre l'indissociabilité entre développement et environnement, entérinée par le principe de « développement durable ». Rio, c'est aussi l'Agenda 21, plan d'action mondial qui énonce quelque deux mille cinq cents recommandations pour sa mise en œuvre. Vingt ans et quelques sommets plus tard, comme le rappelle Bettina Laville, « aujourd'hui, au XXIe, les résultats sont peu tangibles ». L'occasion aussi pour Jacques Chirac de lancer à Johannesburg en 2002 sa célèbre formule : « Notre maison brûle, mais nous regardons ailleurs. » — A.D.

SPACESHIP EARTH

→ Si la paternité de la métaphore du vaisseau spatial *Terre* revient au démocrate américain Adlai Stevenson dans un discours au Conseil économique et social des Nations unies en 1965, sa popularisation sous la plume de Richard Buckminster Fuller ne doit rien au hasard. Designer avant-gardiste, inventeur infatigable, cartographe utopiste, architecte visionnaire, penseur touche-à-tout, Buckminster Fuller – « Bucky » – est, à l'occasion de l'Exposition universelle de Montréal en 1967, le concepteur d'un pavillon des États-Unis érigé en moment capital de l'histoire de l'architecture : dôme géodésique le plus imposant au monde, cette serre climatisée symbolise la sphère habitée par les hommes, avant d'être élevée à la dignité de « Biosphère » – le musée de l'environnement de la capitale canadienne. Héraut d'une « révolution constructive du design, capable de transformer le monde sans effusion de sang », Buckminster Fuller offre une vision prospective de la Terre-totalité, cette île artificialisée dont dépend la survie de l'humanité : « Nous vivons tous sur une seule grande île entourée d'un immense océan. C'est notre unique vaisseau pour naviguer dans l'espace : notre vaisseau spatial "Terre" ! », à même de subvenir aux besoins des hommes, à condition de le « piloter avec soin ». Or « nous n'avons jamais perçu notre vaisseau spatial "Terre" comme une machine conçue globalement qui, pour continuer à fonctionner correctement, exige une *compréhension* et des soins globaux ». Et pour cause : « Aucun manuel d'instruction ne l'accompagne. » — A.D.

SUBLIME

→ Initialement employé comme adjectif, le terme *sublime*, qui signifie littéralement « qui va en s'élevant », caractérise d'abord une habilité oratoire, capable d'ébranler l'auditoire et d'emporter son adhésion. Son usage se déplace ensuite pour caractériser un type de spectacles naturels terrifiants : orages, tempêtes, éruptions, avalanches, inondations, incendies, etc. Au XVIIIe siècle, le sublime devient une catégorie esthétique à part entière, au même titre que le beau ou le pittoresque. Le philosophe irlandais Edmund Burke en publie l'essai fondateur en 1757, la *Recherche philosophique sur l'origine de nos idées du sublime et du beau*. Témoin de déchaînements naturels le menaçant, le spectateur ressentirait un plaisir paradoxal : une « horreur délicieuse » alliant la frayeur de sa propre mort et l'apaisement de sa survivance. Si Burke s'attarde sur la soudaineté et l'intensité d'un sublime terrible et les états de choc, de sidération ou de ravissement qu'il génère, il évoque également des ressorts plus statiques comme l'obscurité, l'infini ou la solitude. Les grandes explorations du XVIIIe siècle contribuent à la géographie du sublime où les glaciers de haute montagne rejoignent les icebergs arctiques. Dans sa *Critique de la faculté de juger* (1790), Kant développe une philosophie où, face à l'imminence de sa propre disparition, l'homme entrevoit sa finitude et conclut de cette prise de conscience dont il aurait l'exclusivité, sa supériorité sur la nature. — H.M.

SURVIVALISME

→ Attitudes et modes de vie, parfois religieux ou sectaires, fondés sur une autosuffisance alimentaire, sanitaire et économique qui permettrait de faire face à des catastrophes locales ou mondiales. Inspirée aux États-Unis par le mode de vie des pionniers, cette mentalité repose sur des mécanismes d'isolement, de retraite, d'armement, de réserves, de ressources, de cultures et d'élevages autonomes. Plusieurs facteurs peuvent expliquer l'émergence d'un repli survivaliste : l'inflation et la dévaluation, la crise pétrolière de 1973, la course à l'armement de la guerre froide, le bogue supposé de l'an 2000, les attentats du 11 septembre 2001, la crise financière de 2007-2009, etc. Issus du terme *prepping* qui signifie « préparation » en anglais, les *preppers* sont des néo-survivalistes qui provisionnent des stocks de nourriture et de médicaments pour survivre en autarcie en cas de catastrophes naturelles. Leurs réserves comptent également des armes à feu, jugées nécessaires pour défendre leurs réserves en cas d'éclatement de guerres civiles dues aux pénuries à venir. Notamment grâce à Internet, ce mouvement s'est surtout développé aux États-Unis où le *Daily Mail* annonçait jusqu'à trois millions de *preppers* en 2012. La chaîne de télévision National Geographic a même diffusé un programme de téléréalité dédié au phénomène, intitulé *Doomsday Preppers*. — H.M.

SUSTAINABILITY

→ La notion de *sustainability*, soutenabilité ou durabilité en français, est intimement liée à l'écologie, en tant qu'elle renvoie à la capacité des écosystèmes à se perpétuer dans toute leur diversité. Ce n'est pas un hasard si on la retrouve dès le XIVe siècle dans l'ordonnance de Brunoy (1346) relative à la gestion soutenable de la ressource forestière, dont il s'agit de garantir la pérennité malgré la pression exercée sur cet environnement par l'exploitation humaine. L'invention du « développement durable » en 1987, dans le Rapport Brundtland publié par la Commission mondiale pour l'environnement et le développement de l'ONU, s'inscrit donc dans le prolongement direct de cette *sustainability*, dans une articulation résolument anthropocentrée avec le « développement ». Le développement durable se définit ainsi comme « un développement qui répond aux besoins du présent sans compromettre la capacité des générations futures de répondre aux leurs », et dont le déploiement repose sur la recherche d'équilibres et de compromis entre des impératifs économiques, sociaux et environnementaux – ses « trois piliers ». Un équilibrage intrinsèquement instable et contingent, dans lequel s'originent les principales critiques du développement durable, soupçonné de mettre l'accent sur certains piliers au détriment d'autres et dénoncé en tant qu'oxymore – tel René Dumont, pour qui « le développement durable est en soi une contradiction, car on ne peut pas développer sans consommer davantage de biens et d'énergie ». — A.D.

SVALBARD GLOBAL SEED VAULT

→ La réserve mondiale de semences du Svalbard a été inaugurée en février 2008. Construit dans les profondeurs du Spitzberg, île norvégienne baignant dans la mer de Barents à quelque 1100 kilomètres du pôle Nord, le bâtiment souterrain conserve actuellement 1,5 million de graines rapatriées de diverses collections du monde entier. À la fois coffre-fort et chambre froide, le lieu est parfaitement contrôlé et sécurisé. Sa situation reculée satisfait aux exigences de conservation : absence d'activité tectonique, permafrost aidant à maintenir une température permanente de -18 °C, surélévation à 130 mètres au-dessus du niveau de la mer. La capacité globale de cette « banque de semences » est de 4,5 millions de graines. Le projet revendique des motivations humanistes : conserver la diversité génétique, lutter contre la faim, parer à d'éventuelles catastrophes naturelles. Autoproclamée nouvelle « arche de Noé », la Svalbard Global Seed Vault est aussi décrite par certains comme le « bunker de l'apocalypse ». Il s'avère en fait que ses principaux financeurs comptent certains promoteurs OGM comme Monsanto et Syngenta : des entreprises qui ont inondé l'agro-business de semences hybrides et stériles, génétiquement modifiées pour réduire à long terme le rendement et la fertilité des sols. Depuis les années 1990, des semenciers indépendants tentent de contrer cette érosion de la biodiversité en créant des banques communautaires de graines naturelles, libres de droits et reproductibles. — H.M.

TERRORISME VERT OU ÉCOTERRORISME

→ Très peu d'activistes revendiquent cette étiquette forgée aux États-Unis par le FBI pour stigmatiser des actions clandestines plus proches de la résistance, du sabotage ou de la guérilla que de la menace terroriste. Dans le courant des années 1970 certains militants issus de la contre-culture anarchiste et anticapitaliste n'ont pas la patience nécessaire pour s'engager dans la désobéissance civile ou les organisations non gouvernementales. Bouleversés par la lecture du best-seller de Rachel Carson (*Printemps silencieux*, 1962) ou des romans d'Edward Abbey (*Désert solitaire*, 1968 ; *Le Gang de la clé à molette*, 1975), ils s'engagent dans une action directe, radicale : incendies, colis piégés ou attentats à la bombe. Souvent regrettée *a posteriori*, cette violence est d'abord revendiquée comme autodéfense. Les groupes radicaux les plus connus de la Côte ouest américaine sont l'Earth Liberation Front créé en 1977 et Earth First! créé en 1980. Mais rares furent les activistes aussi dangereux que Theodore Kaczynski, surnommé « Unabomber », emprisonné à vie depuis 1996 pour les blessures d'une vingtaine de victimes et le meurtre de trois personnes impliquées dans l'industrie du bois, le développement informatique ou la communication. Libérale ou punitive, la législation contribue ainsi à la définition du militantisme, tolérant ici ce qu'elle considère comme de l'écologie révolutionnaire, condamnant là ce qu'elle juge être de l'écoterrorisme. Plus pacifiques, le député européen José Bové et des militants de Greenpeace arracheront en 2014 des plants de maïs transgéniques plantés près de Toulouse pour les remplacer par des semences biologiques. — H.M.

TIME CAPSULE

→ Cache hermétique et résistante, de la taille d'une boîte, d'une dalle ou d'une pièce entière, dans laquelle une personne ou une communauté décide de placer des objets ou des messages censés avoir une signification historique au moment futur de leur redécouverte. Une *time capsule* possède donc une date de scellement et une date d'ouverture toutes deux symboliques, la seconde étant décidée à l'avance par les « enfouisseurs » pour célébrer un intervalle de dix, cinquante, cent ans ou plus. D'une certaine manière, les *time capsules* devancent les enquêtes des archéologues et des anthropologues, en anticipant la disparition de ce qu'elles documentent. Depuis 1990, l'International Time Capsule Society, basée à l'université d'Oglethorpe à Atlanta (Géorgie, États-Unis), recense et documente toutes les *time capsules* connues, et même celles perdues, estimant à 10 000 leur nombre total. C'est dans cette université que se trouve la *time capsule* intitulée *Crypt of Civilization*, scellée le 28 mai 1940 et devant n'être ouverte que le 28 mai 8113 (date reportant après 1936, année de la conception du projet, les 6 177 années passées depuis l'établissement de la première date connue 4241 avant J.-C.). De la taille d'une piscine, la *Crypt of Civilization* contient plus de 640 000 pages microfilmées, des centaines d'enregistrements, des centaines d'autres objets représentatifs de la civilisation américaine des années 1940, ainsi qu'un dictionnaire d'anglais pour les futurs découvreurs. — H.M.

TREMBLEMENT DE TERRE DE LISBONNE

→ Le 1er novembre 1755, quatre secousses ébranlent Lisbonne avant qu'un raz-de-marée ne balaie la ville. Les quartiers non inondés subissent d'importants incendies. Dix mille habitants périssent. Violemment ravageur, ce séisme devient la première catastrophe moderne de l'histoire, notamment parce qu'elle mobilise les penseurs des Lumières qui refusent d'y voir une punition divine ou un signe de la providence. Dans son célèbre *Poème sur le désastre de Lisbonne* (1756), Voltaire dénonce tout obscurantisme religieux et récuse ensuite dans son *Candide* (1759) la théorie de l'optimisme. Le XVIIIe siècle inaugure une causalité émancipée de Dieu, où la catastrophe s'extirpe des récits apocalyptiques pour devenir un événement certes accidentel et imprévisible, mais explicable et remédiable. Les sinistrés ne sont plus des pécheurs fautifs mais des victimes innocentes. Avec l'avènement de la culture du risque apparaît un devoir de prévention qui incombe aux gouvernements. Très rapidement, Lisbonne est reconstruite et modernisée selon un urbanisme exemplaire, censé mieux résister aux futurs séismes. Le siècle des Lumières cristallise une conscience historique très attentive à la fragilité et à la décadence des civilisations, sensibilité que traduisent les genres picturaux des éruptions volcaniques, des naufrages et des ruines alors en vogue. — H.M.

BIBLIOGRAPHIE

SUBLIME EN THÉORIE

PHILOSOPHIE ET ESTHÉTIQUE

BURKE, Edmund, *Recherche philosophique sur l'origine de nos idées du sublime et du beau* (1757), édité par Baldine Saint Girons, Paris, J. Vrin, coll. « Bibliothèque des textes philosophiques », 2009.

CARUS, Carl Gustav, *Neuf lettres sur la peinture de paysage* (1815-1824), édité par Liliane Brion-Guerry, traduit par Erika Dickenherr, Alain Pernet et Rainer Rochlitz, Paris, Klincksieck, coll. « L'Esprit et les formes », 1988.

COLE, Thomas, *Essai sur le décor naturel américain* (1836), édité par Karim G. Chabani, traduit par Christian Fournier, Pau, Publications de l'université de Pau, 2004.

COURTINE, Jean-François, Michel DEGUY et Éliane ESCOUBAS, *Du sublime*, Paris, Belin, coll. « Belin poche », 2009.

KANT, Emmanuel, *Critique de la faculté de juger* (1790), traduit par Alexis Philonenko, Paris, J. Vrin, coll. « Bibliothèque des textes philosophiques », 1993.

KANT, Emmanuel, *Remarques touchant les observations sur le sentiment du beau et du sublime* (1764), édité par Brigitte Geonget, Paris, J. Vrin, coll. « Bibliothèque des textes philosophiques », 1994.

LE BLANC, Charles, Laurent MARGANTIN et Olivier SCHEFER, *La Forme poétique du monde : anthologie du romantisme allemand*, Paris, J. Corti, coll. « Domaine romantique », 2003.

LE SCANFF, Yvon, *Le Paysage romantique et l'expérience du sublime*, Seyssel, Champ Vallon, coll. « Pays-paysages », 2007.

LYOTARD, Jean-François, *Leçons sur l'analytique du sublime : Kant, Critique de la faculté de juger, [Sections] 23-29*, Paris, Galilée, 1991.

MORLEY, Simon, et Whitechapel Art Gallery, *The Sublime*, Londres, Whitechapel Gallery, coll. « Documents of Contemporary Art Series », Cambridge, Mass, 2010.

PEYRACHE-LEBORGNE, Dominique, *La Poétique du sublime de la fin des Lumières au Romantisme : Diderot, Schiller, Wordsworth, Shelley, Hugo, Michelet*, Paris, H. Champion, coll. « Bibliothèque de littérature générale et comparée », 1997.

SCHEFER, Olivier, *Poésie de l'infini : Novalis et la question esthétique*, Bruxelles, La Lettre volée, 2001.

SCHEFER, Olivier, *Résonances du romantisme*, Bruxelles, La Lettre volée, 2005.

SCHILLER, Friedrich von, *Du sublime. Fragment sur le sublime, pour servir de développement à certaines idées de Kant; Du pathétique; Des limites qu'il faut observer dans l'emploi des belles formes; De l'utilité morale des mœurs esthétiques* (1801), traduit par Adolphe Regnier, Arles, Éd. Sulliver, coll. « Maelström », 2005.

ZIMA, Peter Václav, *La Négation esthétique : le sujet, le beau et le sublime de Mallarmé et Valéry à Adorno et Lyotard*, Paris, l'Harmattan, coll. « Ouverture philosophique », 2002.

GÉOGRAPHIES SUBLIMES

HAUTE MONTAGNE, HAUTE MER ET PÔLES

BEDELL, Rebecca Bailey, *The Anatomy of Nature: Geology & American Landscape Painting, 1825-1875*, Oxford, Princeton University Press, 2001.

BERGATTO, Lionel *et al*, *Le Sentiment de la montagne*, cat. exp. [Grenoble, Musée de Grenoble, 1er mars-1er juin 1998; Turin, Palazzo Bricherasio, 1er juillet-15 octobre 1998], Paris, Grenoble, Réunion des musées nationaux – Glénat – Musée de Grenoble, 1998.

BERRY, Nicole, *Mary Shelley : du monstre au sublime*, Lausanne, Paris, L'Âge d'homme, coll. « Lettera », 1997.

BEXON, Alain, et Dominique RICHARD, *Les Peintres et les Alpes : du pittoresque au sublime*, cat. exp., Grenoble, Musée dauphinois, Éd. Le Dauphiné libéré, 2002.

BURNARD, Chrystèle, Baldine SAINT GIRONS, Marie CECIELLO-BACHY, *et al.*, *Le Paysage et la question du sublime*, cat. exp. [Musée de Valence, 1er octobre-30 novembre 1997], Paris, Réunion des musées nationaux, 1997.

CORBIN, Alain, *Le Territoire du vide. L'Occident et le désir du rivage, 1750-1840*, Paris, Aubier, 1988.

DÉCULTOT, Élisabeth, *Peindre le paysage : discours théorique et renouveau pictural dans le romantisme allemand*, Tusson, Du Lérot, coll. « Transferts », 1996.

DUFFY, Cian, *The Landscapes of the Sublime, 1700-1830: Classic Ground*, New York, Palgrave Macmillan, 2013.

FABER, Monika, *Infinite Ice: the Arctic and the Alps from 1860 to the Present*, cat. exp. [Vienne, Albertina, 22 août-23 novembre 2008], Ostfildern Vienne, Hatje Cantz, 2008.

GIUDICI, Nicolas, *La Philosophie du Mont-Blanc : de l'alpinisme à l'économie immatérielle*, Paris, Grasset, 2000.

HACHE, Sophie, *La Langue du ciel : le sublime en France au XVIIe siècle*, Paris, H. Champion, coll. « Lumière classique » 2000.

HAUPTMAN, William, *La Suisse sublime vue par les peintres voyageurs : 1770-1914*, cat. exp. [Lugano, Fondation Thyssen-Bornemisza Villa Favorita, 1er août-27 octobre 1991 ; Genève, musée d'Art et d'Histoire, 14 novembre 1991-2 février 1992], Milan, Electa Fondation Thyssen-Bornemisza, 1991.

HERINGMAN, Noah, *Romantic Rocks, Aesthetic Geology*, Ithaca, Cornell University Press, 2004.

JOUTARD, Philippe, *L'Invention du Mont-Blanc*, Paris, Gallimard, coll. « Archives », 1986.

KOERNER, Joseph Leo, *Caspar David Friedrich and the Subject of Landscape*, New Haven, Yale University Press, 1990.

KRAMER, Thomas, et Hilar STADLER, *Eduard Spelterini : Fotografien des Ballonpioniers*, cat. exp. [Kriens, Museum im Bellpark, 18 août-11 novembre 2007], Zurich, Scheidegger und Spiess, 2007.

MANNONI, Laurent, Donata Pesenti CAMPAGNONI, Francis Ford COPPOLA *et al.*, *Lanterne magique et film peint*, Paris, La Martinière, 2009.

ROGER, Alain, François GUÉRY *et al.*, *Maîtres et protecteurs de la nature*, Seyssel, Champs-Vallon, 1991.

SAINT GIRONS, Baldine, *Les Monstres du sublime : Victor Hugo, le génie et la montagne*, Paris, Paris-Méditerranée, 2005.

WILTON, Andrew, *Turner and the Sublime*, cat. exp. [Toronto, The Art Gallery of Ontario, 1er novembre 1980-4 janvier 1981 ; New Haven, Yale Center for British Art, 11 février-19 avril 1981 ; Londres, The British Museum, 15 mai-20 septembre 1981], Londres, British Museum, 1980.

WILTON, Andrew, et Timothy John BARRINGER, *American Sublime: Landscape Painting in the United States, 1820-1880*, cat. exp. [Londres, Tate Britain, 21 février-19 mai 2002 ; Philadelphie, Pennsylvania Academy of Fine Arts, 17 juin-27 août 2002 ; Minneapolis Institute of Arts, 22 septembre-17 novembre 2002], Londres, Tate Gallery, 2002.

CATASTROPHES

DU CHÂTIMENT DIVIN AU TSUNAMI

DERRIDA, Jacques, « No Apocalypse, not now (full spead ahead, seven missiles, seven missives) », *Diacritics*, vol. 14, n° 2, « Nuclear Criticism », été 1984.

DIAMOND, Jared, *Effondrement : comment les sociétés décident de leur disparition ou de leur survie*, traduit par Agnès Botz et Jean-Luc Fidel, Paris, Gallimard, coll. « NRF essais », 2006.

DUPUY, Jean-Pierre, *Petite Métaphysique des tsunamis*, Paris, Le Seuil, coll. « Points Essais », 2015.

FERGUSON, Frances, « The Nuclear Sublime », *Diacritics*, vol. 14, n° 2, « Nuclear Criticism », été 1984.

HALTER, Ernst et Martin MÜLLER, *Weltuntergang*, cat. exp. [*Weltuntergang & Prinzip Hoffnung*, « *La fin du monde et le principe espoir* », Zurich, Kunsthaus, 27 août-7 novembre 1999], Zurich, Offizin, 1999. Brochure de l'exposition par Harald Szeemann et Leon Laurentia, *Weltuntergang & Prinzip Hoffnung*, Zurich, Kunsthaus – Pro Litteris, 1999.

HUZAR, Eugène, *La Fin du monde par la science* [1855], édité par Jean-Baptiste Fressoz et François Jarrige, Alfortville, Ère, coll. « Chercheurs d'Ère », 2008.

LE BRUN, Annie, *Perspective dépravée : entre catastrophe réelle et catastrophe imaginaire*, Paris, Éd. du Sandre, 2011.

MERCIER-FAIVRE, Anne-Marie, et Chantal THOMAS, *L'Invention de la catastrophe au XVIIIe siècle : du châtiment divin au désastre naturel*, Genève, Droz, coll. « Bibliothèque des Lumières », 2008.

NANCY, Jean-Luc, *L'Équivalence des catastrophes : après Fukushima*, Paris, Galilée, coll. « La philosophie en effet », 2012.

NEYRAT, Frédéric, *Biopolitique des catastrophes*, Paris, Éd. MF, coll. « Dehors », 2008.

RIBON, Michel, *Esthétique de la catastrophe : essai sur l'art et la catastrophe*, Paris, Kimé, coll. « Esthétiques », 1999.

SZENDY, Peter, *L'Apocalypse cinéma : 2012 et autres fins du monde*, Nantes, Capricci, 2012.

VIRILIO, Paul, *Ce qui arrive*, Paris, Galilée, coll. « L'Espace critique », 2002.

WALTER, François, *Catastrophes : une histoire culturelle, XVIe-XXIe siècle*, Paris, Seuil, coll. « L'univers historique », 2008.

De la catastrophe, cur. Adelina von Fürstenberg, coll. Alessandra Lukinovich, René Thom, Corinna Ferrari, cat. exp. [Genève, Centre d'art contemporain, avril-mai 1982], Genève, Centre d'art contemporain, 1982.

Terrae motus, cur. Michele Bonuomo, cat. exp. [Paris, Grand Palais, 28 mars-11 mai 1987], Naples, Guida, 1987.

Der Weltuntergang, mit einem Lesebuch, cur. Ernst Halter et Martin Müller, cat. exp. [Zurich, Kunsthaus, 27 août-7 novembre 1999], Zurich, Kunsthaus Zurich, 1999.

Sublime: The Darkness and the Light: Works from the Arts Council Collection, cat. exp. [exp. itinérante, juin 1999-juillet 2000], Londres, Hayward Gallery, 1999.

Apocalypse: Beauty and Horror in Contemporary Art, cur. Rosenthal Norman et Michael Archer, cat. exp. [Londres, Royal Academy of Arts, 23 sept.-15 déc. 2000], Londres, Royal Academy of Arts, 2000.

Terror and the Sublime: Art in an Age of Anxiety, cur. Peter Murray et William Laffan, cat. exp. [Cork, Crawford Art Gallery, 20 nov. 2009-27 fév. 2010], Cork, Crawford Art Gallery, 2009.

Dark Optimism, cat. exp. [New York, MoMA PS1, 12 mai-2 septembre 2013].

ESSAIS D'ÉCOLOGIE

ANDERS, Günther, *L'Obsolescence de l'homme : sur l'âme à l'époque de la deuxième révolution industrielle* [1956], traduit par Christophe David, Paris, l'Encyclopédie des nuisances – Ivrea, 2002.

ANDERS, Günther, *L'Obsolescence de l'homme*, t. II : *sur la destruction de la vie à l'époque de la troisième révolution industrielle*, traduit par Christophe David, Paris, Fario, 2011.

BATESON, Gregory, *Mind and Nature: A Necessary Unity*, Londres, Sydney, Wildwood House Bookwise Australia, 1979.

BATESON, Gregory, *Steps to an Ecology of Mind: Collected Essays in Anthropology, Psychiatry, Evolution and Epistemology*, Londres, J. Aronson, 1987.

BATESON, Gregory, *Vers une écologie de l'esprit*, Paris, Seuil, coll. « Points », 2008.

Commission mondiale sur l'environnement et le développement, *Notre avenir à tous*, New York, Nations unies, 1987.

CONCA, Ken, et Geoffrey D. DABELKO, *Green Planet Blues: Environmental Politics from Stockholm to Kyoto*, Boulder, Westview Press, 1998.

CRONON, William (dir.), *Uncommon Grounds, Rethinking the Human Place in Nature*, New York, Londres, W. W. Norton and Company, 1995.

DARWISH, Leila, *Earth Repair: A Grassroots Guide to Healing Toxic and Damaged Landscapes*, Gabriola, New Society Publishers, 2013.

DESCOLA, Philippe, *Par-delà nature et culture*, Paris, Gallimard, coll. « Bibliothèque des sciences humaines », 2005.

ECKERSLEY, Robyn, *Environmentalism and Political Theory: Toward an Ecocentric Approach. SUNY Series in Environmental Public Policy*, Albany, State University of New York, 1992.

EHRLICH, Paul R., « Eco-Catastrophe ! », *Rampars Magazine*, septembre 1969, n° 12, p. 24-28.

EHRLICH, Paul R., *La Bombe P*, Paris, J'ai lu, 1973.

EHRLICH, Paul R. et Anne EHRLICH, *Population, ressources, environnement : problèmes d'écologie humaine*, traduit par Michel Carrière, Paris, Fayard, 1972.

GIEC, 2007 *: Bilan 2007 des changements climatiques. Contribution des Groupes de travail I, II et III au quatrième Rapport d'évaluation du Groupe d'experts intergouvernemental sur l'évolution du climat* [Équipe de rédaction principale, Pachauri, R.K. et Reisinger, A. (dir)], Genève, GIEC, 2007.

GLASER, Marion et Gesche KRAUSE, Beate M.W. RATTER, Martin WELP (éd.), *Human-Nature Interactions in the Anthropocene: Potentials of Social-Ecological Systems Analysis*, New York, Routledge, coll. « Routledge Studies in Environment, Culture, and Society », 2012.

GUATTARI, Félix, *Les Trois Écologies*, Paris, Galilée, coll. « L'Espace critique », 1989.

HACHE, Émilie (dir.), *De l'univers clos au monde infini*, textes réunis et présentés par Émilie Hache, Christophe Bonneuil, Dipesh Chakrabarty, Déborah Danowski, Giovanna Di Chiro, Pierre de Jouvancourt, Bruno Latour, Isabelle Stengers, Eduardo Viveiros de Castro, Bellevaux, Dehors, 2014.

NAOMI KLEIN, *Tout peut changer. Capitalisme et changement climatique*, Acte Sud, Lux, 2015.

LATOUR, Bruno, *Politiques de la nature : Comment faire entrer les sciences en démocratie*, Paris, La Découverte, 1999.

LATOUR, Bruno, *Face à Gaïa. Huit conférences sur le nouveau régime climatique*, Paris, La Découverte, 2015.

LOVELOCK, James, *La Terre est un être vivant : l'hypothèse Gaïa*, Monaco, le Rocher, coll. « L'Esprit et la matière », 1986.

LOVELOCK, James, *Gaia. A New Look at Life on Earth*, Oxford, Oxford University Press, 2000.

LOVELOCK, James, *Gaïa : une médecine pour la planète. Géophysiologie, nouvelle science de la terre*, Paris, Sang de la terre, 2001.

LOVELOCK, James, *La Revanche de Gaïa : préserver la planète avant qu'elle ne nous détruise*, traduit par Thierry Piélat, Paris, J'ai lu, 2008.

MEADOWS, Dennis L., *Halte à la croissance ? Enquête sur le Club de Rome*, traduit par Jacques Delaunay, Paris, Fayard, 1972.

MEADOWS, Donella H., Dennis L. MEADOWS, et Jørgen RANDERS, *Les Limites à la croissance : dans un monde fini le rapport Meadows, 30 ans après*, traduit par Agnès El Kaïm, Paris, Rue de l'échiquier, 2012.

NÆSS, Arne, et David ROTHENBERG, *Vers l'écologie profonde*, traduit par Dominique Bellec, Marseille, Wildproject, coll. « Domaine sauvage », 2009.

RECLUS, Élisée, *Du sentiment de la nature dans les sociétés modernes* [1866], Orthez, Gascogne, 2005.

SACHS, Aaron Jacob, *The Humboldt Current: Nineteenth-Century Exploration and the Roots of American Environmentalism*, New York, Viking, 2006.

SERRES, Michel, *Le Contrat naturel*, Paris, Flammarion, coll. « Champs », 1992.

SERRES, Michel, *Retour au « Contrat naturel ». Conférences*, Paris, Bibliothèque nationale de France, 2000.

SHIVA, Vandana, *La Nature sous licence, ou le processus d'un pillage : diversité biologique en péril*, Genève, CETIM, 1994.

ÉCOFÉMINISME

BIGWOOD, Carol, *Earth Muse: Feminism, Nature, and Art*, Philadelphie, Temple University Press, 1993.

BLUMENTHAL, Lyn, Janet CULBERTSON, Shirley FUERST, Sandy GELLIS, Phyllis JANTO, Sarah JENKINS, Ellen LANYON, Lucy R. LIPPARD, Jane Logemann, Ana MENDIETA, Sabra MOORE, Linda PEERE et Merle TEMKIN, « Earthkeeping/Earthshaking: Feminism & Ecology », numéro thématique de *Heresies. A Feminist Publication on Art and Politics*, Braderman, Joan (dir.), vol. 4, n° 1, 1981.

CARSON, Rachel, *Printemps silencieux* [1962], Revest-Saint-Martin, Coyote éd, 2009.

DELEAUME, Chloé, Agnès DENES, Elsa DORLIN *et al.*, *Les Immémoriales : pour une écologie féministe*, cat. exp. [Metz, 49 Nord 6 Est – Frac Lorraine, Fonds régional d'art contemporain de Lorraine, 2 mars-23 juin 2013], Metz, 49 Nord 6 Est – Frac Lorraine, Fonds régional d'art contemporain de Lorraine, 2014.

EAUBONNE, Françoise d', *Le Féminisme ou la mort*, Paris, Pierre Horay, 1974.

MANN, Bonnie, *Women's Liberation and the Sublime: Feminism, Postmodernism, Environment*, Oxford, Oxford University Press, 2006.

MERCHANT, Carolyn, *Earthcare: Women and the Environment*, New York, Routledge, 1995.

MIES, Maria et Vandana SHIVA, *Écoféminisme*, traduit par Édith Rubinstein, Paris, L'Harmattan, coll. « Femmes & changements », 1998.

PLUMWOOD, Val, *Feminism and the Mastery of Nature*, Londres, Opening Out ; New York, Routledge, 1993.

POLLOCK, Griselda, *Generations and Geographies in the Visual Arts: feminist readings*, Londres, New York, Routledge, 1996.

CONTRE-CULTURE ET MILITANTISME

Auther, Elissa, et Adam Lerner, *West of Center: Art and the Counterculture Experiment in America, 1965-1977*, cat. exp. [Museum of Contemporary Art Denver, 10 novembre 2011-19 février 2012; Scottsdale Museum of Contemporary Art, 29 septembre 2012-6 janvier 2013], Minneapolis, University of Minnesota Press, 2012.

Brand, Stewart (dir.), *Whole Earth Catalog*, périodique [1968-1972].

Brand, Stewart (dir.), *The CoEvolution Quarterly*, périodique [1974-1985].

Bourg, Dominique, *Quand l'écologie politique s'affiche : 40 ans de militantisme graphique*, Toulouse, Plume de carotte, 2014.

Diedrich, Diederichsen, Anselm Franke (dir.), *The Whole Earth. California and the Disappearance of the Outside*, avec les contribution de Sabeth Buchmann, Mercedes Bunz, Diedrich Diederichsen, Kodwo Eshun, Anselm Franke, Erich Hörl, Norman M. Klein, Maurizio Lazzarato, Flora Lysen, Eva Meyer, John Palmesino, Laurence Rickels, Bernd M. Scherer et Fred Turner, Berlin, Haus der Kulturen der Welt et Sternberg, 2013.

Fournier, Pierre (dir.), *La Gueule ouverte, le journal qui annonce la fin du monde*, périodique [1972-1977].

Goldsmith, Edward (dir.), *The Ecologist*, périodique [1970-2009].

Grothendieck, Alexandre (dir.), *Survivre*, puis *Survivre et vivre*, périodique [1970-1975].

Hervé, Alain, et Claude Perdriel (dir.), *Le Sauvage*, périodique [1973-1980].

Kahn, Lloyd (dir.), *Shelter 1*, Bolinas, Shelter Publ, 1973.

Kahn, Lloyd (dir.), *Shelter 2*, Bolinas, Shelter Publ, 1978.

Kirk, Andrew G, *Counterculture Green: The Whole Earth Catalog and American Environmentalism*, Lawrence, University Press of Kansas, coll. «Culture America», 2007.

Todd, John, et Nancy Todd (dir.), *Journal of the New Alchemists*, périodique [1973-1981].

Turner, Fred, *From Counterculture to Cyberculture: Stewart Brand, the Whole Earth Network, and the Rise of Digital Utopianism*, Chicago, University of Chicago Press, 2006.

ÉCOLOGIE ET ART

«Kunst und Klimawandel, Existenz am Limit», n° spécial, *Kunstforum International*, octobre-décembre 2009, n° 199.

«Kunst und Oekologie», *Kunstforum international*, février-mars 1988.

Andrews, Max, *Land Art: A Cultural Ecology Handbook*, Londres, RSA, 2006.

Beardsley, John, *Earthworks and Beyond: Contemporary Art in the Landscape*, 2e éd., Paris, Cross River Press, 1989.

Blanc, Nathalie, et Julie Ramos, *Écoplasties : art et environnement...* [entretiens avec Ala Plástica, Atelier Van Lieshout, Iain Baxter, Gilles Bruni, Caretto e Spagna, Minerva Cuevas, Goerg Detzler, Mark Dion...], Paris, Manuella éd, 2010.

Boettger, Suzaan, *Earthworks: Art and the Landscape of the Sixties*, Berkeley, University of California Press, 2002.

Bourdon, David, *Designing the Earth: The Human Impulse to Shape Nature*, New York, H.N. Abrams, 1995.

Brophy, Sarah S., et Elizabeth Wylie, *The Green Museum: A Primer on Environmental Practice*, Lanham, AltaMira Press, 2008.

Burnham, Jack, *Great Western Salt Works: Essays on the Meaning of Post-Formalist Art*, New York, G. Braziller, 1974.

Clément, Gilles, et Gilles A. Tiberghien, *Dans la vallée : biodiversité, art et paysage*, Montrouge, Bayard, 2009.

COAL, Coalition pour l'art et le développement durable, www.projetcoal.org/coal, consulté le 15 juillet 2015. [SITE]

«ecovention», greenmuseum.org/c/ecovention, consulté le 16 avril 2015. [SITE]

«Environmental Art Museum», greenmuseum.org, consulté le 16 avril 2015. [SITE]

«Extinction sites, cataloguing the psychogeography of the anthropocene through species loss, natural resource depletion and the collapse of civilsations», extinct.ly [SITE]

Herd, Stan, *Crop Art and Other Earthworks*, New York, H.N. Abrams, 1994.

Institut für Auslandsbeziehungen, et Aedes am Pfefferberg, *Ecology. Design. Synergy : Behnisch Architekten + Transsolar ClimateEngineering*, Berlin, Aedes, 2006.

Kastner, Jeffrey (dir.), Brian Wallis (essai), *Land art et art environnemental*, Paris, Phaidon, 2004.

Kepes, Gyorgy, *Arts of the Environment*, New York, G. Braziller, coll. «Vision + Value Series», 1972.

Lima, Antonietta Iolanda, *Soleri: Architecture as Human Ecology*, New York, Monacelli Press, 2003.

Lippard, Lucy, *The Lure of the Local: Senses of Place in a Multicentered Society*, New York, The New Press, 1997.

Lippard, Lucy, *Overlay: Contemporary Art and the Art of Prehistory*, New York, Pantheon Books, 1983.

Lippard, Lucy, *Undermining, A Wild Ride Through Land Use, Politics, and Art in the Changing West*, New York, The New Press, 2014.

Matilsky, Barbara C., *Fragile Ecologies: Contemporary Artists' Interpretations and Solutions*, New York, Rizzoli International, 1992.

Moyer, Twylene, et Glenn Harper, *The New Earthwork: Art, Action, Agency*, Hamilton, ISC Press, University of Washington Press, coll. «Perspectives on Contemporary Sculpture», 2011.

Penders, Anne-Françoise, *En chemin. Le land art*, t. 1 : *Partir*, Bruxelles, La Lettre volée, coll. «Essais», 2000.

Penders, Anne-Françoise, *En chemin. Le land art*, t. 2 : *Revenir*, Bruxelles, La Lettre volée, coll. «Essais», 2000.

Pool, Peter E. (ed.), *The Altered Landscape*, contributions de Patricia Nelson Limerick, Dave Hickey et Thomas W. Southall, Reno, The Nevada Museum of Art, University of Nevada Press, 1999.

Ressource0 Arts & Ecologies, www.ressource0.com, consulté le 16 avril 2015. [SITE]

Shapiro, Gary, *Earthwards: Robert Smithson and Art after Babel*, Berkeley, University of California Press, 1995.

Sonfist, Alan, Wolfgang Becker et Robert Rosenblum, *Nature, the End of Art: Environmental Landscapes*, New York, D.A.P.; Londres, Thames and Hudson, 2004.

Thompson, Ian H., *Ecology, Community, and Delight: Sources of Values in Landscape Architecture*, Londres, New York, E & FN Spon, 2000.

Tiberghien, Gilles, *Land art*, Paris, Carré, 2013.

Tiberghien, Gilles, *Nature, art, paysage*, Paris, Actes Sud; École nationale supérieure du paysage, Centre du paysage, 2001.

Tiberghien, Gilles, *Notes sur la nature, la cabane et quelques autres choses*, Strasbourg, École supérieure des arts décoratifs, 2000.

Tiberghien, Gilles, *Paysages et jardins divers*, Paris, Éd. Mix, 2008.

ÉCRITS ET PROJETS D'ARTISTES

Biemann, Ursula, «Geobodies – Home», www.geobodies.org, consulté le 16 avril 2015. [SITE]

Biemann, Ursula, «World of Matter», www.worldofmatter.net, consulté le 16 avril 2015. [SITE]

Biemann, Ursula, Peter Mörtenböck et Helge Mooshammer, «From Supply Lines to Resource Ecologies», *Third Text*, vol. 27, n° 1, p. 76-94.

De Maria, Walter, «On the Importance of Natural Disasters (May 1960)», dans La Monte Young, *An Anthology of Chance Operation*, New York, J. Mac Low, 1936.

Denes, Agnes et Klaus Ottmann, *The Human Argument: The Writings of Agnes Denes*, Putnam, Spring Publications, 2008.

Fend, Peter, *Ocean Earth: 1980 bis heute*, Stuttgart, Oktagon, 1994.

Goin, Peter, *Humanature*, Austin, University of Texas Press, 1996.

Goin, Peter, *Nuclear Landscapes, Creating the North American Landscape*, cat. exp. [Rochester, Visual Studies Workshop, 28 octobre 1988-6 janvier 1989], Baltimore, Johns Hopkins University Press, 1991.

Heizer, Michael et Julia Brown (entretien), *Michael Heizer: Sculpture in Reverse. Interview with Julia Brown*, traduit par Raphaëlle Brin, avec la collab. de Manon Lutanie, Paris, Éd. Lutanie, 2014.

Hutchinson, Peter, *Dissoudre les nuages*, traduit par Alexis Vaillant, préface de Gilles A. Tiberghien, Genève, Musée d'art moderne et contemporain, coll. «Écrits d'artistes», 2014, p. 60 62.

Johanson, Patricia et Caffyn Kelley (entretien), *Art and survival: Creative Solutions to Environmental Problems*, Vancouver, Gallerie Publ., 1992.

Metzger, Gustav, «RAF/Reduce Art Flights», www.reduceartflights.lttds.org, consulté le 16 avril 2015. [SITE]

Morris, Robert, *Earthworks, Land Reclamation as Sculpture*, cat. exp. [King County Arts Commission, Seattle Art Museum et San Jose Museum of Art], Seattle, Seattle Art Museum, 1979.

Simonds, Charles et Daniel Abadie (entretien), *Charles Simonds: mythologies, demeures, Niagara Gorge, la Placita, paysage social, architectures rituels et cosmologie, demeure-Ouroboro*, Paris, S.M.I., coll. «Art-Cahier», 1975.

SMITHSON, Robert, Jack D. FLAM, *Robert Smithson, The Collected Writings*, Berkeley, University of California Press, coll. « Documents of Twentieth Century Art », 1996.

SONFIST, Alan, *Art in the Land: A Critical Anthology of Environmental Art*, New York, Dutton, 1983.

EXPOSITIONS

1968-2015

Earthworks, cur. Virginia Dwan et Robert Smithson, cat. exp., [5-30 octobre 1968], New York, Virginia Dwann Gallery.

Earth art, cur. Willoughby Sharp et Thomas W. Leavitt, cat. exp. [Andrew Dickson White Museum of Art, Cornell University, 11 février-16 mars 1969], Ithaca, Andrew Dickson White Museum of Art, Cornell University, 1969.

EcoArtSpace, Patricia Watts et Amy Lipton, ecoartspace.org/projects.html [SITE]

Conceptual art, arte povera, land art, cur. Germano Celant, cat. exp. [Turin, Galleria civica d'arte moderna, juin-juillet 1970], Turin, Galleria civica d'arte moderna, 1970.

« Earth, air, fire, water », cur. Virginia Gunter, Boston, Boston Museum of Fine Arts, 1972.

New Topographics. Photographs of a Man-Altered Landscape: R. Adams, L. Baltz, B. and H. Becher, J. Deal, F. Gohlke, N. Nixon, J. Schott, S. Shore, H. Wessel, cur. William Jenkins, cat. exp. [Rochester, N.Y., International Museum of Photography at George Eastman House, 1975], Rochester, International Museum of Photography at George Eastman House, 1975.

Probing the Earth: Contemporary Land Projects, cur. John Beardsley, cat. exp. [Washington, Hirshhorn Museum and Sculpture Garden, 27 octobre 1977-2 janvier 1978; San Diego, La Jolla Museum of Contemporary Art, 27 janvier-26 février 1978; Seattle, Seattle Art Museum, 23 mars-21 mai 1978], Washington, Smithsonian Institution Press, 1977.

Dalla natura all'arte, dall'arte alla natura, cur. Achille Bonito Oliva, cat. exp., Venise, La Biennale di Venezia, 1978.

Landscape Art: Two Way Reaction: Australian National Gallery at the Australian National University, cat. exp. [Canberra, Australian National Gallery, 15 décembre 1980-12 mars 1981], Canberra, Australian National Gallery, 1980.

Common Ground: Five Artists in the Florida Landscape: Hamish Fulton, Helen and Newton Harrison, Michael Singer, Alan Sonfist, cur. Michael Auping, cat. exp. [Sarasota, John and Mable Ringling Museum of Art, 14 mai-18 juin 1982], Sarasota, John and Mable Ringling Museum of Art, 1982.

Beyond Green: Toward a Sustainable Art, cur. Stephanie Smith, cat. exp. [Chicago, Smart Museum of Art, University of Chicago, 6 octobre 2005-15 janvier 2006; New York, Museum of Arts & Design, 2 février-7 mai 2006; Cincinnati, Contemporary Arts Center, 5 mai-15 juillet 2007], New York, University of Chicago, Independent Curators International, 2005.

Sharjah Biennial 8: Still Life: Art, Ecology & the Politics of Change, cur. Mohammad Kazem, Eva Scharrer et Jonathan Watkins, Sharjah, cat. exp., United Arab Emirates, Sharjah Biennial, 2007.

Weather Report: Art and Climate Change, cur. Lucy R. Lippard, Stephanie Smith et Andrew Revkin, cat. exp. [Boulder, Boulder Museum of Contemporary Art, 14 septembre-21 décembre 2007], Boulder, Boulder Museum of Contemporary Arts, 2007.

Acclimatation, cur. Bénédicte Ramade, cat. exp. [Nice, Villa Arson, 31 octobre 2008-1er février 2009].

Greenwashing: Environment, Perils, Promises and Perplexities, cur. Ilaria Bonacossa et Latitudes, cat. exp. [Turin, Fondazione Sandretto re Rebaudengo, 29 février-18 mai 2008], Turin, The Bookmakers, 2008.

Radical Nature: Art and Architecture for a Changing Planet 1969-2009, cur. Francesco Manacorda, cat. exp. [Londres, Barbican Art Gallery, 19 juin-19 octobre 2009], Londres, Koenig Books, 2009.

Earth: Art of a Changing World, cur. David Buckland et Kathleen Soriano, cat. exp. [Londres, Royal Academy of Arts, 3 décembre 2009-31 janvier 2010], Londres, Royal Academy of Arts, 2009.

In the Balance: Art for A Changing World, cur. Rachel Kent, cat. exp. [Sydney, Museum Of Contemporary Art, 2010], Sydney, Museum of Contemporary Art, 2010.

The Altered Landscape: Photographs of a Changing Environment, cur. Ann M. Wolfe, préface David B. Walker; contributions de Lucy Lippard, Geoff Manaugh, W.J.T. Mitchell, cat. exp. [Reno, The Nevada Museum of Art, 24 septembre 2011-8 janvier 2012], New York, Skira Rizzoli Publications, 2011.

Ends of the Earth: Land Art to 1974, cur. Philipp Kaiser et Miwon Kwon, cat. exp. [Los Angeles, The Museum of Contemporary Art, 27 mai-20 août 2012; Munich, Haus der Kunst, 12 octobre 2012-20 janvier 2013], Los Angeles, The Museum of Contemporary Art, 2012.

Carbon 12 : art et changement climatique, cur. David Buckland, cat. exp. [Paris, Espace Fondation EDF, 4 mai-16 septembre 2012], Paris, Somogy éditions d'art, 2012.

Green Acres: Artists Farming Fields, Greenhouses and Abandoned Lots, cur. Sue Spaid, cat. exp. [Cincinnati, Contemporary Arts Center, 22 septembre 2012-20 janvier 2013], Cincinnati, Contemporary Arts Center, 2012.

Uncommon Ground: Land Art in Britain 1966-1979, cur. Nicholas Alfrey, Dr. Joy Sleeman et Ben Tuffnell, cat. exp. [Southampton, City Art Gallery, 10 mai-3 août 2013; Cardiff, National Museum of Wales, 28 septembre 2013-5 janvier 2014; université de Warwick, Mead Gallery, 18 janvier-8 mars 2014; Yorkshire Sculpture Park, Longside Gallery, 5 avril-15 juin 2014], Londres, Hayward Publishing – Southbank Centre, 2013.

« The Registry of Promise: The Promise of Melancholy and Ecology », cur. Chris Sharp, exp. [Rome, Fondazione Giuliani, 9 mai-18 juillet 2014].

« Rights of Nature. Art and Ecology in the Americas », cur. T. J. Demos, Alex Farquharson et Irene Aristizábal, exp. [Nottingham, Nottingham Contemporary, 24 janvier-15 mars 2015].

ARCHITECTURE

BULLES ET CAPSULES

ANKER, Peder, *From Bauhaus to Ecohouse: A History of Ecological*, Baton Rouge, Louisiana State University Press, 2010.

BANHAM, Reyner, *L'Architecture de l'environnement bien tempéré*, traduit par Antoine Cazé, Orléans, HYX, 2011.

BANHAM, Reyner, *Megastructure: Urban Futures of the Recent Past*, Londres, Thames and Hudson, 1976.

BÉRET, Chantal et Chrystèle BURGARD, *Nouvelles de nulle part : utopies urbaines 1789-2000*, cat. exp. [Musée de Valence, 26 janvier-29 avril 2001], Paris, Réunion des musées nationaux; Valence, Musée de Valence, 2001.

BINA, Andrea et HAUS-RUCKER-CO, *Live Again*, cat. exp. [Linz, Lentos Kunstmuseum, 16 novembre 2007-16 mars 2008], Nuremberg, Verlag für Moderne Kunst, 2007.

BORRIES, Friedrich von, *Klimakapseln : Überlebensbedingungen in der Katastrophe*, Berlin, Suhrkamp, 2010.

BRAYER, Marie-Ange (dir.), *Art & architecture/Architectures expérimentales, 1950-2012 : une autre histoire de l'architecture. Collection du FRAC Centre*, Orléans, HYX, 2013.

HAUS-RUCKER-CO, *Archéologie de la ville*, cat. exp. [Paris, Forum du Centre Georges Pompidou, Centre de création industrielle, 1er février-8 mars 1977], Paris, Centre national d'art et de culture Georges Pompidou, 1977.

COOK, Peter, *Experimental Architecture*, New York, Universe Books, 1970.

FRIEDMAN, Yona, *Alternatives énergétiques ou la civilisation paysanne modernisée. Pour une réelle économie des ressources. Comment désindustrialiser l'énergie*, Saint-Jean-de-Braye, Éditions Dangles, 1982.

FRIEDMAN, Yona, *L'Architecture de survie : où s'invente aujourd'hui le monde de demain*, Tournai, Casterman, coll. « Synthèses contemporaines », 1978.

FULLER, Richard Buckminster, *Operating Manual for Spaceship Earth*, Carbondale, Edwardsville, Southern Illinois University Press; Londres; Amsterdam, 1969.

FULLER, Richard Buckminster, *Utopia or Oblivion the Prospects of Humanity*, s.l., Allen Lane, Penguin Press, 1970.

HAUS-RUCKER-CO, *Cover, Überleben in verschmutzter Umwelt*, cat. exp. [Krefeld, Museum Haus Lange, 28 février-18 avril 1971], Krefeld, Museum Haus Lange, 1971.

LANG, Peter et William MENKING, *Superstudio: Life without Objects*, New York, Skira, 2003.

LIMA, Antonietta Iolanda, *Soleri: Architecture as Human Ecology*, New York, Monacelli Press, 2003.

PAPANEK, Victor J., *Design pour un monde réel : écologie humaine et changement social*, traduit par Robert Louit, Nelly Josset et Richard Buckminster Fuller, Paris, Mercure de France, coll. « Environnement et société », 1974.

PEARSON, David, *Earth to Spirit. In Search of Natural Architecture*, Londres, Gaia Books, 1994.

RAGON, Michel, *Histoire mondiale de l'architecture et de l'urbanisme modernes*, t. 3 : *Prospective et futurologie*, Tournai, Casterman, 1971.

ROTTIER, Guy, *L'Architecture en liberté*, Paris, Alternatives, 1986.

ROUGERIE, Jacques et Édith VIGNES, *Habiter la mer*, Paris, Éditions maritimes et d'outre-mer, 1978.

ROUILLARD, Dominique, *Superarchitecture : le futur de l'architecture, 1950-1970*, Paris, Éditions de la Villette, 2004.

SOLERI, Paolo, *Arcologie. La ville à l'image de l'homme* [1975], Roquevaire, Parenthèses, 1980.

SOLERI, Paolo, *What If? Collected Writings 1986-2000*, Berkeley, Berkeley Hills Books, 2002.

TILDER, Lisa, Beth BLOSTEIN et Jane AMIDON (dir.), *Design Ecologies: Essays on the Nature of Design*, New York, Princeton Architectural Press, 2010.

WILLEMEIN, Véronique, *Guy Rottier*, Paris, Alternatives, 2008.

ZAMP KELP, Günter, Katja BLOMBERG, Ludwig ENGEL, *Haus-Rucker-Co. Architektur-Utopie Reloaded*, cat. exp. [Berlin, Haus am Waldsee, 22 novembre 2014-22 février 2015], Berlin, Haus am Waldsee; Cologne, Walther König, 2014.

SCIENCE-FICTION

ANTICIPATION POST-APOCALYPTIQUE ET FILMS CATASTROPHE (SÉLECTION)

ALDISS, Brian Wilson, *Terrassement* (*Earthworks*, 1966), Paris, Librairie des Champs-Élysées, coll. « Le Masque », 1979.

ALLEN, Corey, *Avalanche*, 1978. [FILM]

ARNAUD, Georges-Jean, *La Compagnie des glaces*, Paris, Fleuve noir, 1996.

BALLARD, J. G., *La Forêt de cristal* (*The Crystal World*, 1966), traduit par Michel Pagel, Paris, Denoël, coll. « Lunes d'encre », 2008.

BALLARD, J. G., *Le Monde englouti* (*The Drowned World*, 1962), Paris, Denoël, coll. « Présence du futur », 1980.

BALLARD, J. G, *Sécheresse* (*The Drought*, 1964), traduit par Michel Pagel, Paris, Gallimard, Folio, 2011.

BALLARD, J. G., *Le Vent de nulle part* (*The Wind from Nowhere*, 1961), Paris, le Livre de poche, 1979.

BARJAVEL, René, *Ravage : roman extraordinaire*, Paris, Denoël, 1943.

BOND, Edward, *Pièces de guerre*, traduit par Michel Vittoz, Paris, L'Arche, 1994.

BOULLE, Pierre, *La Planète des singes*, Paris, R. Julliard, 1963.

BRUNNER, John, *Le Troupeau aveugle* (*The Sheep Look Up*, 1972), traduit par Guy Abadia, Paris, R. Laffont, coll. « Ailleurs et demain », 1975.

BURROUGHS, Edgar Rice, *Au cœur de la terre* (*At the Earth's Core*, 1914), traduit par Pierre Billon, Paris, Éditions O.P.T.A, 1966.

CAMERON, James, *Abyss*, 1989. [FILM]

CHELEBOURG, Christian, *Les Écofictions : mythologies de la fin du monde*, Bruxelles, Réflexions faites; Paris, Les Impressions nouvelles, 2012.

CRICHTON, Michael, *Le Monde perdu* (*The Lost World*, 1990), traduit par Patrick Berthon, Paris, Le Grand Livre du mois, 1996.

DE BONT, Jan, *Twister*, 1996. [FILM]

DICK, Philip K., *Dr Bloodmoney* (*Dr. Bloodmoney or How We Got Along After the Bomb*, 1963), traduit par Bruno Martin, Paris, Opta, 1970.

DOYLE, Arthur Conan, *Le Monde perdu* (*The Lost World*, 1912), traduit par Gilles Vauthier, Paris, France Loisirs, 2006.

FLAMMARION, Camille, *La Fin du monde* (1893), Paris, Flammarion, 1917.

FORD, John, *The Hurricane*, 1937. [FILM]

HARRISON, Harry, *Soleil vert* (*Make Room! Make Room!*, 1966), Paris, Presses Pocket, 1975.

HONDA, Ishirō, *Godzilla*, 1954. [FILM]

JEFFERIES, Richard, *Londres engloutie* (*After London*, 1885), traduit par Évelyne Châtelain-Diharce, Lille, Miroirs, 1992.

KOMATSU, Sakyō, *La Submersion du Japon* (1973), Arles, P. Picquier, 2000.

LE GUIN, Ursula, *Les Dépossédés* (*The Dispossessed*, 1974), traduit par Henri-Luc Planchat, Paris, Robert Laffont, 1975.

LEDER, Mimi, *Deep Impact*, 1998. [FILM]

LOVECRAFT, Howard Phillips, *Les Montagnes hallucinées : nouvelles* (*At the Mountains of Madness*, 1936), traduit par Jacques Papy et Simone Lamblin. Paris, Librairie générale française, coll. « Le Livre de poche », 2012.

MCCARTHY, Cormac, *La Route* (*The Road*, 2006), traduit par François Hirsch, Paris, L'Olivier, 2008.

MARTON, Andrew, *Quand la terre s'entrouvrira* (*Crack in the World*, 1965). [FILM]

MATHESON, Richard, *Je suis une légende* (*I Am Legend*), 1954, traduit par Claude Elsen, Paris, Denoël, coll. « Présence du futur », 1990.

MORITANI, Shiro, *La Submersion du Japon*, 1973. [FILM]

MURPHY, Geoff, *Le Dernier Survivant*, (*The Quiet Earth*, 1985). [FILM]

NEAME, Ronald, *Meteor*, 1979. [FILM]

PAL, George, *Atlantis, cité engloutie* (*Atlantis, Lost Continent*, 1960). [FILM]

POE, Edgar Allan, *Les Aventures d'Arthur Gordon Pym* (*The Narrative of Arthur Gordon Pym*, 1837), traduit par Charles Baudelaire, Paris, J'ai lu, 1994.

POE, Edgar Allan, « Conversation d'Eiros avec Charmion » dans *Contes mystérieux et fantastiques*, édité par Georges Roth, traduit par Charles Baudelaire, Paris, Larousse, 1932.

ROSNY AÎNÉ, J.-H., *La Mort de la terre* (1910), Paris, Flammarion, coll. « Étonnants classiques », 1997.

SHELLEY, Mary, *Le Dernier Homme* (*The Last Man*, 1832), traduit par Paul Couturiau, Paris, Gallimard, coll. « Folio, » 1998.

SHYAMALAN, Night, *After Earth*, 2013. [FILM]

SHYAMALAN, Night, *Phénomènes* (*The Happening*, 2008). [FILM]

THOMAS, Gordon, et Max Morgan-Witts, *Le volcan arrive ! : l'éruption de la montagne Pelée, 8 mai 1902* (*The Day their World Ended*, 1969), Paris, J'ai lu, 1976.

TRUMBULL, Douglas, *Silent Running*, 1971. [FILM]

VERNE, Jules, *Hector Servadac* (1877), Genève, Faust, 1982.

VERNE, Jules, *L'Éternel Adam* (1910), Paris, Mille et une nuits, coll. « La petite collection », 2001.

WAGAR, Warren, *Terminal Visions: The Literature of Last Things*, Bloomington, Indiana University Press, 1982.

WATKINS, Peter, *La Bombe* (*The War Game*), 1965. [FILM]

WEISMAN, Alan, *Homo disparitus* (*The World Without Us*, 2007), traduit par Christophe Rosson, Paris, Flammarion, 2007.

WELLS, Herbert George, *La Guerre des mondes* (*The War of Worlds*, 1898), traduit par Henry D. Davray, Paris, Gallimard, coll. « Folioplus classiques », 2007.

WELLS, Herbert George, *La Machine à explorer le temps* (*The Time Machine*, 1895), traduit par Henry D. Davray, Paris, Gallimard, coll. « Folio », 2001.

WELLS, Herbert George, « The Star » (1897), dans *The Works of H. G. Wells*, Londres, T. Fisher Unwin, coll. « Atlantic Edition », 1924.

WRIGHT, Sydney Fowler, *Deluge. A Romance, and Dawn* (1928-1929), New York, Arno Press, 1975.

LISTE DES ŒUVRES EXPOSÉES

Robert Adams
Broken Trees, next Box Springs
(« Arbres brisés près de Box Springs »), 1984
Épreuve gélatino-argentique, 37 × 47 cm
Reims, collection Frac Champagne-Ardenne
F88.2

Robert Adams
Burning Oil Sludge. Boulder County, Colorado (« Boues d'hydrocarbures en feu, comté de Boulder, Colorado »), 1974
Épreuve gélatino-argentique,
50,8 × 40,6 cm
Reno, The Nevada Museum of Art, The Altered Landscape, Carol Franc Buck Collection
1993.12.03

Robert Adams
Looking into San Bernardino Mt from East of Mentone
(« Vue sur le mont San Bernardino depuis l'est de Mentone »), 1983
Épreuve gélatino-argentique, 38 × 47 cm
Reims, collection Frac Champagne-Ardenne
F88.1

Robert Adams
Red-Lands California
(« Red-lands, Californie »), 1984
Épreuve gélatino-argentique, 37 × 47 cm
Reims, collection Frac Champagne-Ardenne
F88.3

Robert Adams
Santa Ana Wash (« Baie de Santa Ana »), 1982
Épreuve gélatino-argentique, 37 × 47 cm
Reims, collection Frac Champagne-Ardenne
F88.4

Bas Jan Ader
Farewell to Faraway Friends
(« Adieu à des amis lointains »), 1971
Épreuve chromogène
(tirage d'exposition), 49,5 × 56,5 cm
Rotterdam, Museum Boijmans Van Beuningen
3279 (MK)

Dove Allouche
3 440 m (l'Olan et les Rouies du Sirac), 2009
D'après les illustrations héliogravées de l'ouvrage *Haute Montagne* de l'alpiniste Pierre Dalloz, 1931
Mine graphite et encre sur papier, 69,5 × 98 cm
Paris, Centre Pompidou,
Musée national d'art moderne
Donation de la Collection Florence et Daniel Guerlain, 2012. AM 2012-292

Dove Allouche
Les Fumeurs noirs, 2, 2010
Négatif sur papier gélatino-argentique viré à l'or, 20 × 25 cm
Paris, Gaudel de Stampa

Dove Allouche
Les Fumeurs Noirs, 6, 2010
Négatif sur papier gélatino-argentique viré à l'or, 20 × 25 cm
Paris, collection Jean-Michel Cambilhou

Dove Allouche
Les Fumeurs noirs, 10, 2010
Négatif sur papier gélatino-argentique viré à l'or, 20 × 25 cm
Paris, Gaudel de Stampa

Dove Allouche
Subduction 1, 2010
Mine de plomb et encre sur papier, 20 × 25 cm
Paris, Gaudel de Stampa

Dove Allouche
Subduction 3, 2010
Mine de plomb et encre sur papier, 20 × 25 cm
Paris, Gaudel de Stampa

Darren Almond
Night + Fog (Monchegorsk), 7
(« Nuit + Brouillard, Monchegorsk, 7 »), 2007
Épreuve au gélatino-bromure d'argent, 119 × 149 cm
Courtesy galerie Max Hetzler, Berlin/Paris

Darren Almond
Night + Fog (Monchegorsk), 8
(« Nuit + Brouillard, Monchegorsk, 8 »), 2007
Épreuve au gélatino-bromure d'argent, 119 × 149 cm
Courtesy galerie Max Hetzler, Berlin/Paris

Darren Almond
Night + Fog (Monchegorsk), 11
(« Nuit + Brouillard, Monchegorsk, 11 »), 2007
Épreuve au gélatino-bromure d'argent contrecollée sur aluminium et encadré, 119,3 × 149,1 cm
Sotteville-lès-Rouen, collection Frac Haute-Normandie
2011. 2011.001.2

Darren Almond
Night + Fog (Norilsk), 19
(« Nuit + Brouillard, Norilsk, 19 »), 2007
Épreuve au gélatino-bromure d'argent contrecollée sur aluminium et encadré, 120 × 150 cm
Clermont-Ferrand, collection Frac Auvergne

Darren Almond
Until MMXLI.IV, 2003
C-print contrecollée sur aluminium, 121 × 121 cm
La Roche-sur-Yon, Musée municipal
Achat avec l'aide de l'État et de la région Pays de la Loire. 2012.3.1

Darren Almond
Until MMXLI.VII, 2003
C-print contrecollée sur aluminium, 121 × 121 cm
La Roche-sur-Yon, Musée municipal
Achat avec l'aide de l'État et de la région Pays de la Loire. 2012.3.2

Anonyme
Album de gouaches napolitaines, non daté
Gouache sur papier, 21 × 30 cm
Ludres, collection Krafft

Anonyme
Appareil photo et objectif (180 mm f2,8) Nikon, non daté
12 × 15 × 21 cm
Ludres, collection Krafft

Anonyme
Caméra 16 Bolex et objectif Switar, non daté
26 × 13 × 26 cm
Ludres, collection Krafft

Anonyme
Diaporama réalisé à partir des plaques de verre de la collection de la Cinémathèque française
Montage vidéo, Centre Pompidou-Metz, 2016
Paris, Cinémathèque française

Anonyme
Discesa dal Vesuvio
(« En descendant du Vésuve »), non daté
Lithographie en couleur, 15,5 × 23,7 cm
Paris, Muséum national d'histoire naturelle, Direction des bibliothèques et de la documentation
IC KR 300, dation Krafft

Anonyme
Double lanterne de projection « Pamphengos Lanterns » pour fondus enchaînés, avec obturateur oscillant à peignes, Londres, 1890
Métal, cuir, bois et verre,
75,5 × 50,5 × 47,5 cm
Paris, Cinémathèque française
Achat. AP-00-2245

Anonyme
Dust Storm, Topeka, Kansas (« Tempête de poussière, Topeka, Kansas »), 1935
Fac-similé d'après une épreuve gélatino-argentique, 10,4 × 12,7 cm
Topeka, Kansas State Historical Society
212074

Anonyme
Éruption de l'Etna en 1852, XIXᵉ siècle
Peinture à la gouache sur papier, 48 × 89 cm
Paris, Muséum national d'histoire naturelle, Direction des bibliothèques et de la documentation
DES KR 5, dation Krafft

Anonyme
Éruption du Vésuve en 1850, la nuit, XIXᵉ siècle
Peinture à la gouache sur papier, 45 × 90 cm
Paris, Muséum national d'histoire naturelle, Direction des bibliothèques et de la documentation
DES KR 41, dation Krafft

Anonyme
Fragment nº 73 [*Ascension de l'Etna*], 1920
Film cinématographique 35 mm, noir et blanc teinté, silencieux, durée : 1 min 04
Paris, Centre Pompidou,
Musée national d'art moderne
Inscription à l'inventaire en 2009. AM 2009-F8

Anonyme
Fragment nº 280 [*Coulée de lave*], 1920
Film cinématographique 35 mm, noir et blanc teinté, silencieux, durée : 1 min 04
Paris, Centre Pompidou,
Musée national d'art moderne
AM 2009-F10

Anonyme
Grüne Wälder Brauchen Grüne Politik Sofort, 1984
Affiche de campagne pour les élections européennes de juin 1984
Fac-similé d'après une impression photomécanique sur papier, 84 × 59 cm
Thiverval Grignon, Musée du Vivant – AgroParisTech

Anonyme
Intérieur du Vésuve en 1834, la nuit, XIXᵉ siècle
Peinture à la gouache sur papier, 52 × 73 cm
Paris, Muséum national d'histoire naturelle, Direction des bibliothèques et de la documentation
DES KR 37, dation Krafft

Anonyme
Salita al Vesuvio
(« En montant sur le Vésuve »), non daté
Lithographie en couleurs, 15,5 × 23,2 cm
Paris, Muséum national d'histoire naturelle, Direction des bibliothèques et de la documentation
IC KR 314, dation Krafft

Anonyme
Statuette de Saint Pierre, 1982
Statuette en bois, 31 × 13 × 7 cm
Ludres, collection Krafft

Anonyme
Tomus I. In praefatione Caput III. Typus Monis Vesuvii. Prout ab Authore A.[?] *1638 vifus* [?] *fuit. Portici*, 1678
Gravure en noir, 37,6 × 43 cm
Paris, Muséum national d'histoire naturelle – Direction des bibliothèques et de la documentation
IC KR 51, dation Krafft

Anonyme
« Volcans », *Encyclopédie Bouasse-Lebel*, nº 125
Fac-similé, 54,1 × 70,1 cm
Paris, Muséum national d'histoire naturelle – Direction des bibliothèques et de la documentation
IC KR 409, dation Krafft

Anonyme (attribué à William Robert Hill)
[Avalanche], milieu du XIXᵉ siècle
Plaque de verre peinte à la main, cadre en bois, 27,9 × 27,9 cm
Paris, Cinémathèque française
PLM-00500-018, Royal Polytechnic

Anonyme (attribué à William Robert Hill)
[Grotte bleue. Capri, Italie], milieu du XIXᵉ siècle
Plaque de verre peinte à la main, cadre en bois, 27,9 × 27,9 cm
Paris, Cinémathèque française
PLM-00500-008, Royal Polytechnic

Anonyme (attribué à William Robert Hill)
[Sources bouillonnantes], milieu du XIXᵉ siècle
Plaque de verre peinte à la main, cadre en bois, 27,9 × 27,9 cm
Paris, Cinémathèque française
PLM-00500-020, Royal Polytechnic

Anonyme (attribué à William Robert Hill)
[Tremblement de terre à Messine], milieu du XIXe siècle
Plaque de verre peinte à la main, cadre en bois, 27,9 × 27,9 cm
Paris, Cinémathèque française
PLM-00500-010, Royal Polytechnic

Anonyme (attribué à William Robert Hill)
[Les Chutes du Niagara], milieu du XIXe siècle
Plaque de verre peinte à la main, cadre en bois, 27,7 × 27,9 cm
Paris, Cinémathèque française
PLM-00500-017, Royal Polytechnic

Anonyme (attribué à William Robert Hill)
[Le *Fox* pris dans les glaces de la banquise], 1860
Plaque de verre peinte à la main, cadre en bois, 27,8 × 27,8 cm
Paris, Cinémathèque française
PLM-00500-006, Royal Polytechnic

Anonyme (attribué à William Robert Hill)
[Le Mont Vésuve en éruption], milieu du XIXe siècle
Plaque de verre peinte à la main, cadre en bois, 27,9 × 27,9 cm
Paris, Cinémathèque française
PLM-00500-009, Royal Polytechnic

Anonyme (attribué à William Robert Hill)
[Tempêtes de sable], milieu du XIXe siècle
Plaque de verre, peinte à la main, cadre en bois, 27,7 × 27,9 cm
Paris, Cinémathèque française
PLM-00500-013, Royal Polytechnic

Amy Balkin
The Atmosphere. A Guide («L'Atmosphère. Un guide»), 2013-2015
Impression numérique sur papier, 121,9 × 81,3 cm
Courtesy l'artiste

Lewis Baltz
Continuous Fire Polar Circle («Cercle polaire à feu continu»), 1986
Ensemble de 8 photographies noir et blanc et un texte édité par l'artiste en mars 1986, 20 × 26 cm chacune
Rennes, collection Frac Bretagne
87482

Shigeru Ban
Paper Log House, Kobe, Site Model II («Maison en rondin de papier, Kobé, Modèle II sur site»), 1995
Carton, tissu, bois, plastique et ficelle, 114,5 × 50,5 × 50,3 cm
Orléans, collection Frac Centre
999 02 254

Rosa Barba
Outwardly from Earth's Center («Vers l'extérieur depuis le centre de la Terre»), 2007
Film 16 mm transféré sur vidéo, couleur, sonore, durée : 25 min
Courtesy l'artiste

Ursula Biemann
Deep Weather («Temps profond»), 2013
Vidéo HD, couleur, sonore, durée : 8 min 58
Metz, collection 49 Nord 6 Est – Frac Lorraine

Auguste-Rosalie Bisson
Mont-Blanc, vu du jardin, 1858
Photographie extraite de *Haute-Savoie. Le Mont-Blanc et ses glaciers, souvenir du voyage de LL. MM. L'Empereur et l'Impératrice, par MM. Bisson frères photographes de Sa Majesté l'empereur*
Épreuve sur papier albuminé d'après un négatif au collodion, 30,3 × 44 cm
Paris, Société de géographie, dépôt à la Bibliothèque nationale de France
EO-14 (3) - FOL, pl. 7

Auguste-Rosalie Bisson
Pyramide de l'Impératrice, Mer de glace, 1860
Photographie extraite de *Haute-Savoie. Le Mont-Blanc et ses glaciers, souvenir du voyage de LL. MM. L'Empereur et l'Impératrice, par MM. Bisson frères photographes de Sa Majesté l'empereur*
Épreuve sur papier albuminé d'après un négatif au collodion, 23 × 39,5 cm
Paris, Société de géographie, dépôt à la Bibliothèque nationale de France
EO-14 (3) - FOL, pl. 25

Auguste-Rosalie Bisson
Le Schreckhorn (Suisse n° 24), 1862
Épreuve sur papier albuminé d'après un négatif au collodion, 44,5 × 63 cm
Paris, Société de géographie, dépôt à la Bibliothèque nationale de France
EO-14 (5) - FOL

Richard Buckminster Fuller
Dome over Manhattan («Dôme au-dessus de Manhattan»), vers 1960
Épreuve gélatino-argentique (tirage d'exposition), 34,9 × 46,7 cm
Courtesy The Estate of R. Buckminster Fuller, Santa Barbara

Richard Buckminster Fuller
Floating Cloud Structures (Cloud Nine) («Structures nébuleuses flottantes; Cloud Nine»), 1960
Épreuve gélatino-argentique (tirage d'exposition), 360 × 600 cm
Courtesy The Estate of R. Buckminster Fuller, Santa Barbara

Richard Buckminster Fuller
Floating Tetrahedral City Planned for San Francisco Bay («Ville tétraédrique flottante prévue pour la baie de San Francisco»), 1965
Épreuve gélatino-argentique (tirage d'exposition), 38,9 × 48,3 cm
Courtesy The Estate of R. Buckminster Fuller, Santa Barbara

Edward Burtynsky
Nickel Tailings #31, Sudbury, Ontario («Résidus de nickel n° 31, Sudbury, Ontario»), 1996
Épreuve chromogène, 60,3 × 88,3 cm
Reno, The Nevada Museum of Art, The Altered Landscape, Carol Franc Buck Collection
1999.21.01

Edward Burtynsky
Nickel Tailings #36, Sudbury, Ontario («Résidus de nickel n° 36, Sudbury, Ontario»), 1996
Épreuve chromogène, 57,8 × 87,6 cm
Reno, The Nevada Museum of Art, The Altered Landscape, Carol Franc Buck Collection
1999.21.02

Roland Cat
Greenpeace. La Terre n'appartient pas à l'homme, 1970-1979
Affiche, 75 × 46 cm
Thiverval Grignon, Musée du Vivant – AgroParisTech
2012.0.12.54

Jean-Baptiste Chapuy
Éruption du mont Vésuve en 1779, entre 1775 et 1800
Gravure couleur sur papier, 73 × 52 cm
Paris, Muséum national d'histoire naturelle, Direction des bibliothèques et de la documentation
IC KR 443, dation Krafft

Jean-Baptiste Chapuy
Éruption du mont Etna en 1766, entre 1775 et 1800
Gravure couleur sur papier, 72 × 53 cm
Paris, Muséum national d'histoire naturelle, Direction des bibliothèques et de la documentation
IC KR 442, dation Krafft

Christo (Christo Vladimirov Javacheff, dit)
Packed Coast, Project for Australia, N.S.W., Near Sydney, Little Bay («Côte emballée, projet pour l'Australie, N.S.W., près de Sydney, Little Bay»), 1969
Mine de plomb, crayon gras, photographie aérienne, carte topographique et échantillon de tissu, 91 × 244 cm
Courtesy l'artiste

Christo (Christo Vladimirov Javacheff, dit)
Packed Coast. Project for the West Coast of USA («Côte emballée, projet pour la côte ouest des États-Unis»), 1968
Polyéthylène, corde, ficelle, bois, Plexiglas, peinture laquée et carton, 11,4 × 72,4 × 57,2 cm
Courtesy l'artiste

Christo et Jeanne-Claude
Wrapped Coast, One Million Square Feet, Little Bay, Australia («Côte emballée, un million de pieds carrés, Little Bay, Australie»), 1969
Épreuve chromogène contrecollée sur carton, 71,1 × 55,9 cm
Courtesy l'artiste

Christo et Jeanne-Claude
Wrapped Coast. One Million Square Feet, Little Bay, Australia («Côte emballée, un million de pieds carrés, Little Bay, Australie»), 1969
Épreuve chromogène contrecollée sur carton, 71,1 × 55,9 cm
Courtesy l'artiste

Christo et Jeanne-Claude
Wrapped Coast. One Million Square Feet, Little Bay, Australia («Côte emballée, un million de pieds carrés, Little Bay, Australie»), 1969
Épreuve chromogène contrecollée sur carton
Courtesy l'artiste

Aimé Civiale
Bloc erratique de serpentine au lac Mattmark, 1860-1863
Épreuve sur papier albuminé, 36,8 × 35,3 cm
Paris, Société de géographie, dépôt à la Bibliothèque nationale de France
SG WC 600 (44)

Aimé Civiale
Les Glaciers de l'Oezthal et du Stubaythal pris du Saile, 1863
Épreuve sur papier albuminé, 36 × 26,8 cm
Paris, Société de géographie, dépôt à la Bibliothèque nationale de France
SG WC 602 (21)

Aimé Civiale
La Source de la Dranse au glacier Durand, 1863
Épreuve sur papier albuminé, 27 × 36 cm
Paris, Société de géographie, dépôt à la Bibliothèque nationale de France
SG WC 610 (23)

Nacho Criado
Volcán (Simulacro) («Volcan; simulacre»), Épreuves numériques (tirage moderne, 2009), 101 × 141 cm
Madrid, Museo Nacional Centro de Arte Reina Sofía
AD05440

Anna D'Alessandro
Éruption du Vésuve en 1779, 1793
Peinture à la gouache, 31 × 42 cm
Paris, Muséum national d'histoire naturelle, Direction des bibliothèques et de la documentation
DES KR 17, dation Krafft

François Dallegret
Un-house. Transportable Standard-of-living Package («Non-maison. Équipement transportable»), 1965
Dessin au trait sur film translucide et texte sur acétate transparent, 76 × 76 cm
Orléans, collection Frac Centre
005 12 02

Saverio Della Gatta
Éruption du Vésuve en 1794, 1794
Peinture à la gouache sur papier, 69 × 54 cm
Paris, Muséum national d'histoire naturelle, Direction des bibliothèques et de la documentation
DES KR 21, dation Krafft

Tacita Dean
Bubble House («Maison bulle»), 1999
Épreuve chromogène, 149 × 188 cm
Paris, Centre Pompidou, Musée national d'art moderne
Donation de la Caisse des dépôts en 2006. AM 2006-268

Agnes Denes
Tree Mountain – A Living Time Capsule Certificate of Custodianship («Montagne d'arbres – Capsule temporelle vivante. Certificat de gardiennage»), 1996
Lithographie offset sur papier, 30,48 × 21,6 cm
Courtesy Leslie Tonkonow artworks + projects, New York
AD5576

Agnes Denes
Tree Mountain – A Living Time Capsule–11,000 Trees, 11,000 People, 400 Years, («Montagne d'arbres – Capsule temporelle vivante. 11 000 arbres, 11 000 personnes, 400 ans»), 1992/2013
C-print, 91,4 × 91,4 cm
Courtesy galerie Leslie Tonkonow artworks + projects, New York
AD5642

Agnes Denes
Tree Mountain – A Living Time Capsule, Ylojarvi, Finland, 1992-1996 («Montagne d'arbres – Capsule temporelle vivante, Ylojarvie, Finlande, 1992-1996»), 1995
Vue aérienne du schéma mathématique ayant servi à planter les arbres, dessin architectural sur papier RC
Impression numérique, 64,8 × 91,4 cm
Courtesy galerie Leslie Tonkonow artworks + projects, New York
AD5458

Agnes Denes
Wheatfield – A Confrontation : Battery Park Landfill, Downtown Manhattan («Champ de blé. Confrontation : décharge de Battery Park, Downtown Manhattan»), 1982
C-print composite, 76,2 × 101,6 cm
Courtesy galerie Leslie Tonkonow artworks + projects, New York
AD6069

Camillo De Vito
Éruption du Vésuve en 1820, la nuit, XIXe siècle
Peinture à la gouache sur papier, 47 × 69 cm
Paris, Muséum national d'histoire naturelle, Direction des bibliothèques et de la documentation
DES KR 26, dation Krafft

Camillo De Vito
Neve de' [3] Gennajo 1834. Eruzione di Centre Dei. 1830, 1834
Peinture à la gouache sur papier, 45 × 66 cm
Paris, Muséum national d'histoire naturelle, Direction des bibliothèques et de la documentation
DES KR 38, dation Krafft

Menzies Dickson
Cratère du Kilauea, 1883-1885
Épreuve sur papier albuminé, 17 × 25 cm
Paris, Société de géographie, dépôt à la Bibliothèque nationale de France
SG WG-44 (13)

Menzies Dickson
Kilauea, brèche dans les parois du cratère de Halemaumau, 1883-1885
Épreuve sur papier albuminé, 17 × 25 cm
Paris, Société de géographie, dépôt à la Bibliothèque nationale de France
SG WG-44 (9)

Menzies Dickson
Kilauea, coulée de lave à la sortie du cratère, 1883-1885
Épreuve sur papier albuminé, 17 × 25 cm
Paris, Société de géographie, dépôt à la Bibliothèque nationale de France
SG WG-44 (15)

Menzies Dickson
Kilauea, coulée de lave de 1880 se déversant dans un lac près de Hilo, 1883-1885
Épreuve sur papier albuminé, 17 × 25 cm
Paris, Société de géographie, dépôt à la Bibliothèque nationale de France
SG WG-44 (21)

Menzies Dickson
Kilauea, coulée de lave de 1880 se déversant dans un lac près de Hilo, 10 min plus tard, 1883-1885
Épreuve sur papier albuminé, 17 × 25 cm
Paris, Société de géographie, dépôt à la Bibliothèque nationale de France
SG WG-44 (22)

Menzies Dickson
Kilauea, coulée de lave du nouveau lac, 1883-1885
Épreuve sur papier albuminé, 17 × 25 cm
Paris, Société de géographie, dépôt à la Bibliothèque nationale de France
SG WG-44 (2, 3)

Menzies Dickson
Kilauea, coulée de lave du nouveau lac prise d'un niveau plus bas que dans la vue précédente avec ilôt de scories flottantes au milieu, 1883-1885
Épreuve sur papier albuminé, 17 × 25 cm
Paris, Société de géographie, dépôt à la Bibliothèque nationale de France
SG WG-44 (4)

Menzies Dickson
Kilauea, cuvette de lave, 1883-1885
Épreuve sur papier albuminé, 17 × 25 cm
Paris, Société de géographie, dépôt à la Bibliothèque nationale de France
SG WG-44 (18)

Menzies Dickson
Kilauea, fumerolles, 1883-1885
Épreuve sur papier albuminé, 17 × 25 cm
Paris, Société de géographie, dépôt à la Bibliothèque nationale de France
SG WG- 44 (19)

Menzies Dickson
Kilauea, Halemaumau, intérieur du cratère avec lac, 1883-1885
Épreuve sur papier albuminé, 17 × 25 cm
Paris, Société de géographie, dépôt à la Bibliothèque nationale de France
SG WG-44 (7)

Menzies Dickson
Kilauea, Halemaumau, intérieur du cratère avec lac, 1883-1885
Épreuve sur papier albuminé, 17 × 25 cm
Paris, Société de géographie, dépôt à la Bibliothèque nationale de France
SG WG-44 (8)

Menzies Dickson
Kilauea, hommes à l'entrée du tunnel, concrétions, 1883-1885
Épreuve sur papier albuminé, 17 × 25 cm
Paris, Société de géographie, dépôt à la Bibliothèque nationale de France
SG WG-44 (17)

Menzies Dickson
Kilauea, vue générale, 1883-1885
Épreuve sur papier albuminé, 17 × 25 cm
Paris, Société de géographie, dépôt à la Bibliothèque nationale de France
SG WG-44 (20)

Menzies Dickson
Kilauea, vue de Halemaumau au sud-ouest du cratère, 1883-1885
Épreuve sur papier albuminé, 17 × 25 cm
Paris, Société de géographie, dépôt à la Bibliothèque nationale de France
SG WG-44 (6)

Menzies Dickson
Kilauea, vue de Halemaumau au sud-ouest du cratère, 1883-1885
Épreuve sur papier albuminé, 17 × 25 cm
Paris, Société de géographie, dépôt à la Bibliothèque nationale de France
SG WG-44 (5)

Menzies Dickson
Mauna Loa, cinq vues de la cascade de lave, prises à 20 minutes d'intervalle, 1880-1881
Épreuves sur papier albuminé, 16,7 × 23 cm
Paris, Société de géographie, dépôt à la Bibliothèque nationale de France
SG WG-8 (3-7)

Menzies Dickson
Mauna Loa, coulée de lave Pahoehoe depuis un pont naturel, 1880-1881
Épreuve sur papier albuminé, 16,7 × 23 cm
Paris, Société de géographie, dépôt à la Bibliothèque nationale de France
SG WG-8 (11)

Menzies Dickson
Mauna Loa, fin d'une coulée de lave depuis un pont naturel, 1880-1881
Épreuve sur papier albuminé, 16,7 × 23 cm
Paris, Société de géographie, dépôt à la Bibliothèque nationale de France
SG WG-8 (10)

Menzies Dickson
Mauna Loa, première apparition des cascades de lave, 1880-1881
Épreuve sur papier albuminé, 16,7 × 23 cm
Paris, Société de géographie, dépôt à la Bibliothèque nationale de France
SG WG-8 (2)

Menzies Dickson
Mauna Loa, vue en direction de Hilo, depuis Hall's Place, 1880-1881
Épreuve sur papier albuminé, 16,7 × 23 cm
Paris, Société de géographie, dépôt à la Bibliothèque nationale de France
SG WG-8 (13)

Menzies Dickson
Mauna Loa, vues sur les rochers et les pics formés par la lave, depuis Hall's Place, 1880-1881
Épreuve sur papier albuminé, 16,7 × 23 cm
Paris, Société de géographie, dépôt à la Bibliothèque nationale de France
SG WG-8 (16)

Mark Dion
Biocide Cabinet («Cabinet des biocides»), 2000
Buffet en bois avec vitre, bouteilles en plastique, étiquettes et divers produits chimiques, 1,72 × 1,14 × 0,43 m
Londres, Murderme collection
BJG 4441

Mark Dion
Deep Time Closet («Placard des temps lointains»), 2001
Bois, asphalte, lumière, peinture et goudron, 198 × 860 × 259 cm
Paris, galerie In Situ - fabienne leclerc

Julien Discrit
Inframince (Mont-Blanc), 2006
Résine époxy et bois, 8,8 × 37,6 × 28 cm
Collection de l'artiste

Conard Frank Durnell
Approaching Dust Storm («Approche d'une tempête de poussière»), vers 1935-1936
Fac-similé à partir d'une carte postale, 10 × 12,2 cm
Topeka, Kansas State Historical Society
211238

Conard Frank Durnell
Approaching Dust Storm in Middle West («Approche d'une tempête de poussière dans le Mid-West»), vers 1935-1936
Fac-similé à partir d'une carte postale, 8,7 × 13,9 cm
Topeka, Kansas State Historical Society
222307

Conard Frank Durnell
Approaching Dust Storm in the Middle West («Approche d'une tempête de poussière dans le Mid-West»), 1935
Fac-similé à partir d'une carte postale, 10,2 × 12,6 cm
Topeka, Kansas State Historical Society
307339

Conard Frank Durnell
Approaching Dust Storm in the Middle West («Approche d'une tempête de poussière dans le Mid-West»), 1935
Fac-similé à partir d'une carte postale, 8,9 × 13,9 cm
Topeka, Kansas State Historical Society
307341

Écologie
«Du soleil pour l'Europe», nº 315, 31 mai-13 juin 1979
Revue
Thiverval Grignon, Musée du Vivant – AgroParisTech

The Ecologist
«The Ailing Air» («L'Air malade»), vol. 1, nº 3, septembre 1970
Revue mensuelle
Courtesy Resurgence Trust

The Ecologist
«The Economics of Hope» («L'Économie de l'espoir»), vol. 1, nº 7, janvier 1971
Revue mensuelle
Courtesy Resurgence Trust

The Ecologist
«Why not ban DDT? » («Pourquoi ne pas interdire le DDT ?»), vol. 2, nº 4, avril 1972
Revue mensuelle
Courtesy Resurgence Trust

The Ecologist. Journal of the Post Industrial Age
«Tree Diseases» («Les Maladies des arbres»), nº 4/5, juillet-août 1979
Revue mensuelle
Courtesy Resurgence Trust

The Ecologist. Journal of the Post Industrial Age
«A plan to Save the Tropical Forests», nº 1/2, janvier-février 1980
Revue mensuelle
Courtesy Resurgence Trust

The Ecologist. Journal of the Post Industrial Age
«Man and Gaia» («L'Homme et Gaïa»), vol. 13, nº 2/3, 1983
Revue mensuelle
Courtesy Resurgence Trust

The Ecologist. Journal of the Post Industrial Age
«The Rape of Gaia: Why Europe's Trees are Dying» («L'Enlèvement de Gaïa : pourquoi les arbres européens meurent»), vol. 16, nº 1, 1986
Revue mensuelle
Courtesy Resurgence Trust

The Ecologist. Incorporating Mazingira
«Sea Level Rise: The Policy Implications» («Élévation du niveau de la mer : les implications politiques»), vol. 19, nº 1, 1989
Revue mensuelle
Courtesy Resurgence Trust

Mary Beth Edelson
Up From the Earth («Sortie de la terre»), 1979
Épreuves gélatino-argentiques, 50,8 × 50,8 cm chaque
Courtesy l'artiste

Martin Engelbrecht
[*Tremblement de terre à Lisbonne*], vers 1750
Gravures couleur montées sur châssis en bois, 18,5 × 20,5 cm
Paris, Cinémathèque française
CNC - AP-11-1119 (A)

Bernard Faucon
La Comète, 1982
Épreuve pigmentaire, tirage Fresson, 30,7 × 30,5 cm
Paris, Centre Pompidou, Musée national d'art moderne
Don de l'artiste, 1985. AM 1985-311

Bernard Faucon
Le Télescope, 1977
Épreuve pigmentaire, tirage Fresson, 32 × 31,7 cm
Paris, Centre Pompidou, Musée national d'art moderne
Don de l'artiste, 1985. AM 1985-313

Camille Flammarion
L'Éruption du Krakatao et les tremblements de terre, [1900 ?]
E. Flammarion, Paris
Ouvrage, 15,5 × 10,5 cm
Paris, Muséum national d'histoire naturelle, Direction des bibliothèques et de la documentation
K1732

Camille Flammarion
Les Éruptions volcaniques et les tremblements de terre : Krakatoa, La Martinique, Espagne, Italie, 1902
E. Flammarion, Paris
Ouvrage, 19 × 12,5 cm
Paris, Muséum national d'histoire naturelle, Direction des bibliothèques et de la documentation
K1727

Roland Flexner
Sans titre (SN 26), 2006
Encre Sumi sur papier, 13,8 × 18,7 cm
Paris, Centre Pompidou, Musée national d'art moderne
Donation de Florence et Daniel Guerlain, 2012. AM 2012-495

Roland Flexner
Sans titre (SN 29), 2006
Encre Sumi sur papier, 14 × 17,5 cm
Paris, Centre Pompidou, Musée national d'art moderne
Donation de Florence et Daniel Guerlain, 2012. AM 2012-493

Roland Flexner
Sans titre (SN 53 2007), 2007
Encre Sumi sur papier, 13,8 × 17,7 cm
Paris, Centre Pompidou, Musée national d'art moderne
Achat, 2009. AM 2009-20

Roland Flexner
Sans titre (SN 68 2007), 2007
Encre Sumi sur papier, 13,8 × 17,7 cm
Paris, Centre Pompidou, Musée national d'art moderne
Achat, 2009. AM 2009-21

Roland Flexner
Sans titre (SN 73 2007), 2007
Encre Sumi sur papier, 13,8 × 17,7 cm
Paris, Centre Pompidou, Musée national d'art moderne
Achat, 2009. AM 2009-22

Roland Flexner
Sans titre (SN 74 2007), 2007
Encre Sumi sur papier, 13,8 × 17,8 cm
Paris, Centre Pompidou, Musée national d'art moderne
Achat, 2009. AM 2009-23

Lillian D. Foster
Dust Storm Scrapbook (« Album rassemblant des documents sur les tempêtes de poussière »), 1935
Fac-similé d'après un album, 18,2 × 16,2 cm
Topeka, Kansas State Historical Society
220829

Lillian D. Foster
Dust Storm Scrapbook (« Album rassemblant des documents sur les tempêtes de poussière »), 1935
Fac-similé d'après un album, 28,6 × 16,6 cm
Topeka, Kansas State Historical Society
220829

Lillian D. Foster
Dust Storm Scrapbook (« Album rassemblant des documents sur les tempêtes de poussière »), 1935
Fac-similé d'après un album, 28,6 × 20 cm
Topeka, Kansas State Historical Society
220829

Lillian D. Foster
Dust storm scrapbook (« Album rassemblant des documents sur les tempêtes de poussière »), 1935
Fac-similé d'après un album, 28,5 × 20 cm
Topeka, Kansas State Historical Society
220829

Kazumichi Fujiwara
Projet pour « *Operation Vesuvio* », Naples, galerie Il Centro, 1972
Épreuve gélatino-argentique, 18,4 × 24 cm
Paris, Centre Pompidou, Musée national d'art moderne, Bibliothèque Kandinsky
BK BDP 98 (3)

Kazumichi Fujiwara
Projet pour « *Operation Vesuvio* », Naples, galerie Il Centro, 1975
Photocopie noir et blanc sur papier, collage, 29,5 × 42 cm
Paris, Centre Pompidou, Musée national d'art moderne, Bibliothèque Kandinsky
BK BDP 98 (1-2)

Dora García
Les Fins du monde, 2006/2015
Texte, 210 × 150 cm
Courtesy l'artiste

Sharon Gilbert
A Nuclear Atlas (« Atlas nucléaire »), 1982
Livre imprimé en offset noir et blanc, 28 × 24 cm
Collection Hélène Guenin et Anthony Berthelier

Sharon Gilbert
Chemical Ways (« Procédés chimiques »), 1997
Livre photocopié, 11,8 × 11,5 cm
Collection Hélène Guenin et Anthony Berthelier

Sharon Gilbert
Poison America (« Empoisonnez l'Amérique »), 1988
Livre photocopié, 11,5 × 10,5 cm
Collection Hélène Guenin et Anthony Berthelier

Peter Goin
Accelerated Erosion (« Érosion accélérée »), 1985-1991
Épreuve chromogène, 25,4 × 33,7 cm
Reno, The Nevada Museum of Art, The Altered Landscape, Carol Franc Buck Collection
1993.12.20

Peter Goin
Collapsed Hangar, Yucca Flat (« Hangar effondré, Yucca Flat »), 1985-1991
Épreuve chromogène, 25,4 × 33,7 cm
Reno, The Nevada Museum of Art, The Altered Landscape, Carol Franc Buck Collection
1193.12.17

Peter Goin
Dry Sump Pond, Yucca Flat (« Puits perdu, Yucca Flat »), 1985-1991
Épreuve chromogène, 25,4 × 33,7 cm
Reno, The Nevada Museum of Art, The Altered Landscape, Carol Franc Buck Collection
1993.12.11

Peter Goin
Sedan Crater (« Le Cratère de Sedan »), 1985-1991
Série « Nuclear Landscapes, the Nevada Test Site »
Épreuve chromogène, 25,4 × 33,7 cm
Reno, The Nevada Museum of Art, The Altered Landscape, Carol Franc Buck Collection
1993.12.24

Peter Goin
Site of Above-Ground Tests (« Site de tests de surface »), 1985-1991
Épreuve chromogène, 25,4 × 33,7 cm
Reno, The Nevada Museum of Art, The Altered Landscape, Carol Franc Buck Collection
1993.12.13

Peter Goin
Subsidence Crater (« Cratère d'affaissement »), 1985-1991
Épreuve chromogène, 25,4 × 33,7 cm
Reno, The Nevada Museum of Art, The Altered Landscape, Carol Franc Buck Collection
1993.12.22

Peter Goin
Yucca Flat, 1985-1991
Épreuve chromogène, 25,4 × 33,7 cm
Reno, The Nevada Museum of Art, The Altered Landscape, Carol Franc Buck Collection
1993.12.23

Peter Goin
Yucca Mountain (Jackass Flats) (« Monts Yucca ; Jackass Flats »), 1985-1991
Épreuve chromogène, 25,4 × 33,7 cm
Reno, The Nevada Museum of Art, The Altered Landscape, Carol Franc Buck Collection
1993.12.15

Geert Goiris
Mammatus, 2010
Impression jet d'encre Archival, 207 × 160 cm
Courtesy galerie Art:Concept, Paris
GG 9027

Gianfranco Gorgoni
Joseph Beuys : Aktion im Moor, août 1971
Épreuve gélatino-argentique sur papier baryté mat, 22 × 32 cm
Düsseldorf, Archiv künstlerischer Fotografie der rheinischen Kunstszene (AFORK) – Stiftung Museum Kunstpalast
O.F.GOR.0001 - 7

Laurent Grasso
79, Éruption à Pompéi, sculpture en marbre romain
Vitrine en noyer massif, marbre blanc, huile sur bois, néon, 45 × 110 × 30 cm
Collection de l'artiste
LG-I.15.1362

Laurent Grasso
1542, Incendie dans le ciel à Augsbourg, fulgurite
Vitrine en noyer massif, huile sur bois, fulgurite, néon, 45 × 110 × 30 cm
Courtesy galerie Perrotin, Paris
LG-I.14.1270 - #29509

Laurent Grasso
1556, Comète et tremblement de terre à Constantinople, statue masculine en albâtre, tête cassée, Yémen, IIIe-Ier siècle avant J.-C.
Vitrine en noyer massif, huile sur bois, albâtre, néon, 45 × 110 × 30 cm
Courtesy galerie Perrotin, Paris
LG-I.14.1116 - #30267

David Greene
Living Pod (« Capsule habitable »), 1965-1966
Plastique, peinture, métal, fibre végétale, pierre, adhésif et bois, 40 × 81,5 × 80,5 cm
Orléans, collection Frac Centre
Achat. 001 01 21

David Greene
Living Pod (« Capsule habitable »), 1966
Sérigraphie rehaussée au crayon de couleur sur papier, 78 × 112 cm
Orléans, collection Frac Centre
001 02 22

David Greene
Living Pod (« Capsule habitable »), 1967
Pastel, encre, charbon et crayon de couleur, sur papier 44,9 × 59,8 cm
Orléans, collection Frac Centre
001 01 22

La Gueule ouverte. Le journal qui annonce la fin du monde
« Le vent se lève, il faut tenter de vivre. Réinventons la vie », n° 2, décembre 1972
Revue mensuelle
Thiverval Grignon, Musée du Vivant – AgroParisTech

La Gueule ouverte. Le journal qui annonce la fin du monde
« Centrales nucléaires et environnement », n° 4, février 1973
Revue mensuelle
Thiverval Grignon, Musée du Vivant – AgroParisTech

La Gueule ouverte. Le journal qui annonce la fin du monde
« C'est le printemps », illustration de couverture de Pierre Fournier, n° 6, avril 1973
Revue mensuelle
Thiverval Grignon, Musée du Vivant – AgroParisTech

La Gueule ouverte. Le journal qui annonce la fin du monde
« Nos dernières vacances. La mer est morte », illustration de couverture de Georges Blondeau, dit Gébé, n° 10, août 1973
Revue mensuelle
Thiverval Grignon, Musée du Vivant – AgroParisTech

La Gueule ouverte. Le journal qui annonce la fin du monde
« Bientôt Hiroshima dans votre jardin », n° 28, novembre 1974
Revue mensuelle
Collection particulière

La Gueule ouverte. Le journal qui annonce la fin du monde
« 1978 Défense de respirer », n° 62, juillet 1975
Revue hebdomadaire
Collection particulière

La Gueule ouverte. Le journal qui annonce la fin du monde
«La Forêt transformée en papier cul», n° 67, août 1975
Revue hebdomadaire
Collection particulière

La Gueule ouverte. Le journal qui annonce la fin du monde
«Tout doit disparaître», n° 71, septembre 1975
Revue hebdomadaire
Thiverval Grignon, Musée du Vivant – AgroParisTech

La Gueule ouverte. Le journal qui annonce la fin du monde
«Danger eau potable», illustration de couverture d'Angelo Di Marco, décembre 1974
Revue hebdomadaire
Collection particulière

La Gueule ouverte. Le journal qui annonce la fin du monde
«Dernière baleine. Victoire!», illustration de couverture d'Angelo Di Marco, février 1975
Revue hebdomadaire
Collection particulière

La Gueule ouverte. Le journal qui annonce la fin du monde
«L'Euthanasie par les pesticides», illustration de couverture d'Angelo Di Marco, mai 1975
Revue hebdomadaire
Collection particulière

William Hamilton
Campi phlegraei : Observations sur les volcans des Deux Siciles telles qu'elles ont été communiquées à la Société royale de Londres, Naples, Pietro Fabris, 1776-1779
Imprimé sur papier, frontispice : gravure sur cuivre rehaussée de gouache, in-folio, 45,5 × 34,5 cm
Paris, Muséum national d'histoire naturelle, Direction des bibliothèques et de la documentation
Fol Res K 3309

William Hamilton
Supplément aux Campi phlegraei, *relation de la grande éruption du mont Vésuve*, 1779
Imprimé sur papier, in-folio, 45,4 × 34,5 cm
Paris, Muséum national d'histoire naturelle, Direction des bibliothèques et de la documentation
16 302

Michael Heizer
Complex One/City 140 × 120 × 23 1/2' Cement Steel Earth («Complexe Un/Ville, 140 × 120 × 23 1/2', ciment acier terre»), vers 1975
Impression offset sur papier, 91,4 × 147,3 cm
Reno, The Nevada Museum of Art, The Altered Landscape, Center for Art + Environment
Carol Franc Buck Collection
The Deiro Collection - CAE0901

Werner Herzog
La Soufrière – Warten auf eine unausweichliche Katastrophe («La Soufrière. Dans l'attente d'une catastrophe inévitable»), 1977
Film cinématographique 16 mm sur dvd, couleur, sonore, durée : 29 min 53
Courtesy l'artiste et Potemkine films

Marianne Heske
Project Gjerdeløa, 1980
Épreuves gélatino-argentiques rehaussées de dessins à la mine graphite et à l'encre rouge, 29,3 × 21 cm
Paris, Centre Pompidou, Musée national d'art moderne, Bibliothèque Kandinsky
BK BDP 420 (1-6)

Susan Hiller
On the Edge («En bordure de mer»), 2015
15 panneaux composés de 482 cartes postales et de documents, 77,5 × 107,5 cm chacun
Courtesy l'artiste et Lisson Gallery, Londres
HILS150003

Hans Hollein
Centre européen de volcanologie, Saint-Ours-les-Roches (projet réalisé), 1995
Duplicata rehaussé aux crayons de couleur sur papier, 42 × 29,7 cm
Paris, Centre Pompidou, Musée national d'art moderne
Don de l'architecte en 2002. AM 2002-2-197

Hans Hollein
Centre européen du volcanisme, Saint-Ours-les-Roches : Coupe et élévation (projet réalisé), 1995
Photocopie noir et blanc rehaussée au crayon de couleur bleu, 29,7 × 42 cm
Paris, Centre Pompidou, Musée national d'art moderne
Don de l'architecte, 2002
AM 2002-2-192

Hans Hollein
Centre européen du volcanisme, Saint-Ours-les-Roches : Maquette de rendu (projet réalisé), 1995
Maquette de rendu, moulage de lave, coulée de basalte, 14 × 77,5 × 43,5 cm
Paris, Centre Pompidou, Musée national d'art moderne
Don de l'architecte, 1997
AM 1997-2-256

Hans Hollein
Centre européen du volcanisme, Saint-Ours-les-Roches : Vue d'ensemble (projet réalisé), 1995
Duplicata et crayons de couleur sur papier, 21 × 29,7 cm
Paris, Centre Pompidou, Musée national d'art moderne
Don de l'architecte, 2002
AM 2002-2-196

J.R. Hubbard
Dust Bowl soil is Now Same as Chinese Desert («Le sol du Dust Bowl ressemble aujourd'hui à celui du désert chinois»), 1936
Fac-similé d'après un article de presse contrecollé dans un carnet, 17,4 × 10,4 cm
Topeka, Kansas State Historical Society
210660

J.R. Hubbard
Dust Bowl Soil is Now Same as Chinese Desert («Le sol du Dust Bowl ressemble aujourd'hui à celui du désert chinois»), 1936
Fac-similé d'après un article de presse contrecollé dans un carnet, 18 × 10,1 cm
Topeka, Kansas State Historical Society
210660

Victor Hugo
La Planète, 1853-1855
Encre de Chine noire, lavis sur papier, 28,5 × 44,5 cm
Dijon, musée des Beaux-Arts
Donation Granville. DG 624

Victor Hugo
Les Travailleurs de la mer : la Durande *portée par la lame*, 1866
Plume, pinceau, encre brune et lavis, rehauts de gouache blanche, réserves sur papier, 17,8 × 17,3 cm
Paris, Bibliothèque nationale de France, département des Manuscrits
NAF 247451, fol. 218

Victor Hugo
Les Travailleurs de la mer : gros temps, la Durande, 1864
Plume, pinceau, encre brune et lavis, rehauts de gouache blanche sur papier, 19,2 × 25,1 cm
Paris, Bibliothèque nationale de France, département des Manuscrits
NAF 247451, fol. 85

Peter Hutchinson
Erase Study («Étude d'effacement»), 1979
Photomontage, peinture et écritures, 76 × 51 cm
Courtesy galerie GADCOLLECTION, Paris

Informations et Documents
«Pollution, dépollution», n° 319, juin 1972
Illustration de couverture de Philippe Cazaumayou, dit Caza
Fac-similé d'après la revue, 29,7 × 21 cm
Thiverval,Grignon, Musée du Vivant – AgroParisTech

Tadashi Kawamata
Under the Water – Metz («Sous l'eau – Metz»), 2011
Éléments de mobilier en bois, *in situ*
Courtesy l'artiste et galerie kamel mennour, Paris

Robert Kinmont
8 Natural Handstands («8 postures sur les mains en pleine nature»), 1969/2005
Épreuves gélatino-argentiques, 20,3 × 20,3 cm chacune
Courtesy l'artiste et galerie Alexander and Bonin, New York
RK-69-PH-001

Athanasius Kircher
Systema Ideale Pyrophylaciorum Subterraneorum, quorum montes Vulcanii, veluti, Spiracula quaedam existant. Tomus I. 194. Hoc Schema exprimit [...] *Ignis Centralis signatur. A.*[...] *B.*[...]. *, n. 194*, 1678
Gravure en noir sur papier, 41,4 × 41,6 cm
Paris, Muséum national d'histoire naturelle, Direction des bibliothèques et de la documentation
IC KR 51_194, dation Krafft

Jiří Kolář
La Pelle pour ramasser l'univers, 1980-1981
Bois et papier, 12,7 × 106 × 21,5 cm
Paris, Centre Pompidou, Musée national d'art moderne
Achat, 1982. AM 1982-26

Július Koller
HRY Orientácia («Orientation ; antihappening»), 1967
Épreuves gélatino-argentiques, 36,2 × 9,8 cm
Paris, Centre Pompidou, Musée national d'art moderne
Achat, 2005. AM 2005-260 (1-3)

Katia Krafft
Carnets (photographies, notes et croquis), non daté
Carnet, 22 × 30 cm
Ludres, collection Krafft

Katia et Maurice Krafft
Rushes de vidéos tournés par Katia et Maurice Krafft : Alaska, L'Augustine ; États-Unis, Mont Saint Helens ; Hawaï, Mauna Loa, Kilauea et Kalapana ; Indonésie, Galunggung ; Islande, Eldfell
Montage vidéo, Centre Pompidou-Metz, 2016
Nancy, Centre Image Lorraine

Maurice Krafft
Volcanologie de l'Öraepajokull, éruption de 1362, non daté
Feutre sur papier, 30 × 23 cm
Ludres, collection Krafft

Gioacchino La Pira
Éruption du Vésuve, 1822
Peinture à la gouache sur papier, 41 × 29 cm
Paris, Muséum national d'histoire naturelle, Direction des bibliothèques et de la documentation
DES KR 29, dation Krafft

Gioacchino La Pira
Éruption du Vésuve en 1822, la nuit, XIXe siècle
Peinture à la gouache sur papier, 72 × 51 cm
Paris, Muséum national d'histoire naturelle, Direction des bibliothèques et de la documentation
DES KR 27, dation Krafft

Gioacchino La Pira
Éruption du Vésuve en 1822, le jour, XIXe siècle
Peinture à la gouache sur papier, 72 × 51 cm
Paris, Muséum national d'histoire naturelle, Direction des bibliothèques et de la documentation
DES KR 30, dation Krafft

Horacio Larraín Barros
Sans titre, 2012
Épreuves chromogènes (tirages d'exposition), 30 × 45 cm chacune
Courtesy Horacio Larrain Barros et Documenta Archive, Cassel

John Latham
Derelict Land Art: Five Sisters («Land art abandonné : les Cinq Sœurs»), 1976
Bois, photographies, bocal en verre et schiste, 121,9 × 182,9 × 24,1 cm
Londres, Tate
Achat, 1976. T02071

Maurizio Lazzarato et Angela Melitopoulos
Two Maps («Deux cartes»), 2012
Installation vidéo, documents sous vitrine, dimensions variables
Courtesy les artistes

Barbara et Michael Leisgen
Mimesis – Die Natur erzeugt Ähnlichkeiten («Mimesis – La Nature produit des Ressemblances»), 1972-1973
Épreuve gélatino-argentique sur papier baryté, texte manuscrit sur papier-calque, 90,5 × 73,5 cm
Metz, collection 49 Nord 6 Est – Frac Lorraine
04 09 01

Barbara et Michael Leisgen
Pink Depression – L'Eau mourante, 1982
9 épreuves chromogènes cibachromes montées sur papier kraft, encadrés, 219 × 315 cm ; chaque élément : 73 × 105 cm
Paris, Centre Pompidou, Musée national d'art moderne
Achat, 1983. AM 1983-86 (1-9)

Barbara et Michael Leisgen
Sauvez le soleil!, 1976
Épreuve gélatino-argentique contrecollée sur Dibond sous Diaplex, 120 × 80 cm
Courtesy l'artiste

Jochen Lempert
The Skins of Alca impennis (« Les Peaux d'Alca impennis »), 1995-2014
36 épreuves gélatino-argentiques, 18 × 23,7 cm chacune
Courtesy l'artiste et ProjecteSD, Barcelone

Léonard de Vinci
[*Un déluge*], vers 1517-1518
Craie noire sur papier, 15,8 × 21 cm
Windsor, The Royal collection/ HM Queen Elizabeth II
RCIN 912383

Léonard de Vinci
[*Un déluge*], vers 1517-1518
Craie noire sur papier, 15,8 × 21 cm
Windsor, The Royal collection/ HM Queen Elizabeth II
RCIN 912385

Léonard de Vinci
[*Un déluge*], vers 1517-1518
Craie noire sur papier, 16,1 × 20,7 cm
Windsor, The Royal collection/ HM Queen Elizabeth II
RCIN 912382

Les amis de la Terre
La Baleine. Journal des Amis de la Terre
« Une seule Terre », janvier 1978
Revue
Thiverval Grignon, Musée du Vivant – AgroParisTech

Les amis de la Terre
La Baleine. Journal des Amis de la Terre
« Marée noire. Shell. Boycott », avril 1978
Revue
Thiverval Grignon, Musée du Vivant – AgroParisTech

Les amis de la Terre
Combat pour la vie, 1980
Impression offset couleur, 77 × 56 cm
Pierrefitte-sur-Seine, Archives nationales

Les amis de la Terre
Here is the Earth. Don't Spend it All at Once (« Voici la Terre. Ne la gaspillez pas en une seule fois »), 1980
Impression offset couleur, 77 × 56 cm
Pierrefitte-sur-Seine, Archives nationales

Les amis de la Terre
Sauve qui pleut!, non daté
Impression offset couleur, 60 × 40 cm
Pierrefitte-sur-Seine, Archives nationales

Les amis de la Terre
La Terre n'en peut plus. Agissons !, 1980
Impression offset couleur, 62 × 49 cm
Pierrefitte-sur-Seine, Archives nationales

Dona Ann McAdams
They're Juggling Our Genes! The Nuclear Survival Kit (« Ils jouent avec nos gènes ! Le kit de survie nucléaire »), 1981
Cartes postales photocopiées sur papier cartonné, reliure à spirales, couverture en acétate, 12 × 19,5 cm
Collection de l'artiste

John Martin
Joshua Commanding the Sun to Stand Still (« Josué commande au soleil de s'arrêter »), 1827
Manière noire, eau-forte, 56 × 76 cm
Londres, British Museum
Don de l'artiste, 1833. Mm, 10.2

John Martin
The Creation (« La Création »), 1831
Manière noire, eau-forte, 27 × 35,7 cm
Londres, British Museum
Don de l'artiste, 1833. Mm, 8.1

John Martin
The Deluge (« Le Déluge »), 1828
Manière noire, eau-forte, 56,6 × 75,3 cm
Londres, British Museum
Don de l'artiste en 1833. Mm, 10.3

Gordon Matta-Clark
Tree Dance (« Danse de l'arbre »), 1971
Film 16 mm transféré sur vidéo, noir et blanc, muet, durée : 9 min 32
Courtesy Electronic Arts Intermix (EAI), New York

Ana Mendieta
Arbol de la vida (« Arbre de vie »), 1976
Épreuve chromogène (tirage d'origine), 50,8 × 33,7 cm
Collection particulière

Ana Mendieta
Birth (« Naissance »), 1981
Film super-8, noir et blanc, muet, durée : 2 min 03
Courtesy Estate of Ana Mendieta Collection et galerie Lelong, New York/Paris
GP1662

Ana Mendieta
Burial Pyramid (« Pyramide funéraire »), 1974
Film super-8, couleur, muet, durée : 3 min 15
Courtesy Estate of Ana Mendieta Collection et galerie Lelong, New York/Paris
GP1198

Ana Mendieta
Grass Breathing (« Herbe qui respire »), 1974
Film super-8, couleur, muet, durée : 3 min 08
Courtesy Estate of Ana Mendieta Collection et galerie Lelong, New York/Paris
GP1592

Ana Mendieta
Silueta Works in Mexico (« série "Silueta", Mexico »), 1973
12 épreuves chromogènes (tirage 1991), 50,8 × 40,6 cm ou 40,6 × 50,8 cm chacune
Courtesy Estate of Ana Mendieta Collection et galerie Lelong, New York/Paris
GP0420

Ana Mendieta
Untitled (Maroya) (« Sans titre ; Maroya »), 1982
Épreuve gélatino-argentique (tirage d'origine), 25,4 × 20,3 cm
Courtesy Estate of Ana Mendieta Collection and et galerie Lelong, New York/Paris
GL6279-A

Ana Mendieta
Untitled (Maroya) (« Sans titre ; Maroya »), 1982
Épreuve gélatino-argentique (tirage d'origine), 25,4 × 20,3 cm
Courtesy Estate of Ana Mendieta Collection et galerie Lelong, New York/Paris
GL6280-A

Ana Mendieta
Volcano, Silueta Series (« Volcan, série "Silueta" »), 1978
Épreuve gélatino-argentique (tirage d'origine), 33,7 × 50,8 cm
Courtesy Estate of Ana Mendieta Collection et galerie Lelong, New York/Paris
GL1985-B

Gustav Metzger
Mobbile, 1970/2015
Boîte en Perspex transparente, plantes, gaz d'échappement, 100 × 100 × 100 cm
Production du Centre Pompidou-Metz
Courtesy l'artiste

Karel Miler
Closer to the Clouds (« Plus près des nuages »), 1977
Épreuve gélatino-argentique, 24 × 30 cm
Courtesy l'artiste et galerie SVIT, Prague

Karel Miler
Felt by Fresh Grass (« Senti par l'herbe fraîche »), 1976
Épreuve gélatino-argentique, 24 × 30 cm
Courtesy l'artiste et galerie SVIT, Prague

Fina Miralles
Relacions. Relació del cos amb elements naturals. El cos cobert de palla (« Relations. Relation du corps aux éléments naturels. Corps couvert de paille »), 1975
Documentation d'une action réalisée en janvier 1975 à Sabadell, en Espagne
Épreuves gélatino-argentiques sur papier marouflées sur bois, 59 × 40 cm
Barcelone, MACBA – Museu d'Art Contemporani de Barcelona, dépôt à au Museo Nacional Centro de Arte Reina Sofía, Madrid
0506

Richard Misrach
Desert Fire #11 (« Incendie du désert n° 11 »), 1985
Épreuve chromogène, 40,6 × 50,8 cm
Reno, The Nevada Museum of Art, The Altered Landscape, Carol Franc Buck Collection
1998.03.01

Richard Misrach
Desert Fire #249 (« Incendie du désert n° 249 »), 1985/1994
Épreuve par formation de colorants, 45,7 × 58,4 cm
Reno, The Nevada Museum of Art, The Altered Landscape, Carol Franc Buck Collection
1994.02.13

Richard Misrach
Salton Sea (Ocotillo/Door/Boat) (« Mer de Salton ; Ocotillo/Porte/Bateau »), 1985
Épreuve chromogène, 40,6 × 50,8 cm
Reno, The Nevada Museum of Art, The Altered Landscape, Carol Franc Buck Collection
1994.02.16

Richard Misrach
Swamp and Pipeline, Geismar, Louisiana (« Marécage et oléoduc, Geismar, Louisiane »), 1988
Épreuve chromogène, 46,4 × 58,4 cm
Reno, The Nevada Museum of Art, The Altered Landscape, Carol Franc Buck Collection
Gift of Daniel Greenberg and Susan Steinhauser. 2010.40.01

Adrien Missika
Darvaza, 2011
Vidéo HD, couleur, sonore, durée : 8 min 30
Courtesy galerie Bugada & Cargnel, Paris et Nouveau musée national de Monaco
Don de l'association des Amis du NMNM

Gernot Nalbach
Low-cost House (Pneumatic Container) (« Maison bon marché ; Container pneumatique »), 1961-1962
Projet d'habitat d'urgence gonflable prévu pour les victimes du tremblement de terre du Frioul, Italie.
Reconstitution de la maquette en 1980
Plastique, métal et carton, 143 × 33,5 × 33,5 cm
Paris, Centre Pompidou, Musée national d'art moderne
Achat, 2003. AM 2003-2-132

Gernot Nalbach
Pneumo-City (« Pneumo-Cité »), 1966
Photomontage (tirage d'exposition), 60 × 83 cm
Courtesy Nalbach + Nalbach Architekten, Berlin

Juan Navarro Baldeweg
A Tropical Forest in an Arctic Landscape. Application of a Climatic Control System (« Forêt tropicale dans un paysage arctique. Application d'un système de contrôle climatique »), 1972
Photomontage, 68,5 × 53,5 cm
Madrid, Navarro Baldeweg Asociados

Juan Navarro Baldeweg
Ecosystems Enclosed in Pneumatic Bubbles Floating in New York Harbor, Application of a Climatic Control System (« Écosystèmes enfermés dans des bulles pneumatiques flottant dans le port de New York. Application d'un système de gestion climatique »), 1972
Photomontage, 57,5 × 89,5 cm
Madrid, Navarro Baldeweg Asociados

Juan Navarro Baldeweg
MIT Drawing (« Dessin du M.I.T. »)
Dessin sur photographie
Madrid, Navarro Baldeweg Asociados

Juan Navarro Baldeweg
MIT Drawing (« Dessin du M.I.T. »)
Dessin sur photographie, 77 × 99 cm
Madrid, Navarro Baldeweg Asociados

Louise Neaderland
Nuclear Fan (« Éventail nucléaire »), 1984
10 volets photocopiés, cartonnés et reliés par un rivet sous coffret cartonné, 21 × 35,5 cm
Collection Hélène Guenin et Anthony Berthelier

Isamu Noguchi
This Tortured Earth (« Cette terre torturée »), 1943
Bronze, 73,7 × 72,4 × 7,6 cm
New York, The Isamu Noguchi Foundation and Garden Museum
195B-1/6

Pere Noguera
Mapa d'Europa (« Carte de l'Europe »), 1979
Encre imprimée et argile sur papier marouflé sur bois, 26 × 34,5 cm
Barcelone, MACBA. Museu d'Art Contemporani de Barcelona
1665

Pere Noguera
Mapa d'Europa (« Carte de l'Europe »), 1979
Encre imprimée et argile sur papier marouflé sur bois, 26 × 34,5 cm
Barcelone, MACBA. Museu d'Art Contemporani de Barcelona
1664

Y. Itowe Ogura
Volcan de Kilauea, Hawaï, la nuit, non daté
Huile sur bois, 18 × 35 cm
Paris, Muséum national d'histoire naturelle, Direction des bibliothèques et de la documentation
MNHN.OA.KR.1, dation Krafft

Ouvrir les yeux ou disparaître.
Affiche électorale de René Dumont, 1974
Affiche, 40 × 60 cm
Thiverval Grignon,
Musée du Vivant – AgroParisTech

Oxygène Bretagne. Mensuel écologique breton
« Assez ! », n° 14, avril-mai 1980
Revue
Thiverval-Grignon,
Musée du Vivant-AgroParisTech

Oxygène Bretagne. Mensuel écologique breton
« Gérer la mer », n° 17-18, 15 juillet-15 septembre 1980
Revue
Thiverval Grignon,
Musée du Vivant – AgroParisTech

Gina Pane
Enfoncement d'un rayon de soleil, 1969
Épreuve gélatino-argentique virée sépia, 39,5 × 60 cm
Paris, Centre national des arts plastiques
Achat, 1995. FNAC 95120

Gina Pane
Manipulation d'humus, 1970
Épreuves gélatino-argentiques contrecollées et mine de plomb sur bois peint, 69 × 43 cm
Collection particulière

Gina Pane
Mon corps, 1970
Épreuve gélatino-argentique virée sépia, 40 × 50 cm
Paris, Centre national des arts plastiques
Achat, 1995. FNAC 95126

Gina Pane
Table de lecture, 1969
Épreuve gélatino-argentique virée sépia, 36,5 × 61,5 cm
Paris, Centre national des arts plastiques, dépôt au Musée d'art moderne, d'art contemporain et d'art brut, Lille Métropole
Achat, 1995. FNAC 95121

Gina Pane
Terre protégée II, Pinerolo, juin 1970
Épreuve gélatino-argentique marouflée sur papier plastifié (tirage 2004), 100 × 67,5 cm
Vitry-sur-Seine, collection MAC VAL – Musée d'art contemporain du Val-de-Marne, dépôt au Musée d'art moderne, d'art contemporain et d'art brut, Lille Métropole
Don de l'ayant droit. 2007-1091

Gina Pane
Terre protégée III, 1971
Épreuve gélatino-argentique, 41,5 × 50 cm
Courtesy Anne Marchand et galerie kamel mennour, Paris

Cornelia Parker
Meteorite Lands on Buckingham Palace (« Chute d'une météorite sur le palais de Buckingham »), 1998
Papier imprimé et brûlé, 54 × 69 cm
Londres, Arts Council Collection, Southbank Centre
ACC30/1998

Cornelia Parker
Meteorite Lands on St Paul's Cathedral (« Chute d'une météorite sur la cathédrale Saint-Paul »), 1998
Papier imprimé et brûlé, 54 × 69 cm
Londres, Arts Council Collection, Southbank Centre
ACC33/1998

Cornelia Parker
Meteorite Lands on the Houses of Parliament (« Chute d'une météorite sur le Parlement »), 1998
Papier imprimé et brûlé, 54 × 69 cm
Londres, Arts Council Collection, Southbank Centre
ACC31/1998

Cornelia Parker
Meteorite Lands on the Millennium Dome (« Chute d'une météorite sur le dôme du Millénaire »), 1998
Papier imprimé et brûlé, 54 × 69 cm
Londres, Arts Council Collection, Southbank Centre
ACC29/1998

Cornelia Parker
Meteorite Lands on Wormwood Scrubs (« Chute d'une météorite sur la prison de Wormwood Scrubs »), 1998
Papier imprimé et brûlé, 54 × 69 cm
Londres, Arts Council Collection, Southbank Centre
ACC32/1998

Cornelia Parker
Neither From Nor Towards (« Ni de là ni vers là »), 1992
Briques et fil de fer, 250 × 250 × 400 cm
Londres, Arts Council Collection, Southbank Centre
ACC4/2003

Giuseppe Penone
Soffio di foglie (« Souffle de feuilles »), 1979
Feuilles de buis, installation *in situ*, dimensions variables
Collection particulière

Piem (Pierre Georges Marie de Barrigue de Montvallon, dit)
Nettoyer c'est bien… Ne pas salir c'est mieux, 1978
Affiche, 56,5 × 37,4 cm
Thiverval Grignon, Musée du Vivant – AgroParisTech

Klaus Pinter
Megastructures Down Town II (« Mégastructures Downtown II »), 1971
Techniques mixtes sur papier, 39,5 × 29 cm
Paris, Centre Pompidou, Musée national d'art moderne
Achat, 2001. AM 2001-2-106

Klaus Pinter
Megastructures Up Town (« Mégastructures Uptown »), 1973
Épreuve gélatino-argentique, mine de plomb et gouache blanche sur calque et photo assemblés, 65 × 50 cm
Paris, Centre Pompidou, Musée national d'art moderne
Achat, 2001. AM 2001-2-107

Klaus Pinter
Queens (« Reines »), 1970
Collage de papiers et calques, gouache blanche et crayons de couleur sur tirage papier d'une épreuve gélatino-argentique, 28,5 × 49 cm
Paris, Centre Pompidou, Musée national d'art moderne
Achat, 2001. AM 2001-2-105

Klaus Pinter
Rooftop Oasis Structures (« Structures d'oasis sur les toits »), 1971-1973
Encre sur impression offset, collage, 28,2 × 35 cm
Orléans, collection Frac Centre
010 003 001

Klaus Pinter
The Cocoon (« Le Cocon »), 1971
Collage, photomontage rehaussé de couleurs sur papier, 51,5 × 63,5 cm
Paris, Centre Pompidou, Musée national d'art moderne
Achat, 2000. AM 2000-2-59

Zarh Pritchard (Walter Howlison Pritchard, dit)
Coral Canon in the Lagoon of Maraa-Tahiti (« Vallée de corail dans le lagon de Maraa-Tahiti »), 1908
Pastel sur peau, 56,5 × 39,8 cm
Paris, Centre Pompidou, Musée national d'art moderne
Acquisition, 1925. Attribution au Musée national d'art moderne. JP 368 P

Zarh Pritchard (Walter Howlison Pritchard, dit)
Coral Pinnacles with Squirrel Fish (« Pinacles de corail et poisson-écureuil »), 1925
Pastel sur peau, 59 × 36,3 cm
Paris, Centre Pompidou, Musée national d'art moderne
Achat, 1925. Attribution au Musée national d'art moderne. JP 370 P

Zarh Pritchard (Walter Howlison Pritchard, dit)
Dead Coral Structure, Lagoon of Maraa-Tahiti (« Structure de corail mort, lagon de Maraa Tahiti »), 1924
Pastel sur peau, 58,7 × 37 cm
Paris, Centre Pompidou, Musée national d'art moderne
Acquisition en 1925. Attribution au Musée national d'art moderne. JP 369 P

Robbins Studio
Dust storm in Hill City, Kansas (« Tempête de poussière, Hill City, Kansas »), vers 1935-1936
Fac-similé d'après une épreuve gélatino-argentique, 11,5 × 4 cm
Topeka, Kansas State Historical Society
220061

Guy Rottier
Ecopolis, ville solaire, 1970
Collage et crayon de couleur sur papier, 65 × 50 cm
Orléans, collection Frac Centre
Dépôt de Guy Rottier. D-000 01 01

Guy Rottier
Maison enterrée « prototype », 1966
Carton, 20 × 50 × 50 cm
Nice, Musée d'art moderne et contemporain (MAMAC). Dépôt au Frac Centre, Orléans
D-001 05 01

Guy Rottier
Maison enterrée recouverte de vieilles voitures, 1965-1972
Fibres compressées, carton, jouets, mousses, thym, peinture, 21 × 50 × 50 cm
Orléans, collection Frac Centre
Dépôt de Guy Rottier. D-002 03 01

Guy Rottier
Maisons enterrées, 1965
Épreuve chromogène, 50 × 50 cm
Orléans, collection Frac Centre
Dépôt de Guy Rottier. D-000 20 01

Jacques Rougerie
Village sous-marin, 1973
Plastique, bois et métal, h. : 1,40 m, diam. : 1,77 m
Paris, Centre Pompidou, Musée national d'art moderne
Don de l'architecte, 2006. AM 2007-2-27

Jacques Rougerie
Village sous-marin, panneau de diplôme, plan, coupe, perspective et texte, 1971-1973
Encre de Chine et films autocollants sur calques raboutés, 76,3 × 111,6 cm
Paris, Centre Pompidou, Musée national d'art moderne
Don de l'architecte, 2006. AM 2007-2-43

Jacques Rougerie
Village sous-marin, perspective, esquisse, 1971-1972
Crayon bleu sur calque, 29,7 × 42 cm
Paris, Centre Pompidou, Musée national d'art moderne
Don de l'architecte, 2010. AM 2010-2-862

Jacques Rougerie
Village sous-marin, perspective, esquisse, 1971-1972
Crayon bleu monochrome sur calque blanc, 29,7 × 42 cm
Paris, Centre Pompidou, Musée national d'art moderne
Don de l'artiste, 2010. AM 2010-2-861

Le Sauvage
« 1973 : l'utopie ou la mort », n° 1, avril-mai 1973
Revue mensuelle
Thiverval Grignon,
Musée du Vivant – AgroParisTech

Le Sauvage
« La Grande Crise de l'énergie », illustration de couverture de Peter Winfield, n° 2, mai-juin 1973
Revue mensuelle
Thiverval Grignon,
Musée du Vivant – AgroParisTech

Le Sauvage
« Adieu la croissance », illustration de couverture de Hans Silvester, n° 9, janvier 1974
Revue mensuelle
Thiverval Grignon,
Musée du Vivant – AgroParisTech

Le Sauvage
« Danger la pollution », n° 11, mars 1974
Revue mensuelle
Thiverval Grignon,
Musée du Vivant – AgroParisTech

Le Sauvage
« Écologie : Mitterrand et Dumont sont-ils d'accord ? », illustration de couverture de Moebius, n° 13, mai 1974
Revue mensuelle
Thiverval Grignon,
Musée du Vivant – AgroParisTech

Le Sauvage
« Il nous reste la mer », n° 14, juin 1974
Revue mensuelle
Thiverval Grignon,
Musée du Vivant – AgroParisTech

Sherman & Smith
Crater of Kilauea, Hawaii by the U.S. EX. EX. 1841, Latitude 19°.26'.06". N. Longitude 155°.28'.05". Drawn by C. Wilkes, U. S. N.W. Sherman & Smith Sc. (« Le Cratère de Kilauea, Hawaï, par l'expédition d'exploration américaine, 1841 Latitude 19°.26'.06". N. Longitude 155°.28'.05" »)
Fac-similé d'après une gravure, 18,1 × 27,9 cm
Paris, Muséum national d'histoire naturelle, Direction des bibliothèques et de la documentation
IC KR 407, dation Krafft

Charles Simonds
Growth House («Maison croissante»), 1975
Lithographie, photogravure, encre sur papier, 65,2 × 76,7 cm
Orléans, collection Frac Centre
009 81 01

Robert Smithson
Asphalt Rundown, Rome, Italy («Déversement d'asphalte, Rome, Italie»), 1969
Épreuve jet d'encre sur papier chiffon d'archive, reproduit d'après une diapositive originale au format 126, 44,4 × 44,4 cm
Courtesy The Holt-Smithson Foundation, Santa Fe et James Cohan Gallery, New York
RS19021

Robert Smithson
Glue Pour, Vancouver, British Columbia («Déversement de colle, Vancouver, Colombie-Britannique»), janvier 1970
Épreuve jet d'encre sur papier chiffon d'archive, reproduit d'après une diapositive originale au format 126, 44,5 × 44,5 cm
Courtesy The Holt-Smithson Foundation, Santa Fe et James Cohan Gallery, New York
RS19020

Robert Smithson
Partially Buried Woodshed, Kent, Ohio («Cabane de bois partiellement enterrée, Kent, Ohio»), janvier 1970
Épreuve jet d'encre sur papier chiffon d'archive, reproduit d'après une diapositive originale au format 126, 44,5 × 44,5 cm
Courtesy The Holt-Smithson Foundation, Santa Fe et James Cohan Gallery, New York
RS19017

Robert Smithson
Partially Buried Woodshed, Kent, Ohio («Cabane de bois partiellement enterrée, Kent, Ohio»), janvier 1970
Épreuve jet d'encre sur papier chiffon d'archive, reproduit d'après une diapositive originale au format 126, 44,5 × 44,5 cm
Courtesy The Holt-Smithson Foundation, Santa Fe et James Cohan Gallery, New York
RS19018

Robert Smithson
Partially Buried Woodshed, Kent, Ohio («Cabane de bois partiellement enterrée, Kent, Ohio»), janvier 1970
Épreuve jet d'encre sur papier chiffon d'archive, reproduit d'après une diapositive originale au format 126, 44,5 × 44,5 cm
Courtesy The Holt-Smithson Foundation, Santa Fe et James Cohan Gallery, New York
RS19019

Robert Smithson
Rundown, 1994
Directeur : Jane Crawford. Producteur : Robert Fiore. Monteur : Alex Gunuey. Vidéo couleur, sonore, durée : 12 min
Courtesy Electronic Arts Intermix (EAI), New York

Robert Smithson
Sketches for Quarry Project: Texas Overflow («Esquisses pour un projet de carrière : Déversoir du Texas»), 1968
Mine de plomb sur papier, 30,4 × 45,8 cm ou 45,8 × 30,4 cm chacun
New York, The Museum of Modern Art
Don de la succession de Robert Smithson. 153.1991, 154.1991, 155.1991, 156.1991, 359.1991.2

Robert Smithson
Sketches for Quarry Project: Texas Overflow («Esquisses pour un projet de carrière : Déversoir du Texas»), 1968
Mine de plomb sur papier, 30,4 × 45,8 cm chacun
New York, The Museum of Modern Art
Don de Nancy Holt. 77.1987.5, 77.1987.6

Robert Smithson
Sketch for Quarry Project: Texas Overflow («Esquisse pour un projet de carrière : Déversoir du Texas»), 1968
Pointe feutre sur papier, 27,8 × 21,4 cm
New York, The Museum of Modern Art
Don de la succession de Robert Smithson. 359.1991.1

Robert Smithson
Spill, Used Industrial Drum of Titanium White Thinned Out («Déversement, bidon usagé de blanc de titane dilué»), 1969
Pointe feutre sur papier, 27,30 × 20,6 cm
New York, The Museum of Modern Art
The Judith Rothschild Foundation Contemporary Drawings Collection Gift (purchase, and gift, in part, of The Eileen and Michael Cohen Collection). 3126.2005

Klaus Staeck
Alaska-Öl-sardinen («Alaska-sardines à l'huile»), 1989
Sérigraphie sur papier, 84 × 59 cm
Limoges, collection Frac Limousin
200215 (38)

Klaus Staeck
Die Luft gehört allen («L'Air appartient à tout le monde»), 1973
Papier sérigraphié, 84 × 59 cm
Limoges, collection Frac Limousin
200215 (3)

Klaus Staeck
Entwurf für Günter Wallraffs Taschenbuch "Und macht euch die Erde untertan„ («Une ébauche pour le livre de poche *Parmi les perdants du meilleur des mondes* de Günter Wallraff»), 1987
Sérigraphie sur papier, 84 × 59 cm
Limoges, collection Frac Limousin
200215 (36)

Klaus Staeck
Saubere Energie aus der Steckdose («L'Énergie propre de la prise de courant»), 1992
Sérigraphie sur papier, 84 × 59 cm
Limoges, collection Frac Limousin
200215 (47)

Klaus Staeck
Und neues Leben blüht aus den Ruinen («Et de nouvelles vies fleurissent des ruines»), 1979
Sérigraphie sur papier, 84 × 59 cm
Limoges, collection Frac Limousin
200215 (13)

Klaus Staeck
Weltregierung («Le Gouvernement du monde»), 1981
Sérigraphie sur papier, 84 × 59 cm
Limoges, collection Frac Limousin
200215 (16)

Petr Štembera
Štěpování («Greffe»), 1975
Épreuve gélatino-argentique (tirage d'exposition), 23,5 × 17,1 cm
Courtesy l'artiste et Erste Stiftung, Vienne

Graham Stevens
Desert Cloud («Nuage du désert»), 1974
Feutre noir sur calque, 42 × 29,7 cm
Paris, Centre Pompidou, Musée national d'art moderne
Achat, 2005. AM 2005-2-36

Graham Stevens
Desert Cloud («Nuage du désert»), 1974
Film cinématographique 16 mm, couleur, sonore, durée : 17 min 17
Paris, Centre Pompidou, Musée national d'art moderne
Achat, 2004. AM 2004-F16

Stovall Studio
Drifts of Dust around a Western Kansas Farm («Rafales de poussière autour d'une ferme de l'ouest du Kansas»), 1935
Fac-similé à partir d'une carte postale, 9 × 13,9 cm
Topeka, Kansas State Historical Society
211240

Stovall Studio
Dust Clouds Rolling over the Prairies, Hugoton, Kansas («Nuages de poussière sur les prairies, Hugoton, Kansas»), 1935
Fac-similé à partir d'une carte postale, 8,9 × 13,9 cm
Topeka, Kansas State Historical Society
209526

Stovall Studio
Dust Storm, Dodge City, Kansas («Tempête de poussière, Dodge City, Kansas»), 1935
Fac-similé d'après une carte postale, 9 × 13,9 cm
Topeka, Kansas State Historical Society
305341

Stovall Studio
Dust Storm, Wright, Kansas («Tempête de poussière, Wright, Kansas»), 1935
Fac-similé d'après une carte postale, 13,8 × 8,8 cm
Topeka, Kansas State Historical Society
222244

Hiroshi Sugimoto
Earliest Human Relatives («Premiers parents humains»), 1994
Épreuve gélatino-argentique, 50,8 × 61 cm
Courtesy l'artiste et Pace Gallery, New York
144

Hiroshi Sugimoto
Permian Land («Terre permienne»), 1992
Épreuve gélatino-argentique, 50,8 × 61 cm
Courtesy l'artiste et Pace Gallery, New York
120

Superstudio
Affiche pour l'exposition «Meteor, Crater, Arizona» (plate 7) («Cratère de météorite, Arizona ; planche 7») *à la Brown University de Rhode Island du 11 au 15 avril 1972*, 1972
Épreuve sépia et rouge sur papier, 84 × 62 cm
Paris, Centre Pompidou, Musée national d'art moderne
Don de M. Cristiano Toraldo di Francia, 2000. AM 2000-2-106

Superstudio
Architettura Riflessa, Niagara Falls («Architecture réfléchie, les chutes du Niagara»), 1970
Épreuve numérique sur papier glacé, 69,2 × 87 cm
Paris, Centre Pompidou, Musée national d'art moderne
Don des artistes, 1995. AM 1995-2-49

Superstudio
Cerimonia : gli uomini che vollero il deserto («Cérémonie : les hommes qui ont pris le désert»), 1973
Illustrations et articles de revues contrecollés sur carton noir, 50 × 69,5 cm
Paris, Centre Pompidou, Musée national d'art moderne
Achat, 2001. AM 2001-2-153

Lars von Trier
Melancholia (extrait), 2011
Film cinématographique 35 mm, couleur, sonore, durée : 130 min
Courtesy Les Films du Losange, Paris

Joseph Mallord William Turner
Seascape with Storm Coming On («Paysage marin avec tempête qui approche»), vers 1840
Huile sur toile, 91,4 × 121,6 cm
Londres, Tate
Accepted by the Nation as part of the Turner Bequest 1856. N04445

Nicolás García Uriburu
Coloration de l'East River, New York, 1970
Épreuve gélatino-argentique contrecollée sur papier et titre au pochoir, 81,5 × 103,5 cm
Paris, Centre Pompidou, Musée national d'art moderne
Don de l'artiste, 1978. AM 1978-634

Nicolás García Uriburu
Coloration de la Seine, Paris, 1970
Épreuve gélatino-argentique contrecollée sur papier et titre au pochoir, 66,5 × 101,5 cm
Paris, Centre Pompidou, Musée national d'art moderne
Don de l'artiste, 1978. AM 1978-633

Nicolás García Uriburu
Coloration du Grand Canal, Venise, 1970
Épreuve couleur collée sur papier et titre au pochoir, 79,5 × 102,3 cm
Paris, Centre Pompidou, Musée national d'art moderne
Don de l'artiste, 1978. AM 1978-636

Nicolás García Uriburu
Coloration du Rio de la Plata, Buenos Aires, 1970
Épreuve gélatino-argentique contrecollée sur papier et titre au pochoir, 65 × 102 cm
Paris, Centre Pompidou, Musée national d'art moderne
Don de l'artiste, 1978. AM 1978-635

Pierre-Jacques Volaire
Éruption du Vésuve, 1767
Huile sur bois, 39 × 25 cm
Paris, Muséum national d'histoire naturelle, Direction des bibliothèques et de la documentation
MNHN.OA.KR.33, dation Krafft

Pierre-Jacques Volaire
Vue d'une éruption, la nuit, XVIIIe siècle
Peinture à l'huile sur bois, 50 × 128 cm
Paris, Muséum national d'histoire naturelle, Direction des bibliothèques et de la documentation
MNHN.OA.KR.5, dation Krafft

Jaume Xifra
Reliquiae Terra, 1970
Techniques mixtes sur plastique, 44 × 34 cm
Barcelone, MACBA – Museu d'Art Contemporani de Barcelona
4687

Zamp Kelp (Haus-Rucker-Co)
Fresh Air Reservation, Broadway Bridge, New York («Réserve d'air frais, pont de Broadway, New York»), 1971
Sérigraphie sur papier, 57,5 × 74 cm
Berlin, collection Zamp Kelp
#00403

Zamp Kelp (Haus-Rucker-Co)
Protected Farmhouse
(« Ferme protégée »), 1970
Collage, 50 × 61,2 cm
Berlin, collection Zamp Kelp
00801

Zamp Kelp (Haus-Rucker-Co)
Protected Village (« Village protégé »), 1970
Épreuve gélatino-argentique
(tirage d'exposition), 56 × 75 cm
Berlin, collection Zamp Kelp

Chen Zhen
Lands-objectscape n°3
(« Paysage-paysage d'objets n°3 »), 1993
Étagères métalliques, objets divers,
sous-verre, 180 × 80 × 32 cm
Sélestat, collection Frac Alsace
Achat à l'artiste, 2000. 00-007

ŒUVRES REPRODUITES DANS « ÉCO-ACTIVISME. POUR UNE TOPOGRAPHIE SUBJECTIVE DES PRATIQUES ENVIRONNEMENTALES »

Lara Almarcegui
A Wasteland on the banks of the Ebro river, Zaragoza (« Friche sur les rives de l'Èbre, Saragosse »), 2008
Courtesy l'artiste

Amy Balkin
Public Smog, 2004
Fac-similé d'après une photographie numérique extraite d'une documentation vidéo du Public Smog, 44,8 × 35,9 cm
Courtesy l'artiste

Betty Beaumont
Ocean Landmark
(« Monument dans l'océan »), 1978-1980
Courtesy l'artiste

Mel Chin
Revival Field, Pig's Eye Landfill
(« Le Champ du renouveau, la décharge de Pig's Eye »), 1990-1993
Courtesy l'artiste

Christo et Jeanne-Claude
Surrounded Islands, Biscayne Bay
(« Îles entourées, baie de Biscayne »), 1980-1983
Courtesy l'artiste

Mark Dion
A Meter of Jungle
(« Un mètre de jungle »), 1992
Fac-similé d'après deux épreuves chromogènes, 70 × 53,3 cm
Courtesy l'artiste et galerie Tanya Bonakdar, New York

Peter Fend
First Oil Free Corridor with Proposed and Completed Action Sites, 2015
Fac-similé d'après un croquis à la mine de plomb sur papier, 21,6 × 29 cm
Courtesy l'artiste et galerie Essex Street, New York

Dirk Fleischmann
myforestfarm, 2008
Courtesy l'artiste

Yolanda Gutiérrez
Santuario (« Sanctuaire »), 1995
Courtesy l'artiste

Hans Haacke
Monument to Beach Pollution
(« Monument à la pollution de la plage »), 1970
Fac-similé d'après C-print, 51 × 76 cm
Courtesy l'artiste et Paula Cooper Gallery, New York

Nancy Holt
Sky Mound
(« Monticule vers le ciel »), 1984
Fac-similé d'après dessin sur papier, 23,5 × 47,5 cm
Courtesy Holt-Smithson Foundation, New York et James Cohan Gallery, New York

Yutaka Kobayashi
The Oasis in the Ruins
(« L'oasis dans les ruines »), 2000
Courtesy l'artiste

Mierle Laderman Ukeles
At Flow City (« Dans la cité des flux »), 1992
Courtesy galerie Ronald Feldman Fine Arts, New York

Robert Morris
Johnson Pit #30, 1979
Washington, collection of King County, Courtesy 4Culture

David Nash
Ash Dome (« Dôme de frênes »), 1977
Courtesy l'artiste

Dieter Schwerdtle
Joseph Beuys : 7000 Eichen
(« 7000 chênes »), 1982-1987
Fac-similé d'après une épreuve gélatino-argentique, 18 × 24 cm
Courtesy Documenta Archives, Cassel

Buster Simpson
Purge Projectile (« Projectile purgatif »), 1983 et *The Hudson Headwaters* (« Purification, des sources de l'Hudson »), 1991
Courtesy l'artiste

Alan Sonfist
Time Landscape
(« Paysage temporel »), 1968-1978/2016
Fac-similé d'après fusain et acrylique sur toile, 122 × 122 cm
Courtesy l'artiste

The Harrison studio (Helen Mayer Harrison et Newton Harrison)
Peninsula Europe IV
(« Péninsule Europe »), 2001/2005
Courtesy les artistes

SUBLIME. LES TREMBLEMENTS DU MONDE

CENTRE POMPIDOU-METZ
GALERIE 1
11 FÉVRIER – 5 SEPTEMBRE 2016

Commissaire
Hélène Guenin, responsable du pôle programmation assistée d'Hélène Meisel, chargée de recherches et d'exposition

Chef de projet
Éléonore Mialonier

et avec le soutien ponctuel de
Anne Horvath, chargée de recherches et d'exposition
Jeanne Simoni, chef de projet

Assistante de production
Annabelle Lacour

Scénographe
EST-CE AINSI
Xavier Wrona, assisté de Charles Aubertin et Hugo Chevassus
GMGB
Émilien Deloche

Conception lumière
Julia Kravstova et Vyara Stefanova

Conception graphique
PROTOTYPE
Aurore Jannin et Laurent Pinon

Édition
Camille Aguignier
Claire Bonnevie

Coordination de l'accrochage/ régisseur d'espace
Alexandre Chevalier

Coordination des aménagements scénographiques
Stéphane Leroy

Conception et coordination des installations audiovisuelles
Jean-Pierre Del Vecchio
Christine Hall

Coordination des aménagements lumière
Jean-Philippe Currivant

Supports de médiation et signalétique
Anne-Marine Guiberteau
Dominique Oukkal

CENTRE POMPIDOU-METZ

Le Centre Pompidou-Metz est la première décentralisation d'un établissement public culturel national, le Centre Pompidou, réalisée en partenariat avec une collectivité territoriale, la Communauté d'agglomération de Metz Métropole. La maîtrise d'ouvrage a été assurée par Metz Métropole, principal financeur de l'équipement associé à la Ville de Metz (mandataire) et au Centre Pompidou.

La construction du Centre Pompidou-Metz a également bénéficié du soutien financier du Conseil départemental de la Moselle, du Conseil régional de Lorraine, de l'État et de l'Union européenne (Fonds européen de développement économique régional, Feder).

Le Centre Pompidou-Metz est un Établissement public de coopération culturelle, dont les membres fondateurs sont l'État, le Centre Pompidou, la Région Lorraine, la Communauté d'agglomération de Metz Métropole et la Ville de Metz.

Conseil d'administration
Serge Lasvignes, président
Jean-Marie Rausch, président d'honneur
Jean-Luc Bohl, vice-président

Représentants de Metz Métropole
Jean-Luc Bohl, président
Arlette Mathias, vice-présidente
Margaud Antoine-Fabry, conseillère communautaire
Patrick Grivel, conseiller délégué
Hacène Lekadir, conseiller communautaire
Pierre Muel, conseiller délégué
Patrick Thil, conseiller communautaire

Représentants du Centre Pompidou
Serge Lasvignes, président
Denis Berthomier, directeur général
Bernard Blistène, directeur du Musée national d'art moderne
Sophie Cazes, directrice juridique et financière
Catherine Guillou, directrice des publics
Brigitte Leal, directrice adjointe du Musée national d'art moderne en charge des collections
Kathryn Weir, directrice du développement culturel

Représentants de la région Alsace-Champagne-Ardenne-Lorraine
en cours de nomination

Représentant de l'État
Emmanuel Berthier, préfet de la Moselle

Représentants de la ville de Metz
Dominique Gros, maire de Metz, ville siège de l'établissement
William Schuman, conseiller délégué

Personnalités qualifiées
Frédéric Lemoine, président du directoire du groupe Wendel
Patrick Weiten, président du Conseil départemental de la Moselle

Représentants du personnel du Centre Pompidou-Metz
Djamila Clary, chargée des publics et du développement des ventes
Jean-Pierre del Vecchio, responsable des systèmes et réseaux

ÉQUIPE DU CENTRE POMPIDOU-METZ

Direction
Emma Lavigne, directrice

Secrétariat général
Diego Candil, secrétaire général
Pascal Keller, secrétaire général adjoint
Hélène de Bisschop, responsable juridique
Verena Camus, assistante de direction
Émilie Engler, assistante de direction
Cécilia Zunt-Radot, chargée de mission auprès de la directrice et du secrétariat général
Elia Biezunski, chargée de mission auprès de la directrice

Pôle administration et finances
Rodolphe di Sabatino, responsable du pôle administration et finances
Mouhamadi Assani-Bacar, assistant informatique et audiovisuel
Jean-Pierre Del Vecchio, responsable des systèmes et réseaux
Jérémy Fleur, chef comptable
Mathieu Grenouillet, assistant de gestion
Audrey Jeanront, chargée des ressources humaines
Alexandra Morizet, responsable des marchés publics
Véronique Muller, assistante de gestion en comptabilité
Julie Prin, assistante de gestion ressources humaines

Pôle bâtiment et exploitation
Philippe Hubert, directeur technique
Thibaut Arib, chargé d'opérations
Christian Bertaux, responsable bâtiment
Sébastien Bertaux, agent technique électricien
Raphaël Claudin, responsable sécurité
Jean-Philippe Currivant, régisseur technique
Stéphane Leroy, chargé d'exploitation
Éric Marjotte, agent technique bâtiment
Jean-David Puttini, agent technique peintre

Pôle communication et développement
Christophe Coffrant, responsable du pôle communication et développement
Camille Bourguignon, chargée de communication multimédia
Amandine Butticaz, chargée de communication et de mécénat
Noémie Gotti, chargée de communication et presse
Marie-Christine Haas, chargée de communication multimédia
Anne-Laure Miller, chargée de communication
Amélie Watiez, chargée de communication et de mécénat

Pôle production
Rodolphe di Sabatino, responsable du pôle production
Fanny Moinel, adjointe au responsable du pôle production
Charline Becker, chef de projet
Alexandre Chevalier, régisseur d'espace
Jennifer Gies, chef de projet
Christine Hall, chargée de production audiovisuelle
Anna Liliana Hennig, chef de projet
Annabelle Lacour, assistante de production
Thibault Leblanc, régisseur spectacle vivant
Éléonore Mialonier, chef de projet
Marianne Pouille, chef de projet
Julie Schweitzer, chef de projet
Jeanne Simoni, chef de projet

Pôle programmation
Hélène Guenin, responsable du pôle programmation
Claire Bonnevie, éditrice
Géraldine Celli, chargée de programmation Auditorium Wendel et Studio
Lucile Desmoulins, éditrice
Anne Horvath, chargée de coordination du pôle programmation
Hélène Meisel, chargée de recherches et d'exposition
Alexandra Müller, chargée de recherches et d'exposition
Dominique Oukkal, fabricant

Pôle publics
Agathe Bataille, responsable du pôle publics
Fedoua Bayoudh, chargée du développement des publics et du tourisme
Djamila Clary, chargée des publics et du développement des ventes
Jules Coly, chargé de l'accueil et de l'information des publics
Anne-Marine Guiberteau, chargée de la programmation jeunes publics et des actions de médiation
Benjamin Milazzo, chargé du développement des publics et de la fidélisation
Anne Oster, chargée des relations avec les établissements de l'enseignement

Stagiaires
Avildseen Bheekhoo
Anabelle Canon
Laure Dupuy

PRESTATAIRES EXTÉRIEURS

Construction des aménagements scénographiques
LUMIDÉCO
Bruno Ischia et son équipe

Mise en peinture des aménagements scénographiques
DEBRA-FRÈRES
Jacques Debra et son équipe

Installation électrique
COFELY INEO GDF SUEZ
Christophe Lere et son équipe

Bureau de contrôle
DEKRA
Émilie Grandclaudon, responsable d'affaires et son équipe

Installation de l'éclairage
LA BOÎTE À SEL
Fabien Fischer et son équipe

Traduction des textes de signalétique
Andrea Halbritter
Alexandra Ribeiro de Azevedo

Transport, emballage et installation des œuvres
LP ART
Gwenaël Rimaud, Julien Leaune, Sandrine Ries et leurs équipes

Montage et encadrement des œuvres
AÏNU
Stéphane Pennec, Alix Camus et leurs équipes

Assurance des œuvres
BLACKWALL GREEN
Robert Graham et son équipe

Constats d'états des œuvres
Claude Wrobel
Élodie Boulte-Texier

Sûreté et sécurité
Groupe SGP

Sécurité incendie
Service départemental d'incendie et de secours de la Moselle

Médiation
Phone Regie

Nettoyage
Lustral

LES AMIS DU CENTRE POMPIDOU-METZ

La vocation des Amis du Centre Pompidou-Metz, association sans but lucratif, est d'accompagner le Centre dans ses projets culturels, de fédérer autour de lui le monde de l'entreprise ainsi que les particuliers désireux de le soutenir.
François de Wendel, président
Jean-Jacques Aillagon, ancien ministre, président d'honneur
Philippe Bard, président de Demathieu Bard, trésorier
Lotus Mahé, secrétaire générale
Claudine Jacob, secrétaire générale adjointe

REMERCIEMENTS

Nos remerciements les plus chaleureux s'adressent particulièrement à toutes celles et tous ceux qui figurent au générique, ainsi qu'à tous ceux qui ont permis la réalisation de cette exposition, notamment le Centre Pompidou, Metz Métropole, la Ville de Metz, le Conseil régional d'Alsace-Champagne-Ardenne-Lorraine, le Conseil départemental de la Moselle, la préfecture de la Moselle et leurs services respectifs.

Nos remerciements les plus sincères s'adressent également à Laurent Le Bon, précédent directeur du Centre Pompidou-Metz, qui avait accueilli avec enthousiasme ce projet et soutenu son lancement.

Nos remerciements les plus vifs s'adressent par ailleurs aux partenaires, musées, institutions, fondations, galeries et collectionneurs privés qui ont permis par leurs collaborations et leurs prêts la réalisation de cette exposition.

ARTISTES

Robert Adams
Dove Allouche
Lara Almarcegui
Darren Almond
Amy Balkin
Shigeru Ban
Lewis Baltz
Rosa Barba
Betty Beaumont
Ursula Biemann
Edward Burtynsky
Roland Cat
Caza
Mel Chin
Christo
François Dallegret
Tacita Dean
Agnes Denes
Angelo Di Marco
Mark Dion
Julien Discrit
Mary Beth Edelson
Bernard Faucon
Peter Fend
Roland Flexner
Kazumichi Fujiwara
Dora García
Nicolás García Uriburu
Peter Goin
Geert Goiris
Gianfranco Gorgoni
Laurent Grasso
David Greene
Yolanda Gutiérrez
Hans Haacke
Newton Harrison et Helen Mayer Harrison
Werner Herzog
Marianne Heske
Michael Heizer
Susan Hiller
Peter Hutchinson
Robert Kinmont
Yutaka Kobayashi
Mierle Laderman Ukeles
Horacio Larraín Barros
Maurizio Lazzarato
Barbara et Michael Leisgen
Jochen Lempert
Dona Ann McAdams
Angela Melitopoulos
Gustav Metzger
Karel Miler
Richard Misrach
Adrien Missika
Fina Miralles
Robert Morris
Gernot Nalbach
David Nash
Juan Navarro Baldeweg
Louise Neaderland
Pere Noguera
Cornelia Parker
Giuseppe Penone
Piem
Klaus Pinter
Jacques Rougerie
Hans Silvester
Charles Simonds
Buster Simpson
Alan Sonfist
Klaus Staeck
Petr Štembera
Graham Stevens
Hiroshi Sugimoto
SUPERSTUDIO (Adolfo Natalini et Cristiano Toraldo di Francia)
Lars von Trier
Peter Winfield
Günter Zamp Kelp

Nos remerciements vont également à tous les ayants droit et collaborateurs des artistes.

PRÊTEURS

ALLEMAGNE

Berlin

Nalbach + Nalbach Architekten
Gernot Nalbach
Johanne Nalbach
Piotr Wisniewski

Cassel

Documenta Archiv – Stadt Kassel – Kulturamt
Gerd Mörsch, directeur
Antje Goebel, archiviste
Martin Groh, archiviste

Düsseldorf

Archiv künstlerischer Fotografie der rheinischen Kunstszene (AFORK), Stiftung Museum Kunstpalast
Beat Wismer, directeur général
Kay Heymer, conservateur en chef, département Art moderne
Inge Maruyama, régisseur d'œuvres
Anne Rodler, chargée de recherches, département Art moderne

AUTRICHE

Vienne

Erste Stiftung
Walter Seidl, conservateur

ESPAGNE

Barcelone

Museu d'art contemporani de Barcelona
Ferran Barenblit, directeur
Xavier Rossell, responsable du pôle conservation-restauration
Antonia M. Perello, conservateur et responsable des collections
Ariadna Robert, responsable de la logistique et de la régie
Eva Lopez, assistante à la régie des œuvres
Mar Manen, régisseur

ProjecteSD
Silvia Dauder, directrice

Madrid

Museo Nacional Centro de Arte Reina Sofía
Manuel Borja-Villel, directeur
Michaux Miranda Paniagua, directeur adjoint
Lola Hinojosa Martínez, conservateur en chef spectacle vivant, vidéo et cinéma
Victoria Fernandez Layos, régisseur
Patricia Sorroche, régisseur

ÉTATS-UNIS

New York

Alexander & Bonin Gallery
Carolyn Alexander, associée
Theodore Bonin, associé
Kathryn Gile, directrice
Sabina Roslyakova, régisseur

Electronic Arts Intermix
Rebecca Cleman, directrice de la distribution
Karl McCool, responsable de la distribution

Galerie Lelong New York
Mary Sabbatino, vice-présidente, associée
Dede Young, directeur
Lindsay Danckwerth, directrice
Liz Bower, directrice associée
Bianca Cabrera, régisseur
Sarah Landry, assistante de direction, archiviste, responsable des demandes d'autorisation

Holt-Smithson Foundation - James Cohan Gallery
Elyse Goldberg, directrice
Matthew Newton, régisseur

Leslie Tonkonow Artworks + Projects
Leslie Tonkonow, associée
Tyler Auwarter, directeur

The Isamu Noguchi Foundation and Garden Museum
Jenny Dixon, directrice
Dakin Hart, conservateur en chef
Larry Giacoletti, régisseur

The Museum of Modern Art
Glenn D. Lowry, directeur
Christophe Cherix, Fondation Robert Lehman, conservateur en chef des dessins et estampes
Jodi Hauptman, conservateur en chef, département des dessins et des imprimés
Yasmil Raymond, conservateur associé, département des peintures et des sculptures
Kathy Curry, conservateur adjoint, département des dessins et estampes
Hope Cullinan, régisseur adjoint
Marissa Klein, régisseur adjoint

Reno

Nevada Museum of Art
David B. Walker, président-directeur général
Ann M. Wolfe, directrice adjointe et conservateur en chef
Pamela Paterson, conservateur adjoint
Brian Eyler, régisseur
Sara Frantz, documentaliste

Santa Barbara

Estate of R. Buckminster Fuller
Allegra Fuller Snyder, ayant droit
Jaime L. Snyder, ayant droit
John Ferry, département des droits et photothèque

Topeka

Kansas State Historical Society
Vicky Henley, président-directeur général, Kansas Historical Foundation
Jennie Chin, directeur général
Matthew Chappell, directeur du service administration
Tom Ellis, directeur du service développement
Mary Madden, directrice du service musée et éducation
Matt Veatch, directeur du service archives
Patrick Zollner, directeur du service patrimoine culturel
Nancy Sherbert, conservateur des photographies, en charge des acquisitions
Susan Forbes, bibliothécaire

FRANCE

Clermont-Ferrand

Fonds régional d'art contemporain Auvergne
Jean-Charles Vergne, directeur
Philippe Crousaz, régisseur

Dijon

Musée des Beaux-arts
David Liot, conservateur général, directeur des musées et du patrimoine
Matthieu Gilles, responsable du département scientifique, conservateur responsable des collections XVIIe-XVIIIe siècles et du cabinet d'arts graphiques
Sandrine Balan, conservateur en charge de la régie des œuvres
Dominique Bardin-Bontemps, documentaliste
Virginie Barthélemy, régisseur adjoint – expositions temporaires
Anne Camuset, responsable de la photothèque
Anne Lhuillier, assistante à la régie des œuvres

La-Roche-sur-Yon

Musée municipal de La Roche-sur-Yon
Hélène Jagot, directrice
Sarah Chanteux, régisseur scientifique

Lille

Lille Métropole Musée d'art moderne, d'art contemporain et d'art brut
Sophie Lévy, directrice, conservateur
Marie Beyaert, régisseur des expositions
Peggy Podemski, régisseur des collections

Limoges

Fonds régional d'art contemporain Limousin
Jean Moyen, président
Yannick Miloux, directeur
Catherine Texier, directrice, directrice du développement
Isabelle Rocton, chargée des collections
David Autier, régisseur technique

Ludres

Collection Krafft

Metz

49 Nord 6 Est – Fonds régional d'art contemporain Lorraine
Béatrice Josse, directrice
Tiphanie Chauvin, coordinatrice des expositions et de la communication
Margot Delalande, chargée de la collection et de la diffusion
Valérie Audren Guelton, chargée de communication
Valentin Wattier, régisseur

Collection Hélène Guenin et Anthony Berthelier

Montreuil

Les Amis de la Terre
Cynthia Sou, directrice générale
Pierre Sagot, responsable de la communication et des relations presse

Nancy

Centre Image Lorraine
Jean-Pierre Puton, directeur
Mathieu Rousseau, documentaliste

Orléans

Fonds régional d'art contemporain Centre – Les Turbulences
Abdelkader Damani, directeur
Loïc Prat, chargé des collections
Aurélien Vernant, chargé de la recherche

Paris

Archives nationales
Françoise Banat-Berger, directrice
Nadia Bouzid, chargée d'études documentaires, service des reproductions
Virginie Grégoire, secrétaire de documentation
Mireille Schneider, chargée du suivi des prêts

Art:Concept
Olivier Antoine, fondateur
Caroline Maestrali, directrice
Alix Rozès, régisseur

Bibliothèque du Muséum national d'Histoire naturelle
Caroline Tourette, directrice adjointe, directrice par intérim
Véronique de Ponseele, responsable des collections d'objets et d'œuvres d'art
Marie-Madeleine Bless, service du patrimoine
Joëlle Garcia, mission des collections patrimoniales
Pascale Heurtel, chef du service des collections
Alice Lemaire, mission conservation et communication
Antoine Monaque, service des collections, collections patrimoniales
Nathalie Prat, régie des expositions, service du patrimoine

Bibliothèque Kandinsky
Didier Schulmann, directeur

Bibliothèque nationale de France
Bruno Racine, président
Sylvie Aubenas, directrice
Olivier Loiseaux, conservateur en chef
Guillaume Fau, conservateur général
Anne Mary, conservateur
Dominique Versavel, conservateur
Caroline Bruyant, responsable de l'atelier d'encadrement
Brigitte Robin-Loiseau, service des expositions, bureau des prêts
Frédérique Laval, bibliothécaire

Collection Anne Marchand

Collection Jean-Michel Cambilhou

Centre national des arts plastiques
Yves Robert, directeur
Pascal Beausse, responsable des collections photographiques
Sébastien Faucon, inspecteur de la création artistique, responsable des collections arts plastiques
Ruth Peer, responsable des prêts et dépôts, adjointe au chef de service
Carole Bauer, chargée du suivi des restaurations et de conservation préventive des arts graphiques, du design graphique, et de l'atelier d'encadrement
Violaine Daniels, régisseur des prêts
Maryline Debord, gestion des restaurations, photographie et arts décoratifs
Marie Liard-Dexet, régisseur des prêts
Stephan Raffy, coordinateur des transports

Centre Pompidou
Serge Lasvignes, président
Bernard Blistène, directeur du Musée national d'art moderne

Cinémathèque française
Costa-Gavras, président
Frédéric Bonnaud, directeur général
Laurent Mannoni, directeur scientifique du Patrimoine et du Conservatoire des techniques
Élodie Dufour, attaché de presse
Laure Parchomenko, chargée des collections, Conservatoire des techniques
Fred Savioz, service audiovisuel
Marine Unanué, collection d'archives

Les Films du Losange
Grégory Petrel, distribution France

GADCOLLECTION
Gad Edery, fondateur

Galerie Bugada & Cargnel
Frédéric Bugada, directeur
Claudia Cargnel, directrice

Galerie Gaudel de Stampa
Denis Gaudel, directeur
Rany Gaudel, directrice

Galerie In Situ - fabienne leclerc
Fabienne Leclerc, directrice
Laïla Farah, assistante

Galerie Lelong
Jean Frémon, président-directeur général
Daniel Lelong, directeur général
Patrice Cotensin, directeur
Myriam Attali, régisseur

Galerie Max Hetzler
Jean-Marie Gallais, directeur
Katja Schoppe, collaboratrice
Samia Saouma, assistante

Galerie Perrotin
Emmanuel Perrotin, fondateur
Gloria Sensi, directrice adjointe
Audrey Dolbois, régisseur

Potemkine Films
Thibault Lebrun, chargé administratif

Reims

Fonds régional d'art contemporain Champagne-Ardenne
Florence Derieux, directrice
Jean-Martial Dutheil, régisseur des collections

Rennes

Fonds régional d'art contemporain Bretagne
Catherine Elkar, directrice
Morgane Estève, chargée de la gestion et de la diffusion de la collection
Alain Couzigou, régisseur

Sélestat

Fonds régional d'art contemporain Alsace
Pascal Mangin, président de l'Agence culturelle d'Alsace
Francis Gelin, directeur général de l'Agence culturelle d'Alsace
Olivier Grasser Aiello, directeur
Pascal Bion, régisseur en charge de collection
Katia Gagnard, régisseur en charge des expositions

Sotteville-Lès-Rouen

Fonds régional d'art contemporain Haute-Normandie
Véronique Souben, directrice
Pascal Foulon, régisseur
Iragaëlle Monnier, chargée de collection

Thiverval Grignon

Musée du Vivant-AgroParisTech – Château de Grignon
Laurent Gervereau, directeur
Aurélie Utzeri, responsable des collections

Vitry-sur-Seine

Musée d'art contemporain du Val-de-Marne
Alexia Fabre, conservateur en chef
Marie Castaing, photothèque
Pascal Guiomar, régisseur
Ingrid Jurzak, chargée de l'étude et de la gestion de la collection
André Lejeune, régisseur

PAYS-BAS

Rotterdam

Museum Boijmans Van Beuningen
Sjarel Ex, directeur
Sandra Tatsakis, coordinatrice des prêts
Margreet Wafelbakker, régisseur

ROYAUME-UNI

Bideford

Resurgence Trust
Lynn Batten, directrice
Angie Burke, rédactrice web
Oliver Tickell, rédacteur web de *The Ecologist*

Londres

Arts Council Collection
Jill Constantine, conservateur en chef
Catherine Antoni, coordinatrice en charge des acquisitions
Harriet Black, attachée de presse
Andy Craig, régisseur technique
Joshua Dowson, régisseur d'œuvres
Jodie Edwards, coordinatrice en charge des prêts
Rachel Graves, coordinatrice en charge des collections
Bethany Hughes, conservateur

British Museum
Neil MacGregor, directeur
Hugo Chapman, responsable des dessins et estampes
Ana Muñoz, administratrice, coordinatrice des prêts

Murderme Collection
Kate Davies, directrice
Fouad Kanaan, directeur

Tate
Nicholas Serota, directeur
Caroline Collier, directrice des partenariats et de la programmation
Chris Dercon, directeur de la Tate Modern
Alex Farquharson, directeur de la Tate Britain
David Blayney Brown, conservateur
Claire Floyd, assistante à la régie des œuvres
Sanne Klinge, régisseur
John Langdon, conservateur de la bibliothèque et des archives
Greg Sullivan, conservateur

Windsor

Royal Collection Trust
Sa Majesté la Reine Elizabeth II
Martin Clayton, conservateur des dessins et estampes
Lauren Porter, conservateur des œuvres sur papier
Carly Collier, assistante, cabinet des estampes

RÉPUBLIQUE TCHÈQUE

Prague

SVIT Gallery
Michal Mánek, directeur

SUISSE

Bâle

Christo c/o Kraft E.L.S. AG – Exhibition Logistics Service
Josy Kraft, président-directeur

Notre reconnaissance va également aux auteurs et à celles et ceux qui nous ont fait bénéficier de leurs conseils, qui ont apporté leur aide, leur soutien ou leur précieuse amitié dans la conduite de ce projet : Michael Ahn, Gen Aihara, Jean-François Allain, Vanina Andréani, Gérard Audinet, Serge Bahuchet, Clément Becker, Christoph Becker-Schaum, Jean-Luc Bennahmias, Ségolène Bernier, Anthony Berthelier, Corinne Beutler, Renaud Bezombes, Carole Billy, Fay Blanchard, Anne Blondel, Franck Bougamont, Juliette Bouveresse, Sam Bower, Alexandre Brotmann, Udo Bugdahn, Caroline Caillet, Corinne Chorier, Pepe del Cid, Shona Connechen, Emeline Coulon, Marie-Claire d'Aligny, Ariane Debourdeau, Arnaud Dejeammes, Julien Delors, Guillaume Désanges, Leanne Dmyterko, Diana Eccles, Frayda Feldman, Ronald Feldman, Jean-Baptiste Fressoz, Caroline Fuchs, Pauline Gauthron, Valérie Grosset-Janin, Ralph Grossmann, Ilana Halperin, Béatrice Hatala, Claudia Hermann, Eva Keochakian, Elizabeth Koehn, Jo Kox, Anna-Katharina Kraft, Léa Lamerre, Marianne Lanavère, Claire Lecourt-Aubry, Julie Legrand, Michelle Lenoir, Doris Leutgeb, Enrico Lunghi, Isabelle Malz, Francesco Manacorda, Guillaume Mansart, Raphaël Mariani, Tom Martinelli, Marjorie Miccuci, Camille Michel, Pavlína Morganová, Yumiko Morikawa, Sheila O'Connell, Serge Paul, Cannelle Pdehetazque, Jean-Marie Pelt, Marion Petit, Maya Pfeifer, Darren Pih, Caroline Prak, Mimmo Pucciarelli, François Quintin, Felicitas Rausch, Ashley Rawlings, Evariste Richer, Richard Riley, Tom Roberts, Philip Roe, Neville Rowley, Ruggero Penone, Sasaki Hiroyuki, Kate Savage, Olivier Schefer, Karin Schlageter, Stephanie Stockbridge, Andreas Stolzenburg, William Swainger, Gilles Tiberghien, Goran Trbuljak, Maarten van den Eynden, Sabrina van der Ley, Anne Veh, Amélie Vereley, Rémi Villaggi.

Nous tenons à remercier tout particulièrement le lycée d'enseignement général et technologique agricole de Courcelles-Chaussy – son directeur, Hervé Montigny, ses enseignants, spécialement Yves Botz, et ses élèves – ainsi que le pôle Parcs, jardins et espaces naturels de la Ville de Metz – Michel Koenig, son directeur, et ses équipes – pour leur implication sans faille et leur dévouement.

Nous adressons également à Loïc Hollard, étudiant à l'École supérieure d'art de Lorraine, nos plus sincères remerciements pour sa participation à la réactivation de la performance de Gustav Metzger.

TADASHI KAWAMATA. UNDER THE WATER – METZ

CENTRE POMPIDOU-METZ
GALERIE 2 ET FORUM
11 FÉVRIER – 15 AOÛT 2016

Nous exprimons notre gratitude et nos plus vifs remerciements à l'artiste, Monsieur Tadashi Kawamata.

Commissaire
Hélène Guenin, responsable du pôle programmation

Chef de projet
Éléonore Mialonier

Assistante de production
Annabelle Lacour

Régisseur d'espace
Alexandre Chevalier

Studio de Tadashi Kawamata
Guillaume Sokoloff, assistant

Coordination de l'installation
Éric Pourcel

INTERVENANTS EXTÉRIEURS

Bureau d'études
Barthes bois

Réalisation de la structure
ARTCOMPOSIT
Antoine Miserey et son équipe

Préparation des matériaux
Guillaume Barborini
Régis Flandrin
Benjamin Mathia
Baptiste Scheuer
Simon Tillier

Traitement des éléments mobiliers
AUBRIAT
Édouard Aubriat et son équipe

Cette installation n'aurait pas été possible sans l'accompagnement de nos partenaires que nous remercions chaleureusement :

Emmaüs
Roger Maire, président de la communauté Emmaus de Peltre, et les membres du conseil d'administration,
Stéphanie Merveilleux et Jean-Christophe Friderich, responsables de la communauté Emmaüs,
et tous les compagnons de la communauté Emmaüs

Haganis
Marc Seidel, président du conseil d'administration
Daniel Schmitt, directeur général
Thierry Godard, directeur adjoint, déchetteries, plateforme d'accueil et de valorisation des déchets, commercial et études
Anne Adam, responsable de la communication
Stéphane Michel, responsable d'exploitation, plateforme d'accueil et de valorisation des déchets
Nicolas Achimoff, plateforme d'accueil et de valorisation des déchets
Christophe Gatti, responsable d'exploitation, déchetteries et les chauffeurs
Nicolas Kneib, plateforme d'accueil et de valorisation des déchets

Veolia
Stéphane Noury, directeur d'unités opérationnelles et son équipe :
Hervé Becker, directeur opérationnel
Yves Bertho, directeur opérationnel
Emmanuel Jousset, responsable commercial
Jean-Philippe Ragot, responsable logistique secteur Lorraine Nord
Régis Cottel, chargé d'affaires expert

L'École supérieure d'art de Lorraine
Nathalie Filser, directrice
Anne-Sophie Ohmer, chargée de communication
ainsi que l'ensemble des étudiants qui ont été nombreux à se mobiliser pour nous aider à la réalisation de ce projet : Gaelle Amann, Jaouhar Aouni, Claire Arnaiz, Margaux Bandel, Clément Charbonnier, Camille Chastant, Mathilde Chevallier, Jeanne Chrétien, Joanna Ciallella, Loïne Desenclos, Lauriane Desvignes, Carolina Fonseca, Valériane Fousse, Guillaume Haudemont, Marc Hermal, Camille Jacquot, Yujin Jung, Ameth Landing Badji, Benoît de Mijola, Thomas Minig, Kelly Molon, Pauline Obriot, Solène Pannier, Ghyslain Philbert, Lila Poimboeuf-Mathieu, Lisa Stieven, Virgile Tron, Sarah Viollon, Anthony Visconti, Madison Wassermann, Miji Yoon.

et la galerie kamel mennour que nous remercions vivement pour ses précieux conseils et la disponibilité de ses équipes :
Kamel Mennour, directeur
Jessy Mansuy-Leydier, directrice
Emma-Charlotte Gobry-Laurencin, responsable de la communication et de la presse
Meriadek Caraes, régisseur

Nous tenons également à remercier pour leur aide et leur réactivité :
Cyrille Densa, chargé d'études stratégiques générales de déplacements, pôle mobilité et déplacements de Metz Métropole
Bruno Demarbaix, responsable hygiène sécurité environnement, SAEML TAMM – Exploitant du réseau LE MET'
Laëtitia Joppin, chef du service action éducative de la Ville de Metz
Jean-Louis Luc, adjoint au service réglementation de la Ville de Metz
Lionel Mege, chef du service réglementation de la Ville de Metz

MÉCÈNES ET PARTENAIRES

Wendel, mécène fondateur
Frédéric Lemoine, président du directoire

Engie
Valérie Bernis, directeur général adjoint, en charge des communications, du marketing et de la responsabilité environnementale et sociétale
Gilles Simoncini, directeur délégué Grand Est

Waves
Philippe Journo, président-directeur général de la Compagnie de Phalsbourg

Catherine et Jean Madar

CENTRE POMPIDOU

Le Centre Pompidou-Metz est un Établissement public de coopération culturelle associé du Centre national d'art et de culture Georges-Pompidou, établissement public national à caractère culturel placé sous la tutelle du ministère de la Culture et de la Communication (loi n°75-1 du 3 janvier 1975).

Serge Lasvignes, président
Denis Berthomier, directeur général
Jack Lang, président de l'Association pour le développement du Centre Pompidou
Jacques Boissonnas, président de la Société des Amis du Musée national d'art moderne

MUSÉE NATIONAL D'ART MODERNE – CENTRE DE CRÉATION INDUSTRIELLE

Bernard Blistène, directeur
Catherine David, directrice adjointe, chargée de la recherche et de la mondialisation
Brigitte Leal, directrice adjointe chargée des collections
Frédéric Migayrou, directeur adjoint chargé de la création industrielle
Didier Ottinger, directeur adjoint chargé de la programmation culturelle
Xavier Bredin, administrateur
Olga Makhroff, chargée des prêts et dépôts

Conservation des collections arts plastiques

Service des collections modernes
Jean-Michel Bouhours, chef de service par intérim
Camille Morando, documentaliste principale

Service des collections contemporaines
Sophie Duplaix, chef de service
Odile Rousseau, documentaliste principale

Service de la création contemporaine et prospective
Christine Macel, chef de service

Cabinet d'art graphique
Jonas Storsve, chef de service
Christian Briend, conservateur en chef
Keith Cheng, chargé de collection

Cabinet de la photographie
Clément Chéroux, chef de service

Service du cinéma expérimental
Philippe-Alain Michaud, chef de service
Isabelle Daire, chargée de collection
Jonathan Pouthier, attaché de conservation
Alexis Constantin, attaché de collection

Service des nouveaux médias
Sylvie Douala-Bell, attachée de conservation

Service de la restauration
Véronique Sorano-Stedman, chef de service

Service des collections
Ariane Coulondre, chef de service
Galia Kotarowa, attachée de collections

Création industrielle

Service architecture
Olivier Cinqualbre, chef de service
Frédéric Migayrou, conservateur en chef des collections architecture et design
Jean-Claude Boulet, attaché de collection

Service design et prospective industrielle
Marie-Ange Brayer, chef de service

Bibliothèque Kandinsky
Didier Schulmann, chef de service
Nathalie Cissé, coordinatrice des prêts
Anne Delebarre, secteur archives
Véronique Borgeaud, secteur archives

Direction de la production
Stéphane Guerreiro, directeur
Anne Poperen, directrice adjointe, chef du service administratif et financier

Service de la régie des œuvres
Hélène Vassal, chef de service
Darrell di Fiore, régisseur d'œuvres

Service audiovisuel
Laurie Szulc, chef de service

Service des manifestations
Yvon Figueras, chef de service

Service des ateliers et moyens techniques
Gilles Carle, chef de service

Département du développement culturel
Kathryn Weir, directrice

Direction de la communication et des partenariats
Benoît Parayre, directeur
Marc-Antoine Chaumien, directeur adjoint
Stéphanie Hussonnois-Bouhayati, directeur adjoint

Direction des éditions
Nicolas Roche, directeur

Direction des publics
Catherine Guillou, directrice
Patrice Chazottes, directeur adjoint

DIRECTION D'OUVRAGE
Hélène Guenin

ÉDITION
Camille Aguignier
Claire Bonnevie

CRÉATION GRAPHIQUE ET MISE EN PAGES
Prototype –
Aurore Jannin & Laurent Pinon

PRÉPARATION DE COPIE ET RELECTURE
Renaud Bezombes

TRADUCTIONS DE L'ANGLAIS
Jean-François Allain

FABRICATION
Dominique Oukkal

PHOTOGRAVURE
Apex Graphic, Paris

IMPRESSION
Imprimerie Centrale,
Luxembourg

ISBN : 978-2-3598-3041-5
Dépôt légal : février 2016
Achevé d'imprimer sur les presses
de l'Imprimerie Centrale,
Luxembourg
le 5 janvier 2016.

En couverture
Juan Navarro Baldeweg
A Tropical Forest in an Arctic Landscape. Application of a Climatic Control System, 1972
Photomontage, 68,5 × 53,5 cm
Madrid, Navarro Baldeweg Asociados

CRÉDITS PHOTOGRAPHIQUES © 2015. Digital image, The Museum of Modern Art, New York / Scala, Florence : p. 98 | Amy Balkin : p. 116-117, 156 (réserve : h.g.) | Archives nationales : p. 123 (h.g.), 124 (h.g., b.) | Art:Concept, Paris : p. 85 | Artothek - Museum Folkwang, Essen : p. 27 | Arts Council Collection, Southbank Centre, Londres : p. 90, 91 | Betty Beaumont : p. 157 (réserve : b.d.) | Bibliothèque nationale de France : p. 16, 45, 57 (h.), 59 (b.), 65, 70 | BPK, Berlin, Dist. RMN-Grand Palais / photos Elke Walford : p. 15, 56 (b.) ; Jörg P. Anders : p. 55 (b.) | The British Museum, Londres, Dist. RMN-Grand Palais / The Trustees of the British Museum : p. 10, 89 (h., b.) | Caroline Corbasson : p. 29 | Centre Pompidou, MNAM-CCI, bibliothèque Kandinsky : p. 164, 165, 168 (h., b.) ; droits réservés : p. 80, 139 ; image Centre Pompidou, MNAM-CCI : p. 72 (b.), 153 (h.g., h.d.) ; Georges Meguerditchian : p. 135 (h.), 136 (h.), 143 (h.), Philippe Migeat : p. 83 (h.), 112-113, 136 (b.), 153 (b.) ; André Morin : p. 51, 57 (b.) ; Jean-Claude Planchet : p. 135 (b.), 160 ; Bertrand Prévost : p. 110-111 ; Jim Purcell : p. 58 (b.) | Christo / photo Harry Shunk : p. 169 ; © Wolfgang Volz : p. 156 (signal : h.d.) | CNAP / photos Yves Chenot : p. 173, 174 | Mel Chin / photo David Schneider : p. 157 (régénération : b.) | Coll. CNC Cinémathèque française / photos Stéphane Dabrowski : p. 46, 53 | Coll. Hélène Guenin et Anthony Berthelier / photos studio Rémi Villaggi : p. 121 (h., b.g, b.d.) | Coll. MAC VAL - Musée d'art contemporain du Val-de-Marne / photo Jacques Faujour : p. 172 | Coll. of King County, Washington, courtesy 4Culture / photos Colleen Chartier : p. 40 ; Spike Mafford : p. 156-157 (réserve : h.d.) | Coll. of the Nevada Museum of Art, The Altered Landscape, Carol Franc Buck Collection : p. 4-5, 48, 102, 105, 106 (h., b.), 119 (b.) | Coll. Zamp Kelp, Berlin : p. 137, 141, 142 | CRI-Nancy-Lorraine : p. 73 | Dora García : p. 82 | Dia Art Foundation, New York / photo John Cliett : p. 30 | Julien Discrit : p. 58-59 | documenta Archiv : p. 152 (h., b.) ; photo Dieter Schwerdtle : p. 156 (pépinière : h.g.) | Mary Beth Edelson : 170-171 | Electronic Arts Intermix (EAI), New York : p. 166 | The Estate of R. Buckminster Fuller : p. 21, 132, 133 | Peter Fend and Essex Street, New York : p. 157 (coopération, b.) | Dirk Fleischmann / photo Dirk Fleischmann, 2008 : p. 156 (pépinière : h.d.) | Frac Alsace / photo Klaus Stöber : p. 92 | Frac Centre, Orléans / photos Philippe Magnon p. 134 (h.), 143 (b.) ; François Lauginie : p. 134 (b.), 140 (b.), 145 | Frac Limousin : p. 125 | Frac Lorraine / photo Donald Woodman : p. 23 | Frac des Pays de la Loire / photo Cécile Clos : p. 175 | Gagosian Gallery, Los Angeles / photo Tom Vinetz : p. 31 | Galerie Alexander and Bonin, New York / photo Joerg Lohse : p. 162-163 | Galerie Blum & Poe, Los Angeles / New York / Tokyo : p. 183 | Galerie Bugada & Cargnel, Paris : p. 74-75 | Galerie David Zwirner, New York / Londres : p. 68 | Galerie GADCOLLECTION, Paris / photo : Béatrice Hatala : p. 95 | Galerie Gaudel de stampa, Paris : p. 60-61 | Galerie Georg Kargl Fine Arts, Vienne : p. 93 | Galerie kamel nemmour, Paris : p. 128-129 | Galerie Lelong, New York : p. 24, 159, 177 (h., m., b.), 178, 179, 182, 184, 186 | Galerie Leslie Tonkonow, New York : p. 154 (h., b.), 155 | Galerie Max Hetzler, Berlin / Paris : p. 101, 114 | Galerie ProjecteSD, Barcelone : p. 97 | Galerie SVIT, Prague : p. 185 (h., b.) | Galerie Thomas Zander, Cologne : p. 103 | Galerie Vallois, Paris : p. 19 | Peter Goin : p. 119 (h.) | Laurent Grasso / photo : Béatrice Hatala : p. 88 | Yolanda Gutiérrez / FONCA : p. 157 (réserve : b.g.) | Holt-Smithson archives : p. 157 (régénération : m.) | Holt-Smithson Foundation, Santa Fe / James Cohan Gallery, New York / Shanghai : p. 28 (b.), 34, 37, 39 (g., d.), 94, 99 (h., b.), 147 (h.), 149 (b.); photo : Serge Paul : p. 43 | Imaging Department © President and Fellows of Harvard College : p. 35 | The Isamu Noguchi Foundation and Garden Museum : p. 107 | Kansas State Historical Society : p. 104 (h.g., m.g., h.d., b.) | Yutaka Kobayashi : p. 157 (réserve : h.d.) | Kontakt - Erste Foundation : p. 167 | Kunstmuseum, Bâle / photo : Martin P. Bühler : p. 36 | Mierle Laderman Ukeles / photo Daniel Dutka : p. 157 (coopération : h.g.) | Maurizio Lazzarato et Angela Melitopoulos : p. 118 (h., b.) | Barbara et Michael Leisgen : p. 56 (h.), 181 | Les Films du Losange : p. 77, 78-79 | Lisson Gallery, Londres / photo : Jack Hems : p. 67 (h., b.) | Loïc Malle Arts, Paris : p. 42 | MACBA Collection : MACBA Consortium, Joan Brossa Fund, Long-term loan of Fundacio Joan Brossa / photo Tony Coll : p. 81 ; Government of Catalonia Art Fund / photo Vanessa Miralles : p. 187 | Gustav Metzger / photo Colin Swan : p. 109 | Musée départemental d'art ancien et contemporain, Épinal / photo B. Prud'homme : p. 33 | Musée des Beaux-arts de Dijon / photo François Jay : p. 64 | Musée du Vivant – AgroParisTech : p. 123 (h.m., h.d., b.g., b.m.) | Museo Nacional Centro de Arte Reina Sofía : p. 161 | Museum Boijmans Van Beuningen, Rotterdam / photo Studio Tromp, Rotterdam : p. 55 (h.) | Museum Kunstpalast – ARTOTHEK / photo Gianfranco Gorgoni : p. 108 | Muséum national d'histoire naturelle, Direction des bibliothèques et de la documentation : p. 18, 71, 72 (h.) | Nalbach + Nalbach Architekten, Berlin : p. 140 (h.) | David Nash : p. 157 (refuge : h.g.) | Navarro Baldeweg asociados : p. 131, 138 (h., b.), couverture | Dennis Oppenheim Estate : p. 41 | Pace Gallery, New York : p. 96 | Giuseppe Penone : p. 188 (h., m., b.), 189 | Potemkine Films : p. 69 | Resurgence Trust : p. 123 (b.d.), 124 (h.d.) | Roland Flexner : p. 83 (b) | Rosa Barba : p. 180 (h., m., b.) | Royal collection trust / © Her Majesty Queen Elizabeth II : p. 86-87 | Buster Simpson / photos Jules Backus et Scott White : p. 156 (régénération : h.g.) ; Valerie Silver : p. 157 (régénération : h.d.) | Alan Sonfist © 1965 - Present Greenwich Village, NY : p. 156 (pépinière : b.) | Tanya Bonakdar Gallery, New York : p. 115 ; photo Brett Moen : p. 156 (signal : h.g.) | Tate, Londres 2016: p. 28 (h.), 62, 63, 66, 150, 151 | Tate, Londres, Dist. RMN-Grand Palais / Tate Photography : p. 47 | Ursula Biemann : p. 127 (h., b.) | VG Bild-Kunst / Paula Cooper Gallery, New York : p. 156 (signal : b.) | Visual Services / Cornell Publications Photography Records. Division of Rare and Manuscript Collections, Cornell University Library / photo Pat Crowe : p. 147 (b.).